All in One

हिंदी 'अ'

CBSE कक्षा 9

सभी खंडों की अध्ययन सामग्री ▪ अभ्यास प्रश्न ▪ प्रतिदर्श प्रश्न-पत्र

लेखक
मंजुला श्रीवास्तव
एमए, बीएड, टीजीटी

arihant
SUCCESS AND NOTHING LESS

arihant
SUCCESS AND NOTHING LESS

अरिहन्त प्रकाशन

(स्कूल डिवीज़न सीरीज़)

卐 रजि. कार्यालय

'रामछाया' 4577/15, अग्रवाल रोड, दरिया गंज, नई दिल्ली-110002
फोन: 011-47630600, 43518550; फैक्स: 011-23280316

मुख्य कार्यालय

कालिन्दी, टी०पी० नगर, मेरठ (यूपी)-250002 फोन: 0121-7156203, 7156204

卐 शाखा कार्यालय

आगरा, अहमदाबाद, बरेली, बंगलुरु, चेन्नई, दिल्ली, गुवाहाटी, हैदराबाद, जयपुर, झाँसी, कोलकाता, लखनऊ, नागपुर तथा पुणे

卐 PO No. : TXT-59-T064764-05-25

Published by Arihant Publications (India) Ltd.

'अरिहन्त' की पुस्तकों के बारे में अधिक जानकारी के लिए हमारी वेबसाइट www.arihantbooks.com पर लॉग इन करें या info@arihantbooks.com पर सम्पर्क करें।

Follow us on

卐 मूल्य ₹ 340.00

प्रोडक्शन टीम

पब्लिशिंग मैनेजर	कवर डिज़ाइनर	इनर डिज़ाइनर
महेन्द्र सिंह रावत, केशव मोहन	सलमान	अंकित त्यागी
प्रोजेक्ट हैड	**पेज लेआउट**	**प्रूफ रीडर**
मोहित महरोल	रवि सागर, दिवाकर गौड़	दीपक, शिवानी

Index *cum* Study Planner

नवीनतम पाठ्यक्रम

कक्षा 9वीं हिंदी अ परीक्षा हेतु पाठ्यक्रम विनिर्देशन

- भारांक 80 (वार्षिक बोर्ड परीक्षा) + 20 (आंतरिक परीक्षा)

निर्धारित समय – 3 घंटे **वार्षिक बोर्ड परीक्षा हेतु भार विभाजन** **भारांक – 80**

		विषय वस्तु	उप भार	कुलभार
		खंड – क (अपठित बोध)		
1		अपठित गद्यांश व काव्यांश पर बोध, चिंतन, विश्लेषण, सराहना आदि पर बहुविकल्पीय, अतिलघुत्तरात्मक एवं लघुत्तरात्मक प्रश्न।		14
	(अ)	एक अपठित गद्यांश लगभग 250 शब्दों का, इसके आधार पर एक अंकीय तीन बहुविकल्पीय प्रश्न (1×3=3), अतिलघुत्तरात्मक व लघुत्तरात्मक प्रश्न (2×2=4) पूछे जाएँगे।	7	
	(ब)	एक अपठित काव्यांश लगभग 120 शब्दों का, इसके आधार पर एक अंकीय तीन बहुविकल्पीय प्रश्न (1×3=3), अतिलघुत्तरात्मक व लघुत्तरात्मक प्रश्न (2×2=4) पूछे जाएँगे।	7	
		खंड – ख (व्यावहारिक व्याकरण)		
2		व्याकरण के लिए निर्धारित विषयों पर विषय वस्तु का बोध, भाषिक बिंदु/संरचना आदि पर अतिलघुत्तरात्मक प्रश्न। (1×16) (कुल 20 प्रश्न पूछे जाएँगे, जिनमें से केवल 16 प्रश्नों के उत्तर देने होंगे।)		16
	(1)	शब्द निर्माण	8	
		उपसर्ग– 2 अंक, प्रत्यय–2 अंक, समास–4 अंक उपसर्ग–प्रत्यय (5 में से 4 प्रश्न करने होंगे), समास (5 में से 4 प्रश्न करने होंगे)		
	(2)	अर्थ की दृष्टि से वाक्य भेद – 4 अंक (5 में से 4 प्रश्न करने होंगे)	4	
	(3)	अलंकार – 4 अंक (शब्दालंकार : अनुप्रास, यमक, श्लेष) (5 में से 4 प्रश्न करने होंगे)	4	

3		**खंड – ग (पाठ्यपुस्तक एवं पूरक पाठ्यपुस्तक)**		
(अ)		**गद्य खंड (क्षितिज भाग-1)**	11	
	1	क्षितिज से निर्धारित पाठों में से गद्यांश के आधार पर विषयवस्तु का ज्ञान, बोध, अभिव्यक्ति आदि पर एक अंकीय पाँच बहुविकल्पीय प्रश्न पूछे जाएँगे। (1×5)	5	
	2	क्षितिज से निर्धारित पाठों में से विषयवस्तु का ज्ञान, बोध, अभिव्यक्ति आदि पर तीन प्रश्न पूछे जाएँगे। (विकल्प सहित 25-30 शब्द–सीमा वाले 4 में से 3 प्रश्न करने होंगे। (2×3)	6	30
(ब)		**काव्य खंड (क्षितिज भाग-1)**	11	
	1	क्षितिज से निर्धारित कविताओं में से काव्यांश के आधार पर एक अंकीय पाँच बहुविकल्पीय प्रश्न पूछे जाएँगे। (1×5)	5	
	2	क्षितिज से निर्धारित कविताओं के आधार पर विद्यार्थियों का काव्यबोध परखने हेतु तीन प्रश्न पूछे जाएँगे। (विकल्प सहित 25-30 शब्द–सीमा वाले 4 में से 3 प्रश्न करने होंगे) (2×3)	6	
(स)		**पूरक पाठ्यपुस्तक (कृतिका भाग- 1)**	8	
		कृतिका से निर्धारित पाठों पर आधारित दो प्रश्न पूछे जाएँगे। (विकल्प सहित 50-60 शब्द–सीमा वाले 3 में से 2 प्रश्न करने होंगे) (4×2)	8	

खंड–घ (रचनात्मक लेखन)

4	**लेखन**			
	क	विभिन्न विषयों और संदर्भों पर विद्यार्थियों के तर्कसंगत विचार प्रकट करने की क्षमता को परखने के लिए संकेत बिंदुओं पर आधारित समसामयिक एवं व्यावहारिक जीवन से जुड़े हुए विषयों में से किन्हीं तीन विषयों पर लगभग 120 शब्दों में किसी एक विषय पर अनुच्छेद। (6 x 1)	6	
	ख	अभिव्यक्ति की क्षमता पर केंद्रित औपचारिक अथवा अनौपचारिक विषयों में लगभग 100 शब्दों में किसी एक विषय पर पत्र। (5 x 1)	5	20
	ग	विविध विषयों पर आधारित लगभग 100 शब्दों में ई–मेल लेखन। **अथवा** दिए गए विषय/शीर्षक आदि के आधार पर लगभग 100 शब्दों में लघुकथा लेखन। (5 x 1)	5	
	घ	दिए गए विषय/परिस्थिति के आधार पर लगभग 80 शब्दों में संवाद लेखन। (4 x 1) **अथवा** व्यावहारिक जीवन से संबंधित विषयों पर आधारित लगभग 80 शब्दों में सूचना लेखन।	4	
		कुल		**80**

	आंतरिक मूल्यांकन		20
अ	सामयिक आकलन	5	
ब	बहुविध आकलन	5	
स	पोर्टफोलियो	5	
द	श्रवण एवं वाचन	5	
	कुल		**100**

निर्धारित पुस्तकें :

1. **क्षितिज, भाग–1,** एन.सी.ई.आर.टी., नई दिल्ली द्वारा प्रकाशित नवीनतम संस्करण
2. **कृतिका, भाग–1,** एन.सी.ई.आर.टी., नई दिल्ली द्वारा प्रकाशित नवीनतम संस्करण

नोट : निम्नलिखित पाठों से प्रश्न नहीं पूछे जाएँगे–

क्षितिज, भाग–1	काव्य खंड	• केदारनाथ अग्रवाल – चंद्र गहना से लौटती बेर (पूरा पाठ) • चंद्रकांत देवताले – यमराज की दिशा (पूरा पाठ)
	गद्य खंड	• चपला देवी – नाना साहब की पुत्री देवी मैना को भस्म कर दिया गया (पूरा पाठ) • हजारीप्रसाद द्विवेदी – एक कुत्ता और एक मैना (पूरा पाठ)
कृतिका, भाग–1	• विद्यासागर नौटियाल – माटी वाली (पूरा पाठ) • शमशेर बहादुर सिंह – किस तरह आखिरकार मैं हिंदी में आया (पूरा पाठ)	

खंड 'क' : अपठित बोध

अपठित गद्यांश

अध्याय 1

अपठित गद्यांश का अर्थ

अपठित का अर्थ है—'जो पढ़ा नहीं गया हो।' प्राय: यह साहित्य, ज्ञान, विज्ञान, कला, संस्कृति, सामाजिक विज्ञान, नीतिशास्त्र, दर्शनशास्त्र व अन्य किसी भी मानविकी विषय का हो सकता है। गद्यांश प्राय: प्रख्यात लेखकों की रचनाओं से लिए गए होते हैं।

अपठित गद्यांश दिए जाने का उद्देश्य विद्यार्थियों की भाषा-बोध का पता लगाना है अर्थात् यह जानना है कि विद्यार्थी उस गद्यांश की भाषा को समझते हैं या नहीं। साथ ही साथ उनकी अभिव्यक्ति की क्षमता का भी पता चलता है।

अपठित गद्यांश को हल करने के चरणबद्ध तरीके

- सर्वप्रथम दिए गए अपठित गद्यांश को दो-तीन बार ध्यानपूर्वक पढ़कर उसके मूल भाव को आत्मसात् (समझना) करना चाहिए।
- गद्यांश में दी गई महत्त्वपूर्ण सूचनाओं को रेखांकित करते रहना चाहिए। इससे विषय-वस्तु व पठन कौशल वाले प्रश्नों को हल करने में आसानी होती है।
- भाषिक संरचना एवं व्याकरण संबंधी प्रश्नों के लिए गद्यांश में दिए गए कठिन शब्दों, मुहावरों आदि को रेखांकित करना चाहिए।
- शीर्षक संबंधी प्रश्न पर विशेष ध्यान देना चाहिए तथा पूरे गद्यांश को पढ़ने व समझने के पश्चात् ही उचित शीर्षक का चयन करना चाहिए।
- उत्तर सरल, संक्षिप्त व सहज शब्दों में देने चाहिए, साथ ही गद्यांश में से उत्तर का चुनाव करना चाहिए।
- उत्तर जितना पूछा जाए उतना ही लिखना चाहिए, उससे ज्यादा या कम तथा अनावश्यक नहीं होना चाहिए।
- यदि प्रश्नों का प्रारूप बहुविकल्पीय है, तो ध्यानपर्वूक सभी विकल्पों को पढ़कर उचित विकल्प का चुनाव करें।
- गद्यांश पर आधारित कथन व कारण वाले बहुविकल्पीय प्रश्नों को हल करने हेतु सर्वप्रथम उनके केंद्र बिंदु व मुख्य उद्देश्य को समझना चाहिए। इसके पश्चात् ही सही विकल्प का चयन करना चाहिए।
- अंत में एक बार सभी प्रश्नों के उत्तरों को पुनः ध्यानपूर्वक पढ़कर जाँच लेना चाहिए।

साधित उदाहरण

निम्नलिखित गद्यांशों को पढ़कर उन पर आधारित प्रश्नों के उत्तर दीजिए

सैंपल गद्यांश 1

आजादी का अमृत महोत्सव उन्नत भारत के 75 वर्ष पूरे होने और इसकी संस्कृति तथा यहाँ के लोगों एवं उपलब्धियों के गौरवमयी इतिहास का स्मरण करने व जश्न मनाने के लिए भारत सरकार की एक पहल है। यह महोत्सव उन भारतीय लोगों को समर्पित है, जिन्होंने न केवल भारत की विकास यात्रा को आगे बढ़ाने में महत्त्वपूर्ण भूमिका निभाई है, अपितु जो आत्मनिर्भर भारत की जीवंतता से प्रेरित होकर प्रधानमंत्री मोदी के भारत 2.0 के सपने को साकार करने की क्षमता भी रखते हैं।

आजादी का अमृत महोत्सव भारत की राजनीतिक, सामाजिक, सांस्कृतिक और आर्थिक पहचान के बारे में सभी प्रगतिशील चीजों का प्रतीक है। 12 मार्च, 2021 को, भारतीय प्रधानमंत्री नरेंद्र मोदी ने 'आजादी का अमृत महोत्सव' का शुभारंभ किया। यह आयोजन गुजरात के अहमदाबाद में हुआ और महोत्सव की शुरुआत उन शहरों से हुई, जो भारत की स्वतंत्रता की लड़ाई के प्रमुख केंद्र थे।

इसमें साबरमती आश्रम, पंजाब में जलियाँवाला बाग, अंडमान और निकोबार द्वीप समूह की सेलुलर जेल आदि शामिल थे। 12 मार्च, 2021 को यह महोत्सव 75 सप्ताह की उल्टी गिनती के साथ प्रारंभ हुआ (जो 75वीं वर्ष गाँठ के उपलक्ष्य में शुरू हुआ था।), जो 15 अगस्त, 2023 को समाप्त हुआ।

I. यह महोत्सव उन भारतीय लोगों को समर्पित है ....। रिक्त स्थान के लिए उचित विकल्प चुनकर वाक्य को पूरा कीजिए। दक्षता आधारित प्रश्न

(क) जो विदेश में रहकर आत्मनिर्भर होकर स्वयं के लिए जी रहे हैं
(ख) जिन्होंने देश के लिए अपना बलिदान दिया
(ग) जो भारत की विकास यात्रा में महत्त्वपूर्ण योगदान दे रहे हैं
(घ) (ख) और (ग) दोनों

उत्तर (घ) **(ख) और (ग) दोनों** गद्यांश के अनुसार, यह महोत्सव उन भारतीय लोगों को समर्पित है, जिन्होंने न केवल भारत की विकास यात्रा को आगे बढ़ाने में महत्त्वपूर्ण भूमिका निभाई है, अपितु जो भारत के 2.0 के सपने को साकार करने की भी क्षमता रखते हों।

II. प्रस्तुत गद्यांश का क्या संदेश है?

(क) भारत के स्वतंत्रता सेनानियों के विषय में जानें
(ख) भारत के स्वतंत्रता सेनानियों के विषय में न जानें
(ग) भारत के इतिहास की विस्तृत जानकारी देना
(घ) उपर्युक्त सभी

उत्तर (क) **भारत के स्वतंत्रता सेनानियों के विषय में जानें** प्रस्तुत गद्यांश का संदेश यह है कि हम भारत के स्वतंत्रता सेनानियों और स्थलों के विषय में जानकारी प्राप्त करें।

III. कथन (A) और कारण (R) को पढ़कर उपयुक्त विकल्प चुनिए।
कथन (A) आजादी का अमृत महोत्सव भारत की स्वतंत्रता के 75 वर्ष पूर्ण होने पर भारत सरकार द्वारा आयोजित एक कार्यक्रम है।
कारण (R) इस महोत्सव को जन-भागीदारी के मूल में जन-उत्सव के रूप में चिह्नित किया गया है। दक्षता आधारित प्रश्न

(क) कथन (A) गलत है, किंतु कारण (R) सही है
(ख) कथन (A) और कारण (R) दोनों ही गलत हैं
(ग) कथन (A) सही है और कारण (R), कथन (A) की सही व्याख्या है
(घ) कथन (A) सही है, किंतु कारण (R), कथन (A) की सही व्याख्या नहीं है

उत्तर (ग) **कथन (A) सही है और कारण (R), कथन (A) की सही व्याख्या है** आजादी का अमृत महोत्सव भारत की स्वतंत्रता की 75वीं वर्षगाँठ मनाने के लिए भारत सरकार द्वारा आयोजित एक कार्यक्रम है। इसके अलावा, महोत्सव को जन-भागीदारी के मूल में जन-उत्सव के रूप में चिह्नित किया गया है।

IV. अमृत महोत्सव का शुभारंभ कब और कहाँ हुआ?

उत्तर अमृत महोत्सव का शुभारंभ 12 मार्च, 2021 को गुजरात के अहमदाबाद में हुआ।

V. आजादी का अमृत महोत्सव क्यों मनाया जाता है?

उत्तर आजादी के 75 वर्ष पूरे होने का पर्व आजादी का अमृत महोत्सव भारत के स्वतंत्रता आंदोलन और स्वतंत्रता सेनानियों को श्रद्धांजलि देने के लिए मनाया जाता है। इस उत्सव के दौरान देश, भारत के स्वतंत्रता आंदोलन के दौरान सभी महत्त्वपूर्ण स्थलों को याद करेगा। देश की आजादी और स्वतंत्रता के उपलक्ष्य में प्रत्येक वर्ष 15 अगस्त को भारतीय स्वतंत्रता दिवस मनाया जाता है।

सैंपल गद्यांश 2

हिंदी साहित्य के इतिहास में भक्ति काल को स्वर्ण-युग माना जाता है। महाकवि सूरदास, तुलसीदास तथा कबीर की कविता आज भी जनसाधारण के कंठ का हार बनी हुई है। सूरदास ने अपने आराध्य श्रीकृष्ण को कविता का आधार बनाया है, जबकि तुलसीदास ने श्रीराम को। कबीर निर्गुण भक्ति-भावना के कवि थे। इन सभी में भक्ति काल के महान भक्त कवि सूरदास अपना विशेष स्थान रखते हैं। महात्मा सूरदास की कविताओं में जो सरसता, लालित्य तथा रस है, वह अन्य किसी कवि की कविता में नहीं है। उनसे अलौकिक रस की प्रतीति होने लगती है।

महात्मा सूरदास जी का जन्म 1478 ई. के लगभग माना जाता है। इनका जन्म-स्थान 'रुनकता' (मथुरा-आगरा मार्ग पर स्थित) है। कुछ लोगों की मान्यता है कि वे दिल्ली के समीपवर्ती गाँव 'सीही' में पैदा हुए थे। सूरदास जी सारस्वत ब्राह्मण थे। इनके पिताजी का नाम रामदास था। इनके प्रसिद्ध ग्रंथ 'साहित्य लहरी' के एक पद से स्पष्ट होता है कि वे ब्रह्मभट्ट थे और चन्दबरदाई के वंशज थे। इनके पदों से प्रभावित होकर ही महाप्रभु वल्लभाचार्य ने इन्हें शिक्षा दी थी। कहा जाता है कि महाप्रभु वल्लभाचार्य जी की प्रेरणा से ही सूरदास जी ने अपने प्रसिद्ध ग्रन्थ 'सूरसागर' की रचना की थी। महाप्रभु वल्लभाचार्य जी के पुत्र, विट्ठलनाथ ने जिस 'अष्टछाप' की संयोजना की थी, उसमें सूरदास जी का स्थान अग्रणी था।

I. जिसकी आराधना की जाती है, वह आराध्य है। उपर्युक्त कथन के अनुसार 'आराध्य' के लिए कौन-सी बात आवश्यक नहीं है?

(क) भक्ति (ख) आराधना (ग) साधक (घ) संपत्ति

उत्तर (घ) **संपत्ति** आराध्य के लिए भक्ति, आराधना और साधक तीनों ही आवश्यक हैं, परंतु आराध्य और आराधना के लिए संपत्ति की कोई आवश्यकता नहीं है।

II. कथन (A) और कारण (R) को पढ़कर उपयुक्त विकल्प चुनिए।
कथन (A) सूरदास की कविता कई प्रमुख विशेषताओं से परिपूर्ण थी।
कारण (R) सूरदास की कविता सरस, लालित्यपूर्ण तथा अलौकिक रस से ओत-प्रोत थी। दक्षता आधारित प्रश्न

(क) कथन (A) गलत है, किंतु कारण (R) सही है
(ख) कथन (A) और कारण (R) दोनों ही गलत हैं
(ग) कथन (A) सही है और कारण (R), कथन (A) की सही व्याख्या है
(घ) कथन (A) सही है, किंतु कारण (R), कथन (A) की सही व्याख्या नहीं है

उत्तर (ग) **कथन (A) सही है और कारण (R), कथन (A) की सही व्याख्या है** सूरदास की कविता प्रमुख विशेषताओं से परिपूर्ण थी तथा इनकी कविता सरस, लालित्यपूर्ण व अलौकिक रस से ओत-प्रोत थी।

III. 'जनसाधारण के कंठ का हार बनने' से लेखक का आशय है

दक्षता आधारित प्रश्न

(क) जो उसकी समझ में आए और उसे जीवन में आगे बढ़ने का मार्ग सुझाए।
(ख) महाप्रभु वल्लभाचार्य जी की प्रेरणा से सूरदास जी ने 'सूरसागर' की रचना की।
(ग) अलौकिक रस की प्रतीति होने लगती है।
(घ) उपर्युक्त सभी

उत्तर (क) 'जनसाधारण के कंठ का हार बनने' से लेखक का आशय है- जो जंनसाधारण की समझ में आए व उन्हें जीवन में आगे बढ़ने का मार्ग सुझाए।

IV. हिंदी साहित्य के इतिहास में भक्ति काल को कौन-सा युग माना जाता है?

उत्तर हिंदी साहित्य के इतिहास में भक्ति काल को 'स्वर्ण युग' माना जाता है, क्योंकि इस काल में श्रेष्ठतम भक्ति साहित्य की रचना हुई और उच्चतम कोटि के भक्तों का जन्म हुआ।

V. गद्यांश के अनुसार, 'अष्टछाप' क्या है?

उत्तर आठ कृष्ण भक्त कवियों को अष्टछाप की संज्ञा दी गई है। महाप्रभु वल्लभाचार्य जी के पुत्र विट्ठलनाथ ने ज़िन 'अष्टछाप' कवियों की संयोजना की थी, उनमें सूरदास जी का अग्रणी स्थान था।

अभ्यास प्रश्न

बहुविकल्पीय वर्णनात्मक प्रश्नों सहित

गद्यांश 1

चंद्रयान-3 भारत के चंद्र अन्वेषण कार्यक्रम में सबसे हालिया उपक्रम है, जो चंद्रमा की सतह पर सुरक्षित लैंडिंग को पूरा करने का भारत का दूसरा प्रयास प्रस्तुत करता है। भारतीय अंतरिक्ष अनुसंधान संगठन (इसरो) के नेतृत्व में इस मिशन का उद्देश्य चंद्रमा पर सफल लैंडिंग करना और एक रोवर छोड़ना है, जो चंद्रमा पर विभिन्न प्रयोग करेगा और प्रासंगिक डेटा एकत्र करेगा।

चंद्रयान-3 अंतरिक्ष अन्वेषण के क्षेत्र में अपनी तकनीकी तथा वैज्ञानिक विशेषज्ञता और प्रतिबद्धता प्रदर्शित करने के लिए भारत की आकांक्षा का प्रतीक है। चंद्रयान-3 का प्रक्षेपण इसरो द्वारा 14 जुलाई, 2023 को दोपहर 2 बजकर 35 मिनट पर सतीश धवन अंतरिक्ष केंद्र से सफलतापूर्वक किया गया। चंद्रयान-3 की योजना और विकास में महत्त्वपूर्ण योगदानकर्ताओं में इसरो अध्यक्ष एस. सोमनाथ, पी. वीरमुथुवेल, चंद्रयान-3 के परियोजना निदेशक एस. उन्नीकृष्णन नायर, निदेशक विक्रम साराभाई अंतरिक्ष केंद्र (वी एसएससी), ए राजराजन, अध्यक्ष लॉन्च ऑथराइजेशन बोर्ड (एलएबी) और एम. शंकरन, निदेशक, यूआर राव सैटेलाइट सेंटर (यूआरएससी) आदि शामिल हैं।

भारत का महत्त्वाकांक्षी चंद्र मिशन, चंद्रयान-3, शक्तिशाली LVM3 M4 लॉन्चर का उपयोग करके सफल प्रक्षेपण के साथ शुरू हुआ। उड़ान भरने के लगभग 16 मिनट बाद महत्त्वपूर्ण क्षण आया, जब अंतरिक्ष यान सफलतापूर्वक रॉकेट से अलग हो गया और एक अंडाकार पार्किंग कक्ष (ईपीओ) में प्रवेश कर गया। 23 अगस्त, 2023 को भारतीय समय के अनुसार, शाम 6 बजकर 4 मिनट के आस-पास चंद्रयान-3 ने चंद्रमा के दक्षिणी ध्रुव की सतह पर सफलतापूर्वक लैंडिंग की, जिससे विश्व में भारत का नाम गूँज उठा। भारत ने चंद्रमा के दक्षिण ध्रुव की ओर अपनी सफलता का परचम लहरा दिया।

प्रश्न

I. चंद्रयान-3 कब लॉन्च किया गया था?
(क) 14 जुलाई, 2023 को (ख) 14 अगस्त, 2023 को
(ग) 14 जून, 2022 को (घ) 14 अक्टूबर, 2022 को

II. कथन पढ़कर सही विकल्प का चयन कीजिए
(i) चंद्रयान-3 चंद्रमा की सतह पर एक रोवर की सॉफ्ट लैंडिंग कराएगा।
(ii) रोवर चंद्रमा की सतह का अध्ययन करने के लिए विभिन्न उपकरणों से लैस होगा।
(iii) इसमें खाने-पीने का सामान व सभी सफाई के उपकरण शामिल हैं।

कूट
(क) कथन (i) सही है।
(ख) कथन (ii) और (iii) सही हैं।
(ग) कथन (i) और (ii) सही हैं।
(घ) कथन (i) और (iii) सही हैं।

III. निम्न में से कौन-सा कथन सही है?
(क) चंद्रयान-3 की चुनौतियों में से एक चंद्रमा की सतह पर रोवर की सॉफ्ट लैंडिंग है।
(ख) चंद्रमा की सतह बहुत असमान है और अंतरिक्ष यान को सुरक्षित रूप से उतारना मुश्किल है। दक्षता आधारित प्रश्न
(ग) 'क' और 'ख' दोनों
(घ) चंद्रयान का प्रक्षेपण वर्ष 2022 में किया गया था।

IV. चंद्रयान-3 ने चंद्रमा की किस सतह पर और कब सफलतापूर्वक लैंडिंग की?

V. भारत के लिए चंद्रयान-3 क्यों महत्त्वपूर्ण है?

गद्यांश 2

फिजूलखर्ची एक बुराई है, इसके पीछे बारीकी से नजर डालें तो अहंकार नजर आएगा। अहं के प्रदर्शन से तृप्ति मिलती है। अहं की पूर्ति के लिए कई बार बुराइयों से रिश्ता भी जोड़ना पड़ता है। अहंकारी लोग बाहर से भले ही गंभीरता का आवरण ओढ़ लें, लेकिन भीतर से वे उथलेपन से भरे रहते हैं।

जब कभी समुद्र तट पर जाने का मौका मिले, तो आप देखेंगे कि लहरें आती हैं, जाती हैं और चट्टानों से टकराती हैं। पत्थर वहीं रहते हैं, लहरें उन्हें भिगोकर लौट जाती हैं। हमारे भीतर हमारे आवेगों की लहरें भी हमें ऐसे ही टक्कर देती हैं।

इन आवेगों, आवेशों के प्रति अड़िग रहने का अभ्यास करना होगा, क्योंकि अहंकार यदि लंबे समय तक टिकने की तैयारी में आ जाए, तो वह नए-नए तरीके ढूँढेगा। स्वयं को महत्त्व मिले अथवा स्वेच्छाचारिता के प्रति आग्रह, ये सब धीरे-धीरे सामान्य जीवन-शैली बन जाती है। ईसा मसीह ने कहा है—"मैं उन्हें धन्य कहूँगा, जो अंतिम हैं।" आज के भौतिक युग में यह टिप्पणी कौन स्वीकारेगा, जब 'चारों ओर नंबर वन' होने की होड़ लगी है।

ईसा मसीह ने इसी में आगे जोड़ा है कि "ईश्वर के राज्य में वही प्रथम होंगे, जो अंतिम हैं और जो प्रथम होने की दौड़ में रहेंगे, वे अभागे रहेंगे।" यहाँ 'अंतिम' होने का संबंध लक्ष्य और सफलता से नहीं है। जीसस ने विनम्रता, निरहंकारिता को शब्द दिया है 'अंतिम'। आपके प्रयास व परिणाम प्रथम हों, अग्रणी रहें, पर आप भीतर से अंतिम हों अर्थात् विनम्र, निरहंकारी रहें। अन्यथा अहं अकारण ही जीवन के आनंद को खा जाता है।

प्रश्न

I. अहंकारी व्यक्तियों की कमियों की ओर संकेत किया गया है। कथन पढ़कर सही विकल्प का चयन कीजिए।

(क) अहंकारी व्यक्ति भीतर से उथलेपन से भरे होते हैं।

(ख) अहंकारी व्यक्ति सतही मानसिकता रखते हैं।

(ग) अहंकारी व्यक्ति किसी भी प्रकार से अपने अहं का प्रदर्शन करना चाहते हैं।

(घ) उपर्युक्त सभी

II. कथन (A) और कारण (R) को पढ़कर उपयुक्त विकल्प चुनिए।

कथन (A) मानव मन में अनेक भावनाएँ उद्वेलित होती हैं।

कारण (R) लेखक ने मानव मन में उद्वेलित होने वाली भावनाओं की तुलना ईसा मसीह से, भौतिक आकांक्षाओं से और निरहंकार से की है।

(क) कथन (A) सही है किंतु कारण (R) गलत है।

(ख) कथन (A) गलत है और कारण (R) सही है।

(ग) कथन (A) सही है, किंतु कारण (R), कथन (A) की सही व्याख्या नहीं करता है।

(घ) कथन (A) कारण (R) की सही व्याख्या करता है।

III. प्रस्तुत गद्यांश का सर्वाधिक उपयुक्त शीर्षक क्या होगा?

(क) अहंकार : एक बड़ा अवगुण

(ख) फिजूलखर्ची का महत्त्व

(ग) मनुष्य की जीवन-शैली

(घ) जीसस के विचार

IV. (क) गद्यांश के अनुसार, 'फिजुलखर्ची' क्या है?

(ख) 'फिजूलखर्ची' में कौन-सी बात नजर आ रही है?

V. जीसस के अनुसार, मनुष्य को अंदर से कैसा होना चाहिए?

गद्यांश 3

भारत के लिए लोकतंत्र को अपनाया जाना भारत के राष्ट्रीय आंदोलन व जनता की आकांक्षाओं का स्वाभाविक परिणाम था। लोकतंत्र के मूलभूत तत्त्व को समझा नहीं गया है और इसलिए लोग समझते हैं कि सब कुछ सरकार को करना चाहिए, हमारी कोई जिम्मेदारी नहीं है।

लोगों में अपनी पहल से जिम्मेदारी उठाने और निभाने का संस्कार विकसित नहीं हो पाया है। फलस्वरूप देश की विशाल मानव शक्ति अभी खर्राटे ले रही है और देश की पूँजी उपयोगी बनने के बदले आज बोझ बन बैठी है, लेकिन उसे नींद से झकझोर कर जाग्रत करना है। किसी भी देश को महान बनाते हैं, उसमें रहने वाले लोग।

लेकिन अभी हमारे देश के नागरिक अपनी जिम्मेदारी से बचते रहे हैं। चाहे सड़क पर चलने की बात हो अथवा साफ-सफाई की बात हो, जहाँ-तहाँ हम लोगों को गंदगी फैलाते और बेतरतीब ढंग से वाहन चलाते देख सकते हैं। फिर चाहते हैं कि सब कुछ सरकार ठीक कर दे।

सरकार ने बहुत सारे कार्य किए हैं, इसे अस्वीकार नहीं किया जा सकता है। वैज्ञानिक प्रयोगशालाएँ खोली हैं, विशाल बाँध बनवाए हैं तथा फौलाद के कारखाने खोले हैं आदि बहुत सारे कार्य सरकार द्वारा हुए हैं, परंतु अभी भी करोड़ों लोगों को कार्य के प्रति प्रेरित नहीं किया जा सका है।

वास्तव में, होना तो यह चाहिए कि लोग अपनी सूझ-बूझ के साथ अपनी आंतरिक शक्ति के बल पर खड़े हों और अपने पास जो कुछ साधन-सामग्री हो उसे लेकर कुछ कार्य करना शुरू कर दें और फिर सरकार उसमें आवश्यक मदद करे।

उदाहरण के लिए, गाँव वाले बड़ी-बड़ी पंचवर्षीय योजनाएँ नहीं समझ सकेंगे, परंतु वे लोग यह बात जरूर समझ सकेंगे कि अपने गाँव में कहाँ कुआँ चाहिए, सिंचाई के लिए कौन-सा साधन सुलभ है और कहाँ पुल की आवश्यकता है। बाहर के लोग इन सब बातों से अनभिज्ञ होते हैं।

प्रश्न

I. गद्यांश के आधार पर बताइए कि किसको नींद से झकझोर कर जाग्रत करने की आवश्यकता है?

(क) सरकार को

(ख) देश की विशाल मानव शक्ति को

(ग) लोकतंत्र को

(घ) उपर्युक्त में से कोई नहीं

II. गद्यांश में लेखक द्वारा राष्ट्र के नागरिकों को सुझाव दिए गए हैं

(क) लोग अपनी समझ व आंतरिक ऊर्जा को आधार बनाएँ

(ख) जो भी साधन उपलब्ध हों, उनके आधार पर कार्य आरंभ करें

(ग) 'क' और 'ख' दोनों

(घ) लोग अपनी सूझ-बूझ के अनुसार बाहरी शक्ति के बल पर खड़े हों।

III. **कथन** (i) प्रस्तुत गद्यांश में लेखक ने सरकारी व्यवस्था की एक कमी को उजागर किया है।

कथन (ii) सरकार द्वारा गाँव से जुड़ी समस्याओं के निदान में ग्रामीणों को प्रेरित न करना सरकार की एक कमी को उजागर करती है।

कथनों को पढ़कर उपयुक्त विकल्प चुनिए। **दक्षता आधारित प्रश्न**

(क) कथन (i) गलत है।

(ख) कथन (i) सही है।

(ग) कथन (i) और (ii) दोनों गलत हैं।

(घ) कथन (i) और (ii) दोनों सही हैं।

IV. **लोकतंत्र का मूल तत्त्व क्या है? इसके बारे में लोग क्या समझते हैं?**

V. **गद्यांश में सरकार द्वारा किए गए कौन-से कार्यों का उल्लेख किया गया है?**

गद्यांश 4

समाज-कल्याण क्या है, इसकी पूर्ण तथा सांगोपांग परिभाषा देते समय मतभेद हो सकता है, किंतु जहाँ तक इसके सार-तत्त्व को समझने की बात है, लोगों में एक प्रकार से सामान्य सहमति मालूम पड़ती है। इसका तात्पर्य एक व्यक्तिगत सेवा से है, जो विशेष प्रकार की न होकर सामान्य प्रकार की होती है। इसका उद्देश्य किसी ऐसे व्यक्ति की सहायता करना है, जो असमर्थता की भावना से दु:खी होने पर भी अपने जीवन का सर्वोत्तम सदुपयोग करना चाहता है अथवा उन कठिनाइयों पर विजयी होना चाहता है, जो उसे पराजित कर चुकी हैं अथवा पराजय की आशंकाएँ उत्पन्न करती हैं।

समाज-कल्याण की भावना दुर्बल की सहायता करती है तथा अपरिवर्तनीय स्थितियों के साथ संबंध सुधारने या सामंजस्य स्थापित करने का प्रयत्न करती है। इसके सर्वोच्च आदर्शों का सही-सही निरूपण स्वास्थ्य-मंत्रालय के एक परिपत्र द्वारा निर्दिष्ट वाक्य में किया गया है, जिसका संबंध विकलांगों के कल्याण से है। इसके अनुसार, कल्याणकारी सेवाओं का उद्देश्य यह सुनिश्चित करना है कि "सभी विकलांग व्यक्तियों को चाहे उनकी अक्षमता कुछ भी हो, सामुदायिक जीवन में हाथ बँटाने तथा उसके विकास में योगदान देने के लिए अधिक-से-अधिक अवसर दिए जाएँगे, ताकि उनकी क्षमताओं का पूर्ण क्रियान्वयन हो सके, उनका आत्मविश्वास जाग सके तथा उनके सामाजिक संपर्क मजबूत बन सकें।"

प्रश्न

I. **"उनका आत्मविश्वास जाग सके तथा उनके सामाजिक संपर्क मजबूत बन सकें", वाक्य में 'उनका' शब्द किसके लिए प्रयुक्त हुआ है?** **दक्षता आधारित प्रश्न**

(क) केवल दृष्टिहीन व्यक्ति के लिए

(ख) केवल सबल व्यक्ति के लिए

(ग) सभी विकलांग व्यक्तियों के लिए

(घ) उपर्युक्त सभी

II. **कथन** (i) स्वास्थ्य मंत्रालय ने अपने परिपत्र में समाज-कल्याण के लिए कुछ लक्ष्य निर्धारित किए हैं।

कथन (ii) विकलांग व्यक्तियों को अधिक-से-अधिक अवसर देना और उनकी क्षमताओं का पूर्ण क्रियान्वयन करना समाज कल्याण के लिए निर्धारित लक्ष्य हैं।

कथनों को पढ़कर उपयुक्त विकल्प चुनिए। **दक्षता आधारित प्रश्न**

(क) केवल कथन (i) सही है।

(ख) केवल कथन (ii) सही है।

(ग) कथन (i) और (ii) दोनों सही हैं।

(घ) कथन (i) और (ii) दोनों गलत हैं।

III. **समाज-कल्याण का तात्पर्य ....।**

(क) स्वहित करना है।

(ख) व्यक्तिगत सेवा जो सामान्य हो।

(ग) व्यक्तिगत सेवा जो विशेष प्रकार की हो।

(घ) अव्यक्तिगत सेवा।

IV. **समाज-कल्याण की भावना किसकी सहायता करती है?**

V. **समाज-कल्याण का उद्देश्य क्या है?**

गद्यांश 5

मानव सभ्यता पर औद्योगिक क्रांति की धमक अभी थमी भी नहीं कि एक नई तकनीकी क्रांति ने अपने आने की घोषणा कर दी है। 'नैनो-तकनीक' के समर्थक दावा करते हैं कि जब यह अपने पूरे वजूद में आएगी, तो धरती का नामो-निशान मिट जाएगा और नैनो रोबोट की स्वनिर्मित फौज पूरी तरह क्षत-विक्षत शव को पलक झपकते ही चुस्त-दुरुस्त इंसान में तबदील कर देगी।

दूसरी ओर नैनो-तकनीक की असीमित शक्ति से आशंकित इसके विरोधी इसे मिस्र के पिरामिडों में सोई ममियों से भी ज्यादा अभिशप्त समझते हैं। इन दोनों अतिवादी धारणाओं के बीच इतना अवश्य कहा जा सकता है कि हम तकनीकी क्रांति के एक सर्वथा नए मुहाने पर आ पहुँचे हैं, जिसके बाद उद्योग, चिकित्सा, दूरसंचार, परिवहन सहित हमारे जीवन में शामिल तमाम तकनीकी जटिलताएँ अपना पुराना अर्थ खो देंगी। इस अभूतपूर्व तकनीकी बदलाव के सामाजिक-सांस्कृतिक निहितार्थ क्या होंगे, यह देखना सचमुच दिलचस्प होगा।

आदमी ने कभी सभ्यता की बुनियाद पत्थर के बेडौल हथियारों से डाली थी, अनगढ़ शिलाओं को छीलकर उन्हें कुल्हाड़ों और भालों की शक्ल में ढाला और इस उपलब्धि ने उत्पादकता की दृष्टि से उसे दूसरे जंतुओं की तुलना में लाभ की स्थिति में ला खड़ा किया। औजारों को बेहतर बनाने का यह सिलसिला आगे कई विस्मयकारी मसलों से गुजरा और औद्योगिक क्रांति ने तो मनुष्य को मानो प्रकृति के नियंत्रक की भूमिका सौंप दी।

तकनीकी कौशल की हतप्रभ कर देने वाली इस यात्रा में एक बात ऐसी है, जो पाषाण युग के बेढब हथियारों से चमत्कारी माइक्रोचिप निर्माण तक एक जैसी बनी रही। हम अपने औजार, कच्चे माल को तराशकर बनाते हैं। यह सर्वविदित तथ्य है कि सारे पदार्थ परमाणुओं से मिलकर बने हैं, लेकिन पदार्थों के गुण इस बात पर निर्भर करते हैं कि उनमें परमाणुओं को किस तरह सजाया गया है। कार्बन के परमाणुओं की एक खास

बनावट से कोयला तैयार होता है, तो दूसरी खास बनावट उन्हें हीरे का रूप दे देती है। परमाणु और अणुओं को इकाई मानकर मनचाहा उत्पाद तैयार करना ही 'नैनो-तकनीक' का सार है।

प्रश्न

I. कथन (A) और कारण (R) को पढ़कर उपयुक्त विकल्प चुनिए।

कथन (A) नैनो तकनीक ने आज हमें एक नई तकनीकी क्रांति के सामने लाकर खड़ा कर दिया है, क्योंकि

कारण (R) इस क्रांति के कारण आज हम पुरानी तकनीकी जटिलताओं के अर्थ को कहीं खो बैठे हैं।

(क) कथन (A) और कारण (R) दोनों सही हैं तथा कारण (R), कथन (A) की सही व्याख्या करता है।
(ख) कथन (A) गलत है, परंतु कारण (R) सही है।
(ग) कथन (A) और कारण (R) दोनों ही गलत हैं।
(घ) कथन (A) और कारण (R) दोनों सही हैं, परंतु कारण (R) कथन (A) की सही व्याख्या नहीं करता है।

II. मानव प्रकृति का नियंत्रक किस आधार पर बन गया?

(क) औजारों का निर्माण करके (ख) औद्योगिक क्रांति करके
(ग) (क) और (ख) दोनों (घ) प्रकृति को प्रोत्साहित करके

III. नैनो-तकनीक के महत्त्व के बारे में कौन-सा कथन सही है?

(i) यह ऐसी तकनीक है, जो मनुष्य की सोच की सीमा बढ़ा देगी।
(ii) यह मनुष्य के विकास के लिए अत्यंत आवश्यक है।
(iii) यह मनुष्य को केवल विनाश की ओर ले जाएगी।
(iv) यह ऐसी तकनीक है, जो मनुष्य की सोच को सीमित कर देगी।

कूट

(क) केवल कथन (i) सही है।
(ख) केवल कथन (iii) सही है।
(ग) कथन (i), (ii) और (iii) सही हैं।
(घ) कथन (ii) और (iv) सही हैं।

IV. (क) गद्यांश के अनुसार, आदमी ने सभ्यता की बुनियाद किससे डाली थी?

(ख) 'नैनो-तकनीक' के प्रभुत्व में आने का क्या परिणाम होगा?

V. गद्यांश के अनुसार, 'नैनो-तकनीक' क्या है?

गद्यांश 6

हरियाणा के पुरातत्त्व विभाग द्वारा किए गए अब तक के शोध और खुदाई के अनुसार, लगभग 5500 हेक्टेयर में फैली यह राजधानी ईसा से लगभग 3300 वर्ष पूर्व मौजूद थी। इन प्रमाणों के आधार पर यह तो तय हो ही गया है कि राखीगढ़ी की स्थापना उससे भी सैकड़ों वर्ष पूर्व हो चुकी थी। अब तक यही माना जाता रहा है कि इस समय पाकिस्तान में स्थित हड़प्पा और मोहनजोदड़ो ही सिंधुकालीन सभ्यता के मुख्य नगर थे। राखीगढ़ी गाँव में खुदाई और शोध का काम रुक-रुक कर चल रहा है। हिसार का यह गाँव दिल्ली से मात्र एक सौ पचास किलोमीटर की दूरी पर है। पहली बार यहाँ वर्ष 1963 में खुदाई हुई थी और तब से इसे सिंधु-सरस्वती सभ्यता का सबसे बड़ा नगर माना गया। उस समय के शोधार्थियों ने सप्रमाण घोषणाएँ की थीं कि यहाँ दबे नगर कभी मोहनजोदड़ो और हड़प्पा से भी बड़े रहे होंगे। अब सभी शोध विशेषज्ञ इस बात पर सहमत हैं कि राखीगढ़ी, भारत-पाकिस्तान और अफगानिस्तान का आकार और आबादी की दृष्टि से सबसे बड़ा शहर था। प्राप्त विवरणों के अनुसार, समुचित रूप से नियोजित इस शहर की सभी सड़कें 1.92 मीटर चौड़ी थीं। यह चौड़ाई कालीबंगा की सड़कों से भी ज्यादा है। एक ऐसा बर्तन भी मिला है, जो सोने और चाँदी की परतों से ढका है। इस स्थल पर एक 'फाउंड्री' के भी चिह्न मिले हैं, जहाँ सम्भवत: सोना ढाला जाता होगा।

इसके अलावा टैराकोटा से बनी असंख्य प्रतिमाएँ, ताँबे के बर्तन और एक 'फर्नेस' का अवशेष भी मिला है। मई, 2012 में 'ग्लोबल हैरिटेज फंड' ने इसे एशिया के दस ऐसे 'विरासत स्थलों' की सूची में शामिल किया है, जिनके नष्ट हो जाने का खतरा है।

राखीगढ़ी का पुरातात्त्विक महत्त्व विशिष्ट है। इस समय यह क्षेत्र पूरे विश्व के पुरातत्त्व विशेषज्ञों की रुचि और जिज्ञासा का केंद्र बना हुआ है। यहाँ बहुत-से काम बाकी हैं। जो अवशेष मिले हैं, उनका समुचित अध्ययन अभी शेष है। उत्खनन का काम अब भी अधूरा है।

प्रश्न

I. चौड़ी सड़कों से स्पष्ट होता है कि ....।

(क) यातायात के साधन थे
(ख) अधिक आबादी थी
(ग) शहर नियोजित था
(घ) बड़ा शहर था

II. राखागढ़ी को एशिया के 'विरासत स्थलों' में स्थान मिला, क्योंकि

(क) नष्ट हो जाने का खतरा है।
(ख) सबसे विकसित सभ्यता है।
(ग) इतिहास में इसका नाम सर्वोपरि है।
(घ) यहाँ विकास की तीन परतें मिली हैं।

III. कथन (A) और कारण (R) को पढ़कर उपयुक्त विकल्प चुनिए।

कथन (A) पुरातत्त्व विशेषज्ञ राखीगढ़ी में विशेष रुचि ले रहे हैं।

कारण (R) इसका समुचित उत्खनन का कार्य अभी अधूरा है।

(क) कथन (A) सही है, किंतु कारण (R), कथन (A) की सही व्याख्या नहीं करता है।
(ख) कथन (A) और कारण (R) दोनों गलत हैं।
(ग) कथन (A) गलत है, किंतु कारण (R) सही है।
(घ) कथन (A) और कारण (R) दोनों सही हैं।

IV. सिंधु सभ्यता का सबसे बड़ा नगर किसे माने जाने की संभावनाएँ हैं और क्यों?

V. प्रस्तुत गद्यांश का सर्वाधिक उपयुक्त शीर्षक क्या होगा?

गद्यांश 7

पाठक आमतौर पर रूढ़िवादी होते हैं, वे सामान्यत: साहित्य में अपनी मर्यादाओं की स्वीकृति या एक स्वप्न-जगत में पलायन चाहते हैं। साहित्य एक झटके में उन्हें अपने आस-पास के उस जीवन के प्रति सचेत करता है, जिससे उन्होंने आँखें मूँद रखी थीं। शुतुरमुर्ग अफ्रीका के रेगिस्तानों में नहीं

मिलते, वे हर जगह बहुतायत में उपलब्ध हैं। प्रौद्योगिकी के इस दौर का नतीजा जीवन के हर गोशे में नकद फसल के लिए बढ़ता हुआ पागलपन है और हमारे राजनीतिज्ञ, सत्ता के दलाल, व्यापारी, नौकरशाह- सभी लोगों को इस भगदड़ में नहीं पहुँचने, जैसा दूसरे करते हैं वैसा करने, चूहादौड़ में शामिल होने और कुछ-न-कुछ हासिल कर लेने को जिए जा रहे हैं।

हम थककर साँस लेना और अपने चारों ओर निहारना, हवा के पेड़ में से गुजरते वक्त पत्तियों की मनहर लय-गतियों को और फूलों के जादुई रंगों को, फूली सरसों के चमकदार पीलेपन को, लिखे मैदानों की घनी हरीतिमा को, मर्मर ध्वनि के सौंदर्य, हिमाच्छादित शिखरों की भव्यता, समुद्र तट पर पछाड़ खाकर बिखरती हुई लहरों के घोष को देखना-सुनना भूल गए हैं।

कुछ लोग सोचते हैं कि पश्चिम का आधुनिकतावाद और भारत तथा अधिकांश तीसरी दुनिया के नव-औपनिवेशिक चिंतन के साथ अपनी जड़ों से अलगाव, व्यक्तिवादी अजनबियत में हमारा अनिवार्य बे-लगाम धँसाव, अचेतन के बिंब, बौद्धिकता से विद्रोह, यह घोषणा कि दिमाग अपनी रस्सी के अंतिम सिरे पर है, यथार्थवाद का विध्वंस, काम का ऐंद्रिक सुख मात्र रह जाना और मानवीय भावनाओं का व्यवसायीकरण तथा निम्नस्तरीय-करण इस अंधी घाटी में आ फँसने की वजह है। लेकिन वे भूल जाते हैं कि आधुनिकीकरण इतिहास की एक सच्चाई है, जो नई समस्याओं को जन्म देने और विज्ञान को अधिक जटिल बनाने के बावजूद एक तरह से, मानव जाति की नियति है।

मेरा सुझाव है कि विवेकहीन आधुनिकता के बावजूद आधुनिकता की दिशा में धैर्यपूर्वक सुयोजित प्रयास होने चाहिए। एक आलोचक किसी नाली में भी झाँक सकता है, परंतु वह नाली-निरीक्षक नहीं होता। लेखक का कार्य दुनिया को बदलना नहीं, समझना है, साहित्य क्रांति नहीं करता, वह मनुष्यों का दिमाग बदलता है और उन्हें क्रांति की आवश्यकता के प्रति जागरूक बनाता है।

प्रश्न

I. शुतुरमुर्ग अफ्रीका के रेगिस्तानों में नहीं मिलते, वह हर जगह बहुतायत में उपलब्ध हैं।
उपर्युक्त कथन के आधार पर गद्यांश में 'शुतुरमुर्ग' की संज्ञा किसे दी गई है? **दक्षता आधारित प्रश्न**

(क) लेखक, जो संसार को समझना चाहता है।
(ख) राजनीतिज्ञ, जो अपनी स्वार्थ साधना चाहता है।
(ग) पाठक, जो सपनों की दुनिया में रहना चाहता है।
(घ) नौकरशाह, जो दूसरों जैसा बनने की होड़ में शामिल है।

II. कथन पढ़कर सही विकल्प का चयन कीजिए

(क) लोगों में 'नकद फसल के लिए पागलपन' बढ़ रहा है।
(ख) लोग तुरंत व अधिक-से-अधिक लाभ कमाना चाहते हैं।
(ग) 'क' और 'ख' दोनों
(घ) लोग तुरंत लाभ कमाना नहीं चाहते हैं

III. लेखक के अनुसार, गद्यांश पढ़कर बताइए कि साहित्य क्या कार्य करने के लिए प्रेरित नहीं करता है? **दक्षता आधारित प्रश्न**

(i) **लोगों को यथार्थ से अवगत कर बदलाव लाने के लिए।**
(ii) **लोगों को जीवन की समस्याओं को भुला आगे बढ़ते जाने के लिए।**
(iii) **लोगों को यथार्थवाद का विध्वंस करने के लिए।**
(iv) **लोगों को भावनाओं व ऐंद्रिक सुख से ऊपर उठ कार्य करने के लिए।**

कूट

(क) केवल कथन (i) सही है।
(ख) कथन (i), (ii) और (iii) सही हैं।
(ग) कथन (ii), (iii) और (iv) सही हैं।
(घ) उपर्युक्त में से कोई नहीं

IV. गद्यांश के अनुसार, आधुनिकता की दिशा में कैसे प्रयास होने चाहिए?

V. पाठक सामान्य तौर पर क्या अपेक्षा रखते हैं?

गद्यांश 8

जनवरी, 2008 में अंतरिक्ष अनुसंधान की सलाहकार समिति ने आदित्य मिशन का प्रस्ताव रखा। आदित्य मिशन में मूल रूप से सौर कोरोना का अध्ययन करने के लिए (कोरोनोग्राफ के साथ डिजाइन किए गए एक छोटे से 400 किलो (880 एलबी) से कम-पृथ्वी परिक्रमा उपग्रह के रूप में) योजना बनाई गई थी। आदित्य एल-1 भारत का पहला अंतरिक्ष-आधारित सौर वेधशाला मिशन है और इसे पीएसएलवी-एक्सएल लॉन्च वाहन का उपयोग करके 2 सितंबर, 2023 को लॉन्च किया गया। आदित्य-एल 1 अंतरिक्ष यान को सूर्य-पृथ्वी प्रणाली के पहले लैग्रेंज बिंदु (एल-1) के चारों ओर एक प्रभामंडल कक्षा में स्थापित किया गया। एल-1 बिन्दु पृथ्वी-सूर्य प्रणाली में एक स्थान को इंगित करता है, जहाँ सूर्य को स्पष्ट रूप से देखा जा सकता है और वहाँ सौर तथा हेलिओस्फेरिक वैद्यशाला उपग्रह भी स्थित हैं।

आदित्य एल-1 कोरोनोग्राफी अंतरिक्षयान का प्राथमिक उद्देश्य सूर्य के फोटोस्फीयर, क्रोमोस्फीयर और कोरोना की जाँच करना है। आदित्य-एल 1 को मिशन एक्स-रे ऑप्टिकल और मूवी स्पेक्ट्रल बैंड में एकसाथ खगोलीय स्रोतों का अध्ययन करने के लिए विशेष रूप से डिजाइन किया गया। यह प्रथम भारतीय खगोल विज्ञान मिशन है। आकाशीय यांत्रिकी में दो बड़े पैमाने पर परिक्रमा करने वाले पिंडों के प्रभाव में, लैग्रेंज बिंदु छोटे-द्रव्यमान वाले पिंडों के लिए संतुलन के बिंदु हैं। यह प्रतिबंधित तीन-पिंड समस्या का एक गणितीय समाधान है, जिसमें दो पिंड तीसरे से कहीं अधिक विशाल हैं।

सूर्य पृथ्वी से लगभग 15 अरब किलोमीटर दूर है और एक वैज्ञानिक चुनौती का कारण है। आदित्य-एल 1 मिशन में कुछ गतिमान पुर्जे भी शामिल हैं, जिससे टकराव की संभावना है। अत्यधिक उच्चताप और सौर विकिरण इसकी दो प्रमुख चिंताएँ हैं।

प्रश्न

I. आदित्य-एल 1 की वर्तमान स्थिति क्या है?

(क) इसे L-2 में प्रभामण्डल कक्षा के चारों ओर स्थापित किया।
(ख) पीएसएलवी-एक्सएल लॉन्च वाहन के उपयोग में सहायक।
(ग) L-1 के चारों ओर एक प्रभामंडल कक्षा में स्थापित है।
(घ) पृथ्वी-सूर्य की प्रणाली में स्थान को इंगित करता है।

II. कथन (A) और कारण (R) को पढ़कर उपयुक्त विकल्प चुनिए
कथन (A) लैंग्रेंज प्वाइंट 1 सूर्य का एक सहज दृश्य प्रदान करता है और वर्तमान में वह स्थान है, जहाँ
कारण (R) आदित्य-एलआई सौर और पृथ्वी की योजना बनाई गई है। **दक्षता आधारित प्रश्न**

(क) कथन (A) गलत है, किंतु कारण (R) सही है।
(ख) कथन (A) और कारण (R) दोनों गलत हैं।
(ग) कथन (A) सही है और कारण (R), कथन (A) की सही व्याख्या करता है
(घ) कथन (A) सही है, किंतु कारण (R), कथन (A) की सही व्याख्या नहीं करता है।

III. सौर कोरोना क्या है? इस कथन के पक्ष में निम्नलिखित में से कौन-सा/कौन-से तर्क सही है/हैं? **दक्षता आधारित प्रश्न**

(i) सौर कोरोना सूर्य के वातावरण की सबसे बाहरी परत है।
(ii) जो आमतौर पर सूर्य की सतह के तेज प्रकाश से ढकी रहती है।
(iii) जो लैंग्रेंज बिंदु एल पर टिकी होती है।

कूट
(क) (i) सही है।
(ख) (ii) सही है।
(ग) (ii) और (iii) सही हैं।
(घ) (i) और (ii) सही हैं।

IV. आदित्य एल-1 मिशन क्या है? इसका प्रस्ताव कब रखा गया?

V. इसरो ने आदित्य मिशन का नाम बदलकर आदित्य एल-1 मिशन क्यों किया?

गद्यांश 9

वर्तमान युग कंप्यूटर का युग है। यदि भारतवर्ष पर नजर दौड़ाकर देखें, तो हम पाएँगे कि जीवन के लगभग सभी क्षेत्रों में कंप्यूटर का प्रवेश हो गया है। बैंक, रेलवे-स्टेशन, हवाई-अड्डे, डाकखाने, बड़े-बड़े उद्योग-कारखाने, व्यवसाय हिसाब-किताब तथा रुपये गिनने तक की मशीनें कंप्यूटरीकृत हो गई हैं। आज भी कंप्यूटर का प्रारंभिक प्रयोग है तथा आने वाला समय इसके विस्तृत फैलाव का संकेत दे रहा है। प्रश्न उठता है कि क्या कंप्यूटर आज की जरूरत है? इसका उत्तर है—कंप्यूटर जीवन की मूलभूत अनिवार्य वस्तु तो नहीं है, किंतु इसके बिना आज की दुनिया अधूरी जान पड़ती है। सांसारिक गतिविधियों, परिवहन और संचार उपकरणों आदि का ऐसा विस्तार हो गया है कि उन्हें सुचारु रूप से चलाना अत्यंत कठिन होता जा रहा है।

पहले मनुष्य जीवन-भर में यदि सौ लोगों के संपर्क में आता था, तो आज वह दो-हजार लोगों के संपर्क में आता है। पहले वह दिन में पाँच-दस लोगों से मिलता था, तो आज पचास-सौ लोगों से मिलता है। पहले वह दिन में काम करता था, तो आज रातें भी व्यस्त रहती हैं। आज व्यक्ति के संपर्क बढ़ रहे हैं, व्यापार बढ़ रहे है, गतिविधियाँ बढ़ रही हैं, आकांक्षाएँ बढ़ रही हैं तथा साधन बढ़ रहे हैं।

इस अनियंत्रित गति को सुव्यवस्था देने की समस्या आज की प्रमुख समस्या है। कहते हैं 'आवश्यकता आविष्कार की जननी है'। इस आवश्यकता ने अपने अनुसार निदान ढूँढ लिया है।

कंप्यूटर एक ऐसी स्वचालित प्रणाली है, जो कैसी भी अव्यवस्था को व्यवस्था में बदल सकती है। हड़बड़ी में होने वाली मानवीय भूलों के लिए कंप्यूटर रामबाण औषधि है। क्रिकेट के मैदान में अम्पायर की निर्णायक भूमिका हो या लाखों-करोड़ों की लंबी-लंबी गणनाएँ, कंप्यूटर पलक झपकते ही आपकी समस्या हल कर सकता है।

पहले इन कामों को करने वाले कर्मचारी हड़बड़ाकर काम करते थे, एक भूल से घबराकर और अधिक गड़बड़ी करते थे। परिणामस्वरूप काम कम, तनाव अधिक होता था। अब कंप्यूटर की सहायता से काफी सुविधा हो गई है।

प्रश्न

I. गद्यांश को पढ़कर कंप्यूटर के महत्त्व के विषय में कौन-सा विकल्प सही है?
(क) कंप्यूटर काम के तनाव को समाप्त करने का उपाय है।
(ख) कंप्यूटर कई मानवीय भूलों को निर्णायक रूप से सुधार देता है।
(ग) कंप्यूटर के आने से सारी हड़बड़ाहट दूर हो गई है।
(घ) मानव की सभी समस्याओं का हल कंप्यूटर द्वारा ही संभव है

II. गद्यांश के अनुसार, किस आवश्यकता ने कंप्यूटर में अपना निदान ढूँढ लिया है?
(क) अनियंत्रित कर्मचारियों को अनुशासित करने की
(ख) अनियंत्रित गति को सुव्यवस्था देने की
(ग) अधिक-से-अधिक लोगों से जुड़कर जन-जागरण लाने की
(घ) अधिक-से-अधिक कार्य कभी भी व कहीं भी करने की

III. कथन (A) और कारण (R) को पढ़कर उपयुक्त विकल्प चुनिए।
कथन (A) कंप्यूटर के बिना आज की दुनिया अधूरी है, क्योंकि
कारण (R) सारी व्यवस्था, उपकरण और मशीनें कंप्यूटरीकृत नहीं हैं। **दक्षता आधारित प्रश्न**

(क) कथन (A) गलत है, किंतु कारण (R) सही है।
(ख) कथन (A) और कारण (R) दोनों ही गलत हैं।
(ग) कथन (A) सही है और कारण (R), कथन (A) की सही व्याख्या करता है।
(घ) कथन (A) सही है, किंतु कारण (R), कथन (A) की सही व्याख्या नहीं करता है।

IV. गद्यांश के अनुसार, वर्तमान युग किसका है और क्यों?

V. गद्यांश के अनुसार, कंप्यूटर के प्रयोग से पहले अधिक तनाव क्यों होता था?

गद्यांश 10

व्यक्ति चित्त प्रत्येक समय आदर्शों द्वारा चालित नहीं होता। जितने बड़े पैमाने पर मनुष्य की उन्नति के विधान बनाए गए, उतने ही बड़े पैमाने पर लोभ, मोह जैसे विकार भी विस्तृत होते गए, लक्ष्य की बात भूल गए, आदर्शों को मजाक का विषय बनाया गया और संयम को दकियानूसी मान लिया गया। परिणाम जो होना था, वह हो रहा है। यह कुछ थोड़े-से लोगों के बढ़ते हुए लोभ का नतीजा है, परंतु इससे भारतवर्ष के पुराने आदर्श और भी अधिक स्पष्ट रूप से महान तथा उपयोगी दिखाई देने लगे हैं।

भारतवर्ष सदैव कानून को धर्म के रूप में देखता आ रहा है। आज एकाएक कानून और धर्म में अंतर कर दिया गया है। धर्म को धोखा नहीं दिया जा सकता, परंतु कानून को दिया जा सकता है। यही कारण है कि जो धर्मभीरू हैं, वे भी त्रुटियों से लाभ उठाने में संकोच नहीं करते।

इस बात के पर्याप्त प्रमाण खोजे जा सकते हैं कि समाज के ऊपरी वर्ग में चाहे जो भी होता रहा हो, भीतर-बाहर भारतवर्ष आज भी यही अनुभव कर रहा है कि धर्म, कानून से बड़ी चीज है। आज भी सेवा, ईमानदारी, सच्चाई और आध्यात्मिकता के मूल्य बने हुए हैं। वे दब अवश्य गए हैं, लेकिन नष्ट नहीं हुए हैं। आज भी वह मनुष्य से प्रेम करता है, महिलाओं का सम्मान करता है, झूठ और चोरी को गलत समझता है तथा दूसरों को पीड़ा पहुँचाने को पाप समझता है।

प्रश्न

I. धर्म एवं कानून के संदर्भ में भारत के विषय में कौन-सा कथन सबसे अधिक सही है? दक्षता आधारित प्रश्न

(i) **महिलाओं का सम्मान करना धर्म तो है, पर कानून नहीं है।**

(ii) **धर्म और कानून दोनों को धोखा दिया जा सकता है।**

(iii) **भले लोगों के लिए कानून नहीं चाहिए और बुरे लोग इसकी परवाह नहीं करते हैं।**

(iv) **भारत का निचला वर्ग कदाचित अभी भी कानून को धर्म के रूप में देखता है।**

कूट

(क) केवल कथन (i) सही है।

(ख) कथन (i), (ii) और (iii) सही हैं।

(ग) केवल कथन (iii) सही है।

(घ) उपर्युक्त सभी कथन सही हैं।

II. भारतवर्ष में सेवा और सच्चाई के मूल्य ……… ।

(क) मनुष्य की समाज पर निर्भरता में कमी होने के कारण ह्रासित हुए हैं।

(ख) जीवन में उन्नति के बड़े पैमाने के कारण कहीं छिप से गए हैं।

(ग) न्यायालयों में कानून की सत्याभासी धाराओं में उलझ कर रह गए हैं।

(घ) परमार्थ के लिए जीवन की बाजी लगाने वाले व्यक्ति के मन को अभी भी नियंत्रित कर रहे हैं।

III. कथन (A) और कारण (R) को पढ़कर उपयुक्त विकल्प चुनिए।

कथन (A) भारतवर्ष का बड़ा वर्ग बाहर-भीतर कदाचित अनुभव करता है।

कारण (R) धर्म, कानून से बड़ी चीज है।

(क) कथन (A) गलत है, किंतु कारण (R) सही है।

(ख) कथन (A) और कारण (R) दोनों ही गलत हैं।

(ग) कथन (A) सही है और कारण (R), कथन (A) की सही व्याख्या करता है।

(घ) कथन (A) सही है, किंतु कारण (R), कथन (A) की सही व्याख्या नहीं करता है।

IV. भारतवर्ष हमेशा कानून को किस रूप में देखता आ रहा है?

V. प्रस्तुत गद्यांश का उपर्युक्त शीर्षक क्या होगा?

गद्यांश 11

संसार में अमरता ऐसे ही लोगों को मिलती है, जो अपने पीछे कुछ आदर्श छोड़ जाते हैं, जिनका स्थायी मूल्य होता है। बहुधा यही देखा गया है कि ऐसे व्यक्ति संपन्न परिवार में बहुत कम पैदा होते हैं। अधिकांश ऐसे लोगों का जन्म मध्यम वर्ग के घरों में या गरीब परिवार में ही होता है। इस तरह का पालन-पोषण साधारण परिवार में होता है और वे सादा जीवन बिताने के आदी हो जाते हैं। मनुष्य में विनय, उदारता, कष्ट-सहिष्णुता, साहस आदि चारित्रिक गुणों का विकास अत्यावश्यक है। इन गुणों का प्रभाव उनके जीवन पर पड़ता है। ये गुण व्यक्ति को अहंकारहीन या सादा-सरल बनाते हैं। सादा जीवन या सादगी का अर्थ है, रहन-सहन, वेशभूषा और आचार-विचार का एक निर्दिष्ट स्तर। जीवन में सादगी लाने के लिए दो बातें विशेष रूप से अनुकरणीय हैं, प्रथम कठिन-से-कठिन परिस्थितियों में धैर्य को न छोड़ना, द्वितीय अपनी आवश्यकताओं को न्यूनतम बनाना।

सादगी का विचारों से भी घनिष्ठ संबंध है। सादा जीवन व्यतीत करना चाहिए और अपने विचारों को उच्च रखना चाहिए। व्यक्ति की सच्ची पहचान उसके विचारों और (कर्म) करनी से होती है। मनुष्य के विचार उसके आचरण पर प्रभाव डालते हैं और उसके विवेक को जाग्रत रखते हैं। विवेकशील व्यक्ति ही अपनी आवश्यकताओं को सीमित रखता है, उन्हें अपने ऊपर हावी नहीं होने देता। सादा जीवन व्यतीत करने वाले व्यक्ति को कभी हतप्रभ होकर अपने आत्मसम्मान पर आँच नहीं आने देनी चाहिए। सादगी मनुष्य के चरित्र का अंग है, वह बाहरी चीज नहीं है।

महात्मा गाँधी सादा जीवन पसंद करते थे और हाथ के कते और बुने खद्दर के मामूली वस्त्र पहनते थे, किंतु अपने उच्च विचारों के कारण वे संसार में वंदनीय हो गए।

प्रश्न

I. महापुरुष प्रायः कैसे परिवार में जन्म लेते हैं?

(क) मध्यवर्गीय परिवार में

(ख) निम्नवर्गीय परिवार में

(ग) उच्चवर्गीय परिवार में

(घ) 'क' और 'ख' दोनों में

II. कथन को पढ़कर उपयुक्त विकल्प चुनिए।

कथन (i) हमें जीवन को सरल और सादा बनाना चाहिए।

कथन (ii) जीवन को सरल और सादा बनाने के लिए कठिन-से-कठिन परिस्थितियों में भी धैर्य नहीं छोड़ना चाहिए।

(क) कथन (i) और (ii) दोनों सही हैं।

(ख) केवल कथन (i) सही है।

(ग) केवल कथन (ii) सही है।

(घ) कथन (i) और (ii) दोनों गलत हैं।

III. प्रस्तुत गद्यांश का सर्वाधिक उपयुक्त शीर्षक क्या हो सकता है?

(क) सादा जीवन उच्च विचार (ख) मनुष्य की विचारधारा

(ग) जीवन का रहस्य (घ) सामाजिक स्थिति का निर्धारण

IV. (क) संसार में अमरता किसे मिलती है?

(ख) कौन-सा गुण व्यक्ति को अहंकारहीन बनाता है?

V. गद्यांश के अनुसार, व्यक्ति की सच्ची पहचान किससे होती है?

गद्यांश 12

अपनी सभ्यता का जब मैं अवलोकन करता हूँ, तब लोगों को काम के संबंध की उनकी विचारधारा के अनुसार, उन्हें विभाजित करने लगता हूँ। एक वर्ग में वे लोग आते हैं, जो काम को उस घृणित आवश्यकता के रूप में देखते हैं, जिसकी उनके लिए उपयोगिता केवल धन अर्जित करना है। वे अनुभव करते हैं कि जब दिनभर का श्रम समाप्त हो जाता है, तब वे जीना सचमुच शुरू करते हैं और अपने आप में होते हैं।

जब वे काम में लगे होते हैं, तब उनका मन भटकता रहता है। काम को वे उतना महत्त्व देने का कभी विचार नहीं करते, क्योंकि केवल आमदनी के लिए ही उन्हें काम की आवश्यकता है। दूसरे वर्ग के लोग अपने काम को आनंद और आत्मपरितोष पाने के एक सुयोग के रूप में देखते हैं। वे धन इसलिए कमाना चाहते हैं, ताकि अपने काम से अधिक एकनिष्ठता के साथ समर्पित हो सकें। जिस काम में वे संलग्न होते हैं, उसकी पूजा करते हैं।

पहले वर्ग में केवल वे लोग ही नहीं आते हैं, जो बहुत कठिन और अरुचिकर काम करते हैं। उसमें बहुत-से संपन्न लोग भी सम्मिलित हैं, जो वास्तव में कोई काम नहीं करते हैं। ये सभी धन को ऐसा कुछ समझते हैं, जो उन्हें काम करने के अभिशाप से बचाता है। इसके सिवाय कि उनका भाग्य अच्छा रहा है, वे अन्यथा उन कारखानों के मजदूरों की तरह ही हैं, जो अपने दैनिक काम को जीवन का सबसे बड़ा अभिशाप समझते हैं। उनके लिए काम कोई घृणित वस्तु है और धन वांछनीय, क्योंकि काम से छुटकारा पाने के साधन का प्रतिनिधित्व यही धन करता है।

यदि काम को वे टाल सकें और फिर भी धन प्राप्त हो जाए, तो खुशी से यही करेंगे। जो लोग काम में अनुरक्त हैं तथा उसके प्रति समर्पित हैं, ऐसे कलाकार, विद्वान् और वैज्ञानिक दूसरे वर्ग में सम्मिलित हैं। वस्तुओं को बनाने और खोजने में वे हमेशा दिलचस्पी रखते हैं। इसके अंतर्गत परंपरागत कारीगर भी आते हैं, जो किसी वस्तु को रूप देने में गर्व और आनंद का वास्तविक अनुभव करते हैं। अपनी मशीनों को ममत्वभरी सावधानी से चलाने और उनका रख-रखाव करने वाले कुशल मिस्त्री और इंजीनियर इसी वर्ग से संबंधित हैं।

प्रश्न

I. पहले वर्ग के लोग काम को किस रूप में देखते हैं?

(क) कर्त्तव्य भावना के रूप में

(ख) धन प्राप्ति के साधन के रूप में

(ग) आनंद प्राप्ति के साधन के रूप में

(घ) समाज सेवा के रूप में

II. दूसरे वर्ग के लोगों के विषय में कौन-सा/से कथन सही नहीं है/हैं?

(i) वे काम में अनुरक्त रहते हैं।

(ii) वे काम के प्रति समर्पित होते हैं।

(iii) वे वस्तुओं को रूप देने में आनंद का अनुभव करते हैं।

(iv) वे काम से छुटकारा पाना चाहते हैं। **दक्षता आधारित प्रश्न**

कूट

(क) कथन (i), (ii) और (iii) सही नहीं हैं।

(ख) कथन (i) और (ii) सही नहीं हैं।

(ग) कथन (ii), (iii) और (iv) सही नहीं हैं।

(घ) केवल कथन (iv) सही नहीं है।

III. कथन (A) और कारण (R) को पढ़कर उपयुक्त विकल्प चुनिए।

कथन (A) काम के प्रति समर्पित लोगों के वर्ग में कलाकार विद्वान, वैज्ञानिक, परंपरागत कारीगर, कुशल मिस्त्री और इंजीनियर लोग आते हैं।

कारण (R) क्योंकि इन वर्गों के लोग वस्तुओं को बनाने और सीखने में रुचि लेते हैं।

कूट

(क) कथन (A) गलत है, किंतु कारण (R) सही है।

(ख) कथन (A) और कारण (R) दोनों गलत हैं।

(ग) कथन (A) सही है और कारण (R), कथन (A) की सही व्याख्या करता है।

(घ) कथन (A) सही है, किंतु कारण (R), कथन (A) की सही व्याख्या नहीं करता है।

IV. दूसरे वर्ग के लोग किसकी पूजा करते हैं और उनका धन कमाने का उद्देश्य क्या है?

V. पहले वर्ग के लोग किसे घृणित आवश्यकता के रूप में देखते हैं? स्पष्ट कीजिए।

गद्यांश 13

मनुष्यता बौद्धिकता में निवास न करके, उसके व्यवहार में निवास करती है। व्यवहार में बौद्धिकता का समावेश तब ही हो सकता है, जब सद्बुद्धि मौजूद हो, सद्विवेक उपस्थित हो और सद्बुद्धि या सद्विवेक यथार्थ में सुमति ही है। सुमतिसंपन्न व्यक्ति को अनेक अनमोल निधियाँ प्राप्त होती हैं।

व्यक्ति को सुमतिसंपन्न बनाने में महत्त्वपूर्ण भूमिका उसकी शिक्षा एवं समाजीकरण निभाता है। इसी से किसी व्यक्ति के विवेकयुक्त व्यक्तित्व का निर्माण होता है। उचित शिक्षा व्यक्ति को विनम्रता एवं शालीनता का पाठ पढ़ाती है और उसे स्वावलंबी बनाती है। शिक्षा ही उचित-अनुचित, अच्छे-बुरे आदि में अंतर करने की दिव्य-दृष्टि प्रदान करती है, जिससे व्यक्ति सही-गलत, सत्य-असत्य की पहचान कर सकने में सक्षम बनता है। इसके अतिरिक्त शिक्षा विद्यार्थियों में उच्च चारित्रिक गुणों का निर्माण करके उनमें देश एवं समाज के प्रति उदात्त भावनाओं का विकास करती है अर्थात् समाज के अन्य सदस्यों के प्रति सद्विचार उत्पन्न करती है और सुमतिसंपन्न व्यक्ति निरंतर न सिर्फ अपने व्यक्तित्व का विकास करता है, बल्कि इससे समाज एवं राष्ट्र भी प्रगति के पथ पर अग्रसर होता है। जब मनुष्य में सद्विवेक उत्पन्न होगा, तो वह एक-दूसरे से ईर्ष्या एवं द्वेष करना छोड़ देगा।

जातीयता, सांप्रदायिकता, प्रांतीयता, अंध-क्षेत्रीयता आदि से संबंधित स्थापित संकीर्ण मान्यताओं को अस्वीकार कर सकेगा। धर्म एवं जाति की संकीर्ण कलुषित मानसिकता की जकड़न को तोड़कर वह इतना अहसास कर पाएगा कि सभी बंधनों से पूर्व सर्वप्रथम हम मानव हैं और मानव होने

के नाते हमारे कुछ सामान्य लक्ष्य हैं, जिन्हें प्राप्त करना सभी मनुष्यों का धर्म है। इससे धर्म, सत्ता, अर्थ एवं वि-संस्कृति की अंधानुकृति के कारण लोप हो रही मानवता की पुनर्स्थापना की जा सकती है।

प्रश्न

I. सुमतिसंपन्न बनाने के लिए कौन-सी बात आवश्यक है?

(क) विनम्रता (ख) शिक्षा

(ग) समाजीकरण (घ) ये सभी

II. शिक्षा किस प्रकार समाज एवं देश की प्रगति में सहयोग करती है?

(i) व्यक्ति में चारित्रिक गुणों का विकास करके।

(ii) समाज के अन्य व्यक्तियों के प्रति सद्भावना विकसित करके।

(iii) समाज के प्रति आदर सम्मान की भावना विकसित करके।

दक्षता आधारित प्रश्न

कूट

(क) केवल कथन (i) सही है।

(ख) कथन (i) और (ii) सही हैं।

(ग) कथन (iii) और (iv) सही हैं।

(घ) कथन (i), (ii) और (iii) सही हैं।

III. प्रस्तुत गद्यांश का सर्वाधिक उपयुक्त शीर्षक क्या होगा?

(क) सांप्रदायिकता का जहर

(ख) मनुष्य का धर्म

(ग) बौद्धिकतापूर्ण मानवता की पुनर्स्थापना

(घ) शिक्षा और समाज

IV. गद्यांश के अनुसार, मनुष्यता किसमें निवास करती है?

V. गद्यांश के अनुसार, मनुष्य किसके माध्यम से स्वावलंबी बनता है?

गद्यांश 14

जो लोग अपनी असफलताओं के लिए या जीवन में गतिरोध के लिए हालातों को जिम्मेदार ठहराते हैं, वे लोग या तो गलत हैं या हालात से डरते हैं। वे या तो जीवन को समझ नहीं पाए या उलझनों में फँसे हुए हैं। वे या तो आलसी हैं या अकर्मण्य हैं। एक कारण और भी हो सकता है कि उनकी नीयत और नीति में मेल न हो।

यह अति आवश्यक है कि नीयत और नीति दोनों एक सूत्र में पिरोई हुई हों अर्थात् मेल खाती हों। ऐसा कदापि संभव नहीं है और नीयत मानसिक इच्छा है, जो खोटी भी हो सकती है और खरी भी। खोटी नीयत वाला व्यक्ति कदापि इस संसार में नहीं टिक सकता और यदि टिकेगा, तो बहुत कम समय के लिए, केवल तब तक, जब तक उसकी नीयत खुलकर सामने नहीं आती, क्योंकि नीति की जननी नीयत है और जब जननी में ही दोष है, तो संतान में कोई-न-कोई विकृति अवश्य आ जाएगी।

हालातों को असफलता के लिए जिम्मेदार ठहराना ठीक नहीं लगता, क्योंकि हालात तो उनके साथ भी वही होते हैं या लगभग वही होते हैं, जो सफलता प्राप्त करते हैं। यदि कोई व्यक्ति अपनी असफलताओं की जिम्मेदारी खुद नहीं ले सकता, तो वह अपनी सफलता की जिम्मेदारी लेने के काबिल नहीं है। जीवन का असली आनंद तो तभी है, जब परिस्थितियाँ विषम हों।

प्रश्न

I. किस तरह के लोगों की नीयत और नीति में मेल नहीं रहता है?

(क) अकर्मण्य व आलसी लोग

(ख) हालात को जिम्मेदार ठहराने वाले लोग

(ग) जीवन को न समझने वाले लोग

(घ) उपर्युक्त सभी

II. कथन (A) और कारण (R) को पढ़कर उपयुक्त विकल्प चुनिए।

कथन (A) वह व्यक्ति कदापि इस संसार में नहीं टिक पाता।

कारण (R) यदि व्यक्ति की नीयत गलत व खोटी है।

(क) कथन (A) सही है, किंतु कारण (R) गलत है।

(ख) कथन (A) गलत है, किंतु कारण (R) सही है।

(ग) कथन (A) और कारण (R) दोनों ही गलत हैं।

(घ) कथन (A) और कारण (R) दोनों सही हैं।

III. असफलता के लिए किसे जिम्मेदार ठहराना ठीक नहीं माना गया है?

(i) ईश्वर को

(ii) प्रकृति को

(iii) हालातों को

(iv) काबिल व्यक्ति को

कूट

(क) केवल कथन (iii) सही है।

(ख) कथन (i), (ii) और (iv) सही हैं।

(ग) कथन (ii), (iii) और (iv) सही हैं।

(घ) कथन (i), (ii) और (iv) सही हैं।

IV. लेखक ने किसे 'नीति की जननी' कहा है और क्यों?

V. गद्यांश के अनुसार, जीवन का असली आनंद कब मिलता है?

गद्यांश 15

संसद ने महिला आरक्षण से संबंधित संविधान (128वाँ संशोधन) विधेयक, 2023 पारित किया, जिसमें लोकसभा, राज्य विधानसभाओं और दिल्ली विधानसभा में महिलाओं के लिए कुल सीटों में से एक-तिहाई सीटें आरक्षित करने का प्रावधान है। महिलाओं को लोकसभा और राज्य विधानसभाओं में 33% आरक्षण देने वाला महिला आरक्षण विधेयक (Women's Reservation Bill) राज्यसभा में पारित हो गया है।

संविधान (128वाँ संशोधन) विधेयक या नारी शक्ति वंदन अधिनियम, (Nari Shakti Vandan Adhiniyam) और इसके छः खंड राज्यसभा में 21 सितंबर को पारित हुए। उपस्थित सभी 214 सदस्यों ने विधेयक के पक्ष में मतदान किया, लोकसभा ने 21 सितम्बर, 2023 को विधेयक पारित किया था। लोकसभा के 454 सदस्यों ने विधेयक का समर्थन किया था, जबकि केवल दो सदस्यों ने ऑल इंडिया मजलिस-ए-इत्तेहादुल मुस्लिमीन के असदुद्दीन औवैसी और सैयद इम्तियाज जलील ने विधेयक का विरोध किया। महिला आरक्षण विधेयक नए संसद भवन में दोनों सदनों द्वारा पारित होने वाला पहला कानून है। यह अनुसूचित जाति, अनुसूचित जनजाति और एंग्लो इंडियंस के लिए आरक्षण के भीतर आरक्षण का भी प्रावधान करता है। विधेयक में अनुच्छेद-330 A में एक

क्लॉज जोड़ने के लिए कहा गया है कि लोकसभा में SC और ST के लिए आरक्षित सीटों में से एक-तिहाई सीटें इन श्रेणियों की महिलाओं के लिए आरक्षित की जाएँगी।

प्रश्न

I. नारी शक्ति अधिनियम, 2023 कौन-सा संविधान संशोधन है?

(क) 124वाँ संशोधन

(ख) 128वाँ संशोधन

(ग) 132वाँ संशोधन

(घ) 136वाँ संशोधन

II. कथन (A) महिला आरक्षण विधेयक, 2023 में आर्टिकल जोड़े गए हैं।

कारण (R) अनुच्छेद-330(A) अनुसूचित जातियों व अनुसूचित जनजातियों से प्रेरित है।

(क) कथन (A) और कारण (R) दोनों सही हैं।

(ख) कथन (A) सही और कारण (R) गलत है।

(ग) कथन (A) गलत और कारण (R) सही है।

(घ) कथन (A) और कारण (R) दोनों गलत हैं।

III. नारी शक्ति वंदन एक अधिनियम है।

इस अधिनियम के पक्ष में निम्नलिखित में से कौन-सा/से तर्क सही है/हैं?

(i) महिलाओं के राजनीतिक आरक्षण की लंबे समय से चली आ रही माँग।

(ii) समिति ने स्थानीय निकायों में महिलाओं के आरक्षण की सिफारिश की।

(iii) महिला विधायक बेहतर आर्थिक परिणामों और ढाँचें के विकास से जुड़ी हुई हैं।

कूट

(क) (i) और (ii) सही हैं।

(ख) (i) और (iii) सही हैं।

(ग) (ii) और (iii) सही हैं।

(घ) ये सभी सही हैं।

IV. नारी शक्ति वंदन अधिनियम कब लागू हुआ?

V. नारी शक्ति वंदन अधिनियम क्या है?

गद्यांश 16

साहित्य को समाज का प्रतिबिंब माना गया है अर्थात् समाज का पूर्णरूप साहित्य में प्रतिबिंबित होता रहता है। अनादि काल से साहित्य अपने इसी धर्म का पूर्ण निर्वाह करता चला आ रहा है। वह समाज के विभिन्न रूपों का चित्रण कर एक ओर तो हमारे सामने समाज का यथार्थ चित्र प्रस्तुत करता है और दूसरी ओर अपनी प्रखर मेधा और स्वस्थ कल्पना द्वारा समाज के विभिन्न पहलुओं का विवेचन करता हुआ यह भी बताता है कि मानव समाज की सुख-समृद्धि, सुरक्षा और विकास के लिए कौन-सा मार्ग उपादेय है? एक आलोचक के शब्दों में—''कवि वास्तव में, समाज की व्यवस्था, वातावरण, धर्म-कर्म, रीति-नीति तथा सामाजिक शिष्टाचार या लोक व्यवहार से ही अपने काव्य के उपकरण चुनता है और उनका प्रतिपादन अपने आदर्शों के अनुरूप करता है।'' साहित्यकार उसी समाज का प्रतिनिधित्व करता है, जिसमें वह जन्म लेता है। वह अपनी समस्याओं का सुलझाव, अपने आदर्श की स्थापना अपने समाज के आदर्शों के अनुरूप ही करता है। जिस सामाजिक वातावरण में उसका जन्म होता है, उसी में उसका शारीरिक, बौद्धिक और मानसिक विकास भी होता है। अत: यह कहना सर्वथा असंभव और अविवेकपूर्ण है कि साहित्यकार समाज से पूर्णत: निरपेक्ष या तटस्थ रहकर साहित्य सृजन करता है। वाल्मीकि, तुलसी, सूर, भारतेंदु, प्रेमचंद आदि का साहित्य इस बात का सर्वाधिक सशक्त प्रमाण है कि साहित्यकार समाज से घनिष्ठ रूप से संबंध रखता हुआ ही साहित्य सृजन करता है। समाज की अवहेलना करने वाला साहित्य क्षणजीवी होता है।

प्रश्न

I. साहित्य समाज का प्रतिबिंब है, क्योंकि यह

(क) समाज की वास्तविकता का द्योतक है।

(ख) समाज में लोक व्यवहार का समर्थक है।

(ग) व्यक्ति की समस्याओं का निदान करता है।

(घ) साहित्य को दिशा प्रदान करता है।

II. साहित्य की क्षणभंगुरता का कारण होगा

(क) सामाजिक अवज्ञा (ख) सामाजिक समस्या

(ग) सामाजिक सद्भाव (घ) सामाजिक समरसता

III. निम्नलिखित कथन (A) तथा कारण (R) को ध्यानपूर्वक पढ़कर दिए गए विकल्पों में से कोई एक सही विकल्प चुनकर लिखिए

कथन (A) कवि अपने काव्य के उपकरणों का प्रतिपादन अपने आदर्शों के अनुरूप करता है।

कारण (R) कवि हृदय अत्यधिक संवेदनशील होता है एवं सदैव देशहित चाहता है। **दक्षता आधारित प्रश्न**

(क) कथन (A) तथा कारण (R) दोनों गलत हैं।

(ख) कथन (A) गलत है, किंतु कारण (R) सही है।

(ग) कथन (A) सही है, किंतु कारण (R) उसकी गलत व्याख्या करता है।

(घ) कथन (A) तथा कारण (R) दोनों सही हैं तथा कारण (R) कथन (A) की सही व्याख्या करता है।

IV. (क) प्रस्तुत गद्यांश में किसके बीच पारस्परिक संबंध बताया गया है?

(ख) समाज का पूर्ण रूप किसमें प्रतिबिंबत होता रहता है?

V. गद्यांश के अनुसार साहित्य की क्षणभंगुरता का कारण क्या होगा?

गद्यांश 17

शरीर का खाद्य भोजनीय पदार्थ है और मस्तिष्क का खाद्य, साहित्य। यदि हम अपने मस्तिष्क को निष्क्रिय और कालांतर में निर्जीव-सा नहीं करना चाहते तो साहित्य का सतत सेवन करना चाहिए और उसमें नवीनता लाने के लिए उसका उत्पादन भी करना चाहिए; पर याद रखिए बुरे साहित्य से मस्तिष्क भी पीड़ित होकर रोगी हो जाता है। मस्तिष्क का बलवान और शक्ति संपन्न होना अच्छे साहित्य पर ही निर्भर करता है। अतएव यह बात स्पष्ट है कि मस्तिष्क के पर्याप्त विकास का एकमात्र साधन अच्छा साहित्य है। यदि हमें सभ्यता की दौड़ में अन्य जातियों की बराबरी करनी है तो सत्साहित्य का उत्पादन और प्राचीन साहित्य की रक्षा करनी चाहिए और यदि हम अपनी वर्तमान दयनीय दशा में रहना चाहते हैं तो साहित्य सम्मेलन के दिखावे को बंद कर देना चाहिए।

आँख उठाकर जरा दूसरे देशों और जातियों की ओर तो देखिए! साहित्य ने वहाँ के समाज की दशा ही बदल दी है; शासन प्रबंध में बड़े-बड़े उथल-पुथल कर डाले हैं। हमें अपनी ही भाषा और उसी के साहित्य को प्रधानता देनी चाहिए, क्योंकि अपने देश और जाति का कल्याण अपनी भाषा के साहित्य की उन्नति से ही हो सकता है। ज्ञान, विज्ञान, धर्म और राजनीति की भाषा सदैव लोकभाषा ही होनी चाहिए। अतएव अपनी भाषा के साहित्य का विकास करना हमारा परम धर्म है।

प्रश्न

I. उपर्युक्त गद्यांश में शारीरिक और मानसिक स्वास्थ्य के लिए पौष्टिक भोजन और .... साहित्य की बात कही गई है।

(क) अच्छे

(ख) नवीन

(ग) जातिप्रधान

(घ) भाषाप्रधान

II. (i) साहित्य सम्मेलनों में सदैव दिखावे वाली बातें होती हैं।

(ii) प्राचीन और वर्तमान का सत्साहित्य ही भविष्य का निर्णायक है।

(iii) साहित्य के विकास का कार्य मात्र एक भाषा पर ही निर्भर होता है।

उपर्युक्त गद्यांश के आधार पर साहित्यकार के मूल विचारों वाला विकल्प चुनिए

(क) केवल (i) (ख) केवल (ii)

(ग) (i) और (iii) दोनों (घ) (ii) और (iii) दोनों

III. गद्यांश में साहित्यकार द्वारा अन्य देशों का उल्लेख क्यों किया गया है?

(क) अपने समाज को ललकारने के लिए

(ख) पाठकों में ईर्ष्या की भावना उत्पन्न करने के लिए

(ग) अपनी शासन व्यवस्था को चुनौती देने के लिए

(घ) स्वदेशी साहित्य का महत्त्व स्थापित करने के लिए

IV. भविष्य में स्वयं को सजीव बनाए रखने के लिए साहित्य में क्या होना चाहिए?

V. श्रेष्ठ साहित्य का विकास कब संभव होगा? स्पष्ट कीजिए।

गद्यांश 18

साहित्य की शाश्वतता का प्रश्न एक महत्त्वपूर्ण प्रश्न है। क्या साहित्य शाश्वत होता है? यदि हाँ, तो किस मायने में? क्या कोई साहित्य अपने रचनाकाल के सौ वर्ष बीत जाने पर भी उतना ही प्रासंगिक रहता है, जितना वह अपनी रचना के समय था? अपने समय या युग का निर्माता साहित्यकार क्या सौ वर्ष बाद की परिस्थितियों का भी युग-निर्माता हो सकता है। समय बदलता रहता है, परिस्थितियाँ और भावबोध बदलते हैं, साहित्य बदलता है और इसी के समानांतर पाठक की मानसिकता और अभिरुचि भी बदलती है।

अत: कोई भी कविता अपने सामयिक परिवेश के बदल जाने पर ठीक वही उत्तेजना पैदा नहीं कर सकती, जो उसने अपने रचनाकाल के दौरान की होगी। कहने का तात्पर्य यह है कि एक विशेष प्रकार के साहित्य के श्रेष्ठ अस्तित्व मात्र से वह साहित्य हर युग के लिए उतना ही विशेष आकर्षण रखे, यह आवश्यक नहीं है। यही कारण है कि वर्तमान युग में इंगला, पिंगला, सुषुम्ना, अनहद नाद आदि पारिभाषिक शब्दावली मन में विशेष भावोत्तेजन नहीं करती।

साहित्य की श्रेष्ठता मात्र ही उसके नित्य आकर्षण का आधार नहीं है। उसकी श्रेष्ठता का युगयुगीन आधार है, वे जीवन मूल्य तथा उनकी अत्यंत कलात्मक अभिव्यक्तियाँ, जो मनुष्य की स्वतंत्रता तथा उच्चतर मानव-विकास के लिए पथ-प्रदर्शक का काम करती हैं।

पुराने साहित्य का केवल वही श्री-सौंदर्य हमारे लिए ग्राह्य होगा, जो नवीन जीवन-मूल्यों के विकास में सक्रिय सहयोग दे अथवा स्थिति रक्षा में सहायक हो। कुछ लोग साहित्य की सामाजिक प्रतिबद्धता को अस्वीकार करते हैं। वे मानते हैं कि साहित्यकार निरपेक्ष होता है और उस पर कोई भी दबाव आरोपित नहीं होना चाहिए, किंतु वे भूल जाते हैं कि साहित्य के निर्माण की मूल प्रेरणा मानव-जीवन में ही विद्यमान रहती है।

जीवन के लिए ही उसकी सृष्टि होती है। तुलसीदास जब स्वांत: सुखाय काव्य-रचना करते हैं, तब अभिप्राय यह नहीं रहता कि मानव-समाज के लिए इस रचना का कोई उपयोग नहीं है, बल्कि उनके अंत:करण में संपूर्ण संसार की सुख भावना एवं हित कामना सन्निहित रहती है। जो साहित्यकार अपने संपूर्ण व्यक्तित्व को व्यापक लोक जीवन में सन्निविष्ट कर देता है, उसी के हाथों स्थायी एवं प्रेरणाप्रद साहित्य का सृजन हो सकता है।

प्रश्न

I. साहित्य की श्रेष्ठता का निर्धारण सुनिश्चित करता है कि वह

(क) व्यक्ति को बहुमुखी प्रतिभा का धनी बनाता है

(ख) लोक व्यवहार की पराकाष्ठा पर प्रतिक्रिया देता है

(ग) सांस्कृतिक व ऐतिहासिक विरासत को बाधित करता है

(घ) पथ-प्रशस्त कर मूल्यों का समावेशन करके कला भाव जगाता है

II. 'कोई साहित्य अपने रचनाकाल के सौ वर्ष बीत जाने पर भी उतना ही प्रासंगिक रहता है।' कथन के आधार पर उचित तर्क है

(क) साहित्य की श्रेष्ठता मात्र ही उसके नित्य आकर्षण का आधार नहीं है

(ख) संपूर्ण साहित्य का स्थायी व स्पष्ट आधार नहीं है

(ग) लोक कल्याणकारी, स्थायी एवं प्रेरणाप्रद साहित्य होने की दशा में

(घ) पारिभाषिक शब्दावली द्वारा स्पष्टीकरण करने की दशा में

III. निम्नलिखित कथन (A) तथा कारण (R) को ध्यानपूर्वक पढ़कर दिए गए विकल्पों में से कोई एक सही विकल्प चुनकर लिखिए

कथन (A) अपने समय के प्रसिद्ध साहित्यकार सौ वर्ष बाद की परिस्थितियों के भी युग-निर्माता नहीं रह सकते हैं।

कारण (R) समय, परिस्थितियाँ, भावबोध और साहित्य में बदलाव आने के साथ ही पाठकों की अभिरुचि और मानसिकता में बदलाव आता जाता है। **दक्षता आधारित प्रश्न**

(क) कथन (A) तथा कारण (R) दोनों गलत हैं।

(ख) कथन (A) गलत है, किंतु कारण (R) सही है।

(ग) कथन (A) सही है, किंतु कारण (R) कथन (A) की गलत व्याख्या करता है।

(घ) कथन (A) और कारण (R) दोनों सही हैं तथा कारण (R) कथन (A) की सही व्याख्या करता है।

IV. गद्यांश के अनुसार, किस पर दबाव आरोपित नहीं किया जा सकता है?

V. नवीन जीवन-मूल्यों के विकास में सक्रिय सहयोग से क्या आशय है? स्पष्ट कीजिए।

उत्तरमाला (अभ्यास प्रश्न)

गद्यांश 1

I. (क) **14 जुलाई, 2023 को** चंद्रयान-3 को 14 जुलाई, 2023 को दोपहर 2 बजकर 35 मिनट पर श्रीहरिकोटा के सतीश धवन अंतरिक्ष केंद्र (एसडीएससी) से लॉन्च किया गया।

II. (ग) **कथन (i) और (ii) सही हैं।** चंद्रयान-3 चंद्रमा की सतह पर एक रोवर की सॉफ्ट लैंडिंग कराएगा। रोवर चंद्रमा की सतह पर अध्ययन करने के लिए विभिन्न उपकरणों से लैस होगा, जिसमें एक कैमरा, एक स्पेक्ट्रोमीटर और एक मैग्नेटोमीटर शामिल हैं।

III. (ग) **'क' और 'ख' दोनों** चंद्रयान-3 की चुनौतियों में से एक चंद्रमा की सतह पर रोवर की सॉफ्ट लैंडिंग है। चंद्रमा की सतह बहुत असमान है और अंतरिक्ष यान को सुरक्षित रूप से उतारना मुश्किल है।

IV. चंद्रयान-3 ने चंद्रमा के दक्षिणी ध्रुव पर 23 अगस्त, 2023 को भारतीय समय के अनुसार, शाम 6 बजकर 4 मिनट के आस-पास सफलतापूर्वक लैंडिग की।

V. (क) भारत चंद्रयान-3 इसलिए महत्त्वपूर्ण है, क्योंकि यह हमें चंद्रमा के बारे में अधिक जानकारी प्राप्त करने में सहायता करेगा। रोवर चंद्रमा की सतह का विस्तार से अध्ययन करने में सक्षम होगा और इससे हमें चंद्रमा के इतिहास को ठीक ढंग से समझने में भी सहायता मिलेगी।

गद्यांश 2

I. (घ) **उपर्युक्त सभी** गद्यांश में स्पष्ट रूप से कहा गया है कि अहंकारी लोग बाहर से भले ही गंभीरता का आवरण ओढ़ लें, लेकिन भीतर से वे उथलेपन से भरे होते हैं, वे सतही मानसिकता रखते हैं और किसी भी प्रकार से अपने अहं का प्रदर्शन करना चाहते हैं।

II. (ग) **कथन (A) सही है, किंतु कारण (R), कथन (A) की सही व्याख्या नहीं करता है।** गद्यांश के अनुसार, लेखक ने मानव मन में उद्वेलित होने वाली भावनाओं की तुलना समुद्र तट की लहरों से की है।

III. (क) **अहंकार : एक बड़ा अवगुण** प्रस्तुत गद्यांश का सर्वाधिक उपयुक्त शीर्षक अहंकार : एक बड़ा अवगुण होगा, क्योंकि यहाँ अहंकार के कारण होने वाली हानि पर प्रकाश डालते हुए उसे मनुष्य के लिए अनुपयुक्त माना है।

IV. (क) गद्यांश के अनुसार, 'फिजूलखर्ची' एक बुराई है।

(ख) 'फिजूलखर्ची' में अहंकार का प्रदर्शन नजर आ रहा है।

V. जीसस के अनुसार, मनुष्य को अंदर से अंतिम अर्थात् विनम्र और निरहंकारी होना चाहिए। विनम्रता और निरहंकारिता मानव व्यक्तित्व के दो महत्त्वपूर्ण आधारशिला हैं। विनम्रता का अर्थ अपने आप को दूसरों के समक्ष नम्रता से रखना, सम्मानपूर्वक उनकी बात सुनना और उनकी भावनाओं का आदर करना है। यह व्यक्ति को अधिक संवेदनशील, सहानुभूतिपूर्ण बनाता है। दूसरी ओर, निरहंकारिता मनुष्य को अहंकार रहित बनाती है। दोनो ही गुण एक व्यक्ति को संतुलित, सफल और समृद्ध जीवन की दिशा में अग्रसर करते हैं।

गद्यांश 3

I. (ख) **देश की विशाल मानव शक्ति को** गद्यांश में बताया गया है कि देश की विशाल मानव शक्ति अभी सोई पड़ी है। अत: उसे नींद से झकझोर कर जाग्रत करने की आवश्यकता है।

II. (ग) **'क' और 'ख' दोनों** गद्यांश में लेखक नागरिकों को यह सुझाव देता है कि लोग अपनी समझ व आंतरिक ऊर्जा को आधार बनाकर खड़े हों और उनके समक्ष जो भी साधन उपलब्ध हों उनके आधार पर ही उन्हें कार्य आरंभ करना चाहिए।

III. (घ) **कथन (i) और (ii) दोनों सही हैं।** गद्यांश में लेखक ने सरकार द्वारा गाँव से जुड़ी समस्याओं के निदान में ग्रामीणों को प्रेरित न करने की समस्या को उजागर किया है।

IV. गद्यांश के अनुसार लोकतंत्र का मूल तत्त्व कर्त्तव्यपालन है। इसके बारे में लोग समझते हैं कि उनकी सभी आवश्यकताओं की पूर्ति की जिम्मेदारी सरकार की है।

V. गद्यांश के अनुसार, सरकार ने अनेक कार्य किए, जिसे अस्वीकार नहीं किया जा सकता। वैज्ञानिक प्रयोगशालाएँ खोली हैं, विशाल बाँध बनवाएँ हैं तथा बड़े-बड़े कारखाने खोले हैं आदि।

गद्यांश 4

I. (ग) **सभी विकलांग व्यक्तियों के लिए** "उनका आत्मविश्वास जाग सके तथा उनके सामाजिक संपर्क मजबूत बन सकें" यह वाक्य सभी विकलांग व्यक्तियों के लिए प्रयुक्त हुआ है।

II. (ग) **कथन (i) और (ii) दोनों सही हैं।** स्वास्थ्य मंत्रालय ने अपने परिपत्र में समाज-कल्याण के लिए अपना लक्ष्य निर्धारित किया है, जिसमें सभी विकलांग व्यक्तियों को अधिक-से-अधिक अवसर देना और उनकी क्षमताओं का पूर्ण क्रियान्वयन करना है।

III. (ख) **व्यक्तिगत सेवा जो सामान्य हो** समाज-कल्याण का तात्पर्य है व्यक्तिगत सेवा जो सामान्य हो व्यक्तिगत सेवा भी ऐसी, जो विशेष प्रकार की न होकर सामान्य प्रकार की होती है।

IV. समाज कल्याण की भावना दुर्बल व्यक्ति की सहायता करती है तथा अपरिवर्तनीय स्थितियों के साथ संबंध सुधारने का प्रयत्न करती है।

V. समाज कल्याण का उद्देश्य ऐसे व्यक्ति की सहायता करना है, जो असमर्थता की भावना से दु:खी होने पर भी अपने जीवन का सर्वोत्तम सदुपयोग करना चाहता है अथवा उन कठिनाइयों पर विजयी होना चाहता है, जो उसे पराजित कर चुकी हैं।

गद्यांश 5

I. (क) **कथन (A) और कारण (R) दोनों सही हैं तथा कारण (R), कथन (A) की सही व्याख्या करता है।** नैनो तकनीक ने आज हमें एक नई तकनीकी क्रांति के सामने लाकर खड़ा कर दिया है, क्योंकि इस क्रांति के कारण आज हम पुरानी तकनीकी जटिलताओं के अर्थ को कहीं खो बैठे हैं।

II. (ग) **(क) और (ख) दोनों** मानव औजारों का निर्माण करके तथा औद्योगिक क्रांति करके प्रकृति का नियंत्रक बन गया।

III. (क) **केवल कथन (i) सही है।** गद्यांश के अनुसार, यह ऐसी तकनीक है, जो मनुष्य की सोच की सीमा बढ़ा देगी। जबकि अन्य तीनों विकल्प नैनो तकनीक के महत्त्व के संबंध में गलत हैं।

IV. (क)गद्यांश के अनुसार, आदमी ने सभ्यता की बुनियाद पत्थर के बैडोल हथियारों से डाली थी।

(ख) 'नैनो-तकनीक' के प्रभुत्व में आने का परिणाम यह होगा कि धरती का नामो-निशान मिट जाएगा।

V. गद्यांश के अनुसार, परमाणु और अणुओं को मूलभूत इकाई मानकर इच्छानुसार उत्पाद तैयार करना ही नैनो तकनीक है। नैनो-तकनीक अत्यंत सूक्ष्म स्तर पर काम करती है। यह तकनीक इलेक्ट्रॉनिक्स, उपचार, सेना और ऊर्जा उत्पादन जैसे विभिन्न क्षेत्रों में अनुसंधान और उपयोग के लिए उपलब्ध है।

गद्यांश 6

I. (ग) **शहर नियोजित था** चौड़ी सड़कों से स्पष्ट होता है कि शहर नियोजित था और इसकी सड़कों की चौड़ाई 1.92 मीटर थी।

II. (क) **नष्ट हो जाने का खतरा है।** राखीगढ़ी को 'विरासत स्थलों' में स्थान मिला, क्योंकि इसके नष्ट हो जाने का खतरा है। मई, 2012 में राखीगढ़ी को 'ग्लोबल हैरिटेज फंड' ने एशिया के विरासत स्थलों में शामिल किया है।

III. (क) **कथन (A) सही है, किंतु कारण (R), कथन (A) की सही व्याख्या नहीं करता है।** पुरातत्त्व विशेषज्ञ राखीगढ़ी में विशेष रुचि ले रहे हैं, क्योंकि इसके बारे में समुचित अध्ययन शेष है। यहाँ से प्राप्त अवशेष हड़प्पा और मोहनजोदड़ो सभ्यता से भी प्राचीन हैं।

IV. सिंधु सभ्यता का सबसे बड़ा नगर राखीगढ़ी, हरियाणा को माने जाने की संभावनाएँ हैं, क्योंकि यह लगभग 5500 हेक्टेयर में फैला हुआ है।

V. प्रस्तुत गद्यांश का सर्वाधिक उपयुक्त शीर्षक एक विस्तृत शहर राखीगढ़ी होगा, क्योंकि गद्यांश में हरियाणा के हिसार जिले में खुदाई में मिले राखीगढ़ी शहर पर प्रकाश डाला गया है।

गद्यांश 7

I. (ग) **पाठक, जो सपनों की दुनिया में रहना चाहता है** पाठक, जो सपनों की दुनिया में रहना चाहता है, को शुतुरमुर्ग की संज्ञा दी गई है। ऐसे लोग रूढ़िवादी होते हैं।

II. (ग) **'क' और 'ख' दोनों** लोगों में 'नकद फसल के लिए पागलपन' बढ़ रहा है, क्योंकि वे तुरंत व अधिक-से-अधिक लाभ कमाना चाहते हैं।

III. (ग) **कथन (ii), (iii) और (iv) सही हैं।** लेखक के अनुसार, साहित्य लोगों को जीवन की समस्याओं को भुलाकर आगे बढ़ने, यथार्थवाद का विध्वंस करने तथा भावनाओं व ऐंद्रिक सुख से ऊपर उठकर कार्य करने के लिए प्रेरित नहीं करता है, अपितु साहित्य लोगों को यथार्थ से अवगत कराकर बदलाव लाने के लिए प्रेरित करता है।

IV. आधुनिकता की दिशा में सुयोजित प्रयास होने चाहिए, क्योंकि आधुनिक होने की प्रक्रिया सदा से मानव सभ्यता का अंग रही है।

V. गद्यांश के अनुसार, पाठक साहित्य से सामान्यतौर पर अपेक्षा रखते हैं कि साहित्य में संसार को यथावत् समझना चाहिए। साहित्य में संसार को यथार्थ रूप से समझाया जाए। उन्हें विभिन्न पात्रों के माध्यम से विचारों और भावनाओं का सामर्थ्य प्रकट करने की उत्कृष्टता की अपेक्षा होती है।

गद्यांश 8

I. (ग) **L-1 के चारों ओर एक प्रभामंडल कक्षा में स्थापित है।** आदित्य L-1 एक सौर अंतरिक्ष यान है, जिसे 2 सितंबर, 2023 को लॉन्च किया गया और वर्तमान में यह सूर्य-पृथ्वी प्रणाली के पहले लैग्रेंज बिंदु के चारों ओर एक प्रभामंडल कक्षा में स्थापित है।

II. (घ) **कथन (A) सही है, किंतु कारण (R), कथन (A) की सही व्याख्या नहीं करता है।** पृथ्वी-सूर्य प्रणाली का लैग्रेंज प्वाइंट 1 सूर्य का एक सहज दृश्य प्रदान करता है और वर्तमान में यह वह स्थान है, जहाँ आदित्य एल.आई सौर और हेलिओस्फेरिक वेधशाला उपग्रह (एसओएचओ) की योजना बनाई गई।

III. (घ) **(i) और (ii) सही हैं।** सौर कोरोना सूर्य के वातावरण की सबसे बाहरी परत है, जो आमतौर पर सूर्य की सतह के तेज प्रकाश से ढकी रहती है।

IV. आदित्य एल-1 अंतरिक्ष-आधारित सौर मिशन है। इसका प्रस्ताव जनवरी, 2008 में रखा गया।

V. इसरो द्वारा अपने लक्ष्यों के कारण आदित्य मिशन का नाम बदलकर आदित्य-एल-1 मिशन कर दिया गया था और अब इसका उद्देश्य लैग्रेंज बिंदु-एल 1 पर स्थित सौर और अंतरिक्ष वातावरण का एक संपूर्ण अध्ययन करना है। आदित्य एल-1 भारत का पहला अंतरिक्ष-आधारित सौर मिशन है।

गद्यांश 9

I. (ख) **कंप्यूटर कई मानवीय भूलें को निर्णायक रूप से सुधार देता है।** गद्यांश में स्पष्ट किया गया है कि हड़बड़ी में होने वाली मानवीय भूलों के लिए यह कंप्यूटर रामबाण औषधि है। अत: कंप्यूटर के महत्त्व के विषय में यह कथन सही है कि कंप्यूटर कई मानवीय भूलों को निर्णायक रूप से सुधार देता है।

II. (ख) **अनियंत्रित गति को सुव्यवस्था देने की** गद्यांश के अनुसार, अनियंत्रित गति को सुव्यवस्था देने की आवश्यकता ने कंप्यूटर में अपना निदान ढूँढ लिया है।

III. (घ) **कथन (A) सही है, किंतु कारण (R), कथन (A) की सही व्याख्या नहीं करता है।** कंप्यूटर के बिना आज की दुनिया अधूरी इसलिए है, क्योंकि वर्तमान समय में सारी व्यवस्था, उपकरण और मशीनें कंप्यूटरीकृत हो गई हैं।

IV. गद्यांश के अनुसार, वर्तमान युग कंप्यूटर का युग है, क्योंकि आज कंप्यूटर के बिना जीवन की कल्पना असंभव-सी है।

V. कंप्यूटर के प्रयोग से पहले अधिक तनाव इसलिए होता था, क्योंकि पहले इन पर काम करने वाले कर्मचारी हड़बड़ाकर काम करते थे, एक भूल से घबराकर और अधिक गड़बड़ी करते थे। इसके परिणामस्वरूप काम कम और तनाव अधिक होता था।

गद्यांश 10

I. (ग) **केवल कथन (iii) सही है।** गद्यांश के अनुसार, धर्म एवं कानून के संदर्भ में भारत के विषय में यह कथन यह सबसे अधिक सही है कि भले लोगों के लिए कानून नहीं चाहिए और बुरे लोग इसकी परवाह नहीं करते हैं।

II. (ख) **जीवन में उन्नति के बड़े पैमाने के कारण कहीं छिप से गए हैं।** भारतवर्ष में सेवा और सच्चाई के मूल्य जीवन में उन्नति के बड़े पैमाने के कारण कहीं छिप से गए हैं।

III. (ग) **कथन (A) सही है और कारण (R), कथन (A) की सही व्याख्या करता है।** गद्यांश के आधार पर कहा जा सकता है कि भारतवर्ष का बड़ा वर्ग आज बाहर-भीतर कदाचित यह अनुभव करता है कि धर्म, कानून से बड़ी चीज है।

IV. भारतवर्ष हमेशा कानून को धर्म के रूप में देखता आ रहा है, परंतु आज कानून और धर्म में अंतर कर दिया है।

V. प्रस्तुत गद्यांश का उपर्युक्त शीर्षक 'उन्नति के संदर्भ में जीवन मूल्यों की प्रासंगिकता' होगा, क्योंकि गद्यांश में यह स्पष्ट किया गया है कि वर्तमान समय में उन्नति के लिए जीवन मूल्य बहुत आवश्यक है।

गद्यांश 11

I. (घ) **'क' और 'ख' दोनों** गद्यांश के अनुसार, महापुरुष प्रायः मध्यवर्गीय परिवार या (गरीब) निम्नवर्गीय परिवार में जन्म लेते हैं। ऐसे व्यक्ति संपन्न परिवार में बहुत कम पैदा होते हैं।

II. (क) **कथन (i) और (ii) दोनों सही हैं।** हमें जीवन को सरल और सादा बनाना चाहिए। जीवन को सरल और सादा बनाने के लिए हमें कठिन-से-कठिन परिस्थितियों में भी धैर्य नहीं छोड़ना चाहिए व अपनी आवश्यकताओं को न्यूनतम रखना चाहिए।

III. (क) **सादा जीवन उच्च विचार** सादा जीवन उच्च विचार प्रस्तुत गद्यांश का सर्वाधिक उचित शीर्षक हो सकता है, क्योंकि यहाँ सरल जीवन-शैली अपनाने तथा विचारों की उच्चता पर बल दिया गया है।

IV. (क) संसार में अमरता उन लोगों को मिलती है, जो अपने पीछे कुछ आदर्श छोड़ जाते हैं।

(ख) विनय, साहस, उदारता, कष्ट, सहिष्णुता आदि गुण मनुष्य को अहंकारहीन बनाते हैं।

V. गद्यांश के अनुसार, सच्चे व्यक्ति की पहचान उसके विचारों, कार्यों और नैतिकता से होती है। एक सच्चे व्यक्ति के विचार स्पष्ट और सही होते हैं और वह अपने शब्दों और कार्यों में ईमानदारी और नैतिकता का पालन करता है।

गद्यांश 12

I. (ख) **धन प्राप्ति के साधन के रूप में** पहले वर्ग के लोग काम को केवल धन प्राप्ति के साधन के रूप में देखते हैं। वे काम कम तथा धन को अधिक महत्त्व देते हैं।

II. (घ) **केवल कथन (iv) सही नहीं है।** दूसरे वर्ग के लोगों के विषय में वे काम से छुटकारा पाना चाहते हैं। यह कथन सही नहीं है, क्योंकि ये लोग काम से छुटकारा नहीं पाना चाहते, बल्कि काम को आनंद के साथ करते हैं।

III. (ग) **कथन (A) सही है और कारण (R), कथन (A) की सही व्याख्या करता है।** काम के प्रति समर्पित लोगों के वर्ग में कलाकार विद्वान, वैज्ञानिक, परंपरागत कारीगर, कुशल मिस्त्री और इंजीनियर लोग आते हैं, क्योंकि इन वर्गों के लोग वस्तुओं को बनाने और सीखने में रुचि लेते हैं।

IV. दूसरे वर्ग के लोग कार्य की पूजा करते हैं और उनका धन कमाने का उद्देश्य अपने काम से अधिक एकनिष्ठता के साथ समर्पित होना है।

V. पहले वर्ग के लोग काम को घृणित आवश्यकता के रूप में देखते हैं। ऐसे लोग काम को काम न समझकर उसे बोझ समझते हैं और धन कमाने को प्रमुखता प्रदान करते हैं अर्थात् उन्हें काम करने में आनंद नहीं आता है और वे इसे केवल धन कमाने का एक साधन मानते हैं। इस प्रकार के लोग अकसर अपने काम में निराश होते हैं और जीवन में संतुष्टि प्राप्त नहीं कर पाते हैं।

गद्यांश 13

I. (घ) **ये सभी** गद्यांश के अनुसार, व्यक्ति को सुमतिसंपन्न बनाने में उसकी विनम्रता, शिक्षा एवं समाजीकरण महत्त्वपूर्ण भूमिका निभाते हैं। इस प्रकार स्पष्ट होता है कि कुशल बुद्धि के निर्माण में शिक्षा, विनम्रता और समाजीकरण का महत्त्वपूर्ण योगदान होता है।

II. (घ) **कथन (i), (ii) और (iii) सही हैं।** गद्यांश में बताया गया है कि शिक्षा व्यक्ति में चारित्रिक गुणों का विकास करके, समाज के अन्य व्यक्तियों के प्रति सद्भावना विकसित करके तथा समाज के प्रति आदर सम्मान की भावना विकसित करके समाज एवं राष्ट्र (देश) की प्रगति में सहयोग करती है।

III. (ग) **बौद्धिकतापूर्ण मानवता की पुनर्स्थापना** गद्यांश का सर्वाधिक उपयुक्त शीर्षक बौद्धिकतापूर्ण मानवता की पुनर्स्थापना होगा, क्योंकि इसमें इस तथ्य पर प्रकाश डाला गया है कि विवेकपूर्ण मानव को दोबारा स्थापित किया जाए।

IV. गद्यांश के अनुसार, मनुष्यता व्यवहार में निवास करती है।

V. गद्यांश के अनुसार, मनुष्य शिक्षा के माध्यम से स्वावलंबी बनता है। शिक्षा व्यक्ति को विनम्रता एवं शालीनता का पाठ पढ़ाती है और उसे स्वावलंबी बनाती है। व्यक्ति को आत्मनिर्भर बनाने में शिक्षा अहम भूमिक निभाती है। शिक्षा उसकी सोच, विचारों और दृष्टिकोण को विकसित करती है, जिससे वह अपने जीवन में आत्मनिर्भर और सक्षम बन पाता है।

गद्यांश 14

I. (घ) **उपर्युक्त सभी** दिए गए सभी कथन सही हैं। गद्यांश के अनुसार, जो लोग जीवन के गतिरोध के लिए हालात को जिम्मेदार ठहराते हैं, जीवन को समझ नहीं पाते तथा आलसी व अकर्मण्य होते हैं, उन लोगों की नीयत और नीति में मेल नहीं रहता है।

II. (घ) **कथन (A) और कारण (R) दोनों सही हैं।** खोटी नीयत वाला व्यक्ति इस संसार में गलत नीयत व नीति के कारण नहीं टिक पाता है, क्योंकि जब तक उसकी नीयत सही नहीं होगी तब तक समाज में उसका कोई स्थान नहीं होगा।

III. (क) **केवल कथन (iii) सही है।** गद्यांश के अनुसार, असफलता के लिए हालातों को जिम्मेदार ठहराना ठीक नहीं माना गया है।

IV. लेखक ने नीयत को 'नीति की जननी' कहा है, क्योंकि जब जननी (नीयत) में ही दोष होगा, तो संतान (नीति) में कोई-न-कोई विकृति अवश्य आ जाएगी।

V. गद्यांश के अनुसार, विषम परिस्थितियों में जीवन का असली आनंद आता है। गद्यांश की अंतिम पंक्ति में स्पष्ट रूप से कहा गया है कि जब परिस्थितियाँ विषम हों, तो व्यक्ति की वास्तविक पहचान होती है। विषम परिस्थितियों में, किसी व्यक्ति की सही मायने में पहचान इसलिए होती है, क्योंकि उसके पास अपनी शक्तियों और प्रतिभाओं का सामना करने का अवसर होता है।

गद्यांश 15

I. (ख) **128 वाँ संशोधन** 'नारी शक्ति वंदन अधिनियम, 2023' 128वाँ संविधान संशोधन है।

II. (क) **कथन (A) और कारण (R) दोनों सही हैं।** महिला आरक्षण विधेयक, 2023 में आर्टिकल जोड़े गए हैं। विधेयक में अनुच्छेद-330(A) को सम्मिलित किया गया है, जो अनुसूचित जातियों और अनुसूचित जनजातियों के लिए लोकसभा में सीटों के आरक्षण पर अनुच्छेद-330 के प्रावधानों से प्रेरित है।

III. (घ) **ये सभी सही हैं।** दिए गए सभी तर्क नारी शक्ति वंदन अधिनियम के विषय में सही हैं। नारी शक्ति वंदन अधिनियम महिलाओं के राजनीतिक आरक्षण की लंबे समय से चली आ रही माँग है, जिसके लिए समिति ने स्थानीय निकायों में महिलाओं के आरक्षण की भी सिफारिश की। जो महिलाओं के बेहतर आर्थिक परिणामों और बुनियादी ढाँचे के विकास से जुड़ी हुई है।

IV. नारी शक्ति वंदन अधिनियम 21 सितंबर, 2023 को लागू हुआ।

V. नारी शक्ति वंदन अधिनियम महिलाओं के राजनीतिक आरक्षण की लंबे समय से चली आ रही माँग है, जिसके लिए समिति ने स्थानीय निकायों में महिलाओं के आरक्षण की भी सिफारिश की, जो महिलाओं के बेहतर आर्थिक परिणामों और बुनियादी ढाँचे के विकास से जुड़ी हुई है।

गद्यांश 16

I. (क) **समाज की वास्तविकता का द्योतक है।** गद्यांश के अनुसार साहित्य समाज का प्रतिबिंब है, क्योंकि यह समाज के विभिन्न रूपों का चित्रण कर समाज का यथार्थवादी चित्र प्रस्तुत करता है और अपनी प्रखर बुद्धि एवं स्वस्थ कल्पना द्वारा समाज के विभिन्न पहलुओं का विश्लेषण भी करता है।

II. (क) **सामाजिक अवज्ञा।** गद्यांश के अनुसार साहित्यकार समाज से घनिष्ठ संबंध रखते हुए साहित्य का सृजन करता है। समाज की उपेक्षा करने वाला साहित्य क्षणभंगुर होता है।

III. (ग) **कथन (A) सही है, किंतु कारण (R) उसकी गलत व्याख्या करता है।** गद्यांश के अनुसार कवि अपने काव्य के उपकरणों का प्रतिपादन अपने आदर्शों के अनुरूप करता है। कवि समाज की व्यवस्था, वातावरण, धर्म-कर्म, रीति-नीति तथा सामाजिक शिष्टाचार या लोक व्यवहार से ही अपने काव्य के उपकरण चुनता है। कवि हृदय में देशहित की भावना मुख्य होती है।

IV. (क) प्रस्तुत गद्यांश में समाज एवं साहित्य के बीच पारस्परिक संबंध बताया गया है।

(ख) समाज का पूर्ण रूप साहित्य में प्रतिबिंबत होता रहता है।

V. गद्यांश के अनुसार, साहित्य की क्षणभंगुरता का कारण सामाजिक अवज्ञा होगी। साहित्यकार समाज से घनिष्ठ संबंध रखते हुए साहित्य का सृजन करता है। समाज की उपेक्षा करने वाला साहित्य क्षणभंगुर होता है। जब समाज में साहित्य के महत्त्व और गरिमा को नकार दिया जाता है और साहित्य लिखने और पढ़ने के महत्व को नजर अंदाज कर दिया जाता है, तो ऐसी स्थिति में साहित्य क्षणभंगुर होता है।

गद्यांश 17

I. (क) **अच्छे।** गद्यांश के अनुसार, शारीरिक और मानसिक स्वास्थ्य के लिए पौष्टिक भोजन और अच्छे साहित्य की बात कही गई है, क्योंकि बुरे साहित्य से मस्तिष्क पर बुरा प्रभाव पड़ता है।

II. (घ) **(ii) और (iii) दोनों।** गद्यांश के अनुसार, प्राचीन और वर्तमान सत्साहित्य से ही भविष्य की दशा में सुधार होगा। सत्साहित्य से समाज में बदलाव संभव है तथा साहित्य की उन्नति या अवनति साहित्य की भाषा पर ही निर्भर करती है। यदि साहित्य की भाषा अच्छी होगी तो वह उन्नति की ओर लेकर जाएगी और यदि भाषा बुरी होगी तो वह अवनति की ओर ले जाएगी तथा साहित्य सम्मेलनों में साहित्य तथा साहित्यकारों को प्रोत्साहित किया जाता है।

III. (घ) **स्वदेशी साहित्य का महत्त्व स्थापित करने के लिए।** गद्यांश में साहित्यकार का उद्देश्य यह बताना है कि जैसे दूसरे देश साहित्य में अपनी भाषा को सम्मान और प्राथमिकता देते हैं, वैसे ही हमें भी अपनी भाषा और उसके साहित्य को प्राथमिकता देनी चाहिए, क्योंकि अपनी भाषा के साहित्य की उन्नति से ही हमारा, हमारे देश का, हमारी जाति का हित और कल्याण हो सकता है।

IV. भविष्य में स्वयं को सजीव बनाए रखने के लिए साहित्य में नवीनता होनी चाहिए।

V. गद्यांश के अनुसार, जब लोगों के द्वारा प्रत्येक क्षेत्र में अपनी स्वदेशीय भाषा में साहित्य का निर्माण होता रहेगा, तभी श्रेष्ठ साहित्य का विकास संभव हो सकेगा। जब लोग अपनी मूल भाषा में साहित्य रचते हैं, तो उनके विचार और भावनाएँ साहित्य में सटीक रूप से प्रतिबिंबित होते हैं। इससे भाषा समृद्ध होती है और उसे समृद्ध साहित्य की भूमिका मिलती है।

गद्यांश 18

I. (घ) **पथ-प्रशस्त कर मूल्यों का समावेशन करके कला भाव जगाता है** गद्यांश के अनुसार, साहित्य की श्रेष्ठता मात्र उसका आकर्षण नहीं है, बल्कि उसमें जीवन-मूल्यों का निहित होना तथा

व्यक्ति के विकास के लिए पथ-प्रदर्शक बन उसमें कलात्मक अभिव्यक्तियों को जाग्रत करना है।

II. (ग) **लोक कल्याणकारी, स्थायी एवं प्रेरणाप्रद साहित्य होने की दशा में** यदि किसी साहित्य में स्थायी रूप से समाज के लिए कल्याणकारी तथा प्रेरणा देने के गुणों का स्थायी समावेश होता है, तो वह अपने रचनाकाल के सौ वर्ष पश्चात् भी प्रासंगिक बना रहता है अर्थात् वह आज भी उतना ही महत्त्वपूर्ण साहित्य माना जाता है, जितना सौ वर्ष पहले था।

III. (घ) **कथन (A) और कारण (R) दोनों सही हैं तथा कारण (R) कथन (A) की सही व्याख्या करता है।** अपने समय में जिन साहित्यकारों को युग का निर्माता कहा जाता है, उनकी एक दो सदी बीत जाने पर जो परिस्थितियाँ होती हैं, उन्हें युग-निर्माता नहीं कहा जा सकता है, क्योंकि उस समय तक समाज और देश की परिस्थितियों में बहुत बदलाव आ जाता है। इसके अतिरिक्त पाठकों की सोच, मानसिकता और उनकी पसंद-नापसंद में बदलाव आ जाता है। वे साहित्यकारों से नई अपेक्षाएँ रखने लगते हैं।

IV. गद्यांश के अनुसार, साहित्यकार निरपेक्ष होता है तथा उस पर कोई दबाव आरोपित नहीं किया जा सकता है।

V. नवीन जीवन-मूल्यों के विकास में सक्रिय सहयोग से आशय नवाचार व मूल्यों को आत्मसात् कर आगे बढ़ने से है। गद्यांश के अनुसार, पुराने साहित्य का वह भाग ही ग्रहण करने योग्य होता है, जो नवीन जीवन-मूल्यों के विकास में सक्रिय सहयोग करता है अर्थात् जिनसे मनुष्य नए आचार-विचारों व मूल्यों को सीखकर सफलता की ओर कदम बढ़ा सके।

स्व-मूल्यांकन

गद्यांश 1

निम्नलिखित गद्यांशों को पढ़कर, उन पर आधारित प्रश्नों के सही विकल्पों को चुनिए

भारत सरकार ने वर्ष 2030 तक इसे क्रियान्वित करने के लक्ष्य के साथ एक नई शिक्षा नीति विकसित की है। वर्तमान शिक्षा नीति, जिसे अंतिम बार, वर्ष 1986 में लागू किया गया था, में पूर्ण परिवर्तन आ गया है। यह रटने की तकनीक के बजाय बच्चे की आत्म-क्षमताओं और अवधारणा-आधारित शिक्षा पर जोर देता है। वर्तमान नीति ने वर्ष 1986 की राष्ट्रीय शिक्षा नीति का स्थान ले लिया है।

कैबिनेट सचिव टीएसआर सुब्रह्मण्यम के नेतृत्व वाली समिति ने जनवरी, 2015 में नई शिक्षा नीति पर बहस शुरू की और वर्ष 2017 में एक रिपोर्ट प्रस्तुत की। वर्ष 2019 में, पूर्व इसरो (भारतीय अन्तरिक्ष अनुसंधान संगठन) प्रमुख कृष्णास्वामी कस्तूरीरंगन के नेतृत्व में नई टीम ने राष्ट्रीय शिक्षा नीति का एक मसौदा प्रस्तुत किया। इसे वर्ष 2017 की एक रिपोर्ट के आधार पर बनाया गया था। मानव संसाधन विकास मंत्रालय ने आम जनता और हितधारकों से परामर्श के बाद नई शिक्षा नीति के मसौदे की घोषणा की। नई शिक्षा नीति 29 जुलाई, 2020 को लागू हुई। नई शिक्षा नीति विद्यार्थियों के सर्वांगीण विकास पर केंद्रित है।

5+3+3+4 संरचना, जिसके लिए 12 वर्ष की स्कूली शिक्षा और तीन वर्ष की प्रीस्कूल आवश्यकता होती है, 10+2 प्रणाली की जगह लेती है और बच्चों की कम उम्र में स्कूल शिक्षा का अनुभव प्रदान करती है। परीक्षा केवल ग्रेड 3, 5 और 8 के छात्रों द्वारा की जाएगी, अन्य सभी छात्र अपनी नियमित परीक्षा देंगे। बोर्ड परिक्षाओं को भी सरल बनाया जाएगा और वर्ष में दो बार प्रशासित किया जाएगा। जिससे प्रत्येक छात्र को उत्तीर्ण होने का मौका मिलेगा। नई शिक्षा नीति पढ़ने के बजाय सीखने के लिए तथा व्यावहारिक शिक्षा को बेहतर बनाने पर केंद्रित है।

प्रश्न

I. सही विकल्प का चुनाव करें।
(क) नई शिक्षा नीति को पूर्व भारतीय प्रधानमंत्री पी. वी. नरसिम्हा राव ने वर्ष 1992 में इस नीति को बदल दिया।
(ख) 34 वर्षों के बाद, एक नई शिक्षा नीति पेश की गई, लेकिन इसे अभी तक लागू नहीं किया गया है।
(ग) नई शिक्षा नीति की संरचना 5+3+6 है।
(घ) उपर्युक्त में से कोई नहीं

II. 'नई शिक्षा नीति के मुख्य सिद्धांत हैं इस कथन के पक्ष में निम्नलिखित में से कौन-सा/से तर्क सही है/हैं?
(i) बुनियादी सारक्षता और संख्यात्मकता के लिए एक राष्ट्रीय मिशन की स्थापना।
(ii) भाषा विविधता और भारतीय भाषाओं पर जोर देना।
(iii) शिक्षा का प्राथमिक मध्यम कम-से-कम ग्रेड 5 तक।

कूट
(क) (ii) और (iii) सही हैं। (ख) (i) और (ii) सही हैं।
(ग) (i), (ii) और (iii) सही हैं। (घ) (i) और (iii) सही हैं।

III. एन.ई.पी का आदर्श वाक्य क्या है?
(क) समान और समावेशी शिक्षा
(ख) बालकों का विकास
(ग) समुच्चय वर्ग को समान शिक्षा
(घ) उच्च व निम्न शिक्षा

IV. शिक्षा नीति का क्या महत्त्व है?

V. शिक्षा नीति को कब लागू किया गया था? वर्तमान शिक्षा नीति किस पर अधिक बल देता है?

गद्यांश 2

सवेरे हम अपनी मंजिल काठमांडू की ओर बढ़े। पहाड़ी खेतों में मक्के और अरहर की फसलें लहरा रही थीं। छोटे-छोटे गाँव और परकोटे वाले घर बहुत सुंदर लग रहे थे। शाम होते-होते हम काठमांडू पहुँच गए। आज काठमांडू पर लिखते हुए अँगुलियाँ काँप रहीं हैं। वैसे ही जैसे पच्चीस अप्रैल को काठमांडू की धरती काँप उठी थी। न्यूज चैनल जब धरहरा स्तंभ को भरभराकर गिरते दिखा रहे थे, मेरा मन बैठा जा रहा था। क्या हुआ होगा धरहरा के इर्द-गिर्द फेरी लगाकर सामान बेचने वालों का और उस बाँसुरी वादक का जिसके सुरों ने मन मोह लिया था? और वे पर्यटक जो धरहरा के सौंदर्य में बिंधे उसका सौंदर्य निहारते। सब कुछ जानते हुए भी मन यही कह रहा है कि सब ठीक हो।

रात को हम बाजार गए। बाजार इलेक्ट्रॉनिक सामानों से अटा पड़ा था और दुकानों की मालकिनें मुस्तैदी से सामान बेच रही थीं। हमारे हिमालयी क्षेत्रों की तरह यहाँ भी अर्थव्यवस्था का आधार औरतें हैं। क्योंकि पहाड़ों पर पर्याप्त जमीन नहीं होती और रोजगार के साधन भी बहुत नहीं होते, सो घर के पुरुष नीचे मैदानी इलाकों में कमाने जाते हैं और घर परिवार की सारी जिम्मेदारी महिलाएँ उठाती हैं। यहाँ गाँव की महिलाएँ खेती और शहर की महिलाएँ व्यवसाय सँभालती हैं। मैंने देखा वे बड़ी कुशलता से व्यावसायिक दाँव-पेंच अपना रही थीं। हम पोखरा होते हुए लौट रहे थे।

रास्ते भर हिमाच्छादित चोटियाँ आँख मिचौली खेलती रहीं। राह में अनेक छोटे-बड़े नगर-गाँव और कस्बे आते रहे। नेपाली औरतें घरों में काम करती नजर आ रही थीं। मक्का कटकर घर आ चुकी थी। उसके गुच्छे घर के बाहर खूँटियों के सहारे लटके नजर आ रहे थे। अब हम काली नदी के साथ-साथ चल रहे थे।

प्रश्न

I. कथन को पढ़कर बताइए कि लेखक दुःखी और हताश क्यों था?
   (क) धरहरा स्तंभ भूकंप में तहस-नहस हो गया था
   (ख) न्यूज चैनल जब धरहरा स्तंभ दिखा रहे थे
   (ग) लग रहा था जीवन क्षणभंगुर है
   (घ) उपर्युक्त सभी

II. कथन (A) और कारण (R) को पढ़कर उपयुक्त विकल्प चुनिए।
   कथन (A) नेपाल में अर्थव्यवस्था का आधार औरतें हैं।
   कारण (R) पुरुष रोजगार के लिए बाहर जाकर काम करते हैं।
   (क) कथन (A) सही है और कारण (R) गलत है।
   (ख) कथन (A) गलत है और कारण (R) सही है।
   (ग) कथन (A) कारण (R) की सही व्याख्या करता है।
   (घ) कथन (A) और कारण (R) दोनों गलत हैं।

III. गद्यांश के लिए उपयुक्त शीर्षक होगा
   (क) काठमांडू की यात्रा
   (ख) पर्यटन और नेपाल
   (ग) बाजार सँभालती नेपाली औरतें
   (घ) भूकंप के बाद का शहर

IV. प्रस्तुत गद्यांश में किस स्थान का वर्णन किया गया है?

V. फेरीवाले और बाँसुरी वादक के लिए लेखक क्यों दुःखी है?

गद्यांश 3

चरित्र का मूल भी भावों के विशेष प्रकार के संगठन में ही समझना चाहिए। लोकरक्षा और लोकरंजन की सारी व्यवस्था का ढाँचा इन्हीं पर ठहरा है। धर्म-शासन, राज-शासन, मत-शासन सबमें इनसे पूरा काम लिया गया है। इनका सदुपयोग भी हुआ है और दुरुपयोग भी। जिस प्रकार लोक-कल्याण के व्यापक उद्देश्य की सिद्धि के लिए मनुष्य के मनोविकार काम में लाए गए हैं, उसी प्रकार संप्रदाय या संस्था के संकुचित और परिमित विधान की सफलता के लिए भी। सब प्रकार के शासन में चाहे धर्म-शासन हो, चाहे राज-शासन हो, मनुष्य-जाति से भय और लोभ से पूरा काम लिया गया है।

दंड का भय और अनुग्रह का लोभ दिखाते हुए राज-शासन तथा नरक का भय और स्वर्ग का लोभ दिखाते हुए धर्म-शासन और मत-शासन चलते आ रहे हैं। प्रायः इसके द्वारा भय और लोभ का प्रवर्तन सीमा के बाहर भी हुआ है और होता रहता है। जिस प्रकार शासक वर्ग अपनी रक्षा और स्वार्थसिद्धि के लिए भी इनसे काम लेते आए हैं, उसी प्रकार धर्म-प्रवर्तक और आचार्य अपने स्वरूप वैचित्र्य की रक्षा और अपने प्रभाव की प्रतिष्ठा के लिए भी।

शासक वर्ग अपने अन्याय और अत्याचार के विरोध की शांति के लिए भी डराते और ललचाते आए हैं। मत-प्रवर्तक अपने द्वेष और संकुचित विचारों के प्रचार के लिए भी कँपाते और डराते आए हैं। एक जाति को मूर्ति-पूजा करते देख दूसरी जाति के मत-प्रवर्तकों ने उसे पापों में गिना है। एक संप्रदाय को भस्म और रुद्राक्ष धारण करते देख दूसरे संप्रदाय के प्रचारकों ने उनके दर्शन तक को पाप माना है।

प्रश्न

I. आपके अनुसार, प्रस्तुत गद्यांश का सर्वाधिक उपयुक्त शीर्षक क्या हो सकता है?
   (क) शासन व्यवस्था और समाज
   (ख) धर्म और संस्कृति
   (ग) मनुष्य के मनोविकार
   (घ) सामाजिक दंड विधान

II. किसी जाति विशेष के किन कार्यों को अन्य जाति अनिष्ट कार्य मानती है? कथन पढ़कर सही विकल्प का चयन कीजिए।
   (i) मूर्ति पूजा करना।
   (ii) भस्म या रुद्राक्ष धारण करना।
   (iii) अन्य धर्म का सम्मान न करना।
   कूट
   (क) केवल कथन (i) सही है।
   (ख) कथन (i), (ii) और (iii) सही हैं।
   (ग) कथन (i) और (ii) सही हैं।
   (घ) उपर्युक्त सभी

III. कथन (A) और कारण (R) को पढ़कर उपयुक्त विकल्प चुनिए।
   कथन (A) धर्म-प्रवर्तकों ने स्वर्ग-नरक का भय और लोभ दिखाया है।
   कारण (R) अपने स्वरूप वैचित्र्य की रक्षा करने के लिए।
   (क) कथन (A) सही हैं, किंतु कारण (R) गलत है।
   (ख) कथन (A) कारण (R) की सही व्याख्या करता है।
   (ग) कथन (A) गलत है, किंतु कारण (R) सही है।
   (घ) कथन (A) और कारण (R) दोनों गलत हैं।

IV. (क) चरित्र के मूल को कैसे समझना चाहिए?
   (ख) लोकरक्षा और लोकरंजन की व्यवस्था का ढाँचा किस पर आधारित है?

V. शासन व्यवस्था किन कारणों से भय और लालच का सहारा लेती है?

गद्यांश 4

नेहरू के संबंध में लोगों के मानस-पटल पर जो चित्र अंकित हैं, उनमें नेहरू ऐसे व्यक्ति के रूप में विद्यमान हैं, जो वैभव में पले, जिन्हें सदा मोटर और हवाई-जहाज की सुविधाएँ प्राप्त रहीं, जिनको नेतृत्व पैदायशी हक के रूप में मिल गया, जिन्होंने कभी धन का अभाव जाना ही नहीं। नेहरू के ये चित्र ध्यान में आते ही नहीं कि पिता की मोटर और बग्घी है, किंतु नेहरू धूप में गाँव-गाँव पैदल घूम रहे हैं; थकान के बाद चाय पीने को मन करता है, तो जेब में इतने पैसे नहीं कि पाँच-सात साथी चाय पी सकें। विदेशों में प्रचार के लिए डाक-व्यय मुश्किल से ही जुट पाता है। घर में कर्ज बढ़ गया है, चुकाने के लिए माता और पत्नी के जेवर, चाँदी के बरतन और कीमती क्रॉकरी कलकत्ते के बाजार में चुपके-चुपके ले जाई गई हैं। माता-पिता की मृत्यु हो गई है और क्षय से पीड़ित पत्नी विदेश में पड़ी है। देश में दमन-चक्र चल रहा था, स्वयं जेल में बंद चिंता से छटपटा रहे थे, किंतु कर्मयोगी नेहरू ने जेल की नौ वर्ष की इस यातना-भरी अवधि में ही विश्व-साहित्य की अमर कृतियाँ रचीं।

मानसिक वेदनाओं का लंबा इतिहास! आज़ादी मिली, तो देश के टुकड़े हो गए; आदमी जानवर बन गया, लाखों इंसानों के लंबे काफिले कुटुंबियों की बेकफन लाशों को छोड़कर राजधानी आ गए। अहिंसा, सत्य, प्रेम, त्याग–सारा दर्शन और आदर्श ध्वस्त हो गए और गाँधी की हत्या कर दी गई है। भारत गणतंत्र की डगर पर डगमग कदमों से चलना सीख ही रहा था कि चीन ने भारत के गले में मित्रता की एक बाँह डाले-डाले दूसरे हाथ से कमर में छुरा भोंक दिया। इन परिस्थितियों में भी उस कर्मयोगी ने साहस का परित्याग नहीं किया।

प्रश्न

I. देश की आज़ादी के लिए नेहरू को किन कष्टों का सामना करना पड़ा?
(क) धन का अभाव
(ख) जेल-यात्रा
(ग) पत्नी से वियोग
(घ) वैभवपूर्ण जीवन

II. कथन (A) और कारण (R) को पढ़कर उपयुक्त विकल्प चुनिए।
कथन (A) विभिन्न समस्याओं से जूझते हुए भी उन्होंने अमूल्य योगदान दिया।
कारण (R) नौ वर्ष तक जेल में रहकर अमर कृतियों की रचना की।
(क) कथन (A) तथा कारण (R) दोनों गलत हैं।
(ख) कथन (A) गलत है और कारण (R) सही है।
(ग) कथन (A) और कारण (R) दोनों सही हैं।
(घ) कथन (A) और कारण (R) दोनों सही हैं तथा कारण (R), कथन (A) की सही व्याख्या करता है।

III. "विदेशों में प्रचार के लिए पत्र-व्यवहार करना पड़ता है, किंतु जितना डाक-व्यय चाहिए पूरा नहीं पड़ता" वाक्य का प्रकार है
(क) सरल (ख) संयुक्त
(ग) मिश्र (घ) साधारण

IV. नेहरू के विषय में देशवासियों की क्या धारणा थी?

V. गद्यांश के आधार पर नेहरू जी का चरित्र-चित्रण कीजिए।

गद्यांश 5

बाल मजदूरी हमारे देश के लिए अक्षम्य अपराध है। देश में आज न जाने कितने बच्चे बाल मजदूरी कर रहे हैं, क्या उन्हें हमारी तरह जीने का अधिकार नहीं है? राजेश जोशी ने बड़े ही मार्मिक तरीके से 'बाल-श्रमिक' के ऊपर करुण रस की कविता लिखी है। उनका कहना है 'बच्चे काम पर जा रहे हैं सुबह-सुबह' अर्थात् पढ़ाई-लिखाई छोड़कर बच्चे मजदूरी करने काम पर जा रहे हैं। क्या उनके जीवन में खेल का मैदान नहीं है? क्या उनके लिए पुस्तकालय और पाठशाला नहीं हैं? इस तरह के भाव-बोध और पीड़ा-बोध से रचित राजेश जोशी की कविता आधुनिक सभ्य समाज के ऊपर एक प्रकार का व्यंग्य भी प्रस्तुत करती है।

वैश्विक स्तर पर शांति के लिए वर्ष 2014 के नोबल पुरस्कार प्राप्तकर्ता श्री कैलाश सत्यार्थी, जो 'बचपन बचाओ आंदोलन' के सृजनकर्ता माने जाते हैं, का कहना है कि "बाल-श्रमिकों की पहचान के संबंध में सबसे बड़ी समस्या उम्र का निर्धारण करना है।" उनके जागरुकता अभियान के कारण अब बहुत सीमा तक लोग जानने लगे हैं कि 14 साल के बच्चे से काम कराना एक दंडनीय अपराध है। इसमें उम्र का निर्धारण कर पाना बेहद कठिन काम है। इसमें बच्चों का शोषण करने वाले लोग उनकी उम्र-सीमा 14 वर्ष से ऊपर दिखाकर कानूनी प्रक्रिया से बंधनमुक्त हो जाया करते हैं। यदि कठोर नियम बनाकर उचित कार्यवाही की जाए, तो बाल मजदूरी के ऊपर बहुत सीमा तक लगाम लगाई जा सकती है।

प्रश्न

I. बाल श्रमिकों की पहचान के संबंध में सबसे बड़ी समस्या .... माना गया है।
(क) विद्यालयों की सीमित संख्या को
(ख) पढ़ाई के प्रति बच्चों की उदासीनता को
(ग) समाज में पढ़ाई कों कम महत्त्व देने को
(घ) उम्र का निर्धारण करने को

II. कथन (A) और कारण (R) को पढ़कर उपयुक्त विकल्प चुनिए।
कथन (A) 'बचपन बचाओ आंदोलन' का समाज पर गहरा व सकारात्मक प्रभाव पड़ा।
कारण (R) इस आंदोलन में लोग जानने लगे कि 14 वर्ष से कम आयु के बच्चों से काम कराना एक अपराध है।
(क) कथन (A) सही है, किंतु कारण (R) गलत है।
(ख) कथन (A) और कारण (R) दोनों सही हैं तथा कारण (R), कथन (A) की सही व्याख्या करता है।
(ग) कथन (A) गलत है, किंतु कारण (R) सही है।
(घ) कथन (A) और कारण (R) दोनों ही गलत हैं।

III. गद्यांश के अनुसार, बाल मजदूरी पर रोक लगाई जा सकती है। कथन पढ़कर सही विकल्प का चयन कीजिए।
(i) कठोर नियम बनाकर उचित कार्यवाही द्वारा।
(ii) जागरूकता अभियान द्वारा।
(iii) बच्चों को काम पर न भेजकर।
(iv) बाल मजदूरी को महत्त्व न देकर।

कूट
(क) केवल कथन (i) सही है।
(ख) केवल कथन (ii) सही है।
(ग) कथन (i), (ii) और (iv) सही हैं।
(घ) कथन (ii), (iii) और (iv) सही हैं।

IV. प्रस्तुत गद्यांश का शीर्षक क्या होगा?

V. राजेश जोशी की कविता का मूल आशय क्या है? स्पष्ट कीजिए।

अध्याय

2 अपठित काव्यांश

अपठित काव्यांश का अर्थ

कविता (काव्य) का ऐसा अंश, जिसे पहले कभी नहीं पढ़ा गया हो, वह अपठित काव्यांश कहलाता है। अपठित काव्यांश का उद्देश्य काव्य पंक्तियों में प्रयुक्त शब्दों के अर्थ जानना, भाव समझना, विश्लेषण करना, काव्य सौंदर्य को समझना, भाषा शैली को पहचानना आदि में विद्यार्थियों की क्षमता को परखना होता है। अपठित काव्यांश के अंतर्गत विद्यार्थियों को भावार्थ (मूल भाव) व केंद्रीय भाव को समझकर उसका सावधानीपूर्वक, गंभीरता व गहनता से अध्ययन करना अत्यंत आवश्यक है।

अपठित काव्यांश को हल करने के चरणबद्ध तरीके

- कवि के विचारों को ध्यान में रखकर ही सर्वाधिक उचित विकल्प का चुनाव अपने उत्तर के रूप में करना चाहिए।
- सही उत्तर के विकल्प का चुनाव करते समय एकाग्र होना चाहिए तथा प्रश्न की प्रकृति पूरी तरह स्पष्ट होने पर ही विकल्प का चयन करना चाहिए।
- सर्वप्रथम दिए गए अपठित काव्यांश को दो-तीन बार ध्यानपूर्वक पढ़कर उसके मूलभाव को आत्मसात् (समझना) करना चाहिए।
- भाषिक संरचना एवं व्याकरण संबंधी प्रश्नों के लिए काव्यांश में दिए गए कठिन शब्दों को रेखांकित करना चाहिए।
- काव्यांश पर आधारित कथन व कथन/कारण वाले बहुविकल्पीय प्रश्नों को हल करने हेतु सर्वप्रथम उनके केंद्र बिंदु व मुख्य उद्देश्य को समझना चाहिए। इसके पश्चात् ही सही विकल्प का चयन करना चाहिए।
- काव्यांश में दिए गए महत्त्वपूर्ण संदर्भों को रेखांकित करते रहना चाहिए। इससे बहुविकल्पीय प्रश्नों के सर्वाधिक सही विकल्प का चुनाव करने में आसानी होती है।
- सभी प्रश्नों को ध्यानपूर्वक पढ़ने व समझने के पश्चात् ही उसके उत्तर का चुनाव करना चाहिए।
- अंत में एक बार सभी प्रश्नों के उत्तर को ध्यानपूर्वक पढ़कर जाँच लेना चाहिए।

साधित उदाहरण

निम्नलिखित काव्यांशों को पढ़कर उन पर आधारित प्रश्नों के उत्तर दीजिए

सैंपल काव्यांश 1

तुम भीख अन्न की द्वार-द्वार पर माँग रहे,
तुम भीख द्रव्य की द्वार-द्वार पर माँग रहे।
तुम कर्ज काढ़कर समझे मार छलाँग रहे।
यह कौम देश का जब-जब कर्ज चुकाएगी,
इस आजादी की याद हमेश आएगी।
बेड़ियाँ कर्ज़ की और न बाँधों पाँवों में,
क्या इससे हमकों नींद चैन की आएगी?
है एक गुलामी हटी, दूसरी फिर आई,
वह मर्ज़ हमारा और बढ़ गया सालों का
पीछे झंडा फहराना ऐ झंडेवालों
पहले जवाब दो मेरे चंद सवालों का।

प्रश्न

I. तुम भीख अन्न की द्वार-द्वार पर माँग रहे,
तुम भीख द्रव्य की द्वार-द्वार पर माँग रहें।
तुम कर्ज काढ़कर समझे मार छलाँग रहें।
उपर्युक्त पंक्तियों में 'मार छलाँग रहे' का क्या आशय है?

(क) प्रगति के दावे करना
(ख) उछल-कूद मचाना
(ग) आगे बढ़ना
(घ) बहुत तरक्की करना

उत्तर (क) **प्रगति के दावे करना** उपर्युक्त पंक्ति में 'मार रहे छलाँग' का आशय प्रगति के दावे करना है। कविता में कवि के अनुसार, एक ओर तो हम प्रगति के दावें कर रहे हैं और दूसरी और हम विदेश से कर्ज ले रहे हैं।

II. काव्यांश से प्राप्त हो रहे संदेश के आधार पर काव्यांश की पंक्तियों का मिलान कीजिए और इसी आधार पर सही विकल्प चुनिए

दक्षता आधारित प्रश्न

	भाग (अ)	भाग (ब)
A.	खुशियाँ बाद में मनाना	1. तुम भीख द्रव्य की द्वार-द्वार माँग रहे
B.	प्रगति के दावे करना	2. तुम कर्ज काढकर समझे मार छलांग रहे
C.	धन की भीख माँगना	3. पीछे झण्डा फहराना

	A B C		A B C
(क)	3 2 1	(ख)	2 3 1
(ग)	1 2 3	(घ)	3 1 2

उत्तर (क) 3 2 1

A.	खुशियाँ बाद में मनाना	3.	पीछे झंडा फहराना
B.	प्रगति के दावे करना	2.	तुम कर्ज काढ़कर समझे मार छलांग रहे
C.	धन की भीख माँगना	1.	तुम भीख द्रव्य की द्वार-द्वार माँग रहे

III. कथन पर विचार करते हुए सही विकल्प चुनिए

(क) कविता में कवि ने प्रगति के दावे करने की बात कही है।
(ख) कविता में जनसंख्या की समस्या पर प्रकाश डाला है।
(ग) कविता में खुशियाँ नहीं मानने के लिए कहा गया है।
(घ) उपर्युक्त सभी

उत्तर (क) **कविता में कवि ने प्रगति के दावे करने की बात कही है।** पद्यांश के अनुसार, कवि ने इस कविता में प्रगति के दावे करने की बात कही है। इसमें विदेशों से ऋण लेने की समस्या पर प्रकाश डाला है।

IV. प्रस्तुत पद्यांश का उचित शीर्षक क्या हो सकता है और क्यों?

उत्तर प्रस्तुत पद्यांश का उचित शीर्षक 'कर्ज' हो सकता है, क्योंकि पद्यांश के अनुसार हमें आजादी तो मिली, परंतु अभी भी विदेशों से कर्ज़ लेकर देश चला रहे हैं।

V. प्रस्तुत पद्यांश में कर्ज को किसके समान बताया है? स्पष्ट कीजिए।

उत्तर प्रस्तुत पद्यांश में कर्ज को बेड़ियों के समान बताया है, क्योंकि दोनों ही चीजें बोझ स्वरूप हैं, जो व्यक्ति को आगे नहीं बढ़ने देती और उनके कष्ट का कारण बनती हैं। जब एक व्यक्ति कर्ज लेता है, तो वह व्यक्ति कर्ज में डूब जाता है और वह कर्ज चुकाने में ही लगा रहता है आगे नही बढ़ पाता।

सैंपल काव्यांश 2

धर्म का दीवट, दया का दीप
कब जलेगा, कब जलेगा विश्व में भगवान?
कब सुकोमल ज्योति से अभिषिक्त,
हाँ, सरस होंगे, जली-सूखी रसा के प्राण।
है बहुत बरसी धरित्री पर अमृत की धार,
पर नहीं अब तक सुशीतल हो सका संसार।
भोग-लिप्सा आज भी लहरा रही उद्गार,
बुद्ध हों कि अशोक, गाँधी हों कि ईशु महान।
सिर झुका सबको, सभी को श्रेष्ठ निज से मान,
मात्र वाचिक ही उन्हें देता हुआ सम्मान।
दग्ध कर पर को स्वयं भी भोगता दुख-दाह,
जा रहा मानव चला अब भी पुरानी राह।

I. पर नहीं अब तक सुशीतल हो सका संसार।
भोग-लिप्सा आज भी लहरा रही उद्गार।
उपर्युक्त पंक्तियों में संसार में अभी तक शीतलता क्यों नहीं आ सकी है?

दक्षता आधारित प्रश्न

(क) मनुष्य भोग और लिप्सा में डूबा हुआ है
(ख) लोगों ने दूसरों पर दया करना छोड़ दिया है
(ग) मनुष्य ने अपना धर्म छोड़ दिया है
(घ) अमृत की धारा नहीं बरसी है

उत्तर (क) **मनुष्य भोग और लिप्सा में डूबा हुआ है** संसार में अभी तक शीतलता इसलिए नहीं आ सकी है, क्योंकि मनुष्य भोग और लिप्सा में डूबा हुआ है।

II. है बहुत बरसी धरित्री पर अमृत की धार।
पर नहीं अब तक सुशीतल हो सका संसार।।
उपर्युक्त पंक्तियों में बहुत 'बरसी धरित्री पर अमृत की धार' पंक्ति का क्या आशय है?

(क) बहुत से ऋषि, मुनि साधु-संत का मार्ग
(ख) दूसरों के कष्टों से दूर भागना
(ग) मानव दूसरों को दुख पहुँचाकर खुश होता है।
(घ) बहुत-से ऋषि-मुनि, तपस्वी, साधक, समाजसेवी हुए हैं।

उत्तर (घ) **बहुत-से ऋषि-मुनि, तपस्वी, साधक, समाजसेवी हुए हैं।** 'है बहुत बरसी धरित्री पर अमृत की धार' पंक्ति का आशय है इस संसार में बहुत से ऋषि-मुनि, तपस्वी, साधक, समाजसेवी हुए, जिन्होंने लोक-कल्याण के लिए अपना जीवन लगा दिया। संत-महात्माओं के मंगलकारी उपदेश इस धरती पर निरंतर प्रसारित होते रहे है, परंतु विषय-वासनाओं पीडित अभागे लोग फिर भी सुख-शांति से वंचित ही रहे हैं।

III. 'मात्र वाचिक सम्मान' से कवि का आशय है जिसका संबंध ………… से हो।

(क) वाचन

(ख) वाणी

(ग) वचनबद्धता

(घ) विश्वास

उत्तर (ख) **वाणी** जिसका संबंध वाणी से हो 'मात्र वाचिक सम्मान' से कवि का आशय केवल शब्दों से ही हमने महापुरुषों को सम्मान दिया है, मन से नहीं दिया। यह सब लोगों की वाणी तक ही सीमित रहा। उन्होंने इन महापुरुषों का गुणगान तो मुक्तकंठ से किया पर इनकी शिक्षाओं को अपने जीवन में नही उतारा।

IV. पद्यांश के अनुसार मानव आज भी किस पुरानी राह पर चलता जा रहा है?

उत्तर पद्यांश के अनुसार, मानव आज भी दूसरों को कष्ट देना और खुद भी कष्ट भोगना जैसी पुरानी राह पर चलता चला जा रहा है।

V. 'धर्म का दीवट, दया का दीप' जलने से कवि का क्या आशय है?

उत्तर 'धर्म का दीवट, दया का दीप' जलने से कवि का आशय चारों ओर दया-धर्म का वातावरण से है। कवि ईश्वर से पूछता है कि हे ईश्वर! इस धर्म एवं दया-विहीन संसार में धर्म तथा दया का दीपक कब जलेगा। लोगों के हृदय में धर्म और दया के भाव कब जागृत होंगे।

अभ्यास प्रश्न

बहुविकल्पीय व वर्णनात्मक प्रश्नों सहित

निम्नलिखित काव्यांशों को ध्यानपूर्वक पढ़कर इनसे संबंधित पूछे गए प्रश्नों के उत्तर दीजिए

काव्यांश 1

मत काटो तुम ये पेड़, हैं ये लज्जावसन
इस माँ वसुंधरा के, इस संहार के बाद
अशोक की तरह सचमुच, तुम बहुत पछताओगे
बोलो फिर किसकी गोद में सिर छिपाओगे
शीतल छाया फिर कहाँ से पाओगे?
कहाँ से पाओगे फिर फल?
कहाँ से मिलेगा।।
शस्य-श्यामला को सींचनेवाला जल?
रेगिस्तानों में तब्दील हो जाएँगे खेत
बरसेंगे कहाँ से घुमड़कर बादल?
थके हुए मुसाफिर
पाँएगे कहाँ से श्रमहारी छाया?

प्रश्न

I. कथन (A) **और कारण** (R) **पर विचार करते हुए सही विकल्प चुनिए**

कथन (A) **खेत रेगिस्तानों में तब्दील हो जाएँगे।**

कारण (A) **पेड़ों को नहीं काटना चाहिए, क्योंकि ये धरती माँ के वस्त्र हैं।** दक्षता आधारित प्रश्न

(क) कथन (A) गलत है, किंतु कारण (R) सही है।

(ख) कथन (A) और कारण (R) दोनों ही गलत हैं।

(ग) कथन (A) और कारण (R) दोनों सही हैं तथा कारण (R), कथन (A) की सही व्याख्या करता है।

(घ) कथन (A) सही है, किंतु कारण (R) गलत है।

II. काव्यांश की किन पंक्तियों में पेड़-पौधों के नाश के बाद पछताने की बात की गई है?

(क) थके हुए मुसाफिर/पाएँगे कहाँ से श्रमहारी छाया?

(ख) शस्य-श्यामला को सींचने वाला जल?/रेगिस्तानों में तब्दील हो जाएँगे खेत।

(ग) इस माँ वसुंधरा के इस संहार के बाद/अशोक की तरह सचमुच, तुम बहुत पछताओगे।

(घ) शीतल छाया फिर कहाँ से पाओगे? कहाँ से पाओगे फिर फल?

III. काव्यांश का उपयुक्त शीर्षक क्या हो सकता है?

(क) पेड़-पौधों का संहार (ख) अगर वृक्ष काटोगे

(ग) वृक्ष मत काटो (घ) धरती के लज्जावसन-वृक्ष

IV. प्रस्तुत पद्यांश में 'शस्य-श्यामला' किसको कहा गया है तथा इसको सींचने के लिए किसकी आवश्यकता है?

V. प्रस्तुत पद्यांश में 'लज्जावसन' से क्या तात्पर्य है तथा यहाँ 'लज्जावसन' किसके लिए प्रयुक्त हुआ है?

काव्यांश 2

जिस राम के गुण आप गाते हैं
जिस अर्जुन पर आप मुग्ध हैं
बताओ तो दोस्तों!
उनके जो-जो चित्र
आपकी आस्था और विश्वास के हैं
वे राजमहलों के हैं
या वनवास के हैं?
मित्रों!
जब स्वयं रामचंद्र
राजमहलों की रेशमी जूतियाँ उतारकर

नंगे पाँव वन में पधारे थे
तभी से वे महिमावान हो गए
राजकुमार तो थे ही
अब वे भगवान हो गए।
जटाधारी राम हों
या वन-वन भटकते पांडव
सबके गौरवशाली चरित्र वन के हैं
ताड़का का वध हो
या जटायु का संस्कार
केवट का मिलन हो
या शबरी से प्यार
भरत से मिलन का हेतु हो
या लंका का सेतु हो
सब वन के ही शृंगार हैं
राम के चौदह वर्ष हों
या पांडवों के तेरह वर्ष
दोनों ने महिमा की पूँजी
वन से ही उगाही थी।
सोने की लंका वनवासी राम ने
ही ढहाई थी
जुए की खाई में गिरे पांडवों ने
दुर्योधन की जंघा तोड़ने की
शक्ति वनवास से ही पाई थी।

I. काव्यांश की किन पंक्तियों में रामचंद्र को राजकुमार से भगवान बनाने की बात कही गई है?

(क) जिस राम के गुण आप गाते हैं, जिस अर्जुन पर आप मुग्ध हैं
(ख) आपकी आस्था और विश्वास के है, वे राजमहलों के हैं या वनवास के हैं
(ग) जब स्वयं रामचंद्र, राजमहलों की रेशमी जूतियाँ उतारकर, नंगे पाँव वन में पधारे थे
(घ) तभी से वे महिमावान हो गए, राजकुमार तो थे ही, अब वे भगवान हो गए

II. कथन (A) और कारण (R) को पढ़कर उपयुक्त विकल्प चुनिए।

कथन (A) सोने की लंका वनवासी राम ने ही ढहाई थी।

कारण (R) वन प्रवास के दौरान ही रामचंद्र ने अनेक महान कर्म किए। **दक्षता आधारित प्रश्न**

(क) कथन (A) सही है, किंतु कारण (R) गलत है
(ख) कथन (A) गलत है और कारण (R) सही है
(ग) कथन (A) और कारण (R) दोनों गलत हैं
(घ) कथन (A) और कारण (R) दोनों सही हैं

III. प्रस्तुत कविता में किसके महत्त्व को उजागर किया गया है? कथन पढ़कर सही विकल्प को चुनिए।

(i) वनवास के संघर्षपूर्ण जीवन को
(ii) राम और पांडव के
(iii) जटायु और केवट के

कूट

(क) केवल कथन (i) सही है (ख) केवल कथन (ii) सही है
(ग) केवल कथन (iii) सही है (घ) कथन (ii) और (iii) सही हैं

IV. (क) प्रस्तुत पद्यांश में 'रेशमी जूतियाँ' किस परिस्थिति की परिचायक हैं?
(ख) प्रस्तुत पद्यांश में कष्ट के लिए कौन-सा शब्द प्रयुक्त हुआ है?

V. काव्यांश के अनुसार, महापुरुषों का चरित्र गौरवशाली कहाँ रहकर हुआ है?

काव्यांश 3

रात में जब सोया था
सोते-सोते एक सपना बोया था
बस एक दो हफ़्ते में
तैयार होगी अरहर खेतों में
और कटेगी मसूर बिकेगी बाज़ार में
हो जाएगी ऋण मुक्त सब ज़मीन
जो बच पाएगा
उसके कुछ हिस्से से मकान बन जाएगा
फिर मार्च के महीने में
जवान बेटी का रिश्ता तय करना है
बस कुछ दिन के बाद आएगा चैत्र और वैशाख
और गेहूँ की फसलें बेचकर
चुकाऊँगा कर्ज़ और बचा लूँगा साख
बस फिर क्या एक ही काम और करना है
बुड्ढे, बुड्ढी को साथ लेकर चारों धाम की यात्रा
करना है उनको दिया वायदा भी पूरा हो जाएगा
मरने से पहले बेटा तीरथ करा दो
यह सपना भी पूरा हो जाएगा
और देर रात सोया था इन सपनों के साथ

प्रश्न

I. कथन (A) और कारण (R) को पढ़कर उपयुक्त विकल्प चुनिए।

कथन (A) किसान के सपने की एक महत्त्वपूर्ण बात थी।

कारण (R) अन्न को बेचकर प्राप्त राशि में ज़मीन को गिरवी से छुड़ाना आदि कल्पनाएँ करना।

(क) कथन (A) कारण (R) की सही व्याख्या नहीं करता है
(ख) कथन (A) सही है और कारण (R) सही व्याख्या करता है
(ग) कथन (A) और कारण (R) दोनों गलत हैं
(घ) कथन (A) गलत है और कारण (R) सही है

II. बस एक दो हफ़्ते में/तैयार होगी अरहर खेतों में
और कटेगी मसूर बिकेगी बाज़ार में
हो जाएगी ऋण मुक्त सब ज़मीन
उपर्युक्त पंक्तियों में किसान गेहूँ बेचकर प्राप्त धनराशि से ………

(क) अच्छी खेती करेगा
(ख) महाजन के कर्ज से मुक्त होगा
(ग) सरकारी टैक्स देगा
(घ) सिंचाई विभाग की अदायगी करेगा

III. "बस फिर क्या एक ही काम और करना है", कौन-सा महत्त्वपूर्ण काम था?

(क) कर्ज़ चुकता करना
(ख) गेहूँ की फसल बोना
(ग) माँ-बाप को तीर्थ-यात्रा कराना
(घ) बिटिया का ब्याह रचाना

IV. प्रस्तुत पद्यांश में किसकी वास्तविक स्थिति का चित्रण है तथा उसका जीवन किस पर निर्भर है?

V. प्रस्तुत पद्यांश में किसान की किस दशा का वर्णन किया गया है?

काव्यांश 4

थोड़े से बच्चों के लिए
एक बग़ीचा है उनके पाँव
दूब पर पड़ रहे हैं
असंख्य बच्चों के लिए
कीचड़, धूल और गंदगी
से पटी गलियाँ हैं जिनमें वे
अपना भविष्य बीन रहे हैं
एक मेज है सिर्फ छह बच्चों
के लिए और उनके सामने
उतने ही अंडे और उतने
ही सेब हैं एक कटोरदान है
सौ बच्चों के बीच और
हजारों बच्चे एक हाथ में
रखी आधी रोटी को दूसरे
से तोड़ रहे हैं
ईश्वर होता तो इतनी देर
में उसकी देह कोढ़ से
गलने लगती सत्य होता तो
वह अपनी न्यायाधीश की कुर्सी
से उतरकर जलती सलाखें
आँखों में खुपस लेता, सुंदर
होता तो वह अपने चेहरे पर
तेजाब पोत अंधे कुएँ में कूद
गया होता लेकिन……यहाँ दृश्य
में सिर्फ कुछ छपे हुए शब्द हैं
चापलूसी की नाँद में
लपलपाती जुबानें और मस्तिष्क
में काले गणित का पैबंद है।

प्रश्न

I. असंख्य बच्चों के लिए कीचड़, धूल और गंदगी से पटी गलियाँ हैं जिनमें वे अपना भविष्य बीन रहे हैं।
उपर्युक्त पंक्तियों में 'वे अपना भविष्य बीन रहे हैं' का तात्पर्य है

(क) कूड़ा बीनकर गरीब बच्चे अपना जीवन चलाते हैं
(ख) वे कूड़े में रहते हैं
(ग) असंख्य बच्चे सुख नहीं पाते
(घ) गलियों में बच्चे अपना भविष्य बनाते हैं

II. एक मेज है/सिर्फ छह बच्चों के लिए/और उनके सामने/उतने ही अंडे और उतने ही सेब हैं/एक कटोरदान है सौ बच्चों के बीच/और हजारों बच्चे एक हाथ में रखी आधी रोटी को दूसरे से तोड़ रहे हैं
उपर्युक्त कथन की पंक्तियों में कवि किस असमानता की बात नहीं कर रहा है?

(i) धार्मिक असमानता
(ii) सामाजिक असमानता
(iii) आर्थिक असमानता
(iv) शैक्षिक असमानता

कूट
(क) (i), (ii) और (iii) सही हैं
(ख) (i) और (iv) सही हैं
(ग) (i), (ii) और (iv) सही हैं
(घ) (ii) और (iii) सही हैं

III. कवि किस बात से निराश हो गया है?

(क) नैतिक मूल्य कहीं खो गए हैं
(ख) असीम सत्ता को लोग पहचानते नहीं
(ग) न्याय पाने के लिए लंबी प्रतीक्षा करनी पड़ती है
(घ) बच्चों की पोशाकों में भी बहुत अंतर है

IV. पद्यांश के अनुसार, दूब पर पड़े पाँव किसके हो सकते हैं?

V. प्रस्तुत पद्यांश के माध्यम से कवि हमें क्या बताना चाहता है?

काव्यांश 5

कैसे बेमौके पर तुमने ये
मज़हब के शोले सुलगाए।
मानव-मंगल-अभियानों में
जब नया कल्प आरंभ हुआ
जब चंद्रलोक की यात्रा के
सपने सच होने को आए।
तुम राग अलापो मज़हब
का पैग़ंबर को बदनाम करो,
नापाक हरकतों में अपनी
रूहों को कत्लेआम करो!
हम प्रजातंत्र में मनुष्यता
के मंगल-कलश सँवार रहे
हर जाति-धर्म के लिए
खुला आकाश-प्रकाश पसार रहे।
उत्सर्ग हमारा आज
हिमालय की चोटी छू आया है।
सदियों की कालिख को
हमने बलिदानों से धोना है
मानवता की खुशहाली की
हरियाली फ़सलें बोना है।
बढ़-बढ़कर बातें करने की
बलिदानी रटते बान नहीं
इतना तो तुम भी समझ गए
यह कल का हिंदुस्तान नहीं।

प्रश्न

I. कविता के अनुसार, मजहब के शोले सुलगाने का यह मौका नहीं है, क्योंकि **दक्षता आधारित प्रश्न**
कथन पढ़कर सही विकल्प का चयन कीजिए

(क) धर्म के द्वारा नफ़रत फैलाने का मौका नहीं है
(ख) आज के युग में इन बातों का कोई स्थान नहीं है
(ग) प्रगतिशील दृष्टिकोण ऐसी बातों को बेतुकी मानता है
(घ) उपर्युक्त सभी

II. कथन (A) और कारण (R) को पढ़कर उपयुक्त विकल्प चुनिए।
कथन (A) 'मजहब का राग' अप्रासंगिक है, क्योंकि प्रजातंत्र
कारण (R) समाज को संकुचित दृष्टिकोण से नहीं देखता। **दक्षता आधारित प्रश्न**

(क) कथन (A) गलत है, किंतु कारण (R) सही है
(ख) कथन (A) और कारण (R) दोनों गलत हैं
(ग) कथन (A) और कारण (R) दोनों सही हैं
(घ) कथन (A) सही है, किंतु कारण (R) कथन (A) की सही व्याख्या नहीं है

III. "बढ़-बढ़कर बातें करने की, बलिदानी रटते बान नहीं" में निहित अलंकार है

(क) यमक

(ख) अनुप्रास

(ग) उपमा

(घ) रूपक

IV. पद्यांश में 'मजहब के शोले' से क्या तात्पर्य है?

V. 'हरियाली फसलें बोना है।' का क्या आशय है?

काव्यांश 6

सौदागर कुछ भी खरीद सकते हैं, पर क्या वह जानता है?
दुनिया में सभी चीज़ें खरीदी नहीं जातीं!
महँगा पलंग खरीद सकते हैं
पर नींद नहीं—व्यंजन खरीद सकते हैं
पर भूख नहीं—संवेदना का मूल्य कहाँ रहा
तभी तो किसी ने कहा—सपने वे बड़े नहीं होते,
जो सोने के बाद आते हैं, सपने वे बड़े होते हैं, जो सोने नहीं देते।
अपने वे नहीं होते, जो रोने के बाद आते हैं,
अपने वे होते हैं, जो रोने नहीं देते।
आपने कभी-कहीं देखा?
संवेदना स्टोर्स, अपनत्व सेंटर, अहसास कॉर्नर,
यह सब दिल के अंदर रखा जाता है,
जो न बेचा जाता है और न खरीदा जाता है।
हम आज सुविधा के लिए सब कुछ खरीदना चाहते हैं
पर तैयार नहीं-असुविधाओं के लिए—हम समर्थ हैं,
हेलिकॉप्टर से
केदारनाथ-बद्रीनाथ जा सकते हैं।
पर क्या ईश्वर के करीब आ सकते हैं?
अमीरी का टेंशन उसी समय तक है—जब तक गरीबी है।
अगर रोते चेहरे पर सैकड़ों खर्चकर
मुसकान आएगी—तो उस दिन आपकी खरीदारी सफल हो जाएगी।

प्रश्न

I. कथन (A) और कारण (R) को पढ़कर उपयुक्त विकल्प चुनिए

कथन (A) "सपने वे बड़े होते हैं, जो सोने नहीं देते"।

कारण (R) महान लक्ष्य मानव को निरंतर कर्मशील बनाए रहते हैं।

(क) कथन (A) सही है और कारण (R) गलत है

(ख) कथन (A) गलत है और कारण (R) सही है

(ग) कथन (A) सही है और कारण (R) सही व्याख्या करता है

(घ) कथन (A) सही नहीं है और कारण (R) गलत है

II. कविता में उसी व्यक्ति को अपना माना गया है, जो ……… है

(क) रोने के बाद संवेदना प्रकट करता

(ख) रोने के क्षणों में आँसू पोंछता

(ग) रोने के कारणों का निवारण करता

(घ) साथ रोता

III. खरीदारी की सफलता आधारित है

(क) सुख-सुविधा के साधन जुटाने में

(ख) जीवन की असुविधाओं को दूर करने में

(ग) दु:खी व्यक्ति के चेहरे पर मुसकान लाने में

(घ) थके राहगीर को छाया देने में

IV. सौदागर पैसे से क्या खरीद सकता है और क्या नहीं खरीद सकता?

V. आज का समर्थ व्यक्ति केदारनाथ-बद्रीनाथ जाकर भी क्या नहीं प्राप्त कर सकता है?

काव्यांश 7

जब एक साथ मिल कर खेलते हैं,
एक-दूसरे के दु:ख-सुख झेलते हैं;
कभी रूठते हैं, मनाते हैं,
और फिर गले लगकर मुस्कुराते हैं।
जब हम बतियाते हैं- एक हो जाते हैं
भाषा-भूषा हमें पास लाते हैं;
पर बिना शब्दों के भी जोड़ते हैं संगीत के स्वर
जिससे होंठ गुनगुनाते हैं, पाँव थिरक जाते हैं।

हम तब भी एक होते हैं,
जब प्रकृति की गोद में होते हैं।
दीन-दुनिया से परे, चैन की नींद सोते हैं,
और सुनहरे सपनों की दुनिया सँजोते हैं।
हम तब भी एक होते हैं,
जब भय से सहम जाते हैं।
अपने मन के दरवाज़े बंद भी कर लें,
पर स्वयं को दूसरे से जुड़ा पाते हैं।
एक होने का यह भाव बड़ा अजीब है,
इसी भाव में यीशु का यश, अल्लाह का ताबीज़ है।
गुरु की वाणी है, रामनाम का बीज है,
यह परंपरा और संस्कृति की चीज़ है।

प्रश्न

I. गद्यांश के अनुसार, संगीत के स्वर बजने पर क्या होता है?

(क) हम सब मन से अलग हो जाते हैं

(ख) होंठ गुनगुनाते और पाँव थिरकते हैं

(ग) मन के दरवाज़े खुलते हैं

(घ) कर्त्तव्य के प्रति सजग होते हैं

II. कथन (A) और कारण (R) को पढ़कर उपयुक्त विकल्प चुनिए।

कथन (A) एक होने के भाव अजीब हैं।

कारण (R) क्योंकि हम सभी का मान करते हैं।

(क) कथन (A) सही है, किंतु कारण (R) सही नहीं है।

(ख) कथन (A) गलत है, किंतु कारण (R) सही है।

(ग) कथन (A) और कारण (R) दोनों गलत हैं।

(घ) कथन (A) और कारण (R) दोनों सही हैं।

III. दीन-दुनिया से परे, चैन की नींद सोते हैं,
और सुनहरे सपनों की दुनिया सँजोते हैं।
रेखांकित शब्दों के आधार पर उपर्युक्त पंक्तियों में अलंकार है

(क) रूपक (ख) अनुप्रास
(ग) श्लेष (घ) यमक

IV. काव्यांश में भूषा का अर्थ क्या है?

V. काव्यांश के अनुसार, हम एक साथ मिलकर क्या-क्या करते हैं?

काव्यांश 8

जब भोर में पहुँचा था मेड़ पर
अरहर और मसूर तुषार से जल गई थी खेत पर
शाम तक हरी-भरी खेत की फसलें-रात के तुषार में मर गई थीं
गेहूँ भी बर्बाद हो गया, घबराहट से चेहरा हो गया पीला
सपने सब बिखर गए अब तो रास्ता कँटीला
जीभ सूख गई-गर्दन लटक गई पूरे साल की कल्पना यात्रा
एक रात में भटक गई
और मायूस होकर घर आया
पत्नी ने उत्साहित होकर
अगले माह बेटी के पक्कयात का याद दिलाया
भीतर से माँ बोली
बेटा समय किसने देखा है
जितना जल्दी कर दो वही चोखा है
अब और नहीं सुनूँगी तुम्हारी बात
बस इसी साल फसल आने पर
कर देना नातिन के पीले हाथ
किसान फिर चकराकर
अंदर से रोया
पर ऊपर से मुसकुराया
दूध का गिलास हाथ से छूट गया
सपनों के काँच का महल
बस रात भर में टूट गया
अब कैसे चुकेगा कर्ज़
अब कैसे निभेगा पिता और बेटे का फर्ज़

प्रश्न

I. कथन (A) और कारण (R) को पढ़कर उपयुक्त विकल्प चुनिए
कथन (A) सपनों के काँच का महल बस रात भर में टूट गया।
कारण (R) अब कैसे चुकेगा कर्ज, अब कैसे निभेगा पिता और बेटे का फर्ज। दक्षता आधारित प्रश्न

(क) कथन (A) सही है, किंतु कारण (R) गलत है
(ख) कथन (A) गलत है, किंतु कारण (R) सही है
(ग) कथन (A) और कारण (R) दोनों सही हैं
(घ) कथन (A) और कारण (R) दोनों गलत हैं

II. 'समय किसने देखा है' किसान की माँ के इस कथन का क्या आशय है?

(क) समय यों ही बीत जाता है
(ख) समय बड़ा बलवान है
(ग) समय की गति अनिश्चित है
(घ) समय पर काम होना चाहिए

III. कवि ने कविता के माध्यम से चित्रण किया है।
कथन को पढ़कर सही विकल्प का चुनाव करें। दक्षता आधारित प्रश्न

(i) किसान की खेती का
(ii) किसान की दुर्दशा का
(iii) किसान पर प्रकृति के प्रकोप का
(iv) किसान की वास्तविक स्थिति का

कूट

(क) (i), (ii) और (iv) सही हैं (ख) (ii), (iii) और (iv) सही नहीं हैं
(ग) (ii) और (iv) सही हैं (घ) (i), (ii), (iii) और (iv) सही हैं

IV. कविता के अनुसार, किसान की पूरे साल की कल्पना क्या थी?

V. कवि के अनुसार किसान का चेहरा पीला क्यों पड़ गया था?

काव्यांश 9

जनता? हाँ, मिट्टी की अबोध मूरतें वही,
जाड़े-पाले की कसक सदा सहने वाली,
जब अंग-अंग में लगे साँप हों चूस रहे,
तब भी न कभी मुँह खोल दर्द कहने वाली।

मानो, जनता हो फूल जिसे एहसास नहीं,
जब चाहो तभी उतार सजा लो दोनों में;
अथवा कोई दुधमुँही जिसे बहलाने के
जंतर-मंतर सीमित हों चार खिलौनों में।

लेकिन, होता भूडोल, बवंडर उठते हैं,
जनता जब कोपाकुल हो भृकुटी चढ़ाती है;
दो राह, समय के रथ का घर्घर-नाद सुनो,
सिंहासन खाली करो कि जनता आती है।

हुंकारों से महलों की नींव उखड़ जाती,
साँसों के बल से ताज हवा में उड़ता है;
जनता की रोके राह, समय में ताब कहाँ?
वह जिधर चाहती, काल उधर ही मुड़ता है।

सबसे विराट् जनतंत्र जगत् का आ पहुँचा,
तैंतीस कोटि-हित सिंहासन तैयार करो;
अभिषेक आज राजा का नहीं, प्रजा का है,
तैंतीस कोटि जनता के सिर पर मुकुट धरो।

आरती लिए तू किसे ढूँढता है मूरख,
मंदिरों, राजप्रासादों में, तहखानों में?
देवता कहीं सड़कों पर मिट्टी तोड़ रहे,
देवता मिलेंगे खेतों में खलिहानों में।

प्रश्न

I. कथन (A) और कारण (R) को पढ़कर उपयुक्त विकल्प चुनिए।
कथन (A) **"अथवा कोई दूधमुँही जिसे बहलाने के जंतर-मंतर सीमित हों चार खिलौने में" कथन का भाव है।**
कारण (R) **भारतीय जनता बहुत सीधी है, उसे बहलाना कठिन नहीं है।**

दक्षता आधारित प्रश्न

(क) कथन (A) सही है, किंतु कारण (R) गलत है
(ख) कथन (A) सही है और कारण (R) कथन (A) की सही व्याख्या करता है
(ग) कथन (A) गलत है, किंतु कारण (R) सही है
(घ) कथन (A) और कारण (R) दोनों गलत हैं

II. लेकिन, होता भूडोल, बवंडर उठते हैं,
जनता जब कोपाकुल हो भृकुटी चढ़ाती है।
उपर्युक्त पंक्तियों के आधार पर जनता के क्रोध का क्या परिणाम होता है?

(क) भ्रांति (ख) शांति (ग) क्रांति (घ) अशांति

III. 'प्रजा का अभिषेक होने' का क्या तात्पर्य है?

(क) जनता के हाथ में सत्ता सौंपना
(ख) राजाओं को अपदस्थ करना
(ग) जनता स्वयं अपने शासक का चुनाव नहीं करती है
(घ) 'क' और 'ग' दोनों

IV. प्रस्तुत पद्यांश में कवि ने आम आदमी को क्या कहा है और क्यों कहा?

V. कवि ने भारतीय जनता की सहनशीलता का वर्णन किस रूप में किया है?

काव्यांश 10

बहुत कठिन है भले-बुरे का, भेद आज कर पाना।
सहज-बोध के गन्तव्यों का, दुर्लभ हुआ सुझाना।
सबके मन में ललक बलवती,
ऊपर उठ पाने की।
किंतु बढ़ी है भूख और भी,
सब कुछ खा जाने की।।
गिरा दूसरों को राहों में, बढ़ो दौड़ मंजिल की।
रही न किंचित चाह किसी की, साथी को संबल की।।
स्वार्थ-सिद्धि ही साध्य सभी
विध कैसे लक्ष्य मिलेगा।
कब तक जन-मानस विवेक
को, यों ही सहज छलेगा।।
ऐसे संभव नहीं धरा पर, सहज-बोध का वर्षण।
तड़पेगी पल-पल मानवता, हो न सकेगा तर्पण।।
बैर-भाव को त्याग सभी बढ़,
सृजन-पंथ अपनाए।
व्यक्ति दौड़ में फिसल रहे
जो, उनको विहँस उठाए

प्रश्न

I. कथन (A) और कारण (R) को पढ़कर उपयुक्त विकल्प चुनिए।
कथन (A) **मानवता के तड़पते रहने का कारण है।**
कारण (R) **स्वार्थपरता ही एकमात्र लक्ष्य होना।**

(क) कथन (A) सही है, किंतु कारण (R) गलत है
(ख) कथन (A) गलत है, किंतु कारण (R) सही है
(ग) कथन (A) और कारण (R) दोनों सही हैं
(घ) कथन (A) और कारण (R) दोनों गलत हैं

II. "स्वार्थ-सिद्धि ही साध्य सभी विध" कैसे लक्ष्य मिलेगा। रेखांकित पंक्ति के आधार पर अलंकार है

दक्षता आधारित प्रश्न

(क) उपमा
(ख) श्लेष
(ग) अनुप्रास
(घ) यमक

III. काव्यांश के आधार पर निम्नलिखित काव्य पंक्तियों का उचित मिलान कीजिए और सही विकल्प का चयन कीजिए।

भाग (अ)	भाग (ब)
A. बहुत कठिन है भले बुरे का	(i) ऊपर उठ पाने की
B. सबके मन में ललक बलवती	(ii) सृजन पथ अपनाए
C. बैर-भाव को त्याग सभी बढ़	(iii) भेद आज कर पाना

	A	B	C
(क)	iii	i	ii
(ख)	ii	iii	i
(ग)	i	ii	iii
(घ)	i	iii	ii

IV. हमें किसका त्याग कर देना चाहिए?

V. आज के युग की क्या विशेषता है?

काव्यांश 11

चाँद-तारों-सी सहज क्रांति, नदियों में है मुसकान भरी,
है पवन-झरोकों में दुलार खेतों में है दौलत बिखरी,
पग-पग मेरा विश्वास भरा, तप से है यह जीवन निखरा,
प्रखर कर्म का पाठ सतत-
पढ़ती मैं भारत माता हूँ।।
मैं वज्र-सदृश विपदाओं को भी अनायास सह लेती हूँ,
सुधा-दान कर औरों को, मैं विष पीकर मुसकाती हूँ,
धीरज का पाठ पढ़ाती हूँ,
गौरव का मार्ग दिखाती हूँ,
मैं सहज बोध, मैं सहज शक्ति—
मूर्तियाँ बना डालीं सजीव अनगढ़ पत्थर को काट-काट,
बंधुता-प्रेम को फैलाया, अपना ही अंतर बाँट-बाँट,
जिसके गीतों से जगत् मुग्ध,
जिसके नृत्यों पर जगत् मुग्ध
जिसकी कविता-धारा अविरल—
बहती वह भारत माता हूँ।।

प्रश्न

I. कथन (A) और कारण (R) को पढ़कर उपयुक्त विकल्प चुनिए
कथन (A) है पवन झरोकों में दुलार, खेतों में है दौलत बिखरी।
कारण (R) दौलत उद्यान में, घरों में और वनों में बिखरी हुई है।
(क) कथन (A) सही है, किंतु कारण (R) गलत है
(ख) कथन (A) गलत है, किंतु कारण (R) सही है
(ग) कथन (A) और कारण (R) दोनों सही हैं
(घ) कथन (A) और कारण (R) दोनों गलत हैं

II. मैं वज्र-सदृश विपदाओं को भी अनायास सह लेती हूँ,
सुधा-दान कर औरों को, मैं विष पीकर मुसकाती हूँ।
उपर्युक्त पंक्तियों में विष पीकर कौन मुसकुराती है?
(क) मीराबाई (ख) हरिदास
(ग) भारत माता (घ) ब्रज वसुंधरा

III. अनगढ़ पत्थर को काट-काट कर क्या बनाया गया?
(क) सजीव मूर्तियाँ (ख) खिलौने
(ग) हथियार (घ) बर्तन

IV. पद्यांश के अनुसार किसमें मुस्कान भरी हुई है और कैसे?

V. प्रस्तुत पद्यांश में 'अविरल' का क्या अर्थ है?

काव्यांश 12

मैं बचपन को बुला रही थी
बोल उठी बिटिया मेरी।
नंदन वन-सी फूल उठी
यह छोटी-सी कुटिया मेरी।
'माँ ओ' कहकर बुला रही थी
मिट्टी खाकर आई थी।
कुछ मुँह में, कुछ लिए हाथ में
मुझे खिलाने आई थी।
पुलक रहे अंग, दृगों में
कौतूहल था छलक रहा।
मुँह पर थी आह्लाद लालिमा,
विजय-गर्व था झलक रहा।
मैंने पूछा, "यह क्या लाई?"
बोल उठी वह, "माँ काओ"
हुआ प्रफुल्लित हृदय खुशी से
मैंने कहा- "तुम्हीं खाओ"
पाया मैंने बचपन फिर से,
बचपन बेटी बन आया,
उसकी मंजुल मूर्ति देखकर
मुझमें नवजीवन आया।
मैं भी उसके साथ खेलती
खाती हूँ, तुतलाती हूँ।
मिलकर उसके साथ स्वयं
मैं भी बच्ची बन जाती हूँ।
जिसे खोजती थी बरसों से
अब जाकर उसको पाया।
भाग गया था मुझे छोड़कर
वह बचपन फिर से आया।

प्रश्न

I. कथन (A) और कारण (R) को पढ़कर उपयुक्त विकल्प चुनिए।
कथन (A) जिसे खोजती थी बरसों से अब जाकर उसको पाया।
कारण (R) भाग गया था मुझे छोड़कर/वह बचपन फिर से आया।
(क) कथन (A) गलत है और कारण (R) सही है
(ख) कथन (A) सही है और कारण (R) गलत है
(ग) कथन (A) की कारण (R) सही व्याख्या करता है
(घ) कथन (A) और कारण (R) दोनों गलत हैं

II. पुलक रहे अंग, दृगों में
कौतूहल था छलक रहा।
मुँह पर थी आह्लाद लालिमा,
विजय-गर्व था झलक रहा।
उपर्युक्त पंक्ति में 'दृग' शब्द का क्या अर्थ है?
(क) आँख (ख) चेहरा
(ग) गाल (घ) ललाट

III. कवयित्री बचपन को फिर से क्यों पाना चाहती है?
कथन को पढ़कर सही विकल्प को चुने।
(i) क्योंकि बचपन में कोई काम नहीं करना पड़ता
(ii) बचपन के दिनों को दोबारा पाना चाहती है
(iii) क्योंकि बचपन का जीवन निश्छल और चिंतारहित होता है
कूट
(क) केवल कथन (i) सही है।
(ख) कथन (i), (ii) और (iii) सही हैं
(ग) कथन (ii) और (iii) सही हैं
(घ) कथन (ii) और (iii) सही हैं

IV. काव्यांश के अनुसार, मुख पर विजय-गर्व झलकने का क्या कारण था?

V. कवयित्री ने किस रूप में अपने बचपन को पुनः पा लिया था?

काव्यांश 13

जब बचपन तुम्हारी गोद में
आने से कतराने लगे,
जब माँ की कोख से झाँकती जिंदगी
बाहर आने से घबराने लगे,
समझो कुछ गलत है।
जब तलवारें फूलों पर, जोर आजमाने लगें
जब मासूम आँखों में खौफ़ नजर आने लगे
समझो कुछ गलत है।
जब किलकारियाँ सहम जाएँ
जब तोतली बोलियाँ, खामोश हो जाएँ, समझो ....
कुछ नहीं, बहुत कुछ गलत है।
क्योंकि जोर से बारिश होनी चाहिए थी,

पूरी दुनिया में, हर जगह, टपकने चाहिए थे आँसू,
रोना चाहिए था ऊपर वाले को, आसमाँ से फूट-फूट कर,
शर्म से झुकनी चाहिए थी इंसानी सभ्यता
की गर्दनें, शोक का नहीं, सोच का वक्त है
मातम नहीं, सवालों का वक्त है
अगर इसके बाद भी सर उठा कर
खड़ा हो सकता है इंसान
समझो कि बहुत कुछ गलत है।

प्रश्न

I. कथन (A) और कारण (R) को पढ़कर उपयुक्त विकल्प चुनिए।
कथन (A) जब मासूम आँखों में खौफ नज़र आने लगे।
कारण (R) मासूमों पर अत्याचार हो रहा है।
(क) कथन (A) गलत है, किंतु कारण (R) सही है।
(ख) कथन (A) सही है, किंतु कारण (R) गलत है।
(ग) कथन (A) और कारण (R) दोनों गलत हैं
(घ) कथन (A) सही है और कारण (R) सही व्याख्या करता है।

II. कविता में कवि के अनुसार, कुछ भी गलत नहीं है, यदि कथन को पढ़कर विकल्प का चुनाव करें।
(क) बचपन गोद में आने लगे
(ख) समाज सही मार्ग की ओर प्रशस्त है
(ग) 'क' और 'ख' दोनों
(घ) भ्रूण हत्या होने लगे

III. शर्म से झुकनी चाहिए थी इंसानी सभ्यता
की गर्दनें, शोक का नहीं, सोच का वक्त है
उपर्युक्त पंक्ति में कवि के अनुसार अभी किसका वक्त है?
(क) सोच-विचार का (ख) दु:ख मनाने का
(ग) उत्सव मनाने का (घ) मासूमों का

IV. कवि के अनुसार, कौन-सी स्थिति समाज के लिए नुकसानदायक है?

V. माँ की कोख से झाँकती जिंदगी को घबराहट क्यों हो सकती है?

काव्यांश 14

शीश पर मंगल-कलश रख
भूलकर जन के सभी दु:ख
चाहते हो तो मना लो जन्म-दिन भूखे वतन का।
जो उदासी है हृदय पर,
वह उभर आती समय पर,
पेट की रोटी जुड़ाओ,
रेशमी झंडा उड़ाओ,
ध्यान तो रखो मगर उस अधफटे नंगे बदन का।
तन कहीं पर, मन कहीं पर,
धन कहीं, निर्धन कहीं पर,
फूल की ऐसी विदाई,
शूल को आती रुलाई
आँधियों के साथ जैसे हो रहा सौदा चमन का।
आग ठंडी हो, गरम हो,
तोड़ देती है, मरम को,
क्रांति है आनी किसी दिन,
आदमी घड़ियाँ रहा गिन,
राख कर देता सभी कुछ अधजला दीपक भवन का
मना लो जन्म-दिन भूखे वतन का।

प्रश्न

I. कथन (A) और कारण (R) को पढ़कर उपयुक्त विकल्प चुनिए
कथन (A) जन-जन के हृदय में उदासी है।
कारण (R) लोगों की उदासी और कष्टों को दूर करना।

दक्षता आधारित प्रश्न

(क) कथन (A) गलत है, किंतु कारण (R) सही है
(ख) कथन (A) और कारण (R) दोनों गलत हैं
(ग) कथन (A) सही है और कारण (R) कथन (A) की सही व्याख्या करता है
(घ) कथन (A) सही है, किंतु कारण (R) कथन (A) की सही व्याख्या नहीं करता है

II. कथन को पढ़कर 'आग ठंडी हो, गरम हो' का प्रतीकार्थ है
(i) क्रांति शिथिल हो या उग्र
(ii) आक्रोश धीमा हो या तीव्र
(iii) क्रोध मंद हो या घातक
(iv) हिंसा सीमित हो या असीमित

कूट
(क) केवल (i) सही है (ख) केवल (ii) सही है
(ग) (i) और (ii) सही हैं (घ) (ii) और (iii) सही हैं

III. 'अधजला दीपक भवन का' कथन का आशय है
(क) क्रोधी व्यक्ति (ख) निर्धन मनुष्य
(ग) भूखा इंसान (घ) व्यथित प्राणी

IV. 'आँधियों के साथ जैसे हो रहा सौदा चमन का' प्रस्तुत पंक्ति में 'आँधियों' शब्द किसका प्रतीक है?

V. उपर्युक्त काव्यांश में देश की स्वतंत्रता के मांगलिक उत्सव को शोभाहीन क्यों बताया गया है?

काव्यांश 15

क्या कुटिल व्यंग्य! दीनता वेदना से अधीर,
आशा से जिनका नाम रात-दिन जपती है,
दिल्ली के वे देवता रोज कहते जाते,
'कुछ और धरो धीरज, किस्मत अब छपती है।'
किस्मतें रोज छप रहीं, मगर जलधार कहाँ?
प्यासी हरियाली सूख रही है खेतों में,
निर्धन का धन पी रहे लोभ के प्रेत छिपे,
पानी विलीन होता जाता है रेतों में।

हिल रहा देश कुत्सा के जिन आघातों से,
वे नाद तुम्हें ही नहीं सुनाई पड़ते हैं?
निर्माणों के प्रहरियों! तुम्हें ही चोरों के काले
चेहरे क्या नहीं दिखाई पड़ते हैं?
तो होश करो, दिल्ली के देवो, होश करो,
सब दिन तो यह मोहिनी न चलने वाली है,
होती जाती हैं गर्म दिशाओं की साँसें,
मिट्टी फिर कोई आग उगलने वाली है।

I. काव्यांश से प्राप्त हो रहे संदेश के आधार पर काव्यांश की पंक्तियों भाग (अ) का भाग (ब) से उचित मिलान कीजिए और इसी आधार पर सही विकल्प चुनिए **दक्षता आधारित प्रश्न**

भाग (अ)	भाग (ब)
A. शक्तिशाली लोभी वर्ग, निर्धन व शोषित वर्ग के धन पर नजर लगाए हुए है।	(i) कुछ और धरो धीरज, किस्मत अब छपती है।
B. गरीबों के प्रति कुटिल व्यंग्य	(ii) मिट्टी फिर कोई आग उगलने वाली है।
C. परिवर्तन होने की चेतावनी	(iii) निर्धन का धन पी रहे लोभ के प्रेत छिपे।

	A	B	C
(क)	(ii)	(i)	(iii)
(ख)	(iii)	(ii)	(i)
(ग)	(iii)	(i)	(ii)
(घ)	(i)	(ii)	(iii)

II. तो होश करो, दिल्ली के देवो, होश करो,
सब दिन तो यह मोहिनी न चलने वाली है।
उपर्युक्त पंक्ति में "दिल्ली के देवो" कौन हैं? **दक्षता आधारित प्रश्न**

(क) सरकारी कर्मचारी (ख) शक्तिशाली शासक
(ग) बड़े व्यापारी (घ) प्रभावशाली लोग

III. निर्माण के प्रहरी अनदेखी करते हैं

(क) वैभवशाली लोगों की
(ख) दिल्ली के देवो की
(ग) हरे भरे खेतों की
(घ) चारों ओर भ्रष्टाचारियों की

IV. मिट्टी फिर कोई आग उगलने वाली है' का क्या अर्थ है?

V. शक्तिशाली लोभी वर्ग किस पर नजर लगाए रहते हैं?

काव्यांश 16

मधुर! बादल, और बादल, और बादल आ रहे हैं,
और संदेशा तुम्हारा बह उठा है, ला रहे हैं।
गरज में पुरुषार्थ उठता, बरस में करुणा उतरती,
उग उठी हरीतिमा क्षण-क्षण नया श्रृंगार करती।
बूँद-बूँद मचल उठी हैं, कृषक-बाल लुभा रहे हैं,
नेह! संदेशा तुम्हारा बह उठा है, ला रहे हैं।
तड़ित की तह में समाई मूर्ति दृग झपका उठी है,
तार-तार की धारा तेरी, बोल जी के गा उठी हैं।
पंथियों से, पंछियों से नीड़ के रुख जा रहे हैं,
मधुर! बादल, और बादल, और बादल आ रहे हैं।
झाड़ियों का झूमना, त्रस्त-वल्लरी का लहलहाना,
द्रवित मिलने के इशारे, सजल छुपने का बहाना।
तुम नहीं आए, न आवो, छवि तुम्हारी ला रहे हैं,
मधुर! बादल, और बादल, और बादल छा रहे हैं।
और संदेशा तुम्हारा बह उठा है, ला रहे हैं।

प्रश्न

I. कथन (A) **गरजते हुए बादल किसानों के लिए बारिश का संदेश ला रहे हैं।**
कारण (R) **अत्यधिक बारिश कृषि उत्पादों के लिए अनुकूल परिवेश का निर्माण करती है।**
उपर्युक्त कथन और कारण के आधार पर सही विकल्प पहचानिए **दक्षता आधारित प्रश्न**

(क) कथन (A) गलत है, किंतु कारण (R) सही है।
(ख) कथन (A) और कारण (R) दोनों गलत हैं।
(ग) कथन (A) सही है और कारण (R) कथन (A) की सही व्याख्या है।
(घ) कथन (A) सही है, किंतु कारण (R) कथन (A) की सही व्याख्या नहीं है।

II. 'तड़ित की तह में समाई मूर्ति दृग झपका उठी है,
तार-तार की धार तेरी, बोल जी के गा उठी हैं।'
उपर्युक्त पंक्तियों में मेघ किसकी ओट में अपनी आँखें झपका रहा है?

(क) झूमती हुई झाड़ियों की (ख) बिजली की परतों की
(ग) नीले आसमान की (घ) पानी की बूँदों की

III. गरज में पुरुषार्थ उठता, बरस में करुणा उतरती,
उग उठी हरीतिमा क्षण-क्षण नया श्रृंगार करती।
रेखांकित शब्दों के आधार पर उपर्युक्त पंक्तियों में .... अलंकार है।

(क) श्लेष
(ख) उपमा
(ग) अनुप्रास
(घ) मानवीकरण

IV. कविता में कवि बादलों के द्वारा किसके आने का आह्वान कर रहा है और बादल किसके लिए संदेश ला रहे हैं?

V. उपर्युक्त कविता का मुख्य विषय क्या है?

काव्यांश 17

'फसल' किसान के कच्चे-अधपके
सपनों की लहलहाती आस है
यह उसके हृदय की गहराइयों में
अंकुरित एक विश्वास है

यह विश्वास है—
ढही हुई दीवार की चिनाई का
अट्ठारह पार कर चुकी बेटी की सगाई का
परचूनिए की उधारी चुकाने का
मन के सपनों को नए परिधान पहनाने का
इसी विश्वास की सलामती के लिए
वह मूँदता है आँखें
दिन में न जाने कितनी बार...
और दुआएँ प्रेषित करता है ऊपर तक
भरोसे और आशंका की रस्साकशी में
न जाने कितनी बार वह जागता है नींद से
और जगा देना चाहता है उस परमात्मा को भी
जिसके बारे में सुनता आया है कि सभी कुछ उसके ही हाथ है...
और इसीलिए जब फसल सोंधियाती है
असल में, किसान के सपने सोंधियाते हैं
और फसल घर आ जाने पर, सपने पक जाते हैं...

प्रश्न

I. फसल को किसानों के कच्चे-अधपके सपनों की लहलहाती आस कहने का कारण है
कथन पढ़कर सही विकल्प का चयन कीजिए

दक्षता आधारित प्रश्न

(i) **फसल देखकर बैंकों से सस्ते ब्याज पर ऋण सरलता से मिल जाना।**
(ii) **फसल से किसान के स्वप्नों की संबद्धता और भावनात्मक लगाव होना।**
(iii) **फसल से जुड़े निराई, सिंचाई, कटाई, गहाई, भंडारण आदि के सपने देखना।**
(iv) **फसल से ही जीवन की आवश्यक इच्छाओं के साकार होने की संभावना जुड़ी होना।**

कूट
(क) कथन (i) और (ii) सही हैं
(ख) कथन (ii) और (iii) सही हैं
(ग) कथन (ii) और (iv) सही हैं
(घ) कथन (iii) और (iv) सही हैं

II. 'भरोसे और आशंका की रस्साकशी में' पंक्ति के आधार पर किसान की मनोदशा से जुड़ा सही विकल्प है
(क) ईश्वर पर अटूट विश्वास कि वे फसल को कोई हानि नहीं होने देंगे
(ख) ईश्वर पर विश्वास, किंतु फसल की कुशलता को लेकर मन आशंकित रहना
(ग) परिश्रम पर पूर्ण विश्वास, किंतु 'भाग्य में क्या लिखा है' इससे सदा आशंकित रहना
(घ) स्वयं पर भरोसा करना, किंतु प्राकृतिक आपदाओं की आशंका से सदैव भयभीत रहना

III. किसान के हृदय की गहराइयों में अंकुरित हुए विश्वास की परिधि में आते/आती हैं
(क) कुछ पाकर सामाजिक कार्य करने की इच्छाएँ
(ख) अति आवश्यक कार्य एवं मन के भावात्मक सपने
(ग) आधुनिक कृषि यंत्र आदि जुटा लेने की अभिलाषाएँ
(घ) कठिन समय के लिए कुछ बचाकर रखने की योजनाएँ

IV. किसान के भविष्य का निर्माण कौन करता है? इसकी कुशलता के लिए किसान क्या करता है?

V. कविता के अनुसार, किसान अपनी फसल से किस प्रकार से जुड़ा रहता है?

काव्यांश 18

सच हम नहीं, सच तुम नहीं, सच है महज संघर्ष ही।।
संघर्ष से हटकर जिए तो क्या जिए हम या कि तुम
जो नत हुआ, वह मृत हुआ, ज्यों वृंत से झरकर कुसुम
जो पंथ भूल रुका नहीं,
जो हार देख झुका नहीं,
जिसने मरण को भी लिया हो जीत, है जीवन वही।
सच हम नहीं...
ऐसा करो जिससे न प्राणों में कहीं जड़ता रहे।
जो है जहाँ चुपचाप अपने आपसे लड़ता रहे।
जो भी परिस्थितियाँ मिलें,
काँटे चुभें, कलियाँ खिलें,
टूटे नहीं इनसान, बस संदेश यौवन का यही।।
सच हम नहीं...
अपने हृदय का सत्य अपने आप हमको खोजना।
अपने नयन का नीर अपने आप हमको पोंछना।
आकाश सुख देगा नहीं,
धरती पसीजी है कहीं।
हर एक राही को भटककर ही दिशा मिलती रही।।
सच हम नहीं...

प्रश्न

I. इस कविता के केंद्रीय भाव हेतु दिए गए कथनों को पढ़कर सबसे सही विकल्प चुनिए

दक्षता आधारित प्रश्न

1. **प्रतिकूलता के विरुद्ध जूझते हुए बढ़ना ही जीवन की सच्चाई है।**
2. **परिस्थितियों से समझौता करके जोखिमों से बचना ही उचित है।**
3. **लक्ष्य-संधान हेतु मार्ग में भटक जाने का भय त्याग देना चाहिए।**
4. **जीवन में 'अपने छाले, खुद सहलाने' का दर्शन अपनाना चाहिए।**

कूट
(क) केवल कथन 2 सही है
(ख) कथन 1 और 3 सही हैं
(ग) कथन 1, 3 और 4 सही हैं
(घ) कथन 1, 2, 3 और 4 सही हैं

II. 'आकाश सुख देगा नहीं, धरती पसीजी है कहीं।' का अर्थ है कि

(क) आकाश और धरती दोनों में संवेदनशीलता नहीं है

(ख) ईश्वर उदार है अत: वही सुख देता है, वही पसीजता है

(ग) जुझारु बनकर स्वयं ही जीवन के दु:ख दूर किए जा सकते हैं

(घ) सामूहिक प्रयत्नों से ही संकट की स्थिति से निकला जा सकता है

III. अपने आपसे लड़ने का अर्थ है

(क) अपनी अच्छाइयों व बुराइयों से भली-भाँति परिचित होना

(ख) किसी मुद्दे पर दिल और दिमाग का अलग-अलग सोचना

(ग) अपने किसी गलत निर्णय के लिए स्वयं को संतुष्ट कर लेना

(घ) अपनी दुर्बलताओं की अनदेखी न करके उन्हें दृढ़ता से दूर करना

IV. (क) कविता के अनुसार, मृत्यु को जीतने का आशय क्या है?

(ख) मृत्यु को जीतने के लिए मनुष्य को क्या करना होगा?

V. कवि के अनुसार युवावस्था हमें क्या सिखाती है?

उत्तरमाला (अभ्यास प्रश्न)

काव्यांश 1

I. (ग) **कथन (A) और कारण (R) दोनों सही तथा कारण (R) कथन (A) की सही व्याख्या करता है।** काव्यांश के अनुसार, इस धरती माँ के लज्जा स्वरूप वस्त्र अर्थात् पेड़ों को मत काटो यदि पेड़ों को काटेंगे, तो खेत-खलिहान रेगिस्तान में बदल जाएँगे।

II. (ग) **इस माँ वसुंधरा के इस संहार के बाद/अशोक की तरह सचमुच तुम बहुत पछताओगे।** यहाँ कवि ने पेड़-पौधों के नाश के लिए संहार पद का प्रयोग किया है। युद्ध में भयंकर नरसंहार देखकर अशोक को पश्चाताप हुआ था।

III. (घ) काव्यांश का उपयुक्त शीर्षक धरती के लज्जावसन-वृक्ष हैं।

IV. प्रस्तुत पद्यांश में 'शस्य-श्यामला' हरी-भरी धरती' को कहा गया है तथा इसको सींचने के लिए जल की आवश्यकता है।

V. प्रस्तुत पद्यांश में 'लज्जावसन' से तात्पर्य है लज्जा ही जिसका वसन (वस्त्र) हो अर्थात् जिस प्रकार वस्त्र नारी की लज्जा को ढकने का कार्य करते हैं, उसी तरह वृक्ष भी पृथ्वी की लज्जा को ढकते हैं। यहाँ लज्जावसन वृक्ष के लिए प्रयुक्त हुआ है। वृक्षों के अभाव में पृथ्वी निर्वस्त्र प्रतीत होती है।

काव्यांश 2

I. (घ) **तभी से वे महिमावान हो गए, राजकुमार तो थे ही, अब वे भगवान हो गए** काव्यांश की पंक्तियाँ 'तभी से वे महिमावान हो गए, राजकुमार तो थे ही, अब वे भगवान हो गए।' में रामचंद्र को राजकुमार से भगवान बनाने की बात कही गई है।

II. (घ) **कथन (A) और कारण (R) दोनों सही हैं** इस कविता का संदेश यह है कि कठिनाइयों का सामना करके ही मनुष्य महान बनता है; जैसे— सोने की लंका वनवासी राम ने ही ढहाई थी तथा वन प्रवास के दौरान ही रामचंद्र ने अनेक महान कर्म किए।

III. (क) **केवल कथन (i) सही है।** प्रस्तुत कविता में वनवास में रहकर उठाए गए संघर्षों और कठिनाइयों के महत्त्व को उजागर किया गया है।

IV. (क) प्रस्तुत पद्यांश में 'रेशमी जूतियाँ' 'सुख' की परिस्थिति की परिचायक हैं।

(ख) प्रस्तुत पद्यांश में कष्ट के लिए 'नंगे पाँव' शब्द प्रयुक्त हुआ है।

V. काव्यांश के अनुसार, महापुरुषों का गौरवपूर्ण चरित्र वन के संघर्षपूर्ण जीवन में रहकर बना है अर्थात् मनुष्य का चरित्र कष्टों व कठिनाई पूर्ण जीवन में रहकर ही निखरता है।

काव्यांश 3

I. (ख) **कथन (A) सही है और कारण (R) सही व्याख्या करता है।** किसान के सपने की महत्त्वपूर्ण बात थी कि जब फ़सल कटकर बाज़ारों में बिकेगी तो किसान प्राप्त राशि से अपनी गिरवी रखी जमीन को महाजन से छुड़ा लेगा।

II. (ख) **महाजन के कर्ज़ से मुक्त होगा** काव्यां स्पष्ट रूप से कहा गया है कि गेहूँ की फसलें बेचकर चुकाऊँगा क[illegible] अर्थात् गेहूँ की फसल बेचकर वह महाजन के कर्ज़ से मुक्त होना चाहता है।

III. (ग) **माँ-बाप को तीर्थ-यात्रा कराना** काव्यांश में स्पष्ट रूप से कहा गया है कि माँ-बाप को तीर्थ यात्रा कराकर उनको दिया गया वचन पूरा करना है।

IV. प्रस्तुत पद्यांश में किसान की वास्तविक स्थिति का चित्रण है तथा उसका जीवन खेत में बोई जाने वाली फसल पर पूर्ण रूप से निर्भर है।

V. प्रस्तुत पद्यांश में किसान की ऋणमयी दशा का वर्णन किया गया है। पद्यांश में कवि ने लिखा है कि फसल के बाज़ार में बिकने पर प्राप्त राशि से वह महाजनों के ऋण से मुक्ति पाने की कल्पना कर रहा है। अत: इससे स्पष्ट है कि किसान ने खेती के लिए महाजनों से कर्ज लिया है।

काव्यांश 4

I. (क) **कूड़ा बीनकर गरीब बच्चे अपना जीवन चलाते हैं** 'वे अपना भविष्य बीन रहे हैं? का तात्पर्य है कूड़ा बीनकर गरीब बच्चे अपना जीवन चलाते हैं।

II. (ग) **(i), (ii) और (iv) सही हैं** उपर्युक्त कथन की पंक्तियों में कवि धार्मिक, सामाजिक और शैक्षिक असमानता की बात नहीं कर रहा है। यहाँ कवि आर्थिक असमानता की बात कर रहा है।

III. (ख) **असीम सत्ता को लोग पहचानते नहीं।** कवि असीम सत्ता को लोग पहचानते नहीं वह इस बात से निराश हो गया है।

IV. पद्यांश के अनुसार, दूब पर पड़ने वाले पाँव समृद्ध परिवार के बच्चों के हो सकते हैं।

V. प्रस्तुत पद्यांश के माध्यम से कवि हमें यह बताना चाहता है कि सरकार द्वारा विकास की अनेक योजनाएँ हैं, जो सिर्फ कागजों तक सीमित हैं। इसके अतिरिक्त कवि हमें चापलूसी और जोड़-तोड़ का धंधा आदि के बारे में भी बताना चाहता है।

काव्यांश 5

I. (घ) **उपर्युक्त सभी** इस काव्यांश में कवि कहता है कि आज मज़हब के शोले सुलगाने अर्थात् धर्म के द्वारा नफ़रत फैलाने का मौका नहीं है, क्योंकि आज के आधुनिक युग में इन बातों के लिए कोई स्थान नहीं है। आज का प्रगतिशील दृष्टिकोण ऐसी बातों को बेतुकी मानता है।

II. (ग) **कथन (A) और कारण (R) दोनों सही हैं।** 'मजहब का राग' अप्रासंगिक है, क्योंकि वह समाज को संकुचित दृष्टिकोण से नहीं देखता। प्रजातंत्र में धर्म को ही सर्वस्व मानकर उसी को प्राथमिकता देना प्रासंगिक है।

III. (ख) **अनुप्रास** प्रस्तुत काव्य-पंक्ति में 'ब' वर्ण की आवृत्ति हुई है। अत: यहाँ अनुप्रास अलंकार है।

IV. पद्यांश में 'मज़हब के शोले' से तात्पर्य धर्म पर आधारित नफ़रत की बातें फैलाने से है।

V. 'हरियाली फसलें बोना है।' का आशय है कि हमें मानवता की भलाई एवं खुशहाली के लिए हरियाली फसलें बोना है अर्थात् हमें सांप्रदायिकता का विरोध करना है और अपने देश से सांप्रदायिकता का चिह्न तक मिट' ' ा है।

काव्यांश 6

I. (ग) **कथन (A) सही है और कारण (R) सही व्याख्या करता है।** "सपने वे बड़े होते हैं, जो सोने नहीं देते" अर्थात् महान लक्ष्य मानव का सदैव संचार करते हैं, जिससे वह निरंतर लक्ष्य प्राप्ति की दिशा में कर्मशील बने रहते हैं।

II. (ग) **रोने के कारणों का निवारण करता है** प्रस्तुत काव्यांश में कवि कहता है कि "अपने वे होते हैं, जो रोने नहीं देते" अर्थात् वही व्यक्ति अपना होता है, जो रोने के कारणों का निवारण कर दे और व्यक्ति को रोने ही न दे।

III. (ग) **दुःखी व्यक्ति के चेहरे पर मुसकान लाने में** काव्यांश के अंत में कहा गया है कि यदि आपकी खरीदारी से किसी दु:खी या अभावग्रस्त व्यक्ति के चेहरे पर मुसकान आ जाए, तो आपकी खरीदारी सफल सिद्ध हो जाएगी।

IV. सौदागर पैसे से आभूषण, साड़ियाँ, किताबें, उपहार आदि कई चीजें खरीद सकता है, परंतु वह नींद और भूख नहीं खरीद सकता।

V. आज का समर्थ व्यक्ति भले ही केदारनाथ-बद्रीनाथ जैसे दुर्गम तीर्थस्थलों पर आसानी से पहुँच जाए, परंतु यह आवश्यक नहीं कि वह ईश्वर के करीब पहुँचकर उनकी कृपा प्राप्त कर सके।

काव्यांश 7

I. (ख) **होंठ गुनगुनाते और पाँव थिरकते हैं** कवि कहना चाहता है कि संगीत भी हमें जोड़ने का कार्य करता है अर्थात् संगीत के माध्यम से हम एक-दूसरे के मनोभावों को समझ लेते हैं और हम सब मन से आपस में जुड़ जाते हैं। संगीत से हमारे होंठ गुनगुनाने लगते हैं और पाँव थिरकने लगते हैं।

II. (घ) **कथन (A) और कारण (R) दोनों सही हैं।** एक होने के भाव अजीब हैं, क्योंकि हम सभी का मान करते हैं।

III. (ख) **अनुप्रास** प्रस्तुत पंक्ति में 'स' वर्ण की आवृत्ति के कारण अनुप्रास अलंकार है।

IV. काव्यांश में भूषा का अर्थ 'वेश-भूषा' है। यह वेश-भूषा मनुष्यों के बीच अपनत्व का संबंध स्थापित करती है।

V. काव्यांश के अनुसार, हम एकसाथ मिलकर एक-दूसरे के दुःख-सुख सहन करते हैं, एक-दूसरे को मनाते हैं और आपस में गले लगकर मुसकुराते हैं। पद्यांश में कवि वसुधैव कुटुम्बकम्'के बारे में संबोधित कर रहें अर्थात् कवि बताना चाह रहे हैं कि हम सभी को एकसाथ मिलकर रहना चाहिए।

काव्यांश 8

I. (ग) **कथन (A) और कारण (R) दोनों सही हैं** कविता के अनुसार, किसान की पूरे साल की आशा थी कि इस वर्ष फसल अच्छी होने पर वह पिता और बेटे का फर्ज़ भी निभा देगा तथा महाजन का कर्ज भी चुका देगा, परंतु फसल बरबाद होने पर उसके सारे सपने काँच के महल के समान टूट गए।

II. (क) **समय यों ही बीत जाता है** किसान की माँ के कथन से उनका आशय है कि समय यों ही बीत जाता है। अत: काम जितनी शीघ्रता से पूरा हो जाए, उतना ही अच्छा है।

III. (घ) **(i), (ii), (iii) और (iv) सही हैं** प्रस्तुत काव्यांश के अनुसार, कवि ने किसान की खेती की दुर्दशा का वर्णन किया है। किसान प्रकृति के प्रकोप से सबसे ज़्यादा प्रभावित होता है, जिसके कारण उसे अनेक समस्याओं का सामना करना पड़ता है। यहाँ किसान की वास्तविक स्थिति का वर्णन किया गया है।

IV. कविता के अनुसार, किसान की पूरे साल की कल्पना थी कि वह पिता व बेटे का फर्ज निभाएगा व महाजन का कर्ज चुकाएगा।

V. जब किसान सुबह उठकर अपने खेत में पहुँचा, तो उसने देखा कि पाले के कारण उसकी पूरी फसल नष्ट हो गई है। यह देखकर घबराहट और आकुलता से उसका चेहरा पीला पड़ गया।

काव्यांश 9

I. (क) **कथन (A) सही है, किंतु कारण (R) गलत है** "अथवा कोई दुधमुँही जिसे बहलाने के जंतर-मंतर सीमित हो चार खिलौने में" कथन का भाव है कि जनता दूध मुँही बच्ची नहीं है कि इसे दो चार खिलौने देकर बहला दो। जनता का हृदय तो सेवा और प्रेम से जीता जा सकता है।

II. (ग) **क्रांति** कवि का कहना है कि जनता को सीधी-सादी समझकर उसकी उपेक्षा करना सही नहीं है। जब यही जनता क्रोधित हो जाती है, तो उसका परिणाम क्रांति के रूप में सामने आता है।

III. (घ) **'क' और 'ग' दोनों** 'प्रजा का अभिषेक होने' का तात्पर्य जनता के हाथ में सत्ता सौंपने से है अर्थात् जनता स्वयं अपने शासक का चुनाव नहीं करती है।

IV. प्रस्तुत पद्यांश में कवि ने आम आदमी को 'देवता' कहा है, क्योंकि वह देवता के समान सरल स्वभाव वाला है। उसके आचरण में छल-प्रपंच के लिए कोई स्थान नहीं है।

V. कवि ने भारतीय जनता की तुलना मिट्टी से बनी मूर्तियों से की है। जिस प्रकार मिट्टी की मूर्तियाँ कभी प्रतिकार नहीं करती हैं, उसी प्रकार भारतीय जनता भी सभी अत्याचारों को चुपचाप सहती रहती है, उसका कोई विरोध नहीं करती ।

काव्यांश 10

I. (ग) **कथन (A) और कारण (R) दोनों सही हैं।** मानवता के तड़पते रहने का कारण है स्वार्थों की पूर्ति करना ही सभी का उद्देश्य है और जब तक मनुष्य स्वार्थ-सिद्धि में लगा रहेगा, तब तक उसे अपने लक्ष्य की प्राप्ति नहीं हो सकेगी।

II. (ग) **अनुप्रास** प्रस्तुत काव्य पंक्ति में 'स' वर्ण की आवृत्ति हुई है। अत: यहाँ अनुप्रास अलंकार है।

III. (क) काव्यांश की पंक्तियों का सही मिलान है

A. (iii) भेद आज कर पाना
B. (i) ऊपर उठ पाने की
C. (ii) सृजन पथ अपनाए

IV. हमें बैरभाव का त्याग कर देना चाहिए और सृजन के पथ पर अग्रसर होना चाहिए।

V. आज के युग की विशेषता है कि आज का मनुष्य स्वार्थी होता जा रहा है। आज का मनुष्य दूसरों को गिराकर लक्ष्य की ओर बढ़ना चाहता है। वह स्वार्थपरता के कारण दूसरों की हित-साधना की चिंता नहीं करता। वह बस अपने स्वार्थों की पूर्ति करने में लगा रहता है।

काव्यांश 11

I. (क) **कथन (A) सही है, किंतु कारण (R) गलत है** दौलत खेतों में बिखरी हुई है, क्योंकि काव्यांश के अनुसार दौलत से अभिप्राय फसल के रूप में ग्रहण किया गया है।

II. (ग) **भारत माता** काव्यांश में स्पष्ट रूप से कहा गया है कि सारी विपदा एवं दु:खों को सहजता से स्वीकारने एवं अमृत का दान करने के कारण भारत माता विष पीकर भी मुसकुराती है।

III. (क) **सजीव मूर्तियाँ** अनपढ़ पत्थर को काट-काट कर सजीव मूर्तियाँ बनाई गई हैं।

IV. पद्यांश के अनुसार नदियों में मुस्कान भरी हुई है। इनकी धाराओं में बहने वाली मुस्कान (पानी) जब किसानों के खेतों में पहुँचती है, तो उनके जीवन में खुशहाली भर देती है।

V. अविरल का अर्थ है—निरंतर बहते जाना और मिला या सटा हुआ होना है। काव्यांश के अनुसार भारत माता के त्यागमयी, ममतामयी व बंधुत्व की भावना पर संपूर्ण विश्व मुग्ध हुआ और हर्षोल्लास की अविरल धारा के रूप में निरंतर बहता रहा।

काव्यांश 12

I. (ग) **कथन (A) की कारण (R) सही व्याख्या करता है** कवयित्री वर्षों से जिसे खोज रही थी, वह उसका बचपन था, जो उसे छोड़कर जा चुका था, परंतु अपनी बेटी के रूप में उसने अपना बचपन फिर से पा लिया।

II. (क) **आँख** काव्यांश में प्रयुक्त 'दृग' शब्द आँख का पर्यायवाची है।

III. (ग) **कथन (ii) और (iii) सही हैं।** कवयित्री अपने बचपन के दिनों को याद कर उसे दोबारा पाना चाहती थी, क्योंकि बचपन का जीवन सरल, निश्छल और चिंतारहित होता है।

IV. काव्यांश के अनुसार, कवयित्री की बेटी के मुख पर विजय-गर्व झलकने का कारण था कवयित्री की बेटी द्वारा कुछ मिट्टी खाना और कुछ मिट्टी अपनी माँ को खिलाने के लिए हाथ में लेकर आना था।

V. कवयित्री ने अपनी बेटी के रूप में अपने बचपन को पुन: पा लिया था। कवयित्री जिस बचपन को खोज रही थी, वह बचपन उसकी बेटी के रूप में उसे प्राप्त हुआ।

काव्यांश 13

I. (घ) **कथन (A) सही है और कारण (R) सही व्याख्या करता है।** कथन (A) जब मासूम आँखों में खौफ नजर आने लगे। पंक्ति से तात्पर्य बच्चों पर हो रहे अत्याचार से है, जिसके कारण उनका बचपन समाप्ति की कगार पर पहुँच चुका है।

II. (ग) **'क' और 'ख' दोनों** काव्यांश में कहा गया है कि जब बच्चे गोद में आने लगे अर्थात् उनके भीतर समाया हुआ खौफ़ व डर समाप्त हो जाए तो कुछ भी गलत नहीं है अर्थात् समाज सही मार्ग की ओर प्रशस्त है।

III. (क) **सोच-विचार का** कवि के अनुसार, अभी सोच-विचार का वक्त है, क्योंकि जिस समाज में व्यक्ति का अस्तित्व, उसकी अस्मिता खतरे में हो वहाँ व्यक्तियों को उस समाज की स्थिति में परिवर्तन लाने के लिए विचार-विमर्श करना आवश्यक है।

IV. कवि के अनुसार, जब बचपन समाप्ति की कगार पर हो, तो यह स्थिति समाज के लिए अत्यधिक नुकसानदायक है।

V. माँ की कोख से झाँकती जिंदगी को घबराहट इसलिए हो सकती है, क्योंकि वह समाज में अपनी सुरक्षा को लेकर आश्वस्त नहीं है। समाज में व्याप्त शोषणकारी शक्तियाँ उसके जीवन रूपी पुष्प को नष्ट कर सकती हैं। प्रस्तुत पद्यांश में कवि मासूम बच्चों पर हो रहे अत्याचारों के बारे में बता रहे हैं।

काव्यांश 14

I. (ग) **कथन (A) सही है और कारण (R) कथन (A) की सही व्याख्या करता है।** जन-जन के हृदय में उदासी है, देश के शासकों को कवि इस पंक्ति के माध्यम से लोगों की उदासी और कष्टों का निवारण करने के लिए कह रहा है।

II. (ख) **केवल कथन (ii) सही है** प्रस्तुत काव्यांश में 'आग' आक्रोश का प्रतीक है। कवि कहना चाहता है कि जनता का आक्रोश धीमा हो या तीव्र, उसके कारण एक दिन क्रांति अवश्य आती है।

III. (घ) **व्यथित प्राणी** प्रस्तुत काव्यांश में 'अधजला दीपक भवन का' का आशय स्वतंत्र देश के ऐसे व्यक्ति से है, जो अभावों में जीवन जीने के कारण व्यथित है।

IV. प्रस्तुत काव्य पंक्ति में प्रयुक्त 'आँधियों' शब्द दुःखों और आपदाओं का प्रतीक है।

V. उपर्युक्त काव्यांश में देश की स्वतंत्रता के मांगलिक उत्सव को शोभाहीन बताया गया है क्योंकि जब तक देश की जनता दुःखी और भूखी है तब तक देश की स्वतंत्रता के उपलक्ष्य में मनाए जाने वाले मांगलिक उत्सव व्यर्थ एवं शोभाहीन होते हैं।

काव्यांश 15

I. (ग) (iii) (i) (ii)

A. (iii) निर्धन का धन पी रहे लोभ के प्रेत छिपे शक्तिशाली लोभी वर्ग, निर्धन व शोषित वर्ग के धन पर नजर लगाए हुए हैं।

B. (i) कुछ और धरो धीरज, किस्मत अब छपती है। इस पंक्ति में कवि ने गरीबों के प्रति कुटिल व्यंग्य किया है।

C. (ii) मिट्टी फिर कोई आग उगलने वाली है। इस पंक्ति के माध्यम से कवि ने परिवर्तन होने की चेतावनी दी है।

II. (ख) **शक्तिशाली शासक** काव्यांश में कवि ने दो वर्गों के मध्य की स्थिति को वर्णित किया है। अत: दिल्ली के देवता का संबोधन शक्तिशाली वर्ग अर्थात् शोषक वर्ग को दिया गया है।

III. (घ) **चारों और भ्रष्टाचारियों की** काव्यांश में कवि ने कहा है कि निर्माण के प्रहरियों अर्थात् शोषक वर्ग को ही चोरों के काले चेहरे दिखाई नहीं देते।

IV. 'मिट्टी फिर कोई आग उगलने वाली है।' का अर्थ है- अब शोषित वर्ग परिवर्तन चाहता है और वह एकजुट होकर विरोध करने के लिए तत्पर है।

V. शक्तिशाली लोभी वर्ग, निर्धन व शोषित वर्ग के धन पर नज़र लगाए रहते हैं, जिसके कारण निर्धन वर्ग पर्याप्त सुविधाओं को न पाकर अत्यंत ही दयनीय स्थिति में पहुँच जाता है। परिणामस्वरूप, गरीब अकसर आर्थिक संकट और उत्पीड़न का शिकार होते हैं। ऐसी व्यवस्थाएँ सामाजिक और आर्थिक असमानता को बढ़ाती हैं और समाज में विकास के मार्ग में बाधाएँ पैदा करती हैं।

काव्यांश 16

I. (घ) **कथन (A) सही है, किंतु कारण (R) कथन (A) की सही व्याख्या नहीं है।** प्रस्तुत पंक्तियों के अनुसार गरजते हुए बादल किसानों के लिए बारिश का संदेश लेकर आते हैं, जबकि अत्यधिक वर्षा उत्पादों के लिए अनुकूल नहीं प्रतिकूल परिवेश का निर्माण करती है।

II. (ख) **बिजली की परतों की** प्रस्तुत पंक्तियों में मेघ बिजली की परतों की ओट में अपनी आँखें झपका रहा है। अर्थात् कवि वर्णन कर रहा है कि बादल तड़ित (बिजली) के साए में छिपकर देख रहे हैं।

III. (घ) **मानवीकरण** प्रस्तुत पंक्तियों में मानवीकरण अलंकार है, क्योंकि यहाँ प्रकृति का मानवीय भावनाओं के साथ वर्णन है।

IV. कविता में कवि बादलों के द्वारा बारिश के आने का आह्वान कर रहा है और बादल किसानों के लिए बारिश का संदेश ला रहे हैं?

V. उपर्युक्त कविता का मुख्य विषय 'बादलों के आगमन से प्रकृति के उत्साह' का मोहक वर्णन करना है। कवि ने बताया है कि जब बादल आते हैं, तो प्रकृति उनके आगमन का स्वागत करती हुई प्रतीत होती है अर्थात् प्रकृति में विभिन्न परिवर्तन होते हैं।

काव्यांश 17

I. (ग) **कथन (ii) और (iv) सही हैं** जब किसान की फसल लहलहाती है तो किसान ने जिस उद्देश्य से फसल बोई थी, वह उद्देश्य और सपने किसान को पूर्ण होते दिखाई देते हैं। अत: फसल से किसान के भावनात्मक संबंध जुड़े रहते हैं।

II. (ख) **ईश्वर पर विश्वास, किंतु फसल की कुशलता को लेकर मन आशंकित रहना** 'भरोसे और आशंका की रस्साकशी में' पंक्ति के अनुसार किसान को ईश्वर पर तो पूर्ण विश्वास है फिर भी उसके मन में एक अनजान भय फसल की कुशलता को लेकर दिन-रात बना रहता है और उसकी सलामती की वह दिन-रात ईश्वर से प्रार्थना करता है।

III. (ख) **अति आवश्यक कार्य एवं मन के भावात्मक सपने** जब फसल खेत में लहलहाती है तब किसान के मन में अपने सपने और अधूरे कार्य पूर्ण होने की आशा जागृत होने लगती है। उसे लगने लगता है कि उसके अत्यावश्यक कार्य व मन के भावात्मक सपने साकार होने लगे हैं।

IV. किसान के भविष्य का निर्माण 'फसल' करती है और इसकी कुशलता के लिए किसान मन-ही-मन ईश्वर से प्रार्थना करता है।

V. कविता के अनुसार, किसान खेतों में बीज बोने से लेकर फसल के पकने और कटने तक फसल के साथ भावनात्मक रूप से जुड़ा रहता है, क्योंकि किसान की अच्छी फसल उसके अच्छे भविष्य का निर्णायक होती है।

काव्यांश 18

I. (ग) **कथन 1, 3 और 4 सही हैं** मनुष्य को प्रतिकूल परिस्थितियों में कठिनाइयों का सामना करते हुए हमेशा आगे बढ़ते रहना चाहिए, जो परिस्थितियों से समझौता करने का जोखिम लेता है, वह अपने लक्ष्य से भटक जाता है। अत: लक्ष्य-संधान हेतु मार्ग में भटक जाने का भय त्याग देना चाहिए। मनुष्य को अपनी परेशानियों का समाधान स्वयं ही ढूँढना चाहिए।

II. (ग) **जुझारु बनकर स्वयं ही जीवन के दुःख दूर किए जा सकते हैं** प्रस्तुत पंक्ति का अर्थ है कि जुझारु बनकर स्वयं ही जीवन के दुःख दूर किए जा सकते हैं। प्रतिकूल परिस्थितियों में आपकी कोई सहायता नहीं करेगा, आप स्वयं हिम्मत से जीवन के कष्टों का सामना करके अपने जीवन के दुःखों को दूर कर सकते हैं।

III. (घ) **अपनी दुर्बलताओं की अनदेखी न करके उन्हें दृढ़ता से दूर करना** अपने आपसे लड़ने का अर्थ है—अपनी दुर्बलताओं की अनदेखी न करके उन्हें दृढ़ता से दूर करना। आप अपनी कमजोरी को अच्छी तरह से जानते हो और जीवन में सफल होने के लिए आपको अपनी कमजोरियों से डरने के बजाय उन्हें दूर कर लक्ष्य की ओर बढ़ना चाहिए।

IV. (क) कविता के अनुसार, मृत्यु को जीतने का आशय जीवन व जीवन के बाद भी आदर्श रूप में स्मरण किया जाना है।

(ख) मृत्यु को जीतने के लिए मनुष्य को सत्कर्म और लोगों की भलाई करनी होगी, ताकि संसार में उसका यश और कीर्ति सदैव बनी रहें।

V. कवि के अनुसार युवावस्था हमें सिखाती है कि हमें प्रतिकूल परिस्थितियों के आगे घुटने नहीं टेकने चाहिए, बल्कि उनका डटकर सामना करना चाहिए तथा स्वयं को चैतन्य, गतिशील, आत्म-आलोचक व आशावादी बनाए रखना चाहिए।

स्व–मूल्यांकन

काव्यांश 1

मैं हूँ उनके साथ खड़ी जो
सीधी रखते अपनी रीढ़।
कभी नहीं जो तज सकते हैं
अपना न्यायोचित अधिकार,
कभी नहीं जो सह सकते हैं
शीश नवाकर अत्याचार,
एक अकेले हों या उनके
साथ खड़ी हो भारी भीड़;
मैं हूँ उनके साथ खड़ी जो
सीधी रखते अपनी रीढ़।
निर्भय होकर घोषित करते
जो अपने उद्गार-विचार
जिनकी जिह्वा पर होता है
उनके अंतर का अंगार,
नहीं जिन्हें चुप कर सकती है
आततायियों की शमशीर;
मैं हूँ उनके साथ खड़ी जो
सीधी रखते अपनी रीढ़।
नहीं झुका करते जो दुनिया
से करने को समझौता,
ऊँचे से ऊँचे सपनों को
देते रहते जो न्योता,
दूर देखती जिनकी पैनी आँख
भविष्यत् का तम चीर;
मैं हूँ उनके साथ खड़ी जो
सीधी रखते अपनी रीढ़।

प्रश्न

I. कथन (A) और कारण (R) को पढ़कर उपयुक्त विकल्प चुनिए
कथन (A) मैं हूँ उनके साथ खड़ी जो, सीधी रखते अपनी रीढ़?
कारण (R) रचनाकार अपनी रीढ़ सीधी रखने वाले अर्थात् स्वाभिमानी लोगों को अपना समर्थन करता है।
(क) कथन (A) सही है, किंतु कारण (R) गलत है
(ख) कथन (A) की कारण (R) सही व्याख्या करता है
(ग) कथन (A) सही है और कारण (R) सही नहीं है
(घ) कथन (A) और कारण (R) दोनों गलत हैं

II. जिनकी जिह्वा पर होता है उनके अंतर का अंगार
उपर्युक्त पंक्तियों में प्रयुक्त 'अंतर का अंगार' से क्या तात्पर्य है?
(क) किसी से दूरी के कारण उत्पन्न वैमनस्यता
(ख) भौतिक लाभों से वंचित रहने के कारण उत्पन्न
(ग) अपने हृदय की आग या विचार को
(घ) उपर्युक्त सभी

III. काव्यांश में प्रयुक्त शब्द 'अत्याचार' में मौजूद उपसर्ग को चिह्नित करें।
(क) अ (ख) अत्
(ग) अत्य (घ) अति

IV. स्वाभिमानी व कर्मठ लोग क्या करते हैं और क्यों?

V. प्रस्तुत काव्यांश का उपयुक्त शीर्षक क्या होगा? स्पष्ट कीजिए।

काव्यांश 2

ऊँचे पहाड़ पर
पेड़ नहीं लगते
पौधे नहीं उगते
न घास ही जमती है।
जमती है सिर्फ़ बर्फ़
जो, कफ़न की तरह सफेद और
मौत की तरह ठंडी होती है।
खेलती, खिल-खिलाती नदी
जिसका रूप धारण कर
अपने भाग्य पर बूँद-बूँद रोती है।
ऐसी ऊँचाई
जिसका परस
पानी को पत्थर कर दे
ऐसी ऊँचाई
जिसका दरस हीन भाव भर दे
अभिनंदन की अधिकारी है
आरोहियों के लिए आमंत्रण है
उस पर झंडे गाड़े जा सकते हैं
किंतु कोई गौरैया
वहाँ नीड़ नहीं बना सकती
ना कोई थका-माँदा बटोही
उसकी छाँव में पलभर
पलक ही झपका सकता है।
सच्चाई यह है कि
केवल ऊँचाई ही काफी नहीं होती
सबसे अलग-थलग
परिवेश से पृथक्
अपनों से कटा-बँटा
शून्य में अकेला खड़ा होना
पहाड़ की महानता नहीं
मज़बूरी है।
ऊँचाई और गहराई में
आकाश-पाताल की दूरी है।

प्रश्न

I. कथन (A) और कारण (R) को पढ़कर उपयुक्त विकल्प चुनिए।
कथन (A) जो कफन की तरह सफेद और मौत की तरह ठंडी होती है।
कारण (R) पर्वत पर बर्फ नहीं जमती।
(क) कथन (A) सही है, किंतु कारण (R) गलत है
(ख) कथन (A) गलत है, किंतु कारण (R) सही है
(ग) कथन (A) सही है और कारण (R) सही व्याख्या करता है
(घ) कथन (A) सही है और कारण (R) सही व्याख्या नहीं करता है

II. सच्चाई यह है कि केवल ऊँचाई ही काफी नहीं होती सबसे अलग-अलग परिवेश से पृथक् अपनों से कटा बँटा शून्य में अकेला खडा होना।
उपर्युक्त पंक्ति में कवि के मन की कौन-सी भावना व्यक्त हुई है?
(क) ऊँचाई पर पहुँचने का गर्व
(ख) ऊँचाई पर पहुँचने की प्रसन्नता
(ग) ऊँचाई पर पहुँचने के कारण सबसे कट जाने का क्षोभ
(घ) उपर्युक्त सभी

III. 'आकाश' का विलोम शब्द है
(क) धरती
(ख) पृथ्वी
(ग) गगन
(घ) पाताल

IV. जीवन में अधिक ऊँचाइयों पर पहुँच जाने से मनुष्य पर क्या प्रभाव पड़ता है और वह कैसा व्यवहार करने लगता है?

V. कवि की दृष्टि में बहुत ऊँचाइयों तक पहुँचना किसका प्रतीक है?

काव्यांश 3

नहीं कटेंगे जंगल इसके,
और न जल हो कमती।
होगी हवा न दूषित
इसकी,
और न धरती परती।
इस धरती पर चमन
खिला देंगे इस धरती को
स्वर्ग बना देंगे।
नहीं भूख से तड़पे कोई,
और न हो बीमारी।
बम गोलों से मरे न कोई
रहे न माँ दुखियारी
इस धारती को अमन दिला
देंगे
इस धरती को स्वर्ग बना देंगे
घर-आँगन सब साफ
चकाचक
गाँव शहर सब न्यारा।
सुन्दर साफ सजी धरती का
अद्‌भुत लगे नजारा।
इस धरती पर अलख जगा
देंगे इस धरती को स्वर्ग बना
देंगे
अनपढ़ रहे न रामू-रधिया,

प्रश्न

I. "नहीं कटेंगे जंगल इसके और न जल हो कमती।
होगी हवा न दूषित इसकी और न धरती परती।
कविता का संदेश .... है
(क) जंगलों की सुरक्षा (ख) देश की सुरक्षा
(ग) धरती की सुरक्षा (घ) परिवार की सुरक्षा

II. कविता की किस पंक्ति में धरती के अमन-चैन के विनाश के बारे में बताया गया है?
(क) नहीं कटेंगे जंगल इसके
(ख) बम गोलों से भरे
(ग) इस धरती को अमन दिला देंगे
(घ) नहीं भूख से तड़पे कोई

III. 'स्वर्ग' का पर्याय है
(क) उन्मुक्त (ख) भूपति
(ग) सुरधाम (घ) धरती

IV. पद्यांश के अनुसार, धरती पर चमन कैसे खिलेगा? इससे क्या प्रभाव पड़ेगा?

V. कविता का भावार्थ लिखिए।

काव्यांश 4

चलो एक आवाज़ उठाएँ–
जीवन देने वाली धरती,
आज हुई है क्योंकर परती?
परजीवी अब हुए पराए,
गर्म हवाएँ क्योंकर चलतीं?
किसको अपनी व्यथा सुनाएँ?
चलो एक आवाज़ उठाएँ।
क्यों मौसम अब नहीं सुहाते?
ज़्यादा गर्मी सर्दी लाते।
क्यों बाढ़ें अक्सर आती हैं?
क्यों बिन बरसे बादल जाते?
किसको एक गुहार लगाएँ?
चलो एक आवाज़ उठाएँ।
क्यों सूखी धरती चटकी है?
क्यों खाली जल की मटकी है?
धरा क्रोध से क्यों धधकी है?
साँस अधर पर क्यों अटकी है?
उग्र धरा को आज मनाएँ–
चलो एक आवाज़ उठाएँ।
अक्षत, रोली, पूजा चंदन–
नहीं चाहती धरती वंदन

प्रश्न

I. कथन (A) और कारण (R) को पढ़कर उपयुक्त विकल्प चुनिए।
कथन (A) चलो एक आवाज उठाएँ।
कारण (R) कवि ने प्रदूषण मुक्त, बाढ़ों को रोकने व गर्म हवाओं को रोकने के लिए आवाज उठाने को कहा है।
(क) कथन (A) सही है, किंतु कारण (R) कथन (A) की सही व्याख्या करता है
(ख) कथन (A) और कारण (R) दोनों गलत हैं
(ग) कथन (A) गलत है और कारण (R) सही है
(घ) कथन (A) सही है, किंतु कारण (R) कथन (A) की सही व्याख्या नहीं करता है

II. धरा का पर्यायवाची शब्द नहीं है
(क) चपला (ख) अचला
(ग) धरणी (घ) भूमि

III. "क्यों बिन बरसे बादल जाते" में अलंकार है
(क) उपमा (ख) यमक
(ग) अनुप्रास (घ) श्लेष

IV. मौसम में कौन-सा परिवर्तन चिंता का कारण नहीं हैं और क्यों?

V. उग्र धरा को कैसे मनाया जा सकता है? स्पष्ट कीजिए।

काव्यांश 5

चौड़ी सड़क पतली गली थी,
दिन का समय घनी बदली थी,
रामदास उस समय उदास था
अंत समय आ गया पास था,
उसे बता दिया गया था उसकी हत्या होगी।
धीरे-धीरे चला अकेले
सोचा साथ किसी को ले ले
फिर रह गया, सड़क पर सब थे,

सभी मौन थे सभी निहत्थे,
सभी जानते थे यह उस दिन उसकी हत्या होगी।
खड़ा हुआ वह बीच सड़क पर,
दोनों हाथ पेट पर रखकर
सधे कदम रख करके आए,
लोग सिमटकर आँख गड़ाए
लगे देखने उसको जिसकी तय था हत्या होगी।
निकट गली से तब हत्यारा
आकर उसने नाम पुकारा
हाथ तौलकर चाकू मारा
छूटा लोह-लहू का फव्वारा
कहा नहीं था आखिर उसकी हत्या होगी
भीड़ ठेलकर लौट गया वह,
मरा पड़ा है रामदास यह
देखो-देखो बार-बार कह
लोग निडर उस जगह खड़े रह,
लगे बुलाने उन्हें संशय था हत्या होगी।

प्रश्न

I. रामदास सड़क पर किसके साथ चल रहा था?
(क) अपने परिवार के साथ (ख) भीड़ के साथ
(ग) पड़ोसियों के कारण (घ) अकेले

II. कथन (A) और कारण (R) को पढ़कर उपयुक्त विकल्प चुनिए।
कथन (A) हत्यारा अपने उद्देश्य में कामयाब हो गया।
कारण (R) समाज में किसी भी व्यक्ति ने उसका विरोध नहीं किया।
(क) कथन (A) और कारण (R) दोनों गलत हैं
(ख) कथन (A) सही है और कारण (R) उसकी सही व्याख्या करता है
(ग) कथन (A) और कारण (R) दोनों गलत हैं
(घ) कथन (A) सही नहीं है, किंतु कारण (R) सही व्याख्या नहीं करता है

III. 'देखो-देखो बार-बार कह' पंक्ति में कौन-सा अलंकार है?
(क) पुनरुक्ति प्रकाश अलंकार (ख) यमक अलंकार
(ग) श्लेष अलंकार (घ) अनुप्रास अलंकार

IV. रामदास सड़क पर किस समय और किसके साथ चल रहा था?

V. प्रस्तुत काव्यांश में किस विषय पर प्रकाश डाला गया है?

अध्याय 1

शब्द निर्माण (उपसर्ग एवं प्रत्यय)

वर्णों या अक्षरों के सार्थक वर्ण या अक्षर समूह को **शब्द** कहते हैं। नए शब्दों की रचना भाषा की निरंतर चलने वाली प्रक्रिया है। इसे ही व्याकरण में **शब्द निर्माण** कहा जाता है।

यह तीन प्रकार से होता है

1. सार्थक एवं स्वतंत्र मूल शब्द के पूर्व में शब्दांश (उपसर्ग) जोड़कर; जैसे–उप + चार = उपचार।
2. सार्थक एवं स्वतंत्र मूल शब्द के बाद में शब्दांश (प्रत्यय) जोड़कर; जैसे–बुद्धि + मान = बुद्धिमान।
3. दो पृथक्-पृथक् सार्थक स्वतंत्र शब्दों के मेल से; जैसे–गंगा + जल = गंगाजल।

उपसर्ग को स्वतंत्र रूप से वाक्य में प्रयुक्त नहीं किया जाता है। मूलशब्द में उपसर्ग जोड़ने पर जिस नए शब्द की रचना होती है, वही शब्द वाक्य में प्रयुक्त किए जाते हैं।

1.1 उपसर्ग

'उपसर्ग' शब्द की रचना मूल शब्द 'सर्ग' में 'उप' शब्दांश जोड़ने से हुई है। 'उप' का अर्थ 'समीप', 'निकट' या 'पास में' होता है, जबकि 'सर्ग' का अर्थ है—सृष्टि करना।

उपसर्ग वे शब्दांश होते हैं, जो सार्थक शब्दों के शुरू में जुड़कर उसके अर्थ या भाव में परिवर्तन कर देते हैं। इन्हें अविकारी शब्दांश भी कहते हैं। जैसे—'हार' मूल शब्द का अर्थ है—हारना या फूलों की माला। इसके पहले 'प्र' उपसर्ग लगा दिया जाए, तो नया शब्द 'प्रहार' बन गया, जिसका अर्थ है—'मारना' या 'चोट पहुँचाना'।

उपसर्गों के प्रयोग से शब्दों का अर्थ तीन तरह से प्रभावित होता है; जैसे—

- शब्द के अर्थ में विशेषता या प्रभाव बढ़ जाना; जैसे—सम् + पूर्ण = संपूर्ण, सम् + मान = सम्मान
- शब्द का अर्थ विपरीत हो जाना; जैसे—अप + मान = अपमान, निस् + फल = निष्फल।
- शब्द के अर्थ में विशेष अंतर न आना; जैसे— परि + कल्पना = परिकल्पना, वि + वाद = विवाद।

हिंदी भाषा में प्रयुक्त होने वाले उपसर्ग मुख्यत: तीन भागों में विभक्त किए जा सकते हैं

1. संस्कृत उपसर्ग (तत्सम्)
2. हिंदी उपसर्ग (तद्भव)
3. आगत उपसर्ग [विदेशी भाषाओं से हिंदी में आए मुख्यत: उर्दू (फ़ारसी-अरबी) एवं अंग्रेज़ी]

1. संस्कृत उपसर्ग (तत्सम्)

ये उपसर्ग संस्कृत भाषा से अपने मूल रूप में हिंदी भाषा में आए हैं। इन उपसर्गों का प्रयोग-अधिक, ऊपर, श्रेष्ठ, समान, बुरा, निकट, कठिन, आगे, विशिष्ट, पूर्णता, रहित, निषिद्ध आदि अर्थ का बोध कराने के लिए होता है। संस्कृत के उपसर्ग निम्नलिखित हैं; जैसे—

आ	आगमन, आहार, आकार, आमरण, आरक्षण इत्यादि।
अप	अपयश, अपमान, अपवाद, अपशब्द, अपहरण इत्यादि।
अव	अवतार, अवगुण, अवशेष अवनति, अवकाश इत्यादि।
अति	अतिक्रमण, अत्यंत, अत्याचार, अतिरिक्त, अत्युत्तम इत्यादि।
अधि	अधिनायक, अधिकार, अधिराज, अधिगम इत्यादि।
अनु	अनुचर, अनुकरण, अनुसार, अनुशासन इत्यादि।
अभि	अभिनय, अभिमान, अभियोग, अभिशाप इत्यादि।
उप	उपयुक्त, उपकार, उपद्रव, उपलब्ध इत्यादि।
उत्	उत्कर्ष, उत्पात, उत्पन्न, उत्सर्ग इत्यादि।
उद्	उद्गम, उद्भव, उद्गार, उद्यान इत्यादि।
दुर्	दुर्जन, दुर्गम, दुर्लभ, दुर्भाग्य इत्यादि।
दुस्	दुस्साहस, दुष्कर, दुश्चरित्र, दुष्कर्म इत्यादि।
निर्	निर्देश, निर्वेद, निर्भय, निर्जन इत्यादि।
निस्	निस्सार, निस्तार, निश्चित, निष्फल इत्यादि।
नि	निपात, नियोग, निवास, नियम इत्यादि।
परा	पराधीन, परामर्श, पराकाष्ठा, पराक्रम इत्यादि।
परि	परिणय, परिणाम, परिचय, परिक्रमा इत्यादि।
प्र	प्रणाम, प्रबल, प्रलाप, प्रस्थान इत्यादि।

प्रति	प्रतिकूल, प्रतिहार, प्रतिबिंब, प्रत्यक्ष इत्यादि।
वि	विहार, विमर्श, विवाद, विदेश इत्यादि।
सम्	समक्ष, संतोष, संभाषण, संगम इत्यादि।
सु	सुकर्म, सुयश, सुरक्षा, सुलभ इत्यादि।

2. हिंदी उपसर्ग (तद्भव)

हिंदी के उपसर्ग मूलत: संस्कृत से ही विकसित हुए हैं। इन उपसर्गों का प्रयोग-रहित, अभाव, आधा बिना, निषेध, एक कम, अच्छा, आधा, पूरा, बुरा, हीन आदि अर्थ का बोध कराने के लिए होता है। हिंदी के उपसर्ग इस प्रकार हैं; जैसे—

अ	अज्ञान, अछूत, अधर्म, इत्यादि।
अध	अधमरा, अधखिला, अधपका, अधकचरा, अधजला इत्यादि।
अन	अनजान, अनपढ़, अनगढ़, अनहोनी, अनचाहा इत्यादि।
उन	उनचास, उनतीस, उनसठ, उनचालीस इत्यादि।
औ	औसत, औसर, औसान, औढ़ब, औगुन इत्यादि।
कु	कुचाल, कुसंग, कुढंग, कुरूप, कुदिन इत्यादि।
नि	निसंतान, निडर, निकम्मा निहत्था, निधन इत्यादि।
दु	दुबला, दुलारा, दुधारू, दुमंजिला, दुनाली इत्यादि।
भर	भरपेट, भरपूर, भरसक, भरमार, भरपाई इत्यादि।
बिन	बिनब्याहा, बिनपाए, बिनबादल, बिनखाए, बिनचाहा इत्यादि।
क	कपूत, कचोट, कतार, कचालू, कचोर इत्यादि।
पर	परलोक, परसर्ग, परहित, परकाज, परकार परकटा इत्यादि।

3. आगत उपसर्ग (विदेशी)

हिंदी में विदेशी भाषाओं के उपसर्ग भी प्रयोग किए जाते हैं। इन्हें आगत उपसर्ग कहा जाता है। ये उपसर्ग मुख्यत: उर्दू एवं अंग्रेज़ी भाषा से आए हुए हैं; जैसे—

(i) उर्दू उपसर्ग

बा	बाकायदा, बाइज़्ज़त, बावजूद, बाअदब इत्यादि।
ब	बदौलत, बखूबी, बनाम, बगैर इत्यादि।
बे	बेरहम, बेकसूर, बेगुनाह, बेवफा, बेशरम इत्यादि।
ला	लाइलाज, लाजवाब, लापरवाही, लावारिस, इत्यादि।
बद	बदमाश, बदनाम, बदबू, बदचलन, बदहाल इत्यादि।
खुश	खुशबू , खुशमिज़ाज, खुशदिल, खुशकिस्मत, खुशहाल इत्यादि।
ना	नापसंद, नादान, नाराज़, नालायक, नापाक इत्यादि।
गैर	गैर-हाज़िर, गैर-कानूनी, गैर-ज़िम्मेदार इत्यादि।
हम	हमदर्दी, हमउम्र, हमदम, हमसफ़र, हमराह इत्यादि।
हर	हररोज़, हरतरफ़, हरसाल, हरवक्त, हरएक इत्यादि।
कम	कमज़ोर, कमबख्त, कमअक्ल इत्यादि।
सर	सरदार, सरताज, सरकार, सरपंच इत्यादि।
दर	दरअसल, दरबार, दरकार इत्यादि।
अल	अलबत्ता, अलगरज
बिल	बिलकुल, बिलवजह इत्यादि।
बिला	बिलावजह, बिलाशक, बिलानागा इत्यादि।

(ii) अंग्रेज़ी उपसर्ग

हिंदी भाषा में अंग्रेज़ी के कुछ शब्दों का प्रयोग उपसर्गों के रूप में किया जाता है। अंग्रेजी के कुछ उपसर्ग इस प्रकार हैं;
जैसे—

उपसर्ग	अर्थ	शब्द
डिप्टी	उप	डिप्टी कमिश्नर, डिप्टी कलेक्टर, डिप्टी/सेक्रेटरी, डिप्टी/डायरेक्टर इत्यादि।
सब	अवर	सब-जज, सब-रजिस्ट्रार, सब-इंस्पेक्टर सब-कमेटी इत्यादि।
हेड	मुख्य	हेड मास्टर, हेड क्लर्क, हेड मिस्ट्रेस, हेड कांस्टेबल इत्यादि।
डबल	दुगुना	डबलरोटी, डबल खुराक, डबल बेड इत्यादि।
फुल	पूरा	फुल स्वेटर, फुल शर्ट, फुल प्रूफ इत्यादि।
हाफ	आधा	हाफ शर्ट, हाफ पैंट, हाफ कमीज़ इत्यादि।
वाइस	उप	वाइस प्रिंसिपल, वाइस चांसलर, वाइस कैप्टन इत्यादि।
असिस्टेंट	सहायक	असिस्टेंट टीचर, असिस्टेंट प्रोफेसर इत्यादि।

उपसर्ग संबंधी महत्त्वपूर्ण बिंदु

कुछ अव्यय, सर्वनाम एवं संज्ञा पद भी उपसर्ग की तरह प्रयुक्त होते हैं;

जैसे— **अधः** अधोगति, अधःपतन, अधोमुखी।
अंतः अंतःपुर, अंतःकरण, अंतर्जातीय।

इसी तरह पुरा, स्वयं, महा, धर्म आदि उपसर्ग भी हैं।

उदाहरण
स्वयं (खुद) – स्वयंसेवक, स्वयंसिद्ध, स्वयंवर आदि।
महा (अच्छा)– महात्मा, महापंडित आदि।
धर्म (अपनाया हुआ)– धर्मपत्नी, धर्मपुत्र, धर्मशाला आदि।

एकाधिक उपसर्गों का प्रयोग

कुछ शब्दों में एक से अधिक उपसर्गों का एकसाथ प्रयोग किया जाता है; जैसे—

अ + सु + रक्षित = असुरक्षित
निर् + आ + करण = निराकरण

एक से अधिक उपसर्गों के प्रयोग से बनने वाले शब्दों के अन्य उदाहरण हैं

उपसर्ग 1		उपसर्ग 2		मूल शब्द		शब्द
प्रति	+	आ	+	लोचना	—	प्रत्यालोचना
अ	+	प्रति	+	अक्ष	—	अप्रत्यक्ष
प्रति	+	आ	+	घात	—	प्रत्याघात
परि	+	आ	+	वरण	—	पर्यावरण
सु	+	सम्	+	गठित	—	सुसंगठित

अ	+	वि	+	कारी	—	अविकारी
वि	+	आ	+	करण	—	व्याकरण
अ	+	प्रति	+	आशित	—	अप्रत्याशित
प्रति	+	उप	+	कार	—	प्रत्युपकार
निर्	+	अभि	+	मानी	—	निरभिमानी
सम्	+	आ	+	चार	—	समाचार
अ	+	नि	+	यंत्रित	—	अनियंत्रित
अति	+	आ	+	चार	—	अत्याचार
अ	+	प्र	+	युक्त	—	अप्रयुक्त
वि	+	आ	+	कुल	—	व्याकुल

नोट एक उपसर्ग एक से अधिक अर्थों में भी प्रयुक्त किया जाता है; जैसे—'प्रति' उपसर्ग का प्रयोग 'हर एक', 'विरुद्ध' या 'सामने' के अर्थ में होता है। इसी तरह, दुस्/दुर् बुरा और कठिन दोनों अर्थ में प्रयुक्त होता है।

1.2 प्रत्यय

'प्रत्यय' दो शब्दों से बना है—प्रति + अय। 'प्रति' का अर्थ है 'साथ में, शब्द के अंत में'; जबकि 'अय' का अर्थ 'चलने वाला' है। अतः 'प्रत्यय' का अर्थ हुआ 'शब्दों के साथ अंत में लगने वाला।'

प्रत्यय वे शब्दांश होते हैं, जो सार्थक शब्द के अंत में जुड़कर उसके अर्थ में या भाव में परिवर्तन कर देते हैं। इन्हें अविकारी शब्दांश भी कहते हैं; जैसे—

सफल	+	ता	=	सफलता
अच्छा	+	आई	=	अच्छाई

यहाँ 'ता' और 'आई' दोनों शब्दांश प्रत्यय हैं, जो 'सफल' और 'अच्छा' मूल शब्द के बाद में जोड़ दिए जाने पर क्रमशः 'सफलता' और 'अच्छाई' शब्द की रचना करते हैं।

अधिकांश प्रत्यय निरर्थक शब्दांश होते हैं। प्रत्ययों का स्वतंत्र प्रयोग नहीं किया जाता है।

प्रत्यय मुख्यतः दो प्रकार के होते हैं

1. कृत प्रत्यय (क्रिया या धातु प्रत्यय)
2. तद्धित प्रत्यय (गैर-धातु (क्रिया) प्रत्यय)

1. कृत प्रत्यय (क्रिया या धातु प्रत्यय)

जो प्रत्यय क्रिया के मूल रूप या 'धातु' के अंत में जुड़कर संज्ञा अथवा विशेषण शब्दों का निर्माण करते हैं, वे 'कृत प्रत्यय' कहलाते हैं। इस प्रत्यय के मेल से बने शब्द को 'कृदंत' कहा जाता है; जैसे—

क्रिया का मूल रूप/धातु	प्रत्यय	नए शब्द
सिल	आई	सिलाई
लिख	आवट	लिखावट
लूट	एरा	लुटेरा
मर	इयल	मरियल

कृत प्रत्यय पाँच प्रकार के होते हैं

(क) **कर्तृवाचक कृत प्रत्यय** जो प्रत्यय मूल शब्द के साथ, जुड़कर कर्ता का बोध बोध कराते हैं, उन्हें कर्तृवाचक प्रत्यय कहते हैं; जैसे—

मूल शब्द	कर्तृवाचक कृत प्रत्यय	नए शब्द
घूम, भूल, पी	अक्कड़	घुमक्कड़, भुलक्कड़, पियक्कड़
मर, सड़, अड़	इयल	मरियल, सड़ियल, अड़ियल
घट, बढ़	इया	घटिया, बढ़िया
बिक, टिक	आऊ	बिकाऊ, टिकाऊ
पढ़, लड़	आकू	पढ़ाकू, लड़ाकू
गा, खा, चढ़	वैया	गवैया, खवैया, चढ़ैया
डर लुभा	आवना	डरावना, लुभावना
भाग	ओड़ा	भगोड़ा
खा, चल	ऊ	खाऊ, चालू

(ख) **कर्मवाचक कृत प्रत्यय** जो प्रत्यय मूल शब्द के साथ जुड़कर कर्म का बोध कराते हैं, उन्हें कर्मवाचक कृत प्रत्यय कहते हैं; जैसे—

मूल शब्द	कर्मवाचक कृत प्रत्यय	नए शब्द
बिछ, खेल	औना	बिछौना, खिलौना
पाल	ना	पालना
ओढ़, कतर	नी	ओढ़नी, कतरनी

(ग) **करणवाचक कृत प्रत्यय** जो प्रत्यय मूल शब्द के साथ जुड़कर क्रिया के साधन अर्थात् करण का बोध कराते हैं, उन्हें करणवाचक कृत प्रत्यय कहते हैं; जैसे—

मूल शब्द	करणवाचक कृत प्रत्यय	नए शब्द
ठेल, झूल	आ	ठेला, झूला
झाड़	ऊ	झाड़ू

(घ) **भाववाचक कृत प्रत्यय** जो प्रत्यय मूल शब्द के साथ जुड़कर भाववाचक संज्ञा का बोध कराते हैं, उन्हें भाववाचक कृत प्रत्यय कहते हैं; जैसे—

मूल शब्द	प्रत्यय	नए शब्द
मिल	आप	मिलाप
रट, भिड	अंत	रटंत, भिडंत
पढ़, लिख, सिल	आई	पढ़ाई, लिखाई, सिलाई
चढ़, थक, उठ	आन	चढ़ान, थकान, उठान
रिस, बह, झुक	आव	रिसाव, बहाव, झुकाव
गिर, मिल, लिख	आवट	गिरावट, मिलावट, लिखावट
भूल, छल	आवा	भुलावा, छलावा
कट, चुन	औती	कटौती, चुनौती

(ङ) **क्रियावाचक कृत प्रत्यय** जो प्रत्यय मूल क्रिया शब्द के साथ जुड़कर क्रियावाचक विशेषण का बोध कराते हैं, उन्हें क्रियावाचक कृत प्रत्यय कहते हैं; जैसे—

मूल शब्द	प्रत्यय	नए शब्द
चल, लिख, पढ़	आ	चला, लिखा, पढ़ा
जा, बोल, जोत	ता	जाता, बोलता, जोतता
हँस, रो, गा	कर	हँसकर, रोकर, गाकर
खा, चल, जा	ते	खाते, चलते, जाते

2. तद्धित प्रत्यय (गैर-धातु या क्रिया प्रत्यय)

जो प्रत्यय धातुओं या क्रियाओं को छोड़कर अन्य शब्दों अर्थात् संज्ञा, विशेषण, सर्वनाम आदि शब्दों के अंत में जुड़कर नए शब्दों की रचना करते हैं, उन्हें तद्धित प्रत्यय कहते हैं; जैसे—

बनारस + ई = बनारसी,
बंगाल + ई = बंगाली

यहाँ 'बनारस' और 'बंगाल' दोनों संज्ञा हैं। संज्ञा के साथ 'ई' प्रत्यय लगकर नवीन शब्द का निर्माण हुआ है।

तद्धित प्रत्यय के निम्नलिखित 8 भेद होते हैं

(क) **कर्तृवाचक तद्धित प्रत्यय** जो प्रत्यय मूल शब्द के साथ जुड़कर कर्ता का बोध कराते हैं, उन्हें कर्तृवाचक तद्धित प्रत्यय कहते हैं; जैसे—

मूल शब्द	कर्तृवाचक तद्धित प्रत्यय	नए शब्द
लोहा, सोना	आर	लुहार, सुनार
पूजा, भीख, जुआ	आरी	पुजारी, भिखारी, जुआरी
दुकान, पहरा	दार	दुकानदार, पहरेदार
मुख, रसोई	इया	मुखिया, रसोइया
लूट, साँप	एरा	लुटेरा, सपेरा
पानी, लकड़ी	हारा	पनिहारा, लकड़हारा

(ख) **क्रमसूचक तद्धित प्रत्यय** जो प्रत्यय मूल शब्द के साथ जुड़कर क्रमसूचक संख्याओं का बोध कराते हैं, उन्हें क्रमसूचक तद्धित प्रत्यय कहते हैं; जैसे—

मूल शब्द	क्रमसूचक तद्धित प्रत्यय	नए शब्द
पाँच, ग्यारह, दस	वाँ	पाँचवा, ग्यारहवाँ, दसवाँ
दो, तीन	सरा	दूसरा, तीसरा

(ग) **भाववाचक तद्धित प्रत्यय** जो प्रत्यय मूल शब्द के साथ जुड़कर भाववाचक संज्ञाओं का बोध कराते हैं, उन्हें भाववाचक तद्धित प्रत्यय कहते हैं; जैसे—

मूल शब्द	भाववाचक तद्धित प्रत्यय	नए शब्द
घबरा, चिकना,	आहट	घबराहट, चिकनाहट
बना	आवट	बनावट
मीठा, खट्टा	आस	मिठास, खटास
गुरु, लघु, महा	त्व	गुरुत्व, लघुत्व, महत्त्व
मनुष्य, मित्र, पशु	ता	मनुष्यता, मित्रता, पशुता
अपना, बच्चा, लड़का	पन	अपनापन, बचपन, लड़कपन
ऊँचा, गहरा, मोटा	आई	ऊँचाई, गहराई, मोटाई

(घ) **लघुतावाचक तद्धित प्रत्यय** जो प्रत्यय मूल शब्द के साथ जुड़कर लघुतावाचक शब्दों का बोध कराते हैं, उन्हें लघुतावाचक तद्धित प्रत्यय कहते हैं; जैसे—

मूल शब्द	लघुतावाचक तद्धित प्रत्यय	नए शब्द
खाट, डिब्बा	इया	खटिया, डिबिया
टोकरा, बकरा, थाल, गट्ठर	ई	टोकरी, बकरी, थाली, गट्ठरी
छाता, कोठा	री	छतरी, कोठरी

(ङ) **गुणवाचक तद्धित प्रत्यय** जो प्रत्यय, मूल शब्द के साथ जुड़कर गुणवाचक शब्दों का बोध कराते हैं, उन्हें गुणवाचक तद्धित प्रत्यय कहते हैं; जैसे—

मूल शब्द	गुणवाचक तद्धित प्रत्यय	नए शब्द
दया, कृपा	आलु	दयालु, कृपालु
रंग, जहर	ईला	रंगीला, जहरीला
वर्ष, दिन, धर्म	इक	वार्षिक, दैनिक, धार्मिक
बल, धन, गुण	वान	बलवान, धनवान, गुणवान
पुष्प, हर्ष, पीड़ा	इत	पुष्पित, हर्षित, पीड़ित

(च) **स्त्रीलिंग सूचक तद्धित प्रत्यय** जो प्रत्यय मूल शब्द के साथ जुड़कर स्त्रीलिंग शब्दों का बोध कराते हैं, उन्हें स्त्रीलिंग सूचक तद्धित प्रत्यय कहते हैं; जैसे—

मूल शब्द	स्त्रीलिंग सूचक तद्धित प्रत्यय	नए शब्द
जेठ, देवर, सेठ	आनी	जेठानी, देवरानी, सेठानी
शेर, मोर, जादूगर	नी	शेरनी, मोरनी, जादूगरनी
शिष्य, सुत, महोदय	आ	शिष्या, सुता, महोदया।
साँप, नाग, धोबी	इन	साँपिन, नागिन, धोबिन
लड़का, मामा, दादा	ई	लड़की, मामी, दादी

(छ) **संबंधवाचक तद्धित प्रत्यय** जो प्रत्यय मूल शब्द के साथ जुड़कर संबंधवाचक शब्दों का बोध कराते हैं, उन्हें संबंधवाचक तद्धित प्रत्यय कहते हैं; जैसे—

मूल शब्द	संबंधवाचक तद्धित प्रत्यय	नए शब्द
पंजाब, जापान, चीन	ई	पंजाबी, जापानी, चीनी
फूफा, मामा	एरा	फुफेरा, ममेरा

(ज) **बहुवचनवाचक तद्धित प्रत्यय** जो प्रत्यय मूल शब्द के साथ जुड़कर बहुवचनवाचक शब्दों का बोध कराते हैं, उन्हें बहुवचन-वाचक तद्धित प्रत्यय कहते हैं; जैसे—

मूल शब्द	बहुवचन वाचक तद्धित प्रत्यय	नए शब्द
छाता, रास्ता, पत्ता	ए	छाते, रास्ते, पत्ते
दवा, कन्या, महिला	एँ	दवाएँ, कन्याएँ, महिलाएँ

उर्दू के प्रमुख तद्धित प्रत्यय इन प्रत्ययों का प्रयोग उर्दू, अरबी-फारसी शब्दों के साथ किया जाता है; जैसे—

रोज, जुर्म, साल	आना	रोजाना, जुर्माना, सालाना
इंसान, हैवान	इयत	इंसानियत, हैवानियत
खून	ई	खूनी
नमक, शौक	ईन	नमकीन, शौकीन
जादू, बाजी, कारी	गर	जादूगर, बाजीगर, कारीगर
मदद, खिदमत	गार	मददगार, खिदमतदार
नाब, पीक, रोशन	दान	नाबदान, पीकदान, रोशनदान
अक्ल, जरूरत	मंद	अक्लमंद, जरूरतमंद
दगा, चाल, धोखा	बाज	दगाबाज, चालबाज, धोखेबाज
दम, फौज, समझ	दार	दमदार, फौजदार, समझदार

प्रत्यय संबंधी महत्त्वपूर्ण बिंदु

'आ' प्रत्यय कृत और तद्धित दोनों हैं। छात्रों को ध्यान देना होगा कि यह क्रिया या धातु रूप में लगा है या संज्ञा/सर्वनाम/विशेषण रूप में।

यदि भूख + आ = भूखा है, तो तद्धित प्रत्यय है और यदि भूल या भटक, सोच, समझ + 'आ' है, तो कृत प्रत्यय होगा।

दो प्रत्ययों का एकसाथ प्रयोग

कुछ शब्दों में एक से अधिक प्रत्ययों का एकसाथ प्रयोग किया जाता है; जैसे—

मूल शब्द	प्रत्यय 1	प्रत्यय 2	=	नए शब्द
बच्चा	पन	आ	=	बचपना
राष्ट्र	ईय	ता	=	राष्ट्रीयता
धर्म	इक	ता	=	धार्मिकता
अधुना	इक	ता	=	आधुनिकता

प्रत्यय और उपसर्ग का एक साथ प्रयोग

उपसर्ग		मूल शब्द		प्रत्यय		नया शब्द
वि	+	ज्ञाप	+	इत	=	विज्ञापित
बे	+	चैन	+	ई	=	बेचैनी
अप	+	मान	+	इत	=	अपमानित
अ + वि	+	कार	+	ई	=	अविकारी
उप	+	कार	+	ई	=	उपकारी
अनु	+	मान	+	इत	=	अनुमानित
अति	+	अधुना	+	इक	=	अत्याधुनिक
अ	+	धर्म	+	इक	=	अधार्मिक
दुस्	+	साहस	+	ई	=	दुस्साहसी
बद	+	चलन	+	ई	=	बदचलनी
अ + प्रति	+	आशा	+	इत	=	अप्रत्याशित
परि	+	पूर्ण	+	ता	=	परिपूर्णता
अ	+	लोक	+	इक + ता	=	अलौकिकता
निर्	+	दया	+	ई	=	निर्दयी
अ	+	परिवार	+	इक	=	अपारिवारिक
अभि	+	मान	+	ई	=	अभिमानी
उप	+	स्थित	+	इ	=	उपस्थिति

अभ्यास प्रश्न

बहुविकल्पीय व वर्णनात्मक प्रश्नों सहित

बहुविकल्पीय प्रश्न

1. उपसर्ग क्या है?

(क) शब्द के पूर्व में जोड़े जाने वाले अविकारी शब्दांश
(ख) शब्द के अंत में जोड़े जाने वाले अविकारी शब्दांश
(ग) शब्द के मध्य में जोड़े जाने वाले अविकारी शब्दांश
(घ) शब्द के पूर्व में जोड़े जाने वाले विकारी शब्दांश

2. उपसर्ग का मुख्य भेद कौन-सा है?

(क) संस्कृत उपसर्ग (ख) हिंदी उपसर्ग
(ग) आगत उपसर्ग (घ) ये सभी

3. संस्कृत उपसर्गों की मुख्यतः संख्या कितनी है?

(क) 24 (ख) 22
(ग) 23 (घ) 20

4. 'दुर्दिन' में कौन-सा उपसर्ग है?

(क) दु (ख) दुर (ग) दुर् (घ) दूर

5. 'प्रतिदिन' में उपसर्ग है

(क) प्रति (ख) प्र (ग) प्रती (घ) प्रत्

6. 'प्रत्येक' में मूल शब्द है

(क) प्र (ख) प्रति (ग) एक (घ) येक

7. 'उद्धार' में .... उपसर्ग है।

(क) उ (ख) उद (ग) उत् (घ) हार

8. 'कपूत' में उपसर्ग है

(क) क (ख) कप्
(ग) कपू (घ) त

9. 'निर्जन' में उपसर्ग है

(क) नि (ख) निर् (ग) निः (घ) निज्

10. 'अन्' उपसर्ग से बना शब्द है

(क) अनुभव (ख) अनजान
(ग) अनुपस्थित (घ) अनिवार्य

11. 'प्रत्यय' क्या है? दक्षता आधारित प्रश्न

(क) शब्द के पूर्व में जोड़े जाने वाले अविकारी शब्दांश
(ख) शब्द के मध्य में जोड़े जाने वाले अविकारी शब्दांश
(ग) शब्द के अंत में जोड़े जाने वाले अविकारी शब्दांश
(घ) शब्द के अंत में जोड़े जाने वाले विकारी शब्दांश

12. प्रत्यय के भेद मुख्यतः हैं

(क) कृत प्रत्यय (ख) तद्धित प्रत्यय
(ग) 'क' और 'ख' दोनों (घ) इनमें से कोई नहीं

13. 'पाठक' में प्रत्यय है

(क) क (ख) अक (ग) आक (घ) ठक

14. कृत प्रत्यय होते हैं

(क) क्रिया के मूलरूप या धातु के अंत में जुड़ने वाले प्रत्यय
(ख) संज्ञा, विशेषण, सर्वनाम शब्दों के अंत में जुड़ने वाले प्रत्यय
(ग) केवल संज्ञा के अंत में जुड़ने वाले प्रत्यय
(घ) केवल विशेषण के अंत में जुड़ने वाले प्रत्यय

15. निम्न में से सही कथन का चयन कीजिए। दक्षता आधारित प्रश्न

(i) प्रत्यय शब्द के उत्तर भाग में लगते हैं।
(ii) प्रत्यय का विधान धातु से होता है।
(iii) प्रत्यय कृत तथा तद्धित में वर्गीकृत होते हैं।
(iv) यह शब्द को यौगिक बनाता है।

कूट

(क) केवल कथन (i) सही है
(ख) कथन (i) और (ii) सही हैं
(ग) कथन (i), (ii) और (iii) सही हैं
(घ) कथन (i), (ii), (iii) और (iv) सही हैं

16. प्रत्यय कितने प्रकार के होते हैं?

(i) एक (ii) दो
(iii) तीन (iv) चार

कूट

(क) केवल (i) सही है। (ख) केवल (ii) सही है।
(ग) केवल (iii) सही है। (घ) केवल (iv) सही है।

17. सूची I को सूची II से सुमेलित कीजिए और सही विकल्प को चुनिए दक्षता आधारित प्रश्न

सूची I	सूची II
A. प्रबल	(i) अधि
B. संन्यास	(ii) प्र
C. दुर्गंध	(iii) दुर्
D. अध्यक्ष	(iv) सम्

कूट

	A	B	C	D		A	B	C	D
(क)	(i)	(ii)	(iii)	(iv)	(ख)	(i)	(ii)	(iv)	(iii)
(ग)	(ii)	(iv)	(iii)	(i)	(घ)	(i)	(iii)	(iv)	(ii)

18. सूची I को सूची II से सुमेलित कीजिए और सही विकल्प को चुनिए दक्षता आधारित प्रश्न

सूची I	सूची II
A. कमज़ोर	(i) संस्कृत
B. दुबला	(ii) उर्दू
C. अनुरूप	(iii) अंग्रेजी
D. एक्सप्रेस	(iv) हिंदी

कूट

	A	B	C	D		A	B	C	D
(क)	(ii)	(iv)	(i)	(iii)	(ख)	(i)	(ii)	(iii)	(iv)
(ग)	(ii)	(iii)	(i)	(iv)	(घ)	(iv)	(iii)	(ii)	(i)

19. सूची I को सूची II से सुमेलित कीजिए और सही विकल्प को चुनिए दक्षता आधारित प्रश्न

सूची I	सूची II
A. शापित	(i) आवट
B. अमावट	(ii) ईय
C. मानव	(iii) इत

कूट

	A	B	C		A	B	C
(क)	(i)	(ii)	(iii)	(ख)	(ii)	(iii)	(i)
(ग)	(i)	(iii)	(ii)	(घ)	(iii)	(i)	(ii)

अतिलघु उत्तरीय प्रश्न

1. शब्द निर्माण से आप क्या समझते हैं?
2. उपसर्ग की परिभाषा दीजिए।
3. किसी भी सार्थक शब्द के पश्चात् जोड़े जाने वाले अविकारी शब्दांश, जो शब्द के अर्थ में बदलाव या विशेषता उत्पन्न कर देते हैं, वे क्या कहलाते हैं?
4. प्रत्यय के कितने प्रकार होते हैं?
5. कृत प्रत्यय की परिभाषा दीजिए।
6. तद्धित प्रत्यय को स्पष्ट कीजिए।
7. निम्नलिखित शब्दों में से उपसर्ग और मूल शब्द अलग कीजिए

(i) अत्यधिक (ii) आजन्म
(iii) प्रत्येक (iv) अनुकूल
(v) सुशांत (vi) अभिज्ञान
(vii) प्रत्युपकार (viii) दुर्भाग्य
(ix) अत्यंत (x) दुर्बुद्धि
(xi) निर्लिप्त (xii) धर्मपुत्र
(xiii) उच्चारण (xiv) दुर्दशा

8. निम्नलिखित उपसर्गों से दो-दो शब्द बनाइए

(i) निर् (ii) अति
(iii) प्र (iv) अव
(v) अनु (vi) दुर्
(vii) स (viii) अभि
(ix) प्रति (x) उत्

9. निम्नलिखित शब्दों में प्रयुक्त उपसर्ग को अलग कीजिए

(i) स्वागत
(ii) उत्कर्ष
(iii) प्रत्यक्ष
(iv) अंतर्राष्ट्रीय
(v) स्वयंवर

10. निम्नलिखित शब्दों में प्रयुक्त प्रत्यय तथा मूल शब्द को अलग-अलग करके लिखिए

(i) सजावट (ii) कृपालु
(iii) लालची (iv) खिलौना
(v) झगड़ालू (vi) गर्वीला
(vii) क्रोधित (viii) दैनिक
(ix) भुलक्कड़ (x) आवश्यकता
(xi) पुस्तकीय (xii) भूखा

11. निम्नलिखित शब्दों में से मूल शब्द अलग कीजिए

(i) सद्भावना (ii) अभिज्ञान
(iii) अवगुण (iv) प्रबल
(v) लौकिक (vi) अनुकरणीय
(vii) भारतीय (viii) चिल्लाहट
(ix) आनंदित (x) ईमानदारी

12. निम्नलिखित शब्दों में प्रयुक्त प्रत्ययों को अलग कीजिए

(i) दार्शनिक (ii) पावक
(iii) पैतृक (iv) नागरिक

13. निम्नलिखित प्रत्ययों के योग से दो-दो शब्द बनाइए

(i) एरा (ii) आहट
(iii) वाला (iv) ईय
(v) त्व (vi) इत

14. उपसर्ग तथा प्रत्यय दोनों का प्रयोग कर हिंदी के पाँच शब्दों का निर्माण कीजिए।

15. ऐसे पाँच शब्द बनाइए, जिनमें एक से अधिक उपसर्गों का प्रयोग किया गया हो।

16. पाँच अलग-अलग आगत उपसर्गों का प्रयोग करके प्रत्येक उपसर्ग से दो-दो शब्द बनाइए।

17. निम्नलिखित प्रत्ययों से दो-दो शब्द बनाइए

(i) औना (ii) आस (iii) ती
(iv) आव (v) लु (vi) इया
(vii) आऊ (viii) आवा (ix) इन
(x) ईय

18. निम्नलिखित शब्दों में प्रयुक्त उपसर्ग को अलग कीजिए

(i) सजग (ii) परिचारिका
(iii) त्रिशूल (iv) बावजूद
(v) पुरस्कृत (vi) परिस्थिति
(vii) बेखटके (viii) संसर्ग
(ix) आहत (x) अवगत

19. 'पंडित' में कौन-सा प्रत्यय लगाकर उसका स्त्रीलिंग शब्द बनेगा?

20. 'कृपालु' में कौन-सा प्रत्यय है?

21. 'औना' प्रत्यय से बना शब्द है

22. 'स्वर्गीय' में कौन-सा प्रत्यय है?

23. 'नमकीन' में कौन-सा प्रत्यय है?

24. निम्न में किसमें 'क' प्रत्यय का प्रयोग हुआ है?

व्याख्या सहित उत्तरमाला

बहुविकल्पीय प्रश्न

1. (क) शब्द के पूर्व में जोड़े जाने वाले अविकारी शब्दांश
2. (घ) ये सभी
3. (ख) 22
4. (ग) दुर्
5. (क) प्रति
6. (ग) एक
7. (ग) उत्
8. (क) क
9. (ख) निर्
10. (ग) अनुपस्थित
11. (ग) शब्द के अंत में जोड़े जाने वाले अविकारी शब्दांश
12. (ग) 'क' और 'ख' दोनों
13. (ख) अक
14. (क) क्रिया के मूलरूप या धातु के अंत में जुड़ने वाले प्रत्यय
15. (ग) कथन (i), (ii) और (iii) सही हैं
16. (ख) केवल कथन (ii) सही है
17. (ग) (ii), (iv), (iii), (i)
18. (क) (ii), (iv), (i), (iii)
19. (घ) (iii), (i), (ii)

अतिलघु उत्तरीय प्रश्न

1. वर्णों या अक्षरों के मेल से बनने वाले सार्थक वर्ण या अक्षर समूह को 'शब्द' कहते हैं। नए शब्दों के निर्माण की प्रक्रिया भाषा की निरंतर चलने वाली प्रक्रिया है। इसे ही व्याकरण में शब्द निर्माण कहते हैं।
2. उपसर्ग किसी भी मूल शब्द से पूर्व जोड़े जाने वाले वे अविकारी शब्दांश हैं, जो शब्द के पूर्व जुड़कर उसके अर्थ या भाव में परिवर्तन कर देते हैं।
3. प्रत्यय
4. प्रत्यय के दो प्रकार होते हैं
   (i) कृत प्रत्यय (ii) तद्धित प्रत्यय
5. क्रिया के मूल रूप या 'धातु' के अंत में जो प्रत्यय जुड़कर संज्ञा अथवा विशेषण शब्दों का निर्माण करते हैं, वे कृत प्रत्यय कहलाते हैं।
6. जो शब्दांश धातुओं या क्रियाओं को छोड़कर अन्य शब्दों अर्थात् संज्ञा, सर्वनाम, विशेषण आदि शब्दों के बाद में या अंत में लगकर नए शब्दों की रचना करते हैं, वे तद्धित प्रत्यय कहलाते हैं।

7.

	शब्द		उपसर्ग		मूल शब्द
(i)	अत्यधिक	—	अति	+	अधिक
(ii)	आजन्म	—	आ	+	जन्म
(iii)	प्रत्येक	—	प्रति	+	एक
(iv)	अनुकूल	—	अनु	+	कूल
(v)	सुशांत	—	सु	+	शांत
(vi)	अभिज्ञान	—	अभि	+	ज्ञान
(vii)	प्रत्युपकार	—	प्रति, उप	+	कार
(viii)	दुर्भाग्य	—	दुर्	+	भाग्य
(ix)	अत्यंत	—	अति	+	अंत
(x)	दुर्बुद्धि	—	दुर्	+	बुद्धि
(xi)	निर्लिप्त	—	निर्	+	लिप्त
(xii)	धर्मपुत्र	—	धर्म	+	पुत्र
(xiii)	उच्चारण	—	उत्	+	चारण
(xiv)	दुर्दशा	—	दुर्	+	दशा

8.

	उपसर्ग		शब्द
(i)	निर्	—	निरपराध, निराकार
(ii)	अति	—	अतिरिक्त, अत्यधिक
(iii)	प्र	—	प्रवेश, प्रदेश
(iv)	अव	—	अवलोकन, अवरोध
(v)	अनु	—	अनुमान, अनुज
(vi)	दुर्	—	दुर्दिन, दुर्भाग्य
(vii)	स	—	सजीव, सरस
(viii)	अभि	—	अभिशाप, अभिज्ञान
(ix)	प्रति	—	प्रतिकार, प्रत्येक
(x)	उत्	—	उन्नयन, उत्साह

9.

	शब्द		उपसर्ग
(i)	स्वागत	—	सु
(ii)	उत्कर्ष	—	उत्
(iii)	प्रत्यक्ष	—	प्रति
(iv)	अंतर्राष्ट्रीय	—	अंतर्
(v)	स्वयंवर	—	स्वयं

10.

	मूल शब्द		प्रत्यय		मूल शब्द		प्रत्यय
(i)	सज	+	आवट	(ii)	कृपा	+	आलु
(iii)	लालच	+	ई	(iv)	खेल	+	औना
(v)	झगड़	+	आलू	(vi)	गर्व	+	ईला
(vii)	क्रोध	+	इत	(viii)	दिन	+	इक
(ix)	भूल	+	अक्कड़	(x)	आवश्यक	+	ता
(xi)	पुस्तक	+	ईय	(xii)	भूख	+	आ

11.

	शब्द		मूल शब्द
(i)	सद्भावना	—	भावना
(ii)	अभिज्ञान	—	ज्ञान
(iii)	अवगुण	—	गुण
(iv)	प्रबल	—	बल
(v)	लौकिक	—	लोक
(vi)	अनुकरणीय	—	अनुकरण

(vii) भारतीय — भारत
(viii) चिल्लाहट — चिल्लाना
(ix) आनंदित — आनंद
(x) ईमानदारी — ईमान

12.

शब्द		प्रत्यय
(i) दार्शनिक	—	इक
(ii) पावक	—	अक
(iii) पैतृक	—	इक
(iv) नागरिक	—	इक

13.

प्रत्यय		शब्द
(i) ऐरा	—	लुटेरा, सपेरा
(ii) आहट	—	चिल्लाहट, कड़वाहट
(iii) वाला	—	देनेवाला, आनेवाला
(iv) ईय	—	भवदीय, राष्ट्रीय
(v) त्व	—	नारीत्व, सतीत्व
(vi) इत	—	हर्षित, फलित

14.

उपसर्ग		मूल शब्द		प्रत्यय		नवीन शब्द
(i) उप	+	कार	+	क	=	उपकारक
(ii) अनु	+	चाल	+	इत	=	अनुचालित
(iii) दु	+	लार	+	ना	=	दुलारना
(iv) सु	+	घड़	+	आई	=	सुघड़ाई
(v) स्वयं	+	सेव	+	इत	=	स्वयंसेवित

15.

पहला उपसर्ग		दूसरा उपसर्ग		मूल शब्द		नवीन शब्द
(i) अ	+	प्रति	+	आशा	=	अप्रत्याशा
(ii) अ	+	नि	+	यंत्रित	=	अनियंत्रित
(iii) उप	+	नि	+	आस	=	उपन्यास
(iv) अ	+	सम्	+	भवता	=	असंभवता
(v) अ	+	सु	+	रक्षित	=	असुरक्षित

16. (i) **ब** बनाम, बदौलत
(ii) **बर** बर्ख़ास्त, बराबर
(iii) **बा** बाकायदा, बाअदब
(iv) **गैर** गैर-कानूनी, गैर-हाज़िर
(v) **कम** कमअक्ल, कमबख़्त

17. (i) **औना** बिछौना, खिलौना
(ii) **आस** भड़ास, खटास
(iii) **ती** खेलती, निहारती
(iv) **आव** फैलाव, जुड़ाव
(v) **लु** दयालु, कृपालु
(vi) **इया** रसिया, मुखिया
(vii) **आऊ** चलाऊ, बिकाऊ
(viii) **आवा** बुलावा, पहनावा
(ix) **इन** सुनारिन, धोबिन
(x) **ईय** स्वर्गीय, पठनीय

18.

शब्द	उपसर्ग	शब्द	उपसर्ग
(i) सजग	स	(ii) परिचारिका	परि
(iii) त्रिपुरा	त्रि	(iv) बावजूद	बा
(v) पुरस्कृत	पुरः	(vi) परिस्थिति	परि
(vii) बेखटके	बे	(viii) संसर्ग	सम्
(ix) आहत	आ	(x) अवगत	अव

19. 'पंडित' में आइन प्रत्यय लगाकर स्त्रीलिंग शब्द बनेगा।

20. 'कृपालु' में आलु प्रत्यय है।

21. 'औना' प्रत्यय में बिछौना और खिलौना प्रत्यय है।

22. 'स्वर्गीय' में ईय प्रत्यय है।

23. 'नमकीन' में ईन प्रत्यय है।

24. 'धमक' में क प्रत्यय का प्रयोग हुआ है।

स्व-मूल्यांकन

बहुविकल्पीय प्रश्न

1. 'उत्कर्ष' शब्द में उपसर्ग है

(क) उत (ख) उत्
(ग) उतक (घ) इनमें से कोई नहीं

2. 'निष्कपट' शब्द में उपसर्ग है

(क) निष (ख) निष् (ग) निस् (घ) निस

3. 'जय' शब्द में कौन-सा उपसर्ग लगाने से वह 'जय' का विलोमार्थक हो जाता है?

(क) वि (ख) परि (ग) परा (घ) अ

4. किस शब्द में उपसर्ग का प्रयोग हुआ है?

(क) उपकार (ख) लाभदायक
(ग) अपनापन (घ) समझदार

5. निम्नलिखित में से कौन-सा उपसर्ग रहित शब्द है?

(क) संयोग (ख) विदेश (ग) अत्यधिक (घ) सुरेश

6. 'घबराहट' में प्रत्यय है

(क) हट (ख) ट (ग) आहट (घ) अहट

7. 'अनुज' में कौन-सा प्रत्यय लगाकर उसका स्त्रीलिंग शब्द बनेगा?

(क) आ (ख) अ (ग) जा (घ) ज

8. सूची I में दिए गए धातु को सूची II में दिए गए प्रत्यय से सुमेलित कीजिए।

सूची-I	सूची-II
A. पाठ	(i) त्व
B. चाल	(ii) आ
C. झटक	(iii) आक
D. पशु	(iv) अक

कूट

	A	B	C	D
(क)	(i)	(ii)	(iii)	(iv)
(ख)	(iv)	(iii)	(ii)	(i)
(ग)	(iii)	(iv)	(i)	(ii)
(घ)	(ii)	(iii)	(iv)	(i)

अतिलघु उत्तरीय प्रश्न

1. निम्नलिखित शब्दों में से उपसर्ग एवं मूल शब्द अलग कीजिए

(i) दुपहिया (ii) अनादर
(iii) परिश्रम (iv) सुदर्शन
(v) खुशबू (vi) अवलंब

2. निम्नलिखित उपसर्गों से दो-दो शब्द बनाइए

(i) अप (ii) दु
(iii) हम (iv) कु
(v) ला (vi) परा

3. निम्नलिखित शब्दों में प्रयुक्त प्रत्यय एवं मूल शब्द को अलग-अलग करके लिखिए

(i) आणविक (ii) संस्कारी
(iii) व्यक्तित्व (iv) खतरनाक
(v) स्वर्णिम (vi) प्रस्तावित

4. निम्नलिखित प्रत्ययों के योग से दो-दो शब्द बनाइए

(i) तम (ii) पन
(iii) वान (iv) दार
(v) इयल (vi) ईला

5. शब्द निर्माण कितनी तरह से किया जाता है? लिखिए।

6. पाँच ऐसे शब्द बताइए, जिनमें एक से अधिक प्रत्ययों का प्रयोग किया गया हो।

7. पाँच भिन्न-भिन्न आगत उपसर्गों का प्रयोग करके प्रत्येक से तीन-तीन शब्द बनाइए।

8. उपसर्ग को कितने भागों में विभक्त किया गया है?

9. 'प्रत्यय' से आप क्या समझते हैं?

10. कृत प्रत्यय के मेल से बनने वाले शब्दों को क्या कहा जाता है?

11. तद्धित प्रत्यय के मेल से बनने वाले शब्दों को क्या कहते हैं?

12. ऐसे चार शब्द लिखिए, जिनमें 'इक' प्रत्यय का प्रयोग हुआ हो।

अध्याय 2

वाक्य भेद (अर्थ की दृष्टि से)

2.1 वाक्य की परिभाषा

वाक्य, किसी भी भाषा की सबसे छोटी एवं सार्थक इकाई होती है। अपने विचारों को दूसरों तक पहुँचाने के लिए हमें वाक्य की सहायता लेनी पड़ती है। वाक्य से बोलने या लिखने वाले के आशय का बोध होता है। किसी भी वाक्य में—

- शब्दों का व्यवस्थित समूह होना चाहिए।
- उस समूह का पूरा-पूरा अर्थ स्पष्ट होना चाहिए।

इस आधार पर कहा जा सकता है कि सार्थक शब्दों का ऐसा क्रमबद्ध समूह, जिससे अभीष्ट आशय पूरी तरह स्पष्ट हो, **वाक्य** कहलाता है।

वाक्य के अनिवार्य तत्त्व

वाक्य में आकांक्षा, योग्यता तथा क्रम का होना अनिवार्य होता है। वाक्य में एक पद को सुनने या जानने के बाद आगे के पदों को जानने की जो जिज्ञासा उत्पन्न होती है, उसे **आकांक्षा** कहते हैं; जैसे—

- सुरेश खाता है।

इस वाक्य में यदि यह प्रश्न किया जाए कि 'सुरेश' क्या खाता है? उत्तर मिलेगा कि 'रोटी' खाता है, तो 'रोटी' इस वाक्य की 'आकांक्षा' होगी।

वाक्य में **योग्यता** से तात्पर्य पदों के अर्थबोधन की क्षमता या सामर्थ्य से है। जब वाक्य का प्रत्येक पद अर्थबोध की क्षमता रखता हो, तो समझना चाहिए कि वाक्य में 'योग्यता' विद्यमान है; जैसे—

- चिड़िया पैर के सहारे उड़ती है।

ध्यान दें इस वाक्य में व्याकरण की दृष्टि से कोई त्रुटि नहीं है, लेकिन यह सर्वविदित है कि पैर के सहारे चला जा सकता है, उड़ा नहीं जा सकता। अत: इस वाक्य में अर्थबोध की क्षमता अर्थात् योग्यता का अभाव है।

वाक्य में क्रम वास्तव में आकांक्षा तथा योग्यता के विधान को पूर्णता प्रदान करता है। वाक्य में प्रयुक्त पदों या शब्दों के समुचित स्थापन को 'क्रम' कहते हैं; जैसे—

- पढ़ी मैंने किताब।

ध्यान दें उपर्युक्त वाक्य व्याकरणिक दृष्टि से त्रुटिपूर्ण नहीं होते हुए भी इसलिए गलत है, क्योंकि इसमें उचित 'क्रम' का अभाव है। 'मैंने किताब पढ़ी' सही वाक्य है, क्योंकि इसमें पदों की क्रमबद्धता है।

वाक्य की विशेषताएँ

वाक्य की निम्नलिखित विशेषताएँ होती हैं

1. वाक्य की सबसे बड़ी विशेषता यह है कि उसमें प्रयुक्त सभी पदों का पूरा अर्थ अवश्य स्पष्ट होना चाहिए।
2. वाक्य के सही अर्थ को जानने के लिए शब्दों का उचित क्रम में होना अत्यंत आवश्यक है। यदि वाक्य में शब्द सही क्रम में नहीं होते, तो वाक्य का अर्थ बदल जाता है।
3. वाक्य में जो शब्द प्रयुक्त किए जा रहे हैं, उन्हें सार्थक होने के साथ-साथ प्रसंगानुकूल होना भी आवश्यक है। यदि सार्थक होते हुए भी उनकी अर्थ-क्षमता अपूर्ण है, तो उनका प्रयोग अप्रासंगिक हो जाता है; जैसे—दिनेश खाना पीता है। इस वाक्य में 'पीता' शब्द प्रसंगानुकूल नहीं है। यहाँ 'खाता' शब्द सही होगा।
4. बोलने या लिखने के क्रम में वाक्य में प्रयुक्त शब्दों में निकटता का होना आवश्यक है, क्योंकि जब शब्दों को रुक-रुककर बोला जाता है, तो वे अर्थ में व्यवधान उत्पन्न करते हैं।
5. जो वाक्य लिखा जा रहा है, वह अपने आप में पूरा होना चाहिए। लिखते समय वाक्य में किसी ऐसे शब्द का अभाव नहीं होना चाहिए, जिसके कारण अर्थ अधूरा प्रतीत होता हो।
6. वाक्य में कर्ता, कर्म, क्रिया का लिंग, वचन, पुरुष तथा कारक में मेल होना अत्यंत आवश्यक है। यदि इन सबका मेल नहीं होगा, तो वाक्य का अर्थ अस्पष्ट एवं अधूरा होगा।

वाक्य के अंग

जिन अवयवों को मिलाकर वाक्य की रचना होती है, उन्हें वाक्य के अंग (घटक) कहते हैं। वाक्य के अनिवार्य अंग हैं—कर्ता एवं क्रिया। इनके बिना वाक्य संभव नहीं हैं; जैसे—

- मीरा नाचेगी।
- मोहन गाएगा।

उपरोक्त वाक्यों में एक-एक कर्ता (मीरा, मोहन) तथा एक-एक क्रिया (नाचेगी, गाएगा) हैं।

कर्ता और क्रिया पक्ष के अनुसार, वाक्य के दो घटक होते हैं

(i) **उद्देश्य** वाक्य में जिसके विषय में कुछ कहा जाए, उसे उद्देश्य कहते हैं।

उपर्युक्त वाक्यों में 'मीरा' और 'मोहन' उद्देश्य हैं।

(ii) **विधेय** वाक्य में प्रयुक्त उद्देश्य के विषय में जो कुछ कहा जाए, उसे विधेय कहते हैं।

उपर्युक्त वाक्यों में 'नाचेगी' और 'गाएगा' विधेय हैं।

अन्य उदाहरण

- गया उन्हें बैलगाड़ी में जोतकर ले गया। *(दो बैलों की कथा)*
- हीरा और मोती हरी मटर खाने लगे। *(दो बैलों की कथा)*

उद्देश्य	विधेय
• गया	उन्हें बैलगाड़ी में जोतकर ले गया। *(दो बैलों की कथा)*
• हीरा और मोती	हरी मटर खाने लगे। *(दो बैलों की कथा)*

उपवाक्य

वाक्य से छोटी इकाई उपवाक्य होती है। उपवाक्य दो या दो से अधिक पदों का समूह है, जो किसी वाक्य का एक अंश होता है और उसमें उद्देश्य एवं विधेय भी होता है। अतः ऐसा पद समूह, जिसका अपना अर्थ हो, जो सामान्यतया एक वाक्य का भाग हो तथा जिसमें उद्देश्य एवं विधेय हों, उपवाक्य कहलाता है। वाक्य एक उपवाक्य का भी हो सकता है और एक से अधिक उपवाक्यों का भी। जहाँ उपवाक्य स्वतंत्र रूप में होता है, वह वास्तव में, सरल वाक्य होता है।

उपवाक्य तीन प्रकार के होते हैं-

1. संज्ञा उपवाक्य 2. विशेषण उपवाक्य 3. क्रियाविशेषण उपवाक्य।

वाक्य के भेद

वाक्यों का वर्गीकरण दो दृष्टियों से किया जाता है

I. अर्थ की दृष्टि से II. रचना की दृष्टि से वाक्य भेद

नोट रचना की दृष्टि से वाक्य भेद कक्षा IX के पाठ्यक्रम में नहीं है।

अर्थ की दृष्टि से वाक्य भेद (आठ भेद)

अर्थ की दृष्टि से वाक्यों के आठ भेद होते हैं

(i) विधानवाचक (ii) निषेधवाचक
(iii) आज्ञावाचक (iv) प्रश्नवाचक
(v) विस्मयवाचक (vi) संदेहवाचक
(vii) इच्छावाचक (viii) संकेतवाचक

(i) **विधानवाचक वाक्य** जिस वाक्य से किसी क्रिया के होने या करने का बोध होता है, उसे 'विधानवाचक वाक्य' कहते हैं; जैसे—

- झूरी प्रातः काल सोकर उठा। *(दो बैलों की कथा)*
- उपभोक्तावादी समाज में विशिष्ट जन आते हैं। *(उपभोक्तावाद की संस्कृति)*
- प्रेमचंद ने गरीबी को स्वीकार कर लिया था। *(प्रेमचंद के फटे जूते)*

इन वाक्यों में 'क्रिया' के होने अथवा उसकी प्रक्रिया का बोध होता है। इस कारण ये वाक्य 'विधानवाचक वाक्य' हैं।

अन्य उदाहरण

- पुलिस को देखते ही चोर भाग गए।
- वह नेपाल से तिब्बत जाने का मुख्य रास्ता था।

(ii) **निषेधवाचक वाक्य** जिस वाक्य से किसी कार्य के न होने का बोध होता है, उसे 'निषेधवाचक वाक्य' कहते हैं; जैसे—

- गिरे हुए बैरी पर सींग न चलाना चाहिए। *(दो बैलों की कथा)*
- चक्कर लगाने से जूता नहीं फटता है। *(प्रेमचंद के फटे जूते)*
- दोनों ने पाँव न उठाए *(प्रेमचंद के फटे जूते)*

इन वाक्यों में 'क्रिया' के न होने का बोध हो रहा है। इस कारण ये वाक्य 'निषेधवाचक वाक्य' हैं।

अन्य उदाहरण

- हमारी जाति का यह धर्म नहीं है।
- न वहाँ बरफ की सफेदी थी, न किसी तरह की हरियाली।

(iii) **आज्ञावाचक वाक्य** जिस वाक्य में किसी प्रकार की प्रार्थना, विनय, आज्ञा अथवा अनुरोध का बोध हो, उसे 'आज्ञावाचक वाक्य' कहते हैं; जैसे—

- लता तुम गाना सुनाओ।
- अपनी संस्कृति से लगाव रखो। *(उपभोक्तावाद की संस्कृति)*
- रोहन! तुम रोज पढ़ने आया करो।

इन वाक्यों में 'आज्ञा' का बोध हो रहा है। इस कारण ये वाक्य 'आज्ञावाचक वाक्य' हैं।

अन्य उदाहरण

- हीरा ने समझाया—नहीं भाई! खड़े हो जाओ।
- सुमित को खेलने से रोको।

(iv) **प्रश्नवाचक वाक्य** जिस वाक्य से किसी प्रकार का प्रश्न करने का बोध होता है, उसे 'प्रश्नवाचक वाक्य' कहते हैं; जैसे—

- क्या होरी का गोदान हो गया? *(दो बैलों की कथा)*
- लेखक भिखमंगे के भेष में यात्रा क्यों कर रहे थे?
- उन्हें हमारे ऊपर दया क्यों नहीं आती? *(दो बैलों की कथा)*

इन वाक्यों में 'प्रश्न' किए जाने का बोध हो रहा है। इस कारण ये वाक्य 'प्रश्नवाचक वाक्य' हैं।

अन्य उदाहरण

- हम गरीबों को क्यों निकाल रहे हैं?
- पीठ पर सामान लादकर कैसे चलते?

(v) **विस्मयवाचक वाक्य** जिस वाक्य से आश्चर्य, शोक, हर्ष, विस्मय इत्यादि भावों का बोध हो, उसे 'विस्मयवाचक वाक्य' कहते हैं; जैसे—

- अरे! गधे का एक छोटा भाई और भी है। *आश्चर्य (दो बैलों की कथा)*
- अहा! तिङरी का मैदान कितना सुंदर है। *(हर्ष) (ल्हासा की ओर)*
- छिः! कितनी बदबू आ रही है? *(घृणा)*

इन वाक्यों में 'विस्मय' के भाव का बोध हो रहा है। इस कारण ये वाक्य 'विस्मयवाचक वाक्य' हैं।

अन्य उदाहरण

- अहा! यह लो! अपना ही घर आ गया।
- पिछले वर्ष के फैशन इस वर्ष! शर्म की बात है।

(vi) **संदेहवाचक वाक्य** जिस वाक्य से कार्य होने में संदेह या संभावना प्रकट हो, उसे 'संदेहवाचक वाक्य' कहते हैं; जैसे—

- शायद बहुत चक्कर काटने से तुम्हारा जूता फट गया। *(प्रेमचंद के फटे जूते)*
- शायद, कल रमेश आगरा जाएगा।
- संभवत: यहाँ ठहरने की अच्छी जगह मिल जाए। *(ल्हासा की ओर)*

इन वाक्यों से 'संदेह' तथा 'संभावना' का बोध हो रहा है। इस कारण ये वाक्य 'संदेहवाचक वाक्य' हैं।

अन्य उदाहरण

- शायद, स्वामी जी ने शिकागो जाने का निश्चय कर लिया।
- संभव है, लंबी यात्राओं की थकान ने उनके शरीर को कमज़ोर कर दिया हो।

(vii) **इच्छावाचक वाक्य** जिस वाक्य से किसी इच्छा, आशा या शुभकामना का बोध होता है, उसे 'इच्छावाचक वाक्य' कहते हैं; जैसे—

- काश! पहले जैसा सद्भावपूर्ण माहौल हो जाता। *(मेरे बचपन के दिन)*
- मैं चाहती थी कि गाँधीजी मेरी कविता सुनें। *(मेरे बचपन के दिन)*
- काश! झूरी अपने बैलों को गया के घर न भेजता। *(दो बैलों की कथा)*

इन वाक्यों में 'आशा', 'इच्छा' तथा 'कामना' का बोध हो रहा है। इस कारण ये वाक्य 'इच्छावाचक वाक्य' हैं।

अन्य उदाहरण

- यदि इतनी मेहनत से काम न चलता था, तो और काम ले लेते।
- मुँह की दुर्गंध से बचने के लिए माउथवॉश भी चाहिए।

(viii) **संकेतवाचक वाक्य** जिस वाक्य में एक क्रिया का होना दूसरी क्रिया पर निर्भर करता हो अथवा किसी शर्त का बोध हो, उसे 'संकेतवाचक वाक्य' कहते हैं; जैसे—

- यदि हीरा का पैर गीले खेत में न फँसता तो पकड़ा न जाता। *(दो बैलों की कथा)*
- यदि रास्ता न भटकते तो जल्दी पहुँच जाते। *(दो बैलों की कथा)*
- यदि वह मुझसे मिलता तो उसका काम हो जाता,

इन वाक्यों में दूसरी क्रिया का होना पहली क्रिया के होने पर निर्भर है। इस कारण ये वाक्य 'संकेतवाचक वाक्य' हैं।

अन्य उदाहरण

- दोहरी मार पड़ेगी, तो भाग खड़ा होगा।
- जब मैं जोर देने लगता, तो वह और सुस्त पड़ जाता।

वाक्यों का रूपांतरण

किसी वाक्य में अर्थ-परिवर्तन किए बिना दूसरे प्रकार के वाक्य में परिवर्तन अथवा उसकी संरचना में परिवर्तन की प्रक्रिया **वाक्यों का रूपांतरण** कहलाती है। वाक्य-परिवर्तन के दौरान इस बात का ध्यान रखना अत्यंत आवश्यक होता है कि किसी भी परिस्थिति में वाक्य-परिवर्तन अर्थ को परिवर्तित न करे; जैसे—

(i) विधानवाचक वाक्य से प्रश्नवाचक वाक्य में परिवर्तन

विधानवाचक वाक्य	प्रश्नवाचक वाक्य
• टोपी आठ आने में मिल जाती है।	क्या टोपी आठ आने में मिल जाती है?
• गाँधी जी का नाम सबने सुना है।	गाँधीजी का नाम किसने नहीं सुना?

(ii) विधानवाचक वाक्य से निषेधवाचक वाक्य में परिवर्तन

विधानवाचक वाक्य	निषेधवाचक वाक्य
• मेरा जूता भी अच्छा है।	मेरा जूता भी अच्छा नहीं है।
• सभी नदियाँ पहाड़ फोड़ती हैं।	सभी नदियाँ पहाड़ नहीं फोड़ती हैं।

(iii) विधानवाचक वाक्य से आज्ञावाचक वाक्य में परिवर्तन

विधानवाचक वाक्य	आज्ञावाचक वाक्य
• राखी के दिन बहनें राखी बाँधती हैं।	राखी के दिन बहनों से राखी बँधवाओ।
• तुमने अपना जूता टीले पर आजमाया।	तुम अपना जूता टीले पर आजमाओ।

(iv) विधानवाचक वाक्य से संकेतवाचक वाक्य में परिवर्तन

विधानवाचक वाक्य	संकेतवाचक वाक्य
• कानपुर में असफल होने पर नाना साहब भागने लगे।	यदि कानपुर में नाना साहब सफल होते तो न भागते।
• बापू के कहने पर उन्हें कटोरा दिखाया।	जब बापू ने कहा, तब उन्हें कटोरा दिखाया।

(v) प्रश्नवाचक वाक्य से विधानवाचक वाक्य में परिवर्तन

प्रश्नवाचक वाक्य	विधानवाचक वाक्य
• क्या तुम आज घूमने जाओगे?	तुम घूमने जाओगे।
• क्या माली फूलों से माला बनाएगा?	माली फूलों से माला बनाएगा।

(vi) विधानवाचक वाक्य से इच्छावाचक वाक्य में परिवर्तन

विधानवाचक वाक्य	इच्छावाचक वाक्य
• वह मेहनत करता है।	काश! वह मेहनत करे।
• ईश्वर सबको खुश रखता है।	ईश्वर सबको खुश रखे।

(vii) विधानवाचक वाक्य से संदेहवाचक वाक्य में परिवर्तन

विधानवाचक वाक्य	संदेहवाचक वाक्य
• तब हिंदी का वातावरण न था।	शायद तब हिंदी का वातावरण न था।
• मोती ने साँड पर पहला वार किया।	संभवत: मोती ने साँड पर पहला वार किया।

(viii) विधानवाचक वाक्य से विस्मयवाचक वाक्य में परिवर्तन

विधानवाचक वाक्य	विस्मयवाचक वाक्य
• सामंतवादी संस्कृति के तत्त्व भारत में पहले भी थे।	अरे! सामंतवादी संस्कृति के तत्त्व भारत में पहले भी थे।
• यह बहुत ही सुंदर दृश्य है।	वाह! कितना सुंदर दृश्य है।

अभ्यास प्रश्न

बहुविकल्पीय व वर्णनात्मक प्रश्नों सहित

बहुविकल्पीय प्रश्न

1. **अर्थ की दृष्टि से वाक्य के कितने भेद होते हैं?**
   (क) तीन (ख) पाँच
   (ग) सात (घ) आठ

2. **'यदि परिश्रम करोगे तो सफल होगे।' अर्थ के आधार पर वाक्य का कौन-सा भेद है?**
   (क) संदेहवाचक (ख) विधानवाचक
   (ग) संकेतवाचक (घ) विस्मयवाचक

3. **'यदि नीयत अच्छी होती है, तो अल्लाह भी अच्छी बरकत देता है।' अर्थ के आधार पर वाक्य का कौन-सा भेद है?**
   (क) इच्छावाचक (ख) आज्ञावाचक
   (ग) निषेधवाचक (घ) संकेतवाचक

4. **'हम परिव्यक्त चीनी किले से आगे चल पड़े।' अर्थ के आधार पर वाक्य का कौन-सा भेद है?** दक्षता आधारित प्रश्न
   (क) विधानवाचक (ख) संदेहवाचक
   (ग) इच्छावाचक (घ) विस्मयवाचक

5. **'कितनी विचित्र जलवायु है तिब्बत की!' अर्थ के आधार पर वाक्य का कौन सा भेद है?**
   (क) विधानवाचक (ख) विस्मयवाचक
   (ग) इच्छावाचक (घ) संदेहवाचक

6. **'शायद इस कांजीहौस में कोई व्यक्ति चारा दे जाए।' अर्थ के आधार पर वाक्य का कौन-सा भेद है?** दक्षता आधारित प्रश्न
   (क) निषेधवाचक (ख) आज्ञावाचक
   (ग) संदेहवाचक (घ) संकेतवाचक

7. **'गवर्नर-जनरल की आज्ञा के बिना यह संभव नहीं है।' अर्थ के आधार पर वाक्य का कौन-सा भेद है?**
   (क) विधानवाचक (ख) संदेहवाचक
   (ग) आज्ञावाचक (घ) निषेधवाचक

8. **'झूरी के पास दो बैल थे।' अर्थ के आधार पर वाक्य का कौन-सा भेद है?**
   (क) विस्मयवाचक (ख) संदेहवाचक
   (ग) इच्छावाचक (घ) विधानवाचक

9. **'माधो औरत के कफन के चंदे की शराब पी गया!' अर्थ के आधार पर वाक्य का कौन-सा भेद है?**
   (क) विधानवाचक (ख) आज्ञावाचक
   (ग) निषेधवाचक (घ) विस्मयवाचक

10. **'क्या सुजान भगत का लड़का मर गया?' अर्थ के आधार पर वाक्य का कौन-सा भेद है?**
    (क) प्रश्नवाचक (ख) इच्छावाचक
    (ग) संदेहवाचक (घ) संकेतवाचक

11. **'मेरी माता जबलपुर से आईं।' इस वाक्य में उद्देश्य और विधेय छाँटिए**
    (क) उद्देश्य—मेरी, विधेय—माता जबलपुर से आईं।
    (ख) उद्देश्य—मेरी माता, विधेय—जबलपुर से आईं।
    (ग) उद्देश्य—माता, विधेय—मेरी जबलपुर से आईं।
    (घ) उद्देश्य—मेरी माता जबलपुर, विधेय—से आईं।

12. **'माँ थोड़ी संस्कृत जानती थीं।' वाक्य को निषेधवाचक वाक्य में बदलिए**
    (क) माँ संस्कृत भी जानती थीं।
    (ख) अच्छा! माँ संस्कृत भी जानती थीं।
    (ग) माँ थोड़ी भी संस्कृत नहीं जानती थीं।
    (घ) माँ थोड़ी संस्कृत जानती तो अच्छा होता।

13. **'क्या सभी सकुशल वापिस आएँगे?' इस वाक्य को इच्छावाचक वाक्य में बदलिए** दक्षता आधारित प्रश्न
    (क) अरे! क्या सभी सकुशल वापस आएँगे?
    (ख) सभी सकुशल वापस आ गए।
    (ग) भगवान करे सभी सकुशल वापस आएँ।
    (घ) शायद सभी सकुशल वापस आ गए होंगे।

14. **'हो सकता है पाश्चात्य संस्कृति का असर कम हो जाए।' इस वाक्य में अर्थ के आधार पर वाक्य का कौन-सा भेद है?**
    (क) आज्ञावाचक (ख) प्रश्नवाचक
    (ग) संदेहवाचक (घ) विधानवाचक

15. **'किसी तरह नौकर का मकान बचना चाहिए' इस वाक्य को आज्ञावाचक वाक्य में बदलकर लिखिए**
    (क) नाना का महल नहीं बचना चाहिए।
    (ख) क्या नाना का महल बचना चाहिए?
    (ग) शायद नाना का महल बच जाए।
    (घ) किसी भी तरह से नौकर का महल बचाओ।

16. **'हम अपने हर कदम की जानकारी बेस कैंप पर दे रहे थे।' वाक्य को संदेहवाचक वाक्य में बदलिए**
    (क) क्या हम अपने हर कदम की जानकारी बेस कैंप पर दे सकते हैं।
    (ख) हम अपने हर कदम की जानकारी बेस कैंप में देंगे।
    (ग) हो सकता है हम अपने प्रत्येक कैंप की जानकारी बेस को दें।
    (घ) हम अपने हर कदम की जानकारी बेस कैंप पर नहीं दे रहे थे।

17. **बच्चे मैदान में खेल रहे हैं। वाक्य में उद्देश्य और विधेय पद छाँटिए** दक्षता आधारित प्रश्न

(क) उद्देश्य—बच्चे, विधेय—मैदान में खेल रहे हैं।
(ख) उद्देश्य—बच्चे मैदान, विधेय—में खेल रहे हैं।
(ग) उद्देश्य—मैदान—बच्चे खेल रहे हैं।
(घ) उद्देश्य—मैदान में, विधेय—खेल रहे हैं बच्चे।

18. **'यदि मुझे तैरना आता, तो नदी में स्नान करता। यह वाक्य किस प्रकार का है?** दक्षता आधारित प्रश्न

(क) आज्ञावाचक
(ख) संकेतवाचक
(ग) इच्छावाचक
(घ) विस्मयवाचक

19. **निम्नलिखित में से इच्छावाचक वाक्य कौन-सा है?**

(i) ईश्वर करे आप जल्दी स्वस्थ हो जाएँ।
(ii) ईश्वर का वास प्रत्येक स्थान पर है।
(iii) ईश्वर की माया कहीं धूप कहीं छाया।
(iv) ईश्वर सर्वशक्तिमान है।

कूट

(क) केवल कथन (i) सही है।
(ख) केवल कथन (ii) सही है।
(ग) कथन (i) और (ii) सही हैं।
(घ) कथन (iii) और (iv) सही हैं।

20. **कौन-से वाक्य निषेधवाचक हैं?**

(i) उसने पूछा, 'यह जाने देगा?'
(ii) हम आगे न जाएँगे।
(iii) हमारी जान को कोई जान ही नहीं समझता।
(iv) थाने में जाकर शिकायत कर दूँगा।

कूट

(क) कथन (i) और (ii) सही हैं।
(ख) कथन (ii) और (iii) सही हैं।
(ग) कथन (i), (iii) और (iv) सही हैं।
(घ) कथन (ii), (iii) और (iv) सही हैं।

21. **सूची I को सूची II के साथ सुमेलित कीजिए और सही विकल्प का चयन कीजिए** दक्षता आधारित प्रश्न

सूची I	सूची II
A. हम गाँव के गरीब झोंपड़े में ठहरे।	1. प्रश्नवाचक
B. पीठ पर सामान लादकर कैसे चलते?	2. निषेधवाचक
C. उतराई बिलकुल मुश्किल नहीं थी।	3. विधानवाचक

कूट

	A	B	C
(क)	2	3	1
(ख)	1	3	2
(ग)	3	1	2
(घ)	3	2	1

22. **सूची I को सूची II के साथ सुमेलित कीजिए और सही विकल्प का चयन कीजिए** दक्षता आधारित प्रश्न

सूची I	सूची II
A. विस्मयवाचक वाक्य	1. तुम कब से बीमार हो?
B. विधानवाचक वाक्य	2. वाह! क्या खूब बारिश हुई है।
C. प्रश्नवाचक वाक्य	3. नववर्ष मंगलमय हो।
D. इच्छावाचक वाक्य	4. राकेश दिल्ली गया।

कूट

	A	B	C	D		A	B	C	D
(क)	1	4	2	3	(ख)	1	3	4	2
(ग)	2	4	1	3	(घ)	1	2	3	4

अतिलघु उत्तरीय प्रश्न

1. **अर्थ के आधार पर निम्नलिखित वाक्यों की पहचान कर उनके भेद लिखिए**

(i) राम ने भोजन नहीं किया।
(ii) वाह! कितना सुंदर स्थान है।
(iii) यदि वर्षा होती तो फसल अच्छी होती।
(iv) भगवान आपका भला करे।
(v) मैंने आज गृहकार्य नहीं किया।
(vi) धूप में मत खेलो।
(vii) सूर्य पूरब से निकलता है।
(viii) आप जा सकते हैं।
(ix) समाचार मिलते ही चले आओ।
(x) भगवान तुम्हें सद्बुद्धि दे।
(xi) शायद हम आज उनके घर जाएँ।
(xii) राधा ने पूछा, 'तुम कौन हो'?
(xiii) यदि समय पर पानी दोगे तो पौधे अच्छे बढ़ेंगे।
(xiv) आधुनिक युग विज्ञान का युग है।
(xv) मैं यह कार्य नहीं कर सकता।

2. **निर्देशानुसार वाक्य परिवर्तित कीजिए**

(i) राधिका को मधुर गाने पर पुरस्कार मिला। *(संकेतवाचक वाक्य में)*
(ii) मंजुला गृहकार्य कर रही है। *(निषेधवाचक वाक्य में)*
(iii) तुम पढ़ने बैठ जाओ। *(संदेहवाचक वाक्य में)*
(iv) दोनों ने अपनी मूक भाषा में सलाह की। *(प्रश्नवाचक वाक्य में)*
(v) यह चीनी किला पुराना है। *(निषेधवाचक वाक्य में)*
(vi) प्रतिष्ठा के अनेक रूप होते हैं। *(निषेधवाचक वाक्य में)*
(vii) हमारी नई संस्कृति अनुकरण की संस्कृति है। *(इच्छावाचक वाक्य में)*
(viii) लोग पक्षियों को आदमी की नज़र से नहीं देखते हैं। *(विधानवाचक वाक्य में)*
(ix) सालिम अली पक्षियों की देखभाल करते थे। *(संकेतवाचक वाक्य में)*
(x) वर्षा आएगी। *(संदेहवाचक वाक्य में)*

3. अर्थ के आधार पर वाक्य का भेद बताइए

(i) मेरी आँखें नम हैं, सालिम अली, तुम लौटोगे ना?

(ii) सालिम अली उन लोगों में से थे, जो प्रकृति के प्रभाव में आने की बजाय प्रकृति को अपने प्रभाव में लाने के कायल होते हैं।

(iii) कौन बचा है, जो अब हिमालय और लद्दाख की बर्फीली वादियों में जीने वाले पक्षियों की वकालत करेगा?

(iv) अमेरिका में आज जो हो रहा है, कल वह भारत में भी आ सकता है।

(v) हाँ हाँ! सब ठीक है।

(vi) क्यों अमेरिका में उन्हें घुसने नहीं दिया जाता?

(vii) तुम कैसे अनुत्तीर्ण हो गए?

(viii) टिङरी गाँव वहाँ से बहुत दूर नहीं था।

4. निर्देशानुसार वाक्य परिवर्तित कीजिए।

(i) गर्मी में पानी नहीं पीने से बीमार होते हैं। *(संकेतवाचक वाक्य में)*

(ii) क्या आपने मेरी पुस्तक लौटा दी? *(विधानवाचक वाक्य में)*

(iii) कपड़े अलमारी में रखे हैं। *(आज्ञावाचक वाक्य में)*

(iv) प्रधानमंत्री कल अपना वक्तव्य देंगे। *(प्रश्नवाचक वाक्य में)*

(v) लड़के अच्छा काम कर रहे हैं। *(विस्मयवाचक वाक्य में)*

(vi) प्रधानमंत्री ने लालकिले पर तिरंगा फहराया। *(उद्देश्य एवं विधेय स्पष्ट कीजिए)*

5. अर्थ की दृष्टि से वाक्य के कितने भेद होते हैं?

6. विधानवाचक वाक्य किसे कहते हैं?

7. निषेधवाचक वाक्य की परिभाषा लिखिए।

8. प्रश्नवाचक वाक्य की परिभाषा लिखिए।

9. आज्ञावाचक वाक्य किसे कहते हैं?

10. विस्मयवाचक वाक्य की परिभाषा लिखिए।

11. इच्छावाचक वाक्य की परिभाषा लिखिए।

12. संदेहवाचक वाक्य किसे कहते हैं?

13. 'आपके पास मधुर वाणी है।' वाक्य को विस्मयवाचक वाक्य में बदलिए

14. 'हिरन तेज दौड़ रहा था।' अर्थ की दृष्टि से वाक्य भेद है

15. 'प्रेमचंद का चित्र देखकर मैं हक्का-बक्का रह गया।' वाक्य को विस्मयवाचक वाक्य में बदलिए

16. 'शोक तथा गम मनाने के लिए भी सहूलियत चाहिए।' वाक्य को निषेधवाचक वाक्य में बदलिए

17. 'घोड़े से आए होते, तो यहाँ जल्दी आ जाते।' अर्थ की दृष्टि से वाक्य का भेद है

18. 'जवान बेटे के मरने पर तेरह दिन का सूतक होता है।' वाक्य को प्रश्नवाचक वाक्य में बदलिए

19. 'आएगा, तो दूर से खबर लूँगा।' इस वाक्य का भेद (अर्थ के आधार पर) है

व्याख्या सहित उत्तरमाला

बहुविकल्पीय प्रश्न

1. (घ) आठ **2.** (ग) संकेतवाचक

3. (घ) संकेतवाचक **4.** (क) विधानवाचक

5. (ख) विस्मयवाचक **6.** (ग) संदेहवाचक

7. (घ) निषेधवाचक **8.** (घ) विधानवाचक

9. (घ) विस्मयवाचक **10** (क) प्रश्नवाचक

11. (ख) उद्देश्य—मेरी माता, विधेय—जबलपुर से आईं।

12. (ग) माँ थोड़ी भी संस्कृत नहीं जानती थीं।

13. (ग) भगवान करे सभी सकुशल वापिस आएँ।

14. (ग) संदेहवाचक

15. (घ) किसी भी तरह नौकर का महल बचाओ।

16. (ग) हो सकता है हम अपने प्रत्येक कैंप की जानकारी बेस को दें।

17. (क) उद्देश्य—बच्चे, विधेय—मैदान में खेल रहे हैं।

18. (ख) संकेतवाचक

19. (क) केवल कथन (i) सही है।

20. (ख) कथन (ii) और (iii) सही हैं।

21. (ग) 3 1 2

22. (ग) 2 4 1 3

अतिलघु उत्तरीय प्रश्न

1. (i) निषेधवाचक वाक्य (ii) विस्मयवाचक वाक्य
(iii) संकेतवाचक वाक्य (iv) इच्छावाचक वाक्य
(v) निषेधवाचक वाक्य (vi) आज्ञावाचक वाक्य
(vii) विधानवाचक वाक्य (viii) आज्ञावाचक वाक्य
(ix) आज्ञावाचक वाक्य (x) इच्छावाचक वाक्य
(xi) संदेहवाचक वाक्य (xii) प्रश्नवाचक वाक्य
(xiii) संकेतवाचक वाक्य (xiv) विधानवाचक वाक्य
(xv) निषेधवाचक वाक्य

2. (i) राधिका ने मधुर गाया होगा, इसलिए उसे पुरस्कार मिला।
(ii) मंजुला गृहकार्य नहीं कर रही है।
(iii) तुम पढ़ने बैठ गए होंगे।

(iv) क्या दोनों ने अपनी मूक भाषा में सलाह की?
(v) यह चीनी किला पुराना नहीं है।
(vi) प्रतिष्ठा के अनेक रूप नहीं होते हैं।
(vii) काश! हमारी नई संस्कृति अनुकरण की संस्कृति होती।
(viii) लोग पक्षियों को आदमी की नज़र से देखते हैं।
(ix) यदि सालिम अली रहते, तो पक्षियों की देखभाल करते।
(x) शायद वर्षा आएगी।

3. (i) प्रश्नवाचक वाक्य (ii) विधानवाचक वाक्य
(iii) प्रश्नवाचक वाक्य (iv) संदेहवाचक वाक्य
(v) विस्मयवाचक वाक्य (vi) प्रश्नवाचक वाक्य
(vii) प्रश्नवाचक वाक्य (viii) निषेधवाचक वाक्य

4. (i) यदि गर्मी में पानी नहीं पिया जाए, तो बीमार पड़ सकते हैं।
(ii) आपने मेरी पुस्तक लौटा दी।
(iii) कपड़े अलमारी में रख दो।
(iv) क्या प्रधानमंत्री कल अपना वक्तव्य देंगे?
(v) अरे! लड़के अच्छा काम कर रहे हैं।
(vi) **उद्देश्य** प्रधानमंत्री
विधेय ने लालकिले पर तिरंगा फहराया।

5. अर्थ की दृष्टि से वाक्य के आठ भेद होते हैं।

6. जिस वाक्य में किसी क्रिया के होने या करने का बोध होता है, उसे विधानवाचक वाक्य कहते हैं।

7. जिन वाक्यों में कार्य निषेध हो या जिनसे कार्य के न होने का बोध होता हो, उन्हें निषेधवाचक वाक्य कहते हैं।

8. जिस वाक्य से किसी प्रकार का प्रश्न करने का बोध होता है, उसे 'प्रश्नवाचक वाक्य' कहते हैं।

9. जिस वाक्य में किसी प्रकार की 'आज्ञा देने' अथवा 'अनुरोध करने' का बोध हो, उसे 'आज्ञावाचक वाक्य' कहते हैं।

10. जिस वाक्य से आश्चर्य, शोक, हर्ष, विस्मय इत्यादि भावों का बोध हो, उसे 'विस्मयवाचक वाक्य' कहते हैं।

11. जिस वाक्य से किसी इच्छा, आशा या शुभकामना का बोध होता है, उसे 'इच्छावाचक वाक्य' कहते हैं।

12. जिस वाक्य द्वारा किसी प्रकार का संदेह प्रकट हो, उसे 'संदेहवाचक वाक्य' कहते हैं।

13. 'आपके पास मधुर वाणी है।' वाक्य का विस्मयवाचक वाक्य है—अरे वाह! आपके पास मधुर वाणी है।

14. 'हिरन तेज दौड़ रहा था।' अर्थ की दृष्टि विधानवाचक वाक्य है।

15. 'प्रेमचंद का चित्र देखकर मैं हक्का-बक्का रह गया।' वाक्य का विस्मयवाचक वाक्य है—अरे! प्रेमचंद का चित्र हक्का-बक्का करने वाला है।

16. 'शोक तथा गम मनाने के लिए भी सहूलियत चाहिए।' वाक्य का निषेधवाचक वाक्य है—शोक तथा गम मनाने के लिए कोई सहूलियत नहीं चाहिए।

17. 'घोड़े से आए होते, तो यहाँ जल्दी आ जाते।' अर्थ की दृष्टि से वाक्य संकेतवाचक है।

18. 'जवान बेटे के मरने पर तेरह दिन का सूतक होता है।' वाक्य का प्रश्नवाचक वाक्य है—क्या जवान बेटे के मरने पर तेरह दिन का सूतक होता है?

19. 'आएगा, तो दूर से खबर लूँगा।' अर्थ के आधार पर संकेतवाचक वाक्य है।

स्व-मूल्यांकन

बहुविकल्पीय प्रश्न

1. वाक्य के भेद कितने आधार पर किए जाते हैं?
(क) तीन (ख) पाँच
(ग) सात (घ) आठ

2. 'यदि परिश्रम करोगे तो सफल होगे।' अर्थ के आधार पर वाक्य का कौन-सा भेद है?
(क) संदेहवाचक (ख) विधानवाचक
(ग) संकेतवाचक (घ) विस्मयवाचक

3. 'हमने अपना-अपना सामान पीठ पर नहीं उठाया।' अर्थ के आधार पर वाक्य का कौन-सा भेद है?
(क) इच्छावाचक
(ख) आज्ञावाचक
(ग) निषेधवाचक
(घ) संकेतवाचक

4. 'मोती ने भी दीवार पर उसी जगह सींग मारा। 'अर्थ के आधार पर किस प्रकार का वाक्य है?
(क) विधानवाचक (ख) संदेहवाचक
(ग) इच्छावाचक (घ) विस्मयवाचक

5. 'अरे! कोई साँड डौकता हुआ चला आ रहा है।' अर्थ के आधार पर कौन-सा वाक्य है?
(क) विधानवाचक
(ख) विस्मयवाचक
(ग) इच्छावाचक
(घ) संदेहवाचक

6. सूची I को सूची II के साथ सुमेलित कीजिए और सही विकल्प चुनकर लिखिए

सूची-I	सूची-II
A. आज्ञावाचक वाक्य	1. जो वाक्य शंका व्यक्त करें।
B. संदेहवाचक वाक्य	2. तुम्हारा कल्याण हो
C. इच्छावाचक वाक्य	3. फाइल प्रबंधक तक पहुँचा दो।

कूट	A	B	C
(क)	3	1	2
(ख)	1	3	2
(ग)	3	2	1
(घ)	1	2	3

अतिलघु उत्तरीय प्रश्न

1. अर्थ के आधार पर निम्नलिखित वाक्यों की पहचान करके उनके भेद लिखिए
(i) आप चुपचाप बैठे रहिए।
(ii) वह विद्यालय नहीं जाएगा।
(iii) क्या तुम पुस्तक-मेला देखने चलोगे?
(iv) मैं भी धनी व्यक्ति बन पाता।
(v) यदि तुम परिश्रम करते, तो अवश्य सफल होते।
(vi) तुम्हारे पिताजी कहाँ गए?
(vii) हम रात का खाना नहीं खाएँगे।

2. निम्नलिखित वाक्यों को निर्देशानुसार परिवर्तित कीजिए
(i) क्या वह इतना बुद्धिमान है? *(निषेधवाचक वाक्य में)*
(ii) वाह! कितना सुंदर दृश्य है। *(विधानवाचक वाक्य में)*
(iii) दादी जी ने मुझे पढ़ने बैठाया। *(आज्ञावाचक वाक्य में)*
(iv) अरमान पुस्तक पढ़ता है। *(प्रश्नवाचक वाक्य में)*
(v) उनके आने पर कार्यक्रम शुरू होगा। *(संकेतवाचक वाक्य में)*
(vi) विभा समय पर घर आती है। *(आज्ञावाचक वाक्य में)*
(vii) रानी शीघ्र लौट आएगी। *(इच्छावाचक वाक्य में)*

3. वाक्य की परिभाषा दीजिए।

4. वाक्य की कौन-सी विशेषताएँ होती हैं?

5. उद्देश्य व विधेय से आप क्या समझते हैं?

6. विधानवाचक वाक्य किसे कहते हैं? इसका उदाहरण भी लिखिए।

7. विस्मयवाचक वाक्य किन-किन भावों को प्रकट करते हैं?

8. निषेधवाचक वाक्य से आप क्या समझते हैं? उदाहरण सहित लिखिए।

9. 'शायद कहीं भेंट हो जाए।' अर्थ के आधार पर वाक्य का कौन-सा भेद है?

10. 'उस वक्त किसी ने हमें रहने के लिए जगह नहीं दी।' अर्थ के आधार पर वाक्य का प्रकार बताइए

11. 'बालिका ने शुद्ध अंग्रेज़ी भाषा में उत्तर दिया।' अर्थ के आधार पर वाक्य का कौन-सा भेद है?

12. 'क्या बहुत चक्कर काटते रहे?' अर्थ के आधार पर वाक्य का कौन-सा भेद है?

समास

अध्याय 3

3.1 समास से आशय

मनुष्य प्राय: अपनी बातें कम-से-कम शब्दों में कहना चाहता है। इसके लिए कुछ कहते हुए एक से अधिक शब्दों को मिलाकर एक शब्द बना देता है अर्थात् उन्हें संक्षिप्त कर देता है। शब्दों को संक्षिप्त करने की यही प्रक्रिया समास कहलाती है। इसका शाब्दिक अर्थ है—संक्षेप, संग्रह, सम्मिलन।

अत: दो या दो से अधिक शब्दों को मिलाकर नया शब्द बनाने की प्रक्रिया को **समास** कहते हैं। इस विधि से बने शब्द को **समस्तपद** या **सामासिक शब्द** कहते हैं।

समास में दो पद होते हैं

पूर्वपद समस्तपद के पहले अर्थात् पूर्व भाग को पूर्व पद कहते हैं।

उत्तरपद समस्तपद के उत्तर अर्थात् बाद वाले भाग (शब्द) को उत्तरपद कहते हैं।

इन्हें स्पष्ट रूप से समझने के लिए नीचे दी गई तालिका देखें

दो या दो से अधिक शब्द	समस्तपद	पूर्वपद	उत्तरपद
लोक में प्रिय	= लोकप्रिय	लोक	प्रिय
राजा की पुत्री	= राजपुत्री	राज	पुत्री
माता और पिता	= माता-पिता	माता	पिता
युद्ध के लिए भूमि	= युद्धभूमि	युद्ध	भूमि

समास विग्रह

समस्तपद के सभी पदों को अलग करना अर्थात् पहले की अवस्था में लाना समास विग्रह कहलाता है; जैसे—

समस्तपद		समास-विग्रह
पत्रोत्तर	—	पत्र का उत्तर
गंगाजल	—	गंगा का जल
पथभ्रष्ट	—	पथ से भ्रष्ट
देशभक्ति	—	देश के लिए भक्ति

समास संबंधी महत्त्वपूर्ण बिंदु

समास संबंधी महत्त्वपूर्ण बिंदु निम्नलिखित हैं

- समास करने के लिए कम-से-कम **दो पद** अवश्य होने चाहिए।
- जब दो पदों के बीच परसर्ग/कारक चिह्न या विभक्ति चिह्न होते हैं, तो उनका लोप कर दिया जाता है।
- समस्तपद में कभी **पूर्वपद**, कभी **उत्तर पद** और कभी दोनों पद प्रधान होते हैं। कभी-कभी दोनों ही पद अप्रधान हो जाते हैं और उनका एक विशिष्ट अर्थ महत्त्वपूर्ण हो जाता है।
- जो भाषा संश्लेषणात्मक होती है, उसमें समास की प्रवृत्ति अधिक होती है; जैसे—संस्कृत भाषा।
  हिंदी विश्लेषणात्मक भाषा है, लेकिन इसमें संस्कृत के सामासिक शब्दों के प्रयोग के कारण समास का महत्त्व है; जैसे—यथाशक्ति = शक्ति के अनुसार
- कभी-कभी समास से संबंधित शब्दों को **योजक चिह्न** (-) से भी मिलाया जाता है; जैसे—मामा-मामी, मार्ग-दर्शक, रात-दिन, नाना-नानी।
- सामान्यतया सामासिक पद दो होते हैं; किंतु कभी-कभी तीन पद भी होते हैं; जैसे—तन-मन-धन, सुबह-दोपहर-शाम।

संधि और समास में अंतर

- समास में दो पदों का मेल होता है, जबकि संधि में दो वर्णों का।
- समास प्रथम तथा संधि उसके पश्चात् होती है।
- जब कई शब्द मिलकर समस्तपद बनते हैं, तो उनमें विभक्ति चिह्न या अन्य पद लुप्त हो जाते हैं; जैसे—कृष्णावतार में 'कृष्ण का अवतार' का 'का' लुप्त है।
- इसके विपरीत संधि में स्वरों या वर्णों का लोप होता है या रूप में परिवर्तन होता है; जैसे—देवेंद्र = देव + इंद्र, इसमें 'अ + इ' से 'ए' बना है।
- समास में पूरे शब्द या वर्ण का, जबकि संधि में एक मात्रा या व्यंजन का लोप होता है।
- समस्त पद बनाते समय यदि संधि के नियम के अनुसार संधि हो सकती है, तो वहाँ संधि कर दी जाती है।

समास के भेद

समास के मुख्यत: छ: भेद हैं

1. तत्पुरुष समास 2. कर्मधारय समास 3. द्विगु समास
4. बहुव्रीहि समास 5. द्वंद्व समास 6. अव्ययीभाव समास

1. तत्पुरुष समास

तत्पुरुष समास में **उत्तरपद प्रधान** होता है तथा **पूर्वपद गौण** होता है; जैसे—लोकप्रिय, तुलसीकृत, हथकड़ी, घुड़सवार, वनवास आदि।

तत्पुरुष समास में प्राय: संज्ञा पद के साथ संज्ञा पद का योग अथवा संज्ञा पद के साथ क्रिया पद का मेल होता है; जैसे—

देवों का दर्शन — देव (संज्ञा) + दर्शन (संज्ञा) = देवदर्शन

गाँव (ग्राम) को गया हुआ — ग्राम (संज्ञा) + गत (क्रिया) = ग्रामगत

इस समास में समस्त पद करते समय कारक-विभक्ति या एकाधिक शब्दों का लोप होता है; जैसे—

राजा का महल	राजमहल	विभक्ति या विभक्ति-चिह्नों का लोप
हवन के लिए सामग्री	हवनसामग्री	
पथ से भ्रष्ट	पथभ्रष्ट	
नभ में विचरण करने वाला	नभचर	एकाधिक शब्दों का लोप
गृह को आया हुआ	गृहागत	

लुप्त (गायब हुई) विभक्ति के कारक के आधार पर इस समास के निम्नलिखित भेद किए जाते हैं

(i) कर्म तत्पुरुष

कर्म तत्पुरुष के अंतर्गत समस्त पद में कर्म कारक की विभक्ति **को** का लोप होता है; जैसे—

समस्तपद	**विग्रह**
आतिथ्यर्पण	अतिथि को अर्पण
गृहागत	गृह को आया हुआ
यशप्राप्त	यश को प्राप्त
मरणासन्न	मरण को पहुँचा हुआ
शरणागत	शरण लेने को आया हुआ
परलोकगमन	परलोक को गमन
ग्रामगत	ग्राम को गया हुआ
स्वर्गगत	स्वर्ग को गया हुआ
कष्टभोगी	कष्ट को भोगने वाला
गिरहकट	गिरह को काटने वाला

(ii) करण तत्पुरुष

करण तत्पुरुष के अंतर्गत समस्त पद में करण कारक की विभक्ति **से, के द्वारा** या **द्वारा** का लोप होता है एवं पूर्वपद का उत्तर पद से संबंध स्थापित किया जाता है; जैसे—

समस्तपद	**विग्रह**
गुणयुक्त	गुणों से युक्त
जन्मांध	जन्म से अंधा
भुखमरा	भूख से मरा हुआ
रोगपीड़ित	रोग से पीड़ित
रेखांकित	रेखा से अंकित
अकालपीड़ित	अकाल से पीड़ित
तुलसीकृत	तुलसी द्वारा कृत
मनगढ़ंत	मन से गढ़ा हुआ
बिहारीरचित	बिहारी द्वारा रचित

(iii) संप्रदान तत्पुरुष

संप्रदान तत्पुरुष के अंतर्गत समस्त पद में संप्रदान कारक की विभक्ति **के लिए** का लोप होता है; जैसे—

समस्तपद	**विग्रह**
रसोईघर	रसोई के लिए घर
युद्धक्षेत्र	युद्ध के लिए क्षेत्र
देवबलि	देव के लिए बलि
हथकड़ी	हाथ के लिए कड़ी
हवनसामग्री	हवन के लिए सामग्री
देशभक्ति	देश के लिए भक्ति
गुरुदक्षिणा	गुरु के लिए दक्षिणा
पुण्यदान	पुण्य के लिए दान

(iv) अपादान तत्पुरुष

अपादान तत्पुरुष के अंतर्गत समस्त पद में अपादान कारक की विभक्ति **से** (अलग) का लोप होता है; जैसे—

समस्तपद	**विग्रह**
ऋणमुक्त	ऋण से मुक्त
धर्मभ्रष्ट	धर्म से भ्रष्ट
शक्तिहीन	शक्ति से हीन
शोकमुक्त	शोक से मुक्त
धर्मविमुख	धर्म से विमुख
आडंबरहीन	आडंबर से हीन
अश्वपतित	अश्व से गिरा हुआ
कामचोर	काम से जी चुराने वाला

(v) संबंध तत्पुरुष

संबंध तत्पुरुष के अंतर्गत समस्त पद में संबंध कारक की विभक्ति **का, के, की** का लोप होता है; जैसे—

समस्तपद	**विग्रह**
भारतरत्न	भारत का रत्न
अछूतोद्धार	अछूतों का उद्धार
गंगातट	गंगा का तट
जलधारा	जल की धारा
लखपति	लाखों का पति
कला-मर्मज्ञ	कला का मर्मज्ञ
प्रेमसागर	प्रेम का सागर
सेनानायक	सेना का नायक
विद्याभंडार	विद्या का भंडार
जीवनसाथी	जीवन का साथी
देशोद्धार	देश का उद्धार

आज्ञानुसार	आज्ञा के अनुसार
घुड़दौड़	घोड़ों की दौड़
द्वीपसमूह	द्वीपों का समूह

(vi) अधिकरण तत्पुरुष

अधिकरण तत्पुरुष के अंतर्गत समस्त पद में अधिकरण कारक की विभक्ति **में**, **पर** का लोप होता है; जैसे—

समस्तपद	विग्रह
कलाप्रवीण	कला में प्रवीण
गृहप्रवेश	गृह में प्रवेश
कुलश्रेष्ठ	कुल में श्रेष्ठ
आनंदमग्न	आनंद में मग्न
आपबीती	आप पर बीती
सिरदर्द	सिर में दर्द
व्यवहारकुशल	व्यवहार में कुशल
धर्मवीर	धर्म में वीर
डिब्बाबंद	डिब्बे में बंद
ध्यानमग्न	ध्यान में मग्न
लोकप्रिय	लोक में प्रिय

(vii) नञ् तत्पुरुष

जिस समस्त पद में पहला पद **अभावात्मक** होता है, उसे नञ् तत्पुरुष कहते हैं; जैसे—

समस्त पद	विग्रह	समस्तपद	विग्रह
अनिच्छा	न इच्छा	अयोग्य	न योग्य
अनदेखी	न देखी	अनंत	न अंत
अनुचित	न उचित	अज्ञान	न ज्ञान
अस्थिर	न स्थिर	असंभव	न संभव
असत्य	न सत्य	अधर्म	न धर्म

2. कर्मधारय समास

कर्मधारय समास में पहला पद विशेषण तथा दूसरा पद विशेष्य होता है। इस समास के पूर्व पद तथा उत्तर पद में उपमेय-उपमान संबंध भी हो सकता है; जैसे—

(i) विशेषण-विशेष्य कर्मधारय

समस्तपद	विग्रह
अधपका	आधा है जो पका
सुपुत्र	अच्छा है जो पुत्र
नीलगाय	नीली है जो गाय
अंधकूप	अंध है जो कूप
नीलांबर	नीला है जो अंबर
लालबाज़ार	लाल है जो बाज़ार
मधुमक्खी	मधु का संचय करने वाली मक्खी
पर्णकुटी	पर्ण से बनी कुटी
मालगाड़ी	माल को ढोने वाली गाड़ी
महाजन	महान् है जो जन
मुख्याध्यापक	मुख्य है जो अध्यापक

(ii) उपमेय-उपमान कर्मधारय

समस्तपद	विग्रह
क्रोधाग्नि	क्रोध रूपी अग्नि
नरसिंह	सिंह रूपी नर
घनश्याम	घन के समान श्याम
वचनामृत	वचन रूपी अमृत
चंद्रमुख	चंद्र के समान मुख
स्त्रीरत्न	स्त्री रूपी रत्न
कनकलता	कनक के समान लता
प्राणप्रिय	प्राणों के समान प्रिय

3. द्विगु समास

जिस सामासिक शब्द (समस्त पद) का पहला पद संख्यावाची विशेषण हो, उसे द्विगु समास कहते हैं। इस समास में उत्तर पद प्रधान होता है; जैसे—

समस्तपद	विग्रह
द्विघातीय	दो घातों का समूह
त्रिफला	तीन फलों का समूह
तिरंगा	तीन रंगों का समाहार
चारपाई	चार पैरों का समाहार
पंचामृत	पंच (पाँच) अमृतों का समूह
पंजाब	पाँच आबों का समूह
नवरत्न	नव रत्नों का समाहार
एकपदीय	एक पदवाला
चारदीवार	चार दीवारों का समाहार
सप्तर्षि	सात ऋषियों का समूह
सप्तपदी	सात पदों का समूह
पंचवटी	पाँच (वटों) वृक्षों का समूह
अष्टधातु	आठ धातुओं का समूह
नवग्रह	नौ ग्रहों का समूह
शताब्दी	शत (सौ) वर्षों का समूह

4. बहुव्रीहि समास

जिस समास में दोनों पद प्रधान न होकर कोई तीसरा पद प्रधान होता है, तथा दोनों पद मिलकर एक नए पद या अर्थ का बोध कराते हैं, वहाँ बहुव्रीहि समास होता है; जैसे—

समस्तपद	विग्रह	नया पद/अर्थ
चतुर्मुख	चार हैं मुख जिसके अर्थात्	*ब्रह्मा*
चक्रधर	चक्र को धारण करने वाला अर्थात्	*कृष्ण*
मेघनाद	मेघ के समान नाद करता है जो अर्थात्	*रावण का पुत्र*
कुसुमायुध	कुसुम है आयुध जिसका अर्थात्	*कामदेव*
अल्पबुद्धि	अल्प है बुद्धि जिसकी अर्थात्	*मूर्ख*
घनश्याम	घन के समान श्याम है जो अर्थात्	*श्रीकृष्ण*
परशुधर	परशु धारण करता है जो अर्थात्	*परशुराम*
चक्रपाणि	चक्र है पाणि (हाथ) में जिसके अर्थात्	*श्रीकृष्ण*

चतुरानन	चार आनन हैं जिसके अर्थात्	*ब्रह्मा जी*
निशाचर	निशा में विचरण करने वाला अर्थात्	*राक्षस*
लंबोदर	लंबा है उदर जिसका अर्थात्	*गणेश*
वीणापाणि	वीणा है पाणि में जिसके अर्थात्	*सरस्वती*
नीलकंठ	नीला कंठ है जिसका अर्थात्	*शिवजी*
मुरलीधर	मुरली को धारण करता है जो अर्थात्	*श्रीकृष्ण*
महावीर	महान है जो वीर अर्थात्	*हनुमानजी*
लंबोबर	लंबा है उदर जिसका अर्थात्	*गणेशजी*
दशानन	दस आनन (मुख) हैं जिसके अर्थात्	*रावण*

कर्मधारय और बहुव्रीहि समास में अंतर

कर्मधारय समास में दूसरा पद प्रधान (विशेष्य) होता है तथा पहला पद विशेष्य के विशेषण का कार्य करता है। बहुव्रीहि समास में दोनों पद मिलकर किसी तीसरे पद की ओर संकेत करते हैं; *जैसे–*

नीलकंठ	नीला है जो कंठ	(कर्मधारय)
	नीला है कंठ जिसका अर्थात् *शिवजी*	(बहुव्रीहि)
पीतांबर	पीत है जो अंबर	(कर्मधारय)
	पीत है अंबर जिसका अर्थात् *कृष्ण*	(बहुव्रीहि)

द्विगु और बहुव्रीहि समास में अंतर

द्विगु समास में पहला पद दूसरे पद (विशेष्य) की विशेषता संख्या में बताता है, किंतु जहाँ संख्यावाची पहला पद और दूसरा पद मिलकर किसी तीसरे पद की ओर संकेत करते हैं, वहाँ बहुव्रीहि समास होता है; *जैसे–*

अष्टाध्यायी	आठ अध्यायों का समूह	(द्विगु)
	आठ अध्याय हैं जिसमें *(एक ग्रंथ का नाम)*	(बहुव्रीहि)

5. द्वंद्व समास

जिस समास में दोनों पद प्रधान हों और जिसमें पदों को मिलाने वाले समुच्चयबोधक शब्दों (और, तथा, या, अथवा, एवं) का लोप हो गया हो, उसे द्वंद्व समास कहते हैं; जैसे—

समस्तपद	**विग्रह**
गंगा-यमुना	गंगा और यमुना
भूख-प्यास	भूख और प्यास
हानि-लाभ	हानि और लाभ
स्वर्ग-नरक	स्वर्ग और नरक अथवा स्वर्ग या नरक
ऊँच-नीच	ऊँच और नीच
अपना-पराया	अपना और पराया
माँ-बाप	माँ और बाप
रात-दिन	रात और दिन
गुल्ली-डंडा	गुल्ली और डंडा
हम-तुम	हम और तुम
घर-बाहर	घर और बाहर
आज-कल	आज और कल

6. अव्ययीभाव समास

जिस समास में पूर्व पद प्रधान हो और वह अव्यय हो तथा उसके योग से बना समस्त पद अव्यय की तरह प्रयोग किया जाए, उसे अव्ययीभाव समास कहते हैं; जैसे—

समस्तपद	**विग्रह**
यथाविधि	विधि के अनुसार
बेकाम	बिना काम के
यथासंभव	जितना संभव हो सके
दिनोंदिन	दिन ही दिन में
यथोचित	जो उचित हो
कानों-कान	कान ही कान में
प्रतिमास	हरमास
निस्संदेह	बिना संदेह के
प्रतिदिन	हर दिन
गली-गली	हर गली में
रातों रात	रात ही रात में
हाथों हाथ	हाथ ही हाथ में
आजीवन	जीवनभर
आमरण	मरण तक
यथोचित	जैसा उचित हो
निस्संदेह	बिना संदेह के

अभ्यास प्रश्न

बहुविकल्पीय व वर्णनात्मक प्रश्नों सहित

बहुविकल्पीय प्रश्न

1. समास में होता है

(क) दो या दो से अधिक वर्णों का योग
(ख) दो या दो से अधिक पदों का योग
(ग) दो या दो से अधिक शब्दों का योग
(घ) उपरोक्त सभी

2. समास का शाब्दिक अर्थ है

(क) संक्षेप (ख) प्रसारण
(ग) समस्त पद (घ) इनमें से कोई नहीं

3. समस्त पद को अलग करने की विधि को क्या कहते हैं?

(क) संधि (ख) समास
(ग) संधि-विच्छेद (घ) समास-विग्रह

4. मुख्यतः समास के कितने भेद होते हैं?

(क) पाँच (ख) चार
(ग) छः (घ) सात

5. निम्न में से किस समास में पहला पद प्रधान होता है?

(क) तत्पुरुष समास (ख) कर्मधारय समास
(ग) द्विगु समास (घ) अव्ययीभाव समास

6. निम्न में किस समास में दोनों पद प्रधान होते हैं?

(क) बहुव्रीहि समास (ख) द्वंद्व समास
(ग) तत्पुरुष समास (घ) कर्मधारय समास

7. निम्न में से किस समास में दोनों पद प्रधान न होकर अन्य तीसरा पद प्रधान होता है?

(क) बहुव्रीहि समास (ख) कर्मधारय समास
(ग) तत्पुरुष समास (घ) द्वंद्व समास

8. 'धर्मभ्रष्ट' में ………… समास है।

(क) संप्रदान तत्पुरुष (ख) अपादान तत्पुरुष
(ग) कर्म तत्पुरुष (घ) करण तत्पुरुष

9. निम्न में किसमें तत्पुरुष समास है?

(क) शताब्दी (ख) चौमासा
(ग) भाई-बहन (घ) पदप्राप्त

10. 'गर्वशून्य' में कौन-सा समास है?

(क) कर्म तत्पुरुष
(ख) करण तत्पुरुष
(ग) संप्रदान तत्पुरुष
(घ) अपादान तत्पुरुष

11. समास विग्रह वाला उचित विकल्प चुनिए दक्षता आधारित प्रश्न

(i) राजमहल = राजा का महल
(ii) देशभक्ति = देश के लिए भक्ति
(iii) राजकुमार = राज का कुमार
(iv) रचनाकार = रचना करने वाला

कूट

(क) (ii), (iii) और (iv) सही हैं।
(ख) (i), (ii) और (iv) सही हैं।
(ग) (i), (iii) और (iv) सही हैं।
(घ) (i), (ii) और (iii) सही हैं।

12. सूची I को सूची II से सुमेलित कीजिए और नीचे दिए गए विकल्पों में से सही उत्तर चुनिए दक्षता आधारित प्रश्न

	सूची I (शब्द)	सूची II (समास)
A.	विदेशगमन	(i) बहुव्रीहि
B.	गिरिधर	(ii) तत्पुरुष
C.	देश-विदेश	(iii) अव्ययीभाव
D.	यथाशीघ्र	(iv) द्वंद्व

कूट

	A	B	C	D
(क)	(iii)	(i)	(ii)	(iv)
(ख)	(i)	(iii)	(iv)	(ii)
(ग)	(ii)	(i)	(iv)	(iii)
(घ)	(ii)	(iv)	(i)	(iii)

13. सुमेलित कीजिए दक्षता आधारित प्रश्न

	सूची I	सूची II
A.	अव्ययीभाव समास	(i) मनमाना
B.	तत्पुरुष समास	(ii) नीलकंठ
C.	द्वंद्व समास	(iii) यथाविधि
D.	बहुव्रीहि समास	(iv) दूध-रोटी

कूट

	A	B	C	D
(क)	(iii)	(iv)	(i)	(ii)
(ख)	(iii)	(i)	(ii)	(iv)
(ग)	(iii)	(ii)	(i)	(iv)
(घ)	(iii)	(i)	(iv)	(ii)

14. निम्न में से कर्मधारय समास किसमें है? दक्षता आधारित प्रश्न

(i) चरण-कमल में (ii) नीलकमल में
(iii) भवसागर में (iv) कविश्रेष्ठ में

कूट

(क) (i), (ii) और (iii) सही हैं।
(ख) (ii), (iii) और (iv) सही हैं।
(ग) (i) और (iii) सही हैं।
(घ) (ii) और (iv) सही हैं।

15. तत्पुरुष समास में दक्षता आधारित प्रश्न

(i) पहला खण्ड प्राय: प्रधान होता है।
(ii) दूसरा अथवा अंतिम खंड प्रधान होता है।
(iii) दोनों खंड प्रधान होते हैं।
(iv) दोनों खण्ड प्रधान न होकर समस्त पद किसी संज्ञा का बोधक होते हैं।

कूट

(क) केवल कथन (i) सही है। (ख) केवल कथन (ii) सही है।
(ग) केवल कथन (iii) सही है। (घ) कथन (iii) और (iv) सही हैं।

अतिलघु उत्तरीय प्रश्न

1. समास किसे कहते हैं?

2. समास के कितने भेद हैं?

3. निर्देशानुसार उत्तर दीजिए

(i) अव्ययीभाव समास का उदाहरण बताइए।
(ii) 'यश-अपयश' में समास बताइए।
(iii) वह समास बताइए, जिसमें प्रथम पद विशेषण होता है।
(iv) द्विगु समास का उदाहरण बताइए।
(v) 'पदच्युत' शब्द का समास भेद बताइए।
(vi) कर्मधारय समास का उदाहरण बताइए।
(vii) किस समास में अंतिम पद प्रधान होता है?
(viii) 'चूल्हा-चौका' का विग्रह करके समास बताइए।
(ix) समास विग्रह से क्या तात्पर्य है?

4. निम्न समस्त पदों के सही विग्रह कीजिए

(i) त्रिभुवन (ii) आमरण (iii) हस्तलिखित (iv) चरणकमल
(v) चतुर्भुज (vi) सप्ताह (vii) दशानन

5. निम्न पदों में समास का प्रकार बताइए

(i) आशा-निराशा (ii) सूर्योदय
(iii) सत्याग्रह (iv) प्रतिक्षण
(v) स्वर्णकमल (vi) रूपलता
(vii) आजीवन

6. निम्नलिखित विग्रहों के लिए समस्तपद लिखिए और समास का नाम भी लिखिए

(i) (क) कामना पूरी करने वाली धेनु
(ख) राष्ट्र का पति
(ग) नीला कमल
(घ) राजा और रंक

(ii) (क) देवता का आलय
(ख) चार मंजिल वाला
(ग) एक है दाँत जिनका अर्थात् गणेश
(घ) नर और नारी

7. निम्नलिखित समस्त पदों का विग्रह कर समास का नाम लिखिए

(i) (क) भरपेट (ख) घुड़सवार
(ग) नीलगगन (घ) लौहपुरुष
(ङ) नीलकंठ (च) दिन-रात

(ii) (क) चाय-कॉफी (ख) नरसिंह
(ग) चौराहा (घ) विद्यालय
(ङ) त्रिलोचन

(iii) (क) बैलगाड़ी (ख) भवसागर
(ग) मृत्युंजय

(iv) (क) शक्तिसंपन्न (ख) महावीर
(ग) त्रिलोक (घ) सुख-दु:ख

(v) (क) सुख-शांति (ख) पीतपट

(vi) (क) यथाशक्ति (ख) देशभक्ति
(ग) त्रिनेत्र

8. जिस समास में दोनों पद प्रधान होते हैं तथा विग्रह करने पर 'और' अथवा 'या' आदि लगता है, उसे कौन-सा समास कहते हैं?

9. जिस समस्त पद में प्रयुक्त दोनों पद गौण होते हैं तथा समस्त पद किसी तीसरे विषय के बारे में संकेत करे, उसमें कौन-सा समास होता है? दक्षता आधारित प्रश्न

10. जिस समास में दोनों पद समान हों अथवा समुच्चयबोधक शब्दों का लोप हो, उसे कौन-सा समास कहते हैं?

11. जिस समस्त पद में द्वितीय पद प्रधान होता है और इसका प्रथम पद बहुधा संज्ञा अथवा विशेषण होता है, उसमें कौन-सा समास होता है?

12. जिस समास के दोनों पद प्रधान न होकर किसी अन्य पद की ओर संकेत करें, उसमें कौन-सा समास होता है?

13. कर्मधारय और बहुव्रीहि समास में अंतर स्पष्ट कीजिए।

14. निम्नलिखित विग्रहों के लिए समस्तपद लिखिए और समास का नाम भी लिखिए

(i) (क) पाँच वटों का समाहार (ख) पाँच हैं आनन जिसके
(ग) घोड़े पर सवार (घ) नीले कंठ वाला है जो

(ii) (क) महान् है जो काव्य (ख) अंधा है जो विश्वास
(ग) सत्य के लिए आग्रह (घ) पर के अधीन

(iii) (क) प्रसंग के अनुकूल (ख) विद्या रूपी धन
(ग) आधा पका हुआ (घ) शोक में मग्न

व्याख्या सहित उत्तरमाला

बहुविकल्पीय प्रश्न

1. (ख) दो या दो से अधिक पदों का योग
2. (क) संक्षेप
3. (घ) समास-विग्रह
4. (ग) छ:
5. (घ) अव्ययीभाव समास
6. (ख) द्वंद्व समास
7. (क) बहुव्रीहि समास
8. (ख) अपादान तत्पुरुष
9. (घ) पदप्राप्त
10. (घ) अपादान तत्पुरुष
11. (ख) (i), (ii) और (iv) सही हैं।
12. (ग) (ii), (i), (iv), (iii)
13. (घ) (iii), (i), (iv), (ii)
14. (क) कथन (i), (ii) और (iii) सही हैं।
15. (ख) केवल कथन (ii) सही है।

अतिलघु उत्तरीय प्रश्न

1. दो या दो से अधिक शब्दों के मेल से नया शब्द बनाने की प्रक्रिया को समास कहते हैं।
2. समास के मुख्यत: छ: भेद हैं

(i) तत्पुरुष समास	(ii) कर्मधारय समास
(iii) द्विगु समास	(iv) बहुव्रीहि समास
(v) द्वंद्व समास	(vi) अव्ययीभाव समास

3.

(i) यथानियम	(ii) द्वंद्व समास
(iii) कर्मधारय समास	(iv) द्विघात
(v) तत्पुरुष समास	(vi) अंधविश्वास

(vii) तत्पुरुष समास में

(viii) चूल्हा और चौका—द्वंद्व समास

(ix) समस्त पदों को अलग करने की विधि को समास विग्रह कहते हैं; *जैसे*—राजकुमार का विग्रह होगा-राजा का कुमार।

4.

(i) त्रिभुवन	—	तीन भुवनों (लोक) का समाहार
(ii) आमरण	—	मरण तक
(iii) हस्तलिखित	—	हाथ से लिखित
(iv) चरणकमल	—	कमल रूपी चरण
(v) चतुर्भुज	—	चार भुजाएँ हैं जिसकी
(vi) सप्ताह	—	सात दिनों का समाहार
(vii) दशानन	—	दस आनन हैं जिसके अर्थात् रावण

5.

(i) आशा-निराशा	—	द्वंद्व समास
(ii) सूर्योदय	—	संबंध तत्पुरुष समास
(iii) सत्याग्रह	—	संप्रदान तत्पुरुष समास
(iv) प्रतिक्षण	—	अव्ययीभाव समास
(v) स्वर्णकमल	—	कर्मधारय समास
(vi) रूपलता	—	कर्मधारय समास
(vii) आजीवन	—	अव्ययीभाव समास

6. (i) (क) कामधेनु—बहुव्रीहि समास
(ख) राष्ट्रपति—संबंध तत्पुरुष समास
(ग) नीलकमल—कर्मधारय समास
(घ) राजा-रंक—द्वंद्व समास

(ii) (क) देवालय—संप्रदान तत्पुरुष समास
(ख) चार मंजिला—द्विगु समास
(ग) एकदंत—बहुव्रीहि समास
(घ) नर-नारी—द्वंद्व समास

7. (i) (क) पेट भर अर्थात् भरा हुआ पेट—अव्ययीभाव समास
(ख) घोड़े पर सवार—अधिकरण तत्पुरुष समास
(ग) नीला है जो गगन—कर्मधारय समास
(घ) लौह के समान पुरुष—कर्मधारय समास
(ङ) नीला है कंठ जिसका अर्थात् शिव—बहुव्रीहि समास
(च) दिन और रात—द्वंद्व समास

(ii) (क) चाय और कॉफी—द्वंद्व समास
(ख) नर रूपी सिंह—कर्मधारय समास
(ग) चार राहों का समाहार—द्विगु समास
(घ) विद्या का आलय (घर)—संबंध तत्पुरुष समास
(ङ) तीन हैं लोचन (नेत्र) जिसके अर्थात् शिव —बहुव्रीहि समास

(iii) (क) बैलों वाली गाड़ी—संबंध तत्पुरुष समास
(ख) भव रूपी सागर—कर्मधारय समास
(ग) मृत्यु को जीत लिया है जिसने अर्थात् शंकर —बहुव्रीहि समास

(iv) (क) शक्ति से संपन्न—करण तत्पुरुष समास
(ख) महान् वीर है जो अर्थात् हनुमान—बहुव्रीहि समास
(ग) तीन लोकों का समाहार—द्विगु समास
(घ) सुख और दु:ख—द्वंद्व समास

(v) (क) सुख और शांति—द्वंद्व समास
(ख) पीत (पीला) है जो वस्त्र—कर्मधारय समास

(vi) (क) शक्ति के अनुसार—अव्ययीभाव समास
(ख) देश के लिए भक्ति—संबंध तत्पुरुष
(ग) तीन नेत्रों का समाहार-द्विगु समास

8. द्वंद्व समास; जैसे—माता-पिता, पति-पत्नी आदि।
9. बहुव्रीहि समास
10. द्वंद्व समास; जैसे—रात-दिन, बेटा-बेटी आदि।
11. तत्पुरुष समास
12. बहुव्रीहि समास
13. कर्मधारय और बहुव्रीहि समास में अंतर निम्नलिखित हैं

कर्मधारय समास में दूसरा पद विशेष्य होता है और पूर्व पद दूसरे पद (विशेष्य) की विशेषता बताता है, जबकि बहुव्रीहि समास में दोनों पद मिलकर किसी तीसरे पद की ओर संकेत करते हैं और वही तीसरा पद प्रधान होता है।

14. (i) (क) पंचवटी — द्विगु समास
(ख) पंचानन — बहुव्रीहि समास
(ग) घुड़सवार — अधिकरण तत्पुरुष समास
(घ) नीलकंठ — कर्मधारय समास
(ii) (क) महाकाव्य — कर्मधारय समास
(ख) अंधविश्वास — कर्मधारय समास
(ग) सत्याग्रह — संप्रदान तत्पुरुष समास
(घ) पराधीन — संबंध तत्पुरुष समास
(iii) (क) प्रसंगानुकूल — संबंध तत्पुरुष समास
(ख) विद्याधन — कर्मधारय समास
(ग) अधपका — कर्मधारय समास
(घ) शोकमग्न — अधिकरण तत्पुरुष समास

स्व-मूल्यांकन

बहुविकल्पीय प्रश्न

1. 'अकालपीड़ित' में कौन-सा समास है?
(क) अधिकरण तत्पुरुष (ख) करण तत्पुरुष
(ग) अपादान तत्पुरुष (घ) कर्म तत्पुरुष

2. निम्न में कौन-सा अधिकरण तत्पुरुष का उदाहरण है?
(क) कलाप्रवीण (ख) गंगातट (ग) महाजन (घ) हथकड़ी

3. निम्न में कौन-सा संप्रदान तत्पुरुष का उदाहरण है?
(क) देशभक्ति (ख) रोग पीड़ित
(ग) ऋणमुक्त (घ) कामचोर

4. 'पीतांबर' में कौन-सा समास है?
(क) तत्पुरुष (ख) अव्ययीभाव (ग) कर्मधारय (घ) द्विगु

5. निम्नलिखित में कर्मधारय समास किसमें है?
(क) चक्रपाणि (ख) चतुर्भुज
(ग) नीलोत्पल (घ) माता-पिता

6. समस्तपद और समास के नाम का सही मिलान कीजिए

A.	वागदत्ता	(i) कर्मधारय समास
B.	धर्माधर्म	(ii) द्वंद्व समास
C.	सप्ताह	(iii) तत्पुरुष समास
D.	कमलनयन	(iv) द्विगु समास

कूट

	A	B	C	D
(क)	(i)	(ii)	(iii)	(iv)
(ख)	(iii)	(ii)	(iv)	(i)
(ग)	(i)	(iv)	(ii)	(iii)
(घ)	(iii)	(i)	(iv)	(ii)

7. 'भगवान पीतांबर आप सबका कल्याण करें' यहाँ 'पीतांबर' शब्द का समास-विग्रह और समास का नाम क्या है? **दक्षता आधारित प्रश्न**
(i) पीत (पीला) है, जो अंबर-बहुव्रीहि समास
(ii) पीत (पीला) है अंबर जिसका वह अर्थात् श्री कृष्ण-कर्मधारय समास
(iii) पीत (पीला) है अंबर जिसका वह अर्थात् श्रीकृष्ण-बहुव्रीहि समास
(iv) पीत (पीला) है जो अंबर-कर्मधारय समास

कूट
(क) केवल कथन (i) सही है।
(ख) कथन (ii) और (iii) सही हैं।
(ग) केवल कथन (iii) सही है।
(घ) कथन (i) और (iv) सही हैं।

अतिलघु उत्तरीय प्रश्न

1. संधि और समास में अंतर बताइए।

2. जिस सामासिक शब्द का पहला पद संख्यावाची विशेषण हो, उसे कौन-सा समास कहते हैं?

3. अव्ययीभाव समास से आप क्या समझते हैं?

4. निम्न समस्त पदों का विग्रह करके समास का नाम लिखिए
(i) शुभागमन (ii) यथासंभव (iii) महाविद्यालय
(iv) मयूरवाहन (v) लतादेह

5. निम्नलिखित का समस्त पद बनाकर समास का नाम लिखिए
(i) चार भुजाएँ हैं जिनकी अर्थात् विष्णु
(ii) गज जैसे आनन (मुख) वाले अर्थात् गणेश
(iii) रात-ही-रात में
(iv) देव और असुर
(v) ग्राम की पंचायत

6. निम्नलिखित पदों में समास का प्रकार बताइए
(i) पंचानन (ii) यथामति
(iii) हवन-सामग्री (iv) रुपया-पैसा
(v) मधुर बोलता है जो

7. निम्नलिखित समस्त पदों का विग्रह करके समास का नाम लिखिए
(i) मार्गव्यय (ii) दुधारी (iii) नराधम
(iv) रागविराग (v) धर्मच्युत (vi) भावपूर्ण
(vii) वीर कन्या (viii) लेनदेन (ix) चतुर्वेद
(x) रत्नगर्भा (xi) कष्टसाध्य (xii) अनुचित
(xiii) श्यामसुंदर (xiv) अकाल (xv) पुत्रशोक

8. निम्नलिखित का समस्त पद बनाकर समास का नाम लिखिए
(i) युद्ध में स्थिर रहने वाला (ii) राम और लखन
(iii) वेतन के बिना (iv) नाभि से जन्मा है जो
(v) मान और अपमान (vi) तीन माहों का समाहार
(vii) न्याय के लिए आलय (viii) रण में धीर
(ix) स्वर्ण से बना हार (x) हिम का आलय
(xi) लंका का पति (xii) माखन को चुराने वाला
(xiii) एक हाथ से दूसरे हाथ (xiv) बिना कानून के
(xv) बिना कारण के

अध्याय 4

अलंकार

4.1 अलंकार का अर्थ

'अलंकार' दो शब्दों 'अलम्' तथा 'कार' से बना है। इसका अर्थ 'अलंकृत करना' अर्थात् 'सजाना' है। प्रसिद्ध संस्कृत आचार्य वामन ने अपनी रचना 'अलंकार शास्त्र' में अलंकार को परिभाषित करते हुए लिखा है— 'अलंकृतिरलंकार:' अर्थात् जो किसी को अलंकृत करे, वह अलंकार है। जिस प्रकार स्वर्ण के बने गहने पहनने वाले की शोभा बढ़ाते हैं, उसी प्रकार अलंकार सुंदर वर्णों एवं अर्थों से काव्य को आकर्षक बनाते हैं। अत: काव्य की शोभा या सुंदरता बढ़ाने वाले गुणधर्मों को **अलंकार** कहते हैं।

अलंकार के भेद

अलंकार के मुख्यत: दो भेद होते हैं

1. शब्दालंकार

शब्द-निर्माण की प्रक्रिया में 'ध्वनि' तथा 'अर्थ' का महत्त्वपूर्ण समन्वय होता है। ध्वनि के आधार पर काव्य में उत्पन्न विशिष्टता अथवा साज-सज्जा 'शब्दालंकार' की सृष्टि करते हैं। जब काव्य में किसी वर्ण या शब्द विशेष के प्रयोग से चमत्कार हो जाए या उसका सौंदर्य बढ़ जाए, तो उसे **शब्दालंकार** कहते हैं।

उदाहरण

- तरनि तनूजा तट तमाल तरुवर बहु छाए। ('त' वर्ण की आवृत्ति)
- कहें कवि बेनी, बेनी ब्याल की चुराई लीन्हीं। ('बेनी' शब्द का एक से अधिक बार प्रयोग)

शब्दालंकार वर्णगत एवं शब्दगत होते हैं। 'अनुप्रास', 'यमक', 'श्लेष' इत्यादि प्रमुख 'शब्दालंकार' हैं।

2. अर्थालंकार

ऐसे शब्द, जो वाक्य में प्रयुक्त होकर उसके अर्थ को चमत्कृत या अलंकृत करते हैं, **अर्थालंकार** कहलाते हैं। 'अर्थालंकार' की एक विशेषता यह है कि यदि वाक्य से किसी शब्द को हटाकर उसकी जगह उसके पर्याय शब्द को रखा जाए, तब भी अलंकार की प्रवृत्ति में कोई अंतर नहीं आता है। वस्तुत: 'अर्थालंकार' की निर्भरता शब्द पर न होकर शब्द के अर्थ पर होती है। उपमा, रूपक, उत्प्रेक्षा, अतिशयोक्ति, मानवीकरण इत्यादि प्रमुख अर्थालंकार हैं।

शब्दालंकार के भेद

शब्दालंकार के निम्नलिखित भेद हैं

1. अनुप्रास अलंकार

'अनुप्रास' का विच्छेद करने पर 'अनु + प्र + आस' प्राप्त होता है। 'अनु' का अर्थ 'वर्णनीय रस के अनुकूल', 'प्र' का अर्थ 'निकटता' तथा 'आस' का अर्थ 'बार-बार रखा जाना' है।

काव्य में जब एक ही वर्ण की बार-बार आवृत्ति होती है, वहाँ अनुप्रास अलंकार होता है।

उदाहरण

(i) वही दक्षिण दिशा हो जाती है। *(यमराज की दिशा।)*

(ii) बरस बाद सुध लीन्हीं। *(मेघ आए)*

प्रथम उदाहरण में 'द' वर्ण की तथा दूसरे उदाहरण में 'ब' वर्ण की आवृत्ति एक से अधिक बार हुई है, इसलिए यहाँ अनुप्रास अलंकार है।

अनुप्रास अलंकार के अन्य उदाहरण

(i) निरपख होई के हरि भजै, सोई संत सुजान। *(साखियाँ एवं सबद)*

(ii) सुषुम-सेतु पर खड़ी थी, बीत गया दिन आह! *(वाख)*

(iii) जौ खग हौं तो बसेरो करौं मिलि कालिंदी कूल कदंब की डारन। *(सवैये)*

(iv) पेड़ झुक झाँकने लगे गरदन उचकाए *(मेघ आए)*

(v) जहाँ जुगल जोड़ी रहती है

(vi) हँसमुख हरियाली हिम आतप *(ग्रामश्री)*

(vii) काँटेदार कुरूप खड़े हैं।

(viii) हिल हरित रुधिर है रहा झलक *(ग्रामश्री)*

(x) मेरी काल कोठरी काली *(कैदी और कोकिला)*

इन रेखांकित काव्यांशों में वर्णों की सुंदर आवृत्ति देखी जा सकती है। ये रेखांकित अंश 'अनुप्रास' अलंकार की उपस्थिति दर्शाते हैं।

2. यमक अलंकार

'यमक' एक शब्दालंकार है। यमक का अर्थ होता है—'युग्म' या 'जोड़ा'। जहाँ पर एक शब्द की एक से अधिक बार आवृत्ति होती है और हर बार उसका अर्थ भी अलग होता है, वहाँ यमक अलंकार होता है।

(i) शुचि वर के कर कुलीन लख कर।
- इस काव्य पंक्ति में 'कर' की आवृत्ति दो बार हुई है। प्रथम 'कर' का अर्थ 'हाथ' है तथा दूसरे 'कर' का प्रयोग सहायक क्रिया के रूप में हुआ है।

(ii) कनक-कनक ते सौ गुनी मादकता अधिकाय।
वा खाये बौराय जग वा पाए बौराय।।
- इस काव्यांश में 'कनक' शब्द की आवृत्ति दो बार हुई है। प्रथम 'कनक' धतूरे के लिए तथा दूसरा 'कनक' सोने के लिए प्रयोग हुआ है। इसलिए यहाँ 'यमक अलंकार' है।

यमक अलंकार के अन्य उदाहरण

(i) "जेते तुम तारे, तेते नभ में न तारे हैं"
- इस पंक्ति में 'तारे' शब्द की आवृत्ति दो बार हुई है। पहले 'तारे' का अर्थ 'तारण करना' या 'उद्धार करना' है और द्वितीय 'तारे' का अर्थ 'तारागण' है। अत: यहाँ यमक अलंकार है।

(ii) जग पड़ा देखो खगों का कुल महान,
छिड़ गया जग में सम्मिलित मधुर गान।
- इस काव्यांश में 'जग' शब्द की आवृत्ति दो बार हुई है। पहली पंक्ति में आए 'जग' का अर्थ 'जगना' है तथा दूसरी पंक्ति में आए 'जग' का अर्थ 'संसार' है। अत: यहाँ यमक अलंकार है।

(iii) सारंग लै सारंग चली करि सारंग की ओट
उत तैं जब सारंग चली तब की सारंग पर ओट।
- इस काव्यांश में 'सारंग' कई अर्थों में प्रयुक्त हुआ है। यहाँ 'सारंग' का अथ 'नारी', 'दीप' तथा 'हवा' है। अत: यहाँ यमक अलंकार है।

(iv) मुक्ताफल मुक्ता चुगैं, अब उड़ि अनत न जाहिं
- इस काव्यांश में 'मुक्ताफल' शब्द में मुक्ता का अर्थ 'मोती' तथा दूसरे मुक्ता का अर्थ 'मुक्त होकर' या 'स्वच्छंद होकर' है।

(v) प्रेमी को प्रेमी मिलै सब विष अमृत होई।
- इस काव्यांश में 'प्रेमी' शब्द का दो बार प्रयोग हुआ है। इसमें पहले 'प्रेमी' का अर्थ है–'ईश्वर की भक्ति करने वाला' और दूसरे 'प्रेमी' का अर्थ है–'ईश्वर' या प्रभु। अत: यहाँ यमक अलंकार है।

(vi) क्या? - देख न सकती जंजीरों का गहना
हथकड़ियाँ क्यों? यह ब्रिटिश-राज का गहना।
- इस काव्यांश में 'गहना' शब्द का दो बार प्रयोग हुआ है। पहली पंक्ति में आए 'गहना' का अर्थ है-'हथकड़ियाँ' और दूसरी पंक्ति में आए 'गहना' का अर्थ है–आभूषण। अत: यहाँ यमक अलंकार है।

3. श्लेष अलंकार

श्लेष का अर्थ है—चिपका हुआ। जब किसी शब्द का प्रयोग किसी काव्य पंक्ति में एक ही बार किया जाता है, पर उसके एक से अधिक अर्थ निकलते हैं, वहाँ श्लेष अलंकार होता है। यह शब्द काव्य-पंक्ति में एक से अधिक बार भी आ सकता है।

उदाहरण

(i) रहिमन पानी राखिए, बिन पानी सब सून।
पानी गए न ऊबरे, मोती मानुष चून।।

इन काव्य पंक्तियों में 'पानी' कई अर्थों को स्पष्ट करता है। 'पानी' का अर्थ यहाँ मोती, मनुष्य तथा चून से संबद्ध है। मोती के अर्थ में पानी 'चमक' के लिए, मनुष्य के संदर्भ में 'आत्म-सम्मान' तथा चून (आटा) के अर्थ में 'गीलापन' के लिए आया है। अत: 'पानी' यहाँ श्लेष अलंकार के रूप में मौजूद है।

(ii) माया महाठगिनि हम जानी।
तिरगुन फाँस लिए कर डोलै, बोलै मधुरी बानी।

इन काव्य पंक्तियों में 'तिरगुन' शब्द में श्लेष अलंकार है। इसके दो अर्थ हैं— पहला सत, रज एवं तम नामक तीन गुण तथा दूसरा तीन धागों वाली रस्सी। दोनों प्रकार के अर्थ प्रसंग के आधार पर संगत अर्थ प्रदान करते हैं।

श्लेष अलंकार के अन्य उदाहरण

(i) चिड़िया चुग गई खेत, बाग बगीचे घूम।
- इस पंक्ति में 'चिड़िया' शब्द के दो अर्थ हैं-एक है 'एक प्रकार का पक्षी' और दूसरा है 'भूमि या खेत का एक भाग'।

(ii) वैभव से शोभित नगर, जलधि में कई चमकती नाव।
- इस पंक्ति में 'नगर' शब्द के दो अर्थ होते हैं-एक है 'शहर' और दूसरा है 'नगरी'।

(iii) धीर-धीरे धूप की टपटप, सर्दी का मौसम बनता है।
- इस पंक्ति में 'सर्दी' शब्द के दो अर्थ हैं-एक है 'ठंड' और दूसरा है 'संयम'।

(iv) मन में है विश्वास, आगे बढ़ेंगे हम।
- इस पंक्ति में 'विश्वास' शब्द के दो अर्थ होते हैं एक है 'भरोसा' और दूसरा है 'विश्वास करना'।

अर्थालंकार के भेद

अर्थालंकार के निम्नलिखित भेद हैं

1. उपमा अलंकार

'उपमा' का अर्थ होता है—तुलना अथवा समानता।

* **नोट** CBSE के नवीनतम पाठ्यक्रम 2024-25 के अनुसार केवल शब्दालंकार को पाठ्यक्रम में शामिल किया गया है। अर्थालंकार को केवल पढ़ने के लिए दिया गया है।

जहाँ पर दो वस्तुओं की तुलना उनके रूप, रंग व गुण के अनुसार की जाए, वहाँ उपमा अलंकार होता है।

उपमा अलंकार के 4 अंग होते हैं

1. **उपमेय** वह व्यक्ति या वस्तु, जिसके गुणों के बारे में बताया जाता है अर्थात् उपमा दी जाती है।
2. **उपमान** वह वस्तु, जिसके रूप, रंग, गुण आदि की अधिकता के कारण तुलना की जाए या उपमा दी जाए।
3. **समतावाचक शब्द** वह शब्द, जिसके माध्यम से तुलना की जाए; जैसे—सा, सम, से, सरिस, समान आदि।
4. **समान धर्म** वे शब्द, जो उपमेय और उपमान की समानता प्रकट करते हैं।

उदाहरण

पीपर पात सरिस मन डोला।

पीपर पात → उपमान, सरिस → समतावाचक शब्द, मन → उपमेय, डोला → समान धर्म

उदाहरण

(i) हरि पद कोमल कमल से।

- इस काव्य पंक्ति में हरि (भगवान) के पैरों को कमल के समान कोमल बताया है अर्थात् हरि के चरणों की तुलना कमल से की गई है। अत: यहाँ उपमा अलंकार है।

(ii) नवल सुंदर श्याम-शरीर की,
सजल नीरद-सी कल कांति थी।

- इस काव्यांश में श्याम (कृष्ण) के शरीर की उपमा नीरद (बादल) से की गई है।
- 'नीरद' उपमान, 'श्याम-शरीर' उपमेय, 'सी' समानतावाचक शब्द तथा 'कल' समान धर्म को सामने लाने वाले शब्द हैं।

2. रूपक अलंकार

इसमें पूर्ण साम्य होने के कारण प्रस्तुत में अप्रस्तुत का आरोपण कर अभेद की स्थिति को स्पष्ट किया जाता है। जहाँ उपमेय और उपमान में भेद समाप्त हो जाता है अर्थात् उपमेय और उपमान में कोई अंतर नहीं रहता, वहाँ 'रूपक अलंकार' होता है।

उदाहरण

(i) बीती विभावरी, जाग री।
अंबर पनघट में डुबो रही
ताराघट उषा नागरी।

- इस काव्यांश में अंबर (आकाश) में पनघट, तारा में घट (कुंभ) तथा उषा (प्रात:) में नागरी की अभिन्नता को प्रस्तुत किया गया है। अत: यह रूपक अलंकार है।

(ii) आए महंत वसंत।

- इस काव्यांश में 'महंत' में 'वसंत' जैसे उपमान का आरोपण हुआ है। अत: यह रूपक अलंकार है।

अभ्यास प्रश्न

बहुविकल्पीय व वर्णनात्मक प्रश्नों सहित

बहुविकल्पीय प्रश्न

1. अलंकार से तात्पर्य है

(क) अलंकृत करना
(ख) भाव को प्रभावी अभिव्यक्ति देना
(ग) काव्य को आकर्षक बनाना
(घ) उपर्युक्त सभी

2. निम्न में से कौन शब्दालंकार का भेद है?

(क) अनुप्रास अंलकार
(ख) यमक अलंकार
(ग) श्लेष अलंकार
(घ) उपर्युक्त सभी

3. "अर्थ बिना कब पूर्ण हैं, शब्द, सकल जग-काज। अर्थ अगर आ जाए, तो ठाठ-बाट औ राज।।" इस दोहे में प्रयुक्त अलंकार है

(क) श्लेष (ख) उत्प्रेक्षा
(ग) मानवीकरण (घ) अतिशयोक्ति

4. जहाँ एक ही वर्ण की बार-बार आवृत्ति हो, वहाँ कौन-सा अलंकार होता है?

(क) यमक अलंकार
(ख) श्लेष अलंकार
(ग) अनुप्रास अलंकार
(घ) उपमा अलंकार

5. 'सीवन को उधेड़ कर देखोगे क्यों मेरी कंथा की?' उपर्युक्त पंक्ति में निहित अलंकार है

(क) श्लेष
(ख) अतिशयोक्ति
(ग) उत्प्रेक्षा
(घ) अनुप्रास

6. 'मुकताफल मुकता चुगैं, अब उड़ि-अनत न जाहिं।' पंक्ति में कौन-सा अलंकार है? दक्षता आधारित प्रश्न

(क) रूपक अलंकार
(ख) यमक अलंकार
(ग) उपमा अलंकार
(घ) अतिशयोक्ति अलंकार

7. 'कूड़ कपट काया का निकस्या, हरि की गति जब जाँणी' पंक्ति में कौन-सा अलंकार है? दक्षता आधारित प्रश्न

(क) अनुप्रास अलंकार
(ख) श्लेष अलंकार
(ग) यमक अलंकार
(घ) रूपक अलंकार

8. 'जो खग हौं तो बसेरो करौं मिलि कालिंदी कूल कदंब की डारन' पंक्ति में कौन-सा अलंकार है? दक्षता आधारित प्रश्न

(क) अनुप्रास अलंकार
(ख) यमक अलंकार
(ग) श्लेष अलंकार
(घ) रूपक अलंकार

9. 'या मुरली मुरलीधर की अधरान धरी अधरा न धरौंगी' में कौन-सा अलंकार है। दक्षता आधारित प्रश्न

(क) रूपक अंलकार
(ख) उत्प्रेक्षा अलंकार
(ग) यमक अलंकार
(घ) श्लेष अलंकार

10. 'पानी टपके कच्चे सकोरे, व्यर्थ प्रयास हो रहे मेरे' पंक्ति में कौन-सा अलंकार है?

(क) श्लेष (ख) यमक
(ग) उपमा (घ) उत्प्रेक्षा

11. 'काली घटा का घमंड घटा' रेखांकित में अलंकार है

(क) उपमा अलंकार
(ख) श्लेष अलंकार
(ग) यमक अलंकार
(घ) रूपक अलंकार

12. 'रघुपति राघव राजा राम' किस अलंकार का उदाहरण है?

(क) अनुप्रास (ख) श्लेष
(ग) यमक (घ) रूपक

13. नीचे लिखी काव्य-पंक्ति में अलंकार है "प्रियतम बतला दे, लाल मेरा कहाँ है?"

(क) अतिशयोक्ति (ख) उत्प्रेक्षा
(ग) श्लेष (घ) मानवीकरण

14. निम्नलिखित में किन काव्य पंक्तियों में अनुप्रास अलंकार नहीं है? **दक्षता आधारित प्रश्न**

1. चारु चंद्र की चंचल किरणें खेल रही हैं जल थल में।
2. पूत सपूत तो क्यों धन संचै।
3. कनक-कनक ते सौ गुनी मादकता अधिकाय।
4. पड़ी थी बिजली-सी विकराल।

कूट

(क) 2 और 3 सही हैं।
(ख) 1 और 4 सही हैं।
(ग) केवल 4 सही है।
(घ) उपर्युक्त सभी

15. अनुप्रास अलंकार में होती है **दक्षता आधारित प्रश्न**

1. वर्णों की आवृत्ति
2. शब्दों की आवृत्ति
3. वाक्यों की आवृत्ति
4. ये सभी

कूट

(क) केवल कथन 1 सही है। (ख) केवल कथन 2 सही है।
(ग) कथन 3 और 4 सही हैं। (घ) कथन 2 और 1 सही हैं।

अतिलघु उत्तरीय प्रश्न

1. रेखांकित काव्य पंक्तियों में निहित अलंकार का नाम लिखिए

(i) काली घटा का घमंड घटा
(ii) विमल वाणी ने वीणा ली।
(iii) कुटिल, कुचाल, कुकर्म छोड़ दे।
(iv) मुदित महीपति मंदिर आए।
(v) हिल हरित रुधिर है रहा झलक।

2. निर्देशानुसार उत्तर दीजिए

(i) 'रावनु रथी विरथ रघुवीरा' रेखांकित पदों में निहित अलंकार का नाम लिखिए।
(ii) यमक अलंकार का एक उदाहरण लिखिए।

3. रेखांकित अंशों में प्रयुक्त अलंकार के नाम लिखिए

(i) तू मोहन के उर बसी उरबसी समान।
(ii) कै कै कारन रोवै बाला।

4. अलंकार किसे कहते हैं?

5. श्लेष अलंकार का एक उदाहरण लिखिए।

6. श्लेष अलंकार की परिभाषा दीजिए।

7. 'सुबरन को खोजत फिरत कवि, व्यभिचारी, चोर।' में अलंकार बताइए।

8. अनुप्रास अलंकार का लक्षण एवं उदाहरण लिखिए।

9. 'तेरी बरछी ने बरछीने हैं खलन के।'

उक्त काव्य पंक्ति में अलंकार का नाम तथा उसका लक्षण लिखिए।

10. निम्नलिखित दोहे में अलंकार का नाम तथा लक्षण लिखिए।

चिरजीवौं जोरी जुरै, क्यों न सनेह गम्भीर।
को घटि ए वृषभानुजा, वे हलधर के वीर।।

11. ''जेते तुम तारे, तेते नभ में न तारे हैं'' इस पंक्ति में कौन-सा अलंकार है?

12. मुक्ताफल मुक्ता चुगैं, अब उड़ि अनत न जाहिं इस पंक्ति में कौन-सा अलंकार है?

13. प्रेमी को प्रेमी मिलै सब विष अमृत होई। इस पंक्ति में कौन-सा अलंकार है?

14. चिड़िया चुग गई खेत, बाग बगीचे घूम। इस पंक्ति में कौन-सा अलंकार है?

15. वैभव से शोभित नगर, जलधि में कई चमकती नाव। इस पंक्ति में कौन-सा अलंकार है?

व्याख्या सहित उत्तरमाला

बहुविकल्पीय प्रश्न

1. (घ) उपर्युक्त सभी
2. (घ) उपर्युक्त सभी
3. (क) श्लेष
4. (ग) अनुप्रास अलंकार
5. (क) श्लेष
6. (ख) यमक
7. (क) अनुप्रास अलंकार
8. (क) अनुप्रास अलंकार
9. (ग) यमक अलंकार
10. (क) श्लेष
11. (ग) यमक अलंकार
12. (क) अनुप्रास
13. (ग) श्लेष
14. (क) 2 और 3 सही हैं
15. (क) केवल कथन 1 सही है।

अतिलघु उत्तरीय प्रश्न

1. (i) यमक अलंकार (ii) अनुप्रास अलंकार
(iii) अनुप्रास अलंकार (iv) अनुप्रास अलंकार
(v) अनुप्रास अलंकार

2. (i) अनुप्रास अलंकार
(ii) "सूर सूर तुलसी ससी उडुगन केशवदास।
अब के कवि खद्योत सम जहँ-तहँ करत प्रकास।"

इस काव्यांश में 'सूर' शब्द की दो बार आवृत्ति हुई है, पहले 'सूर' का अर्थ 'सूरदास' तथा दूसरे 'सूर' का अर्थ 'सूर्य' है। अत: यहाँ यमक अलंकार है।

3. (i) यमक अलंकार (ii) अनुप्रास अलंकार
4. काव्य की शोभा बढ़ाने वाले गुण-धर्मों को अलंकार कहते हैं।
5. गुन ते लेत रहीम जन, सलिल कूप से काढ़ि।
कूपहु से कहुँ होत है, मन काहू को बाढ़ि।।
इसमें 'गुन' शब्द दो अर्थों में आया है—'रस्सी' तथा 'मानव स्वभाव।' इसके द्वारा दो भिन्न अर्थ प्रदान करने के कारण यहाँ श्लेष अलंकार है।
6. जब किसी शब्द का प्रयोग किसी काव्य पंक्ति में एक ही बार किया जाता है, परंतु उसके एक से अधिक अर्थ निकलते हैं, वहाँ श्लेष अलंकार होता है।
7. 'सुबरन को खोजत फिरत कवि, व्यभिचारी, चोर।' में श्लेष अलंकार है।
8. जहाँ समान वर्णों की आवृत्ति बार-बार होती है अर्थात् कोई वर्ण एक से अधिक बार आता है, वहाँ अनुप्रास अलंकार होता है; जैसे—

रघुपति राघव राजा राम,
पतित पावन सीता राम।
ईश्वर अल्लाह तेरो नाम,
सबको सम्मति दे भगवान।

9. प्रस्तुत पंक्ति में यमक अलंकार है। जहाँ कोई शब्द एक से अधिक बार प्रयुक्त होता है और प्रत्येक बार उसके अर्थ अलग होते हैं। वहाँ यमक अलंकार होता है।
10. प्रस्तुत दोहे में श्लेष अलंकार है। जहाँ एक शब्द एक ही स्थान पर प्रयुक्त हो और उसके एक से अधिक अर्थ हों, वहाँ श्लेष अलंकार होता है।
11. इस पंक्ति में 'तारे' शब्द की आवृत्ति दो बार हुई है। पहले 'तारे' का अर्थ 'तारण करना' या 'उद्धार करना' है और द्वितीय 'तारे' का अर्थ 'तारागण' है। अत: यहाँ यमक अलंकार है।
12. इस काव्यांश में 'मुक्ताफल' शब्द में मुक्ता का अर्थ 'मोती' तथा दूसरे मुक्ता का अर्थ 'मुक्त होकर' या 'स्वच्छंद होकर' है। अत: यहाँ यमक अलंकार है।
13. इस काव्यांश में 'प्रेमी' शब्द का दो बार प्रयोग हुआ है। इसमें पहले 'प्रेमी' का अर्थ है—'ईश्वर की भक्ति करने वाला' और दूसरे 'प्रेमी' का अर्थ है—'ईश्वर' या प्रभु। अत: यहाँ यमक अलंकार है।
14. इस पंक्ति में 'चिड़िया' शब्द के दो अर्थ हैं-एक है 'एक प्रकार का पक्षी' और दूसरा है 'भूमि या खेत का एक भाग'। अत: यहाँ श्लेष अलंकार है।
15. इस पंक्ति में 'नगर' शब्द के दो अर्थ होते हैं-एक है 'शहर' और दूसरा है 'नगरी'। अत: यहाँ श्लेष अलंकार है।

स्व-मूल्यांकन

बहुविकल्पीय प्रश्न

1. 'मखमली पेटियों-सी लटकी छीमियाँ छिपाए बीज लड़ी!' पंक्ति में कौन-सा अलंकार है?
(क) यमक अलंकार
(ख) रूपक अलंकार
(ग) उपमा अलंकार
(घ) उत्प्रेक्षा अलंकार

2. 'नील गगन-सा शांत हृदय था सो रहा' पंक्ति में अलंकार है
(क) उपमा अलंकार
(ख) रूपक अलंकार
(ग) उत्प्रेक्षा अलंकार
(घ) अनुप्रास अलंकार

3. 'गोपी पद-पंकज पावन कि रज जामे सिर भीजे' पंक्ति में अलंकार है
(क) उत्प्रेक्षा अलंकार
(ख) रूपक अलंकार
(ग) उपमा अलंकार
(घ) यमक अलंकार

4. 'हाय! फूल-सी कोमल बच्ची हुई राख की थी ढेरी' में कौन-सा अलंकार है?
(क) उपमा अलंकार
(ख) यमक अलंकार
(ग) अनुप्रास अलंकार
(घ) ये सभी

5. 'उदित उदय-गिरि मंच पर रघुबर बाल पतंग' में कौन-सा अलंकार है?
(क) उपमा अलंकार
(ख) रूपक अलंकार
(ग) अनुप्रास अलंकार
(घ) यमक अलंकार

6. रूपक अलंकार से अभिप्राय व उसके उदाहरण का सही चुनाव कीजिए
1. जहाँ पर उपमेय और उपमान में कोई अंतर न हो।
2. जहाँ एक वर्ण की बार-बार आवृत्ति हो। **दक्षता आधारित प्रश्न**
3. तरनि तनूजा तट तमाल तरुवर बहु छाए।
4. आए महंत वसंत।

कूट
(क) कथन 1 और 2 सही हैं।
(ख) कथन 3 और 4 सही हैं।
(ग) कथन 1 और 3 सही हैं।
(घ) कथन 1 और 4 सही हैं।

7. सूची I व सूची II का मिलान कीजिए **दक्षता आधारित प्रश्न**

सूची I	सूची II
A. हरिपद कोमल कमल से।	1. यमक अलंकार
B. कनक-कनक ते सौ गुनी मादकता अधिकाय।	2. अनुप्रास अलंकार
C. मैया मैं तो चंद्र खिलौना लैहों।	3. उपमा अलंकार
D. रघुपति राघव राजा राम।	4. रूपक अलंकार

कूट

	A	B	C	D		A	B	C	D
(क)	1	2	3	4	(ख)	1	3	4	2
(ग)	2	1	4	3	(Ie)	3	1	4	2

अतिलघु उत्तरीय प्रश्न

1. निम्नलिखित काव्य पंक्तियों में प्रयुक्त अलंकारों की पहचान कर उनके नाम लिखिए
(i) पीपर पात सरिस मन डोला।
(ii) मुदित महीपति मंदिर आए।
(iii) वह ज़िंदगी क्या ज़िंदगी,
जो सिर्फ़ पानी-सी बही।
(iv) पावस ऋतु थी पर्वत प्रदेश,
पल-पल परिवर्तित प्रकृति-वेश।

2. रेखांकित अंशों में प्रयुक्त अलंकारों के नाम लिखिए
(i) मधुर मृदु मंजुल मुख मुसकान।
(ii) बरसत बारिद बूँद गहि चाहत चढ़न अकास।
(iii) यह देखिए, अरविंद से शिशु वृंद कैसे सो रहे।
(iv) नभ पर चमचम चपला चमकी।

3. अलंकार के कितने भेद होते हैं?

4. उपमा अलंकार किसे कहते हैं?

5. यमक अलंकार से आप क्या समझते हैं?

6. 'खिली हुई हवा आई फिरकी-सी आई, चली गई' पंक्ति में अलंकार बताइए।

7. "तरनि तनूजा तट तमाल तरुवर बहु छाए।"
उपर्युक्त पंक्तियों में कौन-सा अलंकार है?

खंड 'ग' : पाठ्यपुस्तक व पूरक पाठ्यपुस्तक

दो बैलों की कथा

प्रेमचंद

अध्याय 1

पाठ की रूपरेखा नीति-विषयक मूल्यों पर आधारित प्रस्तुत कहानी (दो बैलों की कथा) के माध्यम से प्रेमचंद ने भारतीय कृषक समाज में पशु और मनुष्य के भावात्मक संबंधों का जीवंत और उत्कृष्ट उदाहरण प्रस्तुत किया है। मुंशी प्रेमचंद ने यह बताने का प्रयास भी किया है कि स्वतंत्रता जन्म सिद्ध अधिकार है, परंतु स्वतंत्रता सहजता से प्राप्त नहीं होती है उसके लिए निरंतर प्रयासरत रहना पड़ता है।

लेखक परिचय

हिंदी साहित्य के प्रसिद्ध कहानीकार प्रेमचंद का जन्म 1880 ई. में बनारस के लमही गाँव में हुआ था। उनका वास्तविक नाम धनपतराय था। उन्हें बचपन से ही अनेक कठिनाइयों का सामना करना पड़ा। असहयोग आंदोलन में भाग लेने के दौरान सरकारी नौकरी से त्यागपत्र देकर उन्होंने लेखन-कार्य प्रारंभ कर दिया। वे नवाबराय के नाम से उर्दू में लिखते थे, बाद में प्रेमचंद के नाम से वे लेखन-कार्य करने लगे। प्रेमचंद की कहानियाँ 'मानसरोवर' के आठ भागों में संकलित हैं। उनके प्रमुख उपन्यास हैं—सेवासदन, प्रेमाश्रय, रंगभूमि, निर्मला, गबन, कर्मभूमि और गोदान। प्रेमचंद ने अपनी रचनाओं में किसानों की दुर्दशा, शोषितों की व्यथा, समाज में स्त्री की दुर्दशा आदि का चित्रण किया है। प्रेमचंद ने अपनी रचनाओं में सरल व सहज भाषा का प्रयोग किया है, जिसके कारण उनकी रचनाएँ आम जनता में लोकप्रिय हैं। उन्होंने बड़ी-से-बड़ी बात को सरल शब्दावली में प्रस्तुत किया है। उनकी रचनाओं में तत्सम, तद्भव, अरबी एवं फ़ारसी के शब्दों का कुशल प्रयोग मिलता है। प्रेमचंद का निधन वर्ष 1936 में हुआ था।

पाठ का सार

हीरा एवं मोती का आपसी प्रेम

झूरी नामक किसान के पास हीरा और मोती नाम के दो बैल थे, जो अत्यंत हृष्ट-पुष्ट, बलिष्ठ एवं सुंदर थे। उन दोनों में इतना भावनात्मक संबंध था कि वे मूक भाषा में एक दूसरे की मन की बात समझ जाते थे। झूरी अपने दोनों बैलों को बहुत ही प्यार से रखता था। दोनों बैलों में इतनी अच्छी मित्रता थी कि वे एक ही साथ खाने के लिए नाँद में मुँह डालते और खाते थे। यदि उनमें से एक अपना मुँह चारे से हटा लेता, तो दूसरा भी अपना मुँह नाँद से हटा लेता था। हल में जोते जाने पर दोनों यही कोशिश करते कि दूसरे के कंधे पर ज़्यादा बोझ न पड़े। स्नेह जताने के लिए वे कभी एक-दूसरे को चाटते, तो कभी सूँघते।

एक दिन झूरी का साला (पत्नी का भाई) गया अपना खेत जोतने के लिए दोनों बैलों को अपने घर ले गया। हीरा और मोती अत्यंत दु:खी हुए। उन्हें लगा कि उनके मालिक ने उन्हें गया को बेच दिया है। वे गया के साथ जाने को तैयार नहीं थे। बहुत मुश्किल से ज़ोर-ज़बरदस्ती के बाद वे उसके घर तक पहुँच गए, लेकिन वहाँ रुकना उनके लिए कठिन था।

हीरा और मोती का भागना

हीरा और मोती दोनों एक-दूसरे की आँखों की भाषा समझते थे। दोनों ने आँखों-ही-आँखों में वहाँ से भाग जाने की योजना बनाई। रात के समय दोनों अपनी-अपनी रस्सी तोड़कर अपने मालिक झूरी के घर आ गए। सवेरा होते ही जब झूरी ने बैलों को थान पर खड़े देखा, तो उसके आश्चर्य का ठिकाना न रहा। वह बहुत खुश हुआ। बैलों को इस तरह वापस आया देखकर झूरी की पत्नी को बहुत गुस्सा आया। उसने बैलों को नमकहराम और कामचोर कहा। उसने चारे में मिलने वाली खली और चोकर बंद कर सूखा भोजन खाने को दिया।

बैलों का वापस गया के घर जाना और यातनामय जीवन जीना

दूसरे दिन झूरी का साला गया फिर आया और बैलों को बैलगाड़ी में जोतकर अपने घर ले गया। बैलों के साथ अब वह बुरा व्यवहार करने लगा। सूखा भूसा खाने को देता, दिनभर हल में जोतता। हीरा और मोती ने कभी ऐसी कल्पना भी नहीं की थी कि उनका जीवन

इतना नरकमय हो जाएगा। परिणामस्वरूप वे दिन-प्रतिदिन कमज़ोर होते गए। हल में जोते जाने पर कभी-कभी दोनों बैल अड़ जाते और एक कदम भी नहीं उठाते, तो गया उन्हें डंडे से बहुत मारता। दोनों बैल वहाँ से भाग जाने का निरंतर प्रयास करते रहे। एक बार भागे भी तो पकड़े गए।

बैलों के प्रति बच्ची का प्रेमपूर्ण व्यवहार

उसी घर में एक नन्ही बच्ची रोज़ रात को उन दोनों को दो रोटियाँ खिला जाती, जिससे प्रेम के भूखे बैलों की आत्मा तृप्त हो जाती, परंतु पेट की भूख ज्यों-की-त्यों बनी रहती। प्रेम के इस प्रसाद से उनका साहस और हौसला बना रहा। रोटी देने वाली बच्ची भैरो की थी। उसकी माँ नहीं थी, सौतेली माँ उससे अच्छा व्यवहार नहीं करती थी। इसलिए बैलों से उसे सहानुभूति हो गई थी, बैलों की दुर्दशा बच्ची से देखी नहीं जाती थी। एक दिन उसने बैलों की रस्सी खोल दी, परंतु दोनों बैलों ने आपस में आँखों-ही-आँखों में इशारा किया कि उनके जाने के बाद बच्ची पर आफत आ जाएगी, इस आशंका से वे नहीं भागे।

बैलों का पुन: घर से भागना और कांजीहौस पहुँच जाना

बच्ची ने अचानक चिल्लाकर कहा कि फूफा वाले बैल भागे जा रहे हैं, अब हीरा और मोती के पास कोई चारा न था। गया को आता देख दोनों जान हथेली पर लेकर भाग खड़े हुए। गया ने बहुत कोशिश की, किंतु वे हाथ न आए। भागते-भागते वे मटर के खेत में पहुँचे। वे रास्ता भटक चुके थे और भूख से व्याकुल हुए जा रहे थे, इसलिए दोनों अपनी भूख मिटाने के लिए मटर खाने को खेत में चले गए। खेत से अभी वे निकले ही थे कि उनका सामना एक साँड़ से हो गया। दोनों ने मिलकर साँड़ का सामना किया। साँड़ घायल होकर वहाँ से भाग निकला। उन्हें घर (झूरी के घर) का रास्ता नहीं पता था।

अभी वे घर पहुँचने के बारे में सोच ही रहे थे कि सामने मटर का खेत देख उसमें घुस गए। अभी वे थोड़ा ही खाए थे कि खेत के रखवाले ने दोनों को पकड़कर कांजीहौस में डाल दिया। वहाँ पर अन्य जानवर भी बंद थे। कांजीहौस से निकलने के लिए उन्होंने उसकी दीवार गिरा दी। अन्य जानवर भाग गए, किंतु हीरा अपनी रस्सी न तोड़ सका, अपने साथी को इस तरह छोड़कर मोती भी नहीं भागा पर अन्य जानवरों को मुक्त कराकर दोनों संतुष्ट थे। उसके बाद हीरा और मोती एक सप्ताह तक कांजीहौस में ही रहे। वहाँ उन्हें खाने के लिए कुछ नहीं दिया जाता था। दिन में केवल एक बार पीने के लिए पानी मिलता था, जिसके कारण उनकी ठठरियाँ (हड्डियाँ) निकल आईं। वे मरे हुए बैल जैसे दिखने लगे।

कसाई के हाथों नीलाम होना

एक दिन कांजीहौस वालों ने उन्हें एक दढ़ियल के हाथों नीलाम कर दिया, जो पेशे से कसाई था। हीरा को बहुत निराशा हुई। उसे लगा कि अब वे नहीं बचेंगे, किंतु मोती का आत्मविश्वास अभी भी बचा था। उसे भगवान पर पूरा भरोसा था। जब दोनों मित्रों को कसाई अपने साथ लेकर चला, तो जिस रास्ते पर वे जा रहे थे, उन्हें वह रास्ता परिचित-सा लगा, क्योंकि गया इसी रास्ते से उन्हें ले गया था। दोनों के शरीर में एक अजीब-सी फुर्ती आ गई। उनकी सारी थकान और दुर्बलता भी गायब होने लगी।

कसाई की पकड़ से भागकर अपने घर पहुँचना

थोड़ा आगे जाने पर हीरा और मोती को एक कुआँ दिखा, जिसे मोती ने पहचान लिया। उसने हीरा को आँखों-ही-आँखों में बताया कि उनका घर निकट आ गया है। दोनों उन्मत्त (बेचैन) हो गए और अचानक घर की ओर दौड़ पड़े। दोनों झूरी के घर आकर अपने थान पर खड़े हो गए। झूरी ने उन्हें गले से लगा लिया। तभी वह दढ़ियल भी उनके पीछे-पीछे आ पहुँचा और बैलों पर अपना हक जताने लगा।

दढ़ियल और झूरी में बैलों को लेकर कहासुनी होने लगी। दढ़ियल उन्हें पकड़कर कहने लगा कि ये बैल मेरे हैं, मैंने कांजीहौस से नीलामी में खरीदे हैं। झूरी ने कहा कि बैल मेरे हैं, मेरे थान पर खड़े हैं। झूरी के विरोध और मोती के आक्रमण से दढ़ियल डरकर वहाँ से भाग खड़ा हुआ। गाँव के लोग भी यह तमाशा देखकर खुश हो रहे थे। थोड़ी देर में नाँदों में खली, भूसा, चोकर डाल दिया गया, झूरी ने स्नेह से उन पर हाथ फेरा। दोनों मित्र अब स्वतंत्र थे, इत्मिनान (तसल्ली) से वह अपनी नाँदों में खाने लगे। पूरे गाँव में उत्साह छा गया, उसी समय झूरी की पत्नी ने भी आकर दोनों बैलों के माथे को चूम लिया।

शब्दार्थ

शब्द	अर्थ
NCERT पेज नं. 5	
बुद्धिहीन	मूर्ख
निरापद	सुरक्षित
कुलेल	क्रीड़ा, उछल-कूद
NCERT पेज नं. 6	
मिसाल	उदाहरण
बछिया के ताऊ	मूर्ख
अड़ियल	ज़िद में आना, ज़िद्दी, हठी
पछाईं	पालतू पशुओं की एक नस्ल
चौकस	सावधान
NCERT पेज नं. 7, 8 व 9	
पगहिया	पशु बाँधने की रस्सी
कनखियों से देखना	तिरछी आँखों से देखना
पगहा	बैलों को खूँटे से बाँधने वाली रस्सी
मजूर	मज़दूर
ताकीद	चेतावनी
टिटकार	मुँह से निकला टिक-टिक का शब्द
आहत	चोट, घायल
NCERT पेज नं. 10, 11 व 12	
ऐंठकर रह जाना	अकड़कर रह जाना
पलट पड़ना	उलटकर वार करना
मसलहत	उचित/ठीक
बरकत	बढ़ना, बढ़ोतरी
रोम	रोआँ

बगलें झाँकना	घबराकर इधर-उधर देखना
आरजू	विनती
NCERT पेज नं. 13	
रगेदना	दौड़ना
जोखिम	खतरा
तजुरबा	अनुभव
मल्लयुद्ध	कुश्ती
आदी	आदत बन जाना, अभ्यस्त
ग्रास	निवाला
NCERT पेज नं. 14 व 16	
कांजीहौस	जहाँ लावारिस पशुओं को कैद किया जाता है, मवेशीखाना
साबिका	वास्ता, सामना
तृप्ति	संतोष
उजड्डपन	उजाड़ू स्वभाव
ज़ोर मारना	ताकत लगाना
प्रतिद्वंद्वी	दुश्मन/विरोधी
मरम्मत होना	पिटाई होना
NCERT पेज नं. 17, 18 व 19	
अंतर्ज्ञान	भीतरी ज्ञान
रेवड़	पशुओं का समूह
पागुर करना	जुगाली करना
नगीच	नज़दीक
उन्मत्त	पागल
थान	पशुओं के बाँधे जाने की जगह
नीलाम	बोली लगाना
अख्तियार	अधिकार
उछाह	उत्साह।

NCERT फोल्डर

पाठ्यपुस्तक (क्षितिज भाग-1) के प्रश्नोत्तर

प्र.1 कांजीहौस में कैद पशुओं की हाज़िरी क्यों ली जाती होगी?

उत्तर कांजीहौस वह स्थान होता है, जहाँ पर दूसरों की फसल का नुकसान करने वाले पशुओं को पकड़कर बंद कर दिया जाता है। यह एक तरह से पशुओं की जेल होती है। इसे मवेशीखाना या बाड़ा भी कहा जाता है। कांजीहौस के प्रबंधक की ज़िम्मेदारी होती है कि वह उन पशुओं को सुरक्षित रखे। पशुओं की हाज़िरी इसलिए ली जाती होगी, ताकि यह पता चल सके कि कोई पशु भाग तो नहीं गया।

प्र.2 छोटी बच्ची को बैलों के प्रति प्रेम क्यों उमड़ आया?

उत्तर छोटी बच्ची की माँ सौतेली थी, जिसका व्यवहार उस बच्ची के प्रति अच्छा नहीं था। वह बात-बात पर उसे मारती थी। इधर गया भी बैलों को बात-बात पर मारता और अत्याचार करता था। छोटी बच्ची अपनी ही तरह बैलों के दर्द को महसूस करती थी। उसे बैलों की स्थिति और स्वयं की स्थिति एक समान लगने लगी, इसलिए छोटी बच्ची के मन में बैलों के प्रति प्यार उमड़ आया।

प्र.3 कहानी में बैलों के माध्यम से कौन-कौन-से नीति-विषयक मूल्य उभरकर आए हैं?

उत्तर कहानी में बैलों के माध्यम से निम्नलिखित नीति-विषयक मूल्य उभरकर आए हैं

(i) अत्यधिक सरलता और सहनशीलता दोष बन जाती है।

(ii) आज़ादी प्राप्त करने के लिए निरंतर संघर्ष करना पड़ता है।

(iii) अन्याय व अत्याचार के सामने झुकना नहीं चाहिए, बल्कि उनका डटकर मुकाबला करना चाहिए।

(iv) पशुओं के प्रति प्रेम भाव रखना चाहिए।

(v) भ्रातृत्व की भावना बनाए रखनी चाहिए।

(vi) निहत्थे पर वार नहीं करना चाहिए।

(vii) औरत पर हाथ नहीं उठाना चाहिए, बल्कि उसका सम्मान करना चाहिए।

प्र.4 प्रस्तुत कहानी में प्रेमचंद ने गधे की किन स्वभावगत विशेषताओं के आधार पर उसके प्रति रूढ़ अर्थ 'मूर्ख' का प्रयोग न कर किस नए अर्थ की ओर संकेत किया है? दक्षता आधारित प्रश्न

उत्तर प्रेमचंद ने गधे के लिए 'मूर्ख' शब्द का प्रयोग न कर सरलता एवं सहनशीलता के नए अर्थ में सद्गुणों की ओर संकेत किया है। इन सद्गुणों के आधार पर गधे को ऋषि-मुनियों की श्रेणी में रखा है।

प्रेमचंद के अनुसार, सद्गुणों का इतना अनादर होते हुए कहीं नहीं देखा। लेखक ने कहानी में सीधेपन की दुर्दशा को दिखाया है, मूर्खता को नहीं। अत: ऋषि-मुनियों के गुणों को धारण करने वाला प्राणी मूर्ख नहीं है, बल्कि अतिशय सद्गुणों से युक्त है, जिसकी कद्र नहीं होती है।

प्र.5 किन घटनाओं से पता चलता है कि हीरा-मोती में गहरी दोस्ती थी?

उत्तर हीरा-मोती में गहरी दोस्ती का पता निम्नलिखित घटनाओं से चलता है

समर्पण का भाव गाड़ी में जोते जाने पर दोनों की कोशिश रहती कि गाड़ी का ज़्यादा-से-ज़्यादा भार स्वयं के कंधे पर रखे। दूसरे साथी के कंधे पर अधिक भार न पड़े।

मित्र पर पड़े डंडे की प्रतिक्रिया जब गया हीरा की नाक पर डंडा मारता है, तो मोती तिलमिला उठता है। उससे हीरा का कष्ट देखा नहीं जाता है।

विपत्ति में साथ न छोड़ना मटर के खेत में दोनों ने एक-दूसरे के लिए अपनी जान जोखिम में डाली। इसके अतिरिक्त कांजीहौस में मोटी रस्सी में बँधे हीरा को छोड़कर मोती अन्य जानवरों के साथ नहीं गया।

प्र.6 **"लेकिन औरत जात पर सींग चलाना मना है, यह भूल जाते हो"–हीरा के इस कथन के माध्यम से स्त्री के प्रति प्रेमचंद के दृष्टिकोण को स्पष्ट कीजिए।** दक्षता आधारित प्रश्न

उत्तर हीरा के इस कथन से पुरुष प्रधान समाज में स्त्रियों की स्थिति की ओर संकेत किया गया है। स्त्रियों के साथ दुर्व्यवहार किया जाता है। पुरुष वर्ग शारीरिक यातनाएँ देने से भी पीछे नहीं हटता। अत: सभ्य गुणों के प्रतीक हीरा-मोती के माध्यम से लेखक ने पुरुष प्रधान समाज को स्मरण कराया है कि स्त्रियों का सम्मान करना चाहिए। एक सभ्य समाज एवं नैतिक मानवीय मूल्यों की स्थापना की जानी चाहिए।

प्र.7 **कृषक समाज में पशु और मनुष्य के आपसी संबंधों को कहानी 'दो बैलों की कथा' में किस तरह व्यक्त किया गया है?**

उत्तर 'दो बैलों की कथा' में भैरो की लड़की का व्यवहार हमदर्दीपूर्ण एवं संवेदनशील है। इससे किसानों की संवेदनशीलता का पता चलता है। इधर झूरी भी बैलों को 'हीरा' एवं 'मोती' नाम देता है और उनके साथ प्रेमपूर्ण व्यवहार करता है। यही कारण है कि दोनों बैल गया के उपेक्षित एवं क्रूर व्यवहार को स्वीकार नहीं कर पाते हैं। उसके विरुद्ध विद्रोह करते हैं और अनेक कष्टों को झेलते हुए अंतत: अपने स्वामी के पास लौट आते हैं।

प्र.8 **"इतना तो हो ही गया कि नौ-दस प्राणियों की जान बच गई। वे सब तो आशीर्वाद देंगे।" मोती के इस कथन के आलोक में उसकी विशेषताएँ बताइए।** दक्षता आधारित प्रश्न

उत्तर मोती अन्याय एवं अत्याचार का विरोध करता है। कांजीहौस में पशुओं पर दया करके हीरा द्वारा दीवार तोड़ने के काम में मोती साथ देता है। मोती, हीरा को रस्सियों के बंधन स्वीकार करने के संदर्भ में कहता है कि मुझे ऐसा बंधन स्वीकार है। कम-से-कम मेरे बँधने से नौ-दस जानवरों की जान तो बच गई। अब वे सब आशीर्वाद देंगे। इस कथन से मोती का साहस, दयालुता, उग्रता एवं बलिदान आदि विशेषताओं का पता चलता है।

प्र.9 **आशय स्पष्ट कीजिए**

(क) अवश्य ही उनमें कोई ऐसी गुप्त शक्ति थी, जिससे जीवों में श्रेष्ठता का दावा करने वाला मनुष्य वंचित है।

(ख) उस एक रोटी से उनकी भूख तो क्या शांत होती, पर दोनों के हृदय को मानो भोजन मिल गया।

उत्तर (क) प्रस्तुत कहानी में हीरा-मोती मूक जानवर होकर भी एक-दूसरे के मनोभावों को भली-भाँति समझ लेते हैं, जबकि दूसरी ओर मनुष्य को वाक्शक्ति (बोलने की शक्ति) का वरदान प्रकृति द्वारा प्राप्त है, परंतु बोलकर भी वह एक-दूसरे के मनोभावों को समझने में अज्ञानता कर देता है, इसलिए कह सकते हैं कि जानवरों के पास अवश्य ही कोई गुप्त शक्ति है, जिससे मनुष्य वंचित है।

(ख) हीरा और मोती गया की निष्ठुरता और अपमानपूर्ण व्यवहार से क्षुब्ध थे, इसलिए गया द्वारा दिया जाने वाला सूखा भूसा उन्हें स्वीकार नहीं था। जब दोनों बैल भूखे थे, उसी समय उसके घर में रहने वाली छोटी लड़की दो रोटियाँ दोनों बैलों के मुँह में देकर चली गई। उस रोटी से उनकी भूख तो नहीं मिटी, पर स्नेह रूपी भूख को भोजन मिल गया। उनका मन संतुष्ट हो गया।

प्र.10 **गया ने हीरा-मोती को दोनों बार सूखा भूसा खाने को दिया, क्योंकि**

(क) गया पराए बैलों पर अधिक खर्च नहीं करना चाहता था।

(ख) गरीबी के कारण खली आदि खरीदना उसके बस की बात न थी।

(ग) वह हीरा-मोती के व्यवहार से बहुत दु:खी था।

(घ) उसे खली आदि सामग्री की जानकारी न थी।

उत्तर (ग) वह हीरा-मोती के व्यवहार से बहुत दु:खी था।

रचना और अभिव्यक्ति

प्र.11 **हीरा और मोती ने शोषण के खिलाफ़ आवाज़ उठाई, लेकिन उसके लिए प्रताड़ना भी सही। हीरा-मोती की इस प्रतिक्रिया पर तर्क सहित अपने विचार प्रकट कीजिए।**

उत्तर हीरा और मोती का अन्याय के खिलाफ़ आवाज़ उठाना बिलकुल भी गलत नहीं है। मेरे विचार से अगर वे प्रतिक्रिया न करते, चुपचाप सहते जाते, तो गया उनका और अधिक शोषण करता। काम भी जमकर लेता, शारीरिक प्रताड़ना भी होती और उपयुक्त भोजन भी न मिलता। उन्हें गया की गुलामी सहनी पड़ती। प्रारंभ में ही विरोध करके बैलों ने अपने नए मालिक को सावधान कर दिया कि उनका अधिक शोषण नहीं किया जा सकता। अंत में इसी प्रयास ने उन्हें शोषण से मुक्ति भी दिलाई।

प्र.12 **क्या आपको लगता है कि यह कहानी आज़ादी की लड़ाई की ओर भी संकेत करती है?**

उत्तर प्रस्तुत कहानी के सभी पात्र आज़ादी की लड़ाई का प्रतिनिधित्व कर रहे हैं। कांजीहौस जेल का प्रतीक है। दोनों बैल क्रांतिकारी, संवेदनशील भारतीयों का प्रतिनिधित्व कर रहे हैं, जिन्हें अपने देश (झूरी के घर) से बहुत प्रेम है। गया ब्रिटिश शासक का प्रतीक है। बैल (हीरा-मोती) पर होने वाले अत्याचार भारतीय स्वतंत्रता सेनानियों पर होने वाले दमन के प्रतीक हैं, जिसका लगातार विरोध करते हुए वे स्वतंत्रता के लिए संघर्षरत हैं। निरंतर संघर्ष करने के कारण ही अंत में भारतीयों की भाँति हीरा-मोती भी शोषण और गुलामी से मुक्त होकर स्वतंत्रता प्राप्त करते हैं।

भाषा-अध्ययन

प्र.13 **बस इतना ही काफ़ी है।**
फिर मैं भी ज़ोर लगाता हूँ।
'ही', 'भी' वाक्य में किसी बात पर ज़ोर देने का काम कर रहे हैं, ऐसे शब्दों को निपात कहते हैं। कहानी में से पाँच ऐसे वाक्य छाँटिए, जिनमें निपात का प्रयोग हुआ हो।

उत्तर **ही—**

- दोनों साथ उठते, साथ नाँद में मुँह डालते और साथ **ही** बैठते थे।
- ज़्यादा-से-ज़्यादा बोझ मेरी **ही** गर्दन पर रहे।
- एक **ही** विजय ने उसे संसार की सभ्य जातियों में गण्य बना दिया।

भी—

- इसके बाद भैंसें **भी** खिसक गईं, पर गधे अभी तक ज्यों-के-त्यों खड़े थे।
- एक मुँह हटाता तो दूसरा **भी** हटा लेता था।

- उसके चेहरे पर असंतोष की छाया **भी** न दिखाई देती।
- कभी-कभी उसे **भी** क्रोध आ ही जाता है।
- गधे का एक छोटा भाई और **भी** है।

प्र.14 रचना के आधार पर वाक्य भेद बताइए तथा उपवाक्य छाँटकर उसके भेद लिखिए

(क) दीवार का गिरना था कि अधमरे से पड़े हुए सभी जानवर चेत उठे।

(ख) सहसा एक दढ़ियल आदमी, जिसकी आँखें लाल थीं और मुद्रा अत्यंत कठोर, आया।

(ग) हीरा ने कहा—गया के घर से नाहक भागे।

(घ) मैं बेचूँगा, तो बिकेंगे।

(ङ) अगर वह मुझे पकड़ता, तो मैं बे-मारे न छोड़ता।

उत्तर (क) दीवार का गिरना था कि अधमरे से पड़े हुए सभी जानवर चेत उठे। *(मिश्र वाक्य)*

मुख्य उपवाक्य अधमरे से पड़े हुए सभी जानवर चेत उठे।

गौण उपवाक्य दीवार का गिरना था।

(ख) सहसा एक दढ़ियल आदमी, जिसकी आँखें लाल थीं और मुद्रा अत्यंत कठोर, आया। *(मिश्र वाक्य)*

मुख्य उपवाक्य सहसा एक दढ़ियल आदमी आया।

गौण उपवाक्य जिसकी आँखें लाल थीं और मुद्रा अत्यंत कठोर।

(ग) हीरा ने कहा—गया के घर से नाहक भागे। *(मिश्र वाक्य)*

मुख्य उपवाक्य हीरा ने कहा।

गौण उपवाक्य गया के घर से नाहक भागे।

(घ) मैं बेचूँगा, तो बिकेंगे। *(मिश्र वाक्य)*

मुख्य उपवाक्य तो बिकेंगे।

गौण उपवाक्य मैं बेचूँगा।

(ङ) अगर वह मुझे पकड़ता, तो मैं बे-मारे न छोड़ता। *(मिश्र वाक्य)*

मुख्य उपवाक्य मैं बे-मारे न छोड़ता।

गौण उपवाक्य अगर वह मुझे पकड़ता।

प्र.15 कहानी में जगह-जगह मुहावरों का प्रयोग हुआ है। कोई पाँच मुहावरे छाँटिए और उनका वाक्यों में प्रयोग कीजिए।

(क) जान से हाथ धोना (ख) नौ दो ग्यारह होना

(ग) गद्‌गद् होना

(घ) ईट का जवाब पत्थर से देना (ङ) मज़ा चखाना

उत्तर (क) **जान से हाथ धोना** युद्ध के मैदान में अनेक सैनिकों को अपनी जान से हाथ धो बैठना पड़ता है।

(ख) **नौ दो ग्यारह होना** पुलिस को आता देख चोर नौ दो ग्यारह हो गए।

(ग) **गद्‌गद् होना** मोहन ने अपना खाना घर के बाहर बैठे एक भूखे गरीब व्यक्ति को खिला दिया, जिसे देखकर उसके माता-पिता गद्‌गद् हो गए।

(घ) **ईंट का जवाब पत्थर से देना** दुश्मन को सदैव ईंट का जवाब पत्थर से देना चाहिए।

(ङ) **मज़ा चखाना** युद्ध के मैदान में भारतीय सैनिकों ने पाकिस्तानी सैनिकों को मज़ा चखाया।

अभ्यास प्रश्न

बहुविकल्पीय व वर्णनात्मक प्रश्नों सहित

पाठ पर आधारित बहुविकल्पीय प्रश्न

निम्नलिखित प्रश्नों के सर्वाधिक उपयुक्त विकल्पों का चयन कीजिए।

1. प्रेमचंद जी ने 'दो बैलों की कथा' कहानी में गधे के किन गुणों का वर्णन किया है?

(क) गधे के चेहरे पर कभी असंतोष नहीं दिखाई देता

(ख) गधा कभी भी क्रोध नहीं करता

(ग) गधा सुख-दुःख, हानि-लाभ सब दशाओं में एक जैसा रहता है

(घ) उपरोक्त सभी

उत्तर (घ) उपरोक्त सभी

2. लेखक के अनुसार, संसार के लिए क्या उपयुक्त नहीं है?

(क) अत्यधिक बुद्धिहीन होना

(ख) अत्यधिक सीधा-सादा होना

(ग) अत्यधिक तेज-तर्रार होना

(घ) अत्यधिक बुद्धिमान होना

उत्तर (ख) अत्यधिक सीधा-सादा होना

3. ऋषि-मुनियों और गधे में लेखक ने क्या समानता देखी?

(क) दोनों अपनी साधना में लीन रहते हैं

(ख) वे अपने आस-पास के वातावरण से प्रभावित नहीं होते

(ग) 'क' और 'ख' दोनों

(घ) उपरोक्त में से कोई नहीं

उत्तर (ख) वे अपने आस-पास के वातावरण से प्रभावित नहीं होते

4. कथन (i) **जानवरों में गधे को सबसे ज्यादा बुद्धिहीन समझा जाता है।**
कथन (ii) **गधे के सीधेपन या निरापद सहिष्णुता ने उसे यह पदवी दी है।** दक्षता आधारित प्रश्न

'दो बैलों की कथा' पाठ के आधार पर उपयुक्त कथनों के लिए सही विकल्प चुनिए

(क) कथन (i) और कथन (ii) दोनों गलत हैं

(ख) कथन (i) गलत है, किंतु कथन (ii) सही है

(ग) कथन (i) सही है और कथन (ii) उसकी सही व्याख्या है

(घ) कथन (i) सही है किंतु कथन (ii) उसकी गलत व्याख्या है

उत्तर (ग) कथन (i) सही है और कथन (ii) उसकी सही व्याख्या है

5. उसके चेहरे पर एक विषाद स्थायी रूप से छाया रहता है। सुख-दुख, हानि-लाभ किसी भी दशा में उसे बदलते नहीं देखा। ऋषियों-मुनियों के जितने गुण हैं वे सभी उसमें पराकाष्ठा को पहुँच गए हैं, पर आदमी उसे बेवकूफ कहता है। सद्गुणों का इतना अनादर कहीं नहीं देखा। लोग सद्गुणों का अनादर कैसे करते हैं? **दक्षता आधारित प्रश्न**

(क) सीधे-सादे, सरल स्वभाव वाले प्राणी को मूर्ख समझकर
(ख) सीधे-सादे प्राणियों से लड़-झगड़कर
(ग) ऋषि-मुनियों का अपमान करके
(घ) सरल स्वभाव वाले व्यक्तियों को निम्न श्रेणी का समझकर

उत्तर (क) सीधे-सादे, सरल स्वभाव वाले प्राणी को मूर्ख समझकर

6. झूरी काछी के दोनों बैलों का क्या नाम था?

(क) सोना-मोती (ख) सोना-हीरा
(ग) हीरा-मोती (घ) गया-हीरा

उत्तर (ग) हीरा-मोती

7. हीरा-मोती को जब झूरी ने अपनी ससुराल भेज दिया, तो उन्हें लगा .... ।

(क) हमें घर से भगा दिया गया है
(ख) मालिक ने हमें बेच दिया है
(ग) मालिक का हमसे मन भर गया है
(घ) मालिक अब हमें प्रेम नहीं करता

उत्तर (ख) मालिक ने हमें बेच दिया है

8. यदि ईश्वर ने दोनों बैलों को वाणी दी होती, तो वे झूरी से क्या कहते?

(क) तुम हम गरीबों को क्यों निकाल रहे हो?
(ख) हमसे और ज्यादा मेहनत से काम ले लेते
(ग) हम तुम्हारी चाकरी में ही मर जाना पसंद करते
(घ) उपरोक्त सभी

उत्तर (घ) उपरोक्त सभी

9. गया के घर आकर रात को दोनों बैलों ने क्या किया?

(क) अपनी रस्सियाँ तोड़कर झूरी के घर की ओर भाग चले
(ख) साथ बँधे अन्य जानवरों के साथ लड़ने लगे
(ग) शोर मचाना शुरू कर दिया
(घ) घर के आदमियों को मारना शुरू कर दिया

उत्तर (क) अपनी रस्सियाँ तोड़कर झूरी के घर की ओर भाग चले

10. बैलों को अपने घर देखकर झूरी ने क्या किया?

(क) उन्हें मारना-पीटना शुरू कर दिया
(ख) उसने उन्हें दाना-चारा नहीं दिया
(ग) वह बैलों को वापस ससुराल ले गया
(घ) वह स्नेह से दौड़कर उनके गले लग गया

उत्तर (घ) वह स्नेह से दौड़कर उनके गले लग गया

11. कौन-सी घटना गाँव के इतिहास में अभूतपूर्व न होकर महत्त्वपूर्ण थी?

(क) दोनों बैलों का गया के घर से वापस झूरी के घर भाग आना
(ख) दोनों बैलों का गया के घर दाना-चारा न खाना
(ग) दोनों बैलों का झूरी से गले मिलना
(घ) उपरोक्त में से कोई नहीं

उत्तर (क) दोनों बैलों का गया के घर से वापस झूरी के घर भाग आना

गद्यांशों पर आधारित बहुविकल्पीय प्रश्न

निम्नलिखित गद्यांशों को ध्यानपूर्वक पढ़कर उन पर पूछे गए प्रश्नों के सही विकल्प चुनिए

1. जानवरों में गधा सबसे ज़्यादा बुद्धिहीन समझा जाता है। हम जब किसी आदमी को परले दरज़े का बेवकूफ़ कहना चाहते हैं, तो उसे गधा कहते हैं। गधा सचमुच बेवकूफ़ है या उसके सीधेपन, उसकी निरापद सहिष्णुता ने उसे यह पदवी दे दी है, इसका निश्चय नहीं किया जा सकता। गायें सींग मारती हैं, ब्याई हुई गाय तो अनायास ही सिंहनी का रूप धारण कर लेती है। कुत्ता भी बहुत गरीब जानवर है, लेकिन कभी-कभी उसे भी क्रोध आ ही जाता है; किंतु गधे को कभी क्रोध करते नहीं सुना, न देखा। जितना चाहो गरीब को मारो, चाहे जैसी खराब, सड़ी हुई घास सामने डाल दो, उसके चेहरे पर कभी असंतोष की छाया भी न दिखाई देगी।

(i) प्रस्तुत गद्यांश में किसके सीधेपन के बारे में बताया गया है?

(क) बैल के (ख) गधे के
(ग) भैंस के (घ) कुत्ते के

उत्तर (ख) गधे के

(ii) किस तरह के आदमी को गधे की संज्ञा दी जाती है?

(क) बिल्कुल बुद्धिहीन व्यक्ति को
(ख) सीधे-साधे व्यक्ति को
(ग) बुद्धिमान व्यक्ति को
(घ) उपरोक्त में से कोई नहीं

उत्तर (क) बिल्कुल बुद्धिहीन व्यक्ति को

(iii) 'निरापद सहिष्णुता' से क्या अभिप्राय है? **दक्षता आधारित प्रश्न**

(क) किसी को विपदा में डालने वाली सहनशीलता
(ख) किसी को विपदा में न डालने वाली सहनशीलता
(ग) बुद्धिहीन व्यक्ति की सहनशीलता
(घ) बुद्धिमान व्यक्ति की सहनशीलता

उत्तर (ख) किसी को विपदा में न डालने वाली सहनशीलता

(iv) किस जानवर को कभी क्रोध करते न देखा और न सुना गया?

(क) गाय को (ख) कुत्ते को (ग) बैल को (घ) गधे को

उत्तर (घ) गधे को

(v) निम्नलिखित कथनों में से सही कथन वाला विकल्प चुनिए **दक्षता आधारित प्रश्न**

(i) गधे के चेहरे पर कभी असंतोष दिखाई नहीं देता है।
(ii) किसी मनुष्य को अत्यधिक मूर्ख कहने के लिए उसे गधा कह दिया जाता है।
(iii) गधा प्रत्येक परिस्थिति में समानता का भाव रखता है?

(क) कथन (i) सही है, किंतु (ii) और (iii) गलत हैं।
(ख) कथन (i) गलत है, किंतु (ii) और (iii) सही हैं।
(ग) कथन (i), (ii) सही हैं, किंतु (iii) गलत है।
(घ) कथन (i), (ii) और (iii) तीनों सही हैं।

उत्तर (घ) कथन (i), (ii) और (iii) तीनों सही हैं।

2. झूरी काछी के दोनों बैलों के नाम थे–हीरा और मोती। दोनों पछाईं जाति के थे–देखने में सुंदर, काम में चौकस, डील में ऊँचे। बहुत दिनों साथ रहते-रहते दोनों में भाईचारा हो गया था। दोनों आमने-सामने या आस-पास बैठे हुए एक-दूसरे से मूक भाषा में विचार-विनिमय करते थे। एक-दूसरे के मन की बात कैसे समझ जाते, ये हम नहीं कह सकते। अवश्य ही उनमें कोई ऐसी गुप्त शक्ति थी, जिससे जीवों में श्रेष्ठता का दावा करने वाला मनुष्य वंचित है। दोनों एक-दूसरे को चाटकर और सूँघकर अपना प्रेम प्रकट करते, कभी-कभी दोनों सींग भी मिला लिया करते थे–विग्रह के नाते से नहीं, केवल विनोद के भाव से, आत्मीयता के भाव से, जैसे दोस्तों में घनिष्ठता होते ही धौल-धप्पा होने लगता है। इसके बिना दोस्ती कुछ फुसफुसी, कुछ हल्की-सी रहती है, जिस पर ज़्यादा विश्वास नहीं किया जा सकता। जिस वक्त ये दोनों बैल हल या गाड़ी में जोत दिए जाते और गर्दन हिला-हिलाकर चलते, उस वक्त हर एक की यही चेष्टा होती थी कि ज़्यादा-से-ज़्यादा बोझ मेरी ही गर्दन पर रहे।

(i) झूरी काछी के दोनों बैल किस जाति के थे?

(क) गिर जाति के (ख) पछाईं जाति के
(ग) लाल सिंधी जाति के (घ) साहीवाल जाति के

उत्तर (ख) पछाईं जाति के

(ii) हीरा-मोती में कौन-सी गुप्त शक्ति थी?

(क) मूक होकर भी एक-दूसरे की बात समझने की
(ख) भारी से भारी वजन को उठा लेने की
(ग) परस्पर वार्तालाप की
(घ) उपरोक्त में से कोई नहीं

उत्तर (क) मूक होकर भी एक-दूसरे की बात समझने की

(iii) 'जीवों में श्रेष्ठता का दावा करने वाला मनुष्य वंचित है।' से आशय है **दक्षता आधारित प्रश्न**

(क) मनुष्य परस्पर बिना कहे एक-दूसरे की बात समझ लेते हैं
(ख) मौन होकर भी एक-दूसरे के मन की बात समझना मनुष्य को श्रेष्ठ बनाता है
(ग) सभी जीवों में श्रेष्ठ होने के बावजूद भी मनुष्य बिना वार्तालाप के एक-दूसरे की बात नहीं समझ सकते
(घ) मनुष्य जीवों में श्रेष्ठ है।

उत्तर (ग) सभी जीवों में श्रेष्ठ होने के बावजूद भी मनुष्य बिना वार्तालाप के एक-दूसरे की बात नहीं समझ सकते

(iv) हीरा-मोती अपना प्रेम .... प्रकट करते थे।

(क) एक-दूसरे को चाटकर
(ख) एक-दूसरे को सूँघकर
(ग) एक-दूसरे से सींग मिलाकर
(घ) उपरोक्त सभी

उत्तर (घ) उपरोक्त सभी

(v) हीरा-मोती एक-दूसरे के प्रति अपना समर्पण भाव कैसे दर्शाते थे?

(क) गाड़ी में रखा सामान जल्दी-से-जल्दी घर पहुँचाकर
(ख) गाड़ी का ज्यादा-से-ज्यादा भार दूसरे पर डालकर
(ग) गाड़ी में जुते होने पर गाड़ी का ज्यादा भार दूसरे पर न पड़े, ऐसा प्रयास करके
(घ) संकट में एक-दूसरे की मदद करते थे

उत्तर (ग) गाड़ी में जुते होने पर गाड़ी का ज्यादा भार दूसरे पर न पड़े, ऐसा प्रयास करके

3. झूरी की स्त्री ने बैलों को द्वार पर देखा, तो जल उठी। बोली–कैसे नमकहराम बैल हैं कि एक दिन वहाँ काम न किया; भाग खड़े हुए। झूरी अपने बैलों पर यह आक्षेप न सुन सका, नमकहराम क्यों हैं? चारा-दाना न दिया होगा, तो क्या करते? स्त्री ने रोब के साथ कहा–बस, तुम्हीं तो बैलों को खिलाना जानते हो, और तो सभी पानी पिला-पिलाकर रखते हैं। झूरी ने चिढ़ाया–चारा मिलता तो क्यों भागते?

स्त्री चिढ़ी–भागे इसलिए कि वे लोग तुम जैसे बुद्धुओं की तरह बैलों को सहलाते नहीं। खिलाते हैं, तो रगड़कर जोतते भी हैं। ये दोनों ठहरे कामचोर, भाग निकले। अब देखूँ कहाँ से खली और चोकर मिलता है। सूखे भूसे के सिवा कुछ न दूँगी, खाएँ चाहें मरें।

(i) झूरी की पत्नी ने बैलों के विषय में क्या कहा?

(क) दोनों बैल कितने अच्छे हैं, जो घर वापस आ गए
(ख) दोनों बैल बहुत कमज़ोर हो गए हैं
(ग) दोनों बैल नमकहराम हैं, एक दिन भी काम न किया और भाग आए
(घ) दोनों बैलों को अब बेच दिया जाए

उत्तर (ग) दोनों बैल नमकहराम हैं, एक दिन भी काम न किया और भाग आए

(ii) झूरी ने अपने बैलों का पक्ष क्यों लिया?

(क) झूरी अपने बैलों से बहुत प्रेम करता था
(ख) झूरी अपने बैलों के मेहनती स्वभाव को जानता था
(ग) झूरी को विश्वास था कि बैलों को दाना-चारा नहीं मिला होगा
(घ) उपरोक्त सभी

उत्तर (घ) उपरोक्त सभी

(iii) झूरी की पत्नी झूरी की बात से चिढ़ जाती है, क्योंकि.....

(क) झूरी ने उसके भाई पर बैलों को चारा न देने की बात कही
(ख) झूरी ने उसके भाई को बैलों को देने से मना कर दिया
(ग) झूरी ने उसके भाई को बुरा-भला कहा
(घ) बैलों ने झूरी की पत्नी के भाई को चोट पहुँचाई थी

उत्तर (क) झूरी ने उसके भाई पर बैलों को चारा न देने की बात कही

(iv) झूरी की पत्नी के अनुसार बैल .... और .... थे।

(क) नमकहराम, कामचोर (ख) नमकहलाल, मेहनती
(ग) सुंदर और आकर्षक (घ) अद्भुत और मेहनती

उत्तर (क) नमकहराम व कामचोर

(v) झूरी की पत्नी के अनुसार, झूरी बैलों के साथ कैसा व्यवहार करता था? **दक्षता आधारित प्रश्न**

(क) झूरी बैलों को बहुत अधिक मारता-पीटता था
(ख) झूरी बैलों को अच्छे से खिलाता-पिलाता नहीं था
(ग) झूरी बैलों को अच्छे से खिलाता तथा प्यार से सहलाता था
(घ) झूरी बैलों के साथ शुष्क व्यवहार करता था

उत्तर (ग) झूरी बैलों को अच्छे से खिलाता तथा प्यार से सहलाता था

4. रात को जब बालिका रोटियाँ खिलाकर चली गई, दोनों रस्सियाँ चबाने लगे, पर मोटी रस्सी मुँह में न आती थी। बेचारे बार-बार ज़ोर लगाकर रह जाते थे।

सहसा घर का द्वार खुला और वही लड़की निकली। दोनों सिर झुकाकर उसका हाथ चाटने लगे। दोनों की पूँछें खड़ी हो गईं। उसने उनके माथे सहलाए और बोला–खोले देती हूँ। चुपके से भाग जाओ, नहीं तो यहाँ लोग मार डालेंगे। आज घर में सलाह हो रही है कि इनकी नाकों में नाथ डाल दी जाए। उसने गराँव खोल दिया, पर दोनों चुपचाप खड़े रहे। मोती ने अपनी भाषा में पूछा–अब चलते क्यों नहीं?
हीरा ने कहा–चलें तो, लेकिन कल इस अनाथ पर आफत आएगी। सब इसी पर संदेह करेंगे। सहसा बालिका चिल्लाई– दोनों फूफावाले बैल भागे जा रहे हैं। ओ दादा! दादा! दोनों बैल भागे जा रहे हैं, जल्दी दौड़ो।

(i) छोटी लड़की बैलों को क्या खिलाने आती थी?

(क) हरा-हरा चारा (ख) खल-चोकर
(ग) रोटियाँ (घ) चावल

उत्तर (ग) रोटियाँ

(ii) छोटी लड़की को देखकर हीरा-मोती ने कैसा व्यवहार किया?

(क) दोनों बैल पूँछें खड़ी करके खड़े हो गए
(ख) उसके सामने सिर झुकाकर खड़े रहे
(ग) दोनों प्रेमपूर्वक उसका हाथ चाटने लगे
(घ) उपरोक्त सभी

उत्तर (घ) उपरोक्त सभी

(iii) छोटी लड़की ने घर में क्या सुन लिया था?

(क) दोनों बैलों की नाक में नाथ डालने की बात हो रही थी
(ख) दोनों बैलों को आज से दाना-चारा नहीं दिया जाएगा
(ग) दोनों बैलों को कसाई को बेच दिया जाएगा
(घ) दोनों बैलों को प्रतिदिन पीटा जाएगा

उत्तर (क) दोनों बैलों की नाक में नाथ डालने की बात हो रही थी

(iv) छोटी लड़की द्वारा बैलों की रस्सियाँ खोलने का क्या कारण था?

(क) वह बैलों को बेचना चाहती थी
(ख) बैलों के प्रति उसमें दयालुता व प्रेम का भाव था
(ग) वह बैलों को भगाकर घरवालों से बदला लेना चाहती थी
(घ) उपरोक्त में से कोई नहीं

उत्तर (ख) बैलों के प्रति उसमें दयालुता व प्रेम का भाव था

(v) छोटी लड़की द्वारा बैलों को खोलने पर भी वे नहीं भागे, क्योंकि

(क) उन्हें डर था कि सब लड़की से घृणा करेंगे
(ख) उन्हें डर था कि परिवार वाले लड़की के साथ मारपीट करेंगे
(ग) छोटी लड़की ने बैलों के प्रति संदेह प्रकट किया था
(घ) बैल के पाँव में चोट लगी थी

उत्तर (ख) उन्हें डर था कि परिवार वाले लड़की के साथ मारपीट करेंगे

लघु उत्तरीय प्रश्नोत्तर

निम्नलिखित प्रश्नों के उत्तर संक्षेप में दीजिए

1. 'दो बैलों की कथा' के आधार पर बैल के स्वभाव की विशेषताएँ बताइए।

उत्तर 'दो बैलों की कथा' के आधार पर बैल के स्वभाव की विशेषताएँ निम्नलिखित हैं

(i) सामान्यतः सीधा, सरल तथा सहनशील प्रकृति का होना।
(ii) अत्याचार होने या किसी बात से असंतुष्ट होने पर पलटकर वार करना।
(iii) कभी-कभी सहनशीलता त्यागकर अड़ियल हो जाना।

2. लेखक के अनुसार, मनुष्य सभ्य कब कहलाता है?

उत्तर लेखक के अनुसार, जापान ने युद्ध में अपनी शक्ति का प्रदर्शन करके दुनियाभर में सम्मान अर्जित किया। हीरा और मोती भी जब शक्ति का प्रदर्शन करते हैं या सींग चलाते हैं, तो उन पर अत्याचार कम होता है। इसी प्रकार कोई मनुष्य यदि अपनी सरलता छोड़कर कठोरता एवं शक्ति का सिद्धांत अपना ले और ईंट का जवाब पत्थर से देने लगे, तो वह सभ्य कहलाता है।

3. झूरी अपने बैलों के साथ कैसा व्यवहार करता था?

उत्तर झूरी अपने बैलों, हीरा और मोती के साथ बहुत अच्छा व्यवहार करता था। वह उन्हें प्रेम से खली-चोकर मिला हुआ भूसा खिलाता और स्नेह से उनकी पीठ सहलाता और उनसे अपना प्रेम प्रकट करता था। वह उन्हें कभी मारता नहीं था, वह हर समय बैलों के हित की चिंता करता था। बैल झूरी के व्यवहार से प्रसन्न रहते थे।

4. गया कौन था? गया द्वारा हाँके जाने पर बैल क्या करते थे?

उत्तर गया झूरी की पत्नी का भाई था। झूरी की पत्नी ने हीरा-मोती (दो बैल) को काम के लिए कुछ दिनों के लिए अपने भाई को दिलवा दिए। बैलों ने समझा कि मालिक ने हमें बेच दिया, इसलिए वह गया के साथ नहीं जा रहे थे। वे रास्ते में अड़कर खड़े हो गए। गया द्वारा हाँके जाने पर वह सीधा चलने के अतिरिक्त दाएँ-बाएँ भागते और पीछे की ओर ज़ोर लगाते, जिससे गया को उन्हें अपने घर ले जाने में बड़ी परेशानी का सामना करना पड़ा।

5. हीरा और मोती गया के साथ क्यों नहीं जाना चाहते थे?

उत्तर हीरा और मोती का गया के साथ न जाने का कारण यह था कि उन्हें लग रहा था कि उनके मालिक झूरी ने उन्हें गया के हाथों बेच दिया है। वे अपने मालिक झूरी को बहुत पसंद करते थे और जी-जान से काम करते थे। गया के हाथों स्वयं को इस प्रकार बेचा जाना उन्हें सहन नहीं हो रहा था।

6. झूरी की पत्नी ने बैलों को नमकहराम क्यों कहा? बाद में उनका माथा क्यों चूमा?

उत्तर झूरी की पत्नी ने अपने भाई गया के घर अपने बैल भिजवाए थे, लेकिन हीरा-मोती दोनों बैल वहाँ से भाग आए। बैलों की इस हरकत से झूरी की पत्नी को अपना और अपने भाई गया का अपमान जैसा लगा, इसलिए क्रोधवश उसने बैलों को नमकहराम कहा। अंत में जब उसे हीरा-मोती की स्वामिभक्ति का भी आभास हुआ, तब उसने आनंदित होकर बैलों का माथा चूम लिया।

7. गया के घर दोबारा भेजे जाने पर बैलों (हीरा-मोती) ने किस प्रकार विरोध प्रदर्शन किया?

उत्तर गया जब दोनों बैलों को दोबारा गाड़ी में जोतकर ले जा रहा था, तब मोती ने उसे बैलगाड़ी समेत खाई में गिराना चाहा, परंतु हीरा ने सँभाल लिया। गया के घर में सूखा भूसा डाले जाने पर उन्होंने आँख उठाकर भी नहीं देखा। काम न करने के कारण हीरा की नाक पर जब डंडे पड़े, तो मोती हल, जुआ, जोत सब कुछ तोड़ते हुए उन्हें लेकर भागा। इस प्रकार बैलों ने भरपूर विरोध प्रदर्शन किया।

8. छोटी लड़की किसकी बेटी थी और उसने बैलों को रोटियाँ क्यों खिलाईं?

***अथवा* छोटी बच्ची हीरा और मोती को रोटियाँ क्यों खिलाती थी?**

उत्तर छोटी बच्ची झूरी के साले गया के भाई भैरो की बेटी थी। उसकी माँ सौतेली थी और उस पर तरह-तरह के अत्याचार करती थी। ठीक उसी तरह गया बैलों पर अत्याचार करता था। छोटी बच्ची बैलों का दर्द समझती थी, इसलिए वह बैलों को रोटियाँ खिलाती थी।

9. "उस एक रोटी से उनकी भूख तो क्या शांत होती, पर दोनों के हृदय को मानो भोजन मिल गया।" इस कथन का आशय बताइए।

दक्षता आधारित प्रश्न

उत्तर गया के घर की छोटी लड़की (गया के भाई भैरों की बेटी) बैलों को एक-एक रोटी उनके मुँह में देकर चली जाती थी। उस रोटी से उनके पेट की भूख तो नहीं मिटती थी, पर उस एक रोटी के रूप में उस लड़की का स्नेह मिल जाता था, जिससे उनकी स्नेह रूपी भूख की तृप्ति हो जाती थी अर्थात् इनके हृदय को भोजन मिल जाता था। उनके हृदय को स्नेह एवं शांति मिल जाती थी।

10. बच्ची द्वारा दी जाने वाली रोटी के संदर्भ में बताइए कि 'प्रेम के इस प्रसाद की यह बरकत थी' से क्या आशय है?

उत्तर मातृहीन लड़की द्वारा प्रेम से प्रतिदिन दी जाने वाली रोटी के कारण उसके स्नेह से तृप्त हीरा-मोती की शारीरिक शक्ति और क्षमता ज्यों-की-त्यों बनी रही। गया द्वारा किए जा रहे अत्याचार और सूखा भूसा भी उन्हें दुर्बल न कर सका। गया के घर झूरी के प्रेम से वंचित होने के उपरांत छोटी बच्ची द्वारा मिले प्रेम ने बैलों को तृप्त कर दिया।

11. हीरा और मोती ने साँड़ का सामना किस प्रकार किया?

उत्तर साँड़ का सामना होने पर हीरा और मोती ने भागने की अपेक्षा उससे भिड़ना ही उचित समझा। दोनों ने संगठित होकर आक्रमण करने की रणनीति अपनाई। साँड़ को संगठित शत्रुओं से लड़ने का अनुभव नहीं था। वह तो एक ही शत्रु से मल्लयुद्ध करने का आदी था। वह हीरा और मोती का मुकाबला न कर सका और ज़ख्मी होकर भागा, तब हीरा और मोती दोनों ने उसका दूर तक पीछा किया। जब साँड़ बेदम होकर गिर पड़ा, तब दोनों ने उसे छोड़ दिया।

12. हीरा-मोती द्वारा साँड़ को मार गिराना क्या संदेश देता है?

उत्तर हीरा-मोती द्वारा मिलकर साँड़ को मार गिराना यह संदेश देता है कि संघर्ष के लिए संगठन आवश्यक है। संगठित होकर और योजना बनाकर संघर्ष करने से बड़े-से-बड़े शत्रु को भी हराया जा सकता है। हीरा—मोती के मैत्री भाव एवं संगठन की शक्ति के कारण साँड़ को हार माननी ही पड़ी।

13. "गिरे हुए बैरी पर सींग नहीं चलाना चाहिए", इस कथन के आधार पर हीरा की विशेषताएँ लिखिए।

उत्तर "गिरे हुए बैरी पर सींग नहीं चलाना चाहिए", हीरा का यह कथन भारतीय संस्कृति के आदर्श का प्रतिनिधित्व कर रहा है। प्रेमचंद ने हीरा (बैल) के माध्यम से यह बताया है कि निहत्थे पर वार नहीं करना चाहिए। निहत्थे पर वार कायर ही करते हैं। सच्चे वीर, साहसी और दयालु लोग ऐसा नहीं करते। अत: हीरा में एक न्यायप्रिय, साहसी, शूरवीर एवं दयालु स्वभाव जैसी अनेक विशेषताएँ मौजूद हैं।

14. कांजीहौस किसे कहते हैं? वहाँ पशुओं के साथ कैसा व्यवहार होता है? 'दो बैलों की कथा' के आधार पर लिखिए।

उत्तर कांजीहौस उस स्थान को कहते हैं, जहाँ आवारा पशुओं को पकड़कर रखा जाता है। वहाँ पशुओं के साथ क्रूरतापूर्ण व्यवहार होता है। वहाँ पशुओं के खाने के लिए किसी प्रकार के चारे की व्यवस्था नहीं होती। दिनभर में एक बार पीने के लिए केवल पानी की व्यवस्था कर दी जाती है। वहाँ बंद सभी जानवर मरने जैसी हालत में हो जाते हैं। कांजीहौस में जानवरों के प्रति किसी की सहानुभूति नहीं रहती है।

15. कांजीहौस में हीरा और मोती ने जानवरों को किस प्रकार निकाला?

उत्तर कांजीहौस में हीरा और मोती ने देखा कि व [illegible]ई भैंसें, बकरियाँ, घोड़े और गधे कैद थे, सब ज़मीन पर मुर्दों की तरह पड़े थे। किसी को चारा नहीं दिया जाता था। यह देखकर दोनों ने सींग मार-मार कर दीवार गिरा दी और जानवरों को वहाँ से भगा दिया। वे स्वयं की आज़ादी के साथ दूसरे जानवरों की भी आज़ादी चाहते थे।

16. मोती और हीरा ने विपत्ति में एक-दूसरे का साथ कैसे दिया? इससे हमें क्या शिक्षा मिलती है?

उत्तर गया के घर से भागने के क्रम में हीरा और मोती को बलशाली साँड़ मिल गया, तब दोनों ने इस विपत्ति का मिलकर सामना किया और साँड़ बेदम होकर गिर पड़ा। मटर के खेत में मोती को फँसा देखकर हीरा ने मोती का साथ नहीं छोड़ा। कांजीहौस से हीरा द्वारा भागने में असमर्थ होने के कारण मोती भी उसे अकेले छोड़कर नहीं भागा। इस तरह उन्होंने विपत्ति में एक-दूसरे का साथ दिया।

इससे हमें यह शिक्षा मिलती है कि एक होकर रहने पर बड़ी से बड़ी विपत्ति का सामना भी सफलतापूर्वक किया जा सकता है।

17. 'दो बैलों की कथा' पाठ के प्रमुख पात्र हीरा-मोती के कार्य-व्यवहार के आधार पर बताइए कि सच्चे मित्रों की क्या पहचान होती है?

दक्षता आधारित प्रश्न

उत्तर सच्चे मित्रों की सबसे बड़ी पहचान हीरा और मोती के कार्य-व्यवहार से स्पष्ट होती है। वे दोनों एक-दूसरे को दु:ख में पड़ने से बचाते हैं,घुल-मिलकर रहते हैं और शरारत से खेल-खेल में कुलेल भी करते हैं। हीरा-मोती यह प्रयास भी करते थे कि उसकी ही गर्दन पर ज़्यादा और दूसरे पर कम से कम बोझ पड़े। इस तरह वे एक-दूसरे के सुख-दु:ख का ध्यान रखते हैं।

18. कृषि प्रधान समाज में पशुओं का क्या महत्त्व होता है?

उत्तर कृषि प्रधान समाज में पशुओं का अत्यधिक महत्त्व होता है। कृषि प्रधान समाज में नवीनतम तकनीकों और आधुनिक सुविधाओं का प्राय: अभाव रहता है। उनके कृषि संबंधी अनेक कार्य पशुओं पर ही निर्भर रहते हैं; जैसे—बोझ उठवाने में सहायता लेना, कृषि के लिए हल चलवाने में सहायता लेना, गोबर से खाद की पूर्ति करना तथा दूध द्वारा स्वयं के लिए पौष्टिक पेय जुटाना आदि।

19. 'दो बैलों की कथा' नामक पाठ से आपको क्या प्रेरणा मिलती है?

उत्तर प्रेमचंद द्वारा लिखित 'दो बैलों की कथा' नामक पाठ से हमें एकता के साथ रहने और संघर्ष करते हुए हार न मानने की प्रेरणा मिलती है। कहानी में हाथी के समान एक बलशाली साँड का सामना करना बैलों के वश की बात नहीं थी। वह दोनों (हीरा-मोती) को अकेला ही मार सकता था, लेकिन हीरा-मोती का हार न मानकर एकजुट होकर रणनीति के साथ उस पर साथ-साथ आक्रमण करना, साँड़ के लिए भारी पड़ गया। साँड़ को संगठित शत्रुओं से लड़ने का अनुभव नहीं था। वह हीरा-मोती के सामने टिक न सका और बेदम होकर गिर गया।

20. कहानी के आधार पर सिद्ध कीजिए कि 'संगठन में बल' या 'एकता में शक्ति' होती है।

उत्तर प्रस्तुत कहानी में हीरा और मोती ने गया के अन्याय को मिलकर सहा। हल में जोते जाने पर गया से हीरा को मार खाता देखकर मोती ने हल, रस्सी आदि तोड़कर भागते हुए हीरा को बचा लिया। दोनों बैल मिलकर ही कांजीहौस की दीवार गिराकर पशुओं को आज़ाद करने में सफल हो पाए थे। साँड़ (उनसे बलशाली पशु) से भी दोनों ने संगठित होकर ही मुकाबला किया। इस प्रकार यह सिद्ध होता है कि संगठन में बल होता है।

स्व-मूल्यांकन

पाठ पर आधारित बहुविकल्पीय प्रश्न

निम्नलिखित प्रश्नों के सर्वाधिक उपयुक्त विकल्पों का चयन कीजिए।

1. गधे को कभी क्रोध करते नहीं सुना, न देखा जितना चाहो गरीब को मारो, चाहे जैसी खराब, सड़ी हुई घास सामने डाल दो।
उपर्युक्त पंक्तियों में गधे को कैसा प्राणी बताया गया है?
(क) ईर्ष्यालु (ख) हिंसक
(ग) सहनशील (घ) स्वार्थी

2. झूरी के साले ने दोबारा दोनों बैलों को ले जाने पर उनके साथ कैसा व्यवहार किया? **दक्षता आधारित प्रश्न**
(क) उसने दोनों बैलों को गाड़ी में जोता
(ख) उसने उन्हें मोटी रस्सियों से बाँधकर मारा-पीटा
(ग) उसने दोनों बैलों के सामने सूखा भूसा डाल दिया
(घ) उपरोक्त सभी

3. दोनों बैलों को किस बात पर अपमान महसूस हुआ?
(क) गया के बैलों ने उनका मजाक उड़ाया
(ख) मार पड़ी और ऊपर से सूखा भूसा खाने को मिला
(ग) दोनों बैलगाड़ी में जोते गए
(घ) उपर्युक्त में से कोई नहीं

गद्यांश पर आधारित बहुविकल्पीय प्रश्न

निम्नलिखित गद्यांश को ध्यानपूर्वक पढ़कर पूछे गए प्रश्नों के सही विकल्प चुनिए।

नीलाम हो जाने के बाद दोनों मित्र उस दढ़ियल के साथ चले। दोनों की बोटी-बोटी काँप रही थी। बेचारे पाँव तक न उठा सकते थे, पर भय के मारे गिरते-पड़ते भागे जाते थे; क्योंकि वह ज़रा भी चाल धीमी हो जाने पर ज़ोर से डंडा जमा देता था। राह में गाय-बैलों का एक रेवड़ हरे-हरे हार में चरता नज़र आया। सभी जानवर प्रसन्न थे, चिकने, चपल कोई उछलता था, कोई आनंद से बैठा पागुर करता था। कितना सुखी जीवन था इनका, पर कितने स्वार्थी हैं सब। किसी को चिंता नहीं कि उनके दो भाई बधिक के हाथ पड़े कैसे दुःखी हैं।

सहसा दोनों को ऐसा मालूम हुआ कि यह परिचित राह है। हाँ, इसी रास्ते से गया उन्हें ले गया था। वही खेत, वही बाग, वही गाँव मिलने लगे। प्रतिक्षण उनकी चाल तेज़ होने लगी। सारी थकान, सारी दुर्बलता गायब हो गई। आह? यह लो! अपना ही घर आ गया। इसी कुएँ पर हम पुर चलाने आया करते थे, यही कुआँ है।

(i) दढ़ियल व्यक्ति कौन था?
(क) झूरी की पत्नी का भाई (ख) एक व्यापारी
(ग) एक कसाई (घ) झूरी

(ii) वे दोनों बैल दढ़ियल के साथ चलते हुए काँप रहे थे, क्योंकि
(क) उन्हें डर था कि वह उन्हें अब मार डालेगा
(ख) उन्हें स्वयं को पीटे जाने का डर था
(ग) उन्हें झूरी से दूर हो जाने का डर था
(घ) उन्हें डर था कि वह दढ़ियल उन्हें गया को न सौंप दे

(iii) बैलों को ...... जीवन अधिक सुखमय लगा। **दक्षता आधारित प्रश्न**
(क) दढ़ियल व्यक्ति का
(ख) राह में मिले गाय-बैलों के झुंड का
(ग) गाँव के जीवन का
(घ) उपरोक्त में से कोई नहीं

(iv) दोनों बैलों की चाल अचानक तेज क्यों हो गई?
(क) उन्हें लगा कि वे जिस रास्ते से जा रहे हैं, वह परिचित है
(ख) उनके मन में दढ़ियल व्यक्ति को मारने का विचार आया
(ग) वे गाय-बैलों के रेवड़ में मिल जाना चाहते थे
(घ) उपरोक्त में से कोई नहीं

(v) 'दुर्बलता' में क्रमशः उपसर्ग व प्रत्यय कौन-से हैं?
(क) ता, दुर् (ख) दुर्, ता (ग) दुः, लता (घ) दुः, ता

लघु उत्तरीय प्रश्नोत्तर

निम्नलिखित प्रश्नों के उत्तर संक्षेप में दीजिए

1. 'दो बैलों की कथा' में 'बछिया के ताऊ' किसके लिए प्रयुक्त किया गया है और क्यों? **दक्षता आधारित प्रश्न**

2. हीरा और मोती अपनी आपसी मित्रता कैसे प्रकट करते थे?

3. दोनों बैलों की आँखों में विद्रोहमय स्नेह क्यों झलक रहा था? पाठ के आधार पर स्पष्ट कीजिए।

4. 'दो बैलों की कथा' पाठ के आधार पर पशुओं की स्वामी-भक्ति का वर्णन कीजिए। **दक्षता आधारित प्रश्न**

5. 'दो बैलों की कथा' पाठ के आधार पर स्पष्ट कीजिए कि स्वतंत्रता सहज नहीं मिलती, बल्कि उसके लिए संघर्ष करना पड़ता है।

6. कांजीहौस में बंद हीरा-मोती को ऐसा क्यों लगा कि इससे तो अच्छा गया ही था? कांजीहौस के कर्मचारियों और गया के व्यवहार के आधार पर स्पष्ट कीजिए।

अध्याय

2

ल्हासा की ओर

राहुल सांकृत्यायन

पाठ की रूपरेखा प्रस्तुत पाठ राहुल सांकृत्यायन द्वारा की गई तिब्बत यात्रा का एक 'यात्रा वृत्तांत' है। भारतीय लोगों को उस समय तिब्बत जाने की अनुमति नहीं थी, इसलिए लेखक ने भिखारियों जैसी वेशभूषा धारण कर अपनी यह यात्रा पूरी की। लेखक ने जिन दुर्गम रास्तों पर यात्रा की, क्या-क्या परेशानियाँ सही, आदि का वर्णन उन्होंने प्रस्तुत यात्रा वृत्तांत में किया है।

लेखक परिचय

आधुनिक हिंदी के प्रमुख साहित्यकार राहुल सांकृत्यायन का जन्म 1893 ई. में उत्तर प्रदेश के आजमगढ़ ज़िले के पंदहा गाँव में हुआ था। उनका पैतृक गाँव कनैला था। उनके बचपन का नाम केदारनाथ पांडेय था। उनकी प्रारंभिक शिक्षा गाँव के मदरसे में हुई। उनका बौद्ध धर्म की ओर विशेष झुकाव था। बौद्ध धर्म अपनाने के बाद उनका नाम राहुल सांकृत्यायन पड़ा। उन्हें पाली, प्राकृत, अपभ्रंश, तिब्बती, चीनी आदि अनेक भाषाओं का ज्ञान था।

उनके अनुपम ज्ञान भंडार के कारण उन्हें महापंडित की उपाधि दी गई। वे यात्रा-साहित्य के पितामह कहे जाते हैं। बौद्ध धर्म पर उनका शोध विशेष उल्लेखनीय है। वे घुमक्कड़ प्रवृत्ति वाले व्यक्ति थे। उन्होंने तिब्बत से लेकर श्रीलंका तक भ्रमण किया।

राहुल सांकृत्यायन की प्रमुख रचनाएँ हैं—सतमी के बच्चे, बदुरंगी मधुपरी (कहानी), जीने के लिए, मधुर स्वप्न, विस्मृत यात्रा (उपन्यास), मेरी जीवन यात्रा (आत्मकथा)। घुमक्कड़ स्वभाव वाले राहुल सांकृत्यायन ने अनेक स्थानों की यात्रा की थी, इसलिए विभिन्न क्षेत्रों के शब्दों का प्रयोग उनकी रचनाओं में देखने को मिलता है।

उनकी भाषा सहज, सरल व स्वाभाविक है। उन्हें साहित्य अकादमी पुरस्कार तथा भारत सरकार के पद्म भूषण पुरस्कार से विभूषित किया गया। राहुल सांकृत्यायन का निधन वर्ष 1963 में हुआ था।

पाठ का सार

नेपाल–तिब्बत मार्ग

प्रस्तुत पाठ में लेखक राहुल, सांकृत्यायन द्वारा तिब्बत की राजधानी ल्हासा की ओर जाने वाले उस समय (वर्ष 1929-30) के दुर्गम रास्तों का वर्णन किया गया है। उन दिनों फरी-कलिङ्पोङ् का रास्ता बंद था। तब नेपाल के रास्ते से तिब्बत में हिंदुस्तानी वस्तुओं का व्यापार होता था। इस रास्ते पर अनेक सैनिक चौकियाँ और किले भी थे। कालांतर में फ़ौजी मकानों के जर्जर हो जाने के कारण वहाँ पर किसानों ने अपना बसेरा बना लिया। एक ऐसे ही जर्जर किले के पास लेखक ने अपने मित्रों के साथ चाय पीने का आनंद लिया।

तिब्बत का सामाजिक जीवन

तिब्बत में पर्दा-प्रथा, जाति-पाँति, छुआछूत आदि न होने के कारण कोई भी अपरिचित व्यक्ति अपना सामान देकर उस घर की महिला से अपनी चाय बनवा सकता है या खुद बना सकता है। लोग चोरी के डर से भिखारियों को घर में नहीं घुसने देते। यहाँ किसी घर की बहू या सास को मक्खन, सोडा और नमक देने पर वह उसे चोङी में मथकर दूधवाली चाय के रंग की बनाकर मिट्टी के टोंटीदार बर्तन में रखकर दे देती है।

लेखक की यात्रा की शुरुआत

लेखक की यात्रा एक परित्यक्त चीनी किले से शुरू हुई थी। उस समय एक तिब्बती आदमी राहदारी (यात्रा करने का कर) माँगने आया था। लेखक ने अपनी और अपने साथी सुमति की चिटें (पर्ची) उसे दे दी थीं। सुमति की जान-पहचान होने के कारण एक भिखमंगे के वेश में होते हुए भी लेखक को थोङ्ला के आखिरी गाँव में रहने की अच्छी जगह मिल गई थी। तब उन्हें याद आया कि हम पाँच साल पहले भी इसी रास्ते से लौटे थे, परंतु उस समय एक सज्जन आदमी के रूप में होते हुए भी उन्हें ठहरने के लिए जगह नहीं मिली थी। तब वे गाँव के सबसे गरीब झोंपड़े में ठहरे थे।

निर्जन स्थल डाँड़े

डाँड़े तिब्बत का सबसे खतरनाक स्थान है, जो सोलह-सत्रह हज़ार फीट की ऊँचाई पर स्थित है। अब लेखक और उसके साथी को इसे पार करना था। यह स्थान निर्जन है, यहाँ नदियों तथा पहाड़ों के घुमाव के कारण मीलों दूर तक आदमियों के दर्शन नहीं होते, इसलिए यह डाकुओं के लिए सबसे अच्छी जगह है। काफ़ी ऊँचाई पर होने के कारण दोनों तरफ़ मीलों तक कोई गाँव नहीं है। लोगों को डाकुओं का भय बना रहता है। यहाँ के डाकू पहले आदमी को मार देते हैं, उसके बाद देखते हैं कि उसके पास कुछ पैसा वगैरह है या नहीं। तिब्बत की कानून व्यवस्था अच्छी नहीं है। सरकार खुफ़िया विभाग व पुलिस पर अधिक खर्च नहीं करती।

हथियार के संबंध में यहाँ कोई कानून नहीं है, इसलिए लोग अपनी सुरक्षा के लिए बंदूक और पिस्तौल लाठी की तरह लेकर घूमते हैं। चूँकि लेखक और उसका साथी, दोनों भिखमंगों के वेश में थे, इसलिए उन्हें डाकुओं का भय नहीं था। जहाँ कहीं भी इन्हें कोई ऐसी खतरनाक सूरत दिखती, वे अपनी टोपी उतारकर और जीभ निकालकर वहाँ की भाषा में 'कुची-कुची (दया-दया) एक पैसा' कहते हुए भीख माँगने लगते। इनकी पीठ पर सामान था और चढ़ाई भी काफ़ी थी, इसलिए ये दो घोड़ों पर सवार होकर दूसरे दिन दोपहर के समय डाँड़े पहुँचे।

लेखक का रास्ता भटकना

समुद्र तल से 17-18 हजार फीट की ऊँचाई पर स्थित डाँड़े का स्थान पत्थरों के ढेर, जानवरों के सींगों और रंग-बिरंगे कपड़े की झंडियों से सुसज्जित था। डाँड़े के दक्षिण में पूरब से पश्चिम तक हिमालय की हजारों बर्फीली चोटियाँ थीं। यहीं सबसे ऊँची जगह पर 'डाँड़े के देवता' का स्थान है। इसके आगे उतराई थी। लेखक लङ्कोर का रास्ता भटक गया और अपने साथी से बहुत पीछे रह गया।

लेखक रास्ता पूछ-पूछकर वापस आया और दूसरे रास्ते से चार बजे के करीब अपने साथी सुमति के पास पहुँचा, जिसका मुँह गुस्से से लाल हो रहा था। वैसे भी मंगोलों का मुँह लाल होता है, पर सुमति तो गुस्से में था। उसे बार-बार चाय गर्म करते हुए लेखक की प्रतीक्षा में घंटों बैठे रहना पड़ा था। अत: लेखक ने बड़ी नम्रता से कहा मेरी गलती नहीं है, घोड़ा बहुत धीमी गति से चल रहा था, मैं तो रात तक पहुँचने की आशा में था। यह सुनकर सुमति का क्रोध शांत हो गया। यहाँ से इन लोगों को तिङ्री जाना था। कुछ सामान पीठ पर लादकर और हाथ में डंडा लेकर वे आगे बढ़े।

तिङ्री का मैदान

अब लेखक और उसके साथी तिंङ्रा के विशाल मैदान में थे। यह मैदान पहाड़ों से घिरा हुआ था, जो किसी टापू जैसा लग रहा था। मैदान के भीतर दूर से दिखाई देने वाली पहाड़ी का नाम तिङ्री-समाधि-गिरि था। यहाँ पर सुमति के अनेक यजमान थे। उसने उनको बोधगया से लाए हुए कपड़े की बत्तियों के गंडे (डंडे में बाँधकर बनाया गया धार्मिक चिह्न) बनाकर दिए। वहाँ से वे लोग 10-11 बजे के लगभग तेज़ धूप में आगे के लिए चल पड़े। सुमति ने एक आदमी से मिलने का बहाना करके शेकर विहार की ओर चलने के लिए कहा, क्योंकि वह वहाँ अपने एक यजमान से मिलना चाहता था।

जागीरदारी का प्रचलन

तिब्बती ज़मीन छोटे-बड़े जागीरदारों में बँटी है। इन जागीरों का काफ़ी बड़ा हिस्सा मठों (विहारों) की देख-रेख में है। ये जागीरदार बेगार में मज़दूरों से अपनी-अपनी जागीरों पर खेती करवाते हैं। समय-समय पर खेती का प्रबंध देखने के लिए भिक्षु आते रहते हैं, जिन्हें राजा के समान आदर मिलता है।

मुखिया भिक्षु (नम्से) से मुलाकात

शेकर विहार की खेती के मुखिया भिक्षु (नम्से) बड़े ही भद्र पुरुष थे। लेखक को भिखमंगों के वेश में देखकर भी लेखक की वेशभूषा का ख्याल न करते हुए भी वे लेखक से बहुत प्रेम से मिले। यहाँ एक अच्छा बौद्ध मंदिर था, जिसमें कंजुर (बुद्धवचन अनुवाद) की हस्तलिखित एक सौ तीन पोथियाँ रखी हुई थीं, जो मोटे कागज़ पर बड़े अच्छे अक्षरों में लिखी गई थीं। एक-एक पोथी पंद्रह-पंद्रह सेर से कम नहीं थी। लेखक का आसन वहीं लग गया। वह पोथी पढ़ने में मग्न हो गया। सुमति अपने यजमानों से मिलने चला गया। दूसरे दिन लेखक और उसके साथी भिक्षु नम्से से विदाई लेकर पुन: तिङ्री गाँव के लिए वापस चल पड़े, जो वहाँ से बहुत दूर नहीं था।

शब्दार्थ

शब्द	अर्थ
NCERT पेज नं. 25 व 26	
चौकियाँ	सुरक्षा-व्यवस्था के लिए बनाए गए स्थान
पलटन	सेना
परित्यक्त	छोड़ा हुआ
निम्न श्रेणी	निचला वर्ग
अपरिचित	जिससे कोई जान-पहचान न हो
मथकर	घुलाकर
राहदारी	यात्रा करने का कर
भद्र	सज्जन
मनोवृत्ति	मन की भावना
छङ्	शराब जैसा एक प्रकार का पेय पदार्थ
डाँड़ा	ऊँची ज़मीन
थोङ्ला	तिब्बती सीमा का एक स्थान
पड़ाव	ठहरने का स्थान
NCERT पेज नं. 27 व 28	
श्वेत शिखर	सफ़ेद चोटियाँ
भीटे	टीले के आकार का ऊँचा स्थान
कंडे	गोबर के बने उपले,
थुक्पा	सत्तू या चावल के साथ मूली, हड्डी और मांस के मिश्रण का तरल खाद्य पदार्थ
टापू	बीच में उठा पर्वतनुमा स्थान; जिसके चारों ओर पानी हो
समाधि-गिरि	वह पहाड़ी जिस पर समाधि बनी हुई हैं
गंडा	मंत्र पढ़कर गाँठ लगाया हुआ धागा या कपड़ा
भरिया	सामान उठाकर ले चलने वाला व्यक्ति
ललाट	माथा
जागीदार	जागीरों का मालिक
मठ	भिक्षुकों के रहने का स्थान
हस्तलिखित	हाथ से लिखी हुई
पोथियाँ	मोटी किताब

NCERT फोल्डर

पाठ्यपुस्तक (क्षितिज भाग-1) के प्रश्नोत्तर

प्र.1 थोङ्ला के पहले के आखिरी गाँव पहुँचने पर भिखमंगे के वेश में होने के बावजूद लेखक को ठहरने के लिए उचित स्थान मिला, जबकि दूसरी बार यात्रा के समय भद्र वेश भी उन्हें स्थान नहीं दिला सका। क्यों? दक्षता आधारित प्रश्न

उत्तर तिब्बत के गाँवों में सभी यात्रियों के लिए एक जैसी व्यवस्था नहीं होती है। जान-पहचान होने पर ठीक जगह मिल जाती थी, वरना भटकना पड़ता था। यात्रियों का आदर-सत्कार करना उन लोगों की उस समय की मनोदशा पर निर्भर करता था।

शाम के छ: बजे के बाद गाँव के लोग छङ् (मदिरा जैसा पेय पदार्थ) पीकर होश में नहीं रहते, इसलिए वे अंतर नहीं कर पाते कि किसके साथ कैसा आदर-सत्कार करना चाहिए। यही कारण था कि दूसरी बार भद्र वेश भी उन्हें उचित स्थान नहीं दिला सका।

प्र.2 उस समय के तिब्बत में हथियार का कानून न रहने के कारण यात्रियों को किस प्रकार का भय बना रहता था?

उत्तर उस समय के तिब्बत में हथियार का कानून न रहने के कारण वहाँ के लोग बंदूक या पिस्तौल लाठियों की तरह लेकर चलते थे। निर्जन होने के कारण भी वहाँ यात्रियों को डाकुओं का हमेशा भय बना रहता था। सरकार पुलिस और खुफ़िया विभाग पर ज़्यादा खर्च नहीं करती थी। वहाँ डाकू किसी को भी आसानी से मार देते थे, इसलिए यात्रियों को हत्या और लूटपाट का भय बना रहता था।

प्र.3 लेखक लङ्कोर के मार्ग में अपने साथियों से किस कारण पिछड़ गया?

उत्तर लेखक लङ्कोर के मार्ग में अपने साथियों से इसलिए पिछड़ गया, क्योंकि वहाँ का रास्ता ऊँची चढ़ाई का था और जो घोड़ा मिला था, वह भी सुस्त था एवं धीरे-धीरे चल रहा था। लेखक रास्ता भी भटक गया था, क्योंकि दो रास्ते एक साथ निकल रहे थे। वह गलत रास्ते पर डेढ़ किलोमीटर तक चला गया था। पूछने पर सही रास्ते का पता चला, तब उसने वापस उसी रास्ते पर आकर पुन: सही रास्ते को पकड़ा।

प्र.4 लेखक ने शेकर विहार में सुमति को उसके यजमानों के पास जाने से रोका, परंतु दूसरी बार रोकने का प्रयास क्यों नहीं किया? दक्षता आधारित प्रश्न

उत्तर लेखक ने शेकर विहार में सुमति को उसके यजमानों के पास जाने से रोका, क्योंकि उसे वहाँ लगभग एक सप्ताह लग सकता था और लेखक के पास उतना समय इंतजार करने के लिए नहीं था, परंतु दूसरी बार इसलिए नहीं रोका, क्योंकि लेखक को बुद्धवचन के अनुवाद की मूल्यवान हस्तलिखित पोथियाँ मिल गई थीं, जिनका अध्ययन लेखक एकांत में करना चाहता था।

प्र.5 अपनी यात्रा के दौरान लेखक को किन कठिनाइयों का सामना करना पड़ा?

उत्तर अपनी तिब्बत यात्रा के दौरान लेखक को अनेक कठिनाइयों का सामना करना पड़ा; जैसे—लेखक को भिखारी के वेश में यात्रा करनी पड़ी, रास्ते में वह अपने साथियों से बिछड़ गया, क्योंकि वह रास्ता भटक गया था। उसे अपना सामान स्वयं पीठ पर ढोना पड़ा, अधिक ठंड और कड़ी धूप का सामना करना पड़ा, लौटते समय ठहरने के लिए अच्छा स्थान नहीं मिला आदि।

प्र.6 प्रस्तुत यात्रा वृत्तांत के आधार पर बताइए कि उस समय का तिब्बती समाज कैसा था?

उत्तर प्रस्तुत यात्रा वृत्तांत के आधार पर उस समय का तिब्बती समाज खुले विचारों वाला था। वहाँ किसी प्रकार का सामाजिक भेदभाव और छुआछूत की भावना नहीं थी। स्त्रियों में पर्दा-प्रथा जैसी रूढ़ियाँ नहीं थी। वे धार्मिक चिह्न गंडों (मंत्र पढ़कर गाँठ लगाया हुआ धागा) में विश्वास रखते थे। अपरिचित व्यक्ति भी घर के अंदर तक जा सकता था और अपनी चाय बनवा सकता था। वहाँ के निवासी शाम छ: बजे के बाद छङ् पीकर मस्त रहते थे।

प्र.7 "मैं अब पुस्तकों के भीतर था" नीचे दिए गए विकल्पों में से कौन-सा इस वाक्य का अर्थ बतलाता है? दक्षता आधारित प्रश्न

(क) लेखक पुस्तकें पढ़ने में रम गया।

(ख) लेखक पुस्तकों की शैल्फ़ के भीतर चला गया।

(ग) लेखक के चारों ओर पुस्तकें ही थीं।

(घ) पुस्तक में लेखक का परिचय और चित्र छपा था।

उत्तर (क) लेखक पुस्तकें पढ़ने में रम गया।

रचना और अभिव्यक्ति

प्र.8 सुमति के यजमान और अन्य परिचित लोग लगभग हर गाँव में मिले। इस आधार पर आप सुमति के व्यक्तित्व की किन विशेषताओं का चित्रण कर सकते हैं?

उत्तर सुमति एक मंगोल भिक्षु था। वह दूर-दूर तक गाँव के लोगों के लिए पुरोहित का काम करता था। वह अपने यजमानों में बहुत लोकप्रिय था। उसके यजमान उस पर बहुत श्रद्धा एवं विश्वास रखते थे। सुमति अत्यंत मिलनसार स्वभाव का था। वह बोधगया से गंडे-ताबीज लाकर अपने यजमानों में बाँटता था। अत्यंत व्यवहार कुशल होने के कारण सभी लोग उसका सम्मान करते थे।

प्र.9 "हालाँकि उस वक्त मेरा भेष ऐसा नहीं था कि उन्हें कुछ भी खयाल करना चाहिए था।" उक्त कथन के अनुसार हमारे आचार-व्यवहार के तरीके वेशभूषा के आधार पर तय होते हैं। आपकी समझ से यह उचित है अथवा अनुचित, विचार व्यक्त कीजिए। दक्षता आधारित प्रश्न

उत्तर वेशभूषा व्यक्ति का बाह्य आवरण होता है। साधारण वेशभूषा एवं आचार-विचार किसी व्यक्ति के उच्च या निम्न स्तर का परिचायक नहीं होता है। अच्छी वेशभूषा वाला व्यक्ति भी गलत या कुत्सित प्रवृत्ति का हो सकता है। कोई व्यक्ति ज्ञानी या अज्ञानी है, बौद्धिक रूप से उच्चस्तरीय है या निम्न स्तर का है, इसका निर्धारण वेशभूषा के आधार पर करना और उसके अनुसार व्यवहार करना मेरी समझ से उचित नहीं हो सकता है।

प्र.10 यात्रा वृत्तांत के आधार पर तिब्बत की भौगोलिक स्थिति का शब्द चित्र प्रस्तुत कीजिए। वहाँ की स्थिति आपके राज्य/शहर से किस प्रकार भिन्न है?

उत्तर तिब्बत, भारत और नेपाल के उत्तर में स्थित है। यह समुद्र तल से सोलह-सत्रह हज़ार फीट की ऊँचाई पर स्थित है। इसके रास्ते ऊँचे-नीचे और निर्जन हैं। दक्षिण की ओर पूर्व से पश्चिम तक हिमालय के बर्फ़ से ढके हज़ारों शिखर हैं, जबकि भीटे की ओर दिखने वाले पहाड़ एकदम नग्न हैं। तिङ्री नामक एक विशाल मैदान है, जो पहाड़ों से घिरा हुआ टापू के समान लगता है। तिब्बत की स्थिति हमारे राज्य/शहर से इसलिए भिन्न है, क्योंकि हमारा राज्य/शहर मैदानी भू-भाग में स्थित है, जबकि तिब्बत पहाड़ी और पठारी भू-भाग है। इसके अतिरिक्त वहाँ की जलवायु भी हमारे राज्य से काफी भिन्न है।

प्र.11 आपने भी किसी स्थान की यात्रा अवश्य की होगी? यात्रा के दौरान हुए अनुभवों को लिखकर प्रस्तुत कीजिए।

उत्तर छात्र स्वयं करें।

प्र.12 यात्रा वृत्तांत गद्य-साहित्य की एक विधा है। आपकी इस पाठ्यपुस्तक में कौन-कौन-सी विधाएँ हैं? प्रस्तुत विधा उनसे किस प्रकार अलग है?

उत्तर हमारी इस पाठ्यपुस्तक में कहानी, निबंध, संस्मरण, व्यंग्य, रेखाचित्र एवं यात्रा वृत्तांत विधाएँ दी गई हैं। प्रस्तुत पाठ एक यात्रा वृत्तांत है, इसका मुख्य विषय 'ल्हासा' की यात्रा का वर्णन करना है। यह पाठ यात्रा से आरंभ होकर यात्रा पर समाप्त होता है। इसमें भौगोलिक एवं सामाजिक चरित्र अधिक दर्शाए गए हैं, जबकि कहानी, संस्मरण, रेखाचित्र एवं व्यंग्य में वैयक्तिक स्तर पर मानव चरित्र-चित्रण अधिक होता है। निबंध में विचार-विवेचन होता है। इसीलिए यात्रा वृत्तांत अन्य विधाओं से भिन्न होता है।

भाषा अध्ययन

प्र.13 किसी भी बात को अनेक प्रकार से कहा जा सकता है; जैसे–

सुबह होने से पहले हम गाँव में थे।
पौ फटने वाली थी कि हम गाँव में थे।
तारों की छाँव रहते-रहते हम गाँव पहुँच गए।
नीचे दिए गए वाक्य को अलग तरीके से लिखिए
"जान नहीं पड़ता कि घोड़ा आगे जा रहा है या पीछे।"

उत्तर (i) पता ही नहीं चलता था कि घोड़ा आगे जा रहा है या पीछे।
(ii) कभी लगता था कि घोड़ा आगे जा रहा है, तो कभी लगता था कि पीछे।

प्र.14 ऐसे शब्द, जो किसी 'अंचल' यानी क्षेत्र विशेष में प्रयुक्त होते हैं, उन्हें आँचलिक शब्द कहा जाता है। प्रस्तुत पाठ में से आँचलिक शब्द ढूँढकर लिखिए।

उत्तर पाठ में प्रयुक्त आँचलिक शब्दों में चोङी, खोटी, राहदारी, छङ्, डाँड़ा, गिराँव, कुची-कुची, कंडे, थुक्पा, गंडा, भरिया, कंजुर आदि शामिल हैं।

प्र.15 पाठ में कागज़, अक्षर, मैदान के आगे क्रमशः मोटे, अच्छे और विशाल शब्दों का प्रयोग हुआ है। इन शब्दों से उनकी विशेषता उभरकर आती है। पाठ में से कुछ ऐसे ही और शब्द छाँटिए, जो किसी की विशेषता बता रहे हों।

उत्तर पाठ में प्रयुक्त विशेषण शब्द निम्नलिखित हैं
मुख्य, व्यापारिक, सर्वोच्च, थोड़ी, गर्मागर्म, विशाल, रंग-बिरंगे, निर्जन, श्वेत, हज़ारों, पतली-पतली चिरी बत्तियाँ, छोटी-सी, बहुत-से, टोंटीदार, आखिरी, विकट, गरीब, थोड़ी, अच्छी आदि।

पाठेतर सक्रियता

प्र.1 यह यात्रा राहुल जी ने वर्ष 1930 में की थी। आज के समय यदि तिब्बत की यात्रा की जाए, तो राहुल जी की यात्रा से कैसे भिन्न होगी?

उत्तर छात्र स्वयं करें।

प्र.2 क्या आपके किसी परिचित को घुमक्कड़ी/यायावरी का शौक है? उसके इस शौक का उसकी पढ़ाई, काम आदि पर क्या प्रभाव पड़ता होगा, लिखिए।

उत्तर छात्र स्वयं करें।

प्र.3 अपठित गद्यांश को पढ़कर दिए गए प्रश्नों के उत्तर दीजिए

आम दिनों में समुद्र किनारे के इलाके बेहद खूबसूरत लगते हैं। समुद्र लाखों लोगों को भोजन देता है और लाखों लोग उससे जुड़े दूसरे कारोबारों में लगे हैं। दिसंबर, 2004 को सुनामी या समुद्री भूकंप से उठने वाली तूफ़ानी लहरों के प्रकोप ने एक बार फिर साबित कर दिया है कि कुदरत की यह देन सबसे बड़े विनाश का कारण भी बन सकती है।

प्रकृति कब अपने ही ताने-बाने को उलट कर रख देगी, कहना मुश्किल है। हम उसके बदलते मिजाज को उसका कोप कह लें या कुछ और मगर यह अबूझ पहेली अकसर हमारे विश्वास के चीथड़े कर देती है और हमें यह अहसास करा जाती है कि हम एक कदम आगे नहीं, चार कदम पीछे हैं। एशिया के एक बड़े हिस्से में आने वाले उस भूकंप ने कई द्वीपों को इधर-उधर खिसकाकर एशिया का नक्शा ही बदल डाला। प्रकृति ने पहले भी अपनी ही दी हुई कई अद्भुत चीज़ें इंसान से वापस ले ली हैं, जिसकी कसक अभी तक है।

दुःख जीवन को माँजता है, उसे आगे बढ़ने का हुनर सिखाता है। वह हमारे जीवन में ग्रहण लाता है, ताकि हम पूरे प्रकाश की अहमियत जान सकें और रोशनी को बचाए रखने के जतन करें। इस जतन से सभ्यता और संस्कृति का निर्माण होता है।

सुनामी के कारण दक्षिण भारत और विश्व के अन्य देशों में जो पीड़ा हम देख रहे हैं, उसे निराशा के चश्मे से न देखें। ऐसे समय में

भी मेघना, अरुण और मैगी जैसे बच्चे हमारे जीवन में जोश, उत्साह और शक्ति भर देते हैं। 13 वर्षीय मेघना, अरुण दो दिन अकेले खारे समुद्र में तैरते हुए जीव-जंतुओं से मुकाबला करते हुए किनारे आ लगे। इंडोनेशिया की रिजा पड़ोसी के दो बच्चों को पीठ पर लादकर पानी के बीच तैर रही थी कि एक विशालकाय साँप ने उसे किनारे का रास्ता दिखाया। मछुआरे की बेटी मैगी ने रविवार को समुद्र का भयंकर शोर सुना, उसकी शरारत को समझा, तुरंत अपना बेड़ा उठाया और अपने परिजनों को उस पर बिठा उतर आई समुद्र में 41 लोगों को लेकर। महज 18 साल की यह जलपरी चल पड़ी पगलाए सागर से दो-दो हाथ करने। दस मीटर से ज़्यादा ऊँची सुनामी लहरें जो कोई बाधा, रुकावट मानने को तैयार नहीं थीं, इस लड़की के बुलंद इरादों के सामने बौनी ही साबित हुईं।

जिस प्रकृति ने हमारे सामने भारी तबाही मचाई है, उसी ने हमें ऐसी ताकत और सूझ दे रखी है कि हम फिर से खड़े होते हैं और चुनौतियों से लड़ने का एक रास्ता ढूँढ निकालते हैं। इस त्रासदी से पीड़ित लोगों की सहायता के लिए जिस तरह पूरी दुनिया एकजुट हुई है, वह इस बात का सबूत है कि मानवता हार नहीं मानती।

प्रश्न

I. कौन-सी आपदा को सुनामी कहा जाता है?

II. दु:ख जीवन को माँजता है, उसे आगे बढ़ने का हुनर सिखाता है। आशय स्पष्ट कीजिए।

III. मैगी, मेघना और अरुण ने सुनामी जैसी आपदा का सामना किस प्रकार किया?

IV. प्रस्तुत गद्यांश में 'दृढ़-निश्चय' और 'महत्त्व' के लिए किन शब्दों का प्रयोग हुआ है?

V. इस गद्यांश के लिए एक शीर्षक 'नाराज समुद्र' हो सकता है। आप कोई अन्य शीर्षक दीजिए।

उत्तर I. समुद्र के भीतर अचानक बड़ी तेजी से हलचल होने लगती है, तो उसमें उफान उठता है, जिससे लंबी और बहुत ऊँची लहरें उठने लगती हैं, वे चारों ओर तबाही मचाती हैं। उन्हें सुनामी कहते हैं।

II. दु:ख ही जीवन को सँवारता है। जो व्यक्ति अपने जीवन में दु:खों का सामना करता है, वही व्यक्ति अपने लक्ष्य को प्राप्त करने में सफल होता है। जीवन को जीने के नए-नए रास्ते खोजता है।

III. मेघना, अरुण व मैगी जैसे बच्चे हमारे जीवन में जोश उत्साह, और शक्ति भर देते हैं। 13 वर्षीय मेघना और अरुण दो दिन अकेले खारे समुद्र में तैरते हुए जीव-जंतुओं से मुकाबला करते हुए किनारे आ लगे।
मछुवारे की बेटी मैगी ने समुद्र का भयंकर शोर सुना, उसकी शरारत को समझा, तुरंत अपना बेड़ा उठाया और अपने परिजनों और 41 लोगों को उस पर बिठाकर समुद्र में उतर आई।

IV. दृढ़-निश्चय — बुलंद इरादे
महत्त्व — अहमियत

V. "सुनामी का सामना करते साहसी बच्चे"।

अभ्यास प्रश्न

बहुविकल्पीय व वर्णनात्मक प्रश्नों सहित

पाठ पर आधारित बहुविकल्पीय प्रश्न

निम्नलिखित प्रश्नों के सर्वाधिक उपयुक्त विकल्पों का चयन कीजिए।

1. 'ल्हासा की ओर' पाठ में लेखक ने किसका वर्णन किया है?
(क) अपनी भारत यात्रा का (ख) अपनी चीन यात्रा का
(ग) अपनी तिब्बत यात्रा का (घ) अपनी नेपाल यात्रा का
उत्तर (ग) अपनी तिब्बत यात्रा का

2. लेखक ने अपनी तिब्बत यात्रा किस वेश में की?
(क) एक भिखमंगे के छद्म वेश में
(ख) अपने वास्तविक रूप में
(ग) एक धनी व्यापारी के छद्म वेश में
(घ) एक डाकू के छद्म वेश में
उत्तर (क) एक भिखमंगे के छद्म वेश में

3. तिब्बत के लोग किन्हें चोरी के डर से घर के भीतर नहीं आने देते?
(क) उच्च श्रेणी के भिखमंगों को
(ख) निम्न श्रेणी के भिखमंगों को
(ग) व्यापरियों को
(घ) डकैतों को
उत्तर (ख) निम्न श्रेणी के भिखमंगों को

4. पाँच साल बाद लेखक थोङ्ला के आखिरी गाँव में किस वेश में आया था?
(क) एक डकैत के रूप में
(ख) एक भद्र यात्री के रूप में
(ग) एक भिखमंगे के वेश में
(घ) एक अधिकारी के रूप में
उत्तर (ख) एक भद्र यात्री के रूप में

5. तिब्बत में सबसे खतरे की जगह क्या थी?
(क) डाँड़ा
(ख) आस-पास के गाँव
(ग) तिङ्री
(घ) ल्हासा
उत्तर (क) डाँड़ा

6. **डाँड़े की विशेषता क्या है?**
(क) सोलह-सत्रह हजार फीट ऊँची है
(ख) उनके दोनों तरफ कोई भी गाँव नहीं है
(ग) अत्यधिक निर्जन होने के कारण डाकुओं के लिए अच्छी जगह है
(घ) उपरोक्त सभी
उत्तर (घ) उपर्युक्त सभी

7. **लेखक को डाकुओं से भय क्यों नहीं था?**
(क) क्योंकि वे भिखमंगे के वेश में थे
(ख) क्योंकि वे स्वयं डाकू थे
(ग) क्योंकि वहाँ कानून व्यवस्था चौकस थी
(घ) क्योंकि उनके अधिकारियों से अच्छे संबंध थे
उत्तर (क) क्योंकि वे भिखमंगे के वेश में थे

8. **डाँड़े के सर्वोच्च स्थान पर .... था।**
(क) वहाँ के निवासियों का स्थान
(ख) वहाँ के देवता का स्थान
(ग) बौद्ध मंदिर
(घ) शिव मंदिर
उत्तर (ख) वहाँ के देवता का स्थान

9 **सुमति गुस्से में क्यों था?**
(क) लेखक ने सुमति को उसके यमजानों से नहीं मिलने दिया
(ख) लेखक देर से उसके पास पहुँचा था
(ग) सुमति का सामान चोरी हो गया
(घ) उपर्युक्त में से कोई नहीं
उत्तर (ख) लेखक देर से उसके पास पहुँचा था

10. **कथन** (A) **और कारण** (R) **को पढ़कर उपर्युक्त विकल्प चुनिए**
कथन (A) **डाँडा-थोङ्ला में कोई गाँव नहीं है।**
कारण (R) **डाँडा-थोङ्ला की ऊँचाई सोलह-सत्रह हजार फीट है।**
दक्षता आधारित प्रश्न
(क) कथन (A) गलत है, किंतु कारण (R) सही है।
(ख) कथन (A) और कारण (R) दोनों ही गलत हैं।
(ग) कथन (A) सही है और कारण (R) कथन (A) की सही व्याख्या है।
(घ) कथन (A) सही है, किंतु कारण (R) कथन (A) की सही व्याख्या नहीं है।
उत्तर (ग) कथन (A) सही है और कारण (R) कथन (A) की सही व्याख्या है।

गद्यांशों पर आधारित बहुविकल्पीय प्रश्न

निम्नलिखित गद्यांशों को ध्यानपूर्वक पढ़कर उन पर पूछे गए प्रश्नों के सही विकल्प चुनिए

1. **वह नेपाल से तिब्बत जाने का मुख्य रास्ता है। फरी- कलिङ्पोङ् का रास्ता जब नहीं खुला था, तो नेपाल ही नहीं हिंदुस्तान की भी चीज़ें इसी रास्ते तिब्बत जाया करती थीं। यह व्यापारिक ही नहीं, सैनिक रास्ता भी था, इसलिए जगह- जगह फ़ौजी चौकियाँ और किले बने हुए हैं, जिनमें कभी चीनी पलटन रहा करती थी। आजकल बहुत से फौज़ी मकान गिर चुके हैं। दुर्ग के किसी भाग में, जहाँ किसानों ने अपना बसेरा बना लिया है, वहाँ घर कुछ आबाद दिखाई पड़ते हैं। ऐसा ही परित्यक्त एक चीनी किला था। हम वहाँ चाय पीने के लिए ठहरे। तिब्बत में यात्रियों के लिए बहुत-सी तकलीफ़ें भी हैं और कुछ आराम की बातें भी। वहाँ जाति-पाँति, छुआछूत का सवाल ही नहीं है और न औरतें पर्दा ही करती हैं।**

(i) **लेखक नेपाल के किस रास्ते से तिब्बत गया?**
(क) फरी-कलिङ्पोङ् रास्ते से
(ख) प्राचीन मुख्य मार्ग से
(ग) वर्तमान रास्ते से
(घ) उपर्युक्त में से कोई नहीं
उत्तर (ख) प्राचीन मुख्य मार्ग से

(ii) **तिब्बत के मार्ग में क्या-क्या था?**
(क) स्थान-स्थान पर फौजी चौकियाँ और किले
(ख) स्थान-स्थान पर चीनी सैनिकों की भरमार
(ग) स्थान-स्थान पर आवास के लिए बड़ी-बड़ी कोठियाँ
(घ) स्थान-स्थान पर चोर-लुटेरों के गढ़
उत्तर (क) स्थान-स्थान पर फौजी चौकियाँ और किले

(iii) **लेखक चाय पीने के लिए कहाँ ठहरा?**
(क) एक परित्यक्त भारतीय किले में
(ख) एक परित्यक्त तिब्बती किले में
(ग) एक उपेक्षित छोड़े गए चीनी किले में
(घ) उपरोक्त में से कोई नहीं
उत्तर (ग) एक उपेक्षित छोड़े गए चीनी किले में

(iv) **तिब्बत में यात्रियों को तकलीफों के साथ कुछ आराम भी है, क्योंकि ....।**
दक्षता आधारित प्रश्न
(क) वहाँ जगह-जगह नदियाँ हैं।
(ख) वहाँ भीड़-भाड़ अधिक रहती है।
(ग) वहाँ जाति-पाँति, छुआछूत और पर्दा प्रथा नहीं है।
(घ) वहाँ लोगों में आपसी मतभेद और कुप्रथाएँ हैं।
उत्तर (ग) वहाँ जाति-पाँति, छुआछूत और पर्दा प्रथा नहीं है।

(v) **तिब्बत का सामाजिक जीवन कैसा है?**
(क) समाज में जाति-पाँति व छुआछूत नहीं है
(ख) औरतें पर्दा नहीं करती हैं
(ग) वहाँ के लोग बिना भय के रहते हैं
(घ) उपरोक्त सभी
उत्तर (घ) उपरोक्त सभी

2. **परित्यक्त चीनी किले से जब हम चलने लगे, तो एक आदमी राहदारी माँगने आया। हमने वह दोनों चिटें उसे दे दीं। शायद उसी दिन हम थोङ्ला के पहले के आखिरी गाँव में पहुँच गए। यहाँ भी सुमति के जान-पहचान के आदमी थे और भिखमंगे रहते भी ठहरने के लिए अच्छी जगह मिली। पाँच साल बाद हम इसी रास्ते लौटे थे और भिखमंगे नहीं, एक भद्र यात्री के वेश में घोड़ों पर सवार होकर आए थे; किंतु उस वक्त किसी ने हमें रहने के लिए जगह नहीं दी और हम गाँव के एक सबसे गरीब झोंपड़े में ठहरे थे। बहुत कुछ लोगों की उस वक्त की मनोवृत्ति पर ही निर्भर**

है, खासकर शाम के वक्त छङ् पीकर बहुत कम होश-हवास को दुरुस्त रखते हैं।

(i) लेखक द्वारा परित्यक्त चीनी किले से चलने पर एक आदमी उनसे राहदारी माँगने आया। यह राहदारी क्या थी?
(क) बोधगया के कपड़े
(ख) बौद्ध धर्म से संबंधित अन्य सामान
(ग) यात्रा करने का कर
(घ) उपरोक्त में से कोई नहीं
उत्तर (ग) यात्रा करने का कर

(ii) लेखक चीनी किले से जाने के बाद कहाँ पहुँचा?
(क) थोङ्ला के पहले के आखिरी गाँव में
(ख) लद्दाख के एक परिचित के घर में
(ग) निर्जन डाँडा प्रदेश में
(घ) उपरोक्त में से कोई नहीं
उत्तर (क) थोङ्ला के पहले के आखिरी गाँव में

(iii) थोङ्ला में लेखक को ठहरने का अच्छा स्थान कैसे मिला?
(क) अपनी जान-पहचान के लोग होने के कारण
(ख) सुमति की जान-पहचान के लोग होने के कारण
(ग) भिखारी का वेश धारण करने के कारण
(घ) चीनी सैनिकों से मित्रता होने के कारण
उत्तर (ख) सुमति की जान-पहचान के लोग होने के कारण

(iv) पाँच साल बाद उसी रास्ते पर लौटते हुए लेखक को कहाँ ठहरना पड़ा था?
(क) सुमति के घर में (ख) गाँव के सबसे गरीब झोंपड़े में
(ग) अपने जान-पहचान के लोगों के घर में
(घ) उपरोक्त में से कोई नहीं
उत्तर (ख) गाँव के सबसे गरीब झोंपड़े में

(v) 1. तिब्बत के लोग शाम के समय 'छङ्' नामक द्रव्य पीने के कारण होश-हवास में नहीं रहते थे।
2. पाँच साल बाद लेखक भद्र यात्री के वेश में घोड़े पर सवार होकर आए थे।
3. शाम के समय बच्चे और औरतें मदिरा पीते थे।
दक्षता आधारित प्रश्न

उपर्युक्त कथनों के लिए सही विकल्प का चयन कीजिए
(क) कथन (1) सही किंतु (2) और (3) गलत हैं
(ख) कथन (1) गलत किंतु (2) और (3) सही हैं
(ग) कथन (1), (2) सही हैं, किंतु (3) गलत है
(घ) कथन (1), (2) और (3) तीनों सही हैं।
उत्तर (ग) कथन (1), (2) सही हैं, किंतु (3) गलत है

3. तिब्बत में गाँव में आकर खून हो जाए, तब तो खूनी को सज़ा भी मिल सकती है, लेकिन इन निर्जन स्थानों में मरे हुए आदमियों के लिए कोई परवाह नहीं करता। सरकार खुफ़िया-विभाग और पुलिस पर उतना खर्च नहीं करती और वहाँ गवाह भी तो कोई नहीं मिल सकता। डकैत पहले आदमी को मार डालते हैं, उसके बाद देखते हैं कि कुछ पैसा है कि नहीं। हथियार का कानून न रहने के कारण यहाँ लाठी की तरह लोग पिस्तौल, बंदूक लिए फिरते हैं। डाकू यदि जान से न मारे, तो खुद उसे अपने प्राणों का खतरा है। गाँव में हमें मालूम हुआ कि पिछले ही साल थोङ्ला के पास खून हो गया। शायद खून की हम उतनी परवाह नहीं करते, क्योंकि हम भिखमंगे थे और जहाँ-कहीं वैसी सूरत देखते, टोपी उतार जीभ निकाल, "कुची-कुची (दया-दया) एक पैसा" कहते भीख माँगने लगते। लेकिन पहाड़ की ऊँची चढ़ाई थी, पीठ पर सामान लादकर कैसे चलते? और अगला पड़ाव 16-17 मील से कम नहीं था। मैंने सुमति से कहा कि यहाँ से लङ्कोर तक के लिए दो घोड़े कर लो, सामान भी रख लेंगे और चढ़े चलेंगे।

(i) तिब्बत में मरे हुए आदमियों की परवाह कोई क्यों नहीं करता?
(क) सुनसान स्थान पर मरने के कारण
(ख) लापरवाही के कारण
(ग) सरकार का हस्तक्षेप न होने के कारण
(घ) उपरोक्त में से कोई नहीं
उत्तर (क) सुनसान स्थान पर मरने के कारण

(ii) तिब्बत की कानून व्यवस्था कैसी थी?
(क) वहाँ हथियार रखने के संबंध में कोई कानून नहीं था
(ख) सरकार खुफिया विभाग व पुलिस पर अधिक खर्च नहीं करती
(ग) वहाँ कोई गवाह भी नहीं मिलता था
(घ) उपरोक्त सभी
उत्तर (घ) उपरोक्त सभी

(iii) गद्यांश के अनुसार, गाँव में डाकुओं को कोई भय नहीं था, क्योंकि
(क) वहाँ उन्हें पुलिस का कोई खतरा नहीं था
(ख) वहाँ के लोग उनसे अधिक डरते थे
(ग) वहाँ के लोग उनका मुकाबला नहीं करते थे
(घ) वहाँ आम जनता कम थी
उत्तर (क) वहाँ उन्हें पुलिस का कोई ख़तरा नहीं था

(iv) लेखक ने डाकुओं से बचाव के लिए क्या साधन अपनाया?
(क) अपने पास बंदूक, पिस्तौल व तलवार रख ली
(ख) टोपी उताकर, जीभ निकालकर 'कुची-कुची (दया-दया) एक पैसा' कहकर भीख माँगने का
(ग) पुलिस का वेश धारण कर लिया
(घ) उपरोक्त में से कोई नहीं
उत्तर (ख) टोपी उताकर, जीभ निकालकर 'कुची-कुची (दया-दया) एक पैसा' कहकर भीख माँगने का

(v) गद्यांश के अनुसार, अगला पड़ाव अधिक दूर होने के कारण लेखक ने क्या किया? दक्षता आधारित प्रश्न
(क) मार्ग में आश्रय ढूँढ लेने के लिए कहा
(ख) अगले दिन चलने का सुझाव दिया
(ग) सुमति को लङ्कोर तक दो घोड़ों का प्रबंध करने के लिए कहा
(घ) सुमति को गाड़ी का प्रबंध करने के लिए कहा
उत्तर (ग) सुमति को लङ्कोर तक दो घोड़ों का प्रबंध करने के लिए कहा

4. अब हम तिङ्री के विशाल मैदान में थे, जो पहाड़ों से घिरा टापू-सा मालूम होता था, जिसमें दूर एक छोटी-सी पहाड़ी मैदान के भीतर दिखाई पड़ती है। उसी पहाड़ी का नाम है तिङ्री-समाधि-गिरि। आस-पास के गाँव में भी सुमति के कितने ही यजमान थे, कपड़े की पतली-पतली चिरी बत्तियों के गंडे खत्म नहीं हो सकते थे, क्योंकि बोधगया से लाए कपड़े के खत्म हो जाने पर किसी कपड़े से बोधगया का गंडा बना लेते थे।

वह अपने यजमानों के पास जाना चाहते थे। मैंने सोचा, यह तो हफ़्ता-भर उधर ही लगा देंगे। मैंने उनसे कहा कि जिस गाँव में ठहरना हो, उसमें भले ही गंडे बाँट दो, मगर आस-पास के गाँवों में मत जाओ; इसके लिए मैं तुम्हें ल्हासा पहुँचकर रुपये दे दूँगा। सुमति ने स्वीकार किया।

(i) तिङ्री का विशाल मैदान कैसा था?

(क) चारों तरफ नदियों से घिरा हुआ
(ख) चारों तरफ विशाल जंगलों से घिरा हुआ
(ग) पहाड़ों से घिरा हुआ टापू के समान
(घ) शहर के बीचों-बीच घास से घिरा हुआ

उत्तर (ग) पहाड़ों से घिरा हुआ टापू के समान

(ii) तिङ्री-समाधि-गिरि .... है?

(क) विशाल मैदान के अंदर एक छोटी-सी पहाड़ी
(ख) बौद्ध भिक्षुओं का समाधि-स्थल
(ग) गाँव के उच्च व प्रतिष्ठित व्यक्तियों का समाधि-स्थल
(घ) रोगियों का उपचार कार्यालय

उत्तर (क) विशाल मैदान के अंदर एक छोटी-सी पहाड़ी

(iii) सुमति अपने यजमानों को क्या लाकर देता था?

(क) बोधगया से लाए हुए कपड़े
(ख) बोधगया से लाए हुए कपड़े से बनाए हुए गंडे
(ग) बोधगया से लाई गई खाद्य-वस्तुएँ
(घ) बोधगया के तालाब से लाया गया जल

उत्तर (ख) बोधगया से लाए हुए कपड़े से बनाए हुए गंडे

(iv) लेखक ने सुमति को अन्य गाँवों में जाने से मना कर दिया, क्योंकि.........।

(क) लेखक सुमति को अपने से अलग नहीं करना चाहता था
(ख) सुमति उन गाँवों से अनजान था
(ग) लेखक स्वयं गाँवों में जाना चाहता था
(घ) अत्यधिक समय लगने के कारण

उत्तर (घ) अत्यधिक समय लगने के कारण

(v) लेखक ने सुमति को गाँव में न जाने के लिए उससे क्या वायदा किया?

(क) वह उसे ल्हासा पहुँचकर कुछ रुपये दे देगा
(ख) वह उसे ल्हासा पहुँचकर मुफ्त में भोजन खिलाएगा
(ग) वह ल्हासा में सुमति के नए यजमान बनवा देगा
(घ) उपरोक्त में से कोई नहीं

उत्तर (क) वह उसे ल्हासा पहुँचकर कुछ रुपये दे देगा

लघु उत्तरीय प्रश्नोत्तर

निम्नलिखित प्रश्नों के उत्तर संक्षेप में दीजिए

1. जिस रास्ते से लेखक तिब्बत गया, वह रास्ता पहले किस काम आता था? 'ल्हासा की ओर' पाठ के आधार पर बताइए।

अथवा **नेपाल से होकर तिब्बत जाने वाले रास्ते में जगह-जगह फौज़ी चौकियाँ क्यों बनी थीं? 'ल्हासा की ओर' पाठ के आधार पर लिखिए।**

उत्तर लेखक नेपाल के जिस रास्ते से तिब्बत गया, वह तिब्बत जाने का प्राचीन मुख्य मार्ग था। उस समय फरी-कलिङ्पोङ् का मार्ग नहीं खुला था। उस समय नेपाल ही नहीं, भारत से भी जितनी चीज़ें तिब्बत जाती थीं, वे इसी रास्ते से जाती थीं। यह मार्ग व्यापारिक मार्ग के साथ-साथ सैनिक मार्ग भी था। यहाँ किले और फौज़ी चौकियाँ बनी थीं, जिनमें चीनी पलटनें रहा करती थीं।

2. तिब्बत में जाति-प्रथा एवं स्त्रियों की स्थिति पर अपने विचार 'ल्हासा की ओर' पाठ के आधार पर व्यक्त कीजिए।

अथवा **भारत की महिलाओं की तुलना में तिब्बत की महिलाओं की सामाजिक स्थिति कैसी थी? 'ल्हासा की ओर' पाठ के आधार पर लिखिए।** दक्षता आधारित प्रश्न

अथवा **तिब्बत में जाति-पाँति और औरतों की क्या स्थिति है?**

उत्तर भारत की तुलना में तिब्बती महिलाओं की सामाजिक स्थिति ज़्यादा सुरक्षित, सम्मानजनक और अच्छी थी। भारत में आधुनिक समाज में महिलाएँ पर्दा नहीं करतीं, वे स्वतंत्र विचार रखती हैं। वे किसी अपरिचित से स्वयं को असुरक्षित महसूस करती हैं, जबकि तिब्बती समाज की महिलाएँ पुरुषों से न तो पर्दा करती हैं और न ही किसी अपरिचित से डरती हैं, बल्कि वे उन पर सहजता से भरोसा करके उन्हें घर के अंदर आने से मना नहीं करती हैं।

3. तिब्बत में यात्रियों के लिए क्या-क्या सुविधा है?

अथवा **तिब्बत में यात्रियों को किस प्रकार का आराम मिलता है?**

उत्तर तिब्बत में अपरिचित व्यक्ति (यात्री) घर के बिलकुल भीतर तक जा सकते हैं। उन पर किसी को कोई शक या उनसे किसी को कोई डर नहीं होता है। घर की बहू या सास को चाय देकर उनसे दूध के रंग वाली चाय बनवाई जा सकती है। अपनी चाय खुद भी बनाई जा सकती है। यात्रियों को चाय पीने के लिए किसी दुकान या होटल को खोजने की आवश्यकता नहीं पड़ती है।

4. तिब्बत में सबसे खतरनाक जगह कौन-सी है और क्यों?

उत्तर तिब्बत में सबसे खतरनाक जगह डाँड़े है। यह सोलह-सत्रह हज़ार फीट की ऊँचाई पर है। यह जगह निर्जन है। दूर-दूर तक कोई गाँव नहीं है। पहाड़ और नदी के मोड़ पर स्थित होने के कारण डाकुओं के लिए यह स्थान सुरक्षित है। यहाँ न तो पुलिस व्यवस्था है और न ही कानून व्यवस्था। यहाँ हत्या हो जाने पर किसी को कुछ पता नहीं चलता।

5. "तिब्बत में लोग बंदूक या पिस्तौल को लाठी की तरह लेकर घूमते थे।"–कथन के अभिप्राय को स्पष्ट कीजिए। दक्षता आधारित प्रश्न

अथवा **तिब्बत की कानून व्यवस्था कैसी थी? वहाँ सुरक्षा की स्थिति कैसी थी?**

उत्तर प्रस्तुत कथन का अभिप्राय यह है कि तिब्बत में उस समय कानून व्यवस्था और सुरक्षा प्रबंध की स्थिति चिंताजनक थी। हथियार रखने के संबंध में कोई कानून नहीं था, सरकार खुफ़िया विभाग और पुलिस पर अधिक खर्च नहीं करती थी, इसलिए लोग बंदूक या पिस्तौल लेकर घूमते थे। यहाँ डाकू-लुटेरों का आतंक था। डाकू पहले आदमी को मारते, उसके बाद लूटते थे। मरने वालों का कोई गवाह नहीं होता था, इसलिए खूनी को सज़ा भी नहीं मिल सकती थी।

6. लेखक ने तिब्बत यात्रा किस वेश में की और क्यों?

अथवा **लेखक को भिखमंगे के वेश में यात्रा क्यों करनी पड़ी?**

उत्तर तत्कालीन समय में भारतीयों को तिब्बत यात्रा की अनुमति न होने के कारण लेखक ने भिखमंगे के वेश में यात्रा की। दूसरे, लेखक को भिखमंगे के वेश में यात्रा इसलिए भी करनी पड़ी, क्योंकि भिखमंगों के पास लूटे जाने योग्य कुछ नहीं होता है। डाकू भिखमंगा समझकर इन्हें आसानी से छोड़ देते थे।

7. तिब्बत में पहाड़ के किस सर्वोच्च स्थान को किससे और क्यों सजाया जाता था?

अथवा **डाँड़े के प्राकृतिक सौंदर्य का वर्णन अपने शब्दों में कीजिए।**

उत्तर तिब्बत में समुद्र तल से 17-18 हज़ार फीट ऊँचे डाँड़े के दक्षिण की तरफ़ पूर्व से पश्चिम की ओर हिमालय के हजारों श्वेत शिखर थे। टीले के आकार-सा ऊँचा स्थान अर्थात् भीटे की ओर दिखने वाले पहाड़ बिल्कुल नंगे अर्थात् वन विहीन थे। वहाँ सर्वोच्च स्थान पर डाँड़े के देवता का स्थान था। इस कारण उसे पत्थरों के ढेर, जानवरों के सींगों और रंग-बिरंगे कपड़े की झंडियों से सजाया गया था।

8. सुमति के गुस्सा होने का क्या कारण था?

उत्तर लेखक को सुमति के पास पहुँचने में बहुत देर हो गई थी। उधर सुमति काफ़ी देर से लेखक का इंतजार कर रहा था। उसने दो टोकरी कंडे जला डाले तथा तीन-तीन बार चाय गर्म की। इसी कारण सुमति को गुस्सा आया था, परंतु सुमति को जितनी जल्दी गुस्सा आता था, उतनी ही जल्दी वह ठंडा भी हो जाता था।

9. 'ल्हासा की ओर' पाठ के लेखक के अनुसार, तिब्बत की जागीर व्यवस्था किस प्रकार की थी?

उत्तर लेखक के अनुसार, तिब्बत की सारी ज़मीन वहाँ के छोटे-बड़े जागीरदारों के बीच बँटी थी। इन जागीरों का एक बड़ा भाग मठों (विहारों) के अधिकार में था। ये जागीरदार खेतों में मजदूरों से बेगार कराते। खेती का प्रबंध किसी बौद्ध भिक्षु के हाथ में होता, जिसकी स्थिति राजाओं जैसी होती थी।

10. नम्से कौन थे? उनके चरित्र की क्या विशेषता थी?

उत्तर नम्से एक बौद्ध भिक्षु थे। वे शेकर विहार नामक जागीर के प्रमुख थे। इस कारण उनका बहुत मान-सम्मान था। वे बड़े भद्र पुरुष थे। वे लेखक से बड़े प्रेम से मिले, जबकि उस समय लेखक की वेशभूषा एक भिखमंगे जैसी थी।

11. शेकर विहार के मंदिर में रखे बौद्ध ग्रंथों के बारे में बताइए।

उत्तर शेकर विहार के मंदिर में एक सौ तीन पोथियाँ रखी थीं, जो बुद्ध के वचनों के हस्तलिखित अनुवाद थे। वहाँ पर इसे कंजुर कहा जाता है। इन पोथियों में मोटे-मोटे कागज़ों पर बड़े-बड़े अक्षरों में बुद्धवचन लिखे हुए थे। एक-एक पोथी का वजन पंद्रह-पंद्रह सेर से कम नहीं रहा होगा।

12. "मैं अब पुस्तकों के भीतर था" लेखक ने ऐसा क्यों कहा?

उत्तर लेखक पुस्तकें पढ़ने का शौकीन था। वहाँ उसे अपनी पसंद की बहुत सारी पुस्तकें मिल गई थीं, जिन्हें वह पढ़ने में तल्लीन हो गया। पुस्तकों के प्रति लगाव और तल्लीनता के कारण लेखक ने ऐसा कहा। अब लेखक एकांत में रहकर उन पुस्तकों का अध्ययन करना चाहता था।

13. तिब्बत की कौन-कौन-सी बातें लेखक राहुल सांकृत्यायन जी को अच्छी लगीं?

उत्तर लेखक राहुल सांकृत्यायन को तिब्बत की जो बातें अच्छी लगीं, वे निम्नलिखित हैं

(i) यहाँ जाति-पाँति, छुआछूत तथा पर्दा-प्रथा जैसी सामाजिक बुराइयाँ नहीं थीं।

(ii) भारत की तुलना में यहाँ स्त्रियों की स्थिति बहुत अच्छी थी।

(iii) यहाँ यात्रियों के आराम व सुविधा का ध्यान रखा जाता था।

(iv) भिखमंगों का वेश होने पर भी ठहरने के लिए अच्छी जगह मिल जाती थी।

(v) समाज में अपरिचित अतिथियों का भी सेवा सत्कार होता था।

14. भारत के पहाड़ों की तुलना में तिब्बती पहाड़ों की यात्रा कितनी सुरक्षित है?

उत्तर भारत के पहाड़ों की तुलना में तिब्बत के पहाड़ों की यात्रा सुरक्षित नहीं कही जा सकती है। भारत में लूटपाट, हत्या इत्यादि का भय कम होता है, क्योंकि कानून व्यवस्था पर्याप्त है और निर्जन स्थल कम हैं, जबकि तिब्बत के पहाड़ों की स्थिति लेखक की यात्रा के समय अर्थात् वर्ष 1929-30 के लगभग अत्यंत भयानक थी। हथियार रखने के संबंध में कानून न होने के कारण वहाँ लूटपाट व हत्या का भय बना रहता था।

स्व-मूल्यांकन

पाठ पर आधारित बहुविकल्पीय प्रश्न

निम्नलिखित प्रश्नों के सर्वाधिक उपयुक्त विकल्पों का चयन कीजिए।

1. लङ्कोर में लेखक कहाँ ठहरा?
(क)सुमति के यजमान के घर (ख) सुमति के घर
(ग) एक सराय में (घ) मंदिर में

2. तिब्बत की जागीरों का ज्यादा हिस्सा किसके हाथ में है?
(क) वहाँ की सरकार के
(ख) जागीरदारों के
(ग) मठों (विहारों) के
(घ)मंदिरों के

3. कथन (A) और कारण (R) को पढ़कर उपर्युक्त विकल्प चुनिए
कथन (A) यहाँ लोग लाठी की तरह पिस्तौल और बंदूक लिए स्वतंत्र घूमते हैं।
कारण (R) लाइसेंस न होने से अपराधी की पहचान करना संभव नहीं था। **दक्षता आधारित प्रश्न**
(क) कथन (A) गलत है, किंतु कारण (R) सही है।
(ख) कथन (A) और कारण (R) दोनों गलत हैं।
(ग) कथन (A) सही है और कारण (R) कथन (A) की सही व्याख्या है।
(घ) कथन (A) सही है, किंतु कारण (R) कथन (A) की सही व्याख्या नहीं है।

गद्यांश पर आधारित बहुविकल्पीय प्रश्न

निम्नलिखित गद्यांश को ध्यानपूर्वक पढ़कर पूछे गए प्रश्नों के सही विकल्प चुनिए।

यहाँ एक अच्छा मंदिर था, जिसमें कंजुर (बुद्धवचन- अनुवाद) की हस्तलिखित एक सौ तीन पोथियाँ रखी हुई थीं, मेरा आसन भी वहीं लगा। वह बड़े मोटे कागज़ पर अच्छे अक्षरों में लिखी हुई थीं, एक-एक पोथी पंद्रह-पंद्रह सेर से कम नहीं रही होगी।

सुमति ने फिर आस-पास अपने यजमानों के पास जाने के बारे में पूछा, मैं अब पुस्तकों के भीतर था, इसलिए मैंने उन्हें जाने के लिए कह दिया। दूसरे दिन वह गए। मैंने समझा था दो-तीन दिन लगेंगे, लेकिन वह उसी दिन दोपहर बाद चले आए। तिङ्री गाँव वहाँ से बहुत दूर नहीं था। हमने अपना-अपना सामान पीठ पर उठाया और भिक्षु नम्से से विदाई लेकर चल पड़े।

(i) लेखक कहाँ ठहरा था?
(क) एक बौद्ध मंदिर में (ख) एक पारसी मंदिर में
(ग) एक हिंदू मंदिर में (घ) एक बौद्ध आश्रम में

(ii) 'कंजुर' क्या था?
(क) तिब्बती जीवन पर प्रकाश डालती हस्तलिखित पोथियाँ
(ख) बौद्ध धर्म पर प्रकाश डालती हस्तलिखित पोथियाँ
(ग) बुद्ध के उपदेशों के अनुवाद की हस्तलिखित पोथियाँ
(घ) मंदिर के पुजारियों से संबंधित हस्तलिखित पोथियाँ

(iii) लेखक ने सुमति को अपने यजमानों के पास भेज दिया, क्योंकि .... **दक्षता आधारित प्रश्न**
(क) लेखक कुछ समय के लिए एकांत चाहता था
(ख) लेखक को उसकी स्वाभाविक रुचि के अनुसार पुस्तकें पढ़ने को मिल गईं थीं
(ग) लेखक अब सुमति को नाराज नहीं करना चाहता था
(घ) उपरोक्त में से कोई नहीं

(iv) 'पुस्तकों के भीतर' होने से ...... आशय है।
(क) पुस्तकों को पढ़ने में रम जाना
(ख) किसी पुस्तकालय के अंदर प्रवेश कर जाना
(ग) पुस्तकों को लिखने में रम जाना
(घ) पुस्तकों को पढ़ाने में रम जाना

(v) नम्से कौन था?
(क) एक भिखारी (ख) मंदिर का पुजारी
(ग) एक बौद्ध भिक्षु (घ) एक लेखक

लघु उत्तरीय प्रश्नोत्तर

निम्नलिखित प्रश्नों के उत्तर दीजिए

1. 'ल्हासा की ओर' पाठ के आधार पर तिब्बत की धूप और ठंड का वर्णन कीजिए।

2. "सवेरे ही चल दिए होते तो अच्छा था" लेखक ने ऐसा क्यों कहा? स्पष्ट कीजिए। **दक्षता आधारित प्रश्न**

3. एक अतिथि के रूप में लेखक को तिब्बत में क्या अनुभव प्राप्त हुआ? 'ल्हासा की ओर' पाठ के आधार पर उत्तर दीजिए।

4. शेकर की खेती के मुखिया भिक्षु कौन थे? 'ल्हासा की ओर' पाठ के आधार पर उनके स्वभाव का वर्णन कीजिए। **दक्षता आधारित प्रश्न**

5. सुमति कौन था? 'ल्हासा की ओर' पाठ के आधार पर बताइए।

उपभोक्तावाद की संस्कृति

अध्याय 3

श्यामाचरण दुबे

पाठ की रूपरेखा प्रस्तुत पाठ में लेखक श्यामाचरण दुबे ने 'उपभोक्तावाद' से ग्रसित समाज की वास्तविक स्थिति को प्रस्तुत किया है। आज का भारतीय समाज पाश्चात्य संस्कृति से प्रभावित होकर सभ्यता के झूठे प्रतिमानों को अपना रहा है, जिसके कारण दिखावे की संस्कृति फैलती जा रही है। लेखक का यह मत महत्त्वपूर्ण है कि आज हम ज़्यादा-से-ज़्यादा आकर्षक वस्तुओं के दिखावटी उपभोग पर ध्यान दे रहे हैं, उसकी गुणवत्ता पर नहीं।

लेखक परिचय

प्रसिद्ध रचनाकार श्यामाचरण दुबे का जन्म वर्ष 1922 में मध्य प्रदेश के बुंदेलखंड क्षेत्र में हुआ था। उन्होंने मानव विज्ञान में पी.एच.डी. की उपाधि प्राप्त की तथा अनेक विश्वविद्यालयों में अध्यापन कार्य किया। श्यामाचरण दुबे ने अपनी रचनाओं में जीवन एवं समाज से संबंधित सच्चाइयों को उजागर किया है।

श्यामाचरण दुबे की महत्त्वपूर्ण रचनाएँ हैं—मानव और संस्कृति, परंपरा और इतिहास बोध, समाज और भविष्य, संस्कृति तथा शिक्षा, भारतीय ग्राम, विकास का समाजशास्त्र, समय और संस्कृति। उनकी रचनाओं में भारत की जनजातियों एवं ग्रामीण समुदायों पर लेख मिलते हैं। श्यामाचरण दुबे की भाषा-शैली स्पष्ट एवं सहज है। छोटे-छोटे वाक्यों में वे अपनी बातों के गंभीर भावों को स्पष्ट करते हैं। उनकी भाषा में प्रश्नों के साथ उसका समाधान भी होता है। श्यामाचरण दुबे का निधन वर्ष 1996 में हुआ था।

पाठ का सार

उपभोक्तावाद से आशय

'उपभोक्तावाद की संस्कृति' पाठ में लेखक बताते हैं कि उपभोक्तावाद के विकास के साथ-साथ हमारी जीवन-शैली भी बदल रही है। चारों ओर केवल उत्पादन को बढ़ाने पर ज़ोर दिया जा रहा है। आज लोगों ने उपभोग को ही 'सुख' मान लिया है। समाज पूरी तरह से उत्पाद को समर्पित हो गया है। चारों ओर विज्ञापनों की चमक-दमक है। लोग बिना सोचे-समझे विज्ञापनों के जाल में फँसते जा रहे हैं। बिना विचार किए किसी भी आकर्षक दिखने वाली वस्तु को खरीदने के लिए उसकी निम्न गुणवत्ता को नज़रअंदाज़ कर देते हैं और अपनी खून पसीने की कमाई खर्च कर देते हैं।

विज्ञापनों की होड़

लेखक बताते हैं कि बाज़ार विलासितापूर्ण सामग्रियों से भरा पड़ा है। विज्ञापन लोगों को अपनी ओर आकर्षित करने में लगे रहते हैं। सौंदर्य प्रसाधनों एवं दैनिक उपयोग से संबंधित सामग्रियों की होड़-सी लग गई है। चाहे टूथ-पेस्ट हो या टूथ-ब्रश सभी वस्तुओं की विशेषताएँ बढ़ा-चढ़ाकर बताई जा रही हैं। संभ्रांत महिलाओं के ड्रेसिंग टेबल पर तीस-तीस हज़ार की सौंदर्य सामग्री इकट्ठी हो जाती है, पुरुष भी इस दौड़ में पीछे नहीं हैं। वे भी अब साबुन-तेल से आगे आफ़्टर शेव और कोलोन का उपयोग करने लगे हैं। घड़ी में भी समय नहीं, शान देखी जाती है। लोग बहुत महँगी (लाख-डेढ़ लाख की) घड़ी खरीदने लगे हैं।

दिखावे या प्रदर्शन हेतु खरीदारी

आज 'वस्तुओं को खरीदना' आवश्यकता का विषय न होकर, प्रतिष्ठा का विषय बन चुका है। परिधान के क्षेत्र में बाजार महँगे एवं नवीनतम फैशन के वस्त्रों से भरे पड़े हैं, जहाँ जाकर उपभोक्ता भ्रमित एवं ठगी का शिकार होता है। बहुत-से लोग म्यूज़िक सिस्टम और कंप्यूटर को भी दिखावे के लिए खरीदते हैं। लोग खाने के लिए पाँच सितारा होटल और इलाज के लिए पाँच सितारा अस्पताल में जाने लगे हैं। बच्चों की शिक्षा पाँच सितारा पब्लिक स्कूल में होती है। विदेशों में तो लोग पैसे के बल पर अपने अंतिम संस्कार का भी भव्य प्रबंध अपने जीवन काल में ही करने में लग गए हैं। अधिकाधिक प्रतिष्ठा प्राप्ति की चाह में आज उपभोक्ता अपनी समझ खो बैठा है।

सामंती प्रवृत्ति का बोलबाला

भारतीय समाज में पहले से ही सामन्तवादी प्रथा होने के कारण उपभोक्तावादी संस्कृति को भारत में पाँव पसारने का अवसर मिला है। देखा जाए तो उपभोक्तावादी संस्कृति सामंती संस्कृति का ही विकसित

रूप है। सामान्य जनमानस भी सामंती होने को लालायित है। ध्यान से देखा जाए तो सामंती तत्त्व भारत में आज भी उपस्थित हैं, केवल सामंतवाद की परिभाषा बदल गई है।

सांस्कृतिक क्षरण

उपभोक्तावादी संस्कृति का फैलाव देखकर लेखक को इस बात की चिंता है कि हम अपनी सांस्कृतिक पहचान को खोते जा रहे हैं। दिशाहीन होकर अच्छे-बुरे की पहचान से दूर भाग रहे हैं। हम पश्चिमी संस्कृति का अंधानुकरण करने में लगे हैं। प्रतिष्ठा के झूठे प्रतिमान अपना रहे हैं। अपनी प्रतिष्ठा बढ़ाने के क्रम में हम आधुनिकता के नाम पर बनावटी आधुनिकता की गिरफ्त में आते जा रहे हैं। अपनी संस्कृति पर हमारी पकड़ ढीली होती जा रही है। अंतत: इस दिखावे की संस्कृति का क्या परिणाम होगा? विज्ञापन और प्रचार-प्रसार की शक्तियों से सम्मोहित होकर किसी अन्य के निर्देशन में हम दिग्भ्रमित हो गए हैं। यह एक गंभीर चिंतन का विषय है।

इस संस्कृति का एक बड़ा दुष्परिणाम यह है कि हमारे सीमित, किंतु बहुमूल्य संसाधनों का घोर अपव्यय हो रहा है। समाज में विभिन्न वर्गों के बीच की दूरी बढ़ रही है। संबंधों में दूरियाँ बढ़ रही हैं, सांस्कृतिक अस्मिता अर्थात् हमारी पहचान नष्ट हो रही है। मर्यादाएँ टूट रही हैं, नैतिक मानदंड ढीले पड़ रहे हैं, विकास का उद्देश्य नष्ट हो रहा है, व्यक्ति-केंद्रिकता बढ़ रही है, लोग स्वार्थी हो रहे हैं और परमार्थ अर्थात् सहयोग की भावना कम हो गई है। भोग की आकांक्षाएँ आसमान को छू रही हैं।

हमारी संस्कृति खतरे में

जीवन स्तर में निरंतर उन्नति के कारण समाज के विभिन्न वर्गों में द्वेष बढ़ता जा रहा है। इस कारण उपभोक्तावादी संस्कृति एक बड़ा खतरा है। गाँधीजी ने इसलिए कहा था कि "हम स्वस्थ सांस्कृतिक प्रभावों के लिए अपने दरवाज़े-खिड़की खुले रखें, पर अपनी बुनियाद पर कायम रहें" अर्थात् हम चारों ओर से स्वस्थ सांस्कृतिक प्रभाव को अवश्य अपनाएँ, स्वीकार करें, किंतु अपनी जड़ अर्थात् पहचान को न छोड़ें। उपभोक्तावादी संस्कृति हमारी इस नींव को हिला रही है और आज यह हमारे समाज के लिए एक बड़ा खतरा बन चुकी है।

शब्दार्थ

शब्द	अर्थ
NCERT पेज नं. 35	
वर्चस्व	हावी होना, प्रधानता
जीवन-दर्शन	जीवन को देखने की दृष्टि
उपभोक्तावाद	उपभोग करने को ही अपना लक्ष्य मानना
उत्पाद	तैयार माल
समर्पित	पूरी तरह से अर्पित
विलासिता	सुख पाने के लिए उपभोग करने की सामग्री
स्वीकृत	स्वीकार किया हुआ
मान्य	माना हुआ
सौंदर्य प्रसाधन	सौंदर्य की सामग्री
चमत्कृत	हैरान
NCERT पेज नं. 36	
सिने स्टार्स	सिनेमा के अभिनेता-अभिनेत्रियाँ
संभ्रांत	उच्च, धनवान
प्रतिष्ठा चिह्न	सम्मान का प्रतीक या सूचक
हैसियत	पैसे की ताकत
परिधान	सिले-सिलाए वस्त्र
महज़	केवल
अनंत विश्राम	समाधि में लीन होना
NCERT पेज नं. 37	
हास्यास्पद	हँसी का विषय

शब्द	अर्थ
सांस्कृतिक अस्मिता	सांस्कृतिक पहचान
अवमूल्यन	मूल्यों का नीचे की ओर गिरना
क्षरण	पतन या कम होना
बौद्धिक दासता	बुद्धि से गुलाम होना
प्रतिमान	आदर्श
प्रतिस्पर्द्धा	प्रतियोगिता/होड़
छद्म	बनावटी
NCERT पेज नं. 38	
गिरफ्त	पकड़
दिग्भ्रमित	दिशाहीन, रास्ता भटक जाना
सम्मोहन	आकर्षण
वशीकरण	वश में करना
घोर अपव्यय	बेकार का खर्च
सरोकार	संबंध
आक्रोश	गुस्सा
ह्रास	कमी
परमार्थ	लोक-कल्याण
झूठी तुष्टि	संतुष्ट होने का भ्रम पैदा होना
आकांक्षाएँ	इच्छाएँ
बुनियाद	नींव, आधार
सामाजिक नींव	सामाजिक आधार

NCERT फोल्डर

पाठ्यपुस्तक (क्षितिज भाग-1) के प्रश्नोत्तर

प्र.1 लेखक के अनुसार, जीवन में 'सुख' से क्या अभिप्राय है?

उत्तर लेखक के अनुसार, जीवन में 'सुख' से अभिप्राय केवल भोग-उपभोग से ही नहीं है, बल्कि शारीरिक, मानसिक और आध्यात्मिक सुख भी सुख की श्रेणी में ही आते हैं। आजकल भोग-उपभोग को ही सुख मान लिया गया है। अत: अधिक-से- अधिक मात्रा में वस्तुओं के उत्पादन पर ज़ोर दिया जा रहा है। आजकल विलासितापूर्ण वस्तुओं का उपभोग ही सुख की परिधि में शामिल किया जाता है।

प्र.2 आज की उपभोक्तावादी संस्कृति हमारे दैनिक जीवन को किस प्रकार प्रभावित कर रही है?

उत्तर आज की उपभोक्तावादी संस्कृति में हम दिखावे के लिए ब्रांडेड परिधान, ब्रांडेड महँगे सौंदर्य प्रसाधन, महँगी घड़ियाँ, पाँच सितारा होटल, स्कूल और अस्पतालों आदि का उपयोग करने लगे हैं। इस संस्कृति का सबसे नकारात्मक प्रभाव हमारे सामाजिक सरोकारों पर पड़ा है। नैतिकताएँ एवं मर्यादाएँ भंग हो रही हैं। मनुष्य आत्मकेंद्रित होता जा रहा है। इससे अशांति और आक्रोश बढ़ रहा है। समाज दिग्भ्रमित होकर जीवन के व्यापक एवं महान लक्ष्य से पीछे हटता जा रहा है।

प्र.3 लेखक ने उपभोक्तावादी संस्कृति को हमारे समाज के लिए चुनौती क्यों कहा है?

उत्तर उपभोक्तावादी संस्कृति ने हमारी सामाजिक और सांस्कृतिक नींव को हिलाकर रख दिया है। भारतीय दर्शन 'सादा जीवन उच्च विचार' पर विश्वास करता है तथा भारत मर्यादाओं और नैतिकताओं का पक्षधर है, जबकि उपभोक्तावादी संस्कृति ठीक इसके विपरीत है। यह केवल वस्तुओं के उत्पादन, संचय और उपभोग पर बल देती है, जिसके प्रभाव में आकर हम अपनी सांस्कृतिक पहचान भूलते जा रहे हैं, इसलिए इस संस्कृति को हमारे जीवन के लिए चुनौती कहा गया है।

प्र.4 आशय स्पष्ट कीजिए

(क) जाने-अनजाने आज के माहौल में आपका चरित्र भी बदल रहा है और आप उत्पाद को समर्पित होते जा रहे हैं।

(ख) प्रतिष्ठा के अनेक रूप होते हैं, चाहे वे हास्यास्पद ही क्यों न हों। दक्षता आधारित प्रश्न

उत्तर (क) प्रस्तुत कथन का आशय यह है कि आज चारों तरफ़ विभिन्न प्रकार की वस्तुओं के उत्पादन और उपभोग पर ज़ोर दिया जा रहा है। विज्ञापनों के माध्यम से इसका सूक्ष्म प्रभाव हमारे चरित्र पर भी गहराई से पड़ रहा है। परिणामस्वरूप इन उत्पादों को हम अपने लिए ज़रूरी मानने लगे हैं और दैनिक जीवन इन उत्पादों पर निर्भर होता चला जा रहा है। उपभोग करते-करते हम इसके गुलाम होते जा रहे हैं।

(ख) इस कथन का आशय यह है कि प्रतिष्ठा प्राप्त करने के लिए लोग विभिन्न तरीकों को अपनाते हैं, चाहे उस कार्य से प्रतिष्ठा प्राप्त होने के बदले हमारी स्थिति हास्यास्पद ही क्यों न हो जाए अर्थात् लोग हँसी ही क्यों न उड़ाएँ। हम धन के उपयोग और उपभोग के समक्ष यह भूल जाते हैं कि वास्तविक प्रतिष्ठा किसमें है? उदाहरण के लिए, अमेरिका में लोग मरने से पूर्व ही अपनी समाधि का प्रबंध करने लगे हैं।

रचना और अभिव्यक्ति

प्र.5 कोई वस्तु हमारे लिए उपयोगी हो या न हो, लेकिन टीवी पर विज्ञापन देखकर हम उसे खरीदने के लिए अवश्य लालायित होते हैं, क्यों?

उत्तर टीवी पर प्रसारित होने वाले विज्ञापन अत्यंत प्रभावशाली, सम्मोहक (आकर्षक) होते हैं। विज्ञापन दृश्य और श्रव्य माध्यमों से हमें बार-बार प्रभावित करते हैं, जिससे हम उसके मोह में पड़कर उन्हें खरीदने के लिए लालायित हो जाते हैं। उस समय हमें ध्यान नहीं रहता कि वह वस्तु हमारे लिए उपयोगी है या अनुपयोगी? उपभोक्ताओं में विज्ञापित वस्तु को खरीदने की लालसा भर देना ही विज्ञापन की सार्थकता होती है।

प्र.6 आपके अनुसार वस्तुओं को खरीदने का आधार वस्तु की गुणवत्ता होनी चाहिए या उसका विज्ञापन। तर्क देकर स्पष्ट कीजिए।

उत्तर मेरे अनुसार, वस्तुओं को खरीदने का आधार वस्तु की गुणवत्ता होनी चाहिए, न कि विज्ञापन। सामान्यत: ऐसा माना जाता है कि घटिया वस्तुओं का विज्ञापन काफ़ी तड़क-भड़क एवं मनोरंजनपूर्ण होता है। कई बार भड़कीले एवं अश्लील विज्ञापन के माध्यम से वस्तुओं को खरीदने के लिए प्रोत्साहित किया जाता है; जैसे—तबला बजाते हुए 'वाह ताज' कहकर गुणवत्ता नहीं बताई जा सकती। चाय की ताज़गी ताज से नहीं, बल्कि उसको तैयार किए जाने के तरीके से पता चल सकती है। विज्ञापन में इन बातों का उल्लेख करना चाहिए।

प्र.7 पाठ के आधार पर आज के उपभोक्तावादी युग में पनप रही 'दिखावे की संस्कृति' पर विचार व्यक्त कीजिए।

उत्तर आज के उपभोक्तावादी युग में पनप रही 'दिखावे की संस्कृति' पर इस पाठ में लेखक ने प्रबल विरोध किया है। हमारे समाज में एक विशिष्ट वर्ग है, जिसके लिए उच्च कोटि की महँगी वस्तुओं का उत्पादन किया जाता है, परंतु सामान्यजन भी उनकी बराबरी करने के लिए या लालचवश उसका उपभोग करने लगे हैं। दिखावे की इस संस्कृति के कारण वर्ग भेद पनप रहा है। स्वार्थ, अशांति और आक्रोश (क्रोध) में बढ़ोतरी हो रही है। स्वार्थपरता ने जन्म लिया है। हमें इस दिखावे की प्रवृत्ति पर नियंत्रण रखना होगा, नहीं तो यह भारत की मूल संस्कृति को नष्ट कर देगी।

प्र.8 आज की उपभोक्तावादी संस्कृति हमारे रीति-रिवाज़ों और त्योहारों को किस प्रकार प्रभावित कर रही है? अपने अनुभव के आधार पर एक अनुच्छेद लिखिए। दक्षता आधारित प्रश्न

उत्तर हमारी नई जीवन-शैली ने तीज-त्योहारों तथा रीति-रिवाज़ों के स्वरूप को ही बदल दिया है। त्योहार हमारी सांस्कृतिक पहचान हैं। इनसे आपसी भाईचारा संवेदना के स्तर पर सुदृढ़ होता है।

पहले बड़े त्योहार होली, दशहरा, दीपावली, ईद पर परिवार के सभी सदस्य इकट्ठे होते थे, परंतु आज दीपावली मनाने के नाम पर लोग मॉल या क्लब जाते हैं, सिनेमा देखते हैं, खाते-पीते हैं और देर रात घर वापस आते हैं। धार्मिक पूजा-पाठ कराने वाले विद्वान् की जगह सीडी और कैसेट्स ने ले लिया है। वह दिन दूर नहीं, जब भावी पीढ़ी उपभोक्तावादी संस्कृति के मकड़जाल में पड़कर भारतीय रीति-रिवाज़ों और त्योहारों को एक मनोरंजन का साधन समझने लगेगी।

भाषा अध्ययन

प्र.9 धीरे-धीरे सब कुछ बदल रहा है।

इस वाक्य में 'बदल रहा है' क्रिया है। यह क्रिया कैसे हो रही है-धीरे-धीरे। अतः यहाँ धीरे-धीरे क्रियाविशेषण है। जो शब्द क्रिया की विशेषता बताते हैं, क्रियाविशेषण कहलाते हैं। जहाँ वाक्य में हमें पता चलता है क्रिया कैसे, कब, कितनी और कहाँ हो रही है, वहाँ वह शब्द क्रियाविशेषण कहलाता है।

(क) ऊपर दिए गए उदाहरण को ध्यान में रखते हुए क्रियाविशेषण से युक्त पाँच वाक्य पाठ में से छाँटकर लिखिए।

(ख) धीरे-धीरे, ज़ोर से, हमेशा, आजकल, कम, ज़्यादा, यहाँ, उधर, बाहर इन क्रियाविशेषण शब्दों का प्रयोग करते हुए वाक्य बनाइए।

(ग) नीचे दिए गए वाक्यों में से क्रियाविशेषण और विशेषण शब्द छाँटकर लिखिए

वाक्य	क्रियाविशेषण	विशेषण
1. कल रात से निरंतर बारिश हो रही है।	....	....
2. पेड़ पर लगे पके आम देखकर बच्चों के मुँह में पानी आ गया।	....	....
3. रसोईघर से आती पुलाव की हल्की खुशबू से मुझे ज़ोरों की भूख लग आई।	....	....
4. उतना ही खाओ जितनी भूख है।	....	....
5. विलासिता की वस्तुओं से आजकल बाज़ार भरा पड़ा है।	....	....

उत्तर (क) क्रियाविशेषण से युक्त पाँच वाक्य

1. **धीरे-धीरे सब कुछ** बदल रहा है।
   धीरे-धीरे रीतिवाचक क्रियाविशेषण
   सब कुछ परिमाणवाचक क्रियाविशेषण
2. आपको घुमाने की जी-तोड़ कोशिश में **निरंतर** लगी रहती है।
   निरंतर रीतिवाचक क्रियाविशेषण
3. सामंती संस्कृति के तत्त्व भारत में **पहले** भी रहे हैं।
   पहले कालवाचक क्रियाविशेषण
4. अमेरिका में **आज** जो हो रहा है, **कल** वह भारत में भी आ सकता है।
   आज, कल कालवाचक क्रियाविशेषण
5. हमारे सामाजिक सरोकारों में **कमी** आ रही है।
   कमी परिमाणवाचक क्रियाविशेषण

(ख) **धीरे-धीरे** भ्रष्टाचार ने **धीरे-धीरे** पूरे विश्व को जकड़ लिया है।

ज़ोर-से ट्रेन के अचानक रुकते ही बहुत **ज़ोर-से** झटका लगा।

हमेशा चालबाज़ी **हमेशा** कामयाब नहीं होती।

आजकल विज्ञापनों का प्रभाव **आजकल** अत्यधिक बढ़ गया है।

कम भारत में निरक्षरता की दर लगातार **कम** होती जा रही है।

ज़्यादा आजकल लोग आवश्यकता से **ज़्यादा** दिखावे के लिए खरीदारी करते हैं।

यहाँ तुम तो कल भी **यहाँ** आए थे।

उधर उसने जान-बूझकर **उधर** नहीं देखा।

बाहर उसका गुस्सा देखकर राम चुपचाप **बाहर** चला गया।

(ग)

	क्रियाविशेषण		विशेषण
1.	निरंतर	—	रीतिवाचक क्रियाविशेषण
	कल रात	—	कालवाचक क्रियाविशेषण
2.	पके	—	विशेषण
	मुँह में	—	स्थानवाचक क्रियाविशेषण
3.	हल्की	—	विशेषण
	ज़ोरों की	—	रीतिवाचक क्रियाविशेषण
4.	उतना, जितनी	—	परिमाणवाचक क्रियाविशेषण
5.	बाज़ार	—	स्थानवाचक क्रियाविशेषण
	आजकल	—	कालवाचक क्रियाविशेषण

पाठेतर सक्रियता

I. 'दूरदर्शन पर दिखाए जाने वाले विज्ञापनों का बच्चों पर बढ़ता प्रभाव' विषय पर अध्यापक और विद्यार्थी के बीच हुए वार्तालाप को संवाद शैली में लिखिए।

उत्तर **अध्यापक**—बच्चो! क्या आप दूरदर्शन पर विज्ञापन देखते हैं?

विद्यार्थी—देखते हैं सर।

अध्यापक—आजकल दूरदर्शन पर जाने कैसे-कैसे विज्ञापन आने लगे हैं। अच्छे-बुरे का कुछ ध्यान ही नहीं रह गया है।

विद्यार्थी—हाँ सर! आप सही कह रहे हैं, परंतु कुछ विज्ञापन अच्छे भी आते हैं।

अध्यापक—अच्छा! किसी एक अच्छे विज्ञापन के बारे में बताओ।

विद्यार्थी—आटा नूडल्स का विज्ञापन।

अध्यापक—इसमें अच्छा क्या है?

विद्यार्थी—सर! यह आटे से बनता है, जो शरीर के लिए लाभदायक है।

अध्यापक—जिस काम के लिए विज्ञापन बनाया गया था, वह हो गया?

विद्यार्थी—जी सर! नूडल्स बेचने में कंपनी सफल रही।

अध्यापक—ये विज्ञापन लोगों को भ्रमित करते हैं तथा उन्हें आकर्षित करके अपनी कमाई करते हैं।

II. इस पाठ के माध्यम से आपने उपभोक्ता संस्कृति के बारे में विस्तार से जानकारी प्राप्त की। अब आप अपने अध्यापक की सहायता से सामंती संस्कृति के बारे में जानकारी प्राप्त कीजिए और नीचे दिए गए विषय के पक्ष अथवा विपक्ष में कक्षा में अपने विचार व्यक्त कीजिए।

उत्तर छात्र स्वयं करें।

III. आप प्रतिदिन टी.वी. पर ढेरों विज्ञापन देखते-सुनते हैं और इनमें से कुछ आपकी जबान पर चढ़ जाते हैं। आप अपनी पसंद की किन्हीं दो वस्तुओं पर विज्ञापन तैयार कीजिए।

उत्तर छात्र स्वयं करें।

अभ्यास प्रश्न

बहुविकल्पीय व वर्णनात्मक प्रश्नों सहित

पाठ पर आधारित बहुविकल्पीय प्रश्न

निम्नलिखित प्रश्नों के सर्वाधिक उपयुक्त विकल्पों का चयन कीजिए।

1. पाठ के आधार पर बताइए कि हम जाने-अनजाने में किस ओर समर्पित होते जा रहे हैं?

(क) नए जीवन दर्शन की ओर (ख) नई संस्कृति की ओर
(ग) उत्पाद की ओर (घ) उत्पादन बढ़ाने की ओर

उत्तर (ग) उत्पाद की ओर

2. ग्राहक को लुभाने के लिए बाजार में किस प्रकार की सामग्रियाँ भरी हुई हैं?

(क) विलासिता संबंधी (ख) अत्यंत महँगी सामग्री
(ग) सौंदर्य प्रसाधन संबंधी (घ) स्वास्थ्यवर्धक सामग्री

उत्तर (क) विलासिता संबंधी

3. पाठ के आधार पर बताइए कि 'माउथ वॉश' क्या कार्य करता है?

(क) दाँतों को मजबूत बनाता है
(ख) दाँतों को मोती जैसा चमकाता है
(ग) मुँह की दुर्गंध दूर करता है
(घ) मसूड़ों को मजबूत करता है

उत्तर (ग) मुँह की दुर्गंध दूर करता है

4. विलासित की सामग्रियों से बाजार भरा पड़ा है, जो आपको लुभाने की जी तोड़ कोशिश में निरंतर लगी रहती हैं, टूथपेस्ट चाहिए? यह दांतों को मोती जैसा चमकीला बनाता है; यह मुँह की दुर्गंध हटाता है। यह मसूडों को मजबूत करता है और यह पूर्ण सुरक्षा देता है। वह सब करके जो तीन-चार पेस्ट अलग-अलग करते हैं, किसी पेस्ट का मैजिक फार्मूला है। जो चाहे चुन लीजिए। कि विज्ञापन से प्रेरित होकर यदि हम कोई उत्पाद खरीदते हैं, तो हमारी नज़र कहाँ नहीं जाती? दक्षता आधारित प्रश्न

(क) उत्पाद के मूल्य पर
(ख) उत्पाद की गुणवत्ता पर
(ग) उत्पाद के ब्रांड पर
(घ) उत्पाद के डिब्बे पर बने चित्रों पर

उत्तर (ख) उत्पाद की गुणवत्ता पर

5. लेखक के अनुसार, संगीत की समझ न होने पर भी म्यूजिक सिस्टम खरीदना दर्शाता है .... ।

(क) दिखावे की संस्कृति
(ख) संगीत सीखने की ललक
(ग) संगीत की ओर आकर्षक
(घ) संगीत का प्रलोभन

उत्तर (क) दिखावे की संस्कृति

6. मृत्यु से पूर्व अपने अंतिम संस्कार और अनंत विश्राम का प्रबंध किन देशों में किया जा रहा है?

(क) भारत और अमेरिका में
(ख) अमेरिका और यूरोप में
(ग) यूरोप और भारत में
(घ) चीन व यूरोप में

उत्तर (ख) अमेरिका और यूरोप में

7. किसी भी व्यक्ति की मानसिकता को कौन-सा सूक्ष्म तंत्र परिवर्तित कर रहा है?

(क) विज्ञापन तंत्र (ख) सौंदर्य तंत्र
(ग) विलासिता संबंधी वस्तुएँ (घ) इनमें से कोई नहीं

उत्तर (क) विज्ञापन तंत्र

8. लेखक के अनुसार, संभ्रांत महिलाओं की टेबल पर क्या होना एक मामूली बात है?

(क) परफ़्यूम (ख) क्रीम
(ग) महँगी सौंदर्य सामग्री (घ) साबुन व तेल

उत्तर (ग) महँगी सौंदर्य सामग्री

9. कथन I उपभोक्ता संस्कृति हमारे समाज के लिए चुनौती है। कथन II हम अपनी परंपराओं पर दृढ़ रहें तथा नवीन सांस्कृतिक मूल्यों को अच्छी प्रकार से जाँच-परखकर ही स्वीकार करें। 'उपभोक्तावाद की संस्कृति' पाठ के आधार पर उपरोक्त कथनों के लिए सही विकल्प चुनिए। दक्षता आधारित प्रश्न

(क) कथन (I) और कथन (II) दोनों गलत हैं।
(ख) कथन (I) गलत है, किंतु कथन (II) सही है।
(ग) कथन (I) सही है और कथन (II) उसकी सही व्याख्या है।
(घ) कथन (I) सही है, किंतु कथन (II) उसकी गलत व्याख्या है।

उत्तर (ग) कथन (I) सही है और कथन (II) उसकी सही व्याख्या है।

10. लेखक के अनुसार, हम लोग धीरे-धीरे किसके उपनिवेश बनते जा रहे हैं?

(क) पाश्चात्य संस्कृति के (ख) अमेरिका जैसे देशों के
(ग) चीनी सभ्यता के (घ) यूरोप जैसे देशों के

उत्तर (क) पाश्चात्य संस्कृति के

11. सामंती व उपभोक्ता संस्कृति में मुख्य अंतर है

(क) उपभोक्ता संस्कृति ने सामंती संस्कृति को जन्म दिया है
(ख) सामंती संस्कृति ने उपभोक्ता संस्कृति को जन्म दिया है
(ग) (क) और (ख) दोनों
(घ) उपरोक्त में से कोई नहीं

उत्तर (ख) सामंती संस्कृति ने उपभोक्ता संस्कृति को जन्म दिया है

...ब्रक के अनुसार, इनमें से किसमें सम्मोहन एवं वशीकरण की ...क्ति है?
(क) प्रकृति में (ख) विज्ञापन में
(ग) महँगे सौंदर्य प्रसाधनों में (घ) उपभोक्ता संस्कृति में
उत्तर (ख) विज्ञापन में

13. किसके कारण परंपराओं का अवमूल्यन व आस्थाओं का क्षरण हो रहा है?
(क) महँगी वस्तुओं के कारण
(ख) पाँच सितारा होटलों के कारण
(ग) उपभोक्ता संस्कृति के कारण
(घ) नई जीवन-शैली के कारण
उत्तर (ग) उपभोक्ता संस्कृति के कारण

14. गाँधी जी ने किस पर कायम रहकर सांस्कृतिक प्रभावों के लिए दरवाजे-खिड़की खुले रखने के लिए कहा है? **दक्षता आधारित प्रश्न**
(क) अपनी बुनियाद पर
(ख) नई संस्कृति पर
(ग) उपभोक्ता संस्कृति पर
(घ) अपनी आर्थिक स्थिति पर
उत्तर (क) अपनी बुनियाद पर

गद्यांशों पर आधारित बहुविकल्पीय प्रश्न

निम्नलिखित गद्यांशों को ध्यानपूर्वक पढ़कर उन पर पूछे गए प्रश्नों के सही विकल्प चुनिए।

1. धीरे-धीरे सब कुछ बदल रहा है। एक नई जीवन-शैली अपना वर्चस्व स्थापित कर रही है। उसके साथ आ रहा है एक नया जीवन-दर्शन-उपभोक्तावाद का दर्शन। उत्पादन बढ़ाने पर ज़ोर है चारों ओर। यह उत्पादन आपके लिए है; आपके भोग के लिए है, आपके सुख के लिए है। 'सुख' की व्याख्या बदल गई है। उपभोग-भोग ही सुख है। एक सूक्ष्म बदलाव आया है नई स्थिति में। उत्पाद तो आपके लिए हैं, पर आप यह भूल जाते हैं कि जाने-अनजाने आज के माहौल में आपका चरित्र भी बदल रहा है और आप उत्पाद को समर्पित होते जा रहे हैं।

(i) गद्यांश के अनुसार, धीरे-धीरे किसमें बदलाव होने लगा है?
(क) हमारी जीवन-शैली में (ख) हमारे खान-पान में
(ग) हमारी संस्कृति में (घ) हमारे दृष्टिकोण में
उत्तर (क) हमारी जीवन-शैली में

(ii) लेखक के अनुसार, नया जीवन दर्शन क्या है?
(क) उत्पादन का दर्शन (ख) उपभोक्तावाद का दर्शन
(ग) उपभोग का दर्शन (घ) सुख की धारणा
उत्तर (ख) उपभोक्तावाद का दर्शन

(iii) आज के संदर्भ में सुख की धारणा से आशय है
(क) उपभोक्ता ही सुख है (ख) बाजार ही सुख है
(ग) उपभोग ही सुख है (घ) उत्पादन ही सुख है
उत्तर (ग) उपभोग ही सुख है

(iv) लेखक के अनुसार, हम जाने-अनजाने में किसकी ओर समर्पित होते जा रहे हैं?
(क) बाजार की ओर (ख) उत्पाद की ओर
(ग) उपभोग की ओर (घ) नई जीवन-शैली की ओर
उत्तर (ग) उपभोग की ओर

(v) 'यह उत्पादन आपके भोग के लिए है।' यह किस प्रकार के दर्शन में कहा गया है? **दक्षता आधारित प्रश्न**
(क) नई जीवन-शैली के दर्शन में
(ख) उपभोक्तावाद के दर्शन में
(ग) उत्पादन के दर्शन में
(घ) बाजार के दर्शन में
उत्तर (ख) उपभोक्तावाद के दर्शन में

2. संभ्रांत महिलाओं की ड्रेसिंग टेबल पर तीस-तीस हज़ार रुपये की सौंदर्य सामग्री होना तो मामूली बात है। पेरिस से परफ़्यूम मँगाइए, इतना ही और खर्च हो जाएगा। ये प्रतिष्ठा-चिह्न हैं, समाज में आपकी हैसियत जताते हैं पुरुष भी इस दौड़ में पीछे नहीं हैं। पहले उनका काम साबुन और तेल से चल जाता था। आफ़्टर शेव और कोलोन बाद में आए। अब तो इस सूची में दर्जन-दो-दर्जन चीज़ें और जुड़ गई हैं।

छोड़िए इस सामग्री को। वस्तु और परिधान की दुनिया में आइए। जगह-जगह बुटीक खुल गए हैं, नए-नए डिज़ाइन के परिधान बाज़ार में आ गए हैं। ये ट्रेंडी हैं और महँगे भी। पिछले वर्ष के फ़ैशन इस वर्ष? शर्म की बात है। घड़ी पहले समय दिखाती थी। उससे यदि यही काम लेना हो, तो चार-पाँच सौ में मिल जाएगी। हैसियत जताने के लिए आप पचास-साठ हज़ार से लाख-डेढ़ लाख की घड़ी भी ले सकते हैं। संगीत की समझ हो या नहीं, कीमती म्यूज़िक सिस्टम ज़रूरी है। कोई बात नहीं यदि आप उसे ठीक तरह चला भी न सकें। कंप्यूटर काम के लिए तो खरीदे ही जाते हैं, महज़ दिखावे के लिए उन्हें खरीदने वालों की संख्या भी कम नहीं है।

(i) आज के समय में संभ्रांत महिलाओं की ड्रेसिंग टेबल पर महँगी सौंदर्य सामग्री होना कैसी बात है?
(क) आश्चर्यजनक (ख) मामूली बात
(ग) अविश्वसनीय (घ) अस्वाभाविक
उत्तर (ख) मामूली बात

(ii) पेरिस से परफ़्यूम मँगाना किसका सूचक है?
(क) वैभव का (ख) सौंदर्य का
(ग) प्रतिष्ठा का (घ) भोग-विलास का
उत्तर (ग) प्रतिष्ठा का

(iii) **कथन (I)** आज प्रदर्शनपूर्ण जीवन-शैली अपनाने में महिलाएँ ही नहीं, पुरुष भी शामिल हो गए हैं।
कथन (II) कंप्यूटर आज दिखावे के लिए अधिक, काम के लिए कम खरीदे जाते हैं।
कथन (III) स्वयं को उच्चतर दिखाने में मनुष्य स्वार्थी हो गया है। **दक्षता आधारित प्रश्न**

उपरोक्त कथनों के लिए सही विकल्प का चयन कीजिए।
(क) कथन (I) सही, किंतु (II) और (III) गलत हैं।
(ख) कथन (I) गलत, किंतु (II) और (III) सही हैं।
(ग) कथन (I) और (II) सही हैं, किंतु (III) गलत है।
(घ) कथन (I), (II) और (III) तीनों सही हैं।
उत्तर (घ) कथन (I), (II) और (III) तीनों सही हैं।

(iv) **'संभ्रांत महिलाएँ' किन्हें कहा गया है?**
(क) मजदूर महिलाओं को
(ख) धनी परिवार की महिलाओं को
(ग) गरीब परिवार की महिलाओं को
(घ) छोटे परिवार की महिलाओं को
उत्तर (ख) धनी परिवार की महिलाओं को

(v) **आज 'परिधान' के संदर्भ में शर्म की बात क्या है?**
(क) नए डिजाइन के परिधान पहनना
(ख) ट्रेंडी और महँगे परिधान पहनना
(ग) पिछले वर्ष के डिजाइन पहनना
(घ) सस्ते कपड़े पहनना
उत्तर (ग) पिछले वर्ष के डिजाइन पहनना

3. **प्रतिष्ठा के अनेक रूप होते हैं। चाहे वे हास्यास्पद ही क्यों न हों? यह है एक छोटी-सी झलक उपभोक्तावादी समाज की। यह विशिष्टजन का समाज है, पर सामान्यजन भी इसे ललचाई निगाहों से देखते हैं। उनकी दृष्टि से एक विज्ञापन की भाषा में, "यही है राइट च्वॉइस बेबी।"**

अब विषय के गंभीर पक्ष की ओर आएँ। इस उपभोक्ता संस्कृति का विकास भारत में क्यों हो रहा है? सामंती संस्कृति के तत्त्व भारत में पहले भी रहे हैं। उपभोक्तावाद इस संस्कृति से जुड़ा रहा है। आज सामंत बदल गए हैं, सामंती संस्कृति का मुहावरा बदल गया है। हम सांस्कृतिक अस्मिता की बात कितनी ही करें; परंपराओं का अवमूल्यन हुआ है, आस्थाओं का क्षरण हुआ है। कड़वा सच तो यह है कि हम बौद्धिक दासता स्वीकार कर रहे हैं, पश्चिम के सांस्कृतिक उपनिवेश बन रहे हैं। हमारी नई संस्कृति अनुकरण की संस्कृति है। हम आधुनिकता के झूठे प्रतिमान अपनाते जा रहे हैं।

(i) **गद्यांश के अनुसार, सामान्यजन किसे ललचाई निगाहों से देखते रहते हैं?**
(क) विज्ञापन को
(ख) उपभोक्तावादी समाज को
(ग) आधुनिकता की ओर
(घ) उपरोक्त में से कोई नहीं
उत्तर (ख) उपभोक्तावादी समाज को

(ii) **आज के समय में उपभोक्तावाद किस संस्कृति से जुड़ा है?**
(क) आधुनिक संस्कृति से (ख) प्राचीन संस्कृति से
(ग) सामंती संस्कृति से (घ) विकसित संस्कृति से
उत्तर (ग) सामंती संस्कृति से

(iii) **उपभोक्ता संस्कृति के कारण आज हमारी परंपराओं का ………… का क्षरण हो रहा है।**
(क) आक्रोश और अशांति
(ख) पश्चिमी सांस्कृति और आस्थाओं
(ग) अवमूल्यन व आस्थाओं
(घ) रूढ़िवादी व आस्थाओं
उत्तर (ग) अवमूल्यन व आस्थाओं

(iv) **लेखक ने आज के समय में समाज के लिए कड़वा सच किसे कहा है?**
(क) बौद्धिक दासता स्वीकार करने को
(ख) सांस्कृतिक उपनिवेश बनने को
(ग) आधुनिकता के प्रतिमान अपनाने को
(घ) परंपराओं के अवमूल्यन को
उत्तर (क) बौद्धिक दासता स्वीकार करने को

(v) **लेखक के अनुसार, हमारी नई संस्कृति किसका अनुकरण कर रही है?**
(क) प्रतिष्ठा के अनेक रूपों का
(ख) पश्चिमी संस्कृति का
(ग) विज्ञापनों का
(घ) प्राचीन सांस्कृतिक मूल्यों का
उत्तर (ख) पश्चिमी संस्कृति का

4. **प्रतिष्ठा की अंधी प्रतिस्पर्द्धा में जो अपना है, उसे खोकर छद्म आधुनिकता की गिरफ़्त में आते जा रहे हैं। संस्कृति की नियंत्रक शक्तियों के क्षीण हो जाने के कारण हम दिग्भ्रमित हो रहे हैं। हमारा समाज ही अन्य-निर्देशित होता जा रहा है। विज्ञापन और प्रसार के सूक्ष्म तंत्र हमारी मानसिकता बदल रहे हैं। उनमें सम्मोहन की शक्ति है, वशीकरण की भी।**

अंततः इस संस्कृति के फैलाव का परिणाम क्या होगा? यह गंभीर चिंता का विषय है। हमारे सीमित संसाधनों का घोर अपव्यय हो रहा है। जीवन की गुणवत्ता आलू के चिप्स से नहीं सुधरती। न बहुविज्ञापित शीतल पेयों से। भले ही वे अंतर्राष्ट्रीय हों। पिज्जा और बर्गर कितने ही आधुनिक हों, हैं वे कूड़ा खाद्य। समाज में वर्गों की दूरी बढ़ रही है, सामाजिक सरोकारों में कमी आ रही है। जीवन स्तर का यह बढ़ता अंतर आक्रोश और अशांति को जन्म दे रहा है। जैसे-जैसे दिखावे की यह संस्कृति फैलेगी, सामाजिक अशांति भी बढ़ेगी।

(i) **गद्यांश के आधार पर बताइए कि हमारे दिग्भ्रमित होने का कारण क्या है?**
(क) विज्ञापन
(ख) संस्कृति का शक्तिशाली होना
(ग) संस्कृति से जीवन-मूल्यों का ह्रास होना
(घ) संस्कृति की शक्तियों का क्षीण होना
उत्तर (घ) संस्कृति की शक्तियों का क्षीण होना

(ii) गद्यांश के आधार पर बताइए कि आधुनिक संस्कृति में कमी दर्शाने वाला विकल्प कौन-सा है?
(क) यह सामंती संस्कृति है
(ख) यह अनुकरण की संस्कृति है
(ग) आधुनिक संस्कृति मूल्यों से जोड़े रखती है
(घ) आधुनिक संस्कृति की शक्तियाँ क्षीण हैं

उत्तर (ख) यह अनुकरण की संस्कृति है

(iii) **उपभोक्तावादी संस्कृति के कारण .... कमी आ रही है।**
(क) लोगों की आर्थिक स्थिति में
(ख) सामाजिक सरोकारों में
(ग) व्यापार में
(घ) प्रतिष्ठा में

उत्तर (ख) सामाजिक सरोकारों में

(iv) **लेखक ने पिज्जा और बर्गर को 'कूड़ा खाद्य' कहा है, क्योंकि ये .... ।**
(क) अत्यधिक महँगे होते हैं
(ख) अत्यधिक स्वादिष्ट होते हैं
(ग) स्वास्थ्य के लिए हानिकारक होते हैं
(घ) अत्यधिक सरलता से मिल जाते हैं

उत्तर (ग) स्वास्थ्य के लिए हानिकारक होते हैं

(v) **आक्रोश और अशांति किसके कारण जन्म ले रहे हैं?**
(क) सीमित संसाधनों के अपव्यय के कारण
(ख) विज्ञापन के प्रसार के कारण
(ग) सामाजिक सरोकार में वृद्धि के कारण
(घ) जीवन स्तर में बढ़ते अंतर के कारण

उत्तर (घ) जीवन स्तर में बढ़ते अंतर के कारण

लघु उत्तरीय प्रश्नोत्तर

निम्नलिखित प्रश्नों के उत्तर संक्षेप में दीजिए

1. "धीरे-धीरे सब कुछ बदल रहा है।", पंक्ति से लेखक का क्या तात्पर्य है?

उत्तर उत्पादन की वृद्धि और उसके विज्ञापन ने आधुनिक समाज पर अपना वर्चस्व स्थापित कर लिया है। अत: आधुनिकता की इस अंधी दौड़ में हमारी जीवन-शैली, जीवन-दर्शन, चरित्र, सुख की परिभाषा, परंपराएँ, आस्थाएँ, आदर्श-विचार, बौद्धिकता आदि धीरे-धीरे परिवर्तित हो रहे हैं। पश्चिमी संस्कृति का अंधानुकरण करने से हमारी सामाजिक नींव तक हिल रही है।

2. आजकल कौन-सी नई जीवन-शैली आ गई है? इसका क्या प्रभाव पड़ रहा है?

उत्तर आजकल एक नई जीवन-शैली अपना वर्चस्व स्थापित कर रही है, जिसका आधार उपभोक्तावाद का दर्शन है। उपभोक्ता की आवश्यकताओं एवं उसकी मानसिकता को ध्यान में रखकर वस्तुओं का व्यापक पैमाने पर उत्पादन किया जा रहा है। यह मनुष्य को अधिक-से-अधिक शारीरिक एवं मानसिक संतुष्टि देने की कोशिश करता है। यह संस्कृति दिखावटीपन को बढ़ावा दे रही है। इससे मनुष्य का चरित्र एवं उसकी मानसिकता परिवर्तित हो रही है, जिससे उसके व्यक्तित्व पर भी नकारात्मक प्रभाव पड़ रहा है।

3. आज की संस्कृति को लेखक ने क्या नाम दिया है? उसमें विज्ञापनों की क्या भूमिका है?

अथवा **आज की संस्कृति को विज्ञापन कैसे प्रभावित कर रहे हैं?**

उत्तर आज की संस्कृति को लेखक ने 'उपभोक्तावाद' का नाम दिया है। इस उपभोक्तावादी संस्कृति में विज्ञापन उपभोक्ता को भड़काने का काम करते हैं। लोगों में लालच की प्रवृत्ति को बढ़ाते हैं। विज्ञापन का काम वस्तुओं को नए-नए तरीके से प्रस्तुत करना है, जिससे उपभोक्ता उससे प्रभावित होकर पुरानी वस्तु को बेकार समझने लगता है और विभिन्न प्रकार की वस्तुओं के जाल में फँसता चला जाता है।

4. संभ्रांत महिलाओं में महँगे उत्पाद का प्रयोग करना प्रतिष्ठा का प्रश्न क्यों बन गया है? दक्षता आधारित प्रश्न

उत्तर सामान्यत: संभ्रांत परिवार की महिलाओं में प्रतिस्पर्द्धा की भावना होती है। वे एक-दूसरे से ज़्यादा सुंदर और धनी दिखने की चाह में किसी भी हद को पार करने के लिए तैयार हो जाती हैं, इसलिए महँगे-से-महँगे सामान को खरीदने में वे अपनी प्रतिष्ठा समझती हैं। ड्रेसिंग टेबल पर सौंदर्य सामग्री का होना, नए-नए डिज़ाइन के परिधान लेना ही उनकी प्रतिष्ठा का चिह्न है।

5. उपभोक्तावादी संस्कृति ने पुरुषों को कैसे प्रभावित किया है?

उत्तर उपभोक्तावादी संस्कृति के प्रभाव में आकर पुरुष भी सौंदर्य प्रसाधन के उपयोग में महिलाओं से पीछे नहीं हैं। वे भी सौंदर्य प्रसाधन की सामग्रियों पर ज़्यादा-से-ज़्यादा खर्च करने लगे हैं। बाज़ार भी पुरुषों से संबंधित विभिन्न प्रकार की सामग्रियों से भरे पड़े हैं। यह सब प्रतिष्ठा सूचक चिह्न हैं, जो समाज में आपकी हैसियत को जताते हैं।

6. पाँच सितारा सुविधाएँ लेने के क्या कारण हो सकते हैं?

उत्तर आज के आधुनिक युग में पाँच सितारा सुविधाएँ लेना आवश्यकता नहीं, बल्कि फ़ैशन हो गया है। पाँच सितारा स्कूल, होटल, अस्पताल आदि का उपयोग करना सामाजिक प्रतिष्ठा के चिह्न बन गए हैं। लोग यह मानने लगे हैं कि महँगी सुविधाएँ लेने से हम ज़्यादा सम्मानित लोगों की श्रेणी में गिने जाएँगे। यह सब महज़ दिखावे के लिए हो गया है। अपनी हैसियत से अधिक खर्च करना प्रतिष्ठा का सूचक है।

7. उपभोक्तावादी संस्कृति के विकास के क्या कारण हैं?

उत्तर लेखक के अनुसार, उपभोक्तावादी संस्कृति के विकास में सामंती संस्कृति का योगदान एक महत्त्वपूर्ण कारण है, क्योंकि सामंत नहीं रहे, परंतु संस्कार और प्रवृत्ति वही रही, जिसने उपभोग को जन्म दिया। दूसरा कारण पश्चिमी देशों का अंधानुकरण है। भारतीय अपनी स्वस्थ मान्यताओं, परंपराओं एवं आस्थाओं को छोड़कर पाश्चात्य संस्कृति को अपना रहे हैं। तीसरा कारण आधुनिकता की अंधी दौड़ तथा चौथा कारण विज्ञापन के माध्यम से प्रचार-प्रसार है।

8. उपभोक्तावादी संस्कृति के पनपने से हमारा क्या-क्या नुकसान हुआ है? दक्षता आधारित प्रश्न

उत्तर उपभोक्तावादी संस्कृति तेज़ी से पनप रही है, जिससे आम जनजीवन पर्याप्त रूप से दुष्प्रभावित हो रहा है। लोगों का चरित्र बदल रहा है, विज्ञापनों की चकाचौंध में डूबे लोग गुणवत्ता को भूलकर घटिया उत्पादों को महत्त्व देने लगे हैं। पुरानी परंपराएँ और आस्थाएँ खंडित हो रही हैं, नैतिकता विस्मृत होती जा रही है। चारों ओर व्यक्ति केंद्रिकता, सामाजिक अशांति और विषमता व्याप्त हो गई है।

9. सामंती संस्कृति से क्या अभिप्राय है? "आज उसका मुहावरा बदल गया है।" कथन का अर्थ 'उपभोक्तावाद की संस्कृति' पाठ के आधार पर स्पष्ट कीजिए।

उत्तर भोग-विलास को ही सर्वस्व मानने वाली जीवन-शैली 'सामंती संस्कृति' कहलाती है। आज उसका मुहावरा अर्थात् स्वरूप बदल गया है। पहले सामंत गरीब मज़दूरों एवं किसानों का शोषण करते थे, परंतु आज वही सामंतवादी लोग उपभोक्तावादी संस्कृति के संरक्षक और नियंत्रक बनकर नित्य नए उत्पादों को बढ़ावा देकर सामान्य जनता का शोषण कर रहे हैं।

10. उपभोक्तावादी और सामंती संस्कृति एक-दूसरे से किस प्रकार जुड़े हुए हैं?

उत्तर उपभोक्तावादी और सामंती संस्कृति दोनों एक ही सिक्के के दो पहलू हैं। दोनों में बहुत अधिक समानता है। सामंती संस्कृति से ही उपभोक्तावादी संस्कृति का विकास हुआ है। आधुनिक भारत में सामंत, राजा और रजवाड़े भले ही बदल गए, किंतु संस्कार अब तक वही चले आ रहे हैं। इसी सामंती प्रवृत्ति ने वस्तु संचय एवं उपभोग की प्रवृत्ति को विकसित किया है।

11. भारत की सांस्कृतिक अस्मिता क्यों नष्ट हो रही है?

अथवा **उपभोक्तावाद ने भारतीय संस्कृति को किस प्रकार हानि पहुँचाई है?**

उत्तर भारत की सांस्कृतिक अस्मिता अर्थात् हमारी पहचान उपभोक्तावादी संस्कृति के प्रचार-प्रसार के कारण नष्ट हो रही है। वस्तु संचय और उपभोग की प्रवृत्ति बढ़ने के कारण भारत के लोग अपना धर्म, मर्यादा, परंपराएँ, आदर्श यहाँ तक कि मौलिक विशेषताएँ भी खो रहे हैं। वे भारतीय तौर-तरीकों को छोड़कर पाश्चात्य तौर-तरीकों को पसंद करने लगे हैं।

12. श्यामाचरण दुबे के अनुरूप बौद्धिक दासता क्या है? कौन इसका शिकार बन रहा है?

उत्तर अपनी सोच को छोटी और दूसरे की सोच को सही एवं महत्त्वपूर्ण मानकर उसे अपनाने की होड़ 'बौद्धिक दासता' कहलाती है।

पाश्चात्य सभ्यता के अंधानुयायी बनकर भारतीय, बौद्धिक दासता के शिकार होते जा रहे हैं और नई संस्कृति का अनुकरण कर रहे हैं, जो हमारी मानसिकता को बदल रही है, जिसका परिणाम निराशाजनक हो सकता है।

13. लेखक ने नई संस्कृति को अनुकरण की संस्कृति क्यों कहा है?

उत्तर वर्तमान समय का समाज आधुनिकता की अंधी दौड़ में लगा हुआ है। पाश्चात्य संस्कृति के झूठे प्रतिमानों को अपनाने में हम अपनी प्रतिष्ठा समझने लगे हैं। अनुकरण का अर्थ है—नकल करना या पीछे चलना। हम पश्चिमी देशों के नक्शे-कदम पर चलने में जुट गए हैं।

आज अमेरिका और यूरोप के देशों में जो हो रहा है, वह कुछ समय बाद भारत में भी संभव हो जाएगा। इस प्रकार, अपनी परंपराओं का अवमूल्यन (समाप्त) करके नई संस्कृति को अपनाना अनुकरण की संस्कृति है।

14. 'उपभोक्तावाद की संस्कृति' पाठ के आधार पर बताइए कि 'हम आधुनिकता के झूठे प्रतिमान अपनाते जा रहे हैं।' कैसे?

उत्तर प्रतिष्ठा की अंधी प्रतिस्पर्द्धा में हम झूठी आधुनिकता की गिरफ़्त में आते जा रहे हैं। हम पश्चिमी देशों को अपने से आधुनिक एवं विकसित मानकर अपनी अस्मिता और परंपराओं को भुला बैठे हैं। हमारी आस्थाएँ टूटने लगी हैं और हम नई जीवन-शैली या पश्चिमी अंधानुकरण में आधुनिकता के झूठे प्रतिमान अपनाते जा रहे हैं।

15. छद्म आधुनिकता से लेखक का क्या आशय है?

अथवा **छद्म आधुनिकता किसे कहते हैं? हम उसकी गिरफ़्त में क्यों आ रहे हैं?**

उत्तर आधुनिक होने का दिखावा करना 'छद्म आधुनिकता' कहलाती है। हम पश्चिमी देशों को अपने देश से अधिक आधुनिक और विकसित मानकर उनका अनुकरण कर रहे हैं तथा छद्म आधुनिकता की गिरफ़्त में आते जा रहे हैं। उपभोक्तावाद की इस संस्कृति के कारण हम आधुनिकता के झूठे प्रतिमान अपनाकर छद्म आधुनिकता के वश में हो रहे हैं।

16. लेखक श्यामाचरण दुबे के अनुसार, हम दिग्भ्रमित और अन्यों से निर्देशित क्यों हैं?

उत्तर हम छद्म आधुनिकता को सत्य मानकर तथा पाश्चात्य संस्कृति को श्रेष्ठ मानकर दिग्भ्रमित हो रहे हैं। हम अपनी संस्कृति को छोड़ दूसरी संस्कृति का अनुसरण कर बौद्धिक दासता के शिकार हो रहे हैं, जिसके कारण हम पश्चिम के सांस्कृतिक उपनिवेश बन रहे हैं।

17. विज्ञापन ने उपभोक्तावादी संस्कृति की ओर आकर्षित करने में भारतीय जन-मानस को कहाँ तक प्रभावित किया है?

उत्तर विज्ञापन एवं प्रचार की शक्तियाँ भारतीय जन-मानस को गहराई से प्रभावित कर रही हैं। विज्ञापन तंत्र ने भारतीय मानसिकता को बदलकर रख दिया है, क्योंकि विज्ञापन में एक प्रकार की सम्मोहन (आकर्षण) शक्ति होती है, जिसके वश में होकर लोग उपभोक्तावादी संस्कृति की ओर खिंचे चले जा रहे हैं। इस उपभोक्तावादी संस्कृति से भारतीय आस्थाओं, परंपराओं का क्षरण (ह्रास) हुआ है।

18. वर्तमान समय के समाज में किस तरह के प्रभाव दिखाई पड़ रहे हैं? **दक्षता आधारित प्रश्न**

उत्तर वर्तमान समय के समाज में विभिन्न वर्गों के बीच की दूरी बढ़ती जा रही है। सामाजिक संबंधों में कमी हो रही है। हम अपनी सांस्कृतिक पहचान खोते जा रहे हैं, भोग की प्रबल इच्छा बढ़ती जा रही है और

नैतिक मानदंड ढीले पड़ रहे हैं। इसके अलावा समाज में आक्रोश एवं अशांति बढ़ती जा रही है, सामाजिक मूल्यों का पतन हो रहा है, व्यक्ति-केंद्रिकता बढ़ गई है और लोग आत्मकेंद्रित एवं स्वार्थी हो गए हैं।

19. आज भारत अपने विकास के विराट उद्देश्य से पीछे क्यों हट रहा है?

उत्तर आज भारत अपनी क्षणिक तुष्टि (संतुष्टि) के लिए तात्कालिक लक्ष्यों का पीछा करने में लगा हुआ है, जिसके कारण मर्यादाएँ टूट रही हैं, व्यक्ति-केंद्रिकता बढ़ रही है, स्वार्थ परमार्थ पर हावी हो रहा है, भोग की आकांक्षाएँ बढ़ती जा रही हैं। परिणामस्वरूप भारतीय अस्मिता का दिन-प्रतिदिन पतन होता जा रहा है। इन्हीं कारणों से भारत अपने विराट उद्देश्यों से पीछे हट रहा है।

की कौन-सी नियंत्रक शक्तियाँ हैं, जो अब क्षीण हो हैं?

परंपराएँ, मर्यादाएँ तथा आस्थाएँ भारतीय संस्कृति की नियंत्रक शक्तियाँ हैं, जो अब खंडित होती जा रही हैं। इन शक्तियों के प्रति लोगों के विश्वास टूटने लगे हैं, क्योंकि इनका स्थान पाश्चात्य परंपराएँ और आस्थाएँ लेती जा रही हैं। ये शक्तियाँ वर्तमान समय में उतनी सशक्त नहीं रह गई हैं, जितनी वे पहले हुआ करती थीं।

21. 'व्यक्ति-केंद्रिकता' का क्या अर्थ है? स्पष्ट कीजिए।

दक्षता आधारित प्रश्न

उत्तर व्यक्ति-केंद्रिकता का अर्थ है—'स्वयं को केंद्र में रखना'। आज लोग हित-अहित, भला-बुरा सोचते समय केवल अपना ध्यान रखते हैं। अब लोग लोक कल्याण या दूसरों के हित-अहित की बातों की अनदेखी करने लगे हैं अर्थात् अपनी सुख-सुविधाओं में खोकर हमारी सामाजिकता क्षीण होती जा रही है, हम सामाजिक संबंधों की परवाह नहीं कर रहे हैं।

22. सामाजिक नींव को किससे खतरा है और क्यों? 'उपभोक्तावाद की संस्कृति' पाठ के आधार पर लिखिए।

उत्तर सामाजिक नींव को उपभोक्तावादी संस्कृति से खतरा है, क्योंकि इस संस्कृति का अंधानुकरण कर हम आत्मकेंद्रित और स्वार्थी हो गए हैं। हम अपनी परंपरा, नैतिकता और सामाजिक सरोकारों को भूलते जा रहे हैं। इसके कारण विकास के उद्देश्य पीछे छूटते जा रहे हैं। हम लक्ष्य भ्रम से पीड़ित होते जा रहे हैं।

23. गाँधीजी के वक्तव्य से हमें क्या प्रेरणा मिलती है?

उत्तर गाँधीजी के वक्तव्य से हमें यह प्रेरणा मिलती है कि हम दूसरे देशों के उचित सांस्कृतिक मूल्यों से ज़रूर प्रभावित हों और उन्हें स्वीकार करें, ताकि उन्नति और विकास की संभावना बनी रहे, परंतु अपनी मूल संस्कृति को किसी भी कीमत पर न छोड़ें। हमें स्वस्थ सांस्कृतिक प्रभावों को अपनाने के साथ-साथ अपनी बुनियाद पर कायम रहना चाहिए।

24. उपभोक्तावादी संस्कृति के विषय में गाँधी जी के क्या विचार थे?

अथवा

गाँधी जी ने उपभोक्तावादी संस्कृति को देखकर क्या कहा है?

उत्तर उपभोक्तावादी संस्कृति को देखकर गाँधी जी ने कहा था कि उपभोक्तावादी संस्कृति हमारी सामाजिक नींव को हिला रही है, इसलिए हम स्वस्थ सांस्कृतिक प्रभावों को ही अपनाएँ और अपनी बुनियाद पर कायम रहें, अन्यथा भविष्य में यह एक बड़ा खतरा हो सकता है।

स्व-मूल्यांकन

पाठ पर आधारित बहुविकल्पीय प्रश्न

निम्नलिखित प्रश्नों के सर्वाधिक उपयुक्त विकल्पों का चयन कीजिए।

1. दिखावे की संस्कृति किस प्रकार के नकारात्मक पक्षों को बढ़ावा देती है?
(क) विभिन्न तरह की विषमताएँ तथा सामाजिक अशांति
(ख) सामाजिक असमानता
(ग) सामाजिक सरोकारों में कमी
(घ) संस्कृति अस्मिता का ह्रास

2. लेखक के अनुसार, दिखावे की संस्कृति को सर्वप्रथम किस वर्ग ने अपनाया है?
(क) मध्यम वर्ग ने
(ख) आर्थिक रूप से संपन्न वर्ग ने
(ग) निम्न वर्ग ने
(घ) उपरोक्त सभी

3. **कथन (I)** उपभोक्तावादी संस्कृति केवल अपने बारे में फिक्र करना सिखाती है।
कथन (II) 'उपभोक्तावाद का दर्शन' में जीवन को उपभोग तक सीमित माना जाने लगा है। **दक्षता आधारित प्रश्न**

दिए गए कथनों के लिए सही विकल्प चुनिए।
(क) कथन (I) सही है और कथन (II) उसकी गलत व्याख्या है।
(ख) कथन (I) सही है और कथन (II) उसकी सही व्याख्या है।
(ग) कथन (I) गलत और कथन (II) सही है।
(घ) कथन (I) और कथन (II) दोनों सही हैं।

गद्यांश पर आधारित बहुविकल्पीय प्रश्न

निम्नलिखित गद्यांश को ध्यानपूर्वक पढ़कर पूछे गए प्रश्नों के सही विकल्प चुनिए।

हमारी सांस्कृतिक अस्मिता का ह्रास तो हो ही रहा है, हम लक्ष्य भ्रम से भी पीड़ित हैं। विकास के विराट उद्देश्य से पीछे हट रहे हैं। हम झूठी तुष्टि के तात्कालिक लक्ष्यों का पीछा कर रहे हैं। मर्यादाएँ टूट रही हैं। नैतिक मानदंड ढीले पड़ रहे हैं। व्यक्ति-केंद्रिकता बढ़ रही है, स्वार्थ परमार्थ पर हावी हो रहा है। भोग की आकांक्षाएँ आसमान को छू रही हैं। किस बिंदु पर रुकेगी यह दौड़?

गाँधी जी ने कहा था कि हम स्वस्थ सांस्कृतिक प्रभावों के लिए अपने दरवाजे-खिड़की खुले रखें पर अपनी बुनियाद पर कायम रहें। उपभोक्ता संस्कृति हमारी सामाजिक नींव को ही हिला रही है। यह एक बड़ा खतरा है। भविष्य के लिए यह एक बड़ी चुनौती है।

(i) तात्कालिक लक्ष्यों का पीछा करने के कारण कैसा प्रभाव पड़ रहा है?
(क) परमार्थ हावी हो रहा है
(ख) विकास के मूल उद्देश्य से पीछे हट रहे हैं
(ग) दिखावे की संस्कृति से प्रेरित हो रहे हैं
(घ) भोग विलास की संस्कृति से प्रेरित हो रहे हैं

(ii) स्वस्थ सांस्कृतिक प्रभावों के लिए, दरवाजे और खिड़कियाँ खोलने से आशय है **दक्षता आधारित प्रश्न**
(क) सदैव सोच-विचारकर कार्य से
(ख) मन-मस्तिष्क खोलने से
(ग) उपभोक्ता संस्कृति को स्वीकार करने से
(घ) सांस्कृतिक अस्मिता के ह्रास से

(iii) गद्यांश के आधार पर बताइए कि हमारी सामाजिक नींव किसके कारण हिल रही है?
(क) नैतिक मानदंडों के कारण
(ख) स्वार्थ का परमार्थ पर हावी होने के कारण
(ग) उपभोक्ता संस्कृति के कारण
(घ) व्यक्ति-केंद्रिकता बढ़ने के कारण

(iv) लेखक ने भविष्य के लिए सबसे बड़ी चुनौती किसे कहा है?
(क) उद्देश्य से भ्रमित होने को
(ख) अपने मानवीय मूल्यों पर केंद्रित न होने को
(ग) केवल तत्काल प्रभाव की ओर अग्रसर होने को
(घ) उपभोक्ता संस्कृति के अनुकरण को

(v) 'लक्ष्य भ्रम से पीड़ित होने' का आशय है **दक्षता आधारित प्रश्न**
(क) मूल लक्ष्य की ओर ध्यान न देना
(ख) मूल लक्ष्य की ओर प्रेरित होना
(ग) तत्काल प्रभाव के लक्ष्यों की ओर प्रेरित होना
(घ) व्यक्ति-केंद्रित लक्ष्य की ओर प्रेरित होना

लघु उत्तरीय प्रश्नोत्तर

निम्नलिखित प्रश्नों के उत्तर संक्षेप में दीजिए

1. उपभोक्तावाद से आप क्या समझते हैं? इसका दर्शन क्या है?
2. सांस्कृतिक उपनिवेश की धारणा स्पष्ट करते हुए बताइए कि हम किस प्रकार उसके शिकार हो रहे हैं? **दक्षता आधारित प्रश्न**
3. 'उपभोक्तावाद की संस्कृति' पाठ में 'कूड़ा खाद्य' किन्हें कहा गया है और क्यों?
4. 'उपभोक्तावाद की संस्कृति' का लेखक पाठकों को क्या संदेश देना चाहता है? **दक्षता आधारित प्रश्न**
5. 'झूठी तुष्टि के तात्कालिक लक्ष्य' से क्या आशय है? 'उपभोक्तावाद की संस्कृति' पाठ के आधार पर उत्तर दीजिए।

साँवले सपनों की याद

अध्याय 4

ज़ाबिर हुसैन

पाठ की रूपरेखा 'साँवले सपनों की याद' पाठ में लेखक ज़ाबिर हुसैन ने प्रसिद्ध पक्षी विज्ञानी सालिम अली की याद को एक संस्मरण के रूप में प्रस्तुत किया है। लेखक ने व्यक्ति-चित्र के माध्यम से सालिम अली के व्यक्तित्व की विशेषताओं का उल्लेख किया है।

लेखक ने सालिम अली के जीवन की अनेक घटनाओं को स्पर्श करते हुए यह बताया है कि किस विशेष घटना ने अली साहब को पक्षी-प्रेमी बना दिया। वास्तव में, सालिम अली के माध्यम से पर्यावरण के संरक्षण की महत्ता को रेखांकित करना इस पाठ का मूल उद्देश्य है।

लेखक परिचय

जाबिर हुसैन का जन्म वर्ष 1945 में बिहार के नालंदा ज़िले में हुआ था। अंग्रेज़ी साहित्य में स्नातकोत्तर की उपाधि प्राप्त करने के बाद उन्होंने अंग्रेज़ी भाषा व साहित्य में अध्यापन कार्य किया। वे वर्ष 1977 में बिहार विधानपरिषद् के सदस्य निर्वाचित होकर वर्ष 1995 में बिहार विधानपरिषद् के सभापति बने।

जाबिर हुसैन की प्रमुख रचनाएँ हैं—जो आगे हैं, डोला बीबी का मज़ार, अतीत का चेहरा, एक नदी रेत भरी आदि। वे हिंदी, उर्दू और अंग्रेज़ी भाषा में लेखन कार्य करते थे। जाबिर हुसैन ने अपनी रचनाओं में आम आदमी के संघर्षों को व्यक्त किया है। जाबिर हुसैन की भाषा-शैली प्रभावी है। उनकी रचनाओं में संस्कृत, उर्दू, तद्भव आदि शब्द प्रयुक्त हुए हैं।

पाठ का सार

सालिम अली की अंतहीन यात्रा

'साँवले सपनों की याद' पाठ के लेखक ने बताया है कि जब सालिम अली की अंतिम यात्रा निकली, तब ऐसा लगा मानो आगे-आगे सालिम अली और उनके पीछे सुनहरे परिंदों के खूबसूरत पंखों पर सपनों का एक झुंड सवार है। वह भीड़-भाड़ की जिंदगी और तनाव के माहौल से मुक्त होकर प्रकृति की खामोश वादियों में विलीन होने जा रहे हैं। अब उन्हें कोई रोक नहीं सकता, कोई वापस लौटा नहीं सकता। ऐसा लगता है मानो कोई पक्षी अपने जीवन का अंतिम गीत गाकर हमेशा के लिए शांत हो गया हो।

सालिम साहब का पक्षी एवं प्रकृति प्रेम

सालिम अली पक्षियों की मधुर आवाज सुनकर झूम उठते थे। वे इस बात से क्षुब्ध (दुःखी) रहा करते थे कि लोग पक्षियों को आदमी की नज़र से देखते हैं। वे कहते थे कि पक्षियों को आदमी की नज़र से देखना आदमी की भूल है। यह अत्यंत दुःखद है कि कोई मनुष्य पक्षियों की आवाज़ का मधुर संगीत सुनकर अपने मन में रोमांच का अनुभव नहीं कर पाता। दूसरी ओर, प्रकृति अत्यधिक रोमांचकारी है। वृंदावन में नदी का साँवला पानी अतीत को साक्षात कर देता है।

कृष्ण की बाँसुरी का जादू

लेखक कहते हैं कि यह प्रमाणित नहीं किया जा सकता कि कृष्ण ने कब वृंदावन में रासलीला रचाई थी और गोपियों को अपनी शरारतों का निशाना बनाया, कब माखन के मटके फोड़े और कब बंसी बजाई होगी, जिससे सारा वृंदावन संगीतमय होकर रोमांच उत्पन्न करता रहा होगा। सभी लोग बंसी की मधुर धुन सुनकर मंत्रमुग्ध हो जाते होंगे। हम आज भी जब यमुना का साँवला जल वृंदावन में देखते हैं, तो ऐसा लगता है कि अभी कृष्ण यहाँ आकर बंसी के जादू से पूरे वृंदावन को संगीतमय कर देंगे। वृंदावन कभी भी कृष्ण की बाँसुरी के जादू से खाली नहीं हुआ।

सालिम अली का विशाल व्यक्तित्व

सालिम अली अपनी कमज़ोर काया के बावजूद सौ वर्ष तक जीवित रहे, लेकिन लंबी-लंबी यात्राओं ने उन्हें थका दिया था और अंत में कैंसर जैसे असाध्य रोग से पीड़ित होकर उनकी मृत्यु हो गई थी, परंतु अंतिम साँस तक उनकी आँखों की ज्योति पक्षियों की तलाश और सुरक्षा के प्रति समर्पित थी।

सालिम अली की आँखों पर चढ़ी प्रकृति प्रेम की दूरबीन अंतिम समय में ही उतरी थी। वे प्रकृति को हमेशा हँसती-खेलती रहस्य भरी दुनिया के रूप में अपने आस-पास ही देखते थे। इसमें उनकी पत्नी तहमीना का भी अधिक योगदान था। उनके लिए प्रकृति में चारों तरफ़ हँसती-खेलती रहस्य भरी दुनिया फैली थी। सालिम अली उन लोगों में से थे, जो प्रकृति के प्रभाव में आने की अपेक्षा प्रकृति को अपने प्रभाव में लाने के तत्पर थे।

पूर्व प्रधानमंत्री से मुलाकात

सालिम अली तत्कालीन प्रधानमंत्री चौधरी चरण सिंह से एक बार मिले थे। उन्होंने 'साइलेंट वैली' को रेगिस्तानी हवाओं से सुरक्षित रखने के प्रश्न को लेकर अपनी चिंता व्यक्त की थी। प्रधानमंत्री गाँव की मिट्टी में पले-बढ़े थे, इसलिए सालिम अली की पर्यावरण संबंधी बातें सुनकर वे भावुक हो उठे थे।

वे जानते थे कि ग्रामीण मिट्टी पर पानी की पहली बूँद का क्या महत्त्व होता है, परंतु आज दोनों में से कोई भी हमारे बीच नहीं है। अब कौन नए भारत की नींव की चिंता करेगा? कौन इन पक्षियों की सुरक्षा की चिंता करेगा, जो हिमालय और लद्दाख की बर्फ़ीली वादियों में जीते हैं।

लॉरेंस का संस्मरण

'फॉल ऑफ ए स्पैरो' सालिम अली की आत्मकथा का नाम है। वास्तव में, सालिम अली का जीवन पक्षियों का ही जीवन था। दोनों एक-दूसरे के पर्याय थे। इस संदर्भ में डी एच लॉरेंस के एक प्रसंग को उद्धृत करना समीचीन होगा। डी एच लॉरेंस की मृत्यु के बाद लोगों ने उनकी पत्नी फ्रीडा से अपने पति के बारे में कुछ लिखने के लिए कहा। फ्रीडा ने यह कहकर टाल दिया कि मेरे पति के बारे में मुझसे अधिक मेरी छत पर बैठने वाली गौरैया जानती है। जटिल प्राणियों के लिए सालिम अली सदैव एक पहेली बने रहेंगे।

पक्षी-प्रेम की प्रेरणा

बचपन की एक घटना ने उनको पक्षी-प्रेमी बना दिया था। एक दिन उनके हाथों से एक गौरैया घायल हो गई थी। उसी दिन उन्होंने पक्षियों का सेवक बनने का संकल्प लिया और वे पक्षियों की दुनिया में रुचि लेने लगे। वे पक्षियों के रहस्य को खोजने और जानने के लिए नए-नए रास्तों पर जाते रहे। सालिम अली आजीवन निरंतर भ्रमण करते रहे। आज भी ऐसा लगता है मानो पक्षियों की खोज में निकले सालिम अली गले में दूरबीन लटकाए अभी आ जाएँगे।

शब्दार्थ

शब्द	अर्थ
NCERT पेज नं. 43	
परिंदे	पक्षी
हुजूम	भीड़
वादी	घाटी
सैलानी	यात्री
अंतहीन	जिसका कोई अंत न हो
पलायन	किसी दूसरी जगह चले जाना
हरारत	हल्का ज्वर
सोता	झरना
मिथक	प्राचीन कथाओं के तत्त्व
शोख	चंचल

शब्द	अर्थ
NCERT पेज नं. 44	
हिदायत	निर्देश
काया	शरीर
शती	सौ वर्ष का समय
हिफ़ाज़त	सुरक्षा
समर्पित	अर्पित
कायल	मानने वाला प्रशंसक
पसरी	फ़ैली
NCERT पेज नं. 45 व 46	
अनुरोध	प्रार्थना
आँखें नम करना	आँसू आना

शब्द	अर्थ
सोंधी	सुगंधित
संकल्प	इरादा
वकालत करना	पक्ष लेना
पहेली	रहस्य
नैसर्गिक	प्राकृतिक (स्वाभाविक)
प्रतिरूप	बिलकुल वैसा ही रूप
टापू	समुद्र के बीच भूमि का उठा हुआ हिस्सा
अथाह	बहुत गहरा (जिसका अंदाज़ा लगाना मुश्किल हो)
यायावरी	घुमक्कड़
सुराग	खोज

NCERT फोल्डर

पाठ्यपुस्तक (क्षितिज भाग-1) के प्रश्नोत्तर

प्र.1 किस घटना ने सालिम अली के जीवन की दिशा को बदल दिया और उन्हें पक्षी-प्रेमी बना दिया?

उत्तर एक बार बचपन में सालिम अली की एयरगन से एक गौरैया घायल होकर गिर पड़ी। इस घटना ने उन्हें इतना आहत किया कि उनके जीवन की दिशा ही बदल गई। उसके बाद उनकी रुचि पक्षियों की दुनिया की ओर हो गई और इस घटना ने उन्हें पक्षी-प्रेमी बना दिया। वे पक्षियों की खोजबीन, देखभाल एवं संरक्षण में जुट गए।

प्र.2 सालिम अली ने पूर्व प्रधानमंत्री के सामने पर्यावरण से संबंधित किन संभावित खतरों का चित्र खींचा होगा कि जिससे उनकी आँखें नम हो गई थीं?

दक्षता आधारित प्रश्न

उत्तर सालिम अली ने पूर्व प्रधानमंत्री के सामने केरल की 'साइलेंट वैली' संबंधी खतरों की बात उठाई होगी। कहा होगा कि वृक्षों की कटाई होने से वैली का सौंदर्य और उसकी हरियाली समाप्त हो जाएगी। वह रेगिस्तानी गर्म हवाओं के झोंकों का शिकार हो जाएगी। वातावरण में परिवर्तन से वैली के पक्षी भी वैली छोड़कर कहीं और चले जाएँगे। पर्यावरण प्रदूषण के विनाशकारी प्रभाव को सुनकर उनकी आँखें नम हो गई थीं।

प्र.3 लॉरेंस की पत्नी फ्रीडा ने ऐसा क्यों कहा होगा कि "मेरी छत पर बैठने वाली गौरैया लॉरेंस के बारे में ढेर सारी बातें जानती है"?

उत्तर फ्रीडा ने अपने पति लॉरेंस के पक्षी-प्रेम और घनिष्ठता को उद्‌घाटित करने के लिए ऐसा कहा होगा। वे जानती थीं कि लॉरेंस गौरैया के साथ अपने जीवन का काफ़ी समय बिताते थे। गौरैया के प्रति उनके प्रेमपूर्ण-व्यवहार को फ्रीडा ने अपनी आँखों से देखकर जो महसूस किया होगा, उस अनुभव को शब्दों के माध्यम से बताना आसान नहीं रहा होगा।

प्र.4 आशय स्पष्ट कीजिए

(क) वो लॉरेंस की तरह नैसर्गिक ज़िंदगी का प्रतिरूप बन गए थे।

(ख) कोई अपने जिस्म की हरारत और दिल की धड़कन देकर भी उसे लौटाना चाहे, तो वह पक्षी अपने सपनों के गीत दोबारा कैसे गा सकेगा?

(ग) सालिम अली प्रकृति की दुनिया में एक टापू बनने की बजाय अथाह सागर बनकर उभरे थे।

उत्तर (क) 'नैसर्गिक ज़िंदगी' का अर्थ है—प्रकृति का हर तत्त्व, हर कण की तरह स्वाभाविक होना। लॉरेंस का जीवन प्रकृति के समान सहज-सरल होकर प्रकृतिमय हो गया था। उन्हीं की भाँति सालिम अली भी अपने आपको प्रकृति के प्रति समर्पित कर चुके थे। इनका जीवन भी प्रकृति के समान ही सहज और सरल हो गया था। वे पूरी तरह से प्रकृति में खो चुके थे।

(ख) लेखक प्रस्तुत कथन के माध्यम से यह बताना चाहता है कि सालिम अली रूपी पक्षी की मृत्यु हो चुकी है। उनके सपने मौलिक थे। वैसा पक्षी-प्रेमी अब इस दुनिया में दोबारा जन्म नहीं लेगा। आशय यह है कि जैसे सालिम अली पक्षियों की हिफ़ाज़त के प्रति समर्पित थे, वैसी कोशिश करके भी उनके समान किसी पक्षी-प्रेमी को उत्पन्न नहीं किया जा सकता।

(ग) सालिम अली ने स्वयं को किसी स्थान विशेष या जीव विशेष से बाँधकर नहीं रखा। उन्होंने प्रकृति के विशाल प्रांगण में बिखरे अनुभवों से अपने को समृद्ध किया। वे अथाह सागर की भाँति प्रकृति में अबाध गति से चलते रहे। उन्होंने अपने आप को किसी भी प्रकार की सीमा में बाँधकर नहीं रखा।

प्र.5 इस पाठ के आधार पर लेखक की भाषा-शैली की चार विशेषताएँ बताइए।

दक्षता आधारित प्रश्न

उत्तर लेखक की भाषा-शैली की चार विशेषताएँ निम्नलिखित हैं

(i) इस पाठ में आम बोल-चाल की भाषा का प्रयोग हुआ है, जिससे भाषा सहज और सरल हो गई है।

(ii) प्रस्तुत पाठ में उदाहरण शैली का प्रयोग हुआ है।

(iii) अभिव्यक्ति में चित्रात्मकता है।

(iv) उर्दू, तद्‌भव और संस्कृत व अंग्रेज़ी शब्दों का मिश्रण है।

प्र.6 इस पाठ में लेखक ने सालिम अली के व्यक्तित्व का जो चित्र खींचा है, उसे अपने शब्दों में लिखिए।

उत्तर सालिम अली का शरीर दुबला-पतला था। वे कमज़ोर थे, लेकिन उनकी दृष्टि में सूक्ष्म निरीक्षण शक्ति प्रबल थी। वे जिज्ञासु प्रवृत्ति के थे। पक्षियों की गतिविधियों के पारखी थे। उनके गले में सदा दूरबीन लटकी रहती थी। वे अत्यधिक संवेदनशील थे। उनका संपूर्ण जीवन पक्षियों के जीवन की जानकारी एवं खोजबीन करने में ही बीता था।

प्र.7 'साँवले सपनों की याद' शीर्षक की सार्थकता पर टिप्पणी कीजिए।

उत्तर साँवले सपने अर्थात् धुँधली स्मृति, लेकिन यहाँ यह मनमोहक इच्छाओं का प्रतीक है। सपने हमेशा रहस्य और जिज्ञासा से भरे होते हैं। इस निबंध के माध्यम से सालिम अली की याद को ताज़ा बनाए रखना एक प्रमुख उद्‌देश्य है।

लेखक यह भी बताना चाहता है कि जो सपने सालिम अली ने देखे थे, वे सपने उनके थे, मौलिक थे। वैसा सपना देखना सबके वश की बात नहीं। लेखक को पक्षी-प्रेमी सालिम अली के सपनों की याद आती है। इस प्रकार, यह शीर्षक सार्थक है।

रचना और अभिव्यक्ति

प्र.8 प्रस्तुत पाठ सालिम अली की पर्यावरण के प्रति चिंता को भी व्यक्त करता है। पर्यावरण को बचाने के लिए आप कैसे योगदान दे सकते हैं?

उत्तर पर्यावरण को बचाने के लिए मेरे एवं समाज के अन्य सदस्यों द्वारा निम्न योगदान किया जाना चाहिए

(i) पशु-पक्षियों के प्रति संवेदनात्मक रवैया अपनाया जाए।

(ii) कूड़ा-कचरा व गंदगी को जगह-जगह न फेंका जाए।

(iii) प्लास्टिक का प्रयोग पूर्णतया बंद कर देना चाहिए।

(iv) आस-पास हरियाली के लिए अधिक पेड़-पौधों को लगाने का प्रयास किया जाए।

(v) पर्यावरण को अपने स्तर पर कम-से-कम दूषित किया जाए।

पाठेतर सक्रियता

I. अपने घर या विद्यालय के नजदीक आपको अकसर किसी पक्षी को देखने का मौका मिलता होगा। उस पक्षी का नाम, भोजन, खाने का तरीका, रहने की जगह और अन्य पक्षियों से संबंध आदि के आधार पर एक चित्रात्मक विवरण तैयार करें।

उत्तर छात्र स्वयं करें।

II. आपकी और आपके सहपाठियों की मातृभाषा में पक्षियों से संबंधित बहुत से लोकगीत होंगे। उन भाषाओं के लोकगीतों का एक संकलन तैयार करें। आपकी मदद के लिए एक लोकगीत दिया जा रहा है

अरे अरे श्यामा चिरइया झरोखवै मति बोलहु।
मोरी चिरई! अरी मोरी चिरई! सिरकी भितर बनिजरवा।
जगाई लइ आवउ, मनाइ लइ आवउ।।1।।
कबने बरन उनकी सिरकी कवने रँग बरदी।
बहिनी! कवने बरन बनिजरवा जगाइ लै आई मनाइ लै आई ।।2।।
जरद बरन उनकी सिरकी उजले रंग बरदी।
सँवर बरन बनिजरवा जगाइ लै आवउ मनाइ लै आवउ।।3।।

उत्तर छात्र स्वयं करें।

III. विभिन्न भाषाओं में प्राप्त पक्षियों से संबंधित लोकगीतों का चयन करके एक संगीतात्मक प्रस्तुति दें।

उत्तर छात्र स्वयं करें।

IV. टीवी के विभिन्न चैनलों; जैसे–एनिमल किंगडम, डिस्कवरी चैनल, एनिमल प्लेनेट आदि पर दिखाए जाने वाले कार्यक्रमों को देखकर किसी एक कार्यक्रम के बारे में अपनी प्रतिक्रिया लिखित रूप में व्यक्त करें।

उत्तर छात्र स्वयं करें।

V. एन.सी.ई.आर.टी. का श्रव्य कार्यक्रम सुनें–'डॉ. सालिम अली'।

उत्तर छात्र स्वयं करें।

अभ्यास प्रश्न

बहुविकल्पीय व वर्णनात्मक प्रश्नों सहित

पाठ पर आधारित बहुविकल्पीय प्रश्न

निम्नलिखित प्रश्नों के सर्वाधिक उपयुक्त विकल्पों का चयन कीजिए।

1. 'साँवले सपनों की याद' पाठ के आधार पर बताइए कि लेखक ने किसकी अंतिम यात्रा को अंतहीन यात्रा बताया है?

(क) प्रधानमंत्री की (ख) सालिम अली की
(ग) फ्रीडा लॉरेंस की (घ) डी एच लॉरेंस की

उत्तर (ख) सालिम अली की

2. 'साँवले सपनों की याद' पाठ के आधार पर बताइए कि 'अपने कंधों पर, सैलानियों की तरह अपने अंतहीन सफर का बोझ उठाए' वाक्य में 'अंतहीन सफर' से लेखक का क्या आशय है? **दक्षता आधारित प्रश्न**

(क) प्रकृति से प्रेम करना (ख) पक्षियों की यात्रा
(ग) मृत्यु के बाद की यात्रा (घ) जीवन का आखिरी गीत

उत्तर (ग) मृत्यु के बाद की यात्रा

3. लेखक के अनुसार, यह सालिम अली का आखिरी पलायन क्यों था? 'साँवले सपनों की याद' पाठ के आधार पर स्पष्ट कीजिए।

(क) भीड़-भाड़ से परेशान होने के कारण
(ख) तनाव के माहौल से परेशान होने के कारण
(ग) स्थान छोड़ने के कारण
(घ) मृत्यु होने के कारण

उत्तर (घ) मृत्यु होने के कारण

4. सालिम अली के अनुसार मनुष्य अपने आस-पास के पक्षियों को किसकी नज़र से देखते हैं?

(क) प्रकृति की नज़र से
(ख) पक्षियों की नज़र से
(ग) आदमियों की नज़र से
(घ) जंगलों की नज़र से

उत्तर (ग) आदमियों की नज़र से

5. कथन (A) और कारण (R) को पढ़कर उपयुक्त विकल्प चुनिए

कथन (A) सालिम अली दूरबीन का प्रयोग करते थे।

कारण (R) सालिम अली दुर्गम स्थानों पर बैठे पक्षियों को देखने के लिए दूरबीन रखते थे। **दक्षता आधारित प्रश्न**

कूट

(क) कथन (A) गलत है, किंतु कारण (R) सही है।
(ख) कथन (A) और कारण (R) दोनों गलत हैं।
(ग) कथन (A) सही है और कारण (R), कथन (A) की सही व्याख्या है।
(घ) कथन (A) सही है, किंतु कारण (R), कथन (A) की सही व्याख्या नहीं है।

उत्तर (ग) कथन (A) सही है और कारण (R), कथन (A) की सही व्याख्या है।

6. लेखक के अनुसार, वृंदावन जाने पर उसके साँवले पानी को देखकर कौन-सी घटना याद आ जाती है?

(क) कृष्ण की रासलीलाओं की
(ख) लेखक के बचपन की
(ग) सालिम अली के बचपन की
(घ) सालिम अली की मृत्यु की

उत्तर (क) कृष्ण की रासलीलाओं की

7. लेखक के अनुसार, वृंदावन किसके जादू से कभी खाली नहीं हुआ है?

(क) पक्षियों के (ख) बाँसुरी के
(ग) कृष्ण की रासलीला से (घ) नदी के पानी से

उत्तर (ग) कृष्ण की रासलीला से

8. लेखक के अनुसार, सालिम अली का शरीर कमजोर क्यों हो गया था?

(क) लंबी यात्राओं की थकान के कारण
(ख) बीमारी के कारण
(ग) तनाव के कारण
(घ) उपरोक्त सभी

उत्तर (क) लंबी यात्राओं की थकान के कारण

9. सालिम अली की मौत का कारण कौन-सी बीमारी थी?

(क) मधुमेह (ख) कैंसर
(ग) टीबी (घ) पीलिया

उत्तर (ख) कैंसर

10. अंतिम समय में भी सालिम अली से मृत्यु क्या छीनने में सफल न हो सकी?

(क) उनकी मुस्कान (ख) उनका स्वास्थ्य
(ग) उनकी आँखों की रोशनी (घ) उनका शरीर

उत्तर (ग) उनकी आँखों की रोशनी

11. लेखक के अनुसार, सालिम अली की आँखें किसके प्रति समर्पित थीं?

(क) वृंदावन के प्रति
(ख) प्रकृति के प्रति
(ग) पक्षियों की तलाश एवं उनकी सुरक्षा के प्रति
(घ) उपरोक्त में से कोई नहीं

उत्तर (ग) पक्षियों की तलाश एवं उनकी सुरक्षा के प्रति

12. **कथन (I)** सालिम अली तत्कालीन प्रधानमंत्री से मिलने गए थे।

कथन (II) चौधरी चरण सिंह ने जब सालिम अली की पक्षियों के प्रति निःस्वार्थ प्रेम की भावना देखी, तो उनकी आँखें नम हो गईं।

दिए गए कथनों के लिए सही विकल्प चुनिए **दक्षता आधारित प्रश्न**

(क) कथन (I) सही है और कथन (II) उसका गलत कारण है।
(ख) कथन (I) सही है और कथन (II) उसका सही कारण है।
(ग) कथन (I) गलत और कथन (II) सही है।
(घ) कथन (I) और कथन (II) दोनों सही हैं।

उत्तर (घ) कथन (I) और कथन (II) दोनों सही हैं।

13. सालिम अली की आँखों पर चढ़ी दूरबीन कब उतरी थी? 'साँवले सपनों की याद' पाठ के आधार पर बताइए।

(क) सालिम की बीमारी में
(ख) सालिम की मृत्यु के बाद
(ग) लंबी यात्राओं पर जाने के समय
(घ) जंगल भ्रमण करने के समय

उत्तर (ख) सालिम की मृत्यु के बाद

14. लेखक के अनुसार, सालिम अली किस प्रकार के व्यक्ति थे?

(क) प्रकृति को अपने प्रभाव में लाने वाले
(ख) प्रकृति के प्रभाव में आने वाले
(ग) प्रकृति से प्रेम न करने वाले
(घ) दूरबीन का प्रयोग न करने वाले

उत्तर (क) प्रकृति को अपने प्रभाव में लाने वाले

15. लेखक ने 'बर्ड वाचर' शब्द का प्रयोग किसके लिए किया है?

(क) प्रधानमंत्री के लिए (ख) तहमीना के लिए
(ग) सालिम अली के लिए (घ) फ्रीडा लॉरेंस के लिए

उत्तर (ग) सालिम अली के लिए

16. 'साँवले सपनों की याद' पाठ के आधार पर बताइए कि सालिम अली प्रधानमंत्री से क्यों मिले थे? **दक्षता आधारित प्रश्न**

(क) पर्यावरण की सुरक्षा के लिए
(ख) देश में विकास करवाने के लिए
(ग) अपने देश की रक्षा के लिए
(घ) केवल पक्षियों की रक्षा के लिए

उत्तर (क) पर्यावरण की सुरक्षा के लिए

17. सालिम अली केरल की 'साइलेंट वैली' को किससे बचाने का अनुरोध लेकर प्रधानमंत्री से मिले थे?

(क) रेगिस्तानी हवा के झोंकों से (ख) बाढ़ से
(ग) प्रदूषण से (घ) बारिश से

उत्तर (क) रेगिस्तानी हवा के झोंकों से

18. सालिम अली की कौन-सी बात सुनकर प्रधानमंत्री की आँखें नम हो गई थीं?

(क) पर्यावरण के प्रति प्रेम की
(ख) पर्यावरण के प्रति संभावित खतरों की
(ग) प्रकृति प्रेम की
(घ) पक्षियों की

उत्तर (ख) पर्यावरण के प्रति संभावित खतरों की

19. निम्न में से कौन-सी पुस्तक सालिम अली की आत्मकथा है?
(क) फॉल ए स्पैरो (ख) ए फॉल स्पैरो
(ग) फॉल ऑफ ए स्पैरो (घ) इनमें से कोई नहीं
उत्तर (ग) फॉल ऑफ ए स्पैरो

गद्यांशों पर आधारित बहुविकल्पीय प्रश्न

निम्नलिखित गद्यांशों को ध्यानपूर्वक पढ़कर उन पर पूछे गए प्रश्नों के सही विकल्प चुनिए।

1. **इस हुजूम में आगे-आगे चल रहे हैं, सालिम अली। अपने कंधों पर, सैलानियों की तरह अपने अंतहीन सफ़र का बोझ उठाए, लेकिन यह सफ़र पिछले तमाम सफ़रों से भिन्न है। भीड़-भाड़ की ज़िंदगी और तनाव के माहौल से सालिम अली का यह आखिरी पलायन है। अब तो वो उस वन-पक्षी की तरह प्रकृति में विलीन हो रहे हैं, जो ज़िंदगी का आखिरी गीत गाने के बाद मौत की गोद में जा बसा हो। कोई अपने जिस्म की हरारत और दिल की धड़कन देकर भी उसे लौटाना चाहे, तो वह पक्षी अपने सपनों के गीत दोबारा कैसे गा सकेगा!**

(i) **गद्यांश के आधार पर बताइए कि सालिम अली की यह यात्रा अन्य यात्राओं से किस प्रकार भिन्न थी?**
(क) यह उनकी मृत्यु के बाद की अंतहीन यात्रा थी।
(ख) वह जंगलों की ओर जा रहे थे।
(ग) यह यात्रा बहुत लंबी थी।
(घ) वह भारत छोड़कर विदेश यात्रा पर जा रहे थे।
उत्तर (क) यह उनकी मृत्यु के बाद की अंतहीन यात्रा थी।

(ii) **सालिम अली किसकी भाँति प्रकृति में विलीन हो रहे हैं? गद्यांश के आधार पर बताइए।**
(क) उस पक्षी की भाँति जो दिनभर गा रहा हो
(ख) उस पक्षी की भाँति जो आखिरी गीत गाने के बाद मर गया हो
(ग) कोयल की भाँति जो गाती रही हो
(घ) सुंदर व चंचल पक्षियों की भाँति
उत्तर (ख) उस पक्षी की भाँति जो आखिरी गीत गाने के बाद मर गया हो

(iii) **'सपनों के गीत दोबारा कैसे गा सकेगा' वाक्य में 'सपनों के गीत' से आशय है ....।**
(क) अपने सपनों में गीत गाना
(ख) पक्षियों की भाँति चहचहाना
(ग) अपनी पसंद का कार्य करना
(घ) पक्षियों से बातें करना
उत्तर (ग) अपनी पसंद का कार्य करना

(iv) **गद्यांश के आधार पर बताइए कि किस प्रकार के जीवन व माहौल से सालिम अली का यह आखिरी पलायन था?** **दक्षता आधारित प्रश्न**
(क) पक्षियों के शोर भरे जीवन से
(ख) जंगलों की हरियाली से
(ग) खामोश वादियों से
(घ) भीड़-भाड़ वाला जीवन व तनाव के माहौल से
उत्तर (घ) भीड़-भाड़ वाला जीवन व तनाव के माहौल से

(v) **कथन (I) सालिम अली सैलानियों की तरह अपने जीवन के अंतहीन सफर पर निकल गए थे।**
कथन (II) सालिम अली जाबिर हुसैन के मित्र थे।
कथन (III) सालिम अली प्रकृति का आत्मीय हिस्सा बनकर रहना चाहते थे।
इन पंक्तियों के आधार पर कौन-सा/से कथन सही है/हैं?
(क) केवल कथन (I) सही है।
(ख) केवल कथन (II) सही है।
(ग) कथन (I) और (III) सही हैं।
(घ) कथन (II) और (III) सही हैं।
उत्तर (ग) कथन (I) और (III) सही हैं।

2. **वर्षों पूर्व, खुद सालिम अली ने कहा था कि लोग पक्षियों को आदमी की नजर से देखना चाहते हैं। यह उनकी भूल है, ठीक उसी तरह, जैसे जंगलों और पहाड़ों, झरनों और आबशारों को वे प्रकृति की नजर से नहीं, आदमी की नजर से देखने को उत्सुक रहते हैं। भला कोई आदमी अपने कानों से पक्षियों की आवाज का मधुर संगीत सुनकर अपने भीतर रोमांच का सोता फूटता महसूस कर सकता है?**

(i) **सालिम अली पक्षियों की नज़र से किसे देखने की सलाह देते हैं?**
(क) प्रकृति को (ख) पक्षियों को
(ग) पशुओं को (घ) आदमी को
उत्तर (ख) पक्षियों को

(ii) **गद्यांश के आधार पर बताइए कि हमारी सबसे बड़ी भूल क्या है?**
(क) प्रकृति को प्रकृति की नजर से देखना
(ख) प्रकृति को आदमी की नजर से देखना
(ग) प्रकृति को पक्षियों की नजर से देखना
(घ) पक्षियों को पक्षियों की नजर से देखना
उत्तर (ख) प्रकृति को आदमी की नजर से देखना

(iii) **पक्षियों का मधुर संगीत सुनकर कोई आदमी रोमांच का अनुभव नहीं कर सकता, क्योंकि**
(क) पक्षियों की आवाज आदमी समझ नहीं सकता
(ख) आदमी को पक्षियों की आवाज पसंद नहीं है
(ग) पक्षी आदमियों की भाषा नहीं बोल सकते
(घ) मनुष्य को पक्षियों का संगीत बोझिल लगता है।
उत्तर (क) पक्षियों की आवाज आदमी समझ नहीं सकता

(iv) **'रोमांच का सोता फूटता महसूस करना' वाक्य में 'रोमांच का सोता' से लेखक का क्या तात्पर्य है?**
(क) अत्यंत क्रोधित होना (ख) अत्यंत सुखी होना
(ग) आनंद की अनुभूति होना (घ) अत्यंत उत्साहित होना
उत्तर (ग) आनंद की अनुभूति होना

(v) **गद्यांश के आधार पर कहा जा सकता है कि सालिम अली**
(क) प्रकृति व पक्षी-प्रेमी थे
(ख) जंगल प्रेमी थे
(ग) केवल पक्षी-प्रेमी थे
(घ) पक्षियों के संगीत के प्रेमी थे
उत्तर (क) प्रकृति व पक्षी-प्रेमी थे

3. पता नहीं, इतिहास में कब कृष्ण ने वृंदावन में रासलीला रची थी और शोख गोपियों को अपनी शरारतों का निशाना बनाया था। कब माखन भरे भाँडे फोड़े थे और दूध-छाली से अपने मुँह भरे थे। कब वाटिका में छोटे-छोटे, किंतु घने पेड़ों की छाँह में विश्राम किया था। कब दिल की धड़कनों को एकदम से तेज़ करने वाले अंदाज़ में बंसी बजाई थी और पता नहीं, कब वृंदावन की पूरी दुनिया संगीतमय हो गई थी। पता नहीं, यह सब कब हुआ था? लेकिन कोई आज भी वृंदावन जाए, तो नदी का साँवला पानी उसे पूरे घटनाक्रम की याद दिला देगा। हर सुबह, सूरज निकलने से पहले, जब पतली गलियों से उत्साह भरी भीड़ को चीरकर अचानक कोई सामने आएगा और बंसी की आवाज़ पर सब किसी के कदम थम जाएँगे। हर शाम सूरज ढलने से पहले, जब वाटिका का माली सैलानियों को हिदायत देगा, तो लगता है जैसे बस कुछ ही क्षणों में वो कहीं से आ टपकेगा और संगीत का जादू वाटिका के भरे-पूरे माहौल पर छा जाएगा। वृंदावन कभी कृष्ण की बाँसुरी के जादू से खाली हुआ है क्या!

(i) **इतिहास में कृष्ण की किस घटना का वर्णन किया गया है?**
(क) वृंदावन में रासलीला का
(ख) गोपियों के साथ शरारतें करने का
(ग) माखन के बर्तन तोड़ने व छाली खाने का
(घ) उपरोक्त सभी

उत्तर (घ) उपरोक्त सभी

(ii) **....... कृष्ण से जुड़ी वृंदावन की घटनाओं की याद दिलाता है।**
(क) बाँसुरी का मधुर गान (ख) वहाँ का मंदिर
(ग) नदी का साँवला पानी (घ) वहाँ का दुकानदार

उत्तर (ग) नदी का साँवला पानी

(iii) **गद्यांश के आधार पर बताइए कि इनमें से किसकी आवाज से वृंदावन की दुनिया संगीतमय हो जाती थी?**
(क) पक्षियों की आवाज से
(ख) कृष्ण की बाँसुरी की आवाज से
(ग) कीर्तन करने वालों की मंडली की आवाज से
(घ) मंदिर में बजने वाली घंटियों की आवाज से

उत्तर (ख) कृष्ण की बाँसुरी की आवाज से

(iv) **वाटिका का माली जब सैलानियों को हिदायत देता है, तो किसके आने की अनुभूति होती है?** **दक्षता आधारित प्रश्न**
(क) वाटिका के मालिक की
(ख) कृष्ण के आने की
(ग) गोपियों के आने की
(घ) वर्षा होने की

उत्तर (ख) कृष्ण के आने की

(v) **कृष्ण ने वृंदावन में कहाँ विश्राम किया था?**
(क) वृंदावन के मंदिरों में
(ख) घने पेड़ों की छाँह में
(ग) वृंदावन की गलियों में
(घ) यमुना नदी के किनारे बने भवनों में

उत्तर (ख) घने पेड़ों की छाँह में

4. सालिम अली प्रकृति की दुनिया में एक टापू बनने की बजाय अथाह सागर बनकर उभरे थे। जो लोग उनके भ्रमणशील स्वभाव और उनकी यायावरी से परिचित हैं, उन्हें महसूस होता है कि वो आज भी पक्षियों के सुराग में ही निकले हैं और बस अभी गले में लंबी दूरबीन लटकाए अपने खोजपूर्ण नतीजों के साथ लौट आएँगे।

(i) **गद्यांश के आधार पर बताइए कि जो लोग सालिम अली के स्वभाव से परिचित हैं, उनके अनुसार सालिम अली किसकी तलाश में गए हैं?**
(क) झरनों की तलाश में
(ख) पेड़-पौधों की तलाश में
(ग) जड़ी-बूटियों की तलाश में
(घ) पक्षियों की तलाश में

उत्तर (घ) पक्षियों की तलाश में

(ii) **सालिम अली 'अथाह सागर' थे, क्योंकि ....।**
(क) उन्हें पक्षियों से प्रेम था
(ख) उन्होंने अपना पूरा जीवन प्रकृति व पक्षियों की खोज व सेवा में समर्पित कर दिया था
(ग) वे भ्रमणशील स्वभाव के थे
(घ) उनका स्वभाव सागर की भाँति गंभीर था

उत्तर (ख) उन्होंने अपना पूरा जीवन प्रकृति व पक्षियों की खोज व सेवा में समर्पित कर दिया था

(iii) **"एक टापू बनाने की बजाय अथाह सागर बनकर उभरे थे।" इस वाक्य में 'एक टापू' से आशय है** **दक्षता आधारित प्रश्न**
(क) एक स्थान पर सीमित एवं स्थिर होना
(ख) इधर-उधर घूमते रहना
(ग) जल के पास निवास करना
(घ) एक स्थान से दूसरे स्थान पर जाना

उत्तर (क) एक स्थान पर सीमित एवं स्थिर होना

(iv) **"पक्षियों के सुराग में निकले हैं।" कथन का अर्थ है**
(क) पक्षियों की खोज में निकले हैं
(ख) पक्षियों का शिकार करने गए हैं
(ग) पक्षियों को दाना डालने गए हैं
(घ) पक्षियों का इलाज करने निकले हैं

उत्तर (क) पक्षियों की खोज में निकले हैं

(v) **सालिम अली के स्वभाव से परिचित लोगों को ऐसा क्यों लगा कि वे आज भी अपने खोजपूर्ण नतीजों के साथ लौट आएँगे?** **दक्षता आधारित प्रश्न**
(क) क्योंकि वे पक्षियों की खोज में गए थे।
(ख) क्योंकि उन्हें सालिम अली की मृत्यु पर विश्वास नहीं हो रहा था।
(ग) क्योंकि वे सदैव घूमकर घर लौट जाते थे।
(घ) क्योंकि वे जंगलों में घूमने के बाद पक्षियों की जानकारी लेकर लौट आते थे।

उत्तर (घ) क्योंकि वे जंगलों में घूमने के बाद पक्षियों की जानकारी लेकर लौट आते थे।

लघु उत्तरीय प्रश्नोत्तर

निम्नलिखित प्रश्नों के उत्तर संक्षेप में दीजिए

1. 'पंखों पर सवार साँवले सपनों का हुजूम' किसे और क्यों कहा गया है? 'साँवले सपनों की याद' पाठ के आधार पर बताइए।

उत्तर 'पंखों पर सवार साँवले सपनों का हुजूम' प्रसिद्ध पक्षी विज्ञानी सालिम अली को कहा गया है, क्योंकि मृत्यु के पश्चात् वे अपनी तमाम यादों को मौत की खामोश वादी की ओर ले जाते हुए ऐसे लग रहे हैं मानो सुनहरे-पंखों वाले पक्षियों के पंखों पर साँवले सपनों का एक झुंड सवार है। यह समूह मौत की उस सूनी घाटी की ओर बढ़ता जा रहा है, जहाँ से कोई लौटकर नहीं आता है।

2. सालिम अली के अनुसार पक्षियों एवं प्रकृति को आदमी की नज़र से देखना उसकी भूल क्यों है?

उत्तर सालिम अली की दृष्टि में पक्षियों एवं प्रकृति को आदमी की नज़र से देखना उसकी भूल है, क्योंकि आदमी सदैव अपने हित की बात सोचता है, इसलिए पक्षी जगत की संवेदनाओं और प्रकृति के सौंदर्य को भावना के स्तर पर नहीं देख पाता।

वह स्वार्थवश अपने हित और लाभ के सीमित दायरे में जकड़ा रहता है। वह न तो पक्षियों से प्रेम कर पाता है और न ही प्रकृति के सौंदर्य को महसूस करके रोमांचित हो पाता है। सालिम अली को प्रकृति व पक्षियों से अत्यधिक लगाव था, इसलिए वह प्रकृति व पक्षियों को आदमी की नज़र से नहीं देखते थे।

3. हमें प्रकृति और पक्षी को किस नज़र से देखना चाहिए?

उत्तर हमें प्रकृति को प्रकृति की नज़र से एवं पक्षी को पक्षी की नज़र से देखना चाहिए, क्योंकि ये दोनों स्वयं में महत्त्वपूर्ण हैं अर्थात् हमें अपना स्वार्थ त्यागकर प्रकृति और पक्षियों की सुरक्षा करनी चाहिए। पर्यावरण की शुद्धता बनाए रखने वाली प्रकृति एवं पक्षियों को अपने सुख के लिए हानि नहीं पहुँचानी चाहिए।

4. लेखक वृंदावन की किस घटना की याद को ताज़ा कर रहा है?

उत्तर लेखक वृंदावन में घटित कृष्णलीला से संबंधित घटना की याद को ताज़ा कर रहा है। आज भी वृंदावन में कृष्ण की उपस्थिति का अहसास होता है। ऐसा लगता है कि वहाँ का संपूर्ण वातावरण कृष्ण के प्रभाव से मुखरित है। बाँसुरी की धुन से सारा वातावरण संगीतमय हो रहा है। वृंदावन आज भी कृष्ण की बाँसुरी से खाली नहीं हुआ है।

5. लेखक ने वृंदावन में कृष्ण के प्रसंग का उल्लेख क्या स्पष्ट करने के लिए किया है?

उत्तर लेखक ने वृंदावन में कृष्ण के प्रसंग का उल्लेख मिथकों की भूमिका के संदर्भ में किया है, परंतु यह पता नहीं है कि ये मिथक कभी सच भी थे या नहीं, लेकिन आज भी वृंदावन जाने पर वहाँ के परिवेश में कृष्ण की स्मृतियों की मौजूदगी का अहसास होता है।

ठीक इसी प्रकार एक अन्य मिथक का नाम है—सालिम अली, जिनका पक्षियों एवं प्रकृति के साथ गहरा संबंध था। जिस प्रकार वृंदावन की कल्पना कृष्ण के बिना संभव नहीं है, उसी प्रकार पक्षी जगत की कल्पना सालिम अली के बिना अधूरी है।

6. वृंदावन में कृष्ण की मुरली का जादू हमेशा क्यों बना रहता है? 'साँवले सपनों की याद' पाठ के आधार पर बताइए।

अथवा **'साँवले सपनों की याद' पाठ में वृंदावन में सुबह-सवेरे क्या अनुभूति होती है और क्यों?**

अथवा **वृंदावन में संध्या समय क्या अनुभूति होती है और क्यों? 'साँवले सपनों की याद' पाठ के आधार पर बताइए।** दक्षता आधारित प्रश्न

उत्तर वृंदावन और कृष्ण की मुरली का संबंध अत्यंत घनिष्ठ है। भारतीय श्रद्धालु जब वृंदावन की गलियों में घूमते हैं, तो अनायास ही कृष्ण की मुरली का मधुर स्वर उनकी स्मृति में ताज़ा हो जाता है। वृंदावन में सदैव श्रद्धालुओं का आना-जाना लगा रहता है, इसलिए वहाँ कृष्ण की मुरली का जादू हमेशा बना रहता है। वहाँ सूरज निकलने व ढलने के समय अनुभूति होती है कि अभी कन्हैया बाँसुरी बजाते हुए प्रकट हो जाएँगे।

7. सालिम अली का अन्य पक्षी-प्रेमियों से टकराव का क्या कारण था? 'साँवले सपनों की याद' पाठ के आधार पर लिखिए।

उत्तर अन्य पक्षी-प्रेमी पक्षियों व अन्य प्राकृतिक उपादानों को मनुष्य की दृष्टि से देखते थे, जबकि सालिम अली का नज़रिया उनसे अलग था। यही उनके और अन्य पक्षी-प्रेमियों के बीच टकराव का मुख्य कारण था। सालिम अली का पक्षियों व प्रकृति के साथ विशेष लगाव था। वे सौ वर्ष की अवस्था तथा शरीर से दुर्बल होने पर भी पक्षियों को तलाशने की धुन में लगे रहे।

8. सालिम अली को 'बर्ड वाचर' क्यों कहा गया है? 'साँवले सपनों की याद' पाठ के आधार पर लिखिए। दक्षता आधारित प्रश्न

उत्तर सालिम अली सही अर्थों में 'बर्ड वाचर' थे। वे प्रकृति एवं पक्षी जगत से संबंधित विभिन्न पहलुओं पर सूक्ष्म एवं गहन दृष्टि रखते थे। वे प्रकृति एवं पक्षियों का अवलोकन एवं निरीक्षण करते हुए घंटों खोए रहते थे। इसके सामने वे किसी अन्य चीज़ की चिंता नहीं करते थे। उन्होंने अपना सारा जीवन पक्षियों के बारे में नई-नई खोज करने तथा उनकी सुरक्षा के उपाय खोजने में लगा दिया।

9. सालिम अली की दृष्टि में प्रकृति कैसी है?

उत्तर सालिम अली की दृष्टि में प्रकृति रहस्यों से भरी हुई है। उनके अनुसार, जितना ज़्यादा प्रकृति के निकट रहा जाए, उतना ही ज़्यादा उसे समझा जा सकता है और प्रकृति को अपने निकट लाया जा सकता है। सालिम अली प्रकृति को अपनी दुनिया मानते थे।

10. सालिम अली ने मनुष्यों को प्रकृति की तरफ़ किस दृष्टि से देखने के लिए आग्रह किया है?

उत्तर सालिम अली ने मनुष्य को प्रकृति की तरफ़ प्रकृति की दृष्टि से देखने के लिए आग्रह किया है। मनुष्य को प्रकृति के संरक्षण के बारे में सोचना चाहिए। प्रकृति से ही प्राणी-जीवन संभव है, इसलिए मनुष्य द्वारा केवल अपने हित के लिए प्रकृति का उपयोग उचित नहीं है, बल्कि हमें प्रकृति से प्रेम करना चाहिए।

11. सालिम अली ने अपने लिए कौन-सी दुनिया गढ़ी थी? इस दुनिया को रचने में किसने उनकी सहायता की?

उत्तर सालिम अली ने अपने लिए प्रकृति के आँगन में खेलते पक्षियों की रहस्यमय दुनिया गढ़ी थी। सालिम अली को प्रकृति में हँसता-खेलता रहस्य दिखाई देता था। वे प्रकृति एवं पक्षियों को ही अपनी दुनिया मानते थे। इस दुनिया को रचने में उनकी पत्नी तहमीना ने उनकी अत्यधिक सहायता की थी।

12. सालिम अली ने पर्यावरण की सुरक्षा के लिए क्या किया?

उत्तर सालिम अली ने पक्षियों की खोज, उनके अध्ययन एवं सुरक्षा की हमेशा वकालत की। वे केरल की 'साइलेंट वैली' के पर्यावरण को उजड़ने से रोकने का अनुरोध लेकर तत्कालीन प्रधानमंत्री चौधरी चरण सिंह से मिले थे। उन्होंने हिमाचल और लद्दाख की बर्फ़ीली वादियों में रहने वाले पक्षियों के कल्याण के लिए प्रशंसनीय कार्य किया।

13. फ्रीडा अपने पति के बारे में कुछ भी लिख पाने में असमर्थ क्यों महसूस कर रही थी?

उत्तर फ्रीडा अपने पति के बारे में कुछ भी लिख पाने में असमर्थ महसूस कर रही थी, क्योंकि फ्रीडा को ऐसा लगता था कि उनके पति के बारे में उनसे ज्यादा उनकी छत पर बैठने वाली गौरैया जानती है। उनके पति डी एच लॉरेंस का प्रकृति से बहुत गहरा लगाव और संबंध था। फ्रीडा को लगता था कि उनके पति लॉरेंस का जितना समय प्रकृति एवं पक्षियों के बीच बीता है, उतना उनके साथ नहीं।

14. सालिम अली का व्यक्तित्व जटिल प्राणियों के लिए एक पहेली क्यों था?

उत्तर जटिल स्वभाव वाले लोगों को सालिम अली के प्रकृति प्रेम एवं पक्षी-प्रेम की जानकारी नहीं थी। लोग नहीं जानते थे कि वे पक्षियों के संरक्षण के प्रति समर्पित व्यक्तित्व के धनी हैं। सहज एवं सरल होने के कारण उनका व्यक्तित्व जटिल प्राणियों के लिए एक पहेली था।

15. किस घटना ने उन्हें पक्षी-प्रेमी बना दिया और नई-नई खोजों के लिए प्रेरित किया?

उत्तर बचपन में एक बार सालिम अली की एयरगन से एक गौरैया घायल हो गई थी। इस घटना ने उनको पक्षियों की तरफ़ आकर्षित किया और उन्हें पक्षियों के संरक्षण एवं उनसे संबंधित नई-नई खोजों के लिए प्रेरित किया तथा वे पक्षी-प्रेमी बन गए।

16. लेखक ने सालिम अली को 'नैसर्गिक ज़िंदगी' का प्रतिरूप क्यों कहा है?

उत्तर लेखक ने सालिम अली के स्वाभाविक, सरल एवं सहज जीवन-चरित्र की ओर संकेत किया है। उनका व्यक्तित्व प्रकृति की ही भाँति सहज एवं सरल था, जिसमें कृत्रिमता या बनावटीपन के लिए कोई जगह नहीं थी। इसलिए लेखक ने सालिम अली को 'नैसर्गिक ज़िंदगी' का प्रतिरूप कहा है।

स्व-मूल्यांकन

पाठ पर आधारित बहुविकल्पीय प्रश्न

निम्नलिखित प्रश्नों के सर्वाधिक उपयुक्त विकल्पों का चयन कीजिए।

1. डी एच लॉरेंस की मृत्यु के बाद लोगों ने उनकी पत्नी फ्रीडा लॉरेंस से क्या अनुरोध किया था?

(क) अपने पति के व्यक्तित्व पर भाषण दें

(ख) अपने पति के विषय में कुछ लिखें

(ग) वह सालिम अली के विषय में लिखें

(घ) वह पक्षियों व प्रकृति पर लिखें

2. सालिम अली ········ की घटना से प्रेरित होकर पक्षी-प्रेमी बन गए थे।

(क) गौरैया के गोली लगने

(ख) अत्यधिक भ्रमण करने

(ग) प्रकृति के अत्यंत समीप रहने

(घ) उपरोक्त में से कोई नहीं

3. **कथन (I)** सालिम अली अपने अंतहीन सफर पर निकल गए थे, जहाँ से वे वापस नहीं आ सकते थे।

कथन (II) सालिम अली जीवनभर पक्षियों की भाँति स्वतंत्र विचरण करते रहे और उनके बारे में नवीन जानकारी एकत्र करते थे।

दक्षता आधारित प्रश्न

दिए गए कथनों के लिए सही विकल्प चुनिए।

(क) कथन (I) सही है और कथन (II) उसका गलत कारण है।

(ख) कथन (I) सही है और कथन (II) उसका सही कारण है।

(ग) कथन (I) गलत और कथन (II) सही है।

(घ) कथन (I) और कथन (II) दोनों सही हैं।

गद्यांश पर आधारित बहुविकल्पीय प्रश्न

निम्नलिखित गद्यांश को ध्यानपूर्वक पढ़कर पूछे गए प्रश्नों के सही विकल्प चुनिए

उन जैसा 'बर्ड वाचर' शायद ही कोई हुआ हो, लेकिन एकांत के क्षणों में सालिम अली बिना दूरबीन के भी देखे गए हैं। दूर क्षितिज तक फैली ज़मीन और झुके आसमान को छूने वाली उनकी नज़रों में कुछ-कुछ वैसा ही जादू था, जो प्रकृति को अपने घेरे में बाँध लेता है। सालिम अली उन लोगों में से थे, जो प्रकृति के प्रभाव में आने की बजाय प्रकृति को अपने प्रभाव में लाने के कायल होते हैं। उनके लिए प्रकृति में हर तरफ़ एक हँसती-खेलती रहस्य भरी दुनिया पसरी थी। यह दुनिया उन्होंने बड़ी मेहनत से अपने लिए गढ़ी थी। इसके गढ़ने में उनकी जीवन-साथी तहमीना ने उन्हें काफ़ी मदद पहुँचाई थी। तहमीना स्कूल के दिनों में उनकी सहपाठी रही थीं।

(i) 'बर्ड वाचर' शब्द से आशय है

(क) पक्षियों का व्यापारी

(ख) पक्षियों का डॉक्टर

(ग) पक्षियों को देखने वाला

(घ) पक्षियों का शिकार करने वाला

(ii) एकांत के क्षणों में सालिम अली किस प्रकार से देखे गए थे?

(क) दूरबीन से पक्षियों को निहारते हुए

(ख) दूरबीन के बिना पक्षियों को देखते हुए

(ग) पक्षियों के साथ खेलते हुए

(घ) पक्षियों से बात करते हुए

(iii) सालिम अली की नजरों में कैसा जादू था?

(क) प्रकृति को बाँधने का

(ख) आसमान को छूने का

(ग) दूर क्षितिज तक फैली जमीन को देखने का

(घ) पक्षियों को दूरबीन के बिना देखने का

(iv) सालिम अली के लिए प्रकृति में ·········· दुनिया पसरी थी।

(क) सुगंधित एवं रहस्य भरी (ख) मनोरंजक एवं रोमांचकारी

(ग) हँसती-खेलती रहस्य भरी (घ) उत्साहित करने वाली

(v) सालिम अली की दुनिया गढ़ने में तहमीना, जो उनकी जीवन-साथी थी, ने बहुत मदद की थी। तहमीना सालिम अली की ·············।

(क) स्कूल के दिनों की सहपाठी थीं

(ख) उनकी सहकर्मचारी थीं

(ग) उनकी मित्र थीं

(घ) उनकी शिक्षिका थीं

लघु उत्तरीय प्रश्नोत्तर

निम्नलिखित प्रश्नों के उत्तर संक्षेप में दीजिए

1. 'साँवले सपनों की याद' पाठ के लेखक ने सालिम अली की तुलना वन-पक्षी से किस आधार पर की है?

2. जटिल प्राणियों के लिए सालिम अली एक पहेली क्यों बने रहेंगे?

3. 'साँवले सपनों की याद' पाठ किस प्रकार पशु-पक्षी एवं प्रकृति के प्रति अधिक संवेदनशील होने की प्रेरणा देता है?

4. कौन-सी साधना सालिम अली के साथ जीवन के अंत तक रही?

5. सालिम अली ने पर्यावरण संरक्षण के लिए किस रूप में भूमिका निभाई? 'साँवले सपनों की याद' पाठ के आधार पर बताइए।

प्रेमचंद के फटे जूते

अध्याय 5

हरिशंकर परसाई

पाठ की रूपरेखा 'प्रेमचंद के फटे जूते' नामक प्रस्तुत पाठ लेखक हरिशंकर परसाई द्वारा रचित एक व्यंग्य रचना है। इसमें लेखक ने प्रेमचंद के फटे हुए जूते एवं उनकी साधारण वेशभूषा के माध्यम से उनके सादगीपूर्ण उच्च विचारों को पाठकों के समक्ष प्रस्तुत किया है। साथ ही, प्रेमचंद की अंतर्भेदी सामाजिक दृष्टि का विवेचन करते हुए आज की दिखावे की प्रवृत्ति एवं अवसरवादिता पर व्यंग्य किया है।

लेखक परिचय

हरिशंकर परसाई जी का जन्म 22 अगस्त, 1922 में मध्य प्रदेश के होशंगाबाद जिले में स्थित जमानी नामक गाँव में हुआ था। उनकी आरंभिक शिक्षा गाँव में ही हुई। उच्च शिक्षा प्राप्त करने के लिए वे नागपुर गए और वहाँ से हिंदी में एम. ए. करने के बाद कुछ दिनों तक उन्होंने अध्यापन कार्य किया। वर्ष 1947 में वे लेखन कार्य में जुट गए। उन्होंने जबलपुर से 'वसुधा' नामक साहित्यिक पत्रिका का प्रकाशन किया, जिसको काफी ख्याति प्राप्त हुई। वर्ष 1995 में उनका निधन हो गया।

हरिशंकर परसाई की प्रमुख रचनाएँ हैं—हँसते हैं रोते हैं, जैसे उनके दिन फिरे (कहानी संग्रह), रानी नागफनी की कहानी, तट की खोज (उपन्यास), सदाचार का ताबीज, शिकायत मुझे भी है, और अंत में निबंध संग्रह हैं। वैष्णव की फिसलन, तिरछी रेखाएँ, ठिठुरता हुआ गणतंत्र, विकलांग, श्रद्धा का दौर (व्यंग्य संग्रह) हैं।

पाठ का सार

लेखक द्वारा प्रेमचंद के चित्र का वर्णन

प्रस्तुत पाठ में लेखक हरिशंकर परसाई ने प्रेमचंद के व्यक्तित्व को उभारने का प्रयत्न किया है। लेखक के सामने प्रेमचंद का एक चित्र है जिसमें वे अपनी पत्नी के साथ फोटो खिंचवाते दिखाई दे रहे हैं। प्रेमचंद के सिर पर किसी मोटे कपड़े की टोपी है। उन्होंने धोती-कुर्ता पहना है। उनके गालों की हड्डियाँ उभरी हुई हैं। घनी मूँछों के कारण चेहरा भरा-भरा सा लगता है। पाँवों में केनवस के जूते हैं, लेकिन उनके फीते भी ढंग से बँधे हुए नहीं हैं।

प्रेमचंद के दाहिने पैर का जूता तो ठीक है, पर बाएँ पैर के जूते में बड़ा-सा छेद हो गया है, जिसके कारण पाँव की अँगुली बाहर आ गई है। इसी फटे जूते को देखकर लेखक की नज़र उस पर ही अटक गई है। प्रेमचंद की सादगी का अनुमान उनकी इस पोशाक को देखकर लगाया जा सकता है।

लेखक की चिंता

लेखक प्रेमचंद के जूते देखकर चिंता में डूब जाता है और सोचता है कि अगर फोटो खिंचवाने के लिए यह पोशाक है, तो वास्तविक जीवन में कैसी पोशाक होगी। फिर उन्हें विचार आया कि प्रेमचंद अंदर-बाहर की अलग-अलग पोशाकें रखने वाले मनुष्य नहीं हैं। लेखक के अनुसार, प्रेमचंद हमारे साहित्यिक पुरखे हैं, लेकिन उस फटे जूते के कारण उन्हें ज़रा भी लज्जा महसूस नहीं हो रही है, जैसे यह कोई साधारण-सी बात हो। प्रेमचंद को अपनी पोशाक पर विश्वास है।

प्रेमचंद के बारे में फोटोग्राफ़र के विचार

लेखक कहते हैं कि जब फोटोग्राफ़र ने प्रेमचंद से 'रेडी-प्लीज़' कहा होगा, तब परंपरा के अनुसार उन्होंने चेहरे पर मुसकान लाने की कोशिश भी की होगी। ऐसा लगता है कि प्रेमचंद ज़बरदस्ती मुसकराहट लाने की कोशिश कर रहे होंगे। फोटोग्राफ़र ने बीच में ही क्लिक करके 'थैंक यू' कह दिया होगा। वह भी सोचता होगा कि यह कैसा आदमी है, जो फटे जूते पहनकर ही फोटो खिंचवाने आ गया।

लेखक का प्रेमचंद को परामर्श

प्रेमचंद को अपना परामर्श देते हुए लेखक कहता है कि यदि फोटो खिंचवाना इतना आवश्यक ही था, तो ढंग के जूते तो पहन लेते या फिर फोटो ही न खिंचवाते। वे शायद पत्नी के आग्रह को न टाल सके

होंगे, इसलिए फोटो खिंचवाने आ गए होंगे। शायद तुम फोटो खिंचवाने का महत्त्व नहीं समझते हो, वरना फोटो खिंचवाने के लिए जूते किसी से माँग भी लेते। लोग तो माँगे हुए कोट से वर-दिखाई तक कर देते हैं और माँगे हुए मोटर से बारात निकालते हैं। फोटो खिंचवाने के लिए तो लोग बीवी तक माँग लेते हैं। कई लोग तो इत्र लगाकर फोटो खिंचवाते हैं, जैसे उन्हें लगता है इससे फोटो में भी शायद खुशबू आ जाए।
लेखक कहता है-जूता हमेशा टोपी से कीमती रहा है। टोपी आठ आने में मिल जाती है, पर उस ज़माने में भी जूते कम-से-कम पाँच रुपये के रहे होंगे।

लेखक के फटे जूते का हाल

लेखक ने जब प्रेमचंद का फटा जूता देखा, तो उसे उन पर तरस भी आया। लेखक ने कहा कि वैसे मेरा जूता भी कोई अच्छी दशा में नहीं है, भले ही यह ऊपर से अच्छा दिखाई देता हो। इसका अँगूठे के नीचे का तला फट गया है, पर अँगुली ढकी है। नीचे से फटे होने के कारण कोई देख नहीं पाता है और किसी को पता भी नहीं चलता है। मैं पर्दे (छिपाव) का महत्त्व जानता हूँ, पर शायद तुम नहीं जानते हो। तुम तो फटा जूता पहनकर भी शान से जी लेते हो, पर मैं फटा जूता नहीं पहन सकता।

प्रेमचंद के जूते के विषय में लेखक के विचार

लेखक को प्रेमचंद की मुसकान चुभती है। वह प्रेमचंद की विभिन्न रचनाओं के मुख्य पात्रों का नाम लेते हुए सोचता है कि यह मुसकान 'होरी का गोदान', 'पूस की रात', 'नील गाय हल्कू का खेत चर गई', 'डॉक्टर के न आने से सुजान भगत का लड़का मर गया', की नहीं हो सकती। लेखक को लगता है कि जब माधो अपनी पत्नी के कफ़न के चंदे से शराब पी गया था, शायद यह उस समय की मुसकान है। वह प्रश्न करता है कि तुम्हारा जूता कैसे फट गया? शायद तुम्हारा जूता बनिये की दुकान के चक्कर लगाते-लगाते घिस गया होगा, लेकिन चक्कर लगाने से जूता घिस तो जाता है, पर फटता नहीं। कवि कुंभनदास जी का जूता भी फतेहपुर-सीकरी आने-जाने में घिस गया था और वे हरिनाम (ईश्वर का स्मरण) भी भूल गए।

लेखक के अनुसार प्रेमचंद के जूते फटने का रहस्य

लेखक प्रेमचंद के जूते फटने के कारणों के बारे में अनुमान लगाता है कि शायद तुम किसी सख्त चीज़ को ठोकर मारते रहे होंगे, जिससे तुमने अपना जूता फाड़ लिया होगा या फिर तुमने रास्ते के किसी टीले पर अपना जूता आज़माया होगा, पर तुम उससे बचकर भी निकल सकते थे। यह तो समझौते की बात थी, लेकिन तुम तो समझौता कभी करते ही नहीं। जैसे 'गोदान' का होरी 'नेम-धरम' नहीं छोड़ सका, वैसे ही प्रेमचंद भी 'नेम-धरम' नहीं छोड़ सके। नेम-धरम उनके लिए मुक्ति का साधन था।

लेखक के अनुसार प्रेमचंद की व्यंग्य मुसकान का रहस्य

लेखक कहता है कि तुम्हारे पाँव की अँगुली ये संकेत करती-सी लगती है कि जिसे तुम घृणित समझते हो, उसकी तरफ़ हाथ की नहीं, पाँव की अँगुली से संकेत करते हो। मैं तुम्हारी अँगुली का भी इशारा समझता हूँ और तुम्हारी व्यंग्य-मुसकान का भी। लगता है कि तुम हम सभी पर हँस रहे हो, क्योंकि हम अँगुली छिपाए और तलुआ घिसाए चल रहे हैं। शायद तुम सोच रहे हो कि मैंने तो ठोकर मारकर अपना जूता फाड़ लिया और अँगुली बाहर निकल आई, पर पाँव तो बचा लिया और मैं चलता भी रहा। मगर तुम लोगों ने अपनी अँगुली को ढकने के लिए जूते के तले का नाश कर दिया और अब तुम लोग तो चल भी नहीं पाओगे।

शब्दार्थ

शब्द	अर्थ
NCERT पेज नं. 52	
कनपटी	कानों के पास का हिस्सा
केनवस	एक प्रकार का मोटा कपड़ा
बंद	तस्में, फीता
बेतरतीब	बेढंगे
दृष्टि	नज़र
पुरखे	पूर्वज
लज्जा	शर्म
संकोच	शर्माना
फोटोग्राफ़र	फोटो खींचने वाला
रेडी-प्लीज	फोटो खिंचवाने के लिए तैयार होना
क्लिक	फोटो लिए जाने पर आने वाली आवाज़
थैंक यू	धन्यवाद
उपहास	हँसी उड़ाना, खिल्ली उड़ाना
व्यंग्य	बातों की चोट

शब्द	अर्थ
NCERT पेज नं. 53	
आग्रह	निवेदन करना, हठ करना
ट्रेजडी	दुःखद बात
क्लेश	दुःख
वर	दूल्हा
आनुपातिक मूल्य	अनुपात के हिसाब से मूल्य तय होना
विडंबना	दुर्भाग्य
तीव्रता	तेज़ी, तीखापन
युग-प्रवर्तक	युग को आरंभ करने वाले
लहूलुहान	खून से लथपथ
परदे	छिपाव
कुर्बान	मुग्ध, खुश होना
NCERT पेज नं. 54	
ठाठ	शान
हौसला पस्त करना	जोश समाप्त करना
तगादा	तकाजा, ज़ल्दी देने के लिए ज़ोर डालना

शब्द	अर्थ
पन्हैया	देशी जूतियाँ
बिसर गयो	भूल गया
हरि नाम	भगवान का नाम
NCERT पेज नं. 55	
उपजत	पैदा होता है
तिनको	उनको
करबों	करना
परै	दूर से
सलाम	नमस्कार करना
सदियाँ	सैकड़ों साल
नेम-धरम	नियम पालन करने को अपना कर्तव्य मानना
ज़ंजीर	बंधन
मुक्ति	आज़ादी
घृणित	घृणा करने योग्य, निंदित, तिरस्कृत
बरकाकर	बचाकर

NCERT फोल्डर

पाठ्यपुस्तक (क्षितिज भाग-1) के प्रश्नोत्तर

प्र.1 **हरिशंकर परसाई ने प्रेमचंद का जो शब्द-चित्र हमारे सामने प्रस्तुत किया है, उससे प्रेमचंद के व्यक्तित्व की कौन-कौन-सी विशेषताएँ उभरकर सामने आती हैं?** **दक्षता आधारित प्रश्न**

उत्तर हरिशंकर परसाई ने प्रेमचंद का जो व्यक्तित्व हमारे सामने प्रस्तुत किया है, उससे प्रेमचंद के व्यक्तित्व की निम्नलिखित विशेषताएँ उभरकर सामने आती हैं

(i) **सादा जीवन उच्च विचार** प्रेमचंद सीधे-सादे व्यक्ति थे। वे धोती-कुर्ता, सिर पर मोटे कपड़े की टोपी व केनवस का जूता पहनते थे। उन्हें इस बात की कदापि चिंता नहीं रहती थी कि लोग क्या कहेंगे? फटे जूते से अँगुली बाहर निकली होने पर भी उन्हें किसी प्रकार की लज्जा का अनुभव नहीं होता था। इसके साथ-साथ उनके विचार बहुत ही उच्च थे। वे सामाजिक बुराइयों से दूर रहे और समाज को उचित दिशा प्रदान करने का कार्य करते रहे।

(ii) **आशावादी व आत्मविश्वासी** वे आशावादी एवं स्वयं पर विश्वास रखने वाले व्यक्ति थे। वे विकट परिस्थितियों से भी न घबराकर सदैव उनका सामना करने के लिए तत्पर रहते थे।

(iii) **स्वाभिमानी व्यक्तित्व** प्रेमचंद स्वाभिमानी व्यक्ति थे। वे दिखावा करने के लिए किसी से कोई वस्तु माँगकर प्रयोग करने के पक्षधर नहीं थे। यह बात फोटो में उनके फटे हुए जूते से भी स्पष्ट होती है।

(iv) **संघर्षशील लेखक** प्रेमचंद अपने जीवन में हमेशा संघर्ष करते रहे। उन्होंने अपने मार्ग में आने वाली चट्टानों (कठिनाइयों) को ठोकरें मारीं। इस प्रकार वे आजीवन संघर्षशील बने रहे।

प्र.2 **सही कथन के सामने (✓) का निशान लगाइए**

(क) बाएँ पाँव का जूता ठीक है मगर दाहिने जूते में बड़ा छेद हो गया है, जिसमें से अँगुली बाहर निकल आई है।

(ख) लोग तो इत्र चुपड़कर फोटो खिंचवाते हैं, जिससे फोटो में खुशबू आ जाए।

(ग) तुम्हारी यह व्यंग्य-मुसकान मेरे हौसले को बढ़ाती है।

(घ) जिसे तुम घृणित समझते हो, उसकी तरफ़ अँगूठे से इशारा करते हो?

उत्तर (क) ✗ (ख) ✓ (ग) ✗ (घ) ✗

प्र.3 **नीचे दी गई पंक्तियों में निहित व्यंग्य को स्पष्ट कीजिए**

(क) जूता हमेशा टोपी से कीमती रहा है। अब तो जूते की कीमत और बढ़ गई है और एक जूते पर पचीसों टोपियाँ न्योछावर होती हैं।

(ख) तुम पर्दे का महत्त्व ही नहीं जानते, हम पर्दे पर कुर्बान हो रहे हैं।

(ग) जिसे तुम घृणित समझते हो, उसकी तरफ़ हाथ की नहीं, पाँव की अँगुली से इशारा करते हो?

उत्तर (क) यहाँ लेखक ने सामाजिक-आर्थिक व्यवस्था पर गहरा व्यंग्य करते हुए जूते को टोपी की तुलना में श्रेष्ठ बताया है। वस्तुत: आजकल जूते वालों अर्थात् धनवानों का मान-सम्मान बढ़ गया है और गुणी व्यक्तियों का केवल धन के अभाव में सम्मान कम होने लगा है। एक अयोग्य परंतु धनवान व्यक्ति पर पचीसों गुणी व्यक्ति (टोपी अर्थात् मस्तक) न्योछावर होते दिखाई पड़ते हैं अर्थात् धन बल के सामने ज्ञान बल अब झुकने लगा है।

(ख) आज के दिखावटी युग में लोग पर्दे पर अधिक विश्वास करते हैं अर्थात् हर चीज़ को छिपाने में तत्पर रहते हैं। अपनी बुराइयों एवं कमियों को ढककर रखना चाहते हैं, परंतु प्रेमचंद बाहरी दिखावे में विश्वास नहीं करते थे। इसलिए जूता फटा होने पर भी वे अपने आपको लज्जित महसूस नहीं करते और न ही उसे छिपाने के लिए किसी चीज़ का सहारा लेते थे।

(ग) प्रेमचंद का व्यक्तित्व ऐसा था कि वे जो कहते थे वही करते थे। उनमें किसी बात को छिपाने की भावना विद्यमान नहीं थी। इसलिए लेखक कहता है कि प्रेमचंद जिससे घृणा करते थे, वे उसकी ओर पैर की अँगुली से इशारा करते थे अर्थात् उसे हमेशा उन्होंने अपनी ठोकरों पर रखा, अपने जूते की नोंक पर रखा और उसके विरुद्ध संघर्ष करते रहे।

प्र.4 **पाठ में एक जगह पर लेखक सोचता है कि "फोटो खिंचवाने की अगर यह पोशाक है, तो पहनने की कैसी होगी?" लेकिन अगले ही पल वह विचार बदलता है कि "नहीं, इस आदमी की अलग-अलग पोशाकें नहीं होंगी।" आपके अनुसार, इस संदर्भ में प्रेमचंद के बारे में लेखक के विचार बदलने की क्या वजहें हो सकती हैं?** **दक्षता आधारित प्रश्न**

उत्तर प्रेमचंद के बारे में लेखक के विचार बदलने की निम्नलिखित वजह हो सकती हैं

(i) लेखक द्वारा की गई पहली टिप्पणी आधुनिक युग में परिवर्तित होती व्यक्ति की सोच को देखकर की गई है कि जिस प्रकार लोग अपने घर पर पहनने और बाहर पहनने के कपड़ों में अंतर करते हैं, लेकिन प्रेमचंद इस प्रकार के सभी व्यक्तियों से अलग हैं, यह बात उन्होंने बाद में सोची।

(ii) प्रेमचंद एक सीधे-सादे साधारण आदमी थे। वे दिखावे की परवाह नहीं करते थे और न यह सोचते थे कि लोग क्या कहेंगे। इसलिए पोशाक बदलने की बात उन पर लागू नहीं होती। इन्हीं कारणों से लेखक ने बाद में अपनी टिप्पणी बदल दी।

प्र.5 आपने यह व्यंग्य पढ़ा। इसे पढ़कर आपको लेखक की कौन-सी बातें आकर्षित करती हैं?

उत्तर मुझे इस व्यंग्य रचना को पढ़कर निम्नलिखित बातें आकर्षित करती हैं

(i) लेखक की व्यंग्य शैली आकर्षक, गंभीर एवं गूढ़ अर्थ लिए हुए है, जो समाज की कृत्रिम एवं शोषक व्यवस्था पर प्रहार करती है।

(ii) लेखक ने अपने व्यंग्य को विस्तार से समझाया है और उनकी यह विस्तारण शैली किसी भी तरह के पाठक को लेख को समझने में सहायता करती है।

(iii) लेखक की संवाद शैली और बात से बात निकालने की प्रवृत्ति अत्यंत प्रभावी है। लेखक पूरी रचना में पाठक का लेख के साथ एक अप्रत्यक्ष संवाद स्थापित करता चलता है, जिससे पाठक की सहजता एवं रुचि दोनों बनी रहती हैं; जैसे—लेख का आरंभ प्रेमचंद के फटे जूते से होता है, लेकिन वह प्रेमचंद के पूरे व्यक्तित्व को उसमें समेट लेता है।

प्र.6 पाठ में 'टीले' शब्द का प्रयोग किन संदर्भों को इंगित करने के लिए किया गया होगा?

उत्तर 'टीला' शब्द रास्ते की रुकावट का प्रतीक है। पाठ में टीले शब्द का प्रयोग व्यक्ति के जीवन में आने वाली कठिनाइयों, संघर्षों एवं असुविधाओं के लिए किया गया है। अनेक बुराइयाँ, कुरीतियाँ; जैसे—शोषण, अन्याय, छुआछूत, जाति-पाँति आदि और भ्रष्ट आचरण जीवन की सहज गति को बाधित कर देते हैं।

रचना और अभिव्यक्ति

प्र.7 प्रेमचंद के फटे जूते को आधार बनाकर परसाई जी ने यह व्यंग्य लिखा है। आप भी किसी व्यक्ति की पोशाक को आधार बनाकर एक व्यंग्य लिखिए।

उत्तर विद्यार्थी स्वयं करें।

प्र.8 आपकी दृष्टि में वेशभूषा के प्रति लोगों की सोच में आज क्या परिवर्तन आया है?

उत्तर आजकल लोग अपनी वेशभूषा के प्रति अत्यंत सतर्क एवं आधुनिक दृष्टिकोण रखते हैं। लोगों को लगने लगा है कि वेशभूषा व्यक्तित्व की पहली छाप होती है, जो सामने वाले को प्रभावित करती है। लोग इस बात को लेकर अत्यंत संवेदनशील हो गए हैं। वेशभूषा के कारण लोगों के व्यवहार में अंतर आ जाता है। समाज के सभी वर्ग एवं समुदाय के लोग अब अपनी वेशभूषा के प्रति अत्यधिक सचेत रहते हैं तथा उसके माध्यम से सामने वाले व्यक्ति को प्रभावित करने की कोशिश करते हैं।

भाषा अध्ययन

प्र.9 पाठ में आए मुहावरे छाँटिए और उनका वाक्यों में प्रयोग कीजिए।

उत्तर **हौसला पस्त करना** उत्साह नष्ट करना

भारतीय खिलाड़ियों के प्रदर्शन ने विपक्षी टीम के हौसले पस्त कर दिए।

ठोकर मारना चोट करना

आज की राजनीति में गरीबों के पेट पर ठोकर मारने का प्रचलन आम हो गया है।

पहाड़ फोड़ना बाधाएँ नष्ट करना

प्रेमचंद सरीखे रचनाकार पहाड़ फोड़ने में विश्वास करते थे, उससे बचकर निकलने में नहीं।

टीला खड़ा होना बाधाएँ आना

जीवन में कठिनाइयाँ छोटे-छोटे टीलों के समान खड़ी होती रहती हैं।

प्र.10 प्रेमचंद के व्यक्तित्व को उभारने के लिए लेखक ने जिन विशेषणों का उपयोग किया है उनकी सूची बनाइए।

उत्तर प्रेमचंद के व्यक्तित्व को उभारने वाले निम्न विशेषणों का प्रयोग इस पाठ में किया गया है

- महान् कथाकार
- उपन्यास सम्राट
- युग प्रवर्तक
- जनता के लेखक
- साहित्यिक पुरखे

पाठेतर सक्रियता

प्र.1 महात्मा गांधी भी अपनी वेशभूषा के प्रति एक अलग सोच रखते थे, इसके पीछे क्या कारण रहे होंगे? पता लगाइए।

उत्तर विद्यार्थी स्वयं करें।

प्र.2 महादेवी वर्मा ने 'राजेंद्र बाबू' नामक संस्मरण में पूर्व राष्ट्रपति डॉ. राजेंद्र प्रसाद का कुछ इसी प्रकार चित्रण किया है, उसे पढ़िए।

उत्तर विद्यार्थी स्वयं करें।

प्र.3 अमृतराय लिखित प्रेमचंद की जीवनी 'प्रेमचंद-कलम का सिपाही' पुस्तक पढ़िए।

उत्तर विद्यार्थी पुस्तकालय से लेकर यह पुस्तक पढ़ें।

प्र.4 एन.सी.ई.आर.टी. द्वारा निर्मित फ़िल्म 'नर्मदा पुत्र हरिशंकर परसाई' देखिए।

उत्तर विद्यार्थी स्वयं करें।

अभ्यास प्रश्न

बहुविकल्पीय व वर्णनात्मक प्रश्नों सहित

पाठ पर आधारित बहुविकल्पीय प्रश्न

निम्नलिखित प्रश्नों के सर्वाधिक उपयुक्त विकल्पों का चयन कीजिए।

1. प्रेमचंद किसके साथ फोटो खिंचवा रहे हैं? 'प्रेमचंद के फटे जूते' पाठ के आधार बताइए।

(क) अपनी पुत्री के साथ (ख) अपनी माताजी के साथ
(ग) अपने मित्र के साथ (घ) अपनी पत्नी के साथ

उत्तर (घ) अपनी पत्नी के साथ

2. प्रेमचंद के किस पैर का जूता फट गया था, जिससे अँगुली बाहर निकल गई थी?

(क) बाएँ पैर का (ख) दाहिने पैर का
(ग) 'क' और 'ख' दोनों (घ) बाएँ पैर के तलवे की तरफ का

उत्तर (क) बाएँ पैर का

3. प्रेमचंद जी के किस पैर का जूता ठीक है?

(क) दोनों पैर का (ख) बाएँ पैर का
(ग) दाएँ पैर का (घ) दोनों पैर के जूते फटे हैं

उत्तर (ग) दाएँ पैर का

4. प्रेमचंद की फोटो देखते समय लेखक की दृष्टि उनके जूतों पर क्यों अटक गई थी?

(क) क्योंकि जूते अच्छे थे
(ख) क्योंकि उनके जूते फटे थे
(ग) क्योंकि फोटो में उनके पैर दिखाई दे रहे थे
(घ) उपरोक्त में से कोई नहीं

उत्तर (ख) क्योंकि उनके जूते फटे थे

5. प्रेमचंद का पहनावा और उनके जूते क्या दर्शाते हैं?

(क) उनकी आर्थिक स्थिति (ख) उनकी लेखन शैली
(ग) उनका चरित्र (घ) उनका साहित्य

उत्तर (क) उनकी आर्थिक स्थिति

6. लेखक के अनुसार, प्रेमचंद किससे अपनी अँगुली ढक सकते थे?

(क) जुराब पहकर (ख) धोती को नीचे करके
(ग) कुर्ते से (घ) पैर को छिपाकर

उत्तर (ख) धोती को नीचे करके

7. फोटो खिंचाते समय फोटोग्राफर रेडी-प्लीज़ क्यों कहता है? 'प्रेमचंद के फटे जूते' पाठ के आधार पर स्पष्ट कीजिए।

(क) चेहरे पर मुसकान लाने के लिए
(ख) फोटो खींचने से पहले लोगों को तैयार करने के लिए
(ग) कैमरा तैयार करने के लिए
(घ) पोशाक बदलवाने के लिए

उत्तर (क) चेहरे पर मुसकान लाने के लिए

8. लेखक के अनुसार, प्रेमचंद किसके आग्रह पर फोटो खिंचवाने के लिए बैठ गए होंगे?

(क) अपनी पुत्री के
(ख) अपने मित्र के
(ग) लेखक के
(घ) अपनी पत्नी के

उत्तर (घ) अपनी पत्नी के

9. 'प्रेमचंद के फटे जूते' पाठ के आधार पर बताइए कि सबसे बड़ी 'ट्रेजडी' क्या है? दक्षता आधारित प्रश्न

(क) किसी के पास फोटो खिंचाने के लिए भी जूते का न होना
(ख) भरपेट भोजन न मिलना
(ग) किसी की अधूरी मुसकान वाली फोटो लेना
(घ) पहनने के लिए अच्छे कपड़े न होना

उत्तर (क) किसी के पास फोटो खिंचाने के लिए भी जूते का न होना

10. 'जूता हमेशा टोपी से कीमती रहा है।' से आशय है ....।

(क) ताकत सदैव सम्मान पर भारी होती है
(ख) सम्मान सदैव ताकत पर भारी होता है
(ग) टोपी सस्ती होती है
(घ) टोपी की कीमत जूते के समान है

उत्तर (क) ताकत सदैव सम्मान पर भारी होती है

11. टोपी .... तथा जूता .... का प्रतीक है।

(क) सम्मान, ताकत
(ख) ताकत, सम्मान
(ग) बल, चतुराई
(घ) बलिष्ठता, योग्यता

उत्तर (क) सम्मान, ताकत

12. कथन (I) जो लोग अपनी कमजोरियों को छिपाते हैं, वे केवल दिखावे की जिंदगी जीते हैं।

कथन (II) प्रेमचंद के व्यक्तित्व में सरलता के साथ-साथ आत्मविश्वास भी था।

'प्रेमचंद के फटे जूते' पाठ के आधार पर उपर्युक्त कथनों के लिए सही विकल्प चुनिए दक्षता आधारित प्रश्न

(क) कथन (I) और कथन (II) दोनों सही हैं।
(ख) कथन (I) गलत है, किंतु कथन (II) सही है।
(ग) कथन (I) सही है और कथन (II) उसकी सही व्याख्या है।
(घ) कथन (I) सही है और कथन (II) उसकी गलत व्याख्या है।

उत्तर (क) कथन (I) और कथन (II) दोनों सही हैं।

13. 'प्रेमचंद के फटे जूते' पाठ में पर्दे के महत्त्व से लेखक का क्या आशय है।

(क) दिखावटी जीवन
(ख) यथार्थवादी जीवन
(ग) यथार्थ जीवन
(घ) प्रेमचंद का जीवन

उत्तर (क) दिखावटी जीवन

14. 'प्रेमचंद के फटे जूते' पाठ के आधार पर बताइए कि प्रेमचंद क्या कहलाते थे?

(क) युग प्रवर्तक (ख) महान कथाकार
(ग) उपन्यास सम्राट (घ) ये सभी

उत्तर (घ) ये सभी

15. मगर यह कितनी बड़ी 'ट्रेजडी' है कि आदमी के पास फोटों खिंचाने को भी जूता न हो। मैं तुम्हारी यह फोटो देखते-देखते, तुम्हारे क्लेश को अपने भीतर महसूस करके जैसे रो पड़ना चाहता हूँ, मगर तुम्हारी आँखों का यह तीखा दर्द भरा व्यंग्य मुझे एकदम रोक देता है। प्रेमचंद की फोटो एवं उनकी आर्थिक स्थिति को देखने के बाद लेखक रोना चाहता है, पर रो नहीं पाता। लेखक को कौन रोने से मना करता है? **दक्षता आधारित प्रश्न**

(क) प्रेमचंद का पहनावा
(ख) प्रेमचंद के जूते
(ग) प्रेमचंद की दर्द-भरी मुस्कान
(घ) प्रेमचंद की आँखों का तीखा दर्द भरा व्यंग्य

उत्तर (घ) प्रेमचंद की आँखों का तीखा दर्द भरा व्यंग्य

16. लेखक को कौन-सी बात अधिक चुभ रही थी?

(क) प्रेमचंद का साहित्य
(ख) प्रेमचंद का व्यक्तित्व
(ग) प्रेमचंद की आर्थिक स्थिति की यथार्थता
(घ) प्रेमचंद का युग प्रर्वतक कहलाना

उत्तर (ग) प्रेमचंद की आर्थिक स्थिति की यथार्थता

17. लेखक के अनुसार, यदि प्रेमचंद फोटो का महत्त्व समझते, तो फोटो खिंचाने के लिए क्या करते?

(क) जूते खरीद लेते
(ख) जूते माँग लेते
(ग) बिना तैयार हुए फोटो नहीं खिंचाते
(घ) बिना जूते के फोटो खिंचाते

उत्तर (ख) जूते माँग लेते

18. लेखक का जूता कहाँ से फटा था, जिससे उसे परेशानी होती थी?

(क) दाएँ पैर के ऊपर के भाग से
(ख) बाएँ पैर के ऊपर के भाग से
(ग) नीचे तले से
(घ) दोनों पैर के जूते के ऊपर का भाग

उत्तर (ग) नीचे तले से

गद्यांशों पर आधारित बहुविकल्पीय प्रश्न

निम्नलिखित गद्यांशों को ध्यानपूर्वक पढ़कर उन पर पूछे गए प्रश्नों के सही विकल्प चुनिए।

1. मगर यह कितनी बड़ी 'ट्रेजडी' है कि आदमी के पास फोटो खिंचवाने को जूता न हो। मैं तुम्हारी यह फोटो देखते-देखते, तुम्हारे क्लेश को अपने भीतर महसूस करके जैसे रो पड़ना चाहता हूँ, मगर तुम्हारी आँखों का यह तीखा दर्द भरा व्यंग्य मुझे एकदम रोक देता है।

तुम फोटो का महत्त्व नहीं समझते। समझते होते, तो किसी से फोटो खिंचाने के लिए जूते माँग लेते। लोग तो माँगे के कोट से वर-दिखाई करते हैं और माँगे की मोटर से बारात निकालते हैं। फोटो खिंचाने के लिए तो बीवी तक माँग ली जाती है, तुमसे जूते ही माँगते नहीं बने! तुम फोटो का महत्त्व नहीं जानते। लोग तो इत्र चुपड़कर फोटो खिंचाते हैं, जिससे फोटो में खुशबू आ जाए। गंदे-से-गंदे आदमी की फोटो भी खुशबू देती है।

(i) लेखक किस क्लेश को महसूस करके रोना चाहता है?

(क) फोटो खिंचवाने के शौक को महसूस करके
(ख) प्रेमचंद की स्थिति को महसूस करके
(ग) आम व्यक्ति की पारिवारिक स्थिति को महसूस करके
(घ) लोगों के दर्द को महसूस करके

उत्तर (ख) प्रेमचंद की स्थिति को महसूस करके

(ii) गद्यांश के आधार पर बताइए कि प्रेमचंद की फोटो देखकर लेखक ....

(क) प्रेमचंद पर व्यंग्य करता है।
(ख) प्रेमचंद की स्थिति पर चिंतित है।
(ग) प्रेमचंद के कष्टों को अपने अंदर अनुभव करता है।
(घ) प्रेमचंद के फोटो की समीक्षा करता है।

उत्तर (ग) प्रेमचंद के कष्टों को अपने अदर अनुभव करता है।

(iii) दूल्हे जैसा दिखने के लिए लोग क्या उधार माँग लेते थे? गद्यांश के आधार पर बताइए।

(क) दूसरों से जूते (ख) दूसरों से कोट
(ग) दूसरों से इत्र (घ) दूसरों से पैसे

उत्तर (ख) दूसरों से कोट

(iv) 'फोटो का महत्त्व समझने' से आशय है ....।

(क) दिखावे में लोग अधिक विश्वास करते हैं
(ख) फोटो के लिए जूते माँगना
(ग) कोट माँगकर फोटो खिंचवाना
(घ) फोटो के लिए इत्र माँगना

उत्तर (क) दिखावे में लोग अधिक विश्वास करते हैं

(v) लेखक को अपना दुःख व्यक्त करने से क्या रोक रहा है?

(क) लेखक के आस-पास का परिवेश
(ख) प्रेमचंद की फोटो
(ग) प्रेमचंद की आँखों का दर्द भरा व्यंग्य
(घ) प्रेमचंद की स्थिति

उत्तर (ग) प्रेमचंद की आँखों का दर्द भरा व्यंग्य

2. मेरा जूता भी कोई अच्छा नहीं है। यों ऊपर से अच्छा दिखता है। अँगुली बाहर नहीं निकलती, पर अँगूठे के नीचे तला फट गया है। अँगूठा ज़मीन से घिसता है और पैनी मिट्‌टी पर कभी रगड़ खाकर लहूलुहान भी हो जाता है। पूरा तला गिर जाएगा, पूरा पंजा छिल जाएगा, मगर अँगुली बाहर नहीं दिखेगी। तुम्हारी अँगुली दिखती है, पर पाँव सुरक्षित है। मेरी अँगुली ढकी है, पर पंजा नीचे घिस रहा है। तुम पर्दे का महत्त्व ही नहीं जानते, हम पर्दे पर कुर्बान हो रहे हैं। तुम फटा जूता बड़े ठाट से पहने हो। मैं ऐसे नहीं पहन सकता। फोटो तो ज़िंदगी भर इस तरह नहीं खिंचाऊँ, चाहे कोई जीवनी बिना फोटो के ही छाप दे।

(i) लेखक के जूते फटे होने से उसे कैसे परेशानी हो रही है? **दक्षता आधारित प्रश्न**

(क) उसका पंजा घिस रहा है।
(ख) अँगुली बाहर निकली है।
(ग) अँगूठा बाहर निकला है।
(घ) उसकी एड़ी घिस रही है।

उत्तर (क) उसका पंजा घिस रहा है।

(ii) जूता फटा होने पर भी प्रेमचंद का पाँव कैसे सुरक्षित है?

(क) क्योंकि, उनका जूता नया है।
(ख) क्योंकि, उनके जूते का तला घिसा नहीं है।
(ग) क्योंकि, उनके जूते का तला घिसा है।
(घ) क्योंकि, उनका जूता चमड़े का है।

उत्तर (ख) क्योंकि, उनके जूते का तला घिसा नहीं है।

(iii) 'तुम पर्दे का महत्त्व नहीं जानते और हम पर्दे पर कुर्बान हो रहे हैं' से आशय है ....।

(क) दिखावे का महत्त्व
(ख) आत्मसम्मान का महत्त्व
(ग) सम्मान का महत्त्व
(घ) सच्चाई का महत्त्व

उत्तर (क) दिखावे का महत्त्व

(iv) प्रेमचंद का शान से फटा जूता पहनना क्या दर्शाता है?

(क) उनका शिक्षित होना
(ख) उनके जीवन की सादगी
(ग) दिखावे को महत्त्व देना
(घ) उनका सभ्य होना

उत्तर (ख) उनके जीवन की सादगी

(v) लेखक किस प्रकार कभी फोटो नहीं खिंचाना चाहता है?

(क) फटे जूते पहनकर जिसका छेद दिखाई दे रहा हो
(ख) उधार माँग के कोट पहनकर
(ग) उधार माँगकर इत्र लगाकर
(घ) पंजा घिसने वाले जूते पहनकर

उत्तर (क) फटे जूते पहनकर जिसका छेद दिखाई दे रहा हो

3. तुम्हारी यह व्यंग्य-मुसकान मेरे हौसले पस्त कर देती है। क्या मतलब है इसका? कौन-सी मुसकान है यह?
क्या होरी का गोदान हो गया?
क्या पूस की रात में नीलगाय हलकू का खेत चर गई?
क्या सुजान भगत का लड़का मर गया; क्योंकि डॉक्टर क्लब छोड़कर नहीं आ सकते? नहीं, मुझे लगता है माधो औरत के कफ़न के चंदे की शराब पी गया। वही मुसकान मालूम होती है। मैं तुम्हारा जूता फिर देखता हूँ। कैसे फट गया यह, मेरी जनता के लेखक?

क्या बहुत चक्कर काटते रहे? क्या बनिये के तगादे से बचने के लिए मील-दो मील का चक्कर लगाकर घर लौटते रहे?

(i) किसकी व्यंग्य मुसकान लेखक के हौसले को पस्त कर देती है?

(क) प्रेमचंद की पत्नी की (ख) प्रेमचंद की
(ग) फोटो खिंचने वाले की (घ) प्रेमचंद के बच्चों की

उत्तर (ख) प्रेमचंद की

(ii) लेखक के अनुसार, प्रेमचंद की व्यंग्य भरी मुस्कान ...... और ...... का प्रतीक है।

(क) धन-संपत्ति, चिंता
(ख) धन, परिश्रम
(ग) चिंता, लापरवाही
(घ) सुख, संपन्न जीवन

उत्तर (ग) चिंता, लापरवाही

(iii) गद्यांश के आधार पर बताइए कि सुजान भगत का लड़का क्यों मर गया था?

(क) सही इलाज न मिलने के कारण
(ख) डॉक्टर के क्लब से न आने के कारण
(ग) सही समय पर अस्पताल न जाने के कारण
(घ) कैंसर होने के कारण

उत्तर (ख) डॉक्टर के क्लब से न आने के कारण

(iv) प्रेमचंद के जूते का फटा होना उनकी .... स्थिति को दर्शाता है।

(क) आर्थिक (ख) पारिवारिक
(ग) बौद्धिक (घ) सामाजिक

उत्तर (क) आर्थिक

(v) गद्यांश के आधार पर बताइए कि प्रेमचंद मील-दो-मील का चक्कर क्यों लगाते थे? **दक्षता आधारित प्रश्न**

(क) घूमने के उद्देश्य से
(ख) बनिये के तगादे से बचने के लिए
(ग) सायंकालीन भ्रमण करने के लिए
(घ) मित्र मंडली से मिलने के लिए

उत्तर (ख) बनिये के तगादे से बचने के लिए

4. चक्कर लगाने से जूता फटता नहीं है, घिस जाता है। कुंभनदास का जूता भी फतेहपुर-सीकरी जाने-आने में घिस गया था। उसे बड़ा पछतावा हुआ। उसने कहा–"आवत जात पन्हैया घिस गई, बिसर गयो हरि नाम"। और ऐसे बुलाकर देने वालों के लिए कहा था–"जिनके देखे दुःख उपजत है, तिनको करबो परै सलाम!" चलने से जूता घिसता है, फटता नहीं। तुम्हारा जूता कैसे फट गया? मुझे लगता है, तुम किसी सख्त चीज़ को ठोकर मारते रहे हो। कोई चीज़ जो परत-पर-परत सदियों से जमती गई है, उसे शायद तुमने ठोकर मार-मारकर अपना जूता फाड़ लिया। कोई टीला जो रास्ते पर खड़ा हो गया था, उस पर तुमने अपना जूता आज़माया। तुम

उसे बचाकर उसके बगल से भी तो निकल सकते थे। टीलों से समझौता भी तो हो जाता है। सभी नदियाँ पहाड़ थोड़े फोड़ती हैं, कोई रास्ता बदलकर, घूमकर भी तो चली जाती है।

(i) **लेखक के अनुसार, प्रेमचंद का जूता किस सख्त चीज को ठोकर मारकर फट गया था?** दक्षता आधारित प्रश्न

(क) समाज की रूढ़ियों व कुरीतियों को
(ख) टीले को ठोकर मारकर
(ग) पत्थर पर ठोकर लगकर
(घ) उपरोक्त में से कोई नहीं

उत्तर (क) समाज की रूढ़ियों व कुरीतियों को

(ii) **लेखक ने 'टीला' किसे कहा है?**

(क) समाज में व्यक्त कुरीतियों को
(ख) आपसी मेल-मिलाप को
(ग) गरीबी की समस्या को
(घ) प्रेमचंद की सादगी को

उत्तर (क) समाज में व्यक्त कुरीतियों को

(iii) **लेखक के अनुसार, प्रेमचंद व नदियों में क्या अंतर हैं?**

(क) प्रेमचंद ठोकर मारते हैं, जबकि नदियाँ टकराकर चलती हैं।
(ख) प्रेमचंद और नदियाँ समान भाव से ठोकर मारते हुए चलती है।
(ग) प्रेमचंद ठोकर मारते हैं, जबकि नदियाँ रास्ता बदल लेती हैं।
(घ) दोनों समाज के हित के जबकि अपना-अपना रास्ता बदल लेती हैं।

उत्तर (ग) प्रेमचंद ठोकर मारते हैं, जबकि नदियाँ रास्ता बदल लेती हैं।

(iv) **लेखक के अनुसार, जूता कब घिसता है?**

(क) अत्यधिक चक्कर लगाने के
(ख) अत्यधिक दौड़ने से
(ग) किसी चीज़ पर ठोकर मारने से
(घ) उपरोक्त सभी

उत्तर (क) अत्यधिक चक्कर लगाने के

(v) **कथन (I) प्रेमचंद दिखावे में विश्वास नहीं करते।**

कथन (II) कुंभनदास का जूता फतेहपुर सीकरी आने-जाने में घिस गया था।

कथन (III) प्रेमचंद ने समाज में व्याप्त समस्याओं कुरीतियों एवं रूढ़ियों से जमकर टक्कर लीं।

उपर्युक्त कथनों के लिए सही विकल्प का चयन कीजिए। दक्षता आधारित प्रश्न

(क) कथन (I) सही, किंतु (II) और (III) गलत हैं।
(ख) कथन (I) गलत, किंतु (II) और (III) सही हैं।
(ग) कथन (I), (II) सही हैं, किंतु (III) गलत है।
(घ) कथन (I), (II) और (III) तीनों सही हैं।

उत्तर (घ) कथन (I), (II) और (III) तीनों सही हैं।

लघु उत्तरीय प्रश्नोत्तर

निम्नलिखित प्रश्नों के उत्तर संक्षेप में दीजिए

1. प्रेमचंद की वेशभूषा का वर्णन पठित पाठ के आधार पर कीजिए।

उत्तर लेखक के अनुसार प्रेमचंद ने सिर पर मोटे कपड़े की टोपी, कुर्ता और धोती पहन रखी है। प्रेमचंद की कनपटी चिपकी है और उनके गालों की हड्डियाँ भी उभर आई हैं, लेकिन घनी मूँछों के कारण चेहरा भरा-भरा लगता है। पाँवों में कपड़े के जूते पहने हैं, जिनके फीते भी ढंग से बँधे हुए नहीं हैं। बाएँ पैर के जूते में बड़ा छेद होने के कारण अँगुली बाहर निकली हुई है।

2. 'प्रेमचंद के फटे जूते' पाठ के आधार पर बताइए कि परसाई जी ने फोटो में प्रेमचंद के जूतों का वर्णन किस तरह किया है?

उत्तर परसाई जी ने फोटो में प्रेमचंद के जूतों का वर्णन करते हुए कहा है कि फोटो में प्रेमचंद के पाँवों में केनवस के जूते हैं, जिनके बंद बेतरतीब बँधे हुए हैं।

ऐसा अकसर जूतों का लापरवाही से प्रयोग करने पर होता है। लेखक ने आगे लिखा है कि प्रेमचंद के दाहिने पाँव का जूता ठीक है मगर बाएँ जूते में बड़ा छेद है, जिसमें से अँगुली बाहर निकल आई हैं।

3. फोटो में प्रेमचंद को देखते ही लेखक की दृष्टि कहाँ टिक गई और उसने क्या-क्या अनुमान लगाए? दक्षता आधारित प्रश्न

अथवा **लेखक की दृष्टि जूतों पर ही क्यों अटक गई थी?**

उत्तर फोटो में प्रेमचंद को देखते ही लेखक की दृष्टि उनके फटे जूते पर ही टिकी रह गई और वह सोचने लगा कि फोटो खिंचवाने की अगर यह पोशाक है, तो पहनने वाली पोशाक कैसी होगी? इस आदमी की अलग-अलग पोशाकें नहीं होंगी, क्योंकि यदि होती तो वे फोटो खिंचाने के लिए अवश्य ही कोई ढंग की पोशाक पहनकर आते। इसलिए इनमें पोशाकें बदलने का गुण नहीं है। यह जैसे हैं, वैसे ही फोटो में खिंच जाते हैं।

4. प्रेमचंद के जूतों को देखकर लेखक को रोने की इच्छा क्यों होती है? दो कारण लिखिए।

उत्तर प्रेमचंद के जूतों को देखकर लेखक को रोने की इच्छा होती है, इसके दो कारण निम्नलिखित हैं

(i) इतने महान् साहित्यकार होने के बाद भी प्रेमचंद बदहाली की स्थिति से गुज़र रहे थे जिसका लेखक को दु:ख था।
(ii) उनके पास विशेष अवसर पर पहनने के लिए भी अच्छे कपड़े और जूते नहीं थे। उनकी दयनीय आर्थिक स्थिति के बारे में सोचकर लेखक बहुत अधिक दु:खी हो गया।

5. पाठ के आधार पर बताइए कि प्रेमचंद के जूते के फटे होने का वास्तविक कारण क्या था?

उत्तर प्रेमचंद के पास धन का अभाव था। उनकी आर्थिक स्थिति भी ठीक नहीं थी। जूते उस समय में भी महँगे ही आते होंगे। प्रेमचंद के जूतों के फटे होने का एकमात्र कारण यही रहा होगा कि धन की कमी के कारण नए जूते नहीं खरीद पाए होंगे, इसलिए वे अपने पुराने फटे जूतों से ही काम चलाना चाहते होंगे।

6. पाठ के आधार पर लिखिए कि लेखक के अनुसार लोग फोटो खिंचवाने के लिए क्या-क्या करते हैं?

उत्तर लेखक के अनुसार, लोग फोटो खिंचवाने के लिए इत्र लगाते हैं, किसी दूसरे के जूते माँग लेते हैं तथा चेहरे पर बनावटी मुसकान लाते हैं। कोट या अन्य कपड़ों की बात तो छोड़िए लोग तो बीवी तक माँग लेते हैं। इस प्रकार, लोग स्वयं को जैसे हैं, वैसे स्वीकार न करके दुनिया के सामने अपने आपको अधिक सुंदर और भला दिखाने का प्रयास करते हैं।

7. "अँगुली ढकी है पर पंजा नीचे घिस रहा है।" पाठ के आधार पर पंक्ति में निहित व्यंग्य स्पष्ट कीजिए। **दक्षता आधारित प्रश्न**

उत्तर इस पंक्ति में व्यंग्य छिपा है कि ऊपर से तो सब ठीक-ठाक दिखाई दे रहा है, परंतु अंदर कुछ-न-कुछ गड़बड़ अवश्य है। पंजा दिखाई नहीं दे रहा है, इसमें कमियों को ढकने की बात बताई गई है। ऊपर से आवरण ठीक है, किंतु भीतरी हालत खराब है अर्थात् ऊपर से खुश और अमीर दिखाई देते हैं, किंतु भीतर से दुःखी और फटेहाल हैं। यहाँ दिखावटीपन को व्यंग्य की दृष्टि से स्पष्ट किया गया है।

8. "तुम पर्दे का महत्त्व ही नहीं जानते, हम पर्दे पर कुर्बान हो रहे हैं।" लेखक इस पंक्ति के माध्यम से क्या कहना चाहता है? **दक्षता आधारित प्रश्न**

उत्तर इस पंक्ति के माध्यम से लेखक कहना चाहता है कि वर्तमान युग में बात को छिपाए रखना बहुत आवश्यक हो गया है। देश के सामान्य लोग भी किसी बात को छिपाए रखने का गुण अपनाए हुए हैं, परंतु प्रेमचंद इस प्रकार के गुण को नहीं जानते अर्थात् वे छिपाने में विश्वास नहीं रखते थे। वे जैसे थे, वैसे ही दिखना भी चाहते थे। उनमें बनावटीपन कतई नहीं दिखाई देता था।

9. 'पर्दे के महत्त्व' पर प्रेमचंद और लेखक की सोच किस प्रकार भिन्न है?

उत्तर आज के ज़माने में पर्दा रखना अर्थात् छिपाव रखना आवश्यक हो गया है। लेखक पर्दे के महत्त्व पर यह विचार रखता है कि कमियों पर पर्दा डालना ठीक है। लेखक के अनुसार, यदि प्रेमचंद फोटो खिंचवाते समय किसी से जूते माँगकर भी फोटो खिंचवा लेते तो गलत न होता, क्योंकि आजकल सभी दिखने में सही लगना चाहते हैं, चाहे उसके लिए उन्हें समझौता ही क्यों न करना पड़े, जबकि प्रेमचंद समझौते के सख्त विरोधी थे। वे किसी भी बात को पर्दे के पीछे रखकर छिपाने में विश्वास नहीं करते थे।

उन्होंने अपनी किसी भी कमी या अभाव को कभी ढकने या छिपाने का प्रयास नहीं किया। इस प्रकार, प्रेमचंद और लेखक पर्दे के महत्त्व को लेकर अलग-अलग सोच रखते हैं।

10. "चक्कर लगाने से जूता फटता नहीं है, घिस जाता है।" लेखक के अनुसार यह पंक्ति प्रेमचंद के फटे जूते से किस प्रकार संबंध रखती है?

उत्तर चक्कर लगाने से जूता फटता नहीं है, घिस जाता है। उक्त पंक्ति प्रेमचंद के फटे जूते से किसी भी प्रकार से संबंध नहीं रखती, क्योंकि प्रस्तुत पंक्ति समाज के उन व्यक्तियों की ओर संकेत करती है जो समाज द्वारा बनाई गई परिपाटी का विरोध किए बिना उस पर चलते रहते हैं। प्रेमचंद का स्वभाव इसके बिलकुल विपरीत था। वे समाज की कुरीतियों, जड़ परंपराओं, अप्रासंगिक मान्यताओं इत्यादि का विरोध करते थे। पाठ में उनके जूते का फटा होना समाज की इन बुराइयों को ठोकर मारने के प्रतीक रूप में ही प्रयुक्त हुआ है।

11. लेखक प्रेमचंद के फटे जूते से निकली अँगुली के इशारे और चेहरे की मुसकान में कौन-सा व्यंग्य महसूस करता है?

अथवा **लेखक हरिशंकर परसाई प्रेमचंद के पैर की अँगुली के इशारे में किस व्यंग्य-मुसकान के होने की बात करते हैं?**

उत्तर लेखक कहता है—मैं समझता हूँ। तुम्हारी अँगुली का इशारा भी समझता हूँ और यह व्यंग्य-मुसकान भी समझता हूँ। तुम मुझ पर या हम सभी पर हँस रहे हो, उन पर जो अँगुली छिपाए और तलुआ घिसाए चल रहे हैं। तुम कह रहे हो, मैंने तो ठोकर मार-मार कर जूता फाड़ लिया, अँगुली बाहर निकल आई, पर पाँव बचा रहा और मैं चलता भी रहा, परंतु तुम अँगुली को ढकने की चिंता में तलुआ घिसा बैठे हो, मगर अब तुम चलोगे कैसे? लेखक प्रेमचंद के फटे जूते से निकली अँगुली और चेहरे की मुसकान में यही व्यंग्य महसूस करता है।

12. 'प्रेमचंद के फटे जूते' पाठ में लेखक ने प्रेमचंद के कुछ उपन्यासों एवं कहानियों के उल्लेख द्वारा उनकी किस विशेषता की ओर ध्यान दिलाया है?

उत्तर इस पाठ में लेखक हरिशंकर परसाई जी ने प्रेमचंद के कुछ उपन्यासों एवं कहानियों के उल्लेख द्वारा उनकी इस विशेषता की ओर ध्यान दिलाया है कि प्रेमचंद की रचनाओं में समाज के निम्न एवं शोषित वर्ग की समस्याओं को प्रमुख स्थान मिला है। प्रेमचंद ने उन समस्याओं और कठिनाइयों को बहुत करीब से देखा था और स्वयं भी भोगा था। इसका स्पष्ट प्रभाव उनके द्वारा लिखित उपन्यासों और कहानियों पर देखा जा सकता है।

13. कुंभनदास कौन थे? उन्हें पछतावा क्यों हुआ? 'प्रेमचंद के फटे जूते' पाठ के आधार पर बताइए।

उत्तर कुंभनदास भक्तिकाल के एक कृष्णभक्त कवि थे। उनका जूता फतेहपुर-सीकरी आने-जाने में घिस गया था। इस आवागमन में वे ईश्वर को भी भूल गए, तो उन्हें इसका बड़ा पछतावा हुआ। इस संदर्भ में उन्होंने कहा—'आवत जात पन्हैया घिस गई, बिसर गयो हरि नाम' अर्थात् आने-जाने में जूता भी घिस गया और हरि नाम भी छूट गया। इसलिए उन्होंने कहा कि ऐसे दाता को दूर से ही प्रणाम करना चाहिए।

14. 'प्रेमचंद के फटे जूते' पाठ में 'टीले' शब्द का प्रयोग किन संदर्भों के लिए किया गया होगा? प्रेमचंद का इन टीलों के प्रति कैसा रवैया रहा?

उत्तर 'प्रेमचंद के फटे जूते' पाठ में 'टीले' शब्द का प्रयोग जीवन की सहज गति में बाधक अनेक बुराइयों, कुरीतियों, रूढ़ियों और भ्रष्ट आचरण आदि के संदर्भ में किया गया है। हमारे चारों ओर शोषण, अन्याय, अस्पृश्यता, वर्ग-भेद, वर्ण-भेद जैसी समस्याओं के अनेक 'टीले' खड़े हैं। इनको पार करने के प्रयास में उम्र बीत जाती है। प्रेमचंद ने ऐसे टीलों को अपने लेखन के प्रहार से भेदने का प्रयास किया है।

15. पाठ के आधार पर लिखिए कि होरी का बंधन प्रेमचंद के लिए मुक्ति कैसे बना था?

उत्तर 'होरी' प्रेमचंद द्वारा रचित उपन्यास 'गोदान' का नायक है। वह भारत के साधारण कृषक वर्ग का प्रतिनिधित्व करता है, जो ऋण के बोझ तले दबे होने के बावजूद 'नेम-धरम' और 'मर्यादा' की ज़ंज़ीर से मुक्त नहीं हो पाता। होरी का यही नेम-धरम का बंधन प्रेमचंद के लिए मुक्ति बन गया था, क्योंकि प्रेमचंद के दृष्टिकोण से जीवन में मानवीय मूल्य सर्वोपरि हैं। उनका पालन करने में किसी हीनता या घुटन का अनुभव नहीं करना चाहिए।

16. घृणित के प्रति हाथ की नहीं, पाँव की अँगुली से इशारा करने से लेखक का क्या तात्पर्य है? स्पष्ट कीजिए।

दक्षता आधारित प्रश्न

उत्तर प्रेमचंद निर्भीक स्वभाव के व्यक्ति थे। जो लोग या जो बातें प्रेमचंद को अच्छी नहीं लगती थीं, वे खुलकर उनका विरोध करते थे। पाँव की अँगुली से इशारा करना उनका यही स्वभाव दर्शाता है। वे ऐसे लोगों को जो समाज के लिए उचित नही हैं सदा जूते की नोंक पर रखते थे, चाहे वह व्यक्ति कितना ही प्रतिष्ठित क्यों न हो।

17. "प्रेमचंद को दिखावा करना नहीं आता था।" इस कथन से आप कहाँ तक सहमत हैं?

उत्तर "प्रेमचंद को दिखावा करना नहीं आता था।" यह कथन बिलकुल सत्य है। प्रेमचंद जैसे थे, वैसे ही दिखना भी चाहते थे। यदि वे दिखावा करना जानते तो फटे जूते में फोटो कभी भी नहीं खिंचवाते, पर ऐसा करके उन्होंने अपनी सादगी का परिचय दिया है। किसी से चीज़ माँगकर प्रयोग करने और दिखावटीपन में जीने से बेहतर वे फटे जूतें पहनना समझते थे। इसमें उन्हें कोई शर्म नहीं आती थी। लोग आजकल दिखावा करने में ही लगे रहते हैं, भले ही जेब में धन न हो, परंतु दिखावा करने के लिए कर्ज़ तक ले लेते हैं, जो सर्वथा अनुचित है।

18. लेखक ने प्रेमचंद की किस कमज़ोरी की ओर संकेत किया है? क्या वह उनकी कमज़ोरी थी?

उत्तर लेखक ने प्रेमचंद की मुख्य रूप से एक ही कमज़ोरी का वर्णन किया है—उनके 'नेम-धरम' में पक्के होने की प्रवृत्ति। प्रेमचंद कभी अपनी नैतिकता से नहीं डिगे, अपनी मर्यादा नहीं छोड़ी। अनेक सामाजिक अत्याचारों, उपेक्षाओं और कष्टों को सहन करके भी वह अपने पथ पर अडिग रहे। अपनी सादगी, सज्जनता और भलाई नहीं छोड़ी, जीवनभर अभावग्रस्त रहे, परंतु यह उनकी कमज़ोरी नहीं सबसे बड़ी शक्ति थी।

19. 'प्रेमचंद के फटे जूते' पाठ में लेखक ने आज की किस प्रवृत्ति पर व्यंग्य किया है और क्यों?

उत्तर प्रस्तुत पाठ में लेखक ने प्रेमचंद के व्यक्तित्व की सादगी एवं सरलता की ओर ध्यान आकर्षित करते हुए आज के समय में फैली दिखावे की प्रवृत्ति पर कटु व्यंग्य किया है कि लोग अपने आपको श्रेष्ठ और अच्छा दिखाने के लिए बनावटी जीवन-शैली अपनाते हैं। ऐसा लेखक ने समाज में फैली विकृति को दूर करने के उद्देश्य से किया है।

20. पाठ के आधार पर बताइए कि भारत के महान् लेखकों के साथ कैसी विडंबना रहती है?

उत्तर प्रस्तुत पाठ के आधार पर लेखक भारत के महान् लेखकों के जीवन की विडंबना को स्पष्ट करता है। भारत के महान् लेखकों को मान-सम्मान तो बहुत मिलता है, परंतु उनके जीवन में अर्थाभाव बना रहता है।

वे अपने लेखन-कार्य से ठीक-ठाक आजीविका नहीं कमा पाते। इस प्रकार स्पष्ट है कि भारत के महान् लेखकों की आर्थिक दशा बहुत कमज़ोर है। लेखक ने प्रस्तुत पाठ में उनकी इसी दयनीय दशा पर प्रकाश डाला है।

21. क्या वेशभूषा किसी व्यक्ति के व्यक्तित्व के निर्धारण में सहायक होती है? 'प्रेमचंद के फटे जूते' पाठ के आधार पर अपने विचार प्रस्तुत कीजिए।

दक्षता आधारित प्रश्न

उत्तर वेशभूषा किसी व्यक्ति के व्यक्तित्व के निर्धारण में सहायक होती भी है और नहीं भी। यदि हम किसी व्यक्ति से प्रथम बार मिल रहे हैं, तो उसका बाह्य रूपाकार हमें उसकी ओर आकर्षित करता है। जब उसे जान जाते हैं, तो उसके आंतरिक गुण हमें प्रभावित करते हैं। इस पाठ में भी यही हुआ। प्रेमचंद के फटे जूते देखकर उनकी बदहाली के विषय में धारणा बनी, पर उनके गुणों को जानने के बाद लेखक उनकी सादगी के आगे नतमस्तक होता दिखाई पड़ता है।

स्व-मूल्यांकन

पाठ पर आधारित बहुविकल्पीय प्रश्न

निम्नलिखित प्रश्नों के सर्वाधिक उपयुक्त विकल्पों का चयन कीजिए।

1. प्रेमचंद की व्यंग्य मुसकान से लेखक के हौसले पस्त हो रहे थे क्योंकि …………।

(क) उनकी व्यंग्य भरी मुसकान समाज में फैली बाह्याडंबर का प्रतीक है

(ख) उनकी व्यंग्य मुसकान सच्चाई का प्रतीक है

(ग) उनकी व्यंग्य मुसकान उनकी जीवन स्थिति का वर्णन कर रही है

(घ) उपरोक्त सभी

2. पाठ के आधार पर स्पष्ट कीजिए कि पर्दे के महत्त्व को कौन समझता था? **दक्षता आधारित प्रश्न**

(क) प्रेमचंद पर्दे के महत्त्व को समझते थे

(ख) प्रेमचंद की पत्नी पर्दे के महत्त्व को समझती थीं

(ग) लेखक पर्दे के महत्त्व को समझते थे

(घ) प्रेमचंद तथा लेखक दोनों पर्दे के महत्त्व को समझते थे

गद्यांश पर आधारित बहुविकल्पीय प्रश्न

निम्नलिखित गद्यांश को ध्यानपूर्वक पढ़कर पूछे गए प्रश्नों के सही विकल्प चुनिए।

टोपी आठ आने में मिल जाती है और जूते उस ज़माने में भी पाँच रुपये से कम में क्या मिलते होंगे। जूता हमेशा टोपी से कीमती रहा है। अब तो जूते की कीमत और बढ़ गई है और एक जूते पर पचीसों टोपियाँ न्योछावर होती हैं। तुम भी जूते और टोपी के आनुपातिक मूल्य के मारे हुए थे। यह विडंबना मुझे इतनी तीव्रता से पहले कभी नहीं चुभी, जितनी आज चुभ रही है, जब मैं तुम्हारा फटा जूता देख रहा हूँ। तुम महान कथाकार, उपन्यास-सम्राट, युग-प्रवर्तक, जाने क्या-क्या कहलाते थे, मगर फोटो में भी तुम्हारा जूता फटा हुआ है।

(i) जूता सदैव टोपी से कीमती होता है, क्योंकि ……

(क) उसे बनाने में ज्यादा परिश्रम लगता है।

(ख) उसे बनाने में टोपी की तुलना में अधिक समय लगता है।

(ग) टोपी सम्मान और जूता ताकत का प्रतीक है।

(घ) टोपी को बनाने में अधिक मजदूरी लगती है।

(ii) गद्यांश में महान कथाकार, उपन्यास-सम्राट, युग-प्रवर्तक किसे कहा गया है?

(क) लेखक को (ख) लेखक के मित्र को

(ग) प्रेमचंद को (घ) प्रेमचंद की पत्नी को

(iii) लेखक को प्रेमचंद की फोटो देखकर कौन-सी बात चुभ रही है?

(क) प्रेमचंद की खराब आर्थिक स्थिति की बात

(ख) प्रेमचंद के फटे जूते की बात

(ग) प्रेमचंद का फोटो खिंचवाना

(घ) कोट माँगकर फोटो खिंचवाना

(iv) 'तुम न जाने क्या-क्या कहलाते थे, मगर फोटो में भी तुम्हारा जूता फटा हुआ है।' इस कथन से लेखक क्या स्पष्ट करना चाहता है?

(क) प्रेमचंद का स्वभाव अन्य लोगों से भिन्न हैं

(ख) प्रेमचंद की जीवन की यथार्थ स्थिति उनकी लोकप्रियता व व्यक्तित्व से भिन्न है।

(ग) प्रेमचंद निर्धन हैं।

(घ) प्रेमचंद को फोटो खिंचवाने में दिलचस्पी नहीं हैं।

(v) लेखक के अनुसार एक जूते पर कितनी टोपियाँ न्योछावर होती हैं?

(क) पच्चीस टोपियाँ (ख) तीस टोपियाँ

(ग) छब्बीस टोपियाँ (घ) पचास टोपियाँ

लघु उत्तरीय प्रश्न

निम्नलिखित प्रश्नों के उत्तर संक्षेप में दीजिए

1. 'प्रेमचंद के फटे जूते' पाठ में लेखक ने प्रेमचंद को 'साहित्यिक पुरखा कहा है'। आप इस कथन से कहाँ तक सहमत हैं?

2. फोटो में फटा हुआ जूता पहनना प्रेमचंद की किस मानसिकता का परिचायक है? 'प्रेमचंद के फटे जूते' पाठ के आधार पर बताइए।

3. लेखक ने 'होरी के नेम-धरम' को प्रेमचंद की मुक्ति क्यों कहा है? अपने शब्दों में उत्तर दीजिए। **दक्षता आधारित प्रश्न**

4. 'प्रेमचंद के फटे जूते' पाठ व्यंग्य लेखन का उपयुक्त उदाहरण है। स्पष्ट कीजिए।

5. 'प्रेमचंद के फटे जूते' पाठ द्वारा लेखक क्या संदेश देना चाहता है?

मेरे बचपन के दिन

महादेवी वर्मा

अध्याय 6

पाठ की रूपरेखा प्रस्तुत पाठ महादेवी वर्मा द्वारा लिखित एक संस्मरण है। इसमें लेखिका ने अपने बचपन के उन दिनों का वर्णन किया है, जब वे विद्यालय में पढ़ रही थीं। लेखिका की साहित्य साधना के पीछे एक ओर आज़ादी की प्रेरणा है, तो दूसरी ओर सामाजिक दायित्व का बोध। इसमें लड़कियों के प्रति सामाजिक रवैया, विद्यालय की सहपाठिनें, छात्रावास का जीवन और स्वतंत्रता आंदोलन के संघर्ष से जुड़े प्रसंगों का अत्यंत मार्मिक वर्णन किया गया है।

लेखक परिचय

महादेवी वर्मा का जन्म वर्ष 1907 में उत्तर प्रदेश के फ़र्रूखाबाद शहर में हुआ था। उनकी शिक्षा-दीक्षा प्रयाग में हुई। प्रयाग महिला विद्यापीठ में प्राचार्य पद पर लंबे समय तक कार्य करते हुए उन्होंने लड़कियों की शिक्षा के लिए काफी प्रयत्न किए। महादेवी जी छायावाद के प्रमुख कवियों में से एक थीं। नीहार, रश्मि, नीरजा, यामा, दीपशिखा उनके प्रमुख काव्य संग्रह हैं। कविता के साथ-साथ उन्होंने सशक्त गद्य रचनाएँ भी लिखी हैं। जिनमें रेखाचित्र तथा संस्मरण प्रमुख हैं। अतीत के चलचित्र, स्मृति की रेखाएँ, पथ के साथी, श्रृंखला की कड़ियाँ उनकी महत्त्वपूर्ण गद्य रचनाएँ हैं। महादेवी वर्मा को साहित्य अकादमी एवं ज्ञानपीठ पुरस्कार से सम्मानित किया गया है। भारत सरकार ने वर्ष 1956 में उन्हें पद्मभूषण से भी अलंकृत किया। वर्ष 1987 में उनका देहांत हो गया।

पाठ का सार

कुलदेवी की पूजा के उपरांत लेखिका का जन्म

लेखिका अपने परिवार में कई पीढ़ियों के बाद जन्म लेने वाली पहली लड़की थी। पहले उनके परिवार में लड़की को पैदा होते ही स्वर्ग भेज देते थे, पर लेखिका के बाबा ने कुलदेवी दुर्गा की पूजा करके लड़की माँगी थी। अत: लेखिका का जन्म होने पर उसकी बहुत आवभगत हुई। लेखिका को वर्षों से लड़कियों के साथ हो रहे अन्याय और भेदभाव की स्थिति का सामना नहीं करना पड़ा था।

लेखिका को विभिन्न भाषाओं का ज्ञान

लेखिका के बाबा उर्दू-फारसी जानते थे। उसके पिताजी ने अंग्रेज़ी पढ़ी थी। उस घर में हिंदी भाषा का वातावरण नहीं था। हिंदी घर में तब से प्रयोग की जाने लगी, जब लेखिका की माँ जबलपुर से घर में आई थीं। बाबा की इच्छा थी कि लेखिका विदुषी बने। लेखिका के संबंध में उनके विचार उच्च स्तर के थे। लेखिका की माँ पूजा-पाठ बहुत अधिक करती थीं। उन्होंने ही लेखिका को पंचतंत्र पढ़ना सिखाया। लेखिका के बाबा ने उर्दू-फारसी पढ़ाने के लिए एक मौलवी साहब की नियुक्ति की, परंतु लेखिका की रुचि उर्दू सीखने में नहीं थी अत: लेखिका ने संस्कृत तो पढ़ी, पर बहाने बनाकर उर्दू-फ़ारसी से मुख मोड़ लिया।

लेखिका की शिक्षा-दीक्षा

कुछ दिनों बाद लेखिका को मिशन स्कूल में भर्ती कराया गया, लेकिन वहाँ भी उनका मन नहीं लगा। पाँचवीं कक्षा में उन्हें क्रॉस्थवेट गर्ल्स कॉलेज में भेज दिया गया। वहाँ का वातावरण अच्छा था। छात्रावास के प्रत्येक कमरे में चार छात्राएँ रहती थीं। कॉलेज में हिंदू, ईसाई व अन्य धर्मों की लड़कियाँ भी पढ़ती थीं। छात्रावास में सब लोगों के लिए एक ही मेस थी। वहाँ खाने में प्याज़ तक नहीं डाली जाती थी।

छात्रावास में लेखिका और सुभद्रा कुमारी चौहान की मित्रता

छात्रावास में लेखिका की पहली मित्र सुभद्रा कुमारी चौहान थी। वे सातवीं कक्षा में पढ़ती थीं और कविता भी लिखती थीं। जो खड़ी बोली में होती थी। महादेवी वर्मा को भी कविता लिखने का शौक था, परंतु वह सुभद्रा से कविताएँ छिपाती थी। एक दिन सुभद्रा कुमारी चौहान ने उनकी चोरी पकड़ ली और पूरे छात्रावास में बता दिया कि महादेवी कविता लिखती हैं। उसके पश्चात् दोनों में मित्रता हो गई। कॉलेज में एक पेड़ के नीचे बैठकर ये दोनों तुकबंदी करती रहती थीं। उस समय एक पत्रिका निकलती थी—'स्त्री दर्पण'। उसमें इनकी तुकबंदी वाली कविताएँ छप जाती थीं।

कवि सम्मेलन में लेखिका और उनकी मित्र का भाग लेना

लेखिका और उनकी मित्र सुभद्रा दोनों विद्यालय की एक अध्यापिका के साथ कवि सम्मेलनों में जाने लगी थीं। जिनकी अध्यक्षता कभी श्रीधर

पाठक, कभी हरिऔध, तो कभी रत्नाकर करते थे। ये दोनों अपना नाम पुकारे जाने की बेसब्री से प्रतीक्षा करती थीं। महादेवी वर्मा ने कवि सम्मेलनों में सौ से अधिक पदक जीते थे।

महात्मा गाँधीजी से लेखिका की भेंट

एक कवि सम्मेलन में लेखिका को चाँदी का कटोरा मिला था। उस दिन सुभद्रा कवि सम्मेलन में नहीं गई थी। अत: उन्होंने खुश होकर जब उस कटोरे को सुभद्रा को दिखाया तो उन्होंने कहा कि मुझे खीर बनाकर इस कटोरे में खिलाओ, परंतु उसी बीच आनंद भवन में बापू आए। छात्राएँ अपने जेब खर्च बचाकर स्वतंत्रता आंदोलन हेतु बापू को दिया करती थीं। जब लेखिका उस कटोरे को महात्मा गाँधी को दिखाने गईं, तो वह कटोरा महात्मा गाँधी ने अपने पास रख लिया। लेखिका को खुशी थी कि उसने अपना कटोरा बापू को दे दिया है। बापू ने उससे कविता सुनाने के लिए नहीं कहा, इससे उसे दु:ख हुआ।

लेखिका को ज़ेबुन्निसा का साथ मिलना

सुभद्रा कुमारी चौहान जब छात्रावास छोड़कर चली गईं, तब उनकी जगह एक मराठी लड़की ज़ेबुन्निसा लेखिका के कमरे में आकर रहने लगी। वह कोल्हापुर की रहने वाली थी। उस समय ज़ेबुन महादेवी का अधिकांश काम कर देती थी। जिससे लेखिका को कविता लिखने के लिए थोड़ा समय और मिल जाता था। ज़ेबुन मराठी शब्दों से मिली-जुली हिंदी बोलती थी।

लेखिका ने भी ज़ेबुन के साथ रहकर कुछ-कुछ मराठी सीख ली थी। छात्रावास में एक ज़ीनत बेगम नाम की शिक्षिका रहती थीं, जो ज़ेबुन को चिढ़ाती कि वाह! देशी कौवा मराठी बोले। परंतु ज़ेबुन कहती 'हम मराठी हूँ , तो मराठी बोलेंगे'। वह मराठी महिलाओं की तरह किनारीदार साड़ी और वैसा ही ब्लाउज़ पहनती थी।

सांप्रदायिक सद्भाव का अनोखा विवरण

उस समय सांप्रदायिक भेदभाव दूर-दूर तक भी दिखाई नहीं देता था। अवध की लड़कियाँ अवधी बोलती थीं और बुंदेलखंड की बुंदेली। सभी एक मेस में खाना खाते थे। सभी को हिंदी व उर्दू पढ़ाई जाती थी। सब प्रार्थना में एक साथ खड़े होते तथा साथ-साथ प्रार्थना बोलते थे। कहीं कोई भेदभाव नहीं था।

नवाब की बेगम साहिबा और लेखिका के बीच आत्मीय संबंध

जब महादेवी नौकरी करने काशी विद्यापीठ में आईं, तब वे बचपन की एक और घटना का उल्लेख करती हैं। जिस कंपाउंड में वे रहती थीं, वहीं बँगले में एक नवाब व उनकी बेगम साहिबा रहती थीं। बेगम साहिबा के कहने पर लेखिका और उनके परिवार के बच्चे उन्हें 'ताई साहिबा' कहा करते थे।

बेगम साहिबा का बच्चा लेखिका की माँ को चचीजान कहता था। वह प्रतिवर्ष लेखिका से राखी बँधवाता था। रक्षाबंधन के दिन बेगम साहिबा उसे पानी भी नहीं पीने देती थी, कहती थी कि राखी के दिन बहने राखी न बाँध जाए तब तक भाई को निराहार रहना पड़ता है। दोनों परिवारों के बच्चों के जन्मदिन साझे रूप में मनाए जाते थे। इसी प्रकार मुहर्रम पर दोनों के लिए हरे कपड़े बनते थे।

बेगम साहिबा द्वारा लेखिका के भाई का नामकरण

लेखिका के यहाँ छोटा भाई पैदा हुआ, तो ताई साहिबा को काफी प्रसन्नता हुई और वह शाम को लेखिका के छोटे भाई के लिए कपड़े लेकर आईं। ताई साहिबा ने उस बच्चे का नाम मनमोहन रखा। वही मनमोहन आगे चलकर जम्मू एवं गोरखपुर यूनिवर्सिटी के वाइस चांसलर (कुलपति) बने। लेखिका के कहने का तात्पर्य यह है कि उस समय सांप्रदायिक सद्भाव का ऐसा अनोखा वातावरण अब सिर्फ सपना-सा ही प्रतीत होता है। यदि वह सपना सच हो जाता, तो आज भारत की स्थिति कुछ और ही होती।

शब्दार्थ

शब्द	अर्थ
NCERT पेज नं. 60	
स्मृतियाँ	यादें
विचित्र	अनोखा
आकर्षण	खिंचाव
परमधाम	स्वर्ग
कुलदेवी	परंपरागत रूप से परिवार में पूजी जाने वाली देवी
खातिर	सत्कार, सेवा, इज़्ज़त
पंचतंत्र	शिक्षाप्रद कहानियों की पुस्तक
वातावरण	माहौल
विदुषी	बुद्धिमती, विद्वान् स्त्री
उपरांत	बाद में
दर्जा	कक्षा
NCERT पेज नं. 61	
भर्ती होना	प्रवेश लेना
मेस	भोजनालय
सीनियर	बड़ा, ज्येष्ठ, बुज़ुर्ग
कृपानिधान	ईश्वर
पंछी	पक्षी
वन	जंगल
प्रभाती	सवेरे गाया जाने वाला गीत
प्रतिष्ठित	सम्मानित
डाल	शाखा

NCERT पेज नं. 62 व 63	
तुकबंदी	शब्दों का मिलान (गाने के रूप में)
प्रचार-प्रसार	फैलाव
सत्याग्रह	एक आंदोलन का नाम
पदक	सोने-चाँदी या किसी अन्य धातु से बना हुआ गोल या चौकोर टुकड़ा, जो पुरस्कार के रूप में दिया जाता है
नक्काशीदार	बेल-बूटे की सजावट से भरपूर, कढ़ाई किया हुआ।
फूल	एक चमकदार मिश्र धातु
छात्रावास	जहाँ लड़कियाँ मिलकर एक साथ रहती और पढ़ाई करती हैं
देसी कौवा	देशी कौआ
किनारीदार साड़ी	एक सजावटी साड़ी जिसमें किनारे को सजाया गया हो
सांप्रदायिकता	धर्म विशेष का पक्षपाती होने का भाव, संप्रदाय के नाम पर भेद-भाव
NCERT पेज नं. 64	
विवाद	झगड़ा, मतभेद
संस्कार	पूर्वजों से मिले अच्छे गुण
कंपाउंड	अहाता, क्षेत्र, स्थान
निराहार	बिना कुछ खाए-पिए
लहरिए	रंग-बिरंगी लहरियों वाली साड़ी, जो विशेष रूप से रक्षाबंधन पर पहनी जाती हो
नेग	खुशी के अवसर पर दिया जाने वाला उपहार
वाइस चांसलर	कुलपति
यूनिवर्सिटी	विश्वविद्यालय
तात्पर्य	मतलब, अर्थ
अवधी	अवध प्रदेश की बोली
कथा	कहानी।

NCERT फोल्डर

पाठ्यपुस्तक (क्षितिज भाग-1) के प्रश्नोत्तर

प्र.1 "मैं उत्पन्न हुई तो मेरी बड़ी खातिर हुई और मुझे वह सब नहीं सहना पड़ा जो अन्य लड़कियों को सहना पड़ता है।" इस कथन के आलोक में आप यह पता लगाएँ कि दक्षता आधारित प्रश्न

(क) उस समय लड़कियों की दशा कैसी थी?

(ख) लड़कियों के जन्म के संबंध में आज कैसी परिस्थितियाँ हैं?

उत्तर (क) उस समय (वर्ष 1907 के आस-पास) जब लेखिका का जन्म हुआ, तब समाज में स्त्रियों की दशा अत्यंत दयनीय थी। उन्हें बोझ समझा जाता था। जन्म लेने वाली लड़की और जन्म देने वाली माँ दोनों को ही अच्छी नज़र से नहीं देखा जाता था तथा उनका अपमान किया जाता था। कुछ लोग तो लड़की के जन्म लेते ही उसे मार डालते थे, परंतु लेखिका का घर इन संकीर्णताओं से दूर था। लेखिका के बाबा के पढ़े-लिखे परिवार में वर्षों बाद लड़की पैदा होने के कारण उन्होंने बेटी को हृदय से स्वीकार किया और उसके जन्म पर खुशियाँ मनाईं।

(ख) आज समय बदल गया है, लोगों की सोच में अंतर आया है। लड़के एवं लड़कियों में भेद कम हो रहा है, परंतु कुछ रूढ़िवादी, परंपरावादी लोग आज भी लड़कियों के जन्म पर दु:खी हो जाते हैं। उनकी उचित परवरिश नहीं करते और समाज में जिस सम्मान की वे हकदार हैं उन्हें वह भी नहीं दिया जाता। लोग कन्या भ्रूण हत्या न कराने की बात न सोचें इसी कारण अस्पतालों में आजकल लिंगभेद की पहचान कराने पर रोक लगा दी गई है।

प्र.2 लेखिका उर्दू-फ़ारसी क्यों नहीं सीख पाई?

उत्तर लेखिका उर्दू-फ़ारसी इसलिए नहीं सीख पाई, क्योंकि

(i) लेखिका को उर्दू-फ़ारसी में रुचि नहीं थी, यद्यपि उनके बाबा उन्हें उर्दू-फ़ारसी की विदुषी बनाना चाहते थे।

(ii) जब मौलवी साहब आते थे, तब वह चारपाई के नीचे छिप जाती थी और पढ़ाई नहीं करती थी।

(iii) लेखिका के मन में यह बात बैठ गई थी कि उर्दू-फ़ारसी सीखना उसके बस की बात नहीं है।

प्र.3 लेखिका ने अपनी माँ के व्यक्तित्व की किन विशेषताओं का उल्लेख किया है?

उत्तर लेखिका ने अपनी माँ के व्यक्तित्व की निम्नलिखित विशेषताओं का उल्लेख किया है

(i) उन्हें हिंदी एवं संस्कृत का ज्ञान था। उन्होंने लेखिका को पंचतंत्र पढ़ना सिखाया था।

(ii) उन्हें लेखन व गायन का भी शौक था, वे मीरा के पद भी गाती थीं।

(iii) वह पूजा-पाठ बहुत करती थीं। प्रभाती के रूप में वे सवेरे 'जागिए कृपानिधान पंछी बन बोले' पद गाती थीं।

(iv) वह धर्म सहिष्णु महिला थी। उन्होंने बेगम साहिबा के परिवार से अच्छे संबंध बना रखे थे।

प्र.4 जवारा के नवाब के साथ अपने पारिवारिक संबंधों को लेखिका ने आज के संदर्भ में स्वप्न जैसा क्यों कहा है?

उत्तर लेखिका ने अपने बचपन के दिनों की विशेष यादों को लिखते हुए स्पष्ट किया है कि जवारा के नवाब व उसके घरवालों में घनिष्ठ संबंध थे। नवाब साहब की पत्नी को वह ताई कहती थीं तथा नवाब साहब के बच्चे लेखिका की माँ को चची जान कहते थे।

दोनों ही परिवार त्योहारों एवं जन्मदिनों को मिलकर मनाते थे। रक्षाबंधन के दिन लेखिका नवाब साहब के बेटे को रक्षा सूत्र बाँधती थी तथा मुहर्रम के दिन लेखिका के परिवार के बच्चे हरे कपड़े पहनते

थे। उनके बीच सांप्रदायिक भेदभाव नहीं था, परंतु आज सभी लोग अपने-अपने धर्म-संप्रदाय में संकुचित होकर रह गए हैं। इसी कारण लेखिका को नवाब साहब के साथ अपने परिवार के संबंध एक स्वप्न जैसे लगते हैं।

रचना और अभिव्यक्ति

प्र.5 ज़ेबुन्निसा महादेवी वर्मा के लिए बहुत काम करती थी। ज़ेबुन्निसा के स्थान पर यदि आप होतीं/होते, तो महादेवी से आपकी क्या अपेक्षा होती?

उत्तर ज़ेबुन्निसा के स्थान पर यदि मैं होती, तो उनकी सहायता करने के बदले मैं अपनी इच्छानुसार रोज कोई-न-कोई कविता सुनाने का आग्रह करती। इसके अतिरिक्त, अपने अध्ययन से संबंधित किसी भी विषय में कठिनता का अनुभव करने पर उनसे पढ़ाई में सहयोग करने एवं समझाने की विनती करती तथा उन्हें बड़ी बहन का अधिकार देते हुए अपने ऊपर नियंत्रण रखने के लिए कहती।

प्र.6 महादेवी वर्मा को काव्य प्रतियोगिता में चाँदी का कटोरा मिला था। अनुमान लगाइए कि आपको इस तरह का कोई पुरस्कार मिला हो और वह देशहित में या किसी आपदा निवारण के काम में देना पड़े, तो आप कैसा अनुभव करेंगे/करेंगी?

उत्तर यदि मेरे सामने भी देशहित का प्रश्न आता है या किसी आपदा या विपत्ति से निपटने का मुद्दा उठता है, तो मैं भी महादेवी वर्मा की तरह अपने पुरस्कार को सहर्ष न्योछावर कर दूँगी। पुरस्कार यदि मेरी प्रतिभा का प्रमाण है, तो उसे देशहित में त्यागना मेरी देशभक्ति का प्रमाण है और इससे मैं स्वयं को गौरवान्वित महसूस करूँगी

प्र.7 लेखिका ने छात्रावास के जिस बहुभाषी परिवेश की चर्चा की है, उसे अपनी मातृभाषा में लिखिए।

उत्तर विद्यार्थी स्वयं करें।

प्र.8 महादेवी जी के इस संस्मरण को पढ़ते हुए आपके मानस-पटल पर भी अपने बचपन की कोई स्मृति उभरकर आई होगी, उसे संस्मरण शैली में लिखिए।

उत्तर विद्यार्थी स्वयं करें।

प्र.9 महादेवी जी ने कवि सम्मेलनों में कविता पाठ के लिए अपना नाम बुलाए जाने से पहले होने वाली बेचैनी का ज़िक्र किया है। अपने विद्यालय में होने वाले सांस्कृतिक कार्यक्रमों में भाग लेते समय आपने जो बेचैनी अनुभव की होगी, उस पर डायरी का एक पृष्ठ लिखिए।

उत्तर विद्यार्थी स्वयं करें।

भाषा अध्ययन

प्र.10 पाठ से निम्नलिखित शब्दों के विलोम शब्द ढूँढकर लिखिए

विद्वान्, अनंत, निरपराधी, दंड, शांति

उत्तर

विद्वान्	मूर्ख (विपरीत लिंग के संदर्भ में विदुषी)
अनंत	अंत
निरपराधी	अपराधी
दंड	पुरस्कार
शांति	अशांति (बेचैनी)

प्र.11 निम्नलिखित शब्दों से उपसर्ग/प्रत्यय अलग कीजिए और मूल शब्द बताइए

निराहारी — निर् + आहार + ई
सांप्रदायिकता
अप्रसन्नता
अपनापन
किनारीदार
स्वतंत्रता

उत्तर

शब्द	उपसर्ग	मूल शब्द	प्रत्यय
सांप्रदायिकता	सम्, प्र	दाय	इक, ता
अप्रसन्नता	अ, प्र	सन्न	ता
अपनापन	×	अपना	पन
किनारीदार	×	किनारा	ई, दार
स्वतंत्रता	स्व	तंत्र	ता

प्र.12 निम्नलिखित उपसर्ग-प्रत्ययों की सहायता से दो-दो शब्द लिखिए

उपसर्ग — अन्, अ, सत्, स्व, दुर्

प्रत्यय — दार, हार, वाला, अनीय

उत्तर

उपसर्ग	अन्	----	अनादर, अनधिकार
	अ	----	अन्याय, अटल
	सत्	----	सत्संगति, सत्पथ
	स्व	----	स्वाभिमान, स्वाध्याय
	दुर्	----	दुराचार, दुर्व्यवहार
प्रत्यय	दार	----	छायादार, दानेदार
	हार	----	पालनहार, तारनहार
	वाला	----	मिठाईवाला, रिक्शेवाला
	अनीय	----	पूजनीय, शोचनीय

प्र.13 पाठ में आए सामासिक पद छाँटकर विग्रह कीजिए।

पूजा-पाठ	पूजा और पाठ
....	....
....	....
....	....
....	....

उत्तर

शब्द	विग्रह	समास
कुलदेवी	कुल की देवी	तत्पुरुष
पंचतंत्र	पाँच तंत्रों का समाहार	द्विगु
उर्दू-फ़ारसी	उर्दू और फ़ारसी	द्वंद्व
कवि सम्मेलन	कवियों का सम्मेलन	तत्पुरुष
निराहार	बिना आहार	नञ् तत्पुरुष
पहले-पहले	सबसे पहले	अव्ययीभाव
परमधाम	परम है जो धाम अर्थात् स्वर्ग	बहुव्रीहि
जेब-खर्च	जेब के लिए खर्च	तत्पुरुष
कृपानिधान	कृपा के निधान	तत्पुरुष
रोने-धोने	रोने और धोने	द्वंद्व

पाठेतर सक्रियता

प्र.1 बचपन पर केंद्रित मैक्सिम गोर्की की रचना 'मेरा बचपन' पुस्तकालय से लेकर पढ़िए।

उत्तर विद्यार्थी स्वयं करें।

प्र.2 'मातृभूमि : ए विलेज विदआउट विमेन' (2005) फ़िल्म देखें। मनीषा झा द्वारा निर्देशित इस फ़िल्म में कन्या भ्रूण-हत्या की त्रासदी को अत्यंत बारीकी से दिखाया गया है।

उत्तर विद्यार्थी स्वयं करें।

प्र.3 कल्पना के आधार पर बताइए कि लड़कियों की संख्या कम होने पर भारतीय समाज का रूप कैसा होगा?

उत्तर यदि देश में लड़कियों की संख्या कम हो गई, तो लिंग अनुपात के कारण अनेक समस्याएँ उत्पन्न हो जाएँगी। महिलाओं की कम संख्या होने के कारण अनैतिक घटनाओं में वृद्धि होगी, युवकों के विवाह में कठिनाइयाँ उत्पन्न होंगी तथा महिलाओं के प्रति अपराध बढ़ जाएँगे।

अभ्यास प्रश्न

बहुविकल्पीय व वर्णनात्मक प्रश्नों सहित

पाठ पर आधारित बहुविकल्पीय प्रश्न

निम्नलिखित प्रश्नों के सर्वाधिक उपयुक्त विकल्पों का चयन कीजिए।

1. किस विद्यालय का वातावरण लेखिका के अनुकूल नहीं था?

(क) क्रॉस्थवेट गर्ल्स कॉलेज का (ख) मिशनरी स्कूल का
(ग) उनके घर के पास के विद्यालय का (घ) संस्कृत स्कूल का

उत्तर (ख) मिशनरी स्कूल का

2. क्रॉस्थवेट विद्यालय अपने आप में एक अच्छा विद्यालय था, क्योंकि वहाँ ....।

(क) सभी धर्मों का सम्मान होता था।
(ख) वह एक महंगा विद्यालय था।
(ग) वहाँ प्रार्थना नहीं होती थी।
(घ) वहाँ के लोग लेखिका का सम्मान करते थे।

उत्तर (क) सभी धर्मों का सम्मान होता था

3. लेखिका को छात्रावास में जो सखी मिली थी वह उनसे कितने वर्ष सीनियर थी तथा किस कक्षा में पढ़ती थी?

(क) दो साल सीनियर व सातवीं कक्षा में पढ़ती थी
(ख) दोनों एक ही कक्षा में पढ़ती थी
(ग) पाँच साल सीनियर व दसवीं कक्षा में पढ़ती थी
(घ) एक साल सीनियर व छठीं कक्षा में पढ़ती थी।

उत्तर (क) दो साल सीनियर व सातवीं कक्षा में पढ़ती थी

4. लेखिका ने बचपन में किससे तुक मिलाना सीखा था?

(क) अपने पिता जी से (ख) अपनी माता जी से
(ग) अपनी अध्यापिका से (घ) अपनी सखी सुभद्रा से

उत्तर (ख) अपनी माता जी से सीखा था

5. लेखिका ने सुभद्रा जी से किस भाषा में लिखना सीखा था?

(क) ब्रजभाषा में लिखना (ख) खड़ी बोली में लिखना
(ग) संस्कृत में लिखना (घ) संस्कृत व अंग्रेजी में लिखना

उत्तर (ख) खड़ी बोली में लिखना

6. लेखिका को सुभद्रा ने किस कार्य के लि‍ पराधी की भाँति पकड़ा था?

(क) खाना खाते हुए
(ख) कविता छिपाकर लिखते हुए
(ग) कहानी लिखते हुए
(घ) स्वतंत्रता आंदोलन में भाग लेते हुए

उत्तर (ख) कविता छिपाकर लिखते हुए

7. लेखिका को उर्दू पढ़ाने के लिए जो मौलवी आते थे, उनसे डरकर वह कहाँ छिप जाती थी?

(क) घर की छत पर (ख) बेगम साहिबा के घर में
(ग) चारपाई के नीचे (घ) बेगम साहिबा के आँगन में

उत्तर (ग) चारपाई के नीचे

8. लेखिका ने अपने विद्यार्थी जीवन में ही कविता लिखना शुरू कर दिया था। वे अपनी आरंभिक कविता किस पत्रिका में प्रकाशित करने के लिए भेजती थी? दक्षता आधारित प्रश्न

(क) सरस्वती पत्रिका में (ख) स्त्री दर्पण पत्रिका में
(ग) महिला-दर्पण पत्रिका में (घ) समाज-दर्पण पत्रिका में

उत्तर (ख) स्त्री दर्पण पत्रिका में

9. कथन A लेखिका का जन्म होने पर उनकी बहुत आवभगत हुई। कारण B पहले लड़कियों को पैदा होते ही परम धाम भेज दिया जाता था। दक्षता आधारित प्रश्न

(क) कथन (A) गलत है, किंतु कारण (R) सही है।
(ख) कथन (A) और कारण (R) दोनों ही गलत हैं।
(ग) कथन (A) सही है और कारण (R) कथन (A) की सही व्याख्या है।
(घ) कथन (A) सही है, किंतु कारण (R) कथन (A) की सही व्याख्या नहीं है।

उत्तर (ग) कथन (A) सही है और कारण (R) कथन (A) की सही व्याख्या है।

10. ज़ेबुन्निसा लेखिका के साथ उनके छात्रावास में कब रहने के लिए आई थी?

(क) जब सुभद्रा जी ने छात्रावास छोड़ दिया था

(ख) जब लेखिका को कविता पढ़ने में पुरस्कार मिला था

(ग) कोल्हापुर में जब दंगे हुए थे

(घ) उपरोक्त सभी

उत्तर (क) जब सुभद्रा जी ने छात्रावास छोड़ दिया था

11. एक मेज पर खाना खाना व एक ही प्रार्थना सभा में सबके साथ प्रार्थना करना यह दर्शाता है कि

(क) उस समय सांप्रदायिकता नहीं थी

(ख) उस समय लोग नियमों के पाबंद थे

(ग) यह उनके कॉलेज का नियम था

(घ) उपरोक्त में से कोई नहीं

उत्तर (क) उस समय सांप्रदायिकता नहीं थी

गद्यांशों पर आधारित बहुविकल्पीय प्रश्न

निम्नलिखित गद्यांशों को ध्यानपूर्वक पढ़कर उन पर पूछे गए प्रश्नों के सही विकल्प चुनिए।

1. **बचपन की स्मृतियों में एक विचित्र-सा आकर्षण होता है। कभी-कभी लगता है, जैसे सपने में सब देखा होगा। परिस्थितियाँ बहुत बदल जाती हैं।**

अपने परिवार में मैं कई पीढ़ियों के बाद उत्पन्न हुई। मेरे परिवार में प्रायः दो सौ वर्ष तक कोई लड़की थी ही नहीं। सुना है, उसके पहले लड़कियों को पैदा होते ही परमधाम भेज देते थे। फिर मेरे बाबा ने बहुत दुर्गा-पूजा की। हमारी कुलदेवी दुर्गा थीं। मैं उत्पन्न हुई तो मेरी बड़ी खातिर हुई और मुझे वह सब नहीं सहना पड़ा जो अन्य लड़कियों को सहना पड़ता है। परिवार में बाबा फ़ारसी और उर्दू जानते थे। पिता ने अंग्रेज़ी पढ़ी थी। हिंदी का कोई वातावरण नहीं था। मेरी माता जबलपुर से आईं तब वे अपने साथ हिंदी लाईं। वे पूजा-पाठ भी बहुत करती थीं। पहले-पहल उन्होंने मुझको 'पंचतंत्र' पढ़ना सिखाया।

(i) **लेखिका के परिवार में कितने वर्षों से कोई लड़की नहीं थी?**

(क) हजार वर्षों से (ख) दो सौ वर्षों से

(ग) तीन सौ वर्षों से (घ) चार सौ वर्षों से

उत्तर (ख) दो सौ वर्षों से

(ii) **लेखिका के जन्म के लिए किसने तथा किस देवी की उपासना की थी?**

(क) लेखिका की माता जी ने दुर्गा देवी की

(ख) लेखिका के पिता जी ने दुर्गा देवी की

(ग) लेखिका के बाबा जी ने दुर्गा देवी की

(घ) लेखिका की दादी ने काली देवी की

उत्तर (ग) लेखिका के बाबा जी ने दुर्गा देवी की

(iii) **लेखिका के जन्म लेने से पूर्व उसके परिवार के लोग लड़कियों को जन्म लेने के बाद .... ।**

(क) उन्हें मार देते थे।

(ख) उनका अच्छे से लालन-पालन करते थे।

(ग) उनको बेच देते थे।

(घ) उन्हें किसी और परिवार में दे देते थे।

उत्तर (क) उन्हें मार देते थे।

(iv) **लेखिका के परिवार में पहले हिंदी का प्रयोग नहीं किया जाता था। उनके अनुसार हिंदी को उनके परिवार में ....**

(क) उनकी दादी जी अपने मायके से लेकर आई थीं।

(ख) उनके पिता जी साहित्यिक पत्रिकाओं से प्रभावित होकर लाए थे।

(ग) उनकी माता जी जबलपुर से लेकर आई थीं।

(घ) उनके दादा जी पंचतंत्र जैसी पुस्तकों से प्रभावित होकर लाए थे।

उत्तर (ग) उनकी माता जी जबलपुर से लेकर आई थीं।

(v) **'परमधाम भेजने' से आशय है**

(क) तीर्थयात्रा पर भेजना

(ख) स्वर्गलोक भेजना

(ग) जंगलों की यात्रा पर भेजना

(घ) उपरोक्त सभी

उत्तर (ख) स्वर्गलोक भेजना

2. **बाबा कहते थे, इसको हम विदुषी बनाएँगे। मेरे संबंध में उनका विचार बहुत ऊँचा रहा। इसलिए 'पंचतंत्र' भी पढ़ा मैंने, संस्कृत भी पढ़ी मैंने। ये अवश्य चाहते थे कि मैं उर्दू-फ़ारसी सीख लूँ, लेकिन वह मेरे वश की नहीं थी। मैंने जब एक दिन मौलवी साहब को देखा तो बस, दूसरे दिन मैं चारपाई के नीचे जा छिपी। तब पंडित जी आए संस्कृत पढ़ाने। माँ थोड़ी संस्कृत जानती थीं। गीता में उन्हें विशेष रुचि थी। पूजा-पाठ के समय मैं भी बैठ जाती थी और संस्कृत सुनती थी।**

उसके उपरांत उन्होंने मिशन स्कूल में रख दिया मुझको। मिशन स्कूल में वातावरण दूसरा था, प्रार्थना दूसरी थी। मेरा मन नहीं लगा। वहाँ जाना बंद कर दिया। जाने में रोने-धोने लगी। तब उन्होंने मुझको क्रॉस्थवेट गर्ल्स कॉलेज में भेजा, जहाँ मैं पाँचवें दर्जे में भर्ती हुई। यहाँ का वातावरण बहुत अच्छा था। उस समय हिंदू लड़कियाँ भी थीं, ईसाई लड़कियाँ भी थीं। हम लोगों की एक ही मेस थी। उस मेस में प्याज़ तक नहीं बनता थी।

(i) **गद्यांश के आधार पर बताइए कि लेखिका के वश में कौन-सा काम करना नहीं था?**

(क) अंग्रेजी भाषा सीखना (ख) उर्दू-फारसी भाषा सीखना

(ग) संस्कृत भाषा सीखना (घ) हिंदी भाषा सीखना

उत्तर (ख) उर्दू-फारसी भाषा सीखना

(ii) **मौलवी साहब को देखकर लेखिका चारपाई के नीचे छिप जाती थी, क्योंकि ....।**

(क) उर्दू भाषा समझ नहीं आती थी

(ख) मौलवी साहब से उर्दू-फारसी न पढ़ना पड़े

(ग) मौलवी साहब के पढ़ाने का तरीका अच्छा नहीं था

(घ) मौलवी साहब बच्चों को मारते थे

उत्तर (ख) मौलवी साहब से उर्दू-फारसी न पढ़ना पड़े

(iii) मिशन स्कूल से लेखिका ने अपना दाखिला क्रॉस्थवेट गर्ल्स कॉलेज में क्यों ले लिया था?
(क) मिशन स्कूल में मन न लगना
(ख) अपनी बीमारी के कारण
(ग) मिशन स्कूल घर से दूर होने के कारण
(घ) वहाँ की प्रार्थना करवाने को लेकर
उत्तर (क) मिशन स्कूल में मन न लगना

(iv) क्रॉस्थवेट गर्ल्स कॉलेज में लेखिका ने किस कक्षा में दाखिला लिया था?
(क) पहली कक्षा में (ख) दूसरी कक्षा में
(ग) तीसरी कक्षा में (घ) पाँचवीं कक्षा में
उत्तर (घ) पाँचवीं कक्षा में

(v) लेखिका की माता जी की विशेष रुचि किसमें थी?
(क) पंचतंत्र पढ़ने में (ख) गीता पढ़ने में
(ग) अंग्रेजी साहित्य में (घ) उर्दू साहित्य में
उत्तर (ख) गीता पढ़ने में

3. क्रास्थवेट में एक पेड़ की डाल नीची थी। उस डाल पर हम लोग बैठ जाते थे। जब और लड़कियाँ खेलती थीं तब हम लोग तुक मिलाते थे। उस समय एक पत्रिका निकलती थी–'स्त्री दर्पण'–उसी में भेज देते थे। अपनी तुकबंदी छप भी जाती थी। फिर यहाँ कवि सम्मेलन होने लगे तो हम लोग भी उनमें जाने लगे। हिंदी का उस समय प्रचार-प्रसार था। मैं वर्ष 1917 में यहाँ आई थी। उसके उपरांत गाँधीजी का सत्याग्रह आरंभ हो गया और आनंद भवन स्वतंत्रता के संघर्ष का केंद्र हो गया। जहाँ-तहाँ हिंदी का भी प्रचार चलता था। कवि सम्मेलन होते थे तो क्रास्थवेट से मैडम हमको साथ लेकर जाती थीं। हम कविता सुनाते थे। कभी हरिऔध जी अध्यक्ष होते थे, कभी श्रीधर पाठक होते थे, कभी रत्नाकर जी होते थे, कभी कोई होता था। कब हमारा नाम पुकारा जाए, बेचैनी से सुनते रहते थे। मुझको प्राय: प्रथम पुरस्कार मिलता था। सौ से कम पदक नहीं मिले होंगे उसमें।

(i) क्रॉस्थवेट स्कूल में लेखिका और उनकी सहपाठिनें पेड़ के नीचे बैठकर क्या किया करती थी?
(क) खेलती रहती थी (ख) पढ़ाई करती थी
(ग) निबंध लिखती थी
(घ) कविताओं के तुक मिलाती थी
उत्तर (घ) कविताओं के तुक मिलाती थी

(ii) लेखिका और उसकी मित्र की कविताएँ कहाँ प्रकाशित होती थी?
(क) उनकी स्कूल की पत्रिका में
(ख) समाचार पत्र में
(ग) स्त्री दर्पण पत्रिका में
(घ) कवि दपर्ण पत्रिका में
उत्तर (ग) स्त्री दर्पण पत्रिका में

(iii) लेखिका व उनकी सहपाठिन कहाँ जाने लगी थी? गद्यांश के आधार पर बताइए।
(क) गाँधीजी के आंदोलन में (ख) कवि सम्मेलन में
(ग) संगीत सम्मेलन में (घ) स्वतंत्रता आंदोलन में
उत्तर (ख) कवि सम्मेलन में

(iv) **कथन** (I) लेखिका ने पुरस्कार में मिला कटोरा महात्मा गाँधी को दिखाया?
कथन (II) आनन्द भवन स्वतंत्रता के संघर्ष का केन्द्र बना।
कथन (III) स्त्री दर्पण पत्रिका में लेखिका की कविताएँ छपती थी। **दक्षता आधारित प्रश्न**
उपयुक्त कथनों के लिए सही विकल्प का चयन कीजिए।
(क) कथन (I) सही, किंतु (II) और (III) गलत हैं।
(ख) कथन (I) गलत, किंतु (II) और (III) सही हैं।
(ग) कथन (I), (II) सही हैं, किंतु (III) गलत है।
(घ) कथन (I), (II) और (III) तीनों सही हैं।
उत्तर (घ) कथन (I), (II) और (III) तीनों सही हैं।

(v) लेखिका के अनुसार, उन्हें सौ से अधिक पदक मिले थे। यह पदक उन्हें किस प्रतियोगिता में प्रथम आने पर मिले थे?
(क) कविता पाठ में
(ख) कहानी लेखन में
(ग) स्वतंत्रता संग्राम में भाग लेने में
(घ) कक्षा में प्रथम आने में
उत्तर (क) कविता पाठ में

4. उसी बीच आनंद भवन में बापू आए। हम लोग तब अपने जेब-खर्च में से हमेशा एक-एक, दो-दो आने देश के लिए बचाते थे और जब बापू आते थे तो वह पैसा उन्हें दे देते थे। उस दिन जब बापू के पास मैं गई तो अपना कटोरा भी लेती गई। मैंने निकालकर बापू को दिखाया। मैंने कहा, 'कविता सुनाने पर मुझको यह कटोरा मिला है।' कहने लगे, 'अच्छा, दिखा तो मुझको।' मैंने कटोरा उनकी ओर बढ़ा दिया तो उसे हाथ में लेकर बोले, 'तू देती है इसे?' अब मैं क्या कहती? मैंने दे दिया और लौट आई। दु:ख यह हुआ कि कटोरा लेकर कहते, कविता क्या है? पर कविता सुनाने को उन्होंने नहीं कहा। लौटकर अब मैंने सुभद्रा जी से कहा कि कटोरा तो चला गया। सुभद्रा जी ने कहा, 'और जाओ दिखाने!' फिर बोलीं, 'देखो भाई, खीर तो तुमको बनानी होगी। अब तुम चाहे पीतल की कटोरी में खिलाओ, चाहे फूल के कटोरे में'– फिर भी मुझे मन-ही-मन प्रसन्नता हो रही थी कि पुरस्कार में मिला अपना कटोरा मैंने बापू को दे दिया।

(i) लेखिका एवं उनकी सहपाठी अपने जेब खर्च के पैसे क्यों बचाया करती थी?
(क) कहानी की किताबें खरीदने के लिए
(ख) कविताओं की किताबें खरीदने के लिए
(ग) स्वतंत्रता आंदोलन में योगदान देने के लिए
(घ) अपने विद्यालय को योगदान देने के लिए
उत्तर (ग) स्वतंत्रता आंदोलन में योगदान देने के लिए

(ii) लेखिका को कविता सुनाने पर क्या मिला था, जिसे उसने गाँधीजी को दे दिया?
(क) चाँदी का कटोरा (ख) चाँदी की थाली
(ग) चाँदी की चम्मच (घ) पाँच सौ रुपये
उत्तर (क) चाँदी का कटोरा

(iii) सुभद्रा ने लेखिका का पुरस्कार देखकर उससे किसकी माँग की थी? **दक्षता आधारित प्रश्न**

(क) उस कटोरे में खीर खाने की
(ख) उस कटोरे में खाना खाने की
(ग) चाँदी के कटोरे की
(घ) उस कटोरे से हलवा खाने की

उत्तर (क) उस कटोरे में खीर खाने की

(iv) **लेखिका को मन-ही-मन कटोरा बापू को देने पर प्रसन्नता हो रही थी, क्योंकि ……।**

(क) उसे बापू से मिलने की प्रसन्नता थी
(ख) वह इनाम देश हित में काम आएगा
(ग) उसे खीर बनाने से छुटकारा मिल गया
(घ) वह कटोरा लेखिका को पसंद नहीं था

उत्तर (ख) वह इनाम देश हित में काम आएगा

(v) **'खीर तो तुमको बनानी होगी' यह किसने किसको कहा था?**

(क) सुभद्रा ने लेखिका को (ख) बापू ने लेखिका को
(ग) लेखिका ने बापू को (घ) बापू ने सुभद्रा को

उत्तर (क) सुभद्रा ने लेखिका को

लघु उत्तरीय प्रश्नोत्तर

निम्नलिखित प्रश्नों के उत्तर संक्षेप में दीजिए

1. महादेवी वर्मा ने परिवार में दो सौ वर्षों तक लड़की न होने का क्या कारण बताया?

उत्तर महादेवी वर्मा ने परिवार में दो सौ वर्षों तक लड़की न होने का कारण यह बताया कि दो सौ वर्षों से उनके कुल में कन्या को जन्म लेते ही मार दिया जाता था। उन्हें बोझ समझा जाता था। इस प्रकार उस समय में लड़कियों का तिरस्कार होता था तथा उन्हें उचित मान सम्मान नहीं दिया जाता था।

2. लेखिका महादेवी वर्मा की जन्म के समय और बाद में इतनी खातिरदारी क्यों हुई? **दक्षता आधारित प्रश्न**

अथवा **लेखिका के जन्म पर उसकी खातिर क्यों हुई? 'मेरे बचपन के दिन' पाठ के आधार पर बताइए।**

उत्तर लेखिका के परिवार में प्रायः दो सौ वर्ष तक कोई लड़की पैदा नहीं हुई थी और उसके जन्म से पहले लड़कियों को पैदा होते ही परमधाम (स्वर्ग) भेज दिया जाता था अर्थात् मार दिया जाता था। लेखिका के बाबा ने दुर्गा-पूजा की, क्योंकि दुर्गा उनके परिवार की कुलदेवी थी। जिसके उपरांत लेखिका का जन्म हुआ था, इसलिए उसकी बड़ी खातिर हुई। उन्हें वर्षों से लड़कियों के साथ हो रहे अन्याय तथा भेदभाव की स्थितियों का भी सामना नहीं करना पड़ा।

3. लेखिका महादेवी वर्मा के बाबा उसको क्या बनाना चाहते थे?

उत्तर लेखिका महादेवी वर्मा के बाबा उसको विदुषी बनाना चाहते थे। लेखिका के संबंध में उनके विचार बहुत ऊँचे थे। इसलिए वे उसे उर्दू-फ़ारसी भी सिखाना चाहते थे। लेखिका ने पंचतंत्र के साथ-साथ संस्कृत भी पढ़ी। लेखिका विदुषी बन सके इसके लिए उन्होंने पहले मिशन स्कूल में और बाद में क्रास्थवेट गर्ल्स कॉलेज में दाखिला दिलवाया।

4. महादेवी वर्मा की अध्ययन संबंधी रुचियों को पठित पाठ के आधार पर स्पष्ट कीजिए।

उत्तर लेखिका महादेवी वर्मा का जन्म एक पढ़े-लिखे परिवार में हुआ था। उनके बाबा उनको विदुषी बनाना चाहते थे। वे चाहते थे कि लेखिका उर्दू-फ़ारसी भी सीख ले, परंतु उर्दू-फ़ारसी सीखना उन्हें अपने वश की बात नहीं लगती थी, लेकिन उन्होंने संस्कृत अवश्य पढ़ी और पंचतंत्र भी पढ़ा। पहले उन्हें मिशन स्कूल में भेजा गया, परंतु उनका मन वहाँ नहीं लगा। फिर उन्हें क्रास्थवेट गर्ल्स कॉलेज में भेजा गया, जहाँ का वातावरण उन्हें बहुत पसंद आया। यहाँ आकर उन्होंने सुभद्रा कुमारी चौहान के सान्निध्य में रहते हुए खड़ी बोली में रचना करना आरंभ कर दिया।

5. 'मेरे बचपन के दिन' पाठ के आधार पर बताइए कि मिशन स्कूल का वातावरण किस प्रकार का था तथा लेखिका को वहाँ कैसा लगा?

उत्तर मिशन स्कूल के वातावरण को अंग्रेज़ी वातावरण कहा जा सकता है। वहाँ उनकी अपनी ही प्रार्थना होती थी। लेखिका को वहाँ भेज दिया गया था, परंतु उस वातावरण के कारण लेखिका का मन वहाँ नहीं लगा था। वहाँ जाने में वह रोने-धोने लगी और अंत में वहाँ जाना ही बंद कर दिया, क्योंकि वहाँ का वातावरण उसे बिलकुल भी पसंद नहीं आया।

6. लेखिका अपनी माँ के व्यक्तित्व से किस प्रकार प्रभावित थी? पाठ के आधार पर बताइए।

उत्तर लेखिका पर उसकी माँ का प्रभाव कई प्रकार से पड़ा था। लेखिका की माँ धार्मिक प्रवृत्ति की थीं, वे गीता भी पढ़ती थीं। उन्हें हिंदी अत्यंत प्रिय थी। उन्हें लिखने व गाने का भी शौक था। वे प्रातःकाल भजन गाती थीं व शाम के समय वे मीरा के पद भी गाया करती थीं। माँ के यही गुण (संस्कार) लेखिका में भी आ गए। वह भी ब्रजभाषा में कविता लिखने लगी। मीरा के पदों को सुनकर लेखिका को भी लिखने की प्रेरणा मिलती थी।

7. लेखिका के छात्रावास का वर्णन 'मेरे बचपन के दिन' पाठ के आधार पर कीजिए।

उत्तर छात्रावास के दिनों के वातावरण के बारे में लेखिका बताती हैं कि उस समय सांप्रदायिकता सुनने को भी नहीं मिलती थी। जो अवध की लड़कियाँ थीं, वे आपस में अवधी बोलती थीं। जो बुंदेलखंड की लड़कियाँ आती थीं, वे बुंदेली भाषा में बात करती थीं। कोई अंतर नहीं पड़ता था और सभी हिंदी और उर्दू पढ़ते थे, परंतु बात आपस में अपनी भाषा में ही करते थे। यह बहुत बड़ी बात थी। सभी एक मेस में खाते थे, एक प्रार्थना में खड़े होते थे। कभी भी, किसी प्रकार का भी विवाद नहीं होता था।

8. लेखिका महादेवी वर्मा ने छात्रावास के जिस परिवेश का वर्णन किया है, उसकी दो विशेषताओं का वर्णन कीजिए।

उत्तर छात्रावास की अनेक विशेषताएँ थीं। उनमें से दो मुख्य विशेषताएँ इस प्रकार हैं

(i) छात्रावास में छात्राएँ विभिन्न प्रांत, धर्म और भाषा-भाषी होने पर भी एक साथ हिंदी पढ़ती थीं।

(ii) भिन्न संस्कृति, परिवेश, रहन-सहन, खान-पान होने पर भी सब एक साथ एक मेस में भोजन करती थीं।

9. महादेवी वर्मा (लेखिका) की साहित्यिक रचनाओं पर सबसे अधिक प्रभाव किसका पड़ा और क्यों? 'मेरे बचपन के दिन' पाठ के आधार पर बताइए।

उत्तर महादेवी वर्मा की साहित्यिक रचनाओं पर सबसे अधिक प्रभाव उनके ही विद्यालय की छात्रा सुभद्रा कुमारी चौहान का पड़ा। वे लेखिका से दो वर्ष सीनियर थीं। दोनों छात्रावास में ही मिली थीं। सुभद्रा कुमारी चौहान के आत्मीय व्यवहार का महादेवी वर्मा पर बहुत अधिक प्रभाव पड़ा। वे खड़ी बोली में कविताएँ लिखती थीं।

उन्हीं की प्रेरणा से महादेवी वर्मा भी खड़ी बोली में कविताओं की तुकबंदी करने लगी थीं। सुभद्रा कुमारी चौहान ने ही पूरे हॉस्टल में यह बात फैला दी कि महादेवी वर्मा भी कविताएँ लिखती हैं। अब दोनों ही 'स्त्री दर्पण' नामक पत्रिका में अपनी कविताएँ भेज देती थीं।

10. सुभद्रा कुमारी चौहान के बारे में लेखिका ने क्या-क्या लिखा है? पाठ के आधार पर बताइए।

उत्तर लेखिका ने सुभद्रा कुमारी चौहान के बारे में निम्नलिखित बातें लिखी हैं

(i) वे छात्रावास में पढ़ती थीं और लेखिका से दो साल सीनियर थीं।

(ii) लेखिका उनकी घनिष्ठ मित्र हो गई थीं।

(iii) सुभद्रा जी खड़ी बोली में लिखती थीं और विद्यालय में कवयित्री के रूप में प्रतिष्ठित हो चुकी थीं।

(iv) सुभद्रा जी ने लेखिका की काव्य की रुचि को उभारा था तथा उसे सबके सामने प्रकट भी किया था।

(v) सुभद्रा जी ने हिंदी के प्रचार-प्रसार में भी बढ़-चढ़कर हिस्सा लिया था।

11. महादेवी जी को कविता लिखने की प्रेरणा कहाँ से मिली? पाठ के आधार पर स्पष्ट कीजिए।

उत्तर महादेवी जी को कविता लिखने की आरंभिक प्रेरणा अपने घर से ही मिली। उनकी माँ मीरा के पद गाती थीं। उनको सुन-सुनकर उन्होंने भी ब्रजभाषा में कविता लिखना प्रारंभ कर दिया था। फिर बाद में, छात्रावास में जाने के बाद उन्होंने सुभद्रा कुमारी चौहान के प्रभाव में आकर खड़ी बोली में लिखना आरंभ कर दिया।

12. वर्ष 1917 में हिंदी की क्या स्थिति थी? पाठ के आधार पर लिखिए।

उत्तर वर्ष 1917 का समय हिंदी के प्रचार-प्रसार का समय था। इसी कारण जगह-जगह कवि सम्मेलनों का आयोजन किया जाता था, जिनमें हरिऔध, श्रीधर पाठक, रत्नाकर जी आदि प्रसिद्ध साहित्यकार अध्यक्ष पद का भार सँभालते थे। महादेवी वर्मा ने भी कविताएँ लिखना शुरू किया था तथा सुभद्रा कुमारी चौहान कवयित्री के रूप में प्रतिष्ठित हो चुकी थीं।

13. 'मेरे बचपन के दिन' पाठ में लेखिका अपने बचपन की किस घटना का वर्णन करती है? स्पष्ट कीजिए।

उत्तर लेखिका को अपने बचपन की एक घटना याद आती है कि एक बार कविता सुनाने पर लेखिका को एक चाँदी का कटोरा पुरस्कार में मिला था। वह बड़ा ही नक्काशीदार व सुंदर था।

लेखिका द्वारा सुभद्रा कुमारी चौहान को पुरस्कार दिखाने पर वह उससे उस कटोरे में खीर खिलाने के लिए कहती है। उन्हीं दिनों महात्मा गाँधी आनंद भवन में आते हैं। लेखिका उन्हें वह कटोरा दिखाती है, जो उसने कवि-सम्मेलन में जीता था। गाँधीजी द्वारा वह कटोरा माँगने पर वह उसे उन्हें दे देती है और अत्यधिक प्रसन्नता का अनुभव करती है।

14. गाँधी जी और महादेवी वर्मा की बातचीत के एक प्रसंग का वर्णन पाठ के आधार पर कीजिए।

उत्तर एक बार गाँधीजी आनंद भवन में आए थे। लेखिका अपनी घटना बताते हुए कहती है कि जब बापू के पास मैं गई तो कवि सम्मेलन में पुरस्कार में प्राप्त अपना कटोरा भी लेती गई। मैंने निकालकर बापू को दिखाया। बापू कहने लगे 'अच्छा दिखा तो मुझको।' मैंने कटोरा उनकी ओर बढ़ा दिया, तो उसे हाथ में लेकर बोले, 'तू देती है इसे?' अब मैं क्या कहती? मैंने दे दिया और लौट आई।

15. महादेवी वर्मा ने किस इच्छा से गाँधीजी को अपना कटोरा दिखाया? पाठ के आधार पर लिखिए।

उत्तर लेखिका को एक कवि सम्मेलन में कविता सुनाने पर चाँदी का एक सुंदर-सा कटोरा इनाम स्वरूप मिला था, उसी समय गाँधी जी आनंद भवन में आए, तो लेखिका वह कटोरा उन्हें दिखाने ले गई।

लेखिका इसे दिखाकर प्रशंसा पाना चाहती थी, पर बापू ने कविता सुनाने को तो कहा नहीं, बल्कि वह चाँदी का कटोरा ले लिया। कविता की बात न करने पर महादेवी वर्मा को बहुत दुःख हुआ।

16. महादेवी वर्मा जी अपना कटोरा देकर भी प्रसन्न क्यों थीं? 'मेरे बचपन के दिन' पाठ के आधार पर लिखिए।

उत्तर महादेवी जी पुरस्कार स्वरूप प्राप्त अपना चाँदी का कटोरा देकर भी प्रसन्न थीं, क्योंकि उन्हें मन-ही-मन यह संतोष हो रहा था कि उन्होंने पुरस्कार में मिला कटोरा देशहित की खातिर बापू को दे दिया। महादेवी वर्मा और उनकी सहपाठिनें अपने जेब-खर्च में से कुछ पैसे देश के लिए बचाती थीं और देश के प्रति अपना योगदान देती थीं।

17. 'मेरे बचपन के दिन' पाठ में बापू ने लेखिका की कौन-सी वस्तु माँग ली और क्यों?

उत्तर लेखिका बापू से मिलने आनंद भवन गई, तो कविता सुनाने पर पुरस्कारस्वरूप मिला चाँदी का कटोरा भी बापू को दिखाने के लिए ले गई। बापू ने देश की खातिर वह कटोरा लेखिका से माँग लिया था, क्योंकि वे देश के नागरिकों से इस प्रकार की वस्तुएँ और धन आदि एकत्रित करके उन स्वतंत्रता सेनानियों की मदद करते थे, जो देश को आज़ादी दिलाने के लिए संघर्ष कर रहे थे।

18. महादेवी का कटोरा बापू के पास चले जाने पर सुभद्रा कुमारी चौहान ने क्या प्रतिक्रिया की? 'मेरे बचपन के दिन' पाठ के आधार पर उत्तर दीजिए। **दक्षता आधारित प्रश्न**

उत्तर आनंद भवन से लौटकर आने पर जब महादेवी जी ने सुभद्रा जी को बताया कि कटोरा तो महात्मा गाँधीजी के पास चला गया है, तो सुभद्रा जी ने कहा 'और जाओ दिखाने!' फिर बोली, 'देखो भाई, खीर तो तुमको बनानी होगी। अब तुम चाहे पीतल की कटोरी में खिलाओ, चाहे फूल के कटोरे में।'

19. पाठ के आधार पर बताइए कि ज़ीनत बेगम कौन थी तथा वह क्या करती थी?

उत्तर ज़ीनत बेगम छात्रावास में रहने वाली एक उस्तानी थीं। सुभद्रा जी के जाने के बाद उसी छात्रावास में एक मराठी लड़की ज़ेबुन्निसा (जेबुन) कोल्हापुर से आई थी। वह जब 'इकड़े-तिकड़े' या 'लोकर-लोकर' जैसे मराठी शब्दों को मिलाकर कुछ कहती थी, तो उस्तानी जी से टोके बिना रहा नहीं जाता था, वह कहती थी कि—"वाह! देसी कौआ, मराठी बोली।"

20. 'मेरे बचपन के दिन' पाठ के आधार पर बताइए कि ज़ेबुन्निसा कौन थी तथा लेखिका ने उसके माध्यम से कौन-सी भाषा सीखी?

उत्तर सुभद्रा कुमारी चौहान जब छात्रावास छोड़कर चली गई थीं, तब उनकी जगह एक मराठी लड़की ज़ेबुन्निसा महादेवी के कमरे में रहने लगी।

वह कोल्हापुर से आई थी। ज़ेबुन लेखिका का बहुत-सा काम कर दिया करती थी। वह लेखिका की किताबें ठीक से रख देती थी, डेस्क भी साफ़ कर देती थी और इस तरह उन्हें कविता के लिए अधिक समय मिल जाता था।

ज़ेबुन मराठी शब्दों से मिली-जुली हिंदी बोलती थी। लेखिका भी उससे कुछ-कुछ मराठी भाषा सीखने लगी थी।

21. महादेवी वर्मा ने ऐसा क्यों कहा कि-"उस समय सांप्रदायिकता नहीं थी?"

उत्तर महादेवी वर्मा ने ऐसा इसलिए कहा, क्योंकि छात्रावास में उन दिनों अवध की लड़कियाँ अवधी बोलती थीं, बुंदेलखंड की बुंदेली, पर सब साथ पढ़ती हिंदी थीं, सब एक मेस में खाना खाते, एक प्रार्थना में खड़े होते। उनके बीच कोई विवाद नहीं होता था। इसके अतिरिक्त लेखिका के परिवार व जवारा के नवाब के परिवार के बीच बेहद घनिष्ठ संबंध थे। लेखिका के परिवार और नवाब साहब के घर के लोग त्योहार-जन्मदिन तथा उत्सवों को मिल-जुलकर मनाते थे। उनके भाई का नाम भी नवाब साहब की पत्नी ने ही रखा था। इस आत्मीयता व घनिष्ठता के कारण ही महादेवी वर्मा ने कहा कि उस समय सांप्रदायिकता नहीं थी।

22. 'ताई साहिबा' और 'महादेवी वर्मा' के पारिवारिक संबंधों पर अपने शब्दों में रोशनी डालिए। दक्षता आधारित प्रश्न

उत्तर 'ताई साहिबा' और 'महादेवी वर्मा' एक कंपाउंड में ही रहती थीं। ताई साहिबा जवारा के नवाब की पत्नी थीं। लेखिका के परिवार के साथ उनके संबंध बड़े ही घनिष्ठ तथा आत्मीय थे। उनमें धार्मिक संकीर्णता नहीं थी। सभी उत्सवों को दोनों परिवार मिलकर मनाते थे। वे एक-दूसरे के रीति-रिवाज़ों को पूरा सम्मान देते थे। बेगम साहिबा ने प्रेम और अपनत्व के बल पर महादेवी वर्मा के परिवार के सदस्यों से संबंध जोड़ लिए थे। इस प्रकार, उन्होंने हिंदू-मुसलमान का भेद न करते हुए मानवता के संबंध स्थापित किए।

23. बेगम साहिबा ने अपने बच्चों और महादेवी जी को किस प्रकार मिल-जुलकर रहने के संस्कार दिए? पठित पाठ के आधार पर लिखिए। दक्षता आधारित प्रश्न

उत्तर बेगम साहिबा अत्यंत मिलनसार स्वभाव की महिला थीं। उनके मन में सांप्रदायिकता का कोई स्थान नहीं था। यही संस्कार उन्होंने अपने बच्चों को और महादेवी जी को दिए। महादेवी जी उनको ताई साहिबा कहती थीं और उनके बच्चे महादेवी जी की माँ को चची जान कहते थे। राखी के अवसर पर वे महादेवी जी से अपने बेटे को राखी बाँधने के लिए कहती थीं और राखी के दिन सवेरे से उसको पानी भी नहीं पीने देती थीं। इसी प्रकार, लेखिका के भाई के जन्म के अवसर पर वे उपहारस्वरूप कपड़े भी लेकर आईं।

24. राखी तथा मुहर्रम पर महादेवी जी को ताई साहिबा से क्या मिलता था? लिखिए।

उत्तर ताई साहिबा धार्मिक रूप से काफ़ी सहिष्णु महिला थीं। ताई साहिबा और महादेवी जी के परिवार में काफ़ी मेलजोल था और दोनों परिवार मिलकर सारे त्योहार मनाते थे। राखी पर महादेवी जी को ताई साहिबा से लहरिए या कुछ पैसे मिलते थे। मुहर्रम के अवसर पर ताई साहिबा के बच्चों के साथ-साथ लेखिका के लिए भी हरे कपड़े बनते थे।

25. लेखिका की पड़ोसन ताई साहिबा के किन्हीं दो गुणों का वर्णन कीजिए।

उत्तर महादेवी वर्मा (लेखिका) के कंपाउंड में रहने वाली ताई साहिबा के दो मुख्य गुण निम्नलिखित हैं

(i) बेगम साहिबा के मन में जाति एवं धर्म के नाम पर कोई भेदभाव की भावना नहीं थी। वे रिश्ते निभाने में विश्वास रखती थीं।

(ii) ताई साहिबा का लेखिका के परिवार वालों से आत्मीय संबंध था। वे उस घर के लोगों को अपने परिवार का ही सदस्य मानती थीं तथा उसी प्रकार का व्यवहार उनके साथ करती थीं।

26. जब लेखिका के छोटे भाई का जन्म हुआ था, तब ताई साहिबा ने अपनी भावनाएँ किस तरह प्रकट की? पाठ के आधार पर बताइए।

उत्तर लेखिका के छोटे भाई का जब जन्म हुआ, तब ताई साहिबा ने अपनी भावनाएँ प्रकट करते हुए लेखिका के पिता जी से कहा, "देवर साहब से कहो, वे मेरा नेग ठीक करके रखें। मैं शाम को आऊँगी।" फिर वे शाम को बहुत सारे कपड़े लेकर आईं।

लेखिका की माँ को वे दुल्हन कहती थीं। वे कहने लगीं, "दुल्हन, जिनके चाची-ताई नहीं होती हैं वो अपनी माँ के कपड़े पहनते हैं, नहीं तो छह महीने तक चाची-ताई पहनाती हैं। मैं इस बच्चे के लिए कपड़े लाई हूँ।"

27. 'मेरे बचपन के दिन' पाठ के आधार पर महादेवी के भाई के विषय में विस्तृत जानकारी दीजिए।

उत्तर महादेवी का भाई आयु में उनसे छोटा था। जब उसका जन्म हुआ, तब उसका नाम पड़ोस में रहने वाली ताई साहिबा ने मनमोहन वर्मा रखा। वही मनमोहन वर्मा आगे चलकर प्रोफ़ेसर बने थे। बाद में जम्मू यूनिवर्सिटी तथा गोरखपुर यूनिवर्सिटी के वाइस चांसलर भी बने।

28. पुराने समय में और आज के समय में लड़कियों के जन्म के संबंध में क्या परिवर्तन आए हैं? वर्णन कीजिए।

उत्तर पुराने समय में जन्म लेने वाली लड़की और उसकी माँ दोनों को ही अच्छी नज़र से नहीं देखा जाता था। उनका अपमान भी किया जाता था। कभी-कभी लड़की को पैदा होते ही मार दिया जाता था।

यदि नवजात बालिका जीवित रह भी जाती थी, तो लड़के और लड़की के भेद को जीवनभर ढोती रहती थी, परंतु आज समय बदल गया है। लड़के और लड़कियों के भेद को नई पीढ़ी ने लगभग समाप्त कर दिया है। आज लड़कियाँ क्या नहीं कर रही हैं? जिस काम को लड़के कम मात्रा में कर रहे हैं, वही काम लड़कियाँ पूरे जोश के साथ अधिक मात्रा में कर रही हैं। अत: यह अंतर अब लगभग पूरी तरह से खत्म हो गया है।

स्व-मूल्यांकन

पाठ पर आधारित बहुविकल्पीय प्रश्न

निम्नलिखित प्रश्नों के सर्वाधिक उपयुक्त विकल्पों का चयन कीजिए।

1. लेखिका के भाई का नामकरण किसने किया था, जो आगे चलकर जम्मू-कश्मीर के वाइस चांसलर रहे?
(क) लेखिका की माता जी ने (ख) नवाब साहब ने
(ग) बेगम साहिबा ने (घ) लेखिका के पिता जी ने

2. जैसे-जैसे लेखिका बड़ी होने लगी भारत में किसके संबंधों में खटास पैदा होने लगी?
(क) लेखिका व बेगम साहिबा के परिवार में
(ख) हिंदू-मुसलमानों के बीच
(ग) लेखिका व सुभद्रा के बीच
(घ) लेखिका व ज़ेबुन्निसा के बीच

3. लेखिका के संदर्भ में निम्नलिखित में से कौन-सा विकल्प सही नहीं है?
(क) लेखिका के घर में हिंदी का कोई वातावरण नहीं था।
(ख) लेखिका की माँ संस्कृत सिखाना चाहती थी।
(ग) लेखिका के बाबा उसे विदुषी बनाना चाहते थे
(घ) सुभद्रा कुमारी पाँच साल लेखिका से सीनियर थी।

गद्यांश पर आधारित बहुविकल्पीय प्रश्न

निम्नलिखित गद्यांश को ध्यानपूर्वक पढ़कर पूछे गए प्रश्नों के सही विकल्प चुनिए।

बचपन का एक और भी संस्कार था कि हम जहाँ रहते थे वहाँ जवारा के नवाब रहते थे। उनकी नवाबी छिन गई थी। वे बेचारे एक बंगले में रहते थे। उसी कंपाउंड में हम लोग रहते थे। बेगम साहिबा कहती थीं–'हमको ताई कहो!' हम लोग उनको 'ताई साहिबा' कहते थे। उनके बच्चे हमारी माँ को चची जान कहते थे। हमारे जन्मदिन वहाँ मनाए जाते थे। उनके जन्मदिन हमारे यहाँ मनाए जाते थे। उनका एक लड़का था वे लेखिका से उसको राखी बाँधने के लिए कहती थीं। बहनों को राखी बाँधनी चाहिए। राखी के दिन सवेरे से उसको पानी भी नहीं देती थीं। कहती थीं, राखी के दिन बहनें जब तक राखी न बाँध जाएँ, तब तक भाई को निराहार रहना चाहिए। बार-बार कहलाती थीं–'भाई भूखा बैठा है, राखी बँधवाने के लिए।' फिर हम लोग जाते थे। हमको लहरिए या कुछ पैसे मिलते थे। इसी तरह मुहर्रम में हरे कपड़े उनके बनते थे, तो हमारे भी बनते थे।

(i) लेखिका के घर के बच्चों के जन्मदिन कहाँ मनाए जाते थे?
(क) उनके विद्यालय में (ख) उनके घर में
(ग) नवाब साहब के घर में (घ) किसी होटल में

(ii) लेखिका के घर के पास जो नवाब साहब रहते थे। वे एक बंगले में रहने को मजबूर थे, क्योंकि ·······। **दक्षता आधारित प्रश्न**
(क) यह उनका पुश्तैनी मकान था
(ख) उनकी नवाबी छिन गई थी
(ग) यह उनका सर्वप्रिय बंगला था
(घ) यह सबसे बड़ा बंगला था

(iii) बेगम साहिबा लेखिका को क्या कहने के लिए कहती थी? **दक्षता आधारित प्रश्न**
(क) चाची कहने के लिए
(ख) बेगम साहिबा कहने के लिए
(ग) ताई कहने के लिए
(घ) दीदी कहने के लिए

(iv) बेगम साहिबा अपने पुत्र को रक्षाबंधन के दिन कब तक निराहार रहने के लिए कहती थी?
(क) जब तक लेखिका राखी न बाँध दे
(ख) जब तक पूजा न हो जाए
(ग) जब तक वह तैयार न हो जाए
(घ) उपरोक्त सभी

(v) 'मुहर्रम में बेगम साहिबा के घर के लोगों के साथ-साथ लेखिका के घर के लोगों के लिए हरे कपड़े बनवाना।' यह कथन दर्शाता है कि **दक्षता आधारित प्रश्न**
(क) उन सभी को हरे रंग के कपड़े पसंद हैं।
(ख) उनके बीच आत्मीय प्रेम व धार्मिक सहिष्णुता है।
(ग) उन्हें मुहर्रम का त्यौहार पसंद है।
(घ) बचपन से उनमें अच्छे संस्कार थे।

लघु उत्तरीय प्रश्नोत्तर

निम्नलिखित प्रश्नों के उत्तर संक्षेप में दीजिए

1. महादेवी वर्मा को साहित्यकार बनने में उनका पारिवारिक तथा छात्रावास का वातावरण किस प्रकार सहायक सिद्ध हुआ? अपने शब्दों में उत्तर दीजिए। **दक्षता आधारित प्रश्न**

2. 'मेरे बचपन के दिन' पाठ के आधार पर बताइए कि भारत के स्वतंत्रता आंदोलन में कवि सम्मेलनों का क्या योगदान था?

3. 'ज़ेबुन का साथ महादेवी के लिए सहायक सिद्ध हुआ।' 'मेरे बचपन के दिन' पाठ के आधार पर स्पष्ट कीजिए। **दक्षता आधारित प्रश्न**

4. 'मेरे बचपन के दिन' पाठ में 'ताई साहिबा' का चरित्र आज के समाज के समक्ष एक उच्च कोटि का उदाहरण बनकर प्रस्तुत हुआ है, कैसे? स्पष्ट कीजिए।

साखियाँ एवं सबद

कबीर

अध्याय 7

पाठ की रूपरेखा प्रस्तुत पाठ में कबीरदास के दोहों (साखी) का संकलन है। 'साखी' शब्द का अर्थ है—प्रत्यक्ष ज्ञान। यह मूल शब्द 'साक्ष्य' का अपभ्रंशित रूप है। यह ज्ञान प्रत्यक्ष अर्थात् अनुभव पर आधारित है, जो गुरु अपने शिष्य को प्रदान करता है। जगह-जगह भ्रमण कर प्रत्यक्ष ज्ञान प्राप्त करने वाले कबीर का अनुभव क्षेत्र काफी विस्तृत है। यही कारण है कि उनकी रचनाओं में अवधी, राजस्थानी, भोजपुरी, पंजाबी आदि भाषाओं के शब्दों का खुलकर प्रयोग हुआ है।

कवि परिचय

हिंदी-साहित्य की भक्तिकालीन काव्य-धारा के प्रतिनिधि कवि कबीरदास का जन्म 1398 ई. में काशी में हुआ था। कबीर की शिक्षा उचित प्रकार से न होने के कारण वे अनपढ़ ही रहे, परंतु साधु-संगति, पर्यटन एवं अनुभव के कारण उन्होंने अपने ज्ञान में वृद्धि की।

कबीर की महत्त्वपूर्ण रचनाएँ 'कबीर ग्रंथावली' में संकलित की गई हैं। उनके तीन काव्य-संग्रह हैं—साखी, रमैनी और सबद। इनका संकलन 'बीजक' नाम से उनके शिष्य धर्मदास ने किया था।

कबीर संत प्रवृत्ति के व्यक्ति थे। कबीर ने सभी तरह के पाखंड, भेदभाव, बाह्य आडंबरों आदि का डटकर विरोध किया तथा हिंदू-मुसलमानों को राम और रहीम की एकता में विश्वास रखने का संदेश दिया। उनकी भाषा 'सधुक्कड़ी' थी, जिसमें अरबी, गुजराती आदि के शब्दों का मिला-जुला मिश्रण मिलता है। उन्होंने व्यंग्य के माध्यम से अपने विचारों को सहजता से प्रस्तुत किया है। कबीरदास जी का निधन 1518 ई. के आस-पास मगहर में हुआ था।

साखियों का भावार्थ

पहली साखी

मानसरोवर सुभर जल, हंसा केलि कराहिं।
मुकताफल मुकता चुगैं, अब उड़ि अनत न जाहिं।।

शब्दार्थ मानसरोवर–मन रूपी सरोवर, हिमालय पर स्थित एक पवित्र सरोवर; सुभर–अच्छी तरह भरा हुआ, पवित्र; हंसा–हंस, परमात्मा में लीन साधक या आत्मा; केलि–खेल, क्रीड़ा; कराहिं–करना; मुकताफल–मोती; उड़ि–उड़कर; अनत–अन्यत्र, कहीं और।

भावार्थ

कबीरदास जी कहते हैं कि पवित्र जल से भरे हुए मानसरोवर में हंस दिन-रात क्रीड़ामग्न रहता है। जिस हंस को दिन-रात मुकताफल (मोती) चुगने को मिलें, वह भला उस स्थान से उड़कर कहीं और क्यों जाएगा? अर्थात् कहने का तात्पर्य यह है कि पवित्र भक्ति-भावना से भरे मन रूपी सरोवर में आत्मा रूपी हंस पूर्णतः मग्न है। उसे भक्ति के पावन मोती प्राप्त हो रहे हैं। अत: वह इस स्थान को छोड़कर कहीं और जाने का विचार नहीं कर सकता। यह भक्ति-भावना की चरम अवस्था है, जहाँ आत्मा का परमात्मा से मिलन होता है।

दूसरी साखी

प्रेमी ढूँढत मैं फिरौं, प्रेमी मिले न कोइ।
प्रेमी कौं प्रेमी मिलै, सब विष अमृत होइ।।

शब्दार्थ ढूँढत-खोजना; फिरौं–घूमना; प्रेमी– प्रभु भक्त, साधक; विष–जहर।

भावार्थ

कबीरदास जी कहते हैं कि मैं भगवान के किसी सच्चे प्रेमी को ढूंढने निकला, परंतु बहुत प्रयत्न करने पर भी वह मुझे नहीं मिल सका। जब दो सच्चे प्रेमी मिलते हैं तो सभी पाप, पुण्य में बदल जाते हैं, वासनाएँ दूर हो जाती हैं तथा बुरी भावनाएँ समाप्त हो जाती हैं। इन सभी बुरी एवं दूषित भावनाओं के दूर होने से मन अमृत के समान पवित्र हो जाता है।

तीसरी साखी

हस्ती चढ़िए ज्ञान कौ, सहज दुलीचा डारि।
स्वान रूप संसार है, भूँकन दे झख मारि।।

शब्दार्थ **हस्ती**–हाथी; **सहज**–जो जैसा है, स्वाभाविक; **दुलीचा**–छोटा आसन, कालीन; **डारि**–डालकर; **स्वान**–कुत्ता; **भूँकन**–भौंकना; **झख मारि**–वक्त बरबाद करना, बकवास करना।

भावार्थ

कबीरदास जी ज्ञान प्राप्ति में लगे साधकों को संबोधित करते हुए कहते हैं कि हमें सत्य एवं साधना रूपी दुलीचा या कालीन को ज्ञान रूपी हाथी पर डालकर चलते रहना चाहिए अर्थात् हमें सहज ढंग से ईश्वर भक्ति करनी चाहिए। दुनिया में ईश्वर भक्ति के अनेक मार्ग बताए गए हैं हमें उनकी ओर ध्यान नहीं देना चाहिए, क्योंकि यह अज्ञानी संसार तो उस स्वान अर्थात् कुत्ते के समान है, जो हाथी को देखकर भौंक-भौंककर अपना समय नष्ट करता है, जबकि हाथी किसी की परवाह किए बिना अपनी सहज-स्वाभाविक चाल में चलता रहता है। उसी प्रकार सत्य के साधक को संसार की चिंता किए बिना अपने सहज मार्ग पर चलते रहना चाहिए।

चौथी साखी

पखापखी के कारनै, सब जग रहा भुलान।
निरपख होइ के हरि भजै, सोई संत सुजान।।

शब्दार्थ **पखापखी**–पक्ष-विपक्ष; **कारनै**–कारण; **जग**–संसार; **भुलान**-भूला हुआ है; **निरपख**-निरपेक्ष, निष्पक्ष; **सोई**–वही; **सुजान**–सज्जन, ज्ञानी, जानकार।

भावार्थ

कबीरदास जी कहते हैं, कि यह संपूर्ण संसार भक्ति के मार्ग में ईश्वर के सगुण व निर्गुण रूप के पक्ष-विपक्ष की उलझन में फँसकर भक्ति के वास्तविक मार्ग को भूल गया है। यदि हमें सच्ची भक्ति प्राप्त करनी है, तो पक्ष-विपक्ष के इस दलदल से बाहर निकलना होगा।

जो भक्त निष्पक्ष होकर हरि अर्थात् भगवान का भजन करता है, सच्चे अर्थों में वही संत ज्ञानी कहलाता है। भक्ति के सहज मार्ग पर तर्क-वितर्क, पक्ष-विपक्ष के लिए कोई स्थान नहीं है।

पाँचवीं साखी

हिंदू मूआ राम कहि, मुसलमान खुदाइ।
कहै कबीर सो जीवता, जो दुहुँ के निकटि न जाइ।।

शब्दार्थ **मूआ**–नकारा, मरा हुआ; **कहि**-कहकर; **कहै**-कहता है; **खुदाइ**–खुदा या अल्लाह से जुड़ा, जुड़ी, संबंधित; **सो**–वही; **जीवता**–जीता है, जीवित रहता है; **दुहुँ**–दोनों; **निकटि**-पास, नज़दीक; **जाइ**-जाता है।

भावार्थ

कबीरदास जी कहते हैं कि हिंदू राम का नाम लेते-लेते मर गए तथा मुसलमान खुदा एवं अल्लाह का नाम लेते-लेते मर गए। अपने धार्मिक अंधविश्वासों के कारण वह ईश्वर की प्राप्ति नहीं कर सके। कबीरदास जी कहते हैं कि जो साधक इन कृत्रिम (हिंदू-मुसलमान) मार्गों से दूर रहता है, वही अपने सद्विचारों के कारण जीवनपर्यंत एवं जीवन के बाद भी जीवित रहता है। ऐसे साधक सार्वभौमिक सत्य को महत्त्व देते हैं।

छठी साखी

काबा फिरि कासी भया, रामहिं भया रहीम।
मोट चून मैदा भया, बैठि कबीरा जीम।।

शब्दार्थ **काबा**–सऊदी अरब में स्थित मुसलमानों का पवित्र तीर्थस्थल; **कासी**–वाराणसी, काशी; **भया**–हो गया, उत्पन्न हो जाना; **मोट**–मोटा; **चून**–आटा; **मैदा**-आटे का अत्यंत पतला एवं चिकना रूप; **बैठि**–बैठकर; **जीम**-खाना, भोजन करना।

भावार्थ

कबीरदास जी कहते हैं कि जब मनुष्य धार्मिक भेदभाव से ऊपर उठ जाता है, तब मुसलमानों के तीर्थ स्थान काबा और हिंदुओं के तीर्थ स्थान काशी के बीच बाह्य अंतर समाप्त हो जाता है। उसके लिए राम और रहीम (अल्लाह) के बीच का तात्विक अंतर भी समाप्त हो जाता है। जिस मोटे चून को मैं अखाद्य समझ रहा था, अब वही मेरे लिए बारीक मैदा हो गया है और उसे मैं आराम से बैठकर खा रहा हूँ। इससे आशय यह है कि धार्मिक भेदभाव के समाप्त होने पर मेरे मन से हिंदू-मुसलमान और राम-रहीम के नाम पर बसी दुर्भावनाएँ दूर हो गई हैं, जिसका मैं आनंदपूर्वक उपभोग कर रहा हूँ। अर्थात् प्रभुभक्ति का आनंद उठा रहा हूँ।

सातवीं साखी

ऊँचे कुल का जनमिया, जे करनी ऊँच न होइ।
सुबरन कलस सुरा भरा, साधू निंदा सोइ।।

शब्दार्थ **कुल**–वंश, जाति; **का**–क्या; **जनमिया**–जन्म लेना, पैदा होकर; **जे**–जिसकी; **करनी**–काम, कर्म; **सुबरन**-सोना, स्वर्ण; **कलस**–घड़ा, कलश; **सुरा**-मदिरा, शराब; **निंदा**–बुराई; **सोइ**-उसका/उसकी।

भावार्थ

कबीरदास जी कहते हैं कि यदि मनुष्य उच्च कुल या जाति में जन्म लेकर भी अपने कर्मों से ऊँचा न हो, तो वह मनुष्य कहलाने के योग्य नहीं होता। ऊँचे कुल में जन्म लेकर भी यदि उसके कर्म श्रेष्ठ नहीं हैं,

तो ऐसे श्रेष्ठ कुल में जन्म लेने से क्या लाभ? यदि शराब या मदिरा सोने के कलश में भरी हो, तो भी ज्ञानीजन की दृष्टि में वह निंदा के योग्य ही रहेगी, वह प्रशंसनीय नहीं हो सकती। इसी प्रकार मनुष्य अपने कर्मों से महान् बनता है, उच्च कुल में जन्म लेने से नहीं।

सबद का भावार्थ

पहला सबद

मोकों कहाँ ढूँढे बंदे, मैं तो तेरे पास में।
ना मैं देवल ना मैं मसजिद, ना काबे कैलास में।
ना तो कौने क्रिया-कर्म में, नहीं योग बैराग में।
खोजी होय तो तुरतै मिलिहौं, पल भर की तालास में।
कहैं कबीर सुनो भई साधो, सब स्वाँसों की स्वाँस में।।

शब्दार्थ **मोकों**–मुझे, मुझको; **बंदे**–व्यक्ति, मनुष्य; **देवल**–मंदिर; **काबे**–काबा, मुसलमानों का पवित्र तीर्थस्थल; **कैलास**-कैलाश पर्वत, भगवान शंकर का निवास स्थान; **कौने**–किस; **क्रिया-कर्म**–मनुष्य द्वारा ईश्वर की प्राप्ति के लिए किए जाने वाले कर्मकांड/आडंबर; **बैराग**–वैराग्य, संन्यास; **खोजी**– खोजने वाला, साधक; **तुरतै**–तुरंत, शीघ्र; **तालास**-खोज, तलाश; **स्वाँस**- साँस।

भावार्थ

कबीर के निर्गुण ब्रह्म अपनी वास्तविक पहचान बताते हुए कहते हैं कि हे मनुष्य! तुम मुझे न जाने कहाँ-कहाँ खोज रहे हो, जबकि मैं तो तुम्हारी अंतरात्मा में बसता हूँ अर्थात् मैं तो तुम्हारे पास ही हूँ। न तो मेरा स्थान मंदिर में है और न ही मस्जिद में। न मैं मुसलमानों के पवित्र तीर्थस्थल काबा का निवासी हूँ और न ही कैलाश पर्वत मेरा ठिकाना है। मैं इन दोनों स्थलों पर नहीं रहता हूँ। मैं न तो किसी प्रकार के कर्मकांड से मिलता हूँ , न ही किसी योग या संन्यास की साधना से। मेरी प्राप्ति इन आडंबरों से संभव नहीं है। मैं उसी साधक को तुरंत प्राप्त हो सकता हूँ, जो इन सभी आडंबरों से मुक्त हो और जो मन की पवित्रता से मेरे प्रति समर्पित हो, उस साधक की पलभर की खोज में ही मैं उपस्थित हो जाता हूँ।

कबीरदास जी कहते हैं कि हे साधुजन! ईश्वर सर्वव्यापी है। जैसे साँस का निवास हमारे भीतर है उसी प्रकार ईश्वर हमारी अंतरात्मा में ही बसता है, इसलिए यदि तुम ईश्वर को खोजना चाहते हो, तो उसे अपने भीतर ही खोजो, ईश्वर को बाहर खोजना व्यर्थ है।

दूसरा सबद

संतौं भाई आई ग्याँन की आँधी रे।
भ्रम की टाटी सबै उड़ाँनी, माया रहै न बाँधी।
हिति चित्त की द्वै थूँनी गिराँनी, मोह बलिंडा तूटा।
त्रिस्नाँ छाँनि परि घर ऊपरि, कुबधि का भाँडाँ फूटा।
जोग जुगति करि संतौं बाँधी, निरचू चुवै न पाँणी।
कूड़-कपट काया का निकस्या, हरि की गति जब जाँणी।
आँधी पीछै जो जल बूठा, प्रेम हरि जन भींनाँ।
कहै कबीर भाँन के प्रगटे उदित भया तम खीनाँ।।

शब्दार्थ **ग्याँन**-ज्ञान; **भ्रम**– धोखा; **टाटी**–छप्पर, बाँस आदि की फटि्टयों से बनी झोंपड़ी; **उड़ाँनी**–उड़ जाना; **माया**–मोह, संसार; **बाँधी**–बँधकर; **हिति चित्त**– मन और हृदय; **द्वै**–दोनों; **थूँनी**–टेक, छप्पर जिस खंभे पर टिका होता है, स्तंभ; **गिराँनी**–गिर गया; **बलिंडा**–बल्ली, जो छत पर बाँधी जाती है; **तूटा**-टूटा; **त्रिस्नाँ**–तृष्णा; **छाँनि**–छप्पर; **कुबधि**–दुर्बुद्धि; **भाँडाँ फूटा**–भेद खुला; **जोग**–योग; **जुगति**–जुगाड़; **निरचू**–थोड़ा भी; **चुवै**–चूना, रिसना; **पाँणी**–पानी; **काया**–शरीर; **निकस्या**–निकाला; **जाँणी**–जाना; **बूठा**–बरसा; **भींनाँ**–भीगा; **भाँन**–सूर्य; **तम**-अँधेरा; **खीनाँ**-क्षीण होना।

भावार्थ

कबीरदास जी ज्ञान के महत्त्व को प्रतिपादित करते हुए कहते हैं कि हे साधुजन! हे भाइयो! ज्ञान रूपी आँधी आ चुकी है। इस ज्ञान की आँधी में भ्रम रूपी छप्पर पूरी तरह उड़ गया है अर्थात् ज्ञान प्राप्त होते ही साधक के मन का भ्रम पूरी तरह नष्ट हो गया है और सांसारिक मोह-माया इस आँधी में नष्ट हो गए हैं। मोह-माया के जाल में फँसे मन और हृदय के स्तंभ गिर चुके हैं तथा मोह रूपी बल्ली, जिस पर भ्रम रूपी छप्पर टिका हुआ था, वह भी टूट चुकी है। तृष्णा रूपी छप्पर, जो शरीर रूपी घर के ऊपर पड़ा हुआ है, वह भी इस ज्ञान की आँधी में उड़ गया है।

ज्ञान की आँधी के संपर्क में आते ही अज्ञानता का भेद खुल गया। वह अब ज्ञान की आँधी के सम्मुख टिक नहीं पा रहा। संतों ने योग-साधना से उस छप्पर को पुनः बाँधने का प्रयास किया है। यह भ्रम रहित छप्पर ऐसा है, जिससे एक बूँद भी पानी टपक नहीं सकता है अर्थात् मानव सांसारिक कामनाओं की ओर नहीं भटक पाएगा।

प्रभु या परमात्मा की वास्तविक गति को संतों ने जान लिया। इस ज्ञान की आँधी के पश्चात् जब भ्रम समाप्त हो गया, तो प्रेम एवं भक्ति रूपी वर्षा में भक्त परमात्मा के अपार स्नेह से भीग उठे हैं। भक्ति के रस में डूबने के पश्चात् जब ज्ञान रूपी सूर्य का उदय हुआ, तो अज्ञान रूपी अंधकार कहीं टिक न सका अर्थात् ज्ञान की प्राप्ति के पश्चात् संपूर्ण भ्रम एवं सांसारिक मोह-माया से मुक्त होकर भक्त परमात्मा में लीन हो गया।

NCERT फोल्डर

पाठ्यपुस्तक (क्षितिज भाग-1) के प्रश्नोत्तर

साखियाँ

प्र.1 'मानसरोवर' से कवि का क्या आशय है?

उत्तर मानसरोवर का साधारण और प्रतीकात्मक अर्थ निम्नलिखित है

साधारण अर्थ मानसरोवर हिमालय पर्वत में स्थित ऐसा पवित्र सरोवर है, जिसमें हंस विचरण करते हैं।

प्रतीकात्मक अर्थ कबीरदास के मानसरोवर का प्रतीकात्मक अर्थ पवित्र मन या मानस है, जिसमें आत्मा रूपी हंस विचरण करता है।

प्र.2 कवि ने सच्चे प्रेमी की क्या कसौटी बताई है?

उत्तर कवि के अनुसार, सच्चे प्रेम की कसौटी वही है, जिसके मिलने मात्र से ही विष अमृत के समान हो जाता है, भक्त को ईश्वर की प्राप्ति होने पर बुरी भावनाएँ समाप्त हो जाती हैं अर्थात् दुष्कर्मी उस सच्चे प्रेमी के संपर्क में आते ही सत्कर्मी बन जाते हैं।

प्र.3 तीसरे दोहे में कवि ने किस प्रकार के ज्ञान को महत्त्व दिया है?

उत्तर कवि कबीर ने तीसरे दोहे में अनुभव से प्राप्त सामाजिक एवं आध्यात्मिक ज्ञान को महत्त्व दिया है। वे इस ज्ञान को हाथी के समान सशक्त एवं समर्थवान मानते हैं। अनुभव से प्राप्त यह ज्ञान उनका सहज ज्ञान है, जिसमें झूठ एवं आडंबर का कोई स्थान नहीं है।

प्र.4 इस संसार में सच्चा संत कौन कहलाता है?

उत्तर कबीरदास के अनुसार, इस संसार में सच्चा संत वही है, जो सामाजिक भेदभाव, तर्क-कुतर्क एवं वाद-विवाद के झमेले में पड़ने के बजाय निष्पक्ष होकर परमात्मा का ध्यान करे। सच्चा संत तर्क-वितर्क, वादों-प्रतिवादों आदि से मुक्त रहता है।

प्र.5 अंतिम दो दोहों के माध्यम से कबीर ने किस प्रकार की संकीर्णताओं की ओर संकेत किया है?

उत्तर अंतिम दो दोहों में कबीर ने दो प्रकार की संकीर्णताओं की ओर संकेत किया है

(i) प्रथम दोहे में उन्होंने धार्मिक एवं सांप्रदायिक संकीर्णता की ओर संकेत किया है।

(ii) अंतिम दोहे में उन्होंने सामाजिक एवं जातिगत संकीर्णता की ओर संकेत किया है।

प्र.6 किसी भी व्यक्ति की पहचान उसके कुल से होती है या उसके कर्मों से? तर्क सहित उत्तर दीजिए। दक्षता आधारित प्रश्न

उत्तर किसी भी व्यक्ति की पहचान उसके कर्मों से होती है। यदि उच्च कुल का व्यक्ति ऐसे कर्म करता है, जो समाज विरोधी हों, तो उसे श्रेष्ठ नहीं कहा जा सकता। वैसे ही निम्न कुल का व्यक्ति यदि ऐसे श्रेष्ठ कर्म करता है, जो समाज एवं व्यक्तियों के हित में हों, तो वह व्यक्ति महान् होता है। उदाहरणार्थ— रावण अपने कर्मों से नीच तथा राम अपने कर्मों से महान सिद्ध हुए।

प्र.7 काव्य-सौंदर्य स्पष्ट कीजिए

हस्ती चढ़िए ज्ञान कौ, सहज दुलीचा डारि।
स्वान रूप संसार है, भूँकन दे झख मारि।।

उत्तर कबीरदास ने इस साखी में व्यंग्यात्मक शैली का प्रयोग किया है, जिसमें उन्होंने ज्ञान रूपी हाथी को संसार रूपी कुत्तों के भौंकने के पश्चात् अपनी सहज चाल में चलने की सलाह दी है। उन्होंने ज्ञान को हाथी से, सहज भक्ति को हाथी की स्वाभाविक चाल से, निंदक संसार की कुत्ते से तथा निंदा की भौंकने से तुलना की है।

तत्सम एवं तद्भव शब्दों और 'झख मार' मुहावरे तथा उदाहरण अलंकार का विलक्षण प्रयोग इस दोहे में किया गया है।

सबद

प्र.8 मनुष्य ईश्वर को कहाँ-कहाँ ढूँढता फिरता है?

उत्तर मनुष्य ईश्वर को मंदिर-मस्जिद, काबा-कैलाश, कर्मकांडों, तंत्र-साधना, योग-वैराग्य आदि में ढूँढता फिरता है।

कहने का तात्पर्य यह है कि धार्मिक कर्मकांडों एवं बाह्य आडंबरों में ईश्वर को ढूँढना व्यर्थ है, क्योंकि ईश्वर तो निर्मल भावना वाले प्राणियों या व्यक्तियों की अंतरात्मा के अलावा कण-कण में बसता है।

प्र.9 कबीर ने ईश्वर प्राप्ति के लिए किन प्रचलित विश्वासों का खंडन किया है?

उत्तर कबीर ने ईश्वर प्राप्ति के कई प्रचलित विश्वासों का खंडन किया है। लोक मान्यता है कि ईश्वर या तो मंदिर में मिलता है या मस्जिद में। वह काबा और कैलाश पर्वत में निवास करता है। वह कई तरह के धार्मिक कर्मकांड एवं योग-साधनाओं तथा संन्यास-साधना से प्राप्त होता है। कबीरदास ने इन सारी मान्यताओं का खंडन किया है।

प्र.10 कबीर ने ईश्वर को 'सब स्वाँसों की स्वाँस में' क्यों कहा है?

उत्तर कबीर के अनुसार, ईश्वर सर्वत्र विद्यमान है। वह हर प्राणी में अंतर्निहित है। वह प्रत्येक प्राणी की साँसों में बसा हुआ है, इसलिए कबीरदास ने ईश्वर को 'सब स्वाँसों की स्वाँस में' कहा है। कवि कहता है कि यदि तुम ईश्वर को खोजना चाहते हो, तो उसे अपने भीतर ही खोजो।

प्र.11 कबीर ने ज्ञान के आगमन की तुलना सामान्य हवा से न कर आँधी से क्यों की?

उत्तर कबीर ने ज्ञान के आगमन की तुलना सामान्य हवा से न कर आँधी से इसलिए की है, क्योंकि शीतल मंद हवा में इन सांसारिक मान्यताओं को समूल नष्ट करने की शक्ति नहीं होती। आँधी ही इन्हें नष्ट कर सकती है। कबीर जिस परंपरा के कवि थे उसमें सामाजिक भेदभाव, धार्मिक कर्मकांडों को स्पष्ट रूप से नकारा गया है। वे इन सांसारिक भ्रमों को ईश्वर भक्ति की सबसे बड़ी बाधा मानते हैं।

प्र.12 **ज्ञान की आँधी का भक्त के जीवन पर क्या प्रभाव पड़ता है?**

उत्तर ज्ञान की आँधी आने से भक्त का जीवन भ्रम रहित हो जाता है। माया के मोह से भक्त का हृदय मुक्त हो जाता है और उसे ईश्वर का साक्षात्कार होने लगता है। ज्ञान की आँधी से भक्त की अज्ञानता और विषय-वासना नष्ट हो जाती है। शरीर कपटरहित हो जाता है। आँधी के पश्चात् बरसने वाले प्रेम जल से भक्त सराबोर हो जाता है और ईश्वर मिलन के संपूर्ण मार्ग प्रशस्त होने लगते हैं।

प्र.13 **भाव स्पष्ट कीजिए**

(क) हिति चित्त की द्वै थूँनी गिराँनी, मोह बलिंडा तूटा।

(ख) आँधी पीछै जो जल बूठा, प्रेम हरि जन भींनाँ।

उत्तर (क) कबीरदास जी कहते हैं कि जब ज्ञान रूपी आँधी आती है, तो मनुष्य भौतिक जीवन की मोह माया से अधिक दिनों तक जुड़ा नहीं रह सकता। ज्ञान रूपी आँधी के आगमन से मन एवं हृदय रूपी वे स्तंभ, जो छप्पर को टिका कर रखते हैं, गिर जाएँगे अर्थात् मन और हृदय की द्वंद्व की स्थिति समाप्त हो जाएगी।

(ख) भ्रम का छप्पर ज्ञान की आँधी से उड़ जाने के पश्चात् जिस प्रेम रस की वर्षा होती है, उस ईश्वर के प्रेम रूपी रस से भक्त भीग उठा और उसका रोम-रोम ईश्वरमय हो गया।

रचना और अभिव्यक्ति

प्र.14 **संकलित साखियों और पदों के आधार पर कबीर के धार्मिक और सांप्रदायिक सद्भाव संबंधी विचारों पर प्रकाश डालिए।**

उत्तर छात्र स्वयं करें।

भाषा अध्ययन

प्र.15 **निम्नलिखित शब्दों के तत्सम रूप लिखिए**
पखापखी, अनत, जोग, जुगति, बैराग, निरपख

उत्तर

तद्भव शब्द	तत्सम शब्द
पखापखी	पक्ष-विपक्ष
अनत	अन्यत्र
जोग	योग
जुगति	युक्ति
बैराग	वैराग्य
निरपख	निष्पक्ष

पाठेतर सक्रियता

प्र.16 **कबीर की साखियों को याद कर कक्षा में अंत्याक्षरी का आयोजन कीजिए।**

उत्तर छात्र स्वयं करें।

प्र.17 **एन.सी.ई.आर.टी. द्वारा कबीर पर निर्मित फ़िल्म देखें।**

उत्तर छात्र स्वयं करें।

अभ्यास प्रश्न

बहुविकल्पीय व वर्णनात्मक प्रश्नों सहित

कविता पर आधारित बहुविकल्पीय प्रश्न

निम्नलिखित प्रश्नों के सर्वाधिक उपयुक्त विकल्पों का चयन कीजिए।

1. 'साखी' शब्द का क्या अर्थ है?

(क) अप्रत्यक्ष ज्ञान (ख) प्रत्यक्ष ज्ञान
(ग) सच्चा मित्र (घ) सखी

उत्तर (ख) प्रत्यक्ष ज्ञान

2. मानसरोवर सुभर जल, हंसा केलि कराहिं।
मुकताफल मुकता चुगैं, अब उड़ि अनत न जाहि।।
आत्मरूपी हंस कहाँ क्रीड़ामग्न है? **दक्षता आधारित प्रश्न**

(क) भक्ति से परिपूर्ण मन रूपी सरोवर में
(ख) ईश्वर के पास
(ग) भक्त के पास
(घ) उपरोक्त में से कोई नहीं

उत्तर (क) भक्ति से परिपूर्ण मन रूपी सरोवर में

3. दिन-रात मुकताफल किसे चुगने को मिल रहे हैं?

(क) कबीर को (ख) हंस को
(ग) भक्त को (घ) शिष्य को

उत्तर (ख) हंस को

4. कबीरदास .... ढूँढने निकले हैं।

(क) ईश्वर को
(ख) शिष्य को
(ग) सच्चे प्रेमी को
(घ) गुरु को

उत्तर (ग) सच्चे प्रेमी को

5. सच्चे प्रेमी के मिलने पर क्या हुआ?

(क) सभी वासनाएँ दूर हो गईं
(ख) बुरी भावनाएँ समाप्त हो गईं
(ग) सभी पाप पुण्य में बदल गए
(घ) उपर्युक्त सभी

उत्तर (घ) उपरोक्त सभी

6. कबीर के अनुसार, सच्चे प्रेमी मिलते हैं
(क) बहुत प्रयत्न करने पर (ख) बहुत सरलता से
(ग) अच्छे कर्म करने पर (घ) उपरोक्त में से कोई नहीं
उत्तर (क) बहुत प्रयत्न करने पर

7. बुरी तथा दूषित भावनाओं के समाप्त होने से क्या हुआ?
(क) कबीर को ईश्वर की प्राप्ति हो गई
(ख) कबीर को सच्चे गुरु मिल गए
(ग) कबीर का मन अमृत के समान पवित्र हो गया
(घ) कबीर प्रभु भक्ति में लीन हो गए
उत्तर (ग) कबीर का मन अमृत के समान पवित्र हो गया

8. कबीर ने ज्ञान की उपमा किससे दी है?
(क) हाथी से (ख) कालीन से
(ग) स्वान से (घ) इनमें से कोई नहीं
उत्तर (क) हाथी से

9. अज्ञानी संसार किसके समान है?
(क) हाथी के (ख) कुत्ते के
(ग) कालीन के (घ) मदांध व्यक्ति के
उत्तर (ख) कुत्ते के

10. कुत्ते के भौंकने का किस पर कोई प्रभाव नहीं पड़ता?
(क) मनुष्य पर (ख) संसार पर
(ग) कबीर पर (घ) हाथी पर
उत्तर (घ) हाथी पर

11. सत्य के साधक को किसकी चिंता नहीं करनी चाहिए?
(क) संसार की (ख) घर-परिवार की
(ग) कुत्ते की (घ) गुरु की
उत्तर (क) संसार की

12. हस्ती चढ़िए ज्ञान को सहज दुलीचा डारि।
'स्वान रूप संसार है, भूँकन दे झख मारि'।।
कथन (I) सत्य मार्ग पर चलने वाले को संसार की परवाह नहीं करनी चाहिए।
कथन (II) संसार को हस्ती रूपी ज्ञान की सवारी नहीं करनी चाहिए।
कथन (III) संसार को गलत कार्यों में अपना समय बर्बाद नहीं करना चाहिए।
साखी, दोहे की पंक्तियों के आधार पर कौन-सा/से कथन सही है/हैं?
दक्षता आधारित प्रश्न
(क) केवल कथन I सही है।
(ख) केवल कथन II सही है।
(ग) कथन I और III सही हैं।
(घ) कथन II और III सही हैं।
उत्तर (ग) कथन I और III सही हैं।

13. भक्ति के सहज मार्ग पर किसका स्थान नहीं है?
(क) तर्क-वितर्क का (ख) पक्ष-विपक्ष का
(ग) 'क' और 'ख' दोनों (घ) न्याय-अन्याय का
उत्तर (ग) 'क' और 'ख' दोनों

14. सच्ची भक्ति के लिए क्या आवश्यक है?
(क) निष्पक्षता (ख) पक्ष-विपक्ष
(ग) संसार को भूलना (घ) गुरु
उत्तर (क) निष्पक्षता

15. ईश्वर की प्राप्ति किससे संभव नहीं है?
(क) बाह्य आडंबरों से (ख) धार्मिक कर्मकांडों से
(ग) धार्मिक अंधविश्वासों से (घ) उपर्युक्त सभी
उत्तर (घ) उपर्युक्त सभी

काव्यांशों पर आधारित बहुविकल्पीय प्रश्न

निम्नलिखित काव्यांशों को ध्यानपूर्वक पढ़कर पूछे गए प्रश्नों के सही विकल्प चुनिए।

1. मानसरोवर सुभर जल, हंसा केलि कराहिं।
मुकताफल मुकता चुगैं, अब उड़ि अनत न जाहिं।

(i) **यहाँ मानसरोवर का प्रयोग किस संदर्भ में किया गया है?**
(क) एक पवित्र झील के रूप में
(ख) पवित्र मन के रूप में
(ग) (क) और (ख) दोनों
(घ) समुद्र के रूप में
उत्तर (ग) (क) और (ख) दोनों

(ii) **मानसरोवर में हंस क्या कर रहे हैं?**
(क) दिन-रात क्रीड़ामग्न हैं
(ख) झील के जल को पीने में मग्न हैं
(ग) झील के ऊपर उड़ रहे हैं
(घ) उपरोक्त में से कोई नहीं
उत्तर (क) दिन-रात क्रीड़ामग्न हैं

(iii) **काव्यांश में हंस किसका प्रतीक है?**
(क) जीवात्मा का (ख) एक पक्षी का
(ग) समय का (घ) मृत्यु का
उत्तर (क) जीवात्मा का

(iv) **हंस मानसरोवर छोड़कर नहीं जाना चाहता, क्योंकि ......।**
(क) क्रीड़ा का ऐसा आनंद उसे कहीं और नहीं आएगा
(ख) उसे कहीं और मोती नहीं मिलेंगे
(ग) वह अपनी जन्मभूमि को छोड़कर नहीं जाना चाहता
(घ) वह उड़ने में असमर्थ है
उत्तर (ख) उसे कहीं और मोती नहीं मिलेंगे

(v) **कथन (I)** जब मनुष्य का मन भक्ति भावना में मग्न हो जाता है तो वह कहीं जाने का विचार नहीं कर सकता।
कथन (II) भक्ति भावना में मग्न मन को छोड़कर जीवात्मा कहीं जाना नहीं चाहती। **दक्षता आधारित प्रश्न**
दिए गए कथनों के लिए सही विकल्प चुनिए।
(क) कथन I सही है और कथन II उसका गलत कारण है।
(ख) कथन I सही है और कथन II उसका सही कारण है।
(ग) कथन I गलत और कथन II सही है।
(घ) कथन I और कथन II दोनों सही हैं।
उत्तर (ख) कथन I सही है और कथन II उसका सही कारण है।

2. **पखापखी के कारनै, सब जग रहा भुलान।**
निरपख होइ के हरि भजै, सोई संत सुजान।।

(i) **कबीर जी के अनुसार, किसके कारण पूरा संसार भक्ति के वास्तविक मार्ग को भूल गया है?**

(क) पक्ष-विपक्ष के कारण (ख) नास्तिकता के कारण
(ग) लड़ाई-झगड़े के कारण (घ) इनमें से कोई नहीं

उत्तर (क) पक्ष-विपक्ष के कारण

(ii) **हरिभजन के लिए किस भावना का होना आवश्यक है?**

(क) पक्षपात की भावना का
(ख) मन में निष्पक्षता की भावना का
(ग) भेदभाव की भावना का
(घ) धर्म पर विश्वास करने की भावना का

उत्तर (ख) मन में निष्पक्षता की भावना का

(iii) **'निरपख होई के हरि भजै, सोई संत सुजान' पंक्ति से क्या आशय है?** **दक्षता आधारित प्रश्न**

(क) मनुष्य को बिना किसी तर्क-वितर्क के भगवान का भजन करना चाहिए
(ख) मनुष्य को बिना किसी पक्ष-विपक्ष के भक्ति का मार्ग अपनाना चाहिए
(ग) निष्पक्ष भक्ति करने वाला ही सच्चे अर्थों में संत कहलाता है
(घ) उपर्युक्त सभी

उत्तर (घ) उपर्युक्त सभी

(iv) **निम्नलिखित कथनों में से कौन-सा सच्चे ज्ञानी के विषय में सही है?**

(क) जो बैर-भाव से दूर रहकर ईश्वर भजन करता है
(ख) जो बैर-भाव के साथ ईश्वर भजन करता है
(ग) जिसमें जातिवाद की भावना होती है
(घ) जो भेदभाव को सर्वोपरि रखता है

उत्तर (क) जो बैर-भाव से दूर रहकर ईश्वर भजन करता है

(v) **'सोई संत सुजान' में ………. अलंकार है।**

(क) यमक (ख) उपमा (ग) उत्प्रेक्षा (घ) अनुप्रास

उत्तर (घ) अनुप्रास

3. **काबा फिरि कासी भया, रामहिं भया रहीम।**
मोट चून मैदा भया, बैठि कबीरा जीम।।

(i) **काव्यांश के अनुसार, 'काबा-काशी' किसके लिए समान होते हैं?** **दक्षता आधारित प्रश्न**

(क) अज्ञानी लोगों के लिए (ख) ज्ञानी लोगों के लिए
(ग) कट्टरपंथी लोगों के लिए (घ) इनमें से कोई नहीं

उत्तर (ख) ज्ञानी लोगों के लिए

(ii) **राम और रहीम का अंतर कब समाप्त हो गया?**

(क) धार्मिक भेदभाव के समाप्त होते ही
(ख) धार्मिक भावना आहत होते ही
(ग) धर्मों के बीच भेदभाव करते ही
(घ) उपरोक्त में से कोई नहीं

उत्तर (क) धार्मिक भेदभाव के समाप्त होते ही

(iii) **'मोट चून मैदा भया' से क्या भाव है?**

(क) चून को बारीक पीसकर मैदा बनाया जाता है
(ख) आटा और मैदा एक ही चीज (गेहूँ) के बनते हैं, उसी तरह राम और रहीम भी ईश्वर के ही दो रूप हैं
(ग) मैदा और चून में कोई अंतर नहीं होता
(घ) चून मोटा होता है और मैदा महीन (बारीक)

उत्तर (ख) आटा और मैदा एक ही चीज (गेहूँ) के बनते हैं, उसी तरह राम और रहीम भी ईश्वर के ही दो रूप हैं

(iv) **साखी का केंद्रीय भाव है**

(क) हिंदू-मुसलमानों में धार्मिक भेदभाव बताना
(ख) हिंदू और मुसलमानों के लिए कार्य करना
(ग) सांप्रदायिक एकता को बनाए रखना
(घ) धार्मिक कर्मकाण्डों का समर्थन करना

उत्तर (ग) सांप्रदायिक एकता को बनाए रखना

(v) **यहाँ 'जीम' शब्द का क्या अर्थ है?**

(क) खाना (ख) पीना (ग) सांप्रदायिकता (घ) गेहूँ

उत्तर (क) खाना

4. **ऊँचे कुल का जनमिया, जे करनी ऊँच न होइ।**
सुबरन कलस सुरा भरा, साधू निंदा सोइ।।

(i) **मनुष्य कहलाने के योग्य कौन होता है?**

(क) जो उच्च कुल में जन्म लेता है
(ख) जिसके कर्म श्रेष्ठ हों
(ग) जो निम्न कुल में जन्म लेता है
(घ) जो सोने के पात्र प्रयोग करता है

उत्तर (ख) जिसके कर्म श्रेष्ठ हों

(ii) **'जे करनी ऊँच न होइ' से क्या आशय है?**

(क) जिसके कर्म अच्छे अर्थात् ऊँचे न हों
(ख) जिसके कर्म अच्छे अर्थात् ऊँचे हों
(ग) जिसने ऊँचे कुल में जन्म लिया हो
(घ) जिसने नीचे कुल में जन्म लिया हो

उत्तर (क) जिसके कर्म अच्छे अर्थात् ऊँचे न हों

(iii) **साधु लोग ………. निंदा करते हैं।**

(क) अच्छे कर्म करने वाले की
(ख) नीच कुल में जन्म लेने वाले की
(ग) शराब से भरे सोने के कलश की
(घ) उच्च कुल में जन्म लेने वाले की

उत्तर (ग) शराब से भरे सोने के कलश की

(iv) **कबीर के अनुसार मानव की श्रेष्ठता किसमें है?**

(क) उसके द्वारा उच्च कर्मों को करने में
(ख) सोने के कलश में शराब पीने में
(ग) श्रेष्ठ कुल में जन्म लेने में
(घ) उपरोक्त में से कोई नहीं

उत्तर (क) उसके द्वारा उच्च कर्मों को करने में

(v) **'सुबरन' का तत्सम रूप क्या होगा?**

(क) सुंदर वर्ण (अक्षर) (ख) सुनहरा
(ग) सुंदर रंग (घ) स्वर्ण

उत्तर (घ) स्वर्ण

काव्यबोध संबंधी लघु प्रश्नोत्तर

निम्नलिखित प्रश्नों के उत्तर संक्षेप में दीजिए

1. कबीर की साखियों में मानसरोवर, हंस और मुकताफल किसे माना गया है?

उत्तर कबीर की साखियों में हृदय रूपी सरोवर को मानसरोवर, साधक या आत्मज्ञानी को हंस तथा मुक्ति रूपी मोती अर्थात् आत्मदर्शन ज्ञान को मुकताफल माना गया है।

2. कबीर ने मानसरोवर किसे कहा है? हंस मानसरोवर छोड़कर अन्यत्र क्यों नहीं जाना चाहते?

उत्तर कबीर ने मन रूपी सरोवर अर्थात् पवित्र मानस को मानसरोवर कहा है। जीवात्मा रूपी हंस मानसरोवर छोड़कर अन्यत्र इसलिए नहीं जाना चाहते, क्योंकि जो परम आनंद यहाँ मिलता है, वह अन्यत्र उपलब्ध नहीं हो सकता।

3. कबीर के अनुसार, लोग पक्ष-विपक्ष के कारण क्या भूल गए हैं?

उत्तर कबीर के अनुसार, लोग पक्ष-विपक्ष के कारण भक्ति के वास्तविक स्वरूप को भूल गए हैं और 'अपनी-अपनी ढपली से अपना-अपना राग' अलाप रहे हैं तथा एक प्रकार के भ्रम में जी रहे हैं। वह कई संप्रदायों में विभक्त होकर ईश्वर की सच्ची भक्ति एवं उपासना करना भूल गए हैं।

4. हिंदू और मुसलमानों की कट्टरता किस बात से प्रकट होती है?

उत्तर हिंदू और मुसलमानों की कट्टरता इस बात से प्रकट होती है कि वे अपने-अपने ईश्वर को श्रेष्ठ मानते हैं।

उनके बीच धर्म या संप्रदाय के नाम पर झगड़े होते हैं, परंतु कबीर ने इसका खंडन करते हुए कहा है कि ईश्वर की प्राप्ति धार्मिक कट्टरता एवं आडंबरों से नहीं होती।

5. कबीर ने हिंदुओं और मुस्लिमों की उपासना पद्धति और प्रवृत्ति के विषय में क्या बताया है?

उत्तर कबीर ने बताया है कि धार्मिक संकीर्णता के कारण ही हिंदू राम को मानते हैं और मुस्लिम खुदा को। दोनों ही धार्मिक कट्टरता के कारण स्वयं को श्रेष्ठ समझते हैं।

कबीर ने दोनों की स्थिति निंदनीय बताई है। ईश्वर की प्राप्ति धर्म को श्रेष्ठ सिद्ध करने से नहीं होती, वह मनुष्यता की भावना रखने से प्राप्त होती है।

6. 'काबा का काशी' तथा 'राम का रहीम' हो जाना कहकर कबीर स्पष्ट रूप से क्या संदेश देना चाहते हैं? दक्षता आधारित प्रश्न

उत्तर 'काबा का काशी' तथा 'राम का रहीम' हो जाने संबंधी कथन द्वारा कबीर स्पष्ट रूप से यह संदेश देना चाहते हैं कि जब मनुष्य संकीर्ण धार्मिक भेदभाव से ऊपर उठ जाता है, तब उसके लिए बाह्य अंतर मिट जाता है।

कबीर इसके माध्यम से लोगों को संकीर्ण धार्मिक भेदभाव से ऊपर उठकर सच्चे मन से ईश्वर की आराधना करने तथा समाज में भाईचारा एवं प्रेम की भावना को विकसित करने का संदेश देते हैं।

7. कबीर का 'मोट चून मैदा भया' से क्या अभिप्राय है? स्पष्ट कीजिए।

उत्तर कबीर का 'मोट चून मैदा भया' से यह अभिप्राय है कि जिस प्रकार मोटे आटे को ही बार-बार या अधिक महीन पीसने से मैदा बन जाता है, उसी प्रकार ईश्वर को राम कहो या अल्लाह दोनों में कोई अंतर नहीं रहता। ज्ञान द्वारा जब भक्तगण चिंतन-मनन करेंगे, तो मन की शंकाएँ दूर होकर नया स्वरूप सामने आएगा।

8. किसी व्यक्ति की पहचान उसके कर्मों के आधार पर क्यों करनी चाहिए?

उत्तर किसी व्यक्ति की पहचान उसके कर्मों के आधार पर इसलिए करनी चाहिए, क्योंकि व्यक्ति की प्रसिद्धि या अप्रसिद्धि, प्रशंसा या निंदा का कारण उसके कर्म ही होते हैं। सामान्य परिवारों से होने के बावजूद सूर, कबीर, तुलसी इत्यादि अत्यंत प्रसिद्ध हुए, जबकि इनका बचपन संघर्षों में बीता, इन्हें ठोकरें भी खानी पड़ीं।

इन्होंने श्रेष्ठ कर्म किए और संसार भर में प्रसिद्धि पाई। इस आधार पर कहा जा सकता है कि महत्त्व ऊँचे कर्मों का होता है, कुल का नहीं।

9. 'सोने के कलश' व 'सुरा' के उदाहरण से कबीर क्या स्पष्ट करना चाहते हैं? दक्षता आधारित प्रश्न

उत्तर कबीर ने कलश व सुरा के उदाहरण से यह स्पष्ट किया है कि सोने के कलश में यदि शराब भरी हो, तो साधु उस पात्र की भी निंदा ही करते हैं। इसी प्रकार कर्मों का प्रभाव मनुष्य के जीवन पर भी पड़ता है। उच्च कर्म ही व्यक्ति को महान् बनाते हैं, उच्च कुल नहीं।

10. साखियों के आधार पर कबीर की विचारधारा की चार विशेषताओं का वर्णन कीजिए।

उत्तर साखियों के आधार पर कबीर की विचारधारा की चार विशेषताएँ इस प्रकार है

(i) बाहरी आडंबरों का विरोध

(ii) प्रेम के सच्चे स्वरूप की पहचान

(iii) निष्पक्षता

(iv) सच्चे मन से उपासना पर बल

11. कबीर के अनुसार, ईश्वर के सच्चे स्वरूप को कौन लोग नहीं जान पाते? दक्षता आधारित प्रश्न

उत्तर कबीर के अनुसार, जो लोग पवित्र माने जाने वाले तीर्थस्थलों, मंदिरों एवं मस्जिदों में ईश्वर को खोजते हैं, वे ईश्वर के सच्चे स्वरूप को नहीं जान पाते। ईश्वर का सच्चा स्वरूप सृष्टि के कण-कण में और प्रत्येक जीव में मौजूद है। जो लोग इसे नहीं जानते, वे कभी भी ईश्वर के सच्चे स्वरूप को नहीं जान पाते।

12. 'खोजी होय' से कबीर का क्या तात्पर्य है?

उत्तर 'खोजी' सच्चे साधक को कहा गया है। प्रभु अंधविश्वास, शास्त्रों के ज्ञान, बाह्याडंबर से नहीं मिलते, बल्कि ईश्वर को पाने की सच्ची तड़प रखने वाला ही सच्चा साधक (खोजी) कहलाता है। जिस खोजी साधक का मन पवित्र होता है, उस साधक को ईश्वर पलभर में प्राप्त हो जाते हैं।

13. ज्ञान की आँधी आने पर मोह और हित, चित्त की क्या दशा होती है? कबीर ने मोह और हित, चित्त को मकान में लगने वाली किन वस्तुओं के रूप में व्यक्त किया है?

उत्तर संत कवि कबीरदास जी अपने 'सबद' के माध्यम से ज्ञान एवं आँधी को एक रूपक में बाँधते हुए संतों से कहते हैं कि ज्ञान की आँधी आने पर भ्रम के छप्पर उड़ जाते हैं। ज्ञान की आँधी माया, मोह, स्वार्थ, अधिकार, चंचल मन सभी को नष्ट कर देती है।

कबीर ने माया को बाँधने वाली रस्सी, मोह को बलिंडा या बल्ली तथा हित (स्वार्थ) व चित्त (चंचल मन) को छप्पर को टिकाने वाले स्तंभ यानी खंभे के रूप में व्यक्त किया है।

14. कबीर के अनुसार, ज्ञान की आँधी, काया से कौन-सा कूड़ा-करकट निकाल देती है? **दक्षता आधारित प्रश्न**

उत्तर कबीर के अनुसार, जब ज्ञान की आँधी चलती है, तो शरीर से कूड़ा-करकट अर्थात् सांसारिक विषय-वासनाएँ, लिप्सा, कपट-बुराइयाँ आदि सब निकलकर बाहर हो जाती हैं। ज्ञान की आँधी के सम्मुख अज्ञानता टिक नहीं पाती। अज्ञानता के साथ-साथ शरीर में उपस्थित बुरी भावनाओं का भी नाश हो जाता है।

15. कबीर ने 'भाँन के प्रगटे' में किस भानु की बात कही है और क्यों?

उत्तर कबीर ने कहा है कि जिस प्रकार सूर्य के प्रकट होने से संसार का अंधकार दूर हो जाता है, उसी प्रकार ज्ञान का सूर्य प्रकट होने से अज्ञान का अंधकार दूर हो जाता है अर्थात् भक्ति के रस में डूबने के पश्चात् जब ज्ञान रूपी सूर्य का उदय हुआ, तो अज्ञान रूपी अंधकार कहीं टिक न सका। कबीर का भानु यहाँ ज्ञान रूपी सूर्य है।

16. 'कबीर के पद आज पहले से भी कहीं अधिक प्रासंगिक हैं', तर्क सहित संक्षेप में उत्तर दीजिए। **दक्षता आधारित प्रश्न**

उत्तर वर्तमान परिस्थितियों में देश और समाज में सांप्रदायिक सौहार्द एवं भाईचारा स्थापित करने तथा पारस्परिक विद्वेष एवं कटुता को दूर करने में कबीर के पद आज पहले से भी कहीं अधिक प्रासंगिक हैं। वर्तमान में धार्मिक मतभेद और ढोंग-आडंबरों को देखते हुए कबीर के पदों की महत्ता आज और अधिक बढ़ जाती है।

17. सिद्ध कीजिए कि कबीर धर्म एवं संप्रदाय की संकीर्णताओं से ऊपर थे।

उत्तर कबीर धर्म की एवं संप्रदाय की संकीर्णताओं से ऊपर थे। वे हिंदू-मुसलमान दोनों को फटकार लगाते हुए कहते हैं— 'हिंदू मूआ राम कहि, मुसलमान खुदाइ।' इस प्रकार उनकी दृष्टि में काबा-काशी, राम-रहीम में कोई भेद नहीं है। दोनों एक ही ईश्वर के प्रतीक हैं, दोनों एक समान हैं। वह किसी एक धर्म को श्रेष्ठ नहीं मानते। उनके अनुसार, ईश्वर सभी जगह व्याप्त है।

18. कबीर के दोहे और पद सांप्रदायिक सद्भाव उत्पन्न करते हैं। इस विषय पर संक्षेप में लिखिए।

उत्तर कबीर के दोहे और पद दो टूक शब्दों में परस्पर भेदभाव को दूर करके समभाव, सद्भाव और मनुष्यता को अपनाने का संदेश देते हैं। वे हिंदू-मुस्लिम दोनों संप्रदायों को बराबर फटकारते हुए उन्हें एक होकर रहने तथा सांप्रदायिक सद्भाव और सौहार्द बनाए रखने की प्रेरणा देते हैं।

19. कबीर ने किस सामाजिक बुराई की ओर संकेत किया है और क्यों?

उत्तर कबीर ने धर्मों में भेदभाव रूपी सामाजिक बुराई की ओर संकेत किया है। अपने-अपने धर्मों और संप्रदायों को श्रेष्ठ मानते हुए दूसरों के धर्म और संप्रदायों की निंदा या विरोध करने से सामाजिक वैमनस्य बढ़ता है, जो सामाजिक बुराई का रूप है।

20. आज देश में प्रगति एवं विकास के बावजूद पारस्परिक द्वेष एवं हिंसा की घटनाओं में बढ़ोतरी हो रही है, ऐसे समय में कबीर की वाणी किस प्रकार इसे रोकने में मददगार हो सकती है? **दक्षता आधारित प्रश्न**

उत्तर कबीर हिंदी के सबसे क्रांतिकारी कवि माने जाते हैं। वे क्रांतिकारी इस अर्थ में हैं कि मनुष्य को उसकी व्यक्तिगत एवं सामाजिक बुराइयों के प्रति सचेत करते हुए वे दो टूक शब्दों में सच्चाई एवं नेकनीयती (इंसानियत) की शिक्षा देते हैं।

आपसी भेदभाव को दूर रखकर समभाव, सद्भाव एवं मनुष्यता को अपनाने की कबीर द्वारा दी जाने वाली शिक्षा, वर्तमान स्थितियों में देश और समाज में सांप्रदायिक सौहार्द एवं भाईचारा स्थापित करने में मददगार साबित हो सकती है।

21. कबीर ने ज्ञान का वर्णन अपने 'सबदों' एवं 'साखियों' में किया है। ज्ञान का व्यक्ति के जीवन में आपके अनुसार क्या महत्त्व हो सकता है?

उत्तर कबीर के अनुसार, वर्णित ज्ञान का स्वरूप आध्यात्मिक एवं ईश्वरीय है। आधुनिक संदर्भों में भी जीवन में वही व्यक्ति सफल होता दिखाई देता है, जिसके पास किसी भी क्षेत्र से संबंधित उचित ज्ञान एवं बेहतर विवेक है।

इस प्रकार इसमें कोई संदेह नहीं है कि मानव जीवन को गति एवं दिशा प्रदान करने वाला मूल प्रेरक तत्त्व सभ्यता के आरंभ से लेकर अब तक ज्ञान ही रहा है।

स्व-मूल्यांकन

कविता पर आधारित बहुविकल्पीय प्रश्न

निम्नलिखित प्रश्नों के सर्वाधिक उपर्युक्त विकल्पों का चयन कीजिए।

1. राम और रहीम में कैसे लोग भेद नहीं समझते?
(क) जो धार्मिक भेदभाव से ऊपर उठ जाते हैं
(ख) जो धार्मिक भेदभाव करते हैं
(ग) जो केवल राम को पूजते हैं
(घ) जो केवल रहीम को पूजते हैं

2. कबीर के अनुसार, ज्ञानीजन की दृष्टि में हमेशा निंदा के योग्य क्या हैं?
(क) निम्न कुल में जन्म लेने वाला
(ख) सोने के कलश में भरी मदिरा
(ग) उच्च कुल में जन्म लेने वाला
(घ) श्रेष्ठ कर्म करने वाला

3. कथन (A) कवि ने ईश्वर प्राप्ति के लिए बाहरी दिखावे, तीर्थ, व्रत उपवास आदि साधनों से हटकर मन से भक्ति करने की प्रेरणा दी है।
कारण (R) ईश्वर तो हर प्राणी की हर साँस में विद्यमान है।
कूट **दक्षता आधारित प्रश्न**
(क) कथन (A) गलत है, किंतु कारण (R) सही है।
(ख) कथन (A) और कारण (R) दोनों गलत हैं।
(ग) कथन (A) सही है और कारण (R) कथन (A) की सही व्याख्या है।
(घ) कथन (A) सही है, किंतु कारण (R) कथन (A) की सही व्याख्या नहीं है।

काव्यांश पर आधारित बहुविकल्पीय प्रश्न

निम्नलिखित काव्यांश को ध्यानपूर्वक पढ़कर पूछे गए प्रश्नों के सही विकल्प चुनिए।

1. मोको कहाँ ढूँढे बंदे, मैं तो तेरे पास में।
ना मैं देवल ना मैं मसजिद, ना काबे कैलास में।
ना तो कौने क्रिया-कर्म में, नहीं योग बैराग में।
खोजी होय तो तुरतै मिलिहौं, पल भर की तालास में।
कहैं कबीर सुनो भई साधो, सब स्वाँसों की स्वाँस में।।

(i) काव्यांश में किसे ढूँढने की बात हो रही है? **दक्षता आधारित प्रश्न**
(क) कबीर को (ख) ईश्वर को
(ग) देवता को (घ) मस्जिद को

(ii) लोग ईश्वर को प्रायः कहाँ ढूँढते हैं?
(क) मंदिर, मस्जिद, काबा और कैलाश में
(ख) अपने अंतर्मन में
(ग) अपने आसपास
(घ) उपरोक्त में से कोई नहीं

(iii) ईश्वर को बाहर खोजना व्यर्थ है, क्योंकि ......।
(क) वह कैलाश पर निवास करता है
(ख) वह मंदिर में निवास करता है
(ग) ईश्वर सर्वव्यापी है
(घ) वह मस्जिद में है

(iv) सच्चा साधक ईश्वर को कैसे खोज सकता है?
(क) बाह्य आडंबरों के बिना
(ख) सच्चाई का मार्ग अपनाते हुए
(ग) (क) और (ख) दोनों
(घ) उपरोक्त में से कोई नहीं

(v) 'सब स्वाँसों की स्वाँस में' पंक्ति में ...... अलंकार है।
(क) अनुप्रास
(ख) श्लेष
(ग) रूपक
(घ) उपमा

काव्यबोध संबंधी लघु प्रश्न

निम्नलिखित प्रश्नों के उत्तर संक्षेप में दीजिए

1. कबीर की पठित साखियों के आधार पर स्पष्ट कीजिए कि हरि भजन के लिए कैसी मनोभावना होनी चाहिए? **दक्षता आधारित प्रश्न**

2. कबीर ने किस प्रकार हिंदू और मुसलमानों पर व्यंग्य किया है? अपने शब्दों में लिखिए। **दक्षता आधारित प्रश्न**

3. कबीर की साखियों के आधार पर 'मुकताफल चुगने' का आशय स्पष्ट कीजिए।

4. कबीर अपने अधिकांश दोहों एवं सबदों में 'साधुओं' को ही क्यों संबोधित करते हैं? तर्क के साथ उत्तर दीजिए। **दक्षता आधारित प्रश्न**

5. कबीर की काव्यभाषा की विशेषताएँ अपने शब्दों में लिखिए।

अध्याय 8

वाख

ललद्यद

पाठ की रूपरेखा प्रस्तुत पाठ में प्रसिद्ध प्रथम कश्मीरी कवयित्री ललद्यद की 'वाख' के नाम से चर्चित रचनाओं का हिंदी अनुवाद प्रस्तुत किया गया है। ललद्यद ने अपने साहित्य के माध्यम से वही जागरण और जीवन-संदेश प्रस्तुत किया, जो हिंदी प्रदेश की प्रसिद्ध कवयित्री मीरा ने अपनी रचनाओं के द्वारा किया था। यही कारण है कि ललद्यद को 'कश्मीर की मीरा' कहा जाता है। ललद्यद ने धार्मिक आडंबरों का विरोध किया और प्रेम को सबसे बड़ा मूल्य बताया।

कवयित्री परिचय

कश्मीर की लोकप्रिय कवयित्री ललद्यद का जन्म 1320 ई. के लगभग कश्मीर में पाम्पोर के सिमपुरा गाँव में हुआ था। उनके जीवन से संबंधित प्रामाणिक तथ्य नहीं मिलते। उन्हें 'लल्लेश्वरी', 'लला', 'ललयोगेश्वरी', 'ललारिफा' आदि नामों से भी जाना जाता है।

ललद्यद ने मीरा, तुलसी, कबीर आदि की तरह धर्म की मान्यताओं से ऊपर उठकर मानवता व मानव प्रेम को ही प्रमुख माना। उन्होंने सांसारिक आडंबरों का विरोध करते हुए कहा है कि अपने भीतर निवास करने वाले आत्मस्वरूप ईश्वर की पहचान ही ईश्वर की सच्ची पहचान है, जिससे उनका जीवन जुड़ा हुआ है।

ललद्यद का काव्य वाखों (वाणी) के लिए प्रसिद्ध है। उन्होंने अपनी रचनाओं में आम जनता की सरल भाषा का प्रयोग किया है, इसलिए उन्हें आधुनिक कश्मीरी भाषा का प्रमुख आधार माना जाता है।

उनकी कविताएँ अरबी, फ़ारसी, संस्कृत आदि भाषाओं के शब्दों से बोझिल नहीं हैं, अपितु सरल हिंदी में रचित हैं। ललद्यद जी का निधन 1391 ई. के आस-पास माना जाता है।

वाख का भावार्थ

पहला वाख

रस्सी कच्चे धागे की, खींच रही मैं नाव।
जाने कब सुन मेरी पुकार, करें देव भवसागर पार।
पानी टपके कच्चे सकोरे, व्यर्थ प्रयास हो रहे मेरे।
जी में उठती रह-रह हूक, घर जाने की चाह है घेरे।।

शब्दार्थ **कच्चे धागे**-कमज़ोर सहारा; **देव**-परमात्मा, देवता; **भवसागर**-संसार रूपी समुद्र; **सकोरे**-मिट्टी के पात्र जिनमें पानी या दूध पिया जाता है; **व्यर्थ**-बेकार; **हूक**-तड़प, वेदना; **चाह**-चाहत, इच्छा।

भावार्थ

कवयित्री कहती है कि हे परमात्मा! मैं जिस जीवन रूपी नाव से इस सांसारिक-सागर को पार करने का प्रयास कर रही हूँ और जीवन रूपी नाव को जिस प्राण रूपी रस्सी से खींच रही हूँ , वह अत्यंत क्षीण, कमज़ोर कच्चे धागे की है। मैं इस प्राण रूपी रस्सी से जीवन रूपी नाव को अधिक दिनों तक नहीं खींच सकती। न जाने मेरे प्रभु (देव) मेरी पुकार कब सुनेंगे और मुझे भवसागर से पार करेंगे। प्रभु को पाने के लिए मैं जो भी प्रयत्न करती हूँ वे सारे प्रयत्न निरर्थक होते जा रहे हैं। समय उसी प्रकार बीतता जा रहा है, जिस प्रकार कच्ची मिट्टी से बने पात्र से पानी रिसता है। अपने प्रभु से मिलने के लिए मेरे हृदय में रह-रह कर तीव्र तड़प उठती है कि मैं कब अपने प्रभु से मिलूँगी? मुझे घर जाने की चाह ने घेरा हुआ है। आपसे मिलन हेतु मेरी वेदना दिन-प्रतिदिन बढ़ती ही जा रही है। अत: हे परमात्मा! मुझे इस भवसागर से पार कीजिए।

दूसरा वाख

खा-खाकर कुछ पाएगा नहीं,
न खाकर बनेगा अहंकारी।
सम खा तभी होगा समभावी,
खुलेगी साँकल बंद द्वार की।

शब्दार्थ **अहंकारी**–घमंडी; **सम**–बाह्य एवं अंतःकरण की इंद्रियों का शमन या निग्रह या नियंत्रण; **समभावी**–समानता का भाव; **साँकल**–कुंडी, बंधन।

भावार्थ

मनुष्य से मध्यम मार्ग का अनुसरण करने का आग्रह करती हुई कवयित्री कहती है कि हे मनुष्य! तुझे भोग में लिप्त होकर कुछ भी प्राप्त नहीं होगा। भोग और संन्यास दोनों मनुष्य को राग-द्वेषी बनाते हैं, जिससे परमात्मा-मिलन के सारे द्वार बंद हो जाते हैं। यदि मनुष्य भोग त्यागकर वैरागी हो जाएगा, तो तंत्र-साधनाएँ उसे अहंकारी बना देंगी, क्योंकि उसे लगेगा कि वह परमात्मा से श्रेष्ठ हो चुका है। कवयित्री कहती है कि भोग और वैराग्य के मध्य एक मार्ग और है, जो इंद्रियों को नियंत्रित एवं संयमित रखने से प्राप्त होता है। यह मार्ग है—समानता का। जो मनुष्य सुख-दुःख दोनों ही स्थितियों में संतुलित रहता है अर्थात् समानता का भाव रखता है, उसके लिए मुक्ति रूपी द्वार की कुंडी स्वयं ही खुल जाती है और तब उसका परमात्मा से मिलन संभव हो जाएगा।

तीसरा वाख

आई सीधी राह से, गई न सीधी राह।
सुषुम-सेतु पर खड़ी थी, बीत गया दिन आह!
जेब टटोली, कौड़ी न पाई।
माझी को दूँ, क्या उतराई?

शब्दार्थ **राह**–मार्ग, रास्ता; **सुषुम-सेतु**–इड़ा और पिंगला नाड़ी को जोड़ने वाली नाड़ी, सुषुम्ना नाड़ी; **टटोली**–खोजी; **कौड़ी**–मूल्य, दाम; **माझी**–नाविक, नाव चलाने वाला, ईश्वर; **उतराई**–नाविक को नदी पार करने पर दिया जाने वाला शुल्क।

भावार्थ

कवयित्री कहती है कि जिस परमात्मा ने सहज-सामान्य रूप से मुझे इस संसार में भेजा, मैं उसी ईश्वर को प्राप्त करने के लिए यहाँ सांसारिक उलझनों में फँसकर अपना रास्ता भूल गई और सहज मार्ग की अपेक्षा टेढ़े-मेढ़े मार्ग को अपनाने लगी। कई तरह की तंत्र-साधनाओं के सहारे सुषुम्ना नाड़ी को जागृत कर परमात्मा को प्राप्त करने के भ्रम में मैंने संपूर्ण जीवन बिता दिया। अंततः जब संसार रूपी सागर से उतरने (किनारे पर पहुँचने) का समय आया, तब मैंने अपनी जेब टटोली (खोजी), अर्थात् आत्मालोचन किया तो ईश्वर रूपी माझी (नाविक) को देने के लिए मेरे पास कुछ नहीं था। जीवन को छल-कपट से स्वार्थ सिद्ध करने में लगा दिया, मैं भूल गई कि ईश्वर को दिखावा, आडंबर नहीं, बल्कि भक्त की सहज भावना, उसका प्रेम चाहिए। इस अर्थ में मेरा जीवन निरर्थक रहा, क्योंकि जीवन के अंत में ईश्वर को अर्पित करने के लिए मेरे पास कुछ भी नहीं था।

चौथा वाख

थल-थल में बसता है शिव ही,
भेद न कर क्या हिंदू-मुसलमां।
ज्ञानी है तो स्वयं को जान,
वही है साहिब से पहचान।।

शब्दार्थ **थल-थल**–कण-कण, स्थान; **शिव**–ईश्वर, ईश्वरतत्त्व; **भेद**–भेदभाव, अंतर; **साहिब**–ईश्वर, खुदा।

भावार्थ

कवयित्री के अनुसार, परमात्मा प्रकृति के कण-कण में बसा हुआ है। ईश्वरतत्त्व मनुष्य में जीवनतत्त्व के रूप में विद्यमान है, परंतु भिन्न-भिन्न धार्मिक मान्यताएँ, हिंदू-मुसलमान के ईश्वर में अंतर करती हैं। कवयित्री कहती है कि हे हिंदू, हे मुसलमान! तुम इस सर्वव्यापी तत्त्व में भेद न करो। सच्चा ज्ञानी वही है, जो स्वयं को जान लेता है। यदि तुम्हें वास्तव में, सच्चा ज्ञान प्राप्त हो गया है, तो स्वयं को पहचानो, क्योंकि तुम्हारे अंदर ही ईश्वर बसता है।

स्वयं में ही ईश्वर को खोजो, तो वह अवश्य मिलेगा। वह चेतन रूप में हमारे अंदर ही है। प्रस्तुत वाख में ईश्वर के व्यापक स्वरूप का वर्णन करते हुए भेद-भाव का विरोध किया गया है साथ ही यह भी बताने का प्रयास किया गया है कि मनुष्य उसे (ईश्वर को) स्वयं पहचान नहीं पाता।

NCERT फोल्डर

पाठ्यपुस्तक (क्षितिज भाग-1) के प्रश्नोत्तर

प्र.1 'रस्सी' यहाँ किसके लिए प्रयुक्त हुआ है और वह कैसी है?

उत्तर कवयित्री ने नाशवान शरीर और प्राण के लिए रस्सी का प्रयोग किया है। रस्सी कच्चे धागे से बनी है, जो क्षीण और नाशवान है। इस क्षीण रस्सी से जीवन रूपी नाव को अधिक दिनों तक नहीं खींचा जा सकता है। यह कमजोर रस्सी कभी भी टूट सकती है।

प्र.2 कवयित्री द्वारा मुक्ति के लिए किए जाने वाले प्रयास व्यर्थ क्यों हो रहे हैं?

उत्तर कवयित्री मानती है कि जीवन रूपी नाव नश्वर शरीर या प्राण रूपी कच्चे धागे की रस्सी से बँधी है, जो कभी भी टूट सकती है अर्थात् जीवन समाप्त हो सकता है, ईश्वर-मिलन के उसके सारे प्रयास व्यर्थ हो रहे हैं।

प्र.3 कवयित्री का 'घर जाने की चाह' से क्या तात्पर्य है?

उत्तर कवयित्री का 'घर जाने की चाह' से तात्पर्य है—ईश्वर या परमात्मा से मिलन। इसका अर्थ यह है कि कवयित्री इस सांसारिक माया जाल से मुक्ति चाहती है अर्थात् परमात्मा से मिलन और मोक्ष की प्राप्ति चाहती है।

प्र.4 भाव स्पष्ट कीजिए

(क) जेब टटोली कौड़ी न पाई।

(ख) खा-खाकर कुछ पाएगा नहीं,
न खाकर बनेगा अहंकारी।

उत्तर (क) प्रस्तुत पंक्ति में कवयित्री ने जीवन की निरर्थकता का वर्णन किया है। कवयित्री कहती है कि सीधी-सहज चाल चलने की अपेक्षा टेढ़ी-मेढ़ी चाल चलकर मैंने सब कुछ गँवा दिया और जब मुक्ति का समय आया, तो पाया कि मेरे हाथ में कुछ नहीं था।

(ख) कवयित्री ने भोगवाद और वैराग्यवाद (संन्यास) को भक्ति का सहज मार्ग नहीं माना। ये दोनों मनुष्य को अतिवादी बनाते हैं। भोगी व्यक्ति को जीवन में कुछ भी प्राप्त नहीं होता और संन्यासी व्यक्ति तंत्र-साधनाओं के बल पर अहंकारी हो जाता है और सब कुछ गँवा बैठता है।

प्र.5 बंद द्वार की साँकल खोलने के लिए ललद्यद ने क्या उपाय सुझाया है?

उत्तर कवयित्री ललद्यद ने उपाय सुझाया कि भोग और संन्यास से मुक्त रहकर और इंद्रियों को नियंत्रित कर समान भाव से जीने वाले व्यक्ति के लिए बंद द्वार की साँकल खुल जाती है और तब उसका परमात्मा से मिलन संभव हो जाता है। मनुष्य को न तो बहुत अधिक भोगों में लिप्त रहना चाहिए न ही व्रत-उपवास की अधिकता में, क्योंकि इससे हानि पहुँचती है।

प्र.6 ईश्वर प्राप्ति के लिए बहुत से साधक हठयोग जैसी कठिन साधना भी करते हैं, लेकिन उससे भी लक्ष्य प्राप्ति नहीं होती। यह भाव किन पंक्तियों में व्यक्त हुआ है? दक्षता आधारित प्रश्न

उत्तर उपरोक्त भाव निम्नलिखित पंक्तियों में व्यक्त हुआ है
आई सीधी राह से, गई न सीधी राह।
सुषुम-सेतु पर खड़ी थी, बीत गया दिन आह!
जेब टटोली, कौड़ी न पाई।
माझी को दूँ, क्या उतराई?

प्र.7 'ज्ञानी' से कवयित्री का क्या अभिप्राय है?

उत्तर 'ज्ञानी' का अर्थ है—सत्य-असत्य तथा धर्म-अधर्म में से सत्य एवं धर्म की पहचान करने वाला व्यक्ति। ज्ञानी व्यक्ति सत्य की परख करता है और ईश्वर-अल्लाह में भेद नहीं करता है। उसके लिए ईश्वर सर्वव्यापी है और सबके लिए वह एक है। ज्ञानी व्यक्ति सांसारिक मोह-माया से परे और सच्ची भक्ति का प्रणेता होता है।

रचना और अभिव्यक्ति

प्र.8 हमारे संतों, भक्तों और महापुरुषों ने बार-बार चेताया है कि मनुष्यों में परस्पर किसी भी प्रकार का भेदभाव नहीं होता, लेकिन आज भी हमारे समाज में भेदभाव दिखाई देता है

(क) आपकी दृष्टि में इस कारण देश और समाज को क्या हानि हो रही है?

(ख) आपसी भेदभाव को मिटाने के लिए अपने सुझाव दीजिए।

उत्तर (क) भारत में कई संत और महापुरुष हुए, जो सांप्रदायिक सद्भाव, सामाजिक-आर्थिक समता एवं आपसी मेल-मिलाप को महत्त्व देते रहे हैं। सांप्रदायिक मन-मुटावों से होने वाले झगड़े न केवल जान-माल को, बल्कि देश और समाज की प्रतिष्ठा को भी नुकसान पहुँचाते हैं। जाति में ऊँच-नीच के बोध से योग्य व्यक्ति ऊँचे पद पर पहुँचने से वंचित रह जाते हैं और अयोग्य व्यक्ति उच्च स्थानों पर आसीन होकर देश चलाते हैं, जिससे देश को अत्यधिक क्षति उठानी पड़ती है।

(ख) शिक्षा व्यक्ति को धर्म, संप्रदाय, जाति जैसी प्रवृत्तियों से मुक्त कर उसे व्यापक विकास की ओर ले जाएगी। योग्यता के आधार पर व्यक्ति का चयन देश एवं समाज दोनों को उन्नति प्रदान करेगा। आर्थिक विषमता दूर होगी। काम के समान अवसर प्रदान करके इन समस्याओं से मुक्त हुआ जा सकता है।

पाठेतर सक्रियता

प्र.1 भक्तिकाल में ललद्यद के अतिरिक्त तमिलनाडु की आंदाल, कर्नाटक की अक्क महादेवी और राजस्थान की मीरा जैसी भक्त कवयित्रियों के बारे में जानकारी प्राप्त कीजिए एवं उस समय की सामाजिक परिस्थितियों के बारे में कक्षा में चर्चा कीजिए।

उत्तर छात्र स्वयं करें।

प्र.2 ललद्यद कश्मीरी कवयित्री हैं। कश्मीर पर एक अनुच्छेद लिखिए।

उत्तर छात्र स्वयं करें।

अभ्यास प्रश्न

बहुविकल्पीय व वर्णनात्मक प्रश्नों सहित

कविता पर आधारित बहुविकल्पीय प्रश्न

निम्नलिखित प्रश्नों के सर्वाधिक उपयुक्त विकल्पों का चयन कीजिए।

1. कवयित्री किस नाव को खींचने की बात कर रही है?

(क) जीवन रूपी नाव को (ख) शरीर रूपी नाव को
(ग) प्राण रूपी नाव को (घ) ईश्वर रूपी नाव को

उत्तर (क) जीवन रूपी नाव को

2. कवयित्री के दिल में कैसी हूक उठ रही है?

(क) सागर पार जाने की (ख) प्रभु-भक्ति करने की
(ग) परमात्मा से मिलने की (घ) नदी पार करने की

उत्तर (ग) परमात्मा से मिलने की

3. कवयित्री के मुक्ति के लिए किए गए प्रयास व्यर्थ हो रहे हैं क्योंकि..........।

(क) जीवन रूपी उसकी नाव शरीर रूपी कच्चे धागे की रस्सी से बँधी है
(ख) उसका जीवन गलत कार्यों में व्यतीत हो रहा है
(ग) वह प्रभु-भक्ति के लिए समय नहीं निकाल पा रही है
(घ) वह सांसारिक विषयों में उलझी हुई है

उत्तर (क) जीवन रूपी उसकी नाव शरीर रूपी कच्चे धागे की रस्सी से बँधी है

4. 'खा-खाकर कुछ पाएगा नहीं' से कवयित्री का क्या तात्पर्य है?

(क) ज्यादा खाने-पीने से कुछ भी प्राप्त नहीं होगा
(ख) ज्यादा भोग में लिप्त रहने से ईश्वर मन से दूर हो जाते हैं
(ग) सांसारिक वासनाएँ ईश्वर से दूर नहीं करतीं
(घ) भूखे पेट ईश्वर भजन नहीं होता

उत्तर (ख) ज्यादा भोग में लिप्त रहने से ईश्वर मन से दूर हो जाते हैं

5. कवयित्री के अनुसार, बिलकुल भोग त्यागने से क्या होगा?

(क) मनुष्य भोग त्यागकर वैरागी हो जाएगा
(ख) वैरागी होने के कारण वह तंत्र-साधनाओं में उलझ जाएगा
(ग) तंत्र-साधनाएँ उसे अहंकारी बना देंगी
(घ) उपर्युक्त सभी

उत्तर (घ) उपर्युक्त सभी

6. निम्न कथनों में से कौन-सा/से समभावी के विषय में सही है/हैं?

(क) जो सुख-दु:ख दोनों स्थितियों में संतुलन बनाए रखता है
(ख) जो सबको समान रूप से देखता है
(ग) जो ईश्वर प्राप्ति की भावना से योग-साधना करता है
(घ) जो सांसारिक भोग विलासिताओं में डूबा रहता है।

उत्तर (क) जो सुख-दु:ख दोनों स्थितियों में संतुलन बनाए रखता है

7. 'सम खा' से कवयित्री का क्या तात्पर्य है?

(क) भोग का मार्ग अपनाने से
(ख) भोग और त्याग के बीच का मध्यम मार्ग अपनाने से
(ग) केवल त्याग का मार्ग अपनाने से
(घ) सभी की समान रूप से सेवा करने से

उत्तर (ख) योग और त्याग के बीच का मध्यम मार्ग अपनाने से

8. सांसारिक मोह-माया के बंधन से व्यक्ति कब मुक्त हो जाता है?

(क) जब माया का पर्दा हट जाता है
(ख) जब व्यक्ति समानता को अपना लेता है
(ग) जब अहंकार दूर हो जाता है
(घ) जब ज्ञान के नेत्र खुल जाते हैं

उत्तर (घ) जब ज्ञान के नेत्र खुल जाते हैं

9. सम खा तभी होगा समभावी,
खुलेगी साँकल बंद द्वार की।
'खुलेगी साँकल बंद द्वार की' से क्या आशय है? दक्षता आधारित प्रश्न

(क) मनुष्य को समानता का भाव रखना चाहिए
(ख) समानता का भाव रखने से मुक्ति रूपी द्वार की कुंडी खुल जाती है
(ग) कुंडी खुलने से उसका परमात्मा से मिलन संभव हो जाता है
(घ) उपर्युक्त सभी

उत्तर (घ) उपर्युक्त सभी

10. कवयित्री, माझी के लिए परेशान है, क्योंकि ....।

(क) उसके पास उसे उतराई देने के लिए कुछ नहीं है
(ख) माझी उसे सागर पर नहीं ले जाना चाहता
(ग) माझी उससे ज्यादा उतराई माँग रहा है
(घ) माझी की नाव टूट गई है

उत्तर (क) उसके पास उसे उतराई देने के लिए कुछ नहीं है

11. कवयित्री संसार में किस राह से आई थी?

(क) टेढ़े-मेढ़े मार्ग से
(ख) स्वर्ग के रास्ते से
(ग) सहज-सामान्य रूप से
(घ) उपरोक्त में से कोई नहीं

उत्तर (ग) सहज-सामान्य रूप से

12. कवयित्री ने अपने जीवन में क्या अनुभव किया?

(क) हठयोग साधना से प्रभु प्राप्ति संभव है
(ख) हठयोग साधना से प्रभु प्राप्ति संभव नहीं
(ग) बिना मोह-माया के कुछ भी संभव नहीं
(घ) मनुष्य को सीधी राह पर चलना चाहिए

उत्तर (ख) हठयोग साधना से प्रभु प्राप्ति संभव नहीं

13. कवयित्री के अनुसार, प्रभु प्राप्ति कैसे संभव है?

(क) समता के भाव से (ख) असमता के भाव से

(ग) सद्कर्म अपनाने से (घ) भवसागर पार करने से

उत्तर (क) समता के भाव से

14. कवयित्री ने कौन-सी दो स्थितियाँ ईश्वर भक्ति से दूर करने वाली बताई हैं? दक्षता आधारित प्रश्न

(क) विषय-वासनाओं के पास रहना तथा उनसे दूर रहना

(ख) इंद्रियों का भरण-पोषण करना तथा व्रत-उपवास करना

(ग) त्याग करना और अहंकार करना

(घ) ईश्वर भक्ति करना और भोग-विलास करना

उत्तर (ख) इंद्रियों का भरण-पोषण करना तथा व्रत-उपवास करना

15. भोग व त्याग के बीच संतुलन रखने वाला कौन होता है?

(क) त्यागी (ख) मध्यममार्गी

(ग) तपस्वी (घ) समभावी

उत्तर (घ) समभावी

काव्यांशों पर आधारित बहुविकल्पीय प्रश्न

निम्नलिखत काव्यांशों को ध्यानपूर्वक पढ़कर पूछे गए प्रश्नों के सही विकल्प चुनिए।

1. रस्सी कच्चे धागे की, खींच रही मैं नाव।
जाने कब सुन मेरी पुकार, करें देव भवसागर पार।
पानी टपके कच्चे सकोरे, व्यर्थ प्रयास हो रहे मेरे।
जी में उठती रह-रह हूक, घर जाने की चाह है घेरे।।

(i) यहाँ कवयित्री ने 'रस्सी' शब्द का प्रयोग किसके लिए किया है?

(क) नाव के लिए (ख) कमजोर शरीर के लिए

(ग) संसार के लिए (घ) स्वयं के लिए

उत्तर (ख) कमजोर शरीर के लिए

(ii) किस कार्य के लिए कवयित्री के प्रयास व्यर्थ हो रहे हैं?

(क) संसार रूपी सागर से पार जाने के

(ख) नदी पार करने के

(ग) समुद्र पार करने के

(घ) घर जाने के

उत्तर (क) संसार रूपी सागर से पार जाने के

(iii) 'कच्चे सकोरे' से कवयित्री का किससे तात्पर्य है?

(क) शरीर से (ख) प्राण से

(ग) साँसों से (घ) प्रभु से

उत्तर (क) शरीर से

(iv) कवयित्री के ईश्वर प्राप्ति के प्रयास असफल हो रहे हैं, क्योंकि ....। दक्षता आधारित प्रश्न

(क) प्रभु-भक्ति में मन नहीं लगता था

(ख) समय न मिल पाता था

(ग) मोह-माया में मन जकड़ा हुआ था

(घ) परमात्मा की पुकार का न सुन पाना

उत्तर (ग) मोह-माया में मन जकड़ा हुआ था

(v) कवयित्री किस घर जाना चाहती है?

(क) अपने मायके वाले घर में

(ख) अपने ससुराल वाले घर में

(ग) समुद्र के पार बने घर में

(घ) परमात्मा के घर

उत्तर (घ) परमात्मा के घर

2. आई सीधी राह से, गई न सीधी राह।
सुषुम-सेतु पर खड़ी थी, बीत गया दिन आह!
जेब टटोली, कौड़ी न पाई।
माझी को दूँ, क्या उतराई?

(i) कवयित्री के अनुसार, वह काव्यांश में किस मार्ग पर न चलने की बात कर रही है?

(क) प्रेम के सरल मार्ग पर चलने की

(ख) भक्ति के सरल मार्ग पर नहीं चलने की

(ग) अनुचित कार्यों के मार्ग में चलने की

(घ) उपरोक्त में से कोई नहीं

उत्तर (ख) भक्ति के सरल मार्ग पर नहीं चलने की

(ii) 'सुषुम-सेतु' से कवयित्री का क्या तात्पर्य है?

(क) ईश्वर को प्राप्त कराने के साधन से

(ख) सुंदर पुल से पार न जाने से

(ग) सुषुम्ना नाड़ी की साधना से

(घ) योग-साधना न करने से

उत्तर (ग) सुषुम्ना नाड़ी की साधना से

(iii) कवयित्री की चिंता का कारण क्या है?

(क) उसके पास ईश्वर को देने के लिए कुछ नहीं है

(ख) वह योग-साधना करना चाहती है

(ग) वह ईश्वर को पाने का मार्ग ढूँढना चाहती है

(घ) उसे घर जाने के लिए कोई मार्ग नहीं मिला है

उत्तर (क) उसके पास ईश्वर को देने के लिए कुछ नहीं है

(iv) कवयित्री के अनुसार, उसके पास क्या नहीं था?

(क) कर्मकांड या बाह्य आडंबर

(ख) भक्ति की सहज भावना

(ग) हठ योग की साधना

(घ) नदी पार कराने वाले माझी को देने के लिए पैसे

उत्तर (ख) भक्ति की सहज भावना

(v) काव्यांश में 'माझी' किसका प्रतीक है?

(क) मल्लाह का (ख) प्रेम का

(ग) ईश्वर का (घ) भक्ति का

उत्तर (ग) ईश्वर का

काव्यबोध संबंधी लघु प्रश्नोत्तर

निम्नलिखित प्रश्नों के उत्तर संक्षेप में दीजिए

1. कवयित्री के दिल में क्या हूक-सी उठती है और क्यों?

उत्तर कवयित्री के दिल में परमात्मा से मिलने की हूक अर्थात् तड़प उठती है, क्योंकि उसके लिए अर्थात् मनुष्य की आत्मा के लिए यह भवसागर या संसार तो पराया घर है और परमात्मा का घर उसका अपना घर है। इसलिए आत्मा दिन-रात परमात्मा से मिलने के लिए तड़पती रहती है।

2. कवयित्री ने अपने जीवन में क्या अनुभव किया?

उत्तर कवयित्री ने अपने जीवन में अनुभव किया कि हठयोग साधना से संसार रूपी भवसागर से पार उतरना संभव नहीं है। इस भवसागर को पार करने के लिए प्राणी के सद्कर्म ही सहायक हो सकते हैं, परंतु इस हठयोग साधना में कवयित्री ने अपना संपूर्ण जीवन बिता दिया, जिसका उसे कोई लाभ नहीं हुआ।

3. "खा-खाकर कुछ पाएगा नहीं"–पंक्ति द्वारा कवयित्री ललद्यद क्या स्पष्ट करना चाहती हैं? दक्षता आधारित प्रश्न

उत्तर प्रस्तुत पंक्ति में कवयित्री ललद्यद मनुष्य को चेताना (जगाना) चाहती हैं कि शरीर और इंद्रियों का भरण-पोषण करते रहने से कोई लाभ नहीं होगा। यदि इंद्रियाँ नियंत्रित और संयमित होकर समता का भाव धारण करें, तभी ईश्वर की प्राप्ति संभव है अन्यथा कुछ भी हासिल (प्राप्त) नहीं होगा।

4. 'खाने' और 'परमात्मा' के बीच क्या संबंध है?

उत्तर मनुष्य संसार में भोग कर-करके केवल अपने नश्वर शरीर और इंद्रियों का ही भरण-पोषण करता है। यदि मनुष्य बिना खाए रहे अर्थात् व्रत-उपवास एवं त्याग करे, तो वह स्वयं को महात्मा मानने लगता है और अहंकार के कारण परमात्मा प्राप्ति के मार्ग से भटक जाता है। दोनों ही स्थितियाँ मनुष्य को ईश्वर भक्ति से दूर करने वाली होती हैं।

5. वाख के अनुसार, मनुष्य समभावी कब बनेगा?

उत्तर वाख के अनुसार, जाति एवं धर्म संबंधी संकीर्ण भावनाओं के बंधन तोड़ने पर ही मनुष्य समभावी बनेगा। वस्तुत: समभावी उसे कहते हैं, जो भोग एवं त्याग के बीच संतुलन रखते हुए मध्यम मार्ग अपनाता है। इसके लिए आवश्यक है कि मनुष्य अपनी पूर्वधारणाओं से मुक्त होकर संकीर्णताओं को त्यागे।

6. "ललद्यद सरल भक्ति-भाव पर बल देती हैं।" उदाहरण देकर सिद्ध कीजिए। दक्षता आधारित प्रश्न

उत्तर कवयित्री ललद्यद का जीवन यूँ ही हठयोग में उलझे-उलझे बीत गया, जब परमात्मा मिलन की बात आई, तो उन्होंने पाया कि उनके पास परमात्मा को उतराई देने के लिए पर्याप्त सहज भक्ति ही नहीं है, इसलिए सरल एवं सहज भक्ति पर बल देती हुई वे कहती हैं

"आई सीधी राह से, गई न सीधी राह।
सुषुम-सेतु पर खड़ी थी, बीत गया दिन आह!"

7. कवयित्री ललद्यद के अनुसार, 'उतराई' देने का क्या आशय है? स्पष्ट कीजिए।

उत्तर कवयित्री ललद्यद के अनुसार, 'उतराई' देने से आशय नाविक को नदी पार कराने के लिए दिए जाने वाले शुल्क से है। कवयित्री का कहना है कि जिस 'माझी' यानी नाविक (ईश्वर) ने संसार रूपी भवसागर को पार कराया, उस नाविक को इसके बदले शुल्क रूप में दिए जाने के लिए उसके पास कुछ भी नहीं है।

8. माझी किसके लिए प्रयुक्त हुआ है और क्यों?

उत्तर माझी अर्थात् नाविक शब्द ईश्वर के लिए प्रयुक्त हुआ है, क्योंकि एक वही है, जो लोगों को भवसागर से पार कराने में सहायक है। इसके साथ ही कवयित्री कहती है कि अंतत: जब संसार रूपी सागर से उतरने यानी किनारे पहुँचने का समय आया, तो ईश्वर रूपी माझी या नाविक को देने के लिए मेरे पास कुछ नहीं था।

9. कवयित्री ने किस संदर्भ में कहा कि उसने अपने जीवन को निरर्थक गँवा दिया?

***अथवा* कवयित्री ललद्यद माझी के समक्ष परेशान क्यों हैं?**

उत्तर कवयित्री के पास माझी अर्थात् परमात्मा को उतराई देने के लायक कुछ भी नहीं है। उसे जिस सहज-साधना की आवश्यकता थी, कवयित्री ललद्यद उससे वंचित हैं। वे तो भ्रामक साधनों द्वारा ईश्वर को प्राप्त करने का प्रयास करती रहीं और जीवन निरर्थक गँवा दिया। अंत में जेब टटोलने पर उन्हें अपनी जेब में कुछ भी नहीं मिला।

10. कवयित्री ललद्यद के अनुसार, ईश्वर का निवास-स्थान कहाँ पर है और उसे कौन जान सकता है? दक्षता आधारित प्रश्न

उत्तर कवयित्री ललद्यद के अनुसार, ईश्वर का निवास-स्थान पूरे संसार या ब्रह्मांड में है। वह सृष्टि के कण-कण में और हर मानव मन में स्थित है।

ईश्वर को केवल वही व्यक्ति जान सकता है, जिसने स्वयं को जान लिया हो।

11. ललद्यद ने 'शिव' शब्द किसके लिए प्रयुक्त किया है और वह कहाँ विद्यमान है?

उत्तर ललद्यद ने प्रकृति के कण-कण में बसे परमात्मा के लिए 'शिव' शब्द प्रयुक्त किया है। वह मनुष्य में जीवनतत्त्व रूप में विद्यमान रहता है। शिव का अर्थ होता है— 'कल्याणकारी' और परमात्मा सभी के लिए कल्याणकारी होता है।

12. कवयित्री ललद्यद के अनुसार, शिव किनमें भेदभाव नहीं करते और क्यों?

उत्तर कवयित्री ललद्यद के अनुसार, शिव अपने भक्त में केवल भक्ति-भावना देखते हैं। वह उनमें जाति-पाँति, धर्म—संप्रदाय आदि का भेदभाव नहीं करते, क्योंकि शिव कल्याणकारी हैं। वे सबका कल्याण करते हैं, लेकिन उनका प्रसाद पाने के लिए मनुष्य को निर्मल हृदय का एवं भक्ति-भावना से पूर्ण होना होगा।

13. **कवयित्री के अनुसार, ईश्वर प्राप्ति के मार्ग में कौन-कौन-सी बाधाएँ हमारे समक्ष आती हैं?**

उत्तर कवयित्री के अनुसार, ईश्वर प्राप्ति के मार्ग में अनेक बाधाएँ हमारे समक्ष आती हैं

(i) नश्वर और क्षणभंगुर शरीर।

(ii) सांसारिक भोग-विलास से होने वाला मन-भटकाव।

(iii) अहंकार की प्रवृत्ति जीवात्मा को परमात्मा से और दूर कर देती है।

(iv) आत्मज्ञान का अभाव अर्थात् स्वयं के बारे में न जानना।

14. **कवयित्री ने ईश्वर प्राप्ति के लिए किन-किन उपायों को सुझाया है?**
अथवा **ललद्यद ने परमात्मा प्राप्ति का कौन-सा उपाय बताया है?**

उत्तर कवयित्री ने ईश्वर प्राप्ति के लिए निम्न उपायों को सुझाया है

(i) साधक के मन में हूक (तड़प) उठना आवश्यक है।

(ii) जीवन में त्याग और भोग के बीच संयम की प्रवृत्ति को अपनाना चाहिए।

(iii) ईश्वर प्राप्ति के लिए हठयोग जैसे जटिल मार्ग को न अपनाकर सहज, सरल और स्वाभाविक जीवन को अपनाना।

(iv) परमात्मा को जानने के लिए साधक को स्वयं के अंदर झाँकना चाहिए। आत्मज्ञान ही सच्चा ईश्वर है।

15. **ज्ञान के अभाव में मनुष्य स्वयं को नहीं पहचान पाता, कवयित्री आत्म परिचय के लिए मनुष्य को वास्तविक ज्ञान प्राप्त करने की सलाह देती है। इस विचार के संदर्भ में ज्ञान के महत्त्व को स्पष्ट कीजिए।** **दक्षता आधारित प्रश्न**

उत्तर कवयित्री ललद्यद ने माना है कि मनुष्य को उसके वास्तविक स्वरूप की पहचान तभी होती है, जब उसे सच्चा ज्ञान प्राप्त हो जाता है। अन्य संत कवियों; जैसे—कबीर, गौतम बुद्ध आदि ने भी ज्ञान को ज्योति के समान मानकर उसे जीवन में व्याप्त अज्ञान के अँधेरे को दूर करने वाला तथा मनुष्य को उसके वास्तविक स्वरूप का ज्ञान कराने वाला पथप्रदर्शक माना है।

16. **अपने वाखों में ललद्यद ने जिस सामाजिक सद्भाव एवं समता का संदेश दिया है, वर्तमान लोकतांत्रिक भारत के संदर्भ में उसका क्या महत्त्व है? स्पष्ट कीजिए।** **दक्षता आधारित प्रश्न**

उत्तर वर्तमान लोकतांत्रिक भारत के संदर्भ में इस विचार का महत्त्व और भी बढ़ जाता है, क्योंकि लोकतंत्र में जनता, जन-समाज और उसकी आशा—आकांक्षा ही सर्वोपरि होती है। ऐसे में यदि लोग आपसी भेदभाव भुलाकर पारस्परिक सद्भाव एवं समता के विचार को अपनाएँगे, तो इससे देश और समाज उन्नत होगा।

17. **'वाख' कविता के माध्यम से कवयित्री मनुष्य को क्या प्रेरणा देना चाहती है?**

उत्तर 'वाख' कविता के माध्यम से कवयित्री मनुष्य को संकीर्ण संप्रदाय की भावना से ऊपर उठकर ईश्वर भक्ति करने की प्रेरणा देती है। कवयित्री सांसारिक कार्यों का पूर्णतः त्याग करने की बात नहीं कहती, बल्कि संसार एवं ईश्वर, भोग एवं त्याग में संतुलन बनाने का समर्थन करती है। इसलिए वह मनुष्य को समभावी होने पर ज़ोर देती है।

स्व–मूल्यांकन

कविता पर आधारित बहुविकल्पीय प्रश्न

निम्नलिखित प्रश्नों के सर्वाधिक उपयुक्त विकल्पों का चयन कीजिए

1. कवयित्री ने अपने वाखों के द्वारा किस भक्ति पर बल दिया है?
(क) सरल व सहज भक्ति (ख) निर्गुण भक्ति
(ग) सगुण भक्ति (घ) दास्य भक्ति

2. रस्सी कच्चे धागे की, खींच रही मैं नाव जाने कब सुन मेरी पुकार, करें देव भवसागर पार। संसार रूपी भवसागर से पार कराने में ………… सहायक है।
(क) भक्ति रूपी माझी (ख) हठयोग रूपी माझी
(ग) ईश्वर रूपी माझी (घ) सांसारिक कर्म रूपी माझी

3. कवयित्री के अनुसार, ईश्वर प्राप्ति का उपाय क्या है? **दक्षता आधारित प्रश्न**
(क) साधक के मन में ईश्वर के प्रति तड़प होना आवश्यक है
(ख) जीवन में भोग तथा त्याग के बीच संयम अपनाना चाहिए
(ग) हठयोग जैसे जटिल मार्गों को छोड़कर सहज, सरल व स्वाभाविक भक्ति मार्ग अपनाना चाहिए
(घ) उपरोक्त सभी

काव्यांश पर आधारित बहुविकल्पीय प्रश्न

निम्नलिखित काव्यांश को ध्यानपूर्वक पढ़कर पूछे गए प्रश्नों के सही विकल्प चुनिए

थल-थल में बसता है शिव ही,
भेद न कर क्या हिंदू-मुसलमां।
ज्ञानी है तो स्वयं को जान,
वही है साहिब से पहचान।।

(i) कवयित्री के अनुसार, ईश्वर की पहचान क्या है?
(क) वह अगोचर है
(ख) आत्मज्ञान
(ग) वह मंदिर-मस्जिद में रहता है
(घ) उपरोक्त में से कोई नहीं

(ii) ईश्वर कहाँ रहता है?
(क) मस्जिद में
(ख) मंदिर में
(ग) पहाड़ों पर
(घ) प्रकृति के कण-कण में

(iii) कवयित्री हिंदू-मुसलमानों अर्थात् सभी इंसानों को क्या उपदेश दे रही है? **दक्षता आधारित प्रश्न**
(क) ईश्वर सर्वव्यापी है, अतः तुम उसमें भेद न करो
(ख) ईश्वर तुम्हारे स्वयं के अंदर ही है
(ग) (क) और (ख) दोनों
(घ) उपरोक्त में से कोई नहीं

(iv) उपरोक्त काव्यांश में कवयित्री ने ………… सामाजिक बुराई का विरोध किया है।
(क) सांप्रदायिक भेदभाव की
(ख) आपस में लड़ने की
(ग) जात-पाँत की
(घ) अहंकार की प्रवृत्ति

(v) 'साहिब' से क्या आशय है?
(क) कबीर से (ख) ईश्वर से
(ग) मनुष्य से (घ) हिंदू-मुसलमान से

काव्यबोध संबंधी लघु प्रश्न

निम्नलिखित प्रश्नों के उत्तर संक्षेप में दीजिए

1. 'वाख' कविता की कवयित्री सांप्रदायिक भेदभाव से दूर है–कैसे?

2. 'वाख' कविता में 'बंद द्वार' को स्पष्ट कीजिए। **दक्षता आधारित प्रश्न**

3. ललद्यद की रचनाओं का आज भी लोकप्रिय होने का क्या कारण है? उनकी भाषा के पक्ष को स्पष्ट करते हुए उत्तर दीजिए।

4. कवयित्री ललद्यद को 'कश्मीर की मीरा' क्यों कहा जाता है? स्पष्ट कीजिए **दक्षता आधारित प्रश्न**

सवैये रसखान

अध्याय 9

पाठ की रूपरेखा प्रस्तुत पाठ में वर्णित सवैयों में कवि रसखान का ब्रजभूमि एवं कृष्ण के प्रति अगाध अनुराग व्यक्त हुआ है। ब्रज भाषा का सहज एवं मनोहर रूप तथा सवैया छंद की गीतिमयता एवं लालित्य का दर्शन भी हमें इनमें प्राप्त होता है। भावों की स्वाभाविक एवं सहज-सरल अभिव्यक्ति रसखान की कविता की उल्लेखनीय विशेषता है, जो हृदय पर सीधा प्रभाव डालती है।

कवि परिचय

हिंदी की कृष्ण भक्ति काव्यधारा के प्रमुख कवि रसखान का जन्म 1548 ई. में हुआ था। उनका वास्तविक नाम सैयद इब्राहिम था। मुस्लिम होते हुए भी उन्होंने गोस्वामी विट्ठलनाथ से शिक्षा ग्रहण की तथा ब्रजभूमि में रहने लगे।

रसखान की प्रमुख कृतियाँ 'सुजान रसखान' और 'प्रेमवाटिका' हैं। उनकी रचनाओं में कृष्ण के प्रति अनुराग प्रकट हुआ है। उनकी काव्य रचनाओं का प्रमुख विषय ही कृष्ण है, इसलिए उनकी रचनाओं में कृष्ण की भूमि, राधा-कृष्ण की प्रेम-लीलाएँ तथा ब्रज प्रदेश के सौंदर्य का वर्णन मिलता है। रसखान की भाषा सरल, सहज व आडंबर से मुक्त है। उन्होंने दोहा, कवित्त, सवैया छंदों का प्रयोग किया है। उनकी रचनाओं में प्रयुक्त शब्द अत्यंत मनोरम हैं, इसलिए उन्हें 'रसों की खान' भी कहा गया है। रसखान जी का निधन 1628 ई. में हुआ था।

सवैया का सार

पहला सवैया

मानुष हौं तो वही रसखानि बसौं ब्रज गोकुल गाँव के ग्वारन।
जौ पसु हौं तो कहा बस मेरो चरौं नित नंद की धेनु मँझारन।।
पाहन हौं तो वही गिरि को जो कियो हरिछत्र पुरंदर धारन।
जौ खग हौं तो बसेरो करौं मिलि कालिंदी कूल कदंब की डारन।।

शब्दार्थ मानुष–मनुष्य; हौं–होना; बसौं–बसना; ग्वारन–ग्वालों के; पसु–पशु; कहा बस मेरो–मेरा वश न होना; चरौं– चरना; नित–रोज, प्रतिदिन; धेनु–गाय; मँझारन–मध्य, बीच; पाहन–पत्थर; गिरि–पर्वत, पहाड़; हरिछत्र–प्रभु या कृष्ण का छत्र, छाता; पुरंदर–इंद्र; धारन–धारण करना, उठाना; खग–पक्षी; बसेरो–बसना; कालिंदी कूल–यमुना का किनारा; कदंब–एक वृक्ष; डारन–डालियाँ।

भावार्थ

प्रस्तुत कविता में कवि रसखान श्री कृष्ण के प्रति अपना लगाव प्रकट करते हुए कहते हैं कि यदि अगले जन्म में मेरा जन्म मनुष्य रूप में हो, तो केवल ब्रज के गोकुल गाँव में निवास करूँ और ग्वाल-बालों के बीच ही निवास करूँ, जिससे मैं कृष्ण के साथ समय व्यतीत करूँ। यदि मैं पशु रूप में जन्म लूँ, तब तो मेरा कोई वश नहीं चलेगा फिर भी मैं नंद की गायों के बीच जाकर चरूँ, क्योंकि उन्हें चराने वाले श्रीकृष्ण ही होंगे।

यदि किसी पत्थर का रूप ग्रहण करूँ, तो उसी गोवर्धन पर्वत का अंग बनूँ, जिसे भगवान श्रीकृष्ण ने गाँव वालों को इंद्र के क्रोध से बचाने के लिए अपनी अँगुली पर धारण कर लिया था। यदि पक्षी बनूँ, तो मेरा निवास (बसेरा) यमुना के किनारे स्थित कदंब के वृक्ष की डालियों में हो, क्योंकि श्रीकृष्ण इसी कदंब के वृक्ष पर बैठकर बाँसुरी बजाते थे। इस प्रकार श्रीकृष्ण का सामीप्य पाने के लिए रसखान केवल ब्रजभूमि से ही अपना संबंध स्थापित करना चाहते हैं।

दूसरा सवैया

या लकुटी अरु कामरिया पर राज तिहूँ पुर को तजि डारौं।
आठहुँ सिद्धि नवौ निधि के सुख नंद की गाइ चराइ बिसारौं।।
रसखान कबौं इन आँखिन सौं, ब्रज के बन बाग तड़ाग निहारौं।
कोटिक ए कलधौत के धाम करील के कुंजन ऊपर वारौं।।

शब्दार्थ लकुटी–लाठी; अरु–और; कामरिया–कंबल; तिहूँ पुर–तीन लोक; तजि–त्याग, छोड़; डारौं–डालना; आठहुँ सिद्धि–आठों सिद्धियाँ (अणिमा, महिमा, गरिमा, लघिमा, प्राप्ति, प्राकाम्य, ईशित्व, वशित्व); नवौ निधि–नौ निधियाँ (पद्म, महापद्म, शंख, मकर, कच्छप, मुकुंद, कुंद, नील एवं खर्व–ये कुबेर की निधियाँ हैं); गाइ–गाय; बिसारौं–भूलूँ;

कबौं–कभी; **सौं**–से; **बन**–वन, जंगल; **तड़ाग**–तालाब; **निहारौं**–देखना; **कोटिक**–करोड़ों; **कलधौत के धाम** – सोने- चाँदी के महल; **करील**–काँटेदार झाड़ी; **कुंजन**–लताओं से भरा स्थान; **वारौं**–न्योछावर करना।

भावार्थ

रसखान कृष्ण से जुड़ी वस्तुओं के प्रति प्रेम भाव व्यक्त करते हुए कहते हैं कि श्रीकृष्ण की लाठी और कंबल के लिए मैं तीनों लोकों का राज्य त्यागने को सहर्ष तैयार हूँ। आठों सिद्धियों तथा नौ निधियों का सुख भी मैं नंद की गाय चराने के लिए तज (त्याग) सकता हूँ अर्थात् कवि के हृदय में श्रीकृष्ण के प्रति अगाध प्रेम भाव विद्यमान है। वे उनकी वस्तुओं के प्रति अपना सर्वस्व त्यागने को तत्पर हैं। रसखान कहते हैं कि "हृदय इस उत्कंठा से भरा हुआ है कि कब अपनी इन आँखों से ब्रजभूमि के वन, जंगल, बाग, तालाब आदि देखने को प्राप्त होंगे? मैं ब्रज की लताओं से लदी काँटेदार झाड़ियों के ऊपर करोड़ों सोने–चाँदी के महल न्योछावर कर सकता हूँ। ये सभी त्यागकर मैं ब्रजभूमि में निवास करने के लिए तैयार हूँ।

तीसरा सवैया

मोरपखा सिर ऊपर राखिहौं, गुंज की माल गरें पहिरौंगी।
ओढ़ि पितंबर लै लकुटी बन गोधन ग्वारनि संग फिरौंगी।।
भावतो वोहि मेरो रसखानि सों तेरे कहे सब स्वाँग करौंगी।
या मुरली मुरलीधर की अधरान धरी अधरा न धरौंगी।।

शब्दार्थ **मोरपखा**-मोरपंख से निर्मित मुकुट; **राखिहौं**-रखूँगा/रखूँगी; **गुंज**-घुँघची, एक विशेष प्रकार का मोती रूपी दाना; **माल**-माला; **गरें**-गले; **पितंबर**- पीला वस्त्र; **गोधन**-गाय; **ग्वारनि**-ग्वाल-बाल; **फिरौंगी**-घूमूँगी; **भावतो**- अच्छा लगना; **स्वाँग**-भेष बदलना; **मुरलीधर**-श्रीकृष्ण का एक नाम; **अधरान**-होंठों पर; **धरी**-रखी; **अधरा**-होंठ; **धरौंगी**-रखूँगी।

भावार्थ

कवि रसखान गोपियों का श्रीकृष्ण के प्रति अनन्य प्रेम बताते हुए कहते हैं कि एक सखी एक गोपी से कहती है कि तुम कृष्ण जैसा रूप धारण करो। कृष्ण के मोरपंखी मुकुट को अपने सिर पर रखो और उन्हीं की भाँति गुंजों के दानों से बनी माला पहनो। पीतांबर (पीला वस्त्र) पहनकर तथा हाथ में लाठी लेकर ग्वाल-बालों और गायों के साथ जंगल-जंगल घूमो। गोपी कहती है कि हे सखी! माधुरी से पूर्ण कृष्ण के सभी रूप मुझे इतने अच्छे लगते हैं कि तुम जो कहोगी, वही रूप धारण कर मैं तुम्हें प्रसन्न करूँगी, परंतु हे सखी!

इस मुरली को, जो हमेशा कृष्ण के होंठों पर चढ़ी इठलाती रहती है, अपने होंठों पर नहीं रखूँगी, क्योंकि यह मुरली ही मुझे कृष्ण से दूर रखती है। इसलिए मैं इसे हाथ भी नहीं लगाऊँगी।

चौथा सवैया

काननि दै अँगुरी रहिबो जबहीं मुरली धुनि मंद बजैहै।
मोहिनी तानन सों रसखानि अटा चढ़ि गोधन गैहै तौ गैहै।।
टेरि कहौं सिगरे ब्रजलोगनि काल्हि कोऊ कितनो समुझैहै।
माइ री वा मुख की मुसकानि सम्हारी न जैहै, न जैहै, न जैहै।।

शब्दार्थ **काननि**–कानों में; **दै**–देकर; **अँगुरी**–उँगली; **रहिबो**–रहेंगे/रहूँगी; **जबहीं**–जब भी; **धुनि**–धुन/तान; **मंद**–धीमा; **बजैहै**–बजाएगा; **तानन**–तानों से; **अटा**–अटारी, महल; **गोधन**–गाय, एक लोकगीत; **टेरि**-पुकारना; **सिगरे**–पूरे, संपूर्ण; **काल्हि**–कल; **कोऊ**–कोई; **माइ**–माता; **सम्हारी न जैहै**-सँभाला न जाना, सँभाल न पाना।

भावार्थ

कवि कहता है कि गोपी के प्रेम का यह रूप भी अत्यंत विचित्र है। वह कहती है कि जब कृष्ण मुरली की मंद-मंद धुन बजाना प्रारंभ करेंगे, तो वह अपने कानों में अँगुली डालकर रखेगी। वह उनकी मुरली की तान की ओर ध्यान नहीं देगी। फिर चाहे मुरलीधर कृष्ण अपनी अटारी पर चढ़कर गोधन नामक लोकगीत की धुन भी बजाते और गाते रहें, तो भी मुझ पर उसका असर नहीं पड़ेगा। हे गोकुलवासियों! मैं ज़ोर-ज़ोर से पुकारकर कह रही हूँ कि यदि किसी तरह कृष्ण की मोहिनी तान मेरे कानों में पड़ गई, तो सारे ब्रज के लोग कल मुझे चाहे कितने ही ताने दें, मैं उनके पास खिंची चली जाऊँगी, क्योंकि हे ब्रजवासियों! उस कृष्ण के मोहिनी मुख की मोहिनी मुसकान से मैं अपने हृदय को किसी भी भाँति सँभाल नहीं पाऊँगी। अतः हे ब्रज के लोगों! मुझे दोष न देना, क्योंकि मेरा हृदय कृष्ण की मुरली की मोहिनी तान के अधीन है। मैं कृष्ण के जादू से स्वयं को बचा नहीं सकती।

NCERT फोल्डर

पाठ्यपुस्तक (क्षितिज भाग-1) के प्रश्नोत्तर

प्र.1 ब्रजभूमि के प्रति कवि का प्रेम किन-किन रूपों में अभिव्यक्त हुआ है?

उत्तर ब्रजभूमि के प्रति कवि का प्रेम कई रूपों में अभिव्यक्त हुआ है; जैसे—कवि चाहता है कि वह ब्रजभूमि में जन्म लेकर ग्वाल-बालों के बीच रहे। यदि वह पशु हो, तो नंद की गायों के बीच चरे, पत्थर हो, तो गोवर्धन पर्वत का हिस्सा बने और पक्षी हो, तो उसका निवास यमुना के किनारे कदंब के वृक्ष पर हो।

प्र.2 कवि का ब्रज के वन, बाग और तालाब को निहारने के पीछे क्या कारण है?

उत्तर कवि का ब्रज के प्रत्येक भाग के प्रति विशेष स्नेह इसलिए है, क्योंकि ये सभी कृष्ण से संबद्ध हैं। ब्रज के वन, बाग, तालाब श्रीकृष्ण की लीला और उनके प्रेम के साक्षी हैं, इसलिए कवि की आँखें ब्रज के वन, बाग और तालाब देखने को लालायित हैं।

प्र.3 एक लकुटी और कामरिया पर कवि सब कुछ न्योछावर करने को क्यों तैयार है? **दक्षता आधारित प्रश्न**

उत्तर कवि के प्रेम का आलंबन हैं—भगवान श्रीकृष्ण। भगवान श्रीकृष्ण से संबंधित प्रत्येक वस्तु से कवि स्वयं को जोड़ना चाहता है। अत: जब बात श्रीकृष्ण की लाठी और कंबल की आती है, जो श्रीकृष्ण के श्रम-सौंदर्य के भी प्रतीक हैं और जो सदैव आराध्य श्रीकृष्ण के स्पर्श में भी रहे हैं, तो कवि उन पर सब कुछ न्योछावर करने के लिए तैयार है।

प्र.4 सखी ने गोपी से कृष्ण का कैसा रूप धारण करने का आग्रह किया था? अपने शब्दों में वर्णन कीजिए।

उत्तर एक सखी, गोपी से कहती है कि जिस प्रकार कृष्ण मोर मुकुट और गुंजों की माला गले में पहनते हैं, वैसे ही तुम भी पहनो। पीतांबर ओढ़कर लाठी ले लो और गायों एवं ग्वाल-बालों के साथ वन-वन घूमो। इस पर गोपी कहती है कि कृष्ण उसे इतने प्रिय हैं कि वह उनके सभी रूप धारण करेगी, लेकिन मुरली को अपने अधरों पर नहीं रखेगी, क्योंकि यह मुरली उसे कृष्ण से दूर कर देती है, कृष्ण इसके कारण हम पर ध्यान नहीं देते।

प्र.5 आपके विचार से कवि पशु, पक्षी और पहाड़ के रूप में भी कृष्ण का सान्निध्य क्यों प्राप्त करना चाहता है? **दक्षता आधारित प्रश्न**

उत्तर श्रीकृष्ण का जीवन पशु, पक्षी और पहाड़ के साथ पूर्णत: संबद्ध रहा है। पशु—गाय, पक्षी—मोर तथा पहाड़—गोवर्धन, ये तीनों श्रीकृष्ण की लीला के साक्षी हैं तथा भगवान से इनका सीधा संपर्क रहा है, इसलिए कवि पशु, पक्षी तथा पहाड़ के रूप में श्रीकृष्ण का सान्निध्य प्राप्त करना चाहता है।

प्र.6 चौथे सवैये के अनुसार गोपियाँ अपने आप को क्यों विवश पाती हैं?

उत्तर चौथे सवैये में गोपियाँ अनेक जतन (यत्न) के पश्चात् भी श्रीकृष्ण के मुख की मोहिनी मुसकान के सम्मुख स्वयं अपने आप को नियंत्रित कर पाने में विवश पाती हैं। इसके अतिरिक्त श्रीकृष्ण की बाँसुरी की मधुर तान भी उन्हें विवश करती है।

प्र.7 भाव स्पष्ट कीजिए

(क) कोटिक ए कलधौत के धाम करील के कुंजन ऊपर वारौं।

(ख) माइ री वा मुख की मुसकानि सम्हारी न जैहै, न जैहै, न जैहै।

उत्तर (क) रसखान का प्रेम सर्वस्व न्योछावर कर अपने प्रभु से मिलन की इच्छा रखने वाला प्रेम है। वे ब्रजभूमि की कँटीली झाड़ियों के ऊपर करोड़ों सोने-चाँदी के महल न्योछावर करने को तैयार हैं। रसखान की यह सर्वस्व समर्पण की भावना श्रीकृष्ण के प्रति उनके अनन्य प्रेम का परिचायक है।

(ख) गोपी श्रीकृष्ण की मधुर मुरली की तान और उनके रूप-सौंदर्य पर इस हद तक मोहित है कि वह सब कुछ नियंत्रित कर सकती है, परंतु श्रीकृष्ण के साँवले मुख की मोहिनी मुसकान के आगे वह विवश है। वह इस मुसकान के आगे स्वयं को सँभाल नहीं पाती।

प्र.8 'कालिंदी कूल कदंब की डारन' में कौन-सा अलंकार है?

उत्तर इस पंक्ति में 'क' वर्ण की आवृत्ति होने के कारण अनुप्रास अलंकार है।

प्र.9 काव्य-सौंदर्य स्पष्ट कीजिए **दक्षता आधारित प्रश्न**

"या मुरली मुरलीधर की अधरान धरी अधरा न धरौंगी।"

उत्तर 'मुरली मुरलीधर' में 'म' वर्ण की आवृत्ति तथा 'अधरान धरी अधरा न धरौंगी' में 'ध' वर्ण की आवृत्ति के कारण यहाँ अनुप्रास अलंकार का सौंदर्य है। वहीं 'अधरान' अर्थात् होंठों या अधरों पर 'अधरा न' अर्थात् होंठों या अधरों पर नहीं, के कारण यहाँ सभंग यमक अलंकार है। भाषा में ब्रजभाषा की छटा देखते ही बनती है। 'अधरान धरी अधरा न धरौंगी' में ध्वनि-साम्य लक्षित होता है।

रचना और अभिव्यक्ति

प्र.10 प्रस्तुत सवैयों में जिस प्रकार ब्रजभूमि के प्रति प्रेम अभिव्यक्त हुआ है, उसी तरह आप अपनी मातृभूमि के प्रति अपने मनोभावों को अभिव्यक्त कीजिए।

उत्तर छात्र स्वयं करें।

प्र.11 रसखान के इन सवैयों का शिक्षक की सहायता से कक्षा में आदर्श वाचन कीजिए। साथ ही किन्हीं दो सवैयों को कठंस्थ कीजिए।

उत्तर छात्र स्वयं करें।

पाठेतर सक्रियता

प्र.1 सूरदास द्वारा रचित कृष्ण के रूप-सौंदर्य संबंधी पदों को पढ़िए।

उत्तर छात्र स्वयं करें।

अभ्यास प्रश्न

बहुविकल्पीय व वर्णनात्मक प्रश्नों सहित

कविता पर आधारित बहुविकल्पीय प्रश्न

निम्नलिखित प्रश्नों के सर्वाधिक उपयुक्त विकल्पों का चयन कीजिए।

1. कवि रसखान अगले जन्म में पक्षी बनकर कहाँ रहना चाहते हैं? दक्षता आधारित प्रश्न

(क) नंद के घर पर
(ख) नंद की गायों के बीच
(ग) यमुना किनारे स्थित कदंब के वृक्ष की डालियों पर
(घ) यमुना किनारे स्थित किसी भी वृक्ष की डालियों पर

उत्तर (ग) यमुना किनारे स्थित कदंब के वृक्ष की डालियों पर

2. श्रीकृष्ण ने गाँव वालों को किसके क्रोध से बचाने के लिए गोवर्धन पर्वत को अँगुली पर धारण कर लिया था?

(क) वरुण देव के (ख) इंद्र देव के
(ग) बादलों के (घ) पवन देव के

उत्तर (ख) इंद्र देव के

3. कृष्ण किस वृक्ष पर बैठकर बाँसुरी बजाते थे?

(क) नीम पर (ख) जामुन पर
(ग) आम पर (घ) कदंब पर

उत्तर (घ) कदंब पर

4. रसखान श्रीकृष्ण की वस्तुओं के प्रति अपना सर्वस्व त्यागने को क्यों तत्पर हैं? दक्षता आधारित प्रश्न

(क) श्रीकृष्ण के प्रति अनन्य भक्ति-भावना के कारण
(ख) श्रीकृष्ण की वस्तुएँ बहुत कीमती होने के कारण
(ग) (क) और (ख) दोनों
(घ) श्रीकृष्ण की वस्तुएँ मूल्यहीन होने के कारण

उत्तर (क) श्रीकृष्ण के प्रति अनन्य भक्ति-भावना के कारण

5. रसखान के अनुसार, सच्चे प्रेम के लक्षण क्या हैं?

(क) प्रेमी की प्रत्येक वस्तु से प्रेम
(ख) प्रेमी की प्रत्येक गतिविधि से प्रेम
(ग) किसी भी तरह प्रेमी का सान्निध्य पाना
(घ) उपर्युक्त सभी

उत्तर (घ) उपर्युक्त सभी

**6. मोरपखा सिर ऊपर राखिहौं, गूँज माल गेर पहिरौंगी।
ओदि पितंबर लै लकुटी बन, गोधन ग्वारनि संग फिरौगी।।
गोपी की सखी उसे क्या करने के लिए कहती है?** दक्षता आधारित प्रश्न

(क) सजने-सँवरने के लिए
(ख) कृष्ण से दूर रहने के लिए
(ग) कृष्ण जैसा रूप धारण करने के लिए
(घ) उपर्युक्त में से कोई नहीं

उत्तर (ग) कृष्ण जैसा रूप धारण करने के लिए

7. गोपी, कृष्ण की किस वेशभूषा को धारण करने के लिए कहती है?

(क) सिर पर मोरपंखी मुकुट रखने को
(ख) गले में गुँजों के दानों से बनी माला पहनने को
(ग) पीला वस्त्र पहनने तथा हाथ में लाठी लेने को
(घ) उपर्युक्त सभी

उत्तर (घ) उपर्युक्त सभी

8. निम्नलिखित पंक्तियों में से किस पंक्ति से गोपी को महसूस होता है कि उसके और कृष्ण के बीच मुरली ही बाधक है? दक्षता आधारित प्रश्न

(क) भावतो वोहि मेरो रसखानि सों तेरे कहे सब स्वाँग करौंगी
(ख) या मुरली मुरलीधर की अधरान धरी अधरा न धरौंगी।
(ग) रसखान कबौं इन आँखिन सौं, ब्रज के बन बाग तड़ाग निहारौं।
(घ) कोटिक ए कलधौत के धाम करील के कुंजन ऊपर वारौं।

उत्तर (ख) या मुरली मुरलीधर की अधरान धरी अधरा न धरौंगी।

9. गोपी की सखी उसे हाथ में लाठी लेकर कहाँ घूमने के लिए कहती है?

(क) ग्वालों की गायों के साथ जंगल-जंगल घूमने के लिए
(ख) मथुरा की प्रत्येक गलियों में
(ग) ब्रज के कुंजों व बागों में
(घ) यमुना के किनारे

उत्तर (क) ग्वालों की गायों के साथ जंगल-जंगल घूमने के लिए

10. गोपी कृष्ण की किस वस्तु को धारण करना नहीं चाहती?

(क) कृष्ण के पीले वस्त्रों को
(ख) अपने होंठों पर कृष्ण की मुरली को
(ग) कृष्ण के सिर पर रखे मोरपंखों को
(घ) कृष्ण के गले में पड़ी माला को

उत्तर (ख) अपने होंठों पर कृष्ण की मुरली को

11. गोपी अपने होंठों पर मुरली नहीं धारण करना चाहती, क्योंकि ....

(क) उसे मुरली अच्छी नहीं लगती
(ख) वह उससे सौतन के रूप में ईर्ष्या करती है
(ग) वह मुरली बजा नहीं सकती
(घ) कृष्ण उसे मुरली नहीं देंगे

उत्तर (ख) वह उससे सौतन के रूप में ईर्ष्या करती है

12. 'कोटिक ए कल धौत के धाम करील के कुंजन ऊपर वारौं' पंक्ति से क्या आशय है? दक्षता आधारित प्रश्न

(क) ब्रज की काँटेदार झाड़ियों पर सोने के करोड़ों महल न्योछावर हैं
(ख) करोड़ों महल ब्रज की कुंज लताओं के बीच बने हैं
(ग) काँटेदार झाड़ियाँ श्रीकृष्ण के सोने के महल के पास खड़ी हैं
(घ) उपरोक्त में से कोई नहीं

उत्तर (क) ब्रज की काँटेदार झाड़ियों पर सोने के करोड़ों महल न्योछावर हैं

13. 'अधरान धरी अधरा न धरौंगी' पंक्ति में ········ अलंकार है।

(क) श्लेष (ख) उपमा (ग) रूपक (घ) यमक

उत्तर (घ) यमक

14. 'गोधन ग्वारनि संग फिरौंगी' पंक्ति से क्या आशय है?

(क) गायों को खरीदने से

(ख) गायों व ग्वालों के साथ घूमने से

(ग) कृष्ण के साथ घूमने से

(घ) ग्वालों व गायों के साथ न घूमने से

उत्तर (ख) गायों व ग्वालों के साथ घूमने से

15. गोपियाँ कृष्ण की मुरली से क्यों जलती हैं?

(क) कृष्ण मुरली बजाते हुए उन पर ध्यान नहीं देते

(ख) कृष्ण मुरली बजाते हुए उन्हें देखते रहते हैं

(ग) कृष्ण गोपियों को मुरली नहीं बजाने देते

(घ) कृष्ण गोपियों से मुरली बजाने को कहते हैं

उत्तर (क) कृष्ण मुरली बजाते हुए उन पर ध्यान नहीं देते

16. कृष्ण अपनी किस विशेषता से ब्रजवासियों को प्रभावित करते हैं?

(क) कृष्ण की छवि मनमोहक है

(ख) कृष्ण की मुस्कान बहुत शोभा देती है

(ग) कृष्ण का रूप-सौंदर्य अलौकिक है

(घ) उपर्युक्त सभी

उत्तर (घ) उपर्युक्त सभी

17. **कथन (क)** कवि उस पर्वत का पत्थर बनना चाहता है, जिसे श्री कृष्ण ने अँगुली से उठा लिया था? दक्षता आधारित प्रश्न

कथन (ख) कवि ब्रज क्षेत्र को त्यागना चाहता है।

कथन (ग) कवि पक्षी बनकर यमुना के किनारे बसेरा चाहता है।

सवैये कविता की पंक्तियों के आधार पर कौन-सा/से कथन सही है/हैं?

(क) केवल कथन (क) सही है

(ख) केवल कथन (ख) सही है

(ग) केवल कथन (क) और (ग) सही हैं

(घ) केवल कथन (ख) और (ग) सही हैं

उत्तर (ग) केवल कथन (क) और (ग) सही हैं

काव्यांशों पर आधारित बहुविकल्पीय प्रश्न

निम्नलिखित काव्यांशों को ध्यानपूर्वक पढ़कर पूछे गए प्रश्नों के सही विकल्प चुनिए।

1. मानुष हौं तो वही रसखानि बसौं ब्रज गोकुल गाँव के ग्वारन।
जौ पसु हौं तो कहा बस मेरो चरौं नित नंद की धेनु मँझारन।
पाहन हौं तो वही गिरि को जो कियो हरिछत्र पुरंदर धारन।
जौ खग हौं तो बसेरो करौं मिलि कालिंदी कूल कदंब की डारन।।

(i) रसखान अगला जन्म कहाँ लेना चाहते हैं?

(क) मथुरा में (ख) ब्रज के गोकुल गाँव में

(ग) नंद के घर में (घ) इनमें से कोई नहीं

उत्तर (ख) ब्रज के गोकुल गाँव में

(ii) काव्यांश में रसखान केवल ······ अपना संबंध रखना चाहते हैं।

(क) ब्रजभूमि से (ख) यमुना से

(ग) इंद्र से (घ) दिल्ली से

उत्तर (क) ब्रजभूमि से

(iii) रसखान मनुष्य जन्म ······· रूप में लेना चाहते हैं।

(क) दिल्ली में रहने वाले किसी राजा के रूप में

(ख) मथुरा में रहने वाले किसी व्यक्ति के रूप में

(ग) यमुना में नाव चलाने वाले नाविक के रूप में

(घ) गोकुल गाँव में निवास करने वाले ग्वाले के रूप में

उत्तर (घ) गोकुल गाँव में निवास करने वाले ग्वाले के रूप में

(iv) कवि पत्थर बनकर किस पर्वत का अंग बनना चाहते हैं?

(क) हिमालय (ख) विंध्याचल

(ग) महेंद्र (घ) गोवर्धन

उत्तर (घ) गोवर्धन

(v) 'कालिंदी कूल कदंब की डारन' पंक्ति में ······· अलंकार है।

(क) अनुप्रास अलंकार (ख) यमक अलंकार

(ग) श्लेष अलंकार (घ) रूपक अलंकार

उत्तर (क) अनुप्रास अलंकार

2. या लकुटी अरु कामरिया पर राज तिहूँ पुर को तजि डारौं।
आठहुँ सिद्धि नवौ निधि के सुख नंद की गाइ चराइ बिसारौं।।
रसखान कबौं इन आँखिन सौं, ब्रज के बन बाग तड़ाग निहारौं।
कोटिक ए कलधौत के धाम करील के कुंजन ऊपर वारौं।।

(i) काव्यांश के अनुसार, कवि तीनों लोकों का राज किनके लिए छोड़ना चाहता है?

(क) नंद की गाय चराने के लिए

(ख) ब्रज की लताओं के लिए

(ग) श्रीकृष्ण की लाठी और कंबल के लिए

(घ) ब्रज के बागों के लिए

उत्तर (ग) श्रीकृष्ण की लाठी और कंबल के लिए

(ii) कवि नंद की गाय चराने के लिए क्या कर सकते हैं?

(क) तीनों लोकों का राज छोड़ सकते हैं

(ख) आठों सिद्धि व नौ निधियों के सुख को छोड़ सकते हैं

(ग) करोड़ों सोने-चाँदी के महल छोड़ सकते हैं

(घ) उपरोक्त में से कोई नहीं

उत्तर (ख) आठों सिद्धि व नौ निधियों के सुख को छोड़ सकते हैं

(iii) प्रस्तुत काव्यांश में कवि ने किसके प्रति अपना प्रेम भाव व्यक्त किया है? दक्षता आधारित प्रश्न

(क) जीवन से संबंधित वस्तुओं के प्रति

(ख) भोग-विलास से संबंधित वस्तुओं के प्रति

(ग) अपनी पत्नी से संबंधित वस्तुओं के प्रति

(घ) कृष्ण से संबंधित वस्तुओं के प्रति

उत्तर (घ) कृष्ण से संबंधित वस्तुओं के प्रति

(iv) 'ब्रज के बन बाग तड़ाग निहारौं' पंक्ति में ······· अलंकार है।

(क) श्लेष (ख) यमक

(ग) रूपक (घ) अनुप्रास

उत्तर (घ) अनुप्रास

(v) कवि करील के कुंजों पर ········ न्योछावर करना चाहता है।

(क) करोड़ों सोने-चाँदी के महल

(ख) आठों सिद्धियाँ व नौ निधियाँ

(ग) अपना संपूर्ण जीवन

(घ) उपरोक्त में से कोई नहीं

उत्तर (क) करोड़ों सोने-चाँदी के महल

काव्यबोध संबंधी लघु प्रश्नोत्तर

निम्नलिखित प्रश्नों के उत्तर संक्षेप में दीजिए

1. पुनर्जन्म होने पर कवि की क्या कामना है?

उत्तर पुनर्जन्म होने पर कवि चाहता है कि यदि मनुष्य रूप में जन्म हो, तो वह ब्रजभूमि में ग्वाल-बाल के रूप में जन्म ले।

पशु हो, तो नंद की गायों के बीच चरता रहे, पत्थर बने, तो गोवर्धन का अंग बने और पक्षी हो, तो उसका निवास कदंब के वृक्ष पर हो अर्थात् अपने आराध्य श्रीकृष्ण का सान्निध्य प्राप्त करने के लिए वह (कवि) विभिन्न रूपों में ब्रज का एक अंश बनकर आस-पास ही रहना चाहता है।

2. रसखान के लिए श्रीकृष्ण ही नहीं, उनसे संबंधित प्रत्येक वस्तु अनमोल क्यों है?

उत्तर श्रीकृष्ण के प्रति अनन्य भक्ति-भावना के कारण रसखान के लिए श्रीकृष्ण से संबंधित प्रत्येक वस्तु अनमोल है। वे श्रीकृष्ण की लाठी व कंबल पर तीनों लोक तथा गाय चराने के लिए आठों सिद्धियों और नौ निधियों से मिलने वाले सुख को भी त्यागने के लिए तैयार हैं।

3. रसखान के पठित सवैयों के आधार पर बताइए कि सच्चे प्रेम के क्या लक्षण होते हैं?

उत्तर रसखान के पठित सवैयों के आधार पर कहा जा सकता है कि सच्चे प्रेम में गहरी तल्लीनता होती है और प्रेमी अपने प्रिय के जीवन में पूरी तरह समा जाना चाहता है।

उसे अपने प्रिय की प्रत्येक वस्तु, उसकी प्रत्येक गतिविधि से प्रेम होता है। प्रेमी अपने प्रिय के लिए सब कुछ त्यागने को सहर्ष तैयार रहता है। वह किसी भी बहाने से उसका सान्निध्य प्राप्त करना चाहता है।

4. कवि रसखान की त्याग भावना कैसे प्रकट होती है?

उत्तर कवि श्रीकृष्ण के प्रति अपना प्रेम व्यक्त करने के लिए और कंबल के बदले तीनों लोकों का राज्य त्यागने को तैयार है, उनको ब्रज की कँटीली झाड़ियाँ इतनी मूल्यवान लगती हैं कि वह उनके बदले करोड़ों महलों का सुख त्यागने के लिए तैयार है। वे गायों को चराने के लिए आठों सिद्धधियों और नौ निधियों का सुख भी त्यागने को तैयार है। इस प्रकार कवि श्रीकृष्ण के लिए सभी प्रकार के भौतिक सुख न्योछावर करके अपनी त्याग भावना को प्रकट करते हैं।

5. नंद की गाय चराने के लिए कवि कौन-कौन-सा सुख न्योछावर करना चाहता है? **दक्षता आधारित प्रश्न**

उत्तर नंद की गाय चराने के लिए कवि आठों सिद्धियों और नौ निधियों का सुख न्योछावर करना चाहता है। गाय चराने की क्रिया श्रीकृष्ण के कर्म से संबंधित है, इसलिए वह कहता है कि अपने आराध्य के कर्म को अपनाने से अधिक सुखकर और क्या हो सकता है।

6. 'गोधन ग्वारनि संग फिरौंगी' का आशय समझाइए तथा इसमें प्रयुक्त अलंकार का उल्लेख कीजिए। **दक्षता आधारित प्रश्न**

उत्तर 'गोधन ग्वारनि संग फिरौंगी' से आशय गायों (गोधन) एवं ग्वाल-बालाओं (ग्वारनि) के साथ जंगल में घूमने से है। कृष्ण से प्रेम करने वाली एक गोपी अपनी सखी से कहती है कि मैं कृष्ण के लिए वह सब कुछ करूँगी, जो वे स्वयं करते हैं। इसी क्रम में वह कहती है कि वह गायों एवं ग्वाल-बालाओं के साथ वन-वन घूमने के लिए तैयार है। 'गोधन ग्वारनि संग फिरौंगी' में अनुप्रास अलंकार है।

7. कवि रसखान के अनुसार, गोपी कृष्ण का सब स्वाँग भरने को तैयार है, लेकिन वह मुरली को नहीं अपनाना चाहती है, क्यों? **दक्षता आधारित प्रश्न**

उत्तर कवि रसखान के अनुसार, गोपी कृष्ण का सब स्वाँग भरने यानी रचने के लिए तैयार है, लेकिन वह अपने होंठों पर कृष्ण की तरह मुरली धारण करना नहीं चाहती है, क्योंकि गोपी मुरली को अपनी सौतन मानती है, वह उससे ईर्ष्या करती है। कृष्ण सदैव मुरली बजाने में तल्लीन रहते हैं, जिससे वे गोपी से दूर हो जाते हैं। इसी कारण गोपी मुरली को अपनी सौतन समझती है और इससे उत्पन्न ईर्ष्या के कारण वह मुरली को अपनाना नहीं चाहती।

8. गोपियों का कृष्ण की मुरली से जलने का क्या कारण है?

उत्तर गोपियों का कृष्ण की मुरली से जलने का यह कारण है कि कृष्ण हमेशा मुरली बजाने में लीन रहते हैं। वे उसमें इतना खो जाते हैं कि गोपियों की ओर ध्यान ही नहीं दे पाते हैं। उन्हें लगता है कि मुरली के कारण ही श्रीकृष्ण उनसे दूर रहते हैं।

9. सखी ने गोपी से क्या आग्रह किया?

उत्तर सखी ने गोपी से आग्रह किया था कि वह कृष्ण के समान अपने माथे पर मोर का मुकुट, गले में गुंजों की माला, तन पर पीले वस्त्र और हाथों में लाठी धारण करके ग्वालिनों के संग घूमे। वह अपनी सखी के आग्रह करने पर सब कुछ करने को तैयार है, केवल श्रीकृष्ण की मुरली धारण करने को तैयार नहीं है।

10. कवि रसखान की नायिका अपने होंठों पर बाँसुरी क्यों नहीं रखना चाहती?

उत्तर गोपियों को हमेशा श्रीकृष्ण के होंठों पर रहने वाली बाँसुरी सौतन के समान लगती है। वह श्रीकृष्ण के प्रति अपने अनन्य प्रेम के कारण वे अपनी सौतन से ईर्ष्या करती हैं। इसलिए गोपी अर्थात् रसखान की नायिका बाँसुरी को अपने होंठों पर नहीं रखना चाहती।

11. गोपियों के हृदय में बाँसुरी के प्रति दो सौतों (स्त्रियों) में होने वाली ईर्ष्या क्यों है?

उत्तर बाँसुरी सदा श्रीकृष्ण के होंठों पर लगी रहती है, जिसके कारण कृष्ण गोपियों पर समुचित ध्यान नहीं दे पाते हैं और वे स्वयं को श्रीकृष्ण से दूर महसूस करती हैं, इसलिए गोपियाँ बाँसुरी के लिए सौतिया डाह रखने लगी हैं।

12. 'मुरलीधर' किसे कहा गया है और क्यों?

उत्तर 'मुरलीधर' श्रीकृष्ण को कहा गया है। वे यमुना तट पर बंसी बजाया करते थे। उनके उसी रूप पर गोपियाँ मुग्ध थीं। मुरली को धारण करने वाले अर्थात् श्रीकृष्ण सदैव अपने होंठों पर मुरली धारण किए रहते थे। मुरली की धुन जादू के समान है, जिससे बचा नहीं जा सकता है।

13. रसखान के अनुसार, गोपी के स्वयं को न सँभाल पाने का क्या कारण था?

उत्तर रसखान के अनुसार, गोपी का स्वयं को न संभाल पाने का कारण यह था कि अनुपम सौंदर्य के स्वामी श्रीकृष्ण जब मुरली की मधुर धुन बजाते एवं मुसकुराते हुए गोपियों को देखते थे, तब गोपियों द्वारा स्वयं को सँभालना कठिन हो जाता था। यह कृष्ण के प्रति गोपियों के अनन्य प्रेम को दर्शाता है।

14. गोपियाँ श्रीकृष्ण की किन विशेषताओं से प्रभावित होती हैं?

उत्तर गोपियाँ श्रीकृष्ण की मोहक मुस्कान और मुरली की मधुर तान से प्रभावित होती हैं। श्रीकृष्ण जब अपनी मनमोहक मुसकान के साथ मुरली की मधुर धुन से लोकगीतों को छेड़ते हैं, तो गोपियों का हृदय अनायास ही उनकी ओर खिंचा चला आता है।

15. गोपी ब्रज के लोगों को बुलाकर सारी बात क्यों बता रही है?

उत्तर गोपी ब्रज के समस्त लोगों से चिल्ला-चिल्लाकर कहना चाहती है कि यदि किसी तरह कृष्ण की मोहिनी तान मेरे कानों में पड़ गई, तो फिर कोई चाहे कितना भी समझाए मैं समझ नहीं सकती, क्योकि मेरा मन मेरे वश में नहीं रहता, वह कृष्ण का हो गया है। मेरा हृदय कृष्ण की मुरली की मोहिनी तान के अधीन है। इस कारण कृष्ण के जादू से बचा नहीं जा सकता।

16. भक्ति काव्य ने समाज में प्रेम और समानता के जीवन मूल्यों को प्रसारित कर हिंदू-मुस्लिम एकता का मार्ग बताया है। भक्त कवियों की रचनाओं का उदाहरण देकर इसे स्पष्ट कीजिए।

दक्षता आधारित प्रश्न

उत्तर भक्तिकाल हिंदी साहित्य का ऐसा युग है, जब समाज में सामंती एवं जाति-धर्म आधारित रूढ़िवादी विचारधारा का प्रचलन था। ऐसे विकट समय में संतों एवं भक्तों की वाणी ने ज्ञान और प्रेम की वह सरिता बहाई, जिसमें नहाकर हिंदू-मुसलमान, ऊँच-नीच, छूत-अछूत सबका बैर मिट गया। कबीर ने अपने पदों एवं साखियों में सभी को एक बताते हुए हिंदू-मुसलमान सबकी एकता पर बल दिया। नानक के अनुसार भी यही बात बताई गई कि ऊँच-नीच कुछ नहीं है, वस्तुतः सभी एक ही परमपिता की संतान हैं। रैदास, रहीम सभी अपनी रचनाओं के द्वारा मनुष्य को समान बताते हैं।

17. भारतीय समाज पर कृष्ण भक्ति के प्रभाव का वर्णन संक्षेप में कीजिए।

उत्तर श्रीकृष्ण, भारतीय जनजीवन के सर्वमान्य, सर्वाधिक लोकप्रिय लीलावतारी पुरुष हैं। भारतीय समाज ने अपनी प्रत्येक जीवन स्थितियों में श्रीकृष्ण के व्यक्तित्व, उपदेश एवं महिमामय कार्यों से सुविधा, सुरक्षा एवं सिद्धि प्राप्त की है। वे ईश्वर के सर्वाधिक लोकप्रिय अवतारों की श्रेणी में आते हैं। यह बात भारतीय समाज पर उनकी भक्ति के व्यापक एवं अमिट प्रभाव से स्पष्ट हो जाती है।

स्व-मूल्यांकन

कविता पर आधारित बहुविकल्पीय प्रश्न

निम्नलिखित प्रश्नों के सर्वाधिक उपयुक्त विकल्पों का चयन कीजिए।

1. 'भावतो वोहि मेरो रसखानि सों' से क्या आशय है?
(क) वो (कृष्ण) मुझे (गोपी को) बहुत अच्छे लगते हैं
(ख) वो (कृष्ण) मुझे (गोपी को) बहुत अच्छे नहीं लगते हैं
(ग) कृष्ण बहुत नटखट हैं
(घ) उपरोक्त में से कोई नहीं

2. 'काल्हि कोऊ कितनो समुझैहै' पंक्ति में .... अलंकार है?
(क) अनुप्रास अलंकार (ख) यमक अलंकार
(ग) रूपक अलंकार (घ) श्लेष अलंकार

3. 'या मुरली मुरलीधर की' पंक्ति में 'मुरलीधर' कौन हैं? **दक्षता आधारित प्रश्न**
(क) गोपियाँ
(ख) कवि
(ग) श्रीकृष्ण
(घ) कृष्ण की मुसकान

काव्यांश पर आधारित बहुविकल्पीय प्रश्न

निम्नलिखित काव्यांश को ध्यानपूर्वक पढ़कर पूछे गए प्रश्नों के सही विकल्प चुनिए

1. काननि दै अँगुरी रहिबो जबहीं मुरली धुनि मंद बजैहै।
मोहिनी तानन सों रसखानि अटा चढ़ि गोधन गैहै तौ गैहै।।
टेरि कहौं सिगरे ब्रजलोगनि काल्हि कोऊ कितनो समुझैहै।
माइ री वा मुख की मुसकानि सम्हारी न जैहै, न जैहै, न जैहै।।

(i) **कथन (A)** गोपी कानों में अँगुली रखना चाहती हैं।
कारण (R) श्रीकृष्ण की मुरली की मधुर धुन गोपी के कानों में न पड़े। **दक्षता आधारित प्रश्न**
(क) कथन (A) गलत है, किंतु कारण (R) सही है
(ख) कथन (A) और कारण (R) दोनों ही गलत हैं
(ग) कथन (A) सही है और कारण (R) कथन (A) सही व्याख्या है
(घ) कथन (A) सही है, किंतु कारण (R) कथन (A) की सही व्याख्या नहीं है

(ii) काव्यांश के अनुसार, अटारी पर चढ़कर कृष्ण कौन-से लोकगीत की धुन बजाएँगे?
(क) रासलीला (ख) गोधन
(ग) फाग (घ) कजरी

(iii) गोपी ब्रजवासियों को जोर-जोर से पुकारकर क्या कह रही है?
(क) कृष्ण के बुलाने पर मैं उनके पास दौड़ी चली जाऊँगी
(ख) कृष्ण मुझे कितना भी बुलाएँ मैं उनके पास नहीं जाऊँगी
(ग) कृष्ण की मुरली की धुन भले ही कानों में पड़े, मैं कृष्ण के पास नहीं जाऊँगी
(घ) कृष्ण की मुरली की धुन कानों में पड़ते ही मैं कृष्ण की ओर खिंची चली जाऊँगी

(iv) किसके मुख की मुसकान गोपी से सँभाली न जाएगी?
(क) कृष्ण के (ख) गोकुलवासियों के
(ग) कवि के (घ) राधा के

(v) काव्यांश के अनुसार, गोपी स्वयं को किसके सामने विवश पाती है? **दक्षता आधारित प्रश्न**
(क) अपनी सहेलियों के सामने
(ख) बृजवासियों के सामने
(ग) कृष्ण की मोहिनी मुसकान के सामने
(घ) राधा के सामने

काव्यबोध संबंधी लघु प्रश्न

निम्नलिखित प्रश्नों के उत्तर संक्षेप में दीजिए

1. कवि रसखान अगले जन्म में कहाँ निवास करना चाहते हैं और क्यों?

2. 'रसखान कबौं इन आँखिन सौं, ब्रज के बन बाग तड़ाग निहारौं' प्रस्तुत पंक्ति का काव्य-सौंदर्य स्पष्ट कीजिए। **दक्षता आधारित प्रश्न**

3. कवि रसखान के पठित 'सवैयों' के आधार पर बताइए कि कवि श्रीकृष्ण का सान्निध्य किस-किस रूप में पाना चाहता है और क्यों?

4. रसखान कवि के 'सवैयों' के आधार पर श्रीकृष्ण के प्रति गोपियों की प्रेम भावना स्पष्ट कीजिए।

कैदी और कोकिला

अध्याय 10

माखनलाल चतुर्वेदी

पाठ की रूपरेखा 'कैदी और कोकिला' कविता ब्रिटिश शासन की बर्बरता एवं देशभक्तों पर उसके द्वारा किए जाने वाले अत्याचारों को देखने-समझने के लिए दर्पण के समान है। इस कविता से यह स्पष्ट हो जाता है कि देश की आज़ादी में अपना सर्वस्व न्योछावर करने वाले अमर सेनानियों ने कितने शारीरिक एवं मानसिक कष्ट सहकर हमें स्वतंत्रता का अमूल्य उपहार दिया।

कवि परिचय

हिंदी साहित्य के प्रतिनिधि कवि माखनलाल चतुर्वेदी का जन्म 1889 ई. में मध्य प्रदेश के होशंगाबाद ज़िले के बाबई गाँव में हुआ था। उन्होंने आजीविका के लिए 16 वर्ष की आयु से ही अध्यापन कार्य प्रारंभ कर दिया था। उसके बाद वह पत्रिकाओं के संपादन कार्य में जुट गए। उन्होंने 'एक भारतीय आत्मा' उपनाम से राष्ट्रीय भावनाओं से युक्त कविताएँ भी लिखीं। उन्हें कई बार जेल भी जाना पड़ा।

माखनलाल चतुर्वेदी की प्रमुख रचनाएँ हैं—हिम किरीटनी, साहित्य देवता, हिम तरंगिनी, वेणु लो गूँजे धरा आदि। उनकी रचनाओं में राष्ट्रीय चेतना का स्वर, बलिदान, संघर्ष आदि भावनाएँ दिखाई देती हैं। उन्होंने अपनी रचनाएँ खड़ी बोली में लिखीं। माखनलाल चतुर्वेदी जी का निधन वर्ष 1968 में हुआ था।

काव्यांशों की व्याख्या

काव्यांश 1

क्या गाती हो?
क्यों रह-रह जाती हो?
कोकिल बोलो तो!
क्या लाती हो?
संदेशा किसका है?
कोकिल बोलो तो!
ऊँची काली दीवारों के घेरे में,
डाकू, चोरों, बटमारों के डेरे में,
जीने को देते नहीं, पेट-भर खाना,
मरने भी देते नहीं, तड़प रह जाना!
जीवन पर अब दिन-रात कड़ा पहरा है,
शासन है, या तम का प्रभाव गहरा है?
हिमकर निराश कर चला रात भी काली,
इस समय कालिमामयी जगी क्यूँ आली?

शब्दार्थ **कोकिला**-कोयल; **बटमार**-रास्ते में यात्रियों को लूटने वाले ठग, डाकू; **डेरे में**-आवास में; **तम**-अंधकार; **हिमकर**-चंद्रमा; **कालिमामयी**-काली; **आली**-सखी।

भावार्थ

प्रस्तुत कविता में कवि अर्द्ध-रात्रि में गाती कोयल की आवाज सुनते ही चौंककर उससे व्यग्रता से पूछ बैठता है कि हे कोयल! तुम इस प्रकार रह-रहकर क्यों गा रही हो? क्या तुम्हारे इस गीत में किसी तरह का गुप्त संदेश या कोई प्रेरणा छिपी है? यदि कोई ऐसा संदेशा है भी, तो यह संदेशा किसका है? तुम मुझे स्पष्ट रूप से बताओ तो। हे कोयल! मैं जिस स्थान पर कैद हूँ, वह स्थान मनुष्य के जीने लायक नहीं है। यहाँ की दीवारें भयानक काली और ऊँची हैं। यहाँ चोरों, डाकुओं और राहजनी करने वालों का निवास है।

स्थिति तो यह है कि जीने भर के लिए भी भोजन नहीं मिलता, भरपेट तो दूर की बात है। पर्याप्त भोजन के अभाव में मन एवं शरीर तड़पकर रह जाता है। वे अर्थात् अंग्रेज़ सिपाही हमें मरने भी नहीं देते और ठीक ढंग से जीने भी नहीं देते। हमारे चारों ओर कड़ा पहरा है। हमारी निगरानी के लिए सिपाहियों को बैठा रखा है।

कवि प्रश्न करता है कि यह अंग्रेज़ों का अंधकारमय शासन है या वास्तव में, गहरी काली अँधियारी रात है। रात इस सीमा तक काली है कि प्रकाश या आशा रूपी चंद्रमा भी उसके आगे परास्त है।

वह भी निराशा का संदेशा दे रहा है अर्थात् उसका प्रकाश भी क्षीण प्रतीत होता है। कवि कोयल से कहता है कि हे सखी! इस भयानक अँधेरी रात में तुम क्यों जाग रही हो? क्या तुम्हे कोई दु:ख या चिंता है या क्या तुम मुझसे कुछ कहना चाह रही हो?

काव्यांश 2

क्यों हूक पड़ी?
वेदना बोझ वाली-सी;
कोकिल बोलो तो!
क्या लूटा?
मृदुल वैभव की
रखवाली-सी,
कोकिल बोलो तो!

क्या हुई बावली?
अर्द्धरात्रि को चीखी,
कोकिल बोलो तो!
किस दावानल की
ज्वालाएँ हैं दीखीं?
कोकिल बोलो तो!

शब्दार्थ हूक–कसक या पीड़ा युक्त आवाज़; वेदना–पीड़ा; मृदुल–कोमल, मीठा; वैभव–ऐश्वर्य, धन–दौलत; बावली–पागल; अर्द्धरात्रि–आधी रात; दावानल–जंगल की आग; ज्वालाएँ–आग की लपटें।

भावार्थ

कवि जेल की कोठरी से कोयल को संबोधित करते हुए कहता है कि हे कोयल! तू क्यों कसक भरी वाणी में कूक रही है? ऐसी कौन-सी बात है, जिसका बोझ तुम्हारी वेदनापूर्ण वाणी में स्पष्ट दिखाई पड़ता है। हे कोयल! तुम्हारा ऐसा क्या लुट गया, जिसको लेकर तुम इतनी उद्विग्न एवं व्याकुल हो और आधी रात को तुम्हारी वाणी इतनी कारुणिक (दु:ख भरी) हो रही है? हे कोयल! तुम्हारी वाणी अत्यंत मधुर एवं कोमल है तथा वह मधुर ऐश्वर्य की प्रतीक है, जिसकी तुम स्वामिनी हो, फिर भी तुम इस सीमा तक विचलित क्यों हो? तुम्हारी वाणी में यह विक्षिप्तता क्यों है?

तुम इस आधी रात को क्यों चिल्ला रही हो? क्या किसी जंगल की आग की भयानक लपटें तुम्हें दिख गई हैं अर्थात् क्या तुम्हें भी इस अंग्रेज़ी-राज का अंधकार और भयानक अत्याचार युक्त नीतियों का ज्ञान हो गया है। क्या तुमने कारागार में बंद कैदियों की यातनाओं को देख लिया है। तुम्हारी वाणी की व्याकुलता क्या इसी कारण है?

काव्यांश 3

क्या?—देख न सकती ज़ंजीरों का गहना?
हथकड़ियाँ क्यों? यह ब्रिटिश-राज का गहना,
कोल्हू का चर्रक चूँ?— जीवन की तान,
गिट्टी पर अँगुलियों ने लिखे गान!
हूँ मोट खींचता लगा पेट पर जूआ,
खाली करता हूँ ब्रिटिश अकड़ का कूआँ।
दिन में करुणा क्यों जगे, रुलानेवाली,
इसलिए रात में गज़ब ढा रही आली?
इस शांत समय में,
अंधकार को बेध, रो रही क्यों हो?
कोकिल बोलो तो!
चुपचाप, मधुर विद्रोह-बीज
इस भाँति बो रही क्यों हो?
कोकिल बोलो तो!

शब्दार्थ ज़ंजीर–कड़ी, बंधन; गहना–आभूषण; चर्रक चूँ–कोल्हू चलने की ध्वनि; गिट्टी–पत्थर का टूटा छोटा भाग; मोट खींचना–पुर (चमड़े का बड़ा सा थैलानुमा डोल जिससे पानी खींचा जाता है) या चरसा खींचना; अकड़–घमंड, ऐंठ; बेध–चीरना; विद्रोह-बीज–क्रांति का प्रारंभ।

भावार्थ

कवि कोयल से कहता है कि हे कोयल! क्या तुम्हें हमारे हाथों-पैरों में बँधी हुई ज़ंजीरें दिखाई नहीं पड़तीं? ये ज़ंजीरें हमें किसी गहने से कम प्रतीत नहीं होतीं और ये जो हथकड़ियाँ हमने पहन रखी हैं, ये अंग्रेज़ी-राज द्वारा हमें दिया गया उपहार है, जो गहनों के रूप में हमारे शरीर और हाथों में सजी हुई हैं। हमें ये कोल्हू को खींचते समय चर्रक चूँ की ध्वनि में जीवन की तान सुनाई पड़ती है।

यह जीवन संगीत ही हमें देश के प्रति समर्पित होने की प्रेरणा देता है। हम अपने मज़बूत हाथों से जब पत्थर तोड़ते हैं, तो ऐसा लगता है कि हमारी अँगुलियाँ पत्थर के इन टुकड़ों पर स्वतंत्रता-संग्राम का नया गीत रच रही हों। कवि कहता है कि जब मैं पेट पर जुआ लगाकर पुर या चरसा खींचता हूँ, तो ऐसा लगता है कि अंग्रेज़ी शासन की अकड़ या घमंड का कुआँ लगातार खाली करता जा रहा हूँ। इससे मेरे अंदर उत्साह का नया संचार होता है अर्थात् अंग्रेज़ों द्वारा दी जाने वाली यातनाएँ, हमें जीवन में अंग्रेज़ों के विरुद्ध संघर्ष करने की प्रेरणा दे रही हैं।

कवि कहता है कि हे कोयल! इस अंधकारमय एवं शांत माहौल में तुम क्यों विलाप कर रही हो? तुम्हें ज्ञात है कि दिन का सारा परिश्रम, यातना, संघर्ष का समय होता है। हम स्वतंत्रता सेनानी दिन के समय करुणा के भाव चेहरे पर व्यक्त नहीं करते, ताकि अंग्रेज यह नहीं समझ लें कि हम टूट चुके हैं। इस समय मधुर आवाज़ और करुणा की आवश्यकता नहीं होती। इसलिए तुम्हारा रुदन इस घोर अंधकार को चीर रहा है। हे कोयल! क्या तुम इन अंग्रेज़ों के विरुद्ध क्रांति का सूत्रपात कर रही हो? क्या तुम अपनी करुण वाणी से स्वतंत्रता-संग्राम का नया अध्याय लिखने जा रही हो? बोलो तो कोयल! क्या तुम इस नीरव, शांत, अंधकारमय वातावरण में इसीलिए चुपचाप रुदन कर रही हो?

काव्यांश 4

काली तू, रजनी भी काली,
शासन की करनी भी काली,
काली लहर कल्पना काली,
मेरी काल कोठरी काली,
टोपी काली, कमली काली,
मेरी लौह-श्रृंखला काली,
पहरे की हुंकृति की ब्याली,

तिस पर है गाली, ऐ आली!
इस काले संकट-सागर पर
मरने की, मदमाती!
कोकिल बोलो तो!
अपने चमकीले गीतों को
क्योंकर हो तैराती!
कोकिल बोलो तो!

शब्दार्थ **रजनी**–रात; **करनी**–कर्म, काम; **काल-कोठरी**–सँकरी छोटी सी जेल की कोठरी, जहाँ खूँखार कैदियों को रखा जाता है; **कमली**–कंबल; **लौह-शृंखला**–लोहे की ज़ंजीर; **हुंकृति**–हुँकार; **ब्याली**–नागिन; **तिस पर**–उस पर; **संकट- सागर**–सागर रूपी संकट; **मदमाती**–मस्ती, उल्लास से भरी।

भावार्थ

कवि कहता है कि हे कोयल! जिस प्रकार रात का रंग काला है, वही काला रंग तुम्हारा भी है। अंग्रेज़ों का बर्ताव भी काला अर्थात् अमानवीय है। उनका यह व्यवहार मेरे मन में कई तरह की भयंकर कल्पनाएँ भर देता है। बुरी-बुरी कल्पनाएँ एवं विचार लहर के समान इस काली अँधेरी कोठरी में घूमते रहते हैं। मेरी काल-कोठरी का वातावरण भी कालिमा युक्त अर्थात् रोशनीविहीन है। कैदियों को दी जाने वाली टोपी और कंबल भी काला है। यहाँ तक कि मेरा शरीर जिन लोहे की ज़ंजीरों से बँधा है, उनका रंग भी काला है अर्थात् कारागार और प्राकृतिक वातावरण सभी कालिमायुक्त हैं। इस अंधकारमय, कालिमायुक्त वातावरण में पहरेदार की भीषण आवाज़ किसी नागिन के डसने जैसा भय उत्पन्न कर रही है।

हे सखी! इस अंधकारमय, अन्याय से भरे वातावरण में अंग्रेज़ी सैनिकों द्वारा दी जाने वाली असभ्य गालियाँ इसे और भयावह बना रही हैं। कवि कहता है कि ऐसे अन्यायपूर्ण एवं अमानवीय वातावरण में भी काले सागर रूपी विपत्ति (अर्थात् अंग्रेज़ी हुकूमत) से लोहा लेने का उत्साह निरंतर बढ़ता जा रहा है। प्रबल इच्छा हो रही है कि इस काले सागर रूपी संकट को जल्द-से-जल्द नष्ट कर दिया जाए। हे कोयल! बोलो तो यह विचार कैसा है? तुम अपनी माधुर्यपूर्ण स्वर-लहरी (अर्थात् गीतों) को क्यों लहरा रही हो? क्या तुम भी इस अंग्रेज़ी हुकूमत से लोहा लेने का मन बना चुकी हो। हे कोयल! सच-सच बताओ।

काव्यांश 5

तुझे मिली हरियाली डाली, बजा रही तिस पर रणभेरी!
मुझे नसीब कोठरी काली! इस हुंकृति पर,
तेरा नभ-भर में संचार अपनी कृति से और कहो क्या कर दूँ?
मेरा दस फुट का संसार! कोकिल बोलो तो!
तेरे गीत कहावें वाह, मोहन के व्रत पर,
रोना भी है मुझे गुनाह! प्राणों का आसव किसमें भर दूँ!
देख विषमता तेरी-मेरी, कोकिल बोलो तो!

शब्दार्थ **नसीब**–भाग्य; **नभ-भर**–संपूर्ण आकाश; **गुनाह**–अपराध; **विषमता**–असमानता, अंतर; **रणभेरी**–युद्ध का नाद; **कृति**–रचना; **मोहन**–मोहनदास करमचंद गांधी अर्थात् महात्मा गांधी; **आसव**–रस।

भावार्थ

कवि कहता है कि हे कोयल! तुम तो प्रकृति के स्वच्छंद हरे-भरे वातावरण में उन्मुक्त (स्वतंत्र) विचरण करती हो अर्थात् तुम्हें तो बैठने के लिए हरी–भरी डाली मिली है, परंतु मेरे भाग्य में यह संकरी-सी काल-कोठरी है, जहाँ हवा और रोशनी बड़ी मुश्किल से पहुँचते हैं। हे कोयल! संपूर्ण आकाश तुम्हारा क्षेत्र है, जहाँ तुम निर्बाध (बिना रुकावट के) रूप से उड़ सकती हो, जबकि मैं जिस काल-कोठरी में बंद हूँ, यह मात्र दस फुट की ही है। हे कोयल! तेरे गीत सभी की प्रशंसा के पात्र होते हैं, परंतु यदि मैं अपनी दुर्दशा पर रोना चाहूँ, तो यह भी अपराध की श्रेणी में गिना जाएगा।

हे कोयल! तुम स्वयं देख लो कि तुम्हारी और मेरी स्थिति में कितना अंतर है? तब भी तुम अंग्रेज़ी शासन के विरुद्ध युद्ध का संगीत बजा रही हो। हे कोयल! यह बताओ कि तुम्हारी इस हुँकार पर मैं क्या कर सकता हूँ?

इस काल-कोठरी में रहकर मैं अपनी रचनाओं-कविताओं के द्वारा ऐसा और क्या विशेष करूँ कि स्वतंत्रता-संघर्ष की अग्नि और अधिक धधक उठे। हे कोयल! तुम्हीं बताओ कि महात्मा गांधी के इस स्वतंत्रता आंदोलन के लिए मैं अपने प्राण-रस किस भाँति न्योछावर कर सकता हूँ। तुम बताओ कोयल! मेरे संघर्ष की दिशा क्या होगी! मैं इसके लिए सहर्ष तैयार हूँ।

NCERT फोल्डर

पाठ्यपुस्तक (क्षितिज भाग-1) के प्रश्नोत्तर

प्र.1 कोयल की कूक सुनकर कवि की क्या प्रतिक्रिया थी?

उत्तर कोयल की कूक सुनकर कवि को लगा कि वह बावली हो गई है। वह कुछ कहते हुए कवि को निरंतर लड़ते रहने की प्रेरणा देना चाहती है।

राष्ट्रीय चिंतन में संलग्न कवि के मन को आभास होता है कि शायद कोयल ने दावानल अर्थात् क्रांति की लपटें देख ली हैं, जिसकी सूचना देने के लिए वह चीख रही है या कवि के कष्टों को देखकर आँसू बहा रही है।

प्र.2 कवि ने कोकिला के बोलने के पीछे किन कारणों की संभावना व्यक्त की है?

उत्तर कवि ने कोकिला के बोलने के पीछे निम्नलिखित कारणों की संभावना व्यक्त की है

(i) अंग्रेज़ों द्वारा भारतीयों की अमानवीय प्रताड़ना देख लेना।
(ii) चारों ओर भीषण अत्याचार और विषमता का तांडव देख लेना।
(iii) कवि के शरीर एवं हाथों में लोहे की ज़ंजीरें देख लेना।
(iv) कवि की दीन-दशा देख लेना।

प्र.3 किस शासन की तुलना तम के प्रभाव से की गई है और क्यों?

उत्तर अंग्रेज़ी शासन की तुलना तम के प्रभाव से की गई है, क्योंकि अंग्रेज़ी शासन स्वतंत्रता सेनानियों एवं कानूनी अपराधियों के बीच अंतर किए बिना समान दंड देता है। कवि को अन्य अपराधियों की तरह ही कोल्हू के बैल की जगह जोतकर उससे श्रम कराया जाता है। वे अन्य भारतीयों पर भी घोर अत्याचार करते थे।

प्र.4 कविता के आधार पर पराधीन भारत की जेलों में दी जाने वाली यंत्रणाओं का वर्णन कीजिए।

उत्तर पराधीन भारत में अंग्रेज़ी शासन ने यंत्रणा के कई कठोर एवं अमानवीय तरीके अपना रखे थे। वे राजनैतिक कैदी और चोर-लुटेरों को एक साथ रखते थे। उनका शरीर लोहे की ज़ंजीरों से बँधा तथा हाथ में हथकड़ी होती थी। उन्हें कम भोजन देकर उनसे पशुओं की भाँति मेहनत कराई जाती थी। बैलों के स्थान पर कैदियों को जुए में जोता जाता था और उनसे पत्थर तुड़वाए जाते थे।

प्र.5 भाव स्पष्ट कीजिए

(क) मृदुल वैभव की रखवाली-सी, कोकिल बोलो तो!

(ख) हूँ मोट खींचता लगा पेट पर जूआ, खाली करता हूँ ब्रिटिश अकड़ का कूँआ।

उत्तर (क) कवि कहता है कि संसार में कई तरह के भयानक कष्टों के बीच जब कोमल, सुकुमार माधुर्य स्वर से भरी कोयल की वाणी सुनाई पड़ती है, तो सारे कष्ट दूर हो जाते हैं। कवि के अनुसार, कोयल की यही विशेषता उसे सर्वाधिक मृदु वाणीयुक्त पक्षी बनाती है। कोयल अपने इस मृदुल वैभव को बचाए रखती है।

(ख) कवि जेल के यातनापूर्ण जीवन का वर्णन करता हुआ कहता है कि अपने पेट पर कोल्हू के बैल वाला जुआ बाँधकर पुर या चरसा खींचते हुए उसे ऐसा प्रतीत होता है कि वह अंग्रेज़ों के दर्प-कूप को निरंतर रिक्त करता जा रहा है अर्थात् वह अंग्रेज़ी सल्तनत को चुनौती दे रहा है।

प्र.6 अर्द्ध-रात्रि में कोयल की चीख से कवि को क्या अंदेशा है?

उत्तर अर्द्ध-रात्रि में कोयल की चीख से कवि को अंदेशा होता है कि स्वतंत्रता सेनानियों के ऊपर हो रहे घोर अत्याचार को देखकर कोयल का हृदय भी करुणा से भर उठा होगा। कैदियों पर होने वाले अत्याचार एवं उनकी वेदना और दु:ख के कारण कोयल चीखी होगी।

प्र.7 कवि को कोयल से ईर्ष्या क्यों हो रही है?

उत्तर कवि कहता है कि हे कोयल! तुम्हें प्रकृति की सारी हरियाली और संपूर्ण आकाश विचरण करने के लिए प्राप्त है, लेकिन मैं दस फुट के तंग स्थान में रह रहा हूँ। कोयल के गीतों की प्रशंसा संपूर्ण संसार करता है, जबकि इस कारागार में कवि का रोना भी अपराध की श्रेणी में गिना जाता है। इसी बोध के कारण कवि कोयल से ईर्ष्या करता है।

प्र.8 कवि के स्मृति-पटल पर कोयल के गीतों की कौन-सी मधुर स्मृतियाँ अंकित हैं, जिन्हें वह अब नष्ट करने पर तुली है?

दक्षता आधारित प्रश्न

उत्तर कवि के स्मृति-पटल पर कोयल की अपनी मृदुल एवं वैभव-संपन्न वाणी से श्रोता के मन में करुणा जगाने वाली, शांतिकाल में अपना गीत गाने वाली, अपने गीतों से संसार को खुशी से भर देने वाली, मदमस्त कर देने वाली छवि अंकित है, जिसे वह अब नष्ट करने पर तुली है, क्योंकि जब मातृभूमि अशांत एवं पीड़ित हो, तो वह भला मधुर गीत कैसे गा सकती है?

प्र.9 हथकड़ियों को गहना क्यों कहा गया है?

उत्तर कवि ने हथकड़ियों को गहना इसलिए कहा है, क्योंकि कवि स्वाधीनता सेनानी है, उसने देश की स्वतंत्रता के लिए आवाज़ उठाई है। मातृभूमि की सेवा के फलस्वरूप यदि अंग्रेज़ों ने उन्हें बंदी बनाकर हथकड़ी पहना दी है, तो यह किसी आभूषण से कम नहीं है। यह मातृभूमि की सेवा का फल है। स्वतंत्रता प्राप्ति हेतु मिली हथकड़ियाँ उसने गहना समझकर स्वीकार की हैं।

प्र.10 "काली तू ...... ऐ आली!" इन पंक्तियों में 'काली' शब्द की आवृत्ति से उत्पन्न चमत्कार का विवेचन कीजिए।

उत्तर प्रस्तुत पंक्तियों में 'काली' शब्द की आवृत्ति कुल नौ बार हुई है। इस आवृत्ति में 'काली' शब्द साधारण प्रतीक एवं भावार्थ दोनों रूपों में उभरते हैं।

उदाहरण
काली तू, रजनी भी काली
टोपी काली, कमली काली
मेरी लौह-शृंखला काली

यहाँ 'काली' शब्द का **साधारण एवं सरल अर्थ** अभिव्यक्त हुआ है।

शासन की करनी भी काली।
मेरी काल-कोठरी काली।
काली लहर, कल्पना काली।

- यहाँ 'काली' शब्द **प्रतीकात्मक अर्थ** में प्रकट हुआ है।
- 'काली करनी' का अर्थ—बुरे कर्म
- 'काल-कोठरी काली' का अर्थ—बुरी अवस्था में कैदखाना
- 'काली लहर'—अंग्रेज़ों की हुकूमत
- 'कल्पना काली'—बुरे विचार
- 'काली' शब्द का बार-बार प्रयोग कर कवि ने अपने आस-पास और देश के ऊपर छाए संकट का उल्लेख किया है।

प्र.11 काव्य-सौंदर्य स्पष्ट कीजिए

(क) किस दावानल की ज्वालाएँ हैं दीखीं?

(ख) तेरे गीत कहावें वाह, रोना भी है मुझे गुनाह!
देख विषमता तेरी-मेरी, बजा रही तिस पर रणभेरी!

उत्तर (क) 'दावानल की ज्वालाएँ' में रूपकातिशयोक्ति अलंकार तथा उपमा अलंकार हैं। कवि ने कोयल को अपने समकक्ष रखकर उसका मानवीकरण कर दिया है। चीखना मनुष्य का लक्षण है, परंतु कवि ने कोयल को भी इस श्रेणी में रख दिया है। इन पंक्तियों में प्रतीक योजना लक्षित है। तद्भव शब्दों का विशेष प्रयोग हुआ है।

(ख) कवि यहाँ अपने एवं कोयल के बीच के अंतर को स्पष्ट करते हुए कहता है कि हे कोयल! तुम्हारे गीत सभी के द्वारा प्रशंसित हैं, जबकि उसका रुदन भी किसी के लिए महत्त्वपूर्ण नहीं है। यहाँ तुलनात्मक शैली का अच्छा प्रयोग है। 'तेरी-मेरी' और 'रणभेरी' में तुकांत का विशिष्ट प्रयोग है। कवि ने तुलना कर कोयल का मानवीकरण किया है। अनुप्रास एवं पदमैत्री का

रचना और अभिव्यक्ति

प्र.1 कवि जेल के आस-पास अन्य पक्षियों का चहकना भी सुनता होगा, लेकिन उसने कोकिला की ही बात क्यों की है?

उत्तर कोयल को प्रायः शांत स्वभाव का पक्षी माना जाता है। वह दौर पराधीनता का दौर था। भारत अंग्रेज़ों के अधीन था। इस अशांत एवं अंधकारपूर्ण समय में कोयल की वाणी में भी शांत-भाव का स्वर नहीं था, जिसने कवि को आश्चर्य में डाल दिया। कोयल में आए इस अप्राकृतिक एवं अस्वाभाविक परिवर्तन के कारण ही कवि ने कोयल को महत्त्व दिया।

प्र.2 आपके विचार से स्वतंत्रता सेनानियों और अपराधियों के साथ एक-सा व्यवहार क्यों किया जाता होगा?

उत्तर अंग्रेज़ यह नहीं चाहते थे कि भारत में स्वाधीनता की लड़ाई सफल हो, इसलिए स्वाधीनता सेनानियों का मनोबल तोड़ने के लिए उनके साथ अपराधियों जैसा बर्ताव किया जाता था। उन्हें यह अहसास नहीं होने दिया जाता था कि वे स्वतंत्रता सेनानी और राजनैतिक कैदी हैं। अतः वे अपराधियों के साथ रखे जाते और उनके साथ उन्हीं की तरह व्यवहार किया जाता था।

पाठेतर सक्रियता

प्र.1 पराधीन भारत की कौन-कौन सी जेलें मशहूर थीं, उनमें स्वतंत्रता सेनानियों को किस-किस तरह की यातनाएँ दी जाती थीं? इस बारे में जानकारी प्राप्त कर जेलों की सूची एवं स्वतंत्रता सेनानियों के नामों को राष्ट्रीय पर्व पर भित्ति पत्रिका के रूप में प्रदर्शित करें।

उत्तर छात्र स्वयं करें।

प्र.2 स्वतंत्र भारत की जेलों में अपराधियों को सुधारकर हृदय परिवर्तन के लिए प्रेरित किया जाता है। पता लगाइए कि इस दिशा में कौन-कौन से कार्यक्रम चल रहे हैं?

उत्तर छात्र स्वयं करें।

अभ्यास प्रश्न

बहुविकल्पीय व वर्णनात्मक प्रश्नों सहित

कविता पर आधारित बहुविकल्पीय प्रश्न

निम्नलिखित प्रश्नों के सर्वाधिक उपयुक्त विकल्पों का चयन कीजिए।

1. 'कवि के अनुसार कोयल क्यों गाने लगी?

(क) गीत गाना कोयल का स्वभाव होने के कारण
(ख) कवि से प्रेरणा मिलने के कारण
(ग) कैदियों के साथ होने वाले दुर्व्यवहार से दुःखी होने के कारण
(घ) स्वतंत्र आकाश में घूमने के कारण

उत्तर (ग) कैदियों के साथ होने वाले दुर्व्यवहार से दुःखी होने के कारण

2. कवि को कारागार में किस प्रकार की कठिनाइयों का सामना करना पड़ा?

(क) चोरों तथा डाकुओं के बीच रहना
(ख) भरपेट भोजन न मिल पाना
(ग) बंद अँधेरे कमरे में रखा जाना
(घ) उपर्युक्त सभी

उत्तर (घ) उपर्युक्त सभी

3. जीवन पर अब दिन-रात कड़ा पहरा है, **दक्षता आधारित प्रश्न**
शासन है या तप का प्रभाव गहरा है,
कवि ने ब्रिटिश शासन को तम का शासन क्यों कहा है?

(क) चारों और अंधकार व्याप्त होने के कारण
(ख) अन्याय व अत्याचार से युक्त शासन होने के कारण
(ग) कैदियों को स्वतंत्रता न देने के कारण
(घ) जेल की ऊँची-ऊँची दीवार होने के कारण

उत्तर (ग) कैदियों को स्वतंत्रता न देने के कारण

4. कवि द्वारा कोयल को 'मृदुल वैभव की रखवाली-सी' कहने का क्या कारण है?

(क) कोयल की वाणी अत्यंत मधुर ऐश्वर्य का प्रतीक है
(ख) कोयल केवल प्रातःकाल की मधुर बेला में गाती है
(ग) कोयल केवल मधुर स्वर के ही गीत गाती है
(घ) कोयल की वाणी सरस्वती का वरदान होती है

उत्तर (क) कोयल की वाणी अत्यंत मधुर ऐश्वर्य का प्रतीक है

5. कवि ने 'दावानल की ज्वालाएँ' किसे कहा है?

(क) कारागार की चार दीवारी को
(ख) वन की भयंकर आग को
(ग) अंग्रेज़ी राज की भयानक व क्रूर नीतियों को
(घ) कोयल के कारुणिक स्वर को

उत्तर (ग) अंग्रेज़ी राज की भयानक व क्रूर नीतियों को

6. कवि द्वारा 'ब्रिटिश राज का गहना' किसे कहा गया है?

(क) हथकड़ियों को (ख) कोल्हू चलाने को
(ग) लोहे की सलाखों को (घ) क्रांतिकारी विचारों को

उत्तर (क) हथकड़ियों को

7. कवि ने ब्रिटिश अकड़ का कुआँ कैसे खाली किया?

(क) अंग्रेजों द्वारा दी जाने वाली यातनाओं को सहकर
(ख) अंग्रेजों को मुँहतोड़ जबाव देकर
(ग) अंग्रेजी सैनिकों से युद्ध कर
(घ) अंग्रेजों को भारत से बाहर निकालकर

उत्तर (क) अंग्रेजों द्वारा दी जाने वाली यातनाओं को सहकर

8. आधी रात को कोयल के चीखने का क्या कारण हो सकता है?

(क) सोए हुए लोगों की नींद खराब करना

(ख) अनहोनी घटना की जानकारी देना

(ग) जंगल की आग की भयानक लपटें दिखाई देना

(घ) कवि को दी जाने वाली यातना का बोध होना

उत्तर (ग) जंगल की आग की भयानक लपटें दिखाई देना

9. **इस काले संकट-सागर पर मरने की मदमाती!**
कोकिल बोलो तो! अपने चमकीले गीतों को क्योंकर हो तैराती!

कथन (I) कवि अंग्रेजी शासन के विरुद्ध विद्रोह के अपराध में जेल में था।

कथन (II) 'काले संकट-सागर' कवि ने अनंत सुख के लिए प्रयोग किया है।

कथन (III) कोयल अपने गीतों से चारों ओर जोश और उत्साह का वातावरण निर्माण कर रही है।

'कैदी और कोकिला' कविता की पंक्तियों के आधार पर कौन-सा/से कथन सही है/हैं? **दक्षता आधारित प्रश्न**

(क) केवल कथन (I) सही है।

(ख) केवल कथन (II) सही है।

(ग) केवल कथन (I) और (III) सही हैं।

(घ) केवल कथन (II) और (III) सही हैं।

उत्तर (ग) केवल कथन (I) और (III) सही हैं।

10. **कविता में वर्णित काली चीजें कैसे वातावरण को निर्मित कर रही हैं?**

(क) शांति एवं सद्भावपूर्ण (ख) भयप्रद एवं निराशापूर्ण

(ग) प्रेम एवं आशापूर्ण (घ) प्रगति एवं विकासपूर्ण

उत्तर (ख) भयप्रद एवं निराशापूर्ण

11. **कवि ने कोयल के स्वर में किसके स्वर की कल्पना की है?**

(क) सरस्वती (ख) भारत माता

(ग) क्रांतिकारी (घ) आतंकवादी

उत्तर (ख) भारत माता

12. **अंग्रेजी सरकार स्वतंत्रता सेनानियों के साथ अपराधियों का-सा व्यवहार करती थी, क्योंकि ....**

(क) भारतीय उन्हें अपना गुलाम बनाना चाहते थे

(ख) भारतीय उनकी सत्ता का समर्थन करते थे

(ग) भारतीय उनका विरोध करते थे

(घ) भारतीय जड़ से उखाड़ देना चाहते थे

उत्तर (ग) भारतीय उनका विरोध करते थे

13. **कोयल की आवाज़ से कवि को .... अनुभूति होती है।**

(क) संतोष की

(ख) सुख की

(ग) प्रेम की

(घ) दु:ख और वेदना की

उत्तर (ख) सुख की

14. **कवि को कोयल से ईर्ष्या क्यों हो रही है?**

(क) कोयल द्वारा मधुर आवाज़ में गाने के कारण

(ख) कोयल के स्वतंत्र होने के कारण

(ग) कोयल के सुंदर दिखने के कारण

(घ) कोयल द्वारा कवि को चिढ़ाए जाने के कारण

उत्तर (ख) कोयल के स्वतंत्र होने के कारण

काव्यांशों पर आधारित बहुविकल्पीय प्रश्न

निम्नलिखित काव्यांशों को ध्यानपूर्वक पढ़कर उन पर पूछे गए प्रश्नों के सही विकल्प चुनिए

1. क्या गाती हो?
क्यों रह-रह जाती हो?
कोकिल बोलो तो!
क्या लाती हो?
संदेशा किसका है?
कोकिल बोलो तो!
ऊँची काली दीवारों के घेरे में,
डाकू, चोरों, बटमारों के डेरे में,
जीने को देते नहीं, पेट-भर खाना,
मरने भी देते नहीं, तड़प रह जाना!
जीवन पर अब दिन-रात कड़ा पहरा है,
शासन है या तम का प्रभाव गहरा है?
हिमकर निराश कर चला रात भी काली,
इस समय कालिमामयी जगी क्यूँ आली?

(i) **काव्यांश के आधार पर बताइए कि कोयल क्यों दु:खी हो जाती है?**

(क) भोजन न मिलने के कारण

(ख) चोट लगने के कारण

(ग) कैदियों के साथ हो रहे दुर्व्यवहार के कारण

(घ) अपने साथी कोयलों से बिछड़ने के कारण

उत्तर (ग) कैदियों के साथ हो रहे दुर्व्यवहार के कारण

(ii) **काव्यांश के आधार पर बताइए कि कोयल किसे प्रेरणा प्रदान करने का कार्य कर रही है?**

(क) स्वतंत्रता सैनानियों को

(ख) डाकुओं को

(ग) चोरों को

(घ) बटमारों को

उत्तर (क) स्वतंत्रता सैनानियों को

(iii) **कवि नरकीय जीवन कहाँ व्यतीत कर रहा है?**

(क) अपने घर में

(ख) अंग्रेजों के कारागार में

(ग) अपने मित्र के घर में

(घ) जंगलों में

उत्तर (ख) अंग्रेजों के कारागार में

(iv) कथन (A) और कारण (R) को पढ़कर उपयुक्त विकल्प चुनिए

कथन (A) ब्रिटिश शासन को तम का गहरा प्रभाव कहा गया है।

कारण (R) ब्रिटिश शासन काल में कवि को स्वतंत्रता के लिए प्रयास करने की सजा मिल रही थी। दक्षता आधारित प्रश्न

(i) कथन (A) गलत है, किंतु कारण (R) सही है।
(ii) कथन (A) और कारण (R) दोनों ही गलत हैं।
(iii) कथन (A) सही है और कारण (R) कथन (A) की सही व्याख्या है।
(iv) कथन (A) सही है, किंतु कारण (R) कथन (A) की सही व्याख्या नहीं है।

उत्तर (iii) कथन (A) सही है और कारण (R) कथन (A) की सही व्याख्या है।

(v) 'ऊँची काली दीवारों' से कवि का क्या आशय है?
(क) जेल के अंधकार एवं निराशामय वातावरण से
(ख) अंग्रेजी शासन से
(ग) जेल के कमरे से
(घ) बड़ी दीवारों से

उत्तर (क) जेल के अंधकार एवं निराशामय वातावरण से

2.

क्यों हूक पड़ी?
वेदना बोझ वाली-सी;
कोकिल बोलो तो!
क्या लूटा?
मृदुल वैभव की
रखवाली-सी,
कोकिल बोलो तो!

क्या हुई बावली?
अर्द्धरात्रि को चीखी,
कोकिल बोलो तो!
किस दावानल की
ज्वालाएँ हैं दीखी?
कोकिल बोलो तो!

(i) कवि ने कोयल को बावली क्यों कहा है? कविता के आधार पर बताइए।
(क) अधिक कूकने के कारण
(ख) रात में कूकने के कारण
(ग) मधुर स्वर में गाने के कारण
(घ) उंपरोक्त में से कोई नहीं

उत्तर (ख) रात में कूकने के कारण

(ii) कवि को कोयल की आवाज़ सुनकर कैसा लग रहा है?
(क) प्रसन्नता की अनुभूति
(ख) उल्लास की अनुभूति
(ग) दु:ख की वेदना की अनुभूति
(घ) क्रोध की अनुभूति

उत्तर (ग) दु:ख की वेदना की अनुभूति

(iii) कवि ने अंग्रेजी सरकार की भयानक व क्रूर नीतियों को ……… कहा है।
(क) क्रांति की ज्वाला
(ख) दावानल की ज्वालाएँ
(ग) मृदुल वैभव की रखवाली
(घ) रात का अँधेरा

उत्तर (ख) दावानल की ज्वालाएँ

(iv) 'मृदुल वैभव की रखवाली-सी' पंक्ति में ……… अलंकार है। दक्षता आधारित प्रश्न
(क) अतिशयोक्ति अलंकार
(ख) उपमा अलंकार
(ग) उत्प्रेक्षा अलंकार
(घ) अनुप्रास अलंकार

उत्तर (ख) उपमा अलंकार

(v) कविता की किस पंक्ति से कोयल की वाणी अत्यंत मधुर ऐश्वर्य की प्रतीक है का पता चलता है।
(क) मृदुल वैभव की रखवाली-सी
(ख) क्यों हूक पड़ी वेदना बोझ वाली-सी
(ग) किस दावातल की ज्वालाएँ हैं दिखी?
(घ) कोकिल बोलो तो क्या हुआ बावली?

उत्तर (क) मृदुल वैभव की रखवाली-सी

3.

क्या?—देख न सकती ज़ंजीरों का गहना?
हथकड़ियाँ क्यों? यह ब्रिटिश-राज का गहना,
कोल्हू का चर्रक चूँ?—जीवन की तान,
गिट्टी पर अँगुलियों ने लिखे गान!
हूँ मोट खींचता लगा पेट पर जूआ,
खाली करता हूँ ब्रिटिश अकड़ का कूआँ।
दिन में करुणा क्यों जगे, रुलानेवाली,
इसलिए रात में गज़ब ढा रही आली?
इस शांत समय में,
अंधकार को बेध, रो रही क्यों हो?
कोकिल बोलो तो!
चुपचाप, मधुर विद्रोह-बीज
इस भाँति बो रही क्यों हो?
कोकिल बोलो तो!

(i) कवि ने हथकड़ियों को क्या कहकर संबोधित किया है?
(क) ब्रिटिश राज का गहना कहकर
(ख) जीवन की तान कहकर
(ग) मधुर विद्रोह के बीज कहकर
(घ) ब्रिटिश अकड़ का कुआँ कहकर

उत्तर (क) ब्रिटिश राज का गहना कहकर

(ii) कवि को किसके कारण कारागार में जाना पड़ा है?
(क) चोरी करने के कारण
(ख) स्वतंत्रता आंदोलन में संघर्ष करने के कारण
(ग) डकैती करने के कारण
(घ) हत्या करने के कारण

उत्तर (ख) स्वतंत्रता आंदोलन में संघर्ष करने के कारण

(iii) ब्रिटिश शासन के विरुद्ध मधुर विद्रोह का बीज कौन बो रहा है?
(क) कोयल अपने मधुर स्वर द्वारा
(ख) कवि अपनी कविता द्वारा
(ग) कोयल अपनी उड़ान द्वारा
(घ) चिड़िया अपनी चहचहाट से

उत्तर (क) कोयल अपने मधुर स्वर द्वारा

(iv) **कथन (A) और कारण (R) को पढ़कर उपयुक्त विकल्प चुनिए**
कथन (A) **कोयल रात के सन्नाटे में आवाज कर रही है।**
कारण (R) **अंग्रेजी सरकार दिन में स्वतंत्रता सेनानियों पर दया नहीं करती।** **दक्षता आधारित प्रश्न**

(i) कथन (A) गलत है, किंतु कारण (R) सही है
(ii) कथन (A) और कारण (R) दोनों ही गलत हैं
(iii) कथन (A) सही है और कारण (R) कथन (A) की सही व्याख्या है
(iv) कथन (A) सही है, किंतु कारण (R) कथन (A) की सही व्याख्या नहीं है

उत्तर (iii) कथन (A) सही है और कारण (R) कथन (A) की सही व्याख्या है

(iv) **कविता के आधार पर बताइए कि कवि का संघर्ष किसके विरुद्ध था?**

(क) तात्कालिक सामंतों के विरुद्ध
(ख) तात्कालिक जमींदारों के विरुद्ध
(ग) तात्कालिक भारतीय सरकार के विरुद्ध
(घ) तात्कालिक ब्रिटिश शासन के विरुद्ध

उत्तर (घ) तात्कालिक ब्रिटिश शासन के विरुद्ध

(v) **'कोल्हू का चर्रक चूँ?—जीवन की तान' से कवि का आशय है** **दक्षता आधारित प्रश्न**

(क) जेल में कवि से कोल्हू चलवाते हैं
(ख) कोल्हू की चर्रक चूँ आवाज़ उसके जीवन का संगीत बन गई है
(ग) कोल्हू चलाने से चर्रक चूँ की आवाज़ आती है
(घ) कोल्हू चलाना अत्यंत कठिन है

उत्तर (ख) कोल्हू की चर्रक चूँ आवाज़ उसके जीवन का संगीत बन गई है

काव्यबोध संबंधी लघु प्रश्नोत्तर

निम्नलिखित प्रश्नों के उत्तर संक्षेप में लिखिए

1. 'ऊँची काली दीवारों' से कवि माखनलाल चतुर्वेदी का क्या तात्पर्य है?

उत्तर 'ऊँची काली दीवारों' से कवि माखनलाल चतुर्वेदी जी का तात्पर्य जेल की ऊँची दीवारों से है, जो यातनागृह जैसा है। यह जीवन की गतिविधियों को बाँधकर मनुष्य की आत्मा को भी बाँध देता है, इसलिए ये दीवारें काली हैं।

2. 'जीवन पर अब दिन-रात कड़ा पहरा है।' पंक्ति के माध्यम से कवि क्या कहना चाहता है? 'कैदी और कोकिला' कविता के आधार पर लिखिए। **दक्षता आधारित प्रश्न**

उत्तर प्रस्तुत पंक्ति के माध्यम से कवि कहना चाहता है कि स्वतंत्रता संग्राम में भाग लेने के कारण अन्यायपूर्ण ब्रिटिश शासन ने उसे कारागृह में डाल दिया, जहाँ उसे दिन-रात कड़े पहरे में रखा जाता था और अनेक प्रकार की यातनाएँ दी जाती थीं। हमें स्वतंत्रतापूर्वक किसी भी कार्य को करने की सुविधा नहीं है, क्योंकि सिपाही हम पर निगरानी रखे रहते हैं।

3 कवि माखनलाल चतुर्वेदी जी कोयल को बावली क्यों कहते हैं? क्या वह उनकी दृष्टि में सचमुच बौराई हुई है?

अथवा **कोयल को बावली कहने के पीछे कवि की क्या सोच हो सकती है?**

उत्तर कोयल का असमय आधी रात को कूकना कवि को ठीक नहीं लग रहा है। उचित-अनुचित, समय-असमय का ख्याल न रखने वाला ही पागलपन का शिकार माना जाता है।

इसलिए कवि की सोच में कोयल का यह व्यवहार बावलापन ही है। कवि का हृदय पहले से ही दु:खी था, अब कोयल की हूक ने कवि की वेदना को और भी अधिक तीव्र कर दिया है।

4. स्वतंत्रता सेनानियों का गहना क्या है?

उत्तर गहना अर्थात् आभूषण उसे कहा जाता है, जो सौंदर्य और गौरव बढ़ाता है। अन्य स्वतंत्रता सेनानियों के साथ कवि ने भी इन हथकड़ियों को स्वेच्छा से पहनकर स्वतंत्रता प्राप्ति के महान् उद्देश्य के लिए संघर्ष का रास्ता अपनाया। अत: इनसे वे सभी गौरव और प्रतिष्ठा के हकदार बने। समाज ने उन्हें इन हथकड़ियों के लिए सम्मान और प्रतिष्ठा दी, इसलिए हथकड़ियों को गहना कहा गया है।

5. 'गिट्टी पर अँगुलियों ने लिखे गान' से क्या तात्पर्य है?

उत्तर गिट्टी पर अँगुलियों ने लिखे गान से तात्पर्य जेल में स्वतंत्रता सेनानियों को पत्थर तोड़ने पड़ते थे, जिससे उनकी हथेलियों में छाले पड़ जाते थे। ये छाले देश के लिए कवि को सहर्ष स्वीकार हैं। उसे ये प्रिय लगते हैं, क्योंकि उन्हें देखकर वह बार-बार ब्रिटिश शासन को कोसता है तथा उसके प्रति अपने असंतोष को दृढ़ करता है, इसलिए ये छाले प्रेरणादायी हैं।

6 कवि दिन के समय अपनी पीड़ा के भावों को क्यों नहीं प्रकट करना चाहता है? 'कैदी और कोकिला' कविता के आधार पर उत्तर दीजिए।

अथवा **कैदी कवि के मन में कोकिला दिन में करुणा क्यों नहीं जगाना चाहती है?** **दक्षता आधारित प्रश्न**

उत्तर कवि दिन में यातना, संघर्ष एवं परिश्रम के समय अपनी पीड़ा को प्रकट करके शोषकों एवं अत्याचारियों के समक्ष अपनी कमज़ोरी व्यक्त करना नहीं चाहता है। वह ब्रिटिश शासकों के सामने अपनी हीन अवस्था का प्रदर्शन करके अपनी मातृभूमि के गौरव एवं दर्प को कम करना नहीं चाहता है। अत: दिन के समय वह अपने साहस या हिम्मत को करुणा या वेदना के भाव प्रकट करके कमज़ोर करना नहीं चाहता है।

7. 'शासन की करनी भी काली' से क्या स्पष्ट होता है?

उत्तर शासन की करनी भी काली से स्पष्ट होता है कि ब्रिटिश शासन के कारनामें अन्यायपूर्ण थे। स्वाधीनता संग्राम के क्रांतिकारियों को अपराधी मानकर उन्हें कठोर यातनाएँ दी जाती थीं अर्थात् शासन करने का तरीका अन्यायपूर्ण था।

8. 'संकट-सागर' से क्या तात्पर्य है?

उत्तर देश के क्रांतिकारी चारों ओर से संकट से घेर दिए गए हैं, ताकि वे भयभीत हो जाएँ और अपने लक्ष्य को भूल जाएँ। देशभक्तों के सामने संकटों का अंबार ही 'संकट-सागर' है, जो ब्रिटिश शासन द्वारा उन्हें हतोत्साहित करने के लिए लगाया जाता था।

9. 'कैदी और कोकिला' कविता के आधार पर बताइए कि कवि को कोयल के गीत चमकीले क्यों लगते थे? उससे कवि को किस स्थिति का आभास होता था?

उत्तर 'कैदी और कोकिला' कविता में कवि को कोयल के गीत अत्यंत प्रेरणादायी प्रतीत होते हैं। वे देशभक्ति की भावना से युक्त हैं तथा उनमें ओज एवं संघर्ष की भावना निहित है, इसलिए कवि ने उन्हें 'चमकीले गीतों' की संज्ञा दी है, जिसकी चमक में अँधेरे को दूर करने की क्षमता है। इससे कवि को निराशा में आशा तथा अँधेरे में उजाले की स्थिति का आभास होता है।

10. कवि कोयल की अपेक्षा स्वयं को हीन महसूस क्यों कर रहा है?

उत्तर कवि कोयल की अपेक्षा स्वयं को इसलिए हीन महसूस कर रहा है, क्योंकि कोयल स्वतंत्र है और कवि बंदी है। कोयल हरी-भरी डालियों पर बैठकर आनंद ले सकती है, जबकि कवि कारागार की दस फुट की काली, अँधेरी कोठरी में रहने के लिए विवश है।

कोयल के गान की सभी प्रशंसा करते हैं, जबकि कवि का रोना भी गुनाह है। दोनों की स्थिति में काफ़ी अंतर है।

11. 'मेरा दस फुट का संसार' किसे और क्यों कहा गया है?

उत्तर कवि द्वारा मेरा दस फुट का संसार जेल की अपनी कोठरी को कहा गया है, क्योंकि वहाँ से उसे बाहर निकलने नहीं दिया जाता था।

उसी कोठरी में उसे अपनी सभी प्रकार की गतिविधियाँ करनी पड़ती थीं। उसकी दुनिया उस कोठरी तक ही सीमित रह गई थी, इसलिए उसे वह अपना संसार कहता है।

12. 'देख विषमता तेरी-मेरी' से कवि का क्या आशय है?

उत्तर 'देख विषमता तेरी-मेरी' कहकर कवि ने अपनी और कोयल की विषम स्थिति का चित्रण किया है। कवि कैदी है और कोकिला (कोयल) स्वतंत्र। कवि दस फुट की कोठरी में कैद है, जबकि कोयल खुले नभ में विचरण करती है। कवि रो भी नहीं सकता जबकि कोयल किसी भी समय गा सकती है।

13. कवि माखनलाल चतुर्वेदी ने कोयल से अपने मन के किन भावों को व्यक्त किया है?

अथवा **कवि कोयल के माध्यम से क्या व्यक्त करना चाहता है?**

उत्तर कवि कोयल के माध्यम से ब्रिटिश सरकार के कुशासन, उसकी नीयत, देश की चिंताजनक स्थिति, सरकार के प्रति अपना आक्रोश, जेलों तथा स्वतंत्रता सेनानियों की दुर्दशा, अपने मन के दुःख, असंतोष तथा निराशापूर्ण भाव को व्यक्त करना चाहता है।

14. हिंदी साहित्य में माखनलाल चतुर्वेदी राष्ट्रीय काव्य-धारा के कवि कहे जाते हैं। कुछ अन्य हिंदी साहित्यकारों का उल्लेख कीजिए, जिनकी रचनाओं में राष्ट्रीयता के स्वर मुखरित हुए हों।

दक्षता आधारित प्रश्न

उत्तर आज़ादी की लड़ाई जब अपने चरमोत्कर्ष पर थी, उस समय हिंदी साहित्य में भी उसकी प्रतिध्वनि सुनाई पड़ने लगी। साहित्यकारों ने अपनी रचनाओं में उस संघर्ष को मज़बूत करने का काम किया। *जैसे*—प्रेमचंद के उपन्यास 'रंगभूमि' पर गांधीवादी आदर्शों की छाप है, गुप्त जी की 'भारत-भारती' को राष्ट्रभारती तथा उन्हें 'राष्ट्रकवि' कहा गया। प्रसाद जी का 'चंद्रगुप्त' नाटक तथा निराला जी की 'सरस्वती वंदना', 'जागो फिर एक बार' तथा 'राम की शक्तिपूजा' आदि रचनाओं में परतंत्रता से मुक्ति के भाव स्पष्टतः प्रतिध्वनित हुए हैं।

15. वास्तविक अर्थों में भारतीय स्वतंत्रता आंदोलन अस्त्र-शस्त्रों से लड़ी जाने वाली लड़ाई से अधिक वैचारिक एवं सांस्कृतिक आंदोलन था। समझाइए।

उत्तर भारतीय स्वतंत्रता आंदोलन ही संभवतः संसार का पहला ऐसा मुक्ति संघर्ष है, जहाँ स्वतंत्रता के लिए संघर्ष करने वालों ने सशस्त्र लड़ाई के स्थान पर वैचारिक एवं सांस्कृतिक संघर्ष का रास्ता अपनाया तथा तत्कालीन विश्व की सर्वाधिक शक्तिशाली साम्राज्यवादी शक्ति के रूप में स्थापित अंग्रेज़ी शासन का सदा-सदा के लिए भारत की धरती से नामो-निशान मिटा दिया। गांधी जी का पूरा जीवन सत्य एवं अहिंसा के आदर्शों से प्रेरित एवं संचालित था। उन्होंने सत्याग्रह एवं असहयोग का सहारा लेकर निरंतर संघर्ष का नेतृत्व करते हुए ब्रिटिश शासकों को इस बात के लिए विवश कर दिया कि वे देश को स्वतंत्र करें और इंग्लैंड लौट जाएँ।

स्व-मूल्यांकन

कविता पर आधारित बहुविकल्पीय प्रश्न

निम्नलिखित प्रश्नों के सर्वाधिक उपयुक्त विकल्पों का चयन कीजिए।

1. कवि ने कोयल के कूकने की तुलना किसके की है?
(क) क्रांति के आह्वान से
(ख) दुःख एवं वेदना से
(ग) अंग्रेजों के सैनिकों से
(घ) विद्रोही कैदियों से

2. कवि और कोयल में क्या समानता दिखाई देती है?
(क) दोनों ही उच्च श्रेणी के गायक हैं
(ख) दोनों ही विद्रोही प्रवृत्ति के जीव हैं
(ग) दोनों ही देश की स्वतंत्रता से प्रेरित हैं
(घ) दोनों ही मधुर कंठी हैं

3. हूँ मोर खींचता लगा पेट पर जुआ, खाली करता हूँ
ब्रिटिश अकड़ का कूआँ।

स्वतंत्रता सेनानी यातनाओं को झेलकर ·········· अकड़ के कुएँ को कम कर रहे हैं।
(क) चारों की (ख) कैदियों की
(ग) अंग्रेज सरकार की (घ) कवि की

काव्यांश पर आधारित बहुविकल्पीय प्रश्न

निम्नलिखित काव्यांश को ध्यानपूर्वक पढ़कर पूछे गए प्रश्नों के सही विकल्प चुनिए।

काली तू, रजनी भी काली,
शासन की करनी भी काली,
काली लहर कल्पना काली,
मेरी काल-कोठरी काली,
टोपी काली, कमली काली,
मेरी लौह-शृंखला काली,
पहरे की हुंकृति की ब्याली,
तिस पर है गाली, ऐ आली!
इस काले संकट-सागर पर
मरने की, मदमाती!
कोकिल बोलो तो!
अपने चमकीले गीतों को
क्योंकर हो तैराती!
कोकिल बोलो तो!

(i) रात, शासन के कार्य, काल-कोठरी आदि सभी काली वस्तुएँ किस प्रकार का वातावरण निर्मित कर रही है? **दक्षता आधारित प्रश्न**
(क) उत्साह और प्रसन्नता का वातावरण
(ख) भय और निराशाजनक वातावरण
(ग) रोष एवं क्रोध का वातावरण
(घ) शांति एवं निराशा का भाव

(ii) 'शासन की करनी भी काली' का आशय है
(क) शासन के काम काले हैं।
(ख) ब्रिटिश सरकार की नीतियाँ भारतीय के प्रति अनुचित थी।
(ग) जेल का रंग काला है।
(घ) जेल की सभी वस्तुएँ काले रंग की हैं।

(iii) कवि ने कोयल के कूकने की तुलना किससे की है?
(क) मीठे स्वर से (ख) क्रांति के आह्वान से
(ग) ब्रिटिश सरकार से (घ) कोल्हू के बैल से

(iv) कवि ने कोयल के कूक की तुलना चमकीले गीत से की है, क्योंकि **दक्षता आधारित प्रश्न**
(क) कोयल के गीत से प्रकाश होता है
(ख) उसके गीत से देशभक्ति की भावना व आशा का संचार होता है
(ग) कोयल कैदियों के मनोरंजन के लिए गीत गाती है
(घ) कोयल का कुछ खो गया है

(v) जेल के भयजनक वातावरण व तत्कालीन परिस्थितियों में कोयल गीत गाकर किसका परिचय दे रही है? **दक्षता आधारित प्रश्न**
(क) देशभक्ति व शत्रु से संघर्ष का
(ख) अपनी शक्ति का।
(ग) अपने मधुर स्वर का
(घ) अपनी पीड़ा का

काव्यबोध संबंधी लघु प्रश्न

निम्नलिखित प्रश्नों के उत्तर संक्षेप में दीजिए

1. 'डाकू, चोरों, बटमारों के डेरे में'-पंक्ति का भाव बताते हुए यह भी बताइए कि कवि ने इन शब्दों का प्रयोग किसके लिए किया है? **दक्षता आधारित प्रश्न**

2. प्रस्तुत कविता में कवि को कोयल का व्यवहार किसके समान लगता है और क्यों? **दक्षता आधारित प्रश्न**

3. 'पहरे की हुंकृति की ब्याली'-पंक्ति के माध्यम से कवि ने क्या स्पष्ट करने का प्रयास किया है?

4. कवि माखनलाल चतुर्वेदी की काव्य-शैली को संक्षेप में बताइए।

अध्याय 11

ग्राम श्री

सुमित्रानंदन पंत

पाठ की रूपरेखा प्रस्तुत पाठ में 'ग्राम श्री' कविता जाड़े की समाप्ति तथा वसंत के आगमन के मौसम में एक पर्वतीय ग्राम की अनुपम प्राकृतिक शोभा का गतिशील चित्र प्रस्तुत करती है। कवि द्वारा इस कविता में भावों के अनुरूप शब्दों का कलात्मक चयन किया गया है। अपने ऐसे ही काव्य कौशल के कारण पंत जी 'शब्द शिल्पी' कहे जाते हैं।

प्रस्तुत कविता भी पंत जी के कलात्मक प्रकृति वर्णन एवं सटीक शब्द चयन का एक सुंदर उदाहरण है। प्रस्तुत कविता में कवि द्वारा विभिन्न प्राकृतिक वस्तुओं सहित संपूर्ण ग्रामीण वातावरण का मानवीकरण अत्यंत सुंदर रीति से किया गया है।

कवि परिचय

हिंदी साहित्य की छायावादी कविता के प्रमुख स्तंभ सुमित्रानंदन पंत का जन्म वर्ष 1900 में उत्तरांचल के अल्मोड़ा जिले के कौसानी गाँव में हुआ था। इन्होंने अपनी प्रारंभिक शिक्षा अल्मोड़ा से तथा उच्च शिक्षा बनारस व इलाहाबाद से प्राप्त की। इसके बाद इन्होंने महात्मा गाँधी के स्वतंत्रता आंदोलन में भाग लेने के लिए कॉलेज छोड़ दिया।

सुमित्रानंदन पंत की रचनाएँ हैं—वीणा, ग्रंथि, गुंजन, ग्राम्या, पल्लव, युगांत, स्वर्ण किरण, स्वर्णधूलि, लोकायतन, चिदंबरा आदि। पंत जी की कविताओं में प्रकृति व मनुष्य के विविध संबंध प्रकट हुए हैं। इन्होंने प्रकृति के सूक्ष्म व कोमल रूप को अपनी कविताओं में प्रस्तुत किया है। पंत जी की काव्य भाषा सरल व सहज है, जिसमें संस्कृत के शब्द व अलंकारों का सुंदर प्रयोग किया गया है। इनकी कविताओं में शोषक वर्ग के प्रति विद्रोह का स्वर भी मिलता है। सुमित्रानंदन पंत जी का निधन वर्ष 1977 में हुआ था।

काव्यांश 1

फैली खेतों में दूर तलक
मखमल की कोमल हरियाली,
लिपटी जिससे रवि की किरणें
चाँदी की सी उजली जाली!

तिनकों के हरे हरे तन पर
हिल हरित रुधिर है रहा झलक
श्यामल भू तल पर झुका हुआ
नभ का चिर निर्मल नील फलक!

शब्दार्थ **तलक**–तक; **हरित**–हरा; **रुधिर**–खून, रक्त; **श्यामल**–हरा; **भू तल**–पृथ्वी; **नभ**–आकाश; **चिर**–सदा, हमेशा; **निर्मल**–स्वच्छ; **फलक**–आकाश, विस्तार।

भावार्थ

कवि गाँव के सौंदर्य का वर्णन करते हुए कहता है कि गाँव के खेतों में दूर-दूर तक फसलों की मखमली (मुलायम के अर्थ में) कोमल हरियाली फैली हुई है। वह मखमल की तरह कोमल एवं सुंदर है। उस हरियाली पर पड़ने वाली सूर्य की किरणें इस प्रकार लिपट गई हैं, जैसे उस पर चाँदी के समान उज्ज्वल जाली लपेट दी गई हो। कवि तिनकों को हरे शरीर वाला बताते हुए कहता है कि धूप में हरे तन वाले इन तिनकों में हरियाली कुछ इस तरह समा गई है, जैसे नसों में हरा खून झलक रहा हो। फसलों की हरियाली से हरी हुई धरती के ऊपर आकाश का कभी न धूमिल पड़ने वाला नीले रंग का स्वच्छ एवं पावन पर्दा इस प्रकार झुका हुआ है, मानो नीचे झुककर वह धरातल को छू लेना चाहता है।

काव्यांश 2

रोमांचित सी लगती वसुधा
आई जौ गेहूँ में बाली,
अरहर सनई की सोने की
किंकिणियाँ हैं शोभाशाली!

उड़ती भीनी तैलाक्त गंध
फूली सरसों पीली पीली,
लो, हरित धरा से झाँक रही
नीलम की कलि, तीसी नीली!

शब्दार्थ **रोमांचित**–प्रसन्न; **वसुधा**–धरती; **सनई**–एक पौधा, जिससे रस्सी बनाई जाती है; **किंकिणियाँ**–कमर पर बाँधने वाला घुँघरूदार गहना, करधनी; **भीनी**–भीगी हुई, मीठी-मीठी; **तैलाक्त**–तेलयुक्त; **हरित धरा**–हरी धरती; **तीसी**–एक खाद्य पदार्थ के पौधे का फूल।

भावार्थ

कवि कहता है कि प्रकृति में चारों ओर फैले इस सौंदर्य को देखकर ऐसा प्रतीत होता है कि धरती रोमांच से भर गई है। इस समय गेहूँ और जौ के पौधों में नवविकसित बालियाँ दिखाई दे रही हैं। अरहर

और सनई की पकी फसलों में फलियों के बीच हवा से हिलकर बज उठने वाले गोल सुनहरे दाने आ गए हैं, वे ऐसे शोभायमान प्रतीत हो रहे हैं, मानो धरती की कमर पर सुंदर घुँघरू हों। फूली हुई सरसों के पुष्पों का पीला रंग और उन फूलों से निकलकर हवा में फैलती भीनी तैलीय सुगंध बिखरी पड़ी है, खेतों की हरी-भरी धरती से निकलने वाले नीले फूलों वाले अलसी के छोटे-छोटे पौधे धरती के सौंदर्य को निहारने के लिए हरी-भरी धरती से झाँक रहे हैं। इस कारण धरती मानो रोमांचित होकर पुलक रही है अर्थात् अपनी प्रसन्नता को व्यक्त कर रही है।

काव्यांश 3

रंग रंग के फूलों में रिलमिल
हँस रही सखियाँ मटर खड़ी,
मखमली पेटियों सी लटकीं
छीमियाँ, छिपाए बीज लड़ी!

फिरती हैं रंग रंग की तितली
रंग रंग के फूलों पर सुंदर,
फूले फिरते हैं फूल स्वयं,
उड़ उड़ वृंतों से वृंतों पर!

शब्दार्थ रिलमिल–मिली-जुली; छीमियाँ–फलियाँ; वृंत–डंठल।

भावार्थ

कवि कहता है कि मटर की फसल के पौधों पर तरह-तरह के फूल खिले हुए हैं। मटर के फूलों एवं फलियों से युक्त पौधे ऐसे लगते हैं, मानो विस्तृत फसल के बीच रंग-बिरंगे फूलों वाली सखियाँ मटर खेतों में खड़ी हँस रही हों। एवं बीजों (मटर के दानों) की लड़ी को अपने भीतर छिपाए फलियाँ मखमल की थैलियों जैसी मटर के पौधों से लगी लटक रही हैं। खेत में चारों ओर रंग-बिरंगे फूल खिले हैं, जिन पर विभिन्न रंगों की तितलियाँ उड़ रही हैं। मटर के फूलों पर बैठती-उड़ती, रंग-बिरंगी तितलियाँ जब एक फूल से दूसरे फूल पर जाती हैं, तो ऐसा लगता है मानो रंग बिरंगे फूल स्वयं उड़कर अपने वृंतों से दूसरे पौधे के वृंतों पर जाकर बैठ रहे हैं।

काव्यांश 4

अब रजत स्वर्ण मंजरियों से
लद गई आम्र तरु की डाली,
झर रहे ढाक, पीपल के दल,
हो उठी कोकिला मतवाली!

महके कटहल, मुकुलित जामुन,
जंगल में झरबेरी झूली,
फूले आड़ू, नींबू, दाड़िम,
आलू, गोभी, बैंगन, मूली!

शब्दार्थ रजत–चाँदी; स्वर्ण–सोना, सुनहरा; मंजरी–आम का बौर; आम्र–आम; तरु–वृक्ष; झर–गिर; दल–पत्ता; कोकिला–कोयल; मतवाली– मदहोश; मुकुलित–अधखिला; दाड़िम–अनार।

भावार्थ

कवि गाँव की धरती व प्रकृति के सौंदर्य का वर्णन करते हुए कहता है कि गाँव की धरती केवल फसलों के सौंदर्य से मंडित नहीं है, अपितु बाग—बगीचों में उगे आम के वृक्षों की डालियाँ भी, जो अब सोने और चाँदी के समान आभा वाली मंजरियों से लद गई हैं, उसकी प्राकृतिक सुषमा में वृद्धि कर रही हैं अर्थात् आम की टहनियों पर बौर उग आया है, जिससे फल लगने की आशा उत्पन्न हो गई है। वसंत ऋतु के आगमन के प्रभाव से ढाक और पीपल के पुराने पत्ते झड़कर नव किसलयों (पत्ते) को विकसित होने का अवसर दे रहे हैं। ऐसे मनोहारी वातावरण में कोयल भी मतवाली-सी होकर कूक उठी है।

कटहल के वृक्ष, फल आ जाने के कारण महक उठे हैं; जामुन के फूल अधखिले होने (निकलने) लगे हैं। जंगल में झरबेरी की झाड़ियों में गुच्छे फलकर लटक रहे हैं। इन सबकी भाँति ही आड़ू, नींबू और अनार के पेड़ों में फल के पूर्व आने वाले फूल लग गए हैं। खेतों में आलू , गोभी, बैंगन, मूली आदि फल और सब्जियाँ भी पकने को तैयार हैं।

काव्यांश 5

पीले मीठे अमरूदों में
अब लाल लाल चित्तियाँ पड़ीं
पक गए सुनहले मधुर बेर,
अँवली से तरु की डाल जड़ी!

लहलह पालक, महमह धनिया,
लौकी औ' सेमी फलीं, फैलीं
मखमली टमाटर हुए लाल,
मिरचों की बड़ी हरी थैली!

शब्दार्थ चित्तियाँ–चित्र, निशान; मधुर बेर–मीठे बेर; अँवली–आँवला; जड़ी–सुशोभित; लहलह–लहलहाता हुआ; महमह–महकता हुआ।

भावार्थ

कवि प्रकृति के सौंदर्य का वर्णन करते हुए कहता है कि पीले अमरूद अब मीठे और लाल चित्तियों वाले हो गए हैं पहले की अपेक्षा उनमें अधिक मधुरता और सौंदर्य समा गया है अर्थात् अमरूद अब पक गए हैं। इसी प्रकार बेर मीठे और सुनहरे हो गए हैं। आँवले की डालों पर इतने फल आ गए हैं कि पूरी डाली छोटे-छोटे आँवलों से जड़ी हुई प्रतीत हो रही है।

खेतों में खड़ी हरी पालक लहलहा रही है, तो कहीं धनिये के फूलों की खुशबू वातावरण को महका रही है। लौकी और सेम की फलियाँ फैल गई हैं। टमाटर के फल हरे से लाल हो गए अर्थात् पक गए हैं। अब वह मखमल की भाँति प्रतीत हो रहे हैं। मिर्च के गुच्छों को देखकर ऐसा लगता है, जैसे वह बड़ी हरी थैली के रूप में उग गए हैं।

काव्यांश 6

बालू के साँपों से अंकित
गंगा की सतरंगी रेती
सुंदर लगती सरपत छाई
तट पर तरबूजों की खेती;

अँगुली की कंघी से बगुले
कलँगी सँवारते हैं कोई,
तिरते जल में सुरखाब, पुलिन पर
मगरौठी रहती सोई!

शब्दार्थ अंकित–जिस पर निशान पड़े हों; सरपत–एक प्रकार लंबी पत्तियों वाली घास-पात, जिससे छप्पर छाया जाता है; सुरखाब–चक्रवाक पक्षी; पुलिन–किनारा; मगरौठी–एक प्रकार का पक्षी।

भावार्थ

कवि गंगा तट के सौंदर्य को देखकर कहता है कि गंगा तट की रेत, जो सूर्य का प्रकाश पड़ने के कारण सतरंगी बनकर चमक रही है, वह लहरों के जल व हवा के कारण सर्पिल (साँप) के आकार की प्रतीत होती है। उसके चारों ओर सरपत (विशेष घास) से ढँकी हुई (छाई) और तट पर तरबूजों की खेती बड़ी सुंदर दिखाई दे रही है।

गंगा के जल में अपने एक पैर को उठा–उठाकर सिर खुजलाते और कलँगी सँवारते बगुले बालों में कँघी करते से प्रतीत होते हैं। उस निरंतर प्रवाहमान गंगा जल में कहीं सुरखाब (चक्रवाक पक्षी) तैर रहे हैं, तो कहीं किनारे पर मगरौठी (एक प्रकार की चिड़िया) सोई हुई है अर्थात् गंगा तट पर फैली रेत, घास, तरबूज की फसल, क्रीड़ा करते हुए पक्षी अत्यंत मनोहर प्रतीत होते हैं।

काव्यांश 7

हँसमुख हरियाली हिम-आतप
सुख से अलसाए-से सोए,
भीगी अँधियाली में निशि की
तारक स्वप्नों में-से खोए-

मरकत डिब्बे सा खुला ग्राम-
जिस पर नीलम नभ आच्छादन-
निरुपम हिमांत में स्निग्ध शांत
निज शोभा से हरता जन मन!

शब्दार्थ **हिम-आतप**-सर्दी की धूप; **निशि**-रात; **तारक**-तारे; **मरकत**- पन्ना नामक हरे रंग का रत्न; **नीलम**-नीले रंग का कीमती पत्थर; **आच्छादन**-छा जाना; **निरुपम**-अद्‌भुत, अनोखा; **हिमांत**-सर्दी की समाप्ति; **स्निग्ध**-कोमल, स्नेह भरा; **हरता**-छीन लेता।

भावार्थ

कवि ग्रामीण अँचल के प्राकृतिक दृश्य का वर्णन करते हुए कहता है कि ऐसा प्रतीत हो रहा है कि हरियाली सर्दी की धूप पड़ने पर हँस रही है तथा सर्दी की धूप और हरियाली आलस्य में डूबे हुए सो रहे हैं। ओस पड़ने के कारण रात भीग चुकी है। तारों की रोशनी फीकी पड़ने से प्रतीत होता है, जैसे वह स्वप्न में खोए हुए हैं।

सौंदर्य से परिपूर्ण गाँव पन्ने (मरकत) के खुले डिब्बे जैसा दिखाई देता है। इस 'मरकत डिब्बे' से गाँव के ऊपर नीला आकाश ऐसे छाया हुआ है, जैसे 'नीलम' का आच्छादन (ढक्कन) हो।

अनुपम शोभा युक्त गाँव की यह स्निग्ध, शांत, सौंदर्य छटा (दृश्य) जाड़े की समाप्ति एवं वसंत के आरंभ के प्राकृतिक वातावरण में अपनी सुंदरता से लोगों के मन को हर (चुरा) लेने वाली अर्थात् सम्मोहित कर देने वाली है।

NCERT फोल्डर

पाठ्यपुस्तक (क्षितिज भाग–1) के प्रश्नोत्तर

प्र.1 कवि ने गाँव को 'हरता जन-मन' क्यों कहा है?

उत्तर वसंत ऋतु के आगमन पर चारों ओर पेड़-पौधों में हरियाली दिखाई दे रही है, जिस कारण पूरा गाँव हरा-भरा दिखाई दे रहा है। ऐसा लगता है जैसे मरकत यानी पन्ना नामक रत्न का डिब्बा किसी ने खोलकर रख दिया हो। गाँव की हरियाली हर किसी के मन को मोह रही है तथा अपनी ओर आकर्षित कर रही है। इसलिए प्रकृति के मनमोहक दृश्य से परिपूर्ण गाँव को 'हरता जन-मन' कहा गया है।

प्र.2 कविता में किस मौसम के सौंदर्य का वर्णन है?

उत्तर कविता में वसंत ऋतु के सौंदर्य का वर्णन किया गया है, जिसमें हल्की ठंड होती है और जो लोगों को शीत ऋतु जाने के बाद बहुत राहत देती है। इसी कारण वसंत ऋतु आने पर मनुष्य से लेकर पेड़-पौधे तक प्रसन्न हो जाते हैं। चारों ओर पेड़-पौधों पर हरियाली दिखाई देती है। फसलें लहराती हैं तथा फल-फूल खिलने से प्रकृति और मनमोहक प्रतीत होती है।

प्र.3 गाँव को 'मरकत के डिब्बे-सा खुला' क्यों कहा गया है?

दक्षता आधारित प्रश्न

उत्तर गाँव की हरियाली को कवि ने मरकत के खुले डिब्बे जैसा बताया है, क्योंकि पन्ना हरे रंग का होता है। जब उसका डिब्बा खोल दिया जाता है, तो हरे रंग के अतिरिक्त अन्य कोई रंग दिखाई नहीं देता है। चारों तरफ बिखरी हरियाली के कारण गाँव की स्थिति भी ऐसी ही है।

प्र.4 अरहर और सनई के खेत कवि को कैसे दिखाई देते हैं?

उत्तर अरहर और सनई के पौधे जब पककर तैयार हो जाते हैं, तो ऐसा प्रतीत होता है मानो खेत में सोने की करधनियाँ लगी हैं और उन करधनियों में से आवाज़ आ रही है। अरहर और सनई के पौधों को देखकर ऐसा प्रतीत होता है, जैसे धरती ने भी कमर में करधनी धारण की हुई है।

प्र.5 भाव स्पष्ट कीजिए

(क) बालू के साँपों से अंकित
गंगा की सतरंगी रेती

(ख) हँसमुख हरियाली हिम-आतप
सुख से अलसाए-से सोए

उत्तर (क) गंगा किनारे की रेत, जो लहरों के कारण दूर-दूर तक फैली हुई है, पर जब सूर्य की किरणें पड़ती हैं, तब वह सतरंगी दिखाई देती है और लहरों के आने-जाने के कारण उस पर ऐसे निशान उभर जाते हैं, जैसे साँप के चलने से बनते हैं।

(ख) कठोर जाड़े के बाद जब वसंत ऋतु आती है और धूप में थोड़ी गर्मी आ जाती है, तब ठंड की मार को झेल रहे पेड़-पौधे भी धूप की गर्मी को पाकर कुछ अलसा-से जाते हैं और हँसमुख हरियाली भी आराम करने लगती है, ऐसा लगता है जैसे वह हँस रही है। हल्की-हल्की गर्मी के कारण हरियाली व धूप दोनों आलस्य में डूबे सोए हुए प्रतीत होते हैं।

प्र.6 **निम्न पंक्तियों में कौन-सा अलंकार है?**
तिनकों के हरे-हरे तन पर
हिल हरित रुधिर है रहा झलक

उत्तर प्रस्तुत पंक्तियों में पुनरुक्तिप्रकाश, अनुप्रास और मानवीकरण अलंकारों का प्रयोग हुआ है।

अनुप्रास 'हिल हरित रुधिर है रहा' में 'ह' एवं 'र' वर्ण की आवृत्ति है।

पुनरुक्तिप्रकाश हरे-हरे

मानवीकरण तिनकों का तन तथा हरित रुधिर

प्र.7 **इस कविता में जिस गाँव का चित्रण हुआ है, वह भारत के किस भू-भाग पर स्थित है?**

उत्तर इस कविता में कवि ने किसी पर्वतीय या गंगा किनारे स्थित किसी (शायद वाराणसी या इलाहाबाद के आस-पास) गाँव का वर्णन किया है।

रचना और अभिव्यक्ति

प्र.8 **भाव और भाषा की दृष्टि से आपको यह कविता कैसी लगी? उसका वर्णन अपने शब्दों में कीजिए।**

उत्तर 'ग्राम श्री' सुमित्रानंदन पंत की प्रसिद्ध कविता है, जो भाव एवं भाषा दोनों ही दृष्टि से सुंदर एवं सहज है। इस कविता में गंगा के किनारे के गाँव का अत्यंत मनोरम चित्रण प्रस्तुत किया गया है। विभिन्न प्रकार की फसलों की छटा देखते ही बनती है। चारों तरफ़ हरियाली छाई है। भाषा की दृष्टि से भी कवि ने कोमल भावनाओं को व्यक्त करने के लिए कोमल वर्णों एवं शब्दों का अत्यंत सावधानीपूर्वक प्रयोग किया है। भाषा में सहज भाव से विभिन्न अलंकारों का प्रयोग हुआ है, जो कविता की सुंदरता में चार चाँद लगाते हैं।

प्र.9 **आप जहाँ रहते हैं उस इलाके के किसी मौसम विशेष के सौंदर्य को कविता या गद्य में वर्णित कीजिए।**

उत्तर छात्र स्वयं करें।

पाठेतर सक्रियता

प्र.1 **सुमित्रानंदन पंत ने यह कविता चौथे दशक में लिखी थी। उस समय के गाँव में और आज के गाँव में आपको क्या परिवर्तन नज़र आते हैं? इस पर कक्षा में सामूहिक चर्चा कीजिए।**

उत्तर छात्र स्वयं करें।

प्र.2 **अपने अध्यापक के साथ गाँव की यात्रा करें और जिन फसलों और पेड़-पौधों का चित्रण प्रस्तुत कविता में हुआ है, उनके बारे में जानकारी प्राप्त करें।**

उत्तर छात्र स्वयं करें।

अभ्यास प्रश्न

बहुविकल्पीय व वर्णनात्मक प्रश्नों सहित

कविता पर आधारित बहुविकल्पीय प्रश्न

निम्नलिखित प्रश्नों के सर्वाधिक उपयुक्त विकल्पों का चयन कीजिए।

1. **कविता के अनुसार, सरसों के फूलों से कैसी गंध आ रही है?**
(क) तैलाक्त गंध (ख) खट्टी-खट्टी
(ग) मीठी (घ) रोमांचित कर देने वाली
उत्तर (क) तैलाक्त गंध

2. **कवि ने अलसी की कली को कैसा बताया है?**
(क) पन्ने जैसी (ख) नीलम जैसी
(ग) सोने जैसी (घ) पुखराज जैसी
उत्तर (ख) नीलम जैसी

3. **आम्रमंजरी कैसी लग रही है?**
(क) नीलम जैसी (ख) मरकत जैसी
(ग) पुखराज जैसी (घ) रजत स्वर्ण जैसी
उत्तर (घ) रजत स्वर्ण जैसी

4. **कविता में टमाटर के लिए क्या कहा गया है?**
(क) हरा (ख) मखमली
(ग) लाल (घ) (ख) और (ग) दोनों
उत्तर (घ) (ख) और (ग) दोनों

5. **धरती साँवली कैसे हो गई है?**
(क) सूरज की किरणों से (ख) फसलों की हरियाली से
(ग) लताओं के कारण (घ) सूखे पत्तों के कारण
उत्तर (ख) फसलों की हरियाली से

6. **'ग्राम श्री' कविता में ओस को कैसा बताया गया है?**
(क) मोती के समान (ख) सोने के समान
(ग) जाली के समान (घ) हरे रक्त के समान
उत्तर (घ) हरे रक्त के समान

7. **'लो हरित धरा से झाँक रही, नीलम की कली तीसी नीली' पंक्ति में ……… अलंकार है।**
(क) मानवीकरण (ख) अतिशयोक्ति
(ग) रूपक (घ) उपमा
उत्तर (क) मानवीकरण

8. **फैली खेतो में दूर तलक, मखमल की कोमल हरियाली लिपटी जिससे रवि की किरणें, चाँदी की सी उजली जाली! खेतों में हरियाली कैसी लग रही है?** दक्षता आधारित प्रश्न
(क) चाँदी जैसी (ख) सोने जैसी
(ग) मखमल जैसी (घ) मरकत जैसी
उत्तर (ग) मखमल जैसी

9. प्रस्तुत कविता का स्वर है

(क) प्रकृति प्रेम (ख) देश-प्रेम
(ग) ओज और वीरता (घ) भक्ति

उत्तर (क) प्रकृति प्रेम

10. सुमित्रानंदन पंत किस वाद के कवि थे?

(क) प्रगतिवाद (ख) प्रयोगवाद
(ग) रहस्यवाद (घ) छायावाद

उत्तर (घ) छायावाद

11. अँधेरी रात्रि में तारे किस प्रकार दिखाई दे रहे हैं?

(क) स्वप्नों में खोए से (ख) जागरूक से
(ग) स्निग्ध शांत से (घ) साँवले से

उत्तर (क) स्वप्नों में खोए से

12. कवि ने गाँव की तुलना किससे की है?

(क) रजत के डिब्बे से
(ख) मरकत के डिब्बे से
(ग) सोने के डिब्बे से
(घ) इनमें से कोई नहीं

उत्तर (ख) मरकत के डिब्बे से

13. बालू के साँपों से अंकित गंगा की सतरंगी रेती सुंदर लगती सरपत छाई तट पर तरबूजों की खेती।

कथन I गंगा तट पर बिछी हुई सतरंगी रेत व हवा के कारण बनी हुई लहरें साँपों के समान लगती है।

कथन II वहाँ की हँसमुख हरियाली सर्दी की धूप के समान लगती है।

कथन III किसानों द्वारा तरबूज की फसल उगाई गई है।

कविता की पंक्तियों के आधार पर कौन-सा/से कथन सही है/हैं?

दक्षता आधारित प्रश्न

(क) केवल कथन I सही है।
(ख) केवल कथन II सही है।
(ग) कथन I और III सही हैं।
(घ) कथन II और III सही हैं।

उत्तर (ग) कथन I और III सही हैं।

काव्यांशों पर आधारित बहुविकल्पीय प्रश्न

निम्नलिखित काव्यांशों को ध्यानपूर्वक पढ़कर पूछे गए प्रश्नों के सही विकल्प चुनिए

1. फैली खेतों में दूर तलक
तिनकों के हरे-हरे तन पर
मखमल की कोमल हरियाली,
हिल हरित रुधिर है रहा झलक
लिपटी जिससे रवि की किरणें
श्यामल भू तल पर झुका हुआ
चाँदी की-सी उजली जाली!
नभ का चिर निर्मल नील फलक!

(i) खेतों में दूर तक क्या फैला हुआ है?

(क) श्वेत, निर्मल जल
(ख) बगुलों की पंक्ति
(ग) फसलों की मखमली, कोमल हरियाली
(घ) उपरोक्त में से कोई नहीं

उत्तर (ग) फसलों की मखमली, कोमल हरियाली

(ii) फसलों पर क्या लिपटा हुआ है?

(क) बेलें (ख) पक्षी
(ग) हरियाली (घ) सूरज की किरणें

उत्तर (घ) सूरज की किरणें

(iii) 'हिल हरित रुधिर है रहा झलक' से कवि का आशय है

दक्षता आधारित प्रश्न

(क) फसलों पर हरी पत्तियाँ लहरा रही हैं
(ख) हरे तिनकों में हरियाली नसों में बहते खून के समान समाई हुई है
(ग) हरे-हरे तिनके हवा में खूब हिल रहे हैं
(घ) खेतों में हरा खून बह रहा है

उत्तर (ख) हरे तिनकों में हरियाली नसों में बहते खून के समान समाई हुई है

(iv) कथन (A) और कारण (R) को पढ़कर उपयुक्त विकल्प चुनिए

कथन (A) गाँवों के खेतों में दूर-दूर तक हरियाली छाई है।

कारण (R) खेतों में खड़ी फसलों के तिनकों का हरापन मानो हरा रक्त झलक रहा है।

दक्षता आधारित प्रश्न

(क) कथन (A) गलत है, किंतु कारण (R) सही है
(ख) कथन (A) और कारण (R) दोनों ही गलत हैं
(ग) कथन (A) सही है और कारण (R) कथन (A) की सही व्याख्या है
(घ) कथन (A) सही है, किंतु कारण (R) कथन (A) की सही व्याख्या नहीं है

उत्तर (घ) कथन (A) सही है, किंतु कारण (R) कथन (A) की सही व्याख्या नहीं है।

(v) 'चाँदी की सी उजली जाली' में .... अलंकार है।

(क) उपमा (ख) रूपक (ग) श्लेष (घ) यमक

उत्तर (क) उपमा

2. हँसमुख हरियाली हिम-आतप
सुख से अलसाए-से सोए,
भीगी अँधियाली में निशि की
तारक स्वप्नों में-से खोए-
मरकत डिब्बे सा खुला ग्राम-
जिस पर नीलम नभ आच्छादन-
निरुपम हिमांत में स्निग्ध शांत
निज शोभा से हरता जन मन!

(i) कवि ने प्रस्तुत काव्यांश में किसका वर्णन किया है?

(क) गाँव में हरे-भरे सौंदर्य का (ख) प्रकृति के सौंदर्य का
(ग) वर्षा ऋतु का (घ) फसलों की हरियाली का

उत्तर (क) गाँव में हरे-भरे सौंदर्य का

(ii) **हिम-आतप' का यहाँ क्या अर्थ है?**

(क) बर्फ पर पड़ी धूप

(ख) पर्वत पर फैली धूप

(ग) सर्दियों की धूप

(घ) ओले

उत्तर (ग) सर्दियों की धूप

(iii) **'मरकत डिब्बे सा खुला ग्राम' से कवि का आशय है**

(क) पन्ना (मरकत) से भरे खुले डिब्बे के समान गाँव

(ख) हरे रंग का गाँव

(ग) मरकत (पन्नों) से समृद्ध कोई गाँव

(घ) उपरोक्त में से कोई नहीं

उत्तर (क) पन्ना (मरकत) से भरे खुले डिब्बे के समान गाँव

(iv) **मरकत से भरे खुले डिब्बे (ग्राम) को .... ढक रखा है।**

(क) आसमान से गिरती बर्फ ने

(ख) वर्षा की बड़ी-बड़ी बूँदों ने

(ग) नीले रंग के आसमान ने

(घ) ओस की बूँदों ने

उत्तर (ग) नीले रंग के आसमान ने

(v) **कथन (A) और कारण (R) को पढ़कर उपयुक्त विकल्प चुनिए**

कथन (A) कवि ने हरियाली को हँसमुख कहा है

कारण (R) हरियाली को देखकर लोगों के चेहरों पर प्रसन्नता आ जाती है। दक्षता आधारित प्रश्न

(क) कथन (A) गलत है, किंतु कारण (R) सही है।

(ख) कथन (A) और कारण (R) दोनों ही गलत हैं।

(ग) कथन (A) सही है और कारण (R) कथन (A) की सही व्याख्या है।

(घ) कथन (A) सही है, किंतु कारण (R) कथन (A) की सही व्याख्या नहीं है।

उत्तर (घ) कथन (A) सही है, किंतु कारण (R) कथन (A) की सही व्याख्या नहीं है।

काव्यबोध संबंधी लघु प्रश्नोत्तर

निम्नलिखित प्रश्नों के उत्तर संक्षेप में दीजिए

1 "तिनकों के हरे-हरे तन पर हिल हरित रुधिर है रहा झलक" पंक्ति का आशय स्पष्ट कीजिए। दक्षता आधारित प्रश्न

उत्तर कवि तिनकों को हरे शरीर वाला बताते हुए कहता है कि हरे तन वाले इन तिनकों में हरियाली इस प्रकार समा गई है, जैसे नसों में हरा रक्त बह रहा हो। घास के हरे तिनकों पर पड़ी ओस की हिलती बूँदे हवा के कारण हिलती-डुलती हैं तो ऐसा लगता है कि हरे तिनकों और पत्तियों की नसों में हरा खून दौड़ रहा हो।

2. पृथ्वी का तल श्यामल क्यों है तथा उसके ऊपर कौन झुका हुआ है? 'ग्राम श्री' कविता के आधार पर लिखिए।

उत्तर पृथ्वी का तल श्यामल इसलिए है, क्योंकि पृथ्वी पर दूर-दूर तक चारों तरफ़ हरियाली-ही-हरियाली छाई हुई है। खेतों में फसलों की हरीतिमा से ही पृथ्वी का तल हरा-भरा अर्थात् श्यामल लग रहा है। इस श्यामल धरती या पृथ्वी के तल पर आकाश का कभी न धूमिल पड़ने वाला नील वर्णी फलक अर्थात् किनारा झुका हुआ है। ऐसा लगता है मानो आकाश नीचे झुककर पृथ्वी को छू लेना चाहता है।

3. कवि ने वसुधा को रोमांचित क्यों कहा है?

उत्तर कवि की दृष्टि में वसुधा एक नायिका के समान है। गेहूँ और जौ में आई हुई बालियाँ, अरहर और सनई की फलियाँ, पीले फूलों वाली सरसों की तैलाक्त सुगंध, तितलियों की भाँति रंग-बिरंगे फूलों से सजी-धजी होने के कारण वसुधा रूपी नायिका रोमांचित हो रही है।

4. पंत जी ने हरियाली को मखमल के समान क्यों बताया है?

उत्तर हरी-हरी घास अत्यंत कोमल और मखमल के समान लगती है, इसलिए पंत जी ने हरियाली को मखमल के समान बताया। वस्तुत: जिस तरह मखमल पर दृष्टि फिसलती है और उसका अहसास अत्यंत सुखद होता है, उसी तरह हरियाली की सुंदरता भी अत्यधिक सुखकर है।

5. कवि सुमित्रानंदन पंत ने मटर की फली को मखमली पेटियाँ क्यों कहा है? इन पेटियों में क्या छिपा हुआ है? दक्षता आधारित प्रश्न

उत्तर कवि सुमित्रानंदन पंत ने मटर की फली को मखमली पेटियाँ इसलिए कहा है, क्योंकि मखमली पेटियों में प्राय: आभूषण [illegible] मूल्यवान वस्तुएँ सँभालकर रखी जाती हैं। यहाँ छीमियाँ अर्थात् मटर की फली भी मखमल-सी कोमल हैं और उनमें भी बीजों की अमूल्य लड़ियाँ छिपी हैं, इसलिए उनकी तुलना 'पेटियों' से की गई है।

6. फूलों पर घूमती हुई तितली कैसी लगती है? कविता के आधार पर लिखिए।

अथवा **फूलों पर उड़ती तितलियाँ कैसी लग रही हैं?**

उत्तर प्रकृति में विभिन्न प्रकार के रंग-बिरंगे फूल हैं, जिन पर रंग-बिरंगी तितलियाँ मँडरा रही हैं। फूलों पर उड़ती तितलियाँ ऐसी लग रही हैं मानो रंग-बिरंगे फूल स्वयं ही एक टहनी से उड़कर दूसरी टहनियों पर घूम रहे हैं।

7. गंगा नदी की बालू को कवि ने किस रूप में चित्रित किया है और क्यों?

उत्तर गंगा नदी की सतरंगी बालू को कवि ने साँपों के चलने से बनी रेखाओं के रूप में चित्रित किया है। बालू पर पड़े हुए टेढ़े-मेढ़े चिह्न ऐसे प्रतीत होते हैं, मानो वे साँपों के चलने के कारण निर्मित हुए हैं। इस प्रकार गंगा नदी की रेत टेढ़ी-मेढ़ी प्रतीत हो रही है, जैसे उस रेत से साँप चलकर गए हों।

8. नदी किनारे खड़े बगुलों का कवि ने बड़ा अनोखा वर्णन किया है। 'ग्राम श्री' कविता के आधार पर लिखिए। दक्षता आधारित प्रश्न

उत्तर नदी किनारे खड़े बगुलों के विषय में कवि ने कहा है कि नदी किनारे खड़े बगुले अपने एक पैर को उठाकर सिर खुजलाते हैं तथा अँगुलियों की कँघी से अपनी कलँगी सँवारते हुए से प्रतीत होते हैं।

9. ग्राम और मरकत के खुले डिब्बे में क्या समानता है?

उत्तर गाँव को 'मरकत डिब्बे-सा खुला' इसलिए कहा गया है, क्योंकि गाँव का वातावरण चारों ओर से खुला और चमकती मखमली हरियाली से समृद्ध होता है। इसी तरह मरकत (पन्ने) का रंग भी हरा होता है। गाँव और मरकत के खुले डिब्बे में यह समानता है कि दोनों का रंग हरा है। दोनों ही जन-मन को आकर्षित कर रहे हैं और सौंदर्य बिखेर रहे हैं।

10. लोगों को गाँव किस कारण से अपनी ओर आकर्षित करता है?

उत्तर गाँव में हरा-भरा वातावरण, चारों ओर फैली हरियाली, खेतों में लहलहाती फसलें, फल-फूलों से लदी पेड़ों की डालियाँ, पक्षियों की मनमोहक आवाज़ तथा विविध प्रकार का नैसर्गिक सौंदर्य फैला होता है। इस कारण लोगों को गाँव अपनी ओर आकर्षित करता है।

11. कवि ने गाँव को 'हरता जन-मन' क्यों कहा है?
अथवा कवि ने गाँव के लिए कौन-सा सर्वाधिक महत्त्वपूर्ण विशेषण प्रयुक्त किया है? दक्षता आधारित प्रश्न

उत्तर कवि ने गाँव को 'हरता जन-मन' इसलिए कहा है, क्योंकि गाँव का हरियाली से भरपूर वातावरण, खेतों में लहलहाती फसलें, शुद्ध सब्ज़ियाँ और फल, रंग-बिरंगे फूल, विविध आकर्षक तितलियाँ, नीला पवित्र आकाश, प्रदूषण रहित अनुपम प्राकृतिक शोभा, नरम धूप की चमक, नैसर्गिक सुख से परिपूर्ण हैं। वे वास्तव में सभी को अपनी ओर आकर्षित करते हैं।

12. 'ग्राम श्री' कविता की प्रमुख विशिष्टताओं को स्पष्ट कीजिए।

उत्तर भाव के स्तर पर 'ग्राम श्री' कविता में सरल, सहज एवं सौंदर्य का स्वाभाविक चित्रण होने के कारण पाठक ग्रामीण परिवेश में विचरण करने लगता है। शब्द चित्र कल्पना को साकार रूप देने में समर्थ है। विभिन्न अलंकारों का कुशलतापूर्वक प्रयोग किया गया है, जिससे प्रकृति व ग्रामीण परिवेश के चित्र हमारी आँखों के सामने साकार हो जाते हैं।

13. 'ग्राम श्री' कविता के आधार पर गाँव के सौंदर्य की कुछ विशेषताएँ लिखिए।

उत्तर 'ग्राम श्री' कविता में गाँव के सौंदर्य की निम्न विशेषताएँ उल्लेखनीय हैं

(i) गाँव में चारों ओर फैली हरियाली अत्यंत मनमोहक है।
(ii) विभिन्न प्रकार के फूलों ने वातावरण को रंगीन और मादक बना दिया है। गाँव मरकत के खुले डिब्बे-सा नज़र आता है।
(iii) अरहर और सनई की फलियों से आती ध्वनि धरती की करधनी-सी लगती है।
(iv) धरती से झाँकती पीली सरसों ने भी वातावरण को सुंदर बना दिया है।

14. पंत जी को 'प्रकृति का सुकुमार कवि' क्यों कहते हैं?

उत्तर पंत जी ने प्रकृति के कोमल और सुंदर रूप का चित्रण बहुत खूबसूरती और बारीकी से किया है। वे प्रकृति के प्रत्येक रूप के लिए अत्यंत कोमल एवं नए शब्दों का प्रयोग करते हैं, इसलिए पंत जी को 'प्रकृति का सुकुमार कवि' कहा जाता है।

15. पंत जी ने 'ग्राम श्री' कविता में गाँव की प्राकृतिक सुंदरता का वर्णन किया है। गाँव की प्राकृतिक सुंदरता के अतिरिक्त और कौन-कौन-सी चीज़ें हैं, जो आपको प्रभावित करती हैं? किन्हीं दो का उल्लेख संक्षेप में कीजिए। दक्षता आधारित प्रश्न

उत्तर गाँवों की प्राकृतिक सुंदरता के अतिरिक्त हमें वहाँ का पारस्परिक प्रेम एवं सहयोग युक्त सामाजिक जीवन तथा गाँवों में मनाए जाने वाले लोक पर्व एवं विभिन्न प्रकार के उत्सव भी प्रभावित करते हैं।

गाँवों में लोग एक-दूसरे से मिल-जुलकर, एक-दूसरे की ज़रूरतों तथा सुख–दुःख के भागीदार एवं सहयोगी बनकर रहते हैं। तमाम विरोधी जीवन–स्थितियाँ होने के बावजूद गाँव सामाजिक सौहार्द के उदाहरण बने हुए हैं।

स्व-मूल्यांकन

कविता पर आधारित बहुविकल्पीय प्रश्न

निम्नलिखित प्रश्नों के सर्वाधिक उपयुक्त विकल्पों का चयन कीजिए।

1. 'मरकत डिब्बे सा खुला ग्राम' में ………… अलंकार है।

(क) उपमा (ख) श्लेष (ग) रूपक (घ) संदेह

2. निम्न में से कौन-सी रचना सुमित्रानंदन पंत की नहीं है?

(क) वीणा (ख) कुरुक्षेत्र

(ग) युगांत (घ) पल्लव

3. कथन (A) और कारण (R) को पढ़कर उपयुक्त विकल्प चुनिए

कथन (A) धरती अपने हृदय की प्रसन्नता को व्यक्त कर रही है।

कारण (R) जब खेतों में गेहूँ और जौ की बालियाँ फसलों पर उगती तब ऐसा लगता है जैसे धरती रोमांचित हो उठती है। **दक्षता आधारित प्रश्न**

(क) कथन (A) गलत है, किंतु कारण (R) सही है

(ख) कथन (A) और कारण (R) दोनों ही गलत हैं

(ग) कथन (A) सही है और कारण (R) कथन (A) की सही व्याख्या है

(घ) कथन (A) सही है, किंतु कारण (R) कथन (A) की सही व्याख्या नहीं है

काव्यांश पर आधारित बहुविकल्पीय प्रश्न

निम्नलिखित पद्यांश को ध्यानपूर्वक पढ़कर पूछे गए प्रश्नों के सही विकल्प चुनिए

बालू के साँपों से अंकित
गंगा की सतरंगी रेती
सुंदर लगती सरपत छाई
तट पर तरबूजों की खेती
अँगुली की कंघी से बगुले
कलँगी सँवारते हैं कोई,
सुंदर लगती सरपत छाई
तिरते जल में सुरखाब, पुलिन पर
तट पर तरबूजों की खेती;
मगरौठी रहती सोई!

(i) कवि प्रस्तुत पद्यांश में किस नदी के तट पर आ गया है?

(क) यमुना (ख) गंगा

(ग) क्षिप्रा (घ) घाघरा

(ii) 'बालू के साँपों से अंकित' से कवि का आशय है

(क) रेत तट पर इस तरह टेढ़ी-मेढ़ी फैली हुई है, जैसे कोई साँप उस पर चलकर गया हो

(ख) नदी के तट पर फैली रेत पर साँप विश्राम कर रहे हैं

(ग) साँपों ने नदी के तट पर फैली रेत को अपना घर बना लिया हो

(घ) नदी के तट पर फैली रेत साँपों के समान हो गई है

(iii) तट पर क्या-क्या सुंदर लग रहा है? **दक्षता आधारित प्रश्न**

(क) तट पर विश्राम करते बगुला पक्षी

(ख) तट पर बिछी घास व तरबूजों की खेती

(ग) तट पर फैली टेढ़ी-मेढ़ी रेखाओं वाली रेत

(घ) उपर्युक्त सभी

(iv) पद्यांश में किस पक्षी के बारे में बताया गया है?

(क) बगुले

(ख) चकवा

(ग) मगरौठी

(घ) ये सभी

(v) 'बालू के साँपों से अंकित गंगा की सतरंगी रेती' पंक्ति में ………… अलंकार है।

(क) रूपक (ख) उपमा

(ग) श्लेष (घ) उत्प्रेक्षा

काव्यबोध संबंधी लघु प्रश्न

निम्नलिखित प्रश्नों के उत्तर संक्षेप में दीजिए

1. 'ग्राम श्री' कविता के अंतर्गत हरियाली की कौन-कौन-सी विशेषताएँ बताई गई हैं? **दक्षता आधारित प्रश्न**

2. 'ग्राम श्री' कविता के आधार पर बताइए कि सर्दी की समाप्ति पर क्या परिवर्तन देखने को मिलता है?

3. नीला आकाश किस पर झुका हुआ है? स्पष्ट कीजिए।

4. हरियाली पर सूर्य की किरणें किस प्रकार लिपट गई हैं। 'ग्राम श्री' कविता के आधार पर स्पष्ट कीजिए। **दक्षता आधारित प्रश्न**

5. मटर के फूलों एवं फलियों से युक्त पौधे कैसे लगते हैं? 'ग्राम श्री' कविता के आधार पर स्पष्ट कीजिए।

अध्याय 12

मेघ आए

सर्वेश्वर दयाल सक्सेना

पाठ की रूपरेखा 'मेघ आए' कविता में कवि ने आकाश में बादलों के घिर आने की तुलना गाँव में सज-धजकर आए अतिथि से की है। ग्रामीण संस्कृति में अतिथि के आने पर उल्लास का जो वातावरण होता है, उसी उल्लास व उमंग को मेघ रूपी शहरी मेहमान के आने पर दिखाया गया है। गाँव के लोग वर्ष भर बादलों के आने की प्रतीक्षा करते हैं और उल्लास से उनका स्वागत करते हैं, साथ ही लंबे समय के अंतराल के बाद आने के कारण उनसे शिकायतें भी करते हैं। इस कविता में कवि ने प्रकृति का मानवीकरण करते हुए उमंग, उत्साह तथा उपालंभ आदि भावों का बड़ा ही सजीव चित्रण किया है।

कवि परिचय

कवि सर्वेश्वर दयाल सक्सेना का जन्म उत्तर प्रदेश के बस्ती ज़िले में वर्ष 1927 में हुआ था। उन्होंने प्रारंभिक शिक्षा बस्ती जिले में तथा उच्च शिक्षा इलाहाबाद विश्वविद्यालय से ग्रहण की थी। कवि सर्वेश्वर दयाल 'दिनमान' के उपसंपादक तथा बाल पत्रिका 'पराग' के संपादक भी रहे। उन्होंने 'चरचे और चरखे' नाम से जो स्तंभ शुरू किया, वह बहुत लोकप्रिय हुआ। 'काठ की घंटियाँ', 'बाँस का पुल', 'एक सूनी नाव', 'गर्म हवाएँ', 'कुआनो नदी, 'जंगल का दर्द', 'खूँटियों पर टँगे लोग' आदि उनके प्रमुख कविता संग्रह हैं। इसके अतिरिक्त उन्होंने उपन्यास, कहानी, निबंध तथा बाल साहित्य की भी रचना की। उन्हें 'साहित्य अकादमी पुरस्कार' से भी सम्मानित किया गया। वर्ष 1983 में उनका आकस्मिक निधन हो गया।

काव्यांशों का भावार्थ

काव्यांश 1

मेघ आए बड़े बन-ठन के सँवर के।
आगे-आगे नाचती-गाती बयार चली,
दरवाज़े-खिड़कियाँ खुलने लगीं गली-गली,
पाहुन ज्यों आए हों गाँव में शहर के।
मेघ आए बड़े बन-ठन के सँवर के।
पेड़ झुक झाँकने लगे गरदन उचकाए,
आँधी चली, धूल भागी घाघरा उठाए,
बाँकी चितवन उठा, नदी ठिठकी, घूँघट सरके।
मेघ आए बड़े बन-ठन के सँवर के।

शब्दार्थ **मेघ**-बादल; **सँवर के**-सज के; **बयार**-हवा; **पाहुन**-मेहमान; **उचकाए**-उठाकर, ऊँची किए हुए; **घाघरा**-कमर से एड़ी तक पहने जाने वाला बड़े घेरे वाला स्त्रियों का एक वस्त्र; **बाँकी**-टेढ़ी, तिरछी; **चितवन**-नज़र; **ठिठकी**-हैरान होकर रुकी; **सरके**-खिसक गए।

भावार्थ

प्रस्तुत पंक्तियों में कवि बादलों की तुलना शहरी अतिथि (मेहमान) से कर रहा है। जिस प्रकार अतिथि सज-धजकर आते हैं। उसी प्रकार बादल भी अलग-अलग रंग-रूप में सज-धजकर आते दिखाई दे रहे हैं। ज़िस प्रकार लोग अतिथियों के आने से खुश दिखाई देते हैं, ठीक उसी प्रकार बादलों के आने पर भी खुश दिखाई दे रहे हैं। उनके साथ शृंगार रूप में हवा भी आती है, जिससे घरों की खिड़कियाँ-दरवाज़े खुल जाते हैं, मानो सभी लोग घर आए अतिथि का स्वागत करने के लिए तैयार हो रहे हों। कहने का तात्पर्य यह है कि वर्षा ऋतु में काले-काले बादल घिर आए हैं। हवा भी मस्ती में चलने लगी है। लोगों ने वर्षा की प्रतीक्षा में अपने घर के दरवाज़े और खिड़कियाँ खोल दिए हैं। सभी बादलों के बरसने का इंतजार कर रहे हैं।

बादल आ गए, जानकर पेड़ उनके रूप सौंदर्य को देखने के लिए कभी झुककर, कभी ऊपर की तरफ उचककर देखने का प्रयास करते हैं। तेज हवा से वृक्ष झुक जाते हैं, तो कभी तेज़ हवा के झोंके डालियों को ऊपर उठा देते हैं। धीरे-धीरे मंद हवा आँधी का रूप धारण कर लेती है और धूल उड़ने लगती है, जिसे देखकर लगता है कि जैसे धूल (ग्रामीण स्त्रियाँ) अपना घाघरा सँभाले घर की ओर भागी जा रही हों। नदी बादल रूपी मेहमान को तिरछी नजरों से देखती हुई ठिठक जाती है, जैसे कोई गाँव की स्त्री तिरछी नजर से मेहमान को देखती है,

जिससे उसका घूँघट सरक जाता है। अर्थात् वह मेहमान को देखने के लिए अपना घूँघट ऊपर की ओर सरका लेती है। तात्पर्य यह है कि मेघ आकाश में सुशोभित हैं। हवा के कारण पेड़ नीचे को झुक गए हैं और धूल-भरी आँधी चल पड़ी है। ऐसे समय में नदी का मोड़ बड़ा सुहाना लग रहा है।

काव्यांश 2

बूढ़े पीपल ने आगे बढ़कर जुहार की,
'बरस बाद सुधि लीन्हीं'—
बोली अकुलाई लता ओट हो किवार की,
हरसाया ताल लाया पानी परात भर के।
मेघ आए बड़े बन-ठन के सँवर के।

शब्दार्थ जुहार–आदरसहित (झुककर) नमस्कार करना; बरस–वर्ष, साल; सुधि–खबर, याद; अकुलाई– बेचैन; ओट–आड़; किवार–दरवाज़ा; हरसाया–खुश हुआ; ताल–तालाब; परात–थाल जैसा बड़ा बर्तन।

भावार्थ

प्रस्तुत पंक्तियों में कवि कहता है कि तेज़ हवा और बादलों के आने पर मनुष्य ही नहीं, पेड़-पौधे भी उनका झूम-झूमकर स्वागत करते हैं। हवा और बारिश के वेग से पीपल का बूढ़ा पेड़ भी, जो विशालकाय होता है, झूमता प्रतीत होता है।

ऐसा लगता है कि मानो वह झुककर तथा नमस्कार करते हुए मेहमान रूपी बादलों को कह रहा हो कि आपका स्वागत है। सालभर से बादल रूपी मेहमान से न मिल पाने के कारण व्याकुल नायिका रूपी लता बादल रूपी मेहमान का शरमाते-लजाते हुए दरवाज़े के पीछे से छिपकर उपालंभ (उलाहना) भरे स्वर में शिकायत करती है कि आपने हमें एक साल बाद याद किया है।

गाँव के तालाब मेघों के आने की खुशी में चमकने लगते हैं, मानो वे परात में पानी भरकर लाएँ हों और मेहमान रूपी बादल का स्वागत कर रहे हों।

काव्यांश 3

क्षितिज अटारी गहराई दामिनी दमकी,
'क्षमा करो गाँठ खुल गई अब भरम की',
बाँध टूटा झर-झर मिलन के अश्रु ढरके।
मेघ आए बड़े बन-ठन के सँवर के।

शब्दार्थ क्षितिज–जहाँ धरती-आकाश मिलते प्रतीत होते हैं; अटारी–महल, ऊँचा स्थान; दामिनी–बिजली; दमकी–चमकना; गाँठ खुलना–रहस्य प्रकट हो जाना; भरम–भ्रम, गलतफ़हमी; बाँध–पुल, सेतु; अश्रु– आँसू; ढरके–गिर पड़े।

भावार्थ

प्रस्तुत पंक्तियों में कवि ने बादल और बिजली के बीच में एक अटूट रिश्ता बताया है। कवि कहता है आकाश में बादल छा जाने से अंधकार हो जाता है। जिस प्रकार मेहमान को ऊँचा स्थान दिया जाता है, उसी प्रकार मेघ भी दूर क्षितिज तक फैल गए हैं तथा बिजली के चमकने से तन-मन खुशी से भर उठता है। मेघ रूपी प्रियतम के आने से इस भ्रम की गाँठ भी खुल गई कि अब प्रियतम आएगा। मानो धरती मेघों से कह रही हो कि हमें क्षमा कर दो, क्योंकि अब तक हम समझ रहे थे कि मेघ नहीं बरसेंगे।

उनकी बात सुनकर बादलों के सब्र का बाँध टूट गया और वर्षा रूपी आँसू बूँदों के रूप में निकल पड़े। आकाश में दूर तक बादलों का जमघट लगा है। अब वे बरस रहे हैं। इस प्रकार, बादल सज-सँवरकर आकाश में छा गए हैं। आशय यह है कि आकाश में दूर तक बादल ही बादल छाए हुए हैं और अब लगातार वर्षा हो रही है।

NCERT फोल्डर

पाठ्यपुस्तक (क्षितिज भाग-1) के प्रश्नोत्तर

प्र.1 बादलों के आने पर प्रकृति में जिन गतिशील क्रियाओं को कवि ने चित्रित किया है, उन्हें लिखिए। दक्षता आधारित प्रश्न

उत्तर बादलों के आने पर कवि ने प्रकृति में निम्नलिखित गतिशील क्रियाओं को चित्रित किया है

(i) बादल रूपी मेहमान के आने की सूचना देने के लिए हवा का नाचते-गाते चलना।
(ii) पेड़ों का झुककर झाँकना और गर्दन ऊँची करना।
(iii) धूल का घाघरा उठाकर भागना।
(iv) नदी का ठिठककर तिरछी नज़र से देखना।
(v) पीपल द्वारा झुककर मेहमान का स्वागत करना
(vi) लताओं का पेड़ की शाखाओं में छिपना।
(vii) क्षितिज पर बिजली का चमकना।
(viii) तालाब द्वारा जल भरकर लाना।
(ix) ज़ोरदार वर्षा का होना।

प्र.2 निम्नलिखित शब्द किसके प्रतीक हैं?
धूल, पेड़, नदी, लता, ताल

उत्तर धूल गाँव की छोटी लड़कियों के लिए प्रयुक्त किया गया है, जो चंचलता के कारण अपना घाघरा उठाकर गाँव में दौड़ती रहती हैं।

पेड़ ग्रामीण लोगों की मौजूदगी को दर्शाता है।

नदी बहती हुई नदी गाँव की बहू का प्रतीक है, जो शहरी मेहमान को देखने के लिए घूँघट सरकाती है।

लता कविता में लता नवविवाहिता पत्नी की प्रतीक है, जो बादल रूपी प्रियतम को बहुत दिन बाद आने का उलाहना देती है।

ताल ताल गाँव के उस व्यक्ति का प्रतीक है, जो शहर से आए मेहमान के स्वागत में चरण धोने के लिए परात में पानी लेकर आया है।

प्र.3 लता ने बादल रूपी मेहमान को किस तरह देखा और क्यों?

उत्तर लता ने बादल रूपी मेहमान को किवाड़ (दरवाज़े) की ओट से देखा, क्योंकि लता स्वयं को एक नवविवाहिता पत्नी एवं बादल रूपी मेहमान को प्रियतम के रूप में देखती है और उसके आने पर उससे शिकायत करती है कि तुम्हें मेरी याद कितने दिनों के बाद आई, तुम पूरे एक साल के बाद आए हो।

प्र.4 भाव स्पष्ट कीजिए

(क) क्षमा करो गाँठ खुल गई अब भरम की।

(ख) बाँकी चितवन उठा, नदी ठिठकी, घूँघट सरके।

उत्तर (क) इसमें कवि ने यह बताने की कोशिश की है कि लता रूपी नायिका को यह भ्रम था कि बादल रूपी प्रियतम उसे छोड़कर चला गया है और अब लौटकर नहीं आएगा, किंतु उसके आने से अब लता का यह भ्रम दूर हो गया है। इसलिए वह मेघों से क्षमा माँग रही है कि मुझे क्षमा करना, अब मेरे मन का संदेह मिट गया है।

(ख) नदी में पानी लगातार बहता रहता है, उसमें लहरें उठती रहती हैं। वह भी मेघों को देखकर कुछ देर के लिए रुक जाती है। ऐसा लगता है कि वह अपना घूँघट ऊपर सरकाकर मेघ रूपी मेहमान को तिरछी नजर से देख रही है।

प्र.5 मेघ रूपी मेहमान के आने से वातावरण में क्या परिवर्तन हुए?

***अथवा* मेघों के आने पर प्रकृति में क्या-क्या परिवर्तन हुए?**

उत्तर मेघ रूपी मेहमान के आने से वातावरण में विभिन्न प्रकार के परिवर्तन दिखाई देते हैं, जो निम्नलिखित हैं

(i) मेघों के आने पर हवा बहने लगती है।

(ii) पेड़ों की शाखाएँ भी झूमने लगती हैं और कभी नीचे तो कभी ऊपर की ओर उचक-उचककर बादलों को देखती रहती हैं।

(iii) नदी भी क्षण भर के लिए रुककर तिरछी नज़र से मेघों को देखती है।

(iv) लता अपने प्रियतम से एक साल बाद आने पर दरवाज़े की ओट से शिकायत करती है।

(v) तालाब तो अपना पूरा जल ही मेघों के लिए समर्पित करने के लिए तैयार रहता है।

प्र.6 मेघों के लिए 'बन-ठन के सँवर के' आने की बात क्यों कही गई है?

***अथवा* मेघ बन-ठन कर सँवरकर कैसे आए हैं? कविता के आधार पर समझाइए।**

***अथवा* मेघों के आने को 'मेघ आए' कविता में उनका बन-ठनकर आना क्यों बताया गया है? पठित कविता के आधार पर लिखिए।**

उत्तर मेघों के लिए बन-ठन के सँवर के आने की बात इसलिए कही गई है, क्योंकि जिस प्रकार मेहमान (दामाद) अपनी ससुराल में सज-धजकर पूरी तैयारी से जाता है, उसी प्रकार काले-भूरे मेघ भी सज-सँवरकर आए हैं। वे बहुत प्रतीक्षा कराने के बाद आए हैं और अपने साथ पानी-बिजली भी लाए हैं। उन्हें देखने के लिए सभी आतुर हैं।

प्र.7 कविता में आए मानवीकरण तथा रूपक अलंकार के उदाहरण खोजकर लिखिए।

***अथवा* सर्वेश्वर दयाल सक्सेना ने प्रकृति का मानवीकरण कहाँ-कहाँ किया है?**

उत्तर मानवीकरण

- मेघ आए बड़े बन-ठन के सँवर के
- आगे-आगे नाचती-गाती बयार चली
- धूल भागी घाघरा उठाए
- बूढ़े पीपल ने आगे बढ़कर जुहार की
- हरसाया ताल लाया पानी परात भर के
- पेड़ झुक झाँकने लगे, गर्दन उचकाए
- बोली अकुलाई लता ओट हो किवार की
- मिलन के अश्रु ढरके
- नदी ठिठकी घूँघट सरके

रूपक

- क्षितिज अटारी गहराई

प्र.8 कविता में जिन रीति-रिवाज़ों का मार्मिक चित्रण हुआ है, उनका वर्णन कीजिए।

***अथवा* 'मेघ आए' कविता में किन-किन रीति-रिवाज़ों और परंपराओं का चित्रण किया गया है?**

उत्तर प्रस्तुत कविता में गाँव के रीति-रिवाज़ों का वर्णन किया गया है, जो इस प्रकार हैं

(i) जब घर में मेहमान (दामाद) आता है, तो सभी उसका स्वागत करते हैं।

(ii) बड़े बुज़ुर्ग लोग मेहमान का आदर से स्वागत करते हैं और घर में ऊँचे स्थान पर बैठाते हैं।

(iii) घर का कोई युवा मेहमान के पैर धोने के लिए परात में पानी लेकर आता है।

(iv) पत्नी थोड़ा शरमाती है और सामने न आकर दरवाज़े के पीछे से ही उनका कुशल-क्षेम जानने की कोशिश करती है और देर से आने के लिए शिकायत भी करती है।

प्र.9 कविता में कवि ने आकाश में बादल और गाँव में मेहमान (दामाद) के आने का जो रोचक वर्णन किया है, उसे लिखिए।

***अथवा* मेहमान को देखकर गाँव के लोगों की क्या प्रतिक्रिया होती है? 'मेघ आए' कविता के आलोक में अपने शब्दों में लिखिए।**

उत्तर कवि ने आकाश में बादल के घिरने का बड़ा ही सजीव चित्रण किया है। बादल के आने पर किस प्रकार आँधी चलती है और अंत में वर्षा होती है, कविता में इन सब का मानवीकरण करते हुए वर्णन किया गया है। कविता में बादल की तुलना घर आए मेहमान (दामाद) से की गई है, जो सज-धजकर रंग-बिरंगे रूप में आ रहा है। उसके आते ही लोग

घरों की खिड़कियाँ और दरवाज़े, सभी खोल देते हैं और उत्सुकता से इधर-उधर ताक-झाँक करते हैं। ग्रामीण स्त्रियाँ घूँघट उठाकर मेहमान को देख लेती हैं। इसी प्रकार आँधी और बारिश के आने पर स्त्रियाँ घूँघट सँभाले शरमाती लजाती-सी ओट लेना शुरू कर देती हैं।

जिस प्रकार मेहमान अर्थात् दामाद का स्वागत सिर झुकाकर किया जाता है, उसी प्रकार गाँव का सबसे बूढ़ा पीपल का वृक्ष भी मेहमान रूपी बादल को सिर नवाता है और कुशल क्षेम पूछता है। जिस प्रकार घर का कोई युवा गाँव में आए मेहमान का स्वागत परात में पानी लाकर पैर धोकर करता है, उसी प्रकार गाँव के ताल-पोखर बादल के पैर पखारकर उनका स्वागत करने को तैयार रहते हैं।

प्र.10 काव्य-सौंदर्य लिखिए

पाहुन ज्यों आए हों गाँव में शहर के।
मेघ आए बड़े बन-ठन के सँवर के।

उत्तर **भाव सौंदर्य**

प्रस्तुत पंक्तियों में बादलों के सौंदर्य को अत्यंत मनोरम ढंग से व्यक्त किया गया है। बादल के लिए सजे-सँवरे शहरी मेहमान का उपमान बहुत सुंदर कल्पना है। बादल उसी प्रकार बन-ठनकर गाँव में आए हैं, जिस प्रकार शहर का मेहमान बहुत बन-ठनकर गाँव में आता है।

शिल्प-सौंदर्य

- प्रस्तुत काव्यांश में मेघों का मानवीकरण किया गया है।
- 'बड़े बन-ठन के' में 'ब' वर्ण की आवृत्ति के कारण अनुप्रास अलंकार है।
- 'पाहुन ज्यों आए हों' में उत्प्रेक्षा अलंकार है।
- भाषा सहज, प्रभावी तथा ग्रामीण लोक-जीवन की महक लिए हुए है।
- 'शहर के' और 'सँवर के' में तुकांत का सुंदर प्रयोग है।

रचना और अभिव्यक्ति

प्र.1 वर्षा के आने पर अपने आस-पास के वातावरण में हुए परिवर्तनों को ध्यान से देखकर एक अनुच्छेद लिखिए।

उत्तर वर्षा ऋतु के आगमन के साथ ही चारों ओर हरियाली छा जाती है। प्रकृति पूरी तरह धुली-धुली एवं सजी दिखाई पड़ती है। नदी-नाले, तालाब-पोखर सभी पानी से लबालब भर जाते हैं और रात में मेंढकों एवं झींगुरों की आवाज़ खूब सुनाई पड़ती है। इस मौसम का इंतज़ार सबसे अधिक देश के किसान करते हैं, जिनकी फ़सलों के लिए वर्षा अत्यधिक आवश्यक होती है।

प्र.2 कवि ने पीपल को ही बड़ा बुज़ुर्ग क्यों कहा है? पता लगाइए।

उत्तर ग्रामवासी पीपल के पेड़ को शुभ मानते हैं। प्रत्येक गाँव में एक पुराना पीपल का पेड़ अवश्य होता है। अपनी ऊँचाई और शाखाओं के विस्तार से वह गाँव पर नज़र रखता है तथा सबको अपने स्नेह का आश्रय प्रदान करता है। पीपल के पेड़ की आयु अन्य पेड़ों से अपेक्षाकृत अधिक होती है। गाँव के लोग पीपल की छाया में बैठकर शांति का अनुभव करते हैं। इन्हीं सब कारणों से उसे बुज़ुर्ग कहा गया है।

प्र.3 कविता में मेघ को 'पाहुन' के रूप में चित्रित किया गया है। हमारे यहाँ अतिथि (दामाद) को विशेष महत्त्व प्राप्त है, लेकिन आज इस परंपरा में परिवर्तन आया है। आपको इसके क्या कारण नज़र आते हैं? लिखिए।

उत्तर आजकल अतिथियों का स्वागत अब उस ढंग से नहीं किया जाता, जिस तरह पहले किया जाता था। मेहमान का स्वागत अब गाँवों में भी घर की चारदीवारी तक ही सिमट कर रह गया है। अधिक जान-पहचान वाले घरों के लोग ही अतिथि (मेहमान) का हाल-चाल पूछने आते हैं, लेकिन अब पहले वाली आत्मीयता नहीं रही। इसका कारण समय का अत्यधिक अभाव एवं सामाजिक जीवन का ह्रास है। व्यक्ति अब अत्यधिक आत्म-केंद्रित हो गया है।

भाषा अध्ययन

प्र.1 कविता में आए मुहावरों को छाँटकर अपने वाक्यों में प्रयुक्त कीजिए।

उत्तर

गाँठ खुलना	मतभेद खत्म होना राम एवं श्याम के बीच की गाँठ खुल गई।
बाँध टूटना	सहनशीलता खो देना मोहन को देखते ही राधा की आँखों का बाँध टूट गया।
सुधि लेना	ख़बर लेना दीपक ने घर से जाने के बाद अपने माता-पिता की सुधि नहीं ली।

प्र.2 कविता में प्रयुक्त आँचलिक शब्दों की सूची बनाइए।

उत्तर बन-ठन, पाहुन, घाघरा, घूँघट, जुहार, ओट, किवार, परात, तालु, अटारी, भरम।

प्र.3 'मेघ आए' कविता की भाषा सरल और सहज है—उदाहरण देकर स्पष्ट कीजिए।

उत्तर 'मेघ आए' कविता की भाषा सहज, सरल एवं आडंबरहीन है; *जैसे*—'मेघ आए बड़े बन-ठन के सँवर के।' कवि ने अपनी बात को लोक भाषा में कह दिया है।

कवि ने भाषा की सहजता बनाए रखने के लिए वक्र वाक्य रचना का प्रयोग किया है तथा संवाद ग्रामीण बोली में ही रखे हैं। *जैसे*—वर्ष के स्थान पर 'बरस' का प्रयोग तथा भ्रम के स्थान पर 'भरम' का प्रयोग। कविता में आँचलिक शब्दों की बहुलता है। भाषा प्रवाहमयी चित्रात्मक तथा सजीव है। इसमें क्लिष्ट शब्दों का प्रयोग नहीं किया गया है। अत: कह सकते हैं कि मेघ आए कविता की भाषा सरल और सहज है।

पाठेतर सक्रियता

प्र.1 वसंत ऋतु के आगमन का शब्द-चित्र प्रस्तुत कीजिए।

उत्तर लो वसंत ऋतु आ गई है। उसके स्वागत में प्रकृति का मुखमंडल खिल उठा है। आकाश सजकर सरोवरों के दर्पण में मुँह निहार रहा है। वृक्षों ने उनके स्वागत में धरती पर फूल बिछा दिए हैं। हवा उन्हें पंखा कर रही है। कोयलें कू-कू करके उनका अभिनंदन कर रही हैं।

प्र.2 प्रस्तुत अपठित कविता के आधार पर दिए गए प्रश्नों के उत्तर दीजिए

धिन-धिन-धा धमक-धमक — मेघ बजे
मेघ बजे — पंक बना हरिचंदन
दामिनि यह गई दमक — मेघ बजे
मेघ बजे — हल का है अभिनंदन
दादुर का कंठ खुला — मेघ बजे
मेघ बजे — धिन-धिन-धा ....
धरती का हृदय धुला

1. 'हल का है अभिनंदन' किसके अभिनंदन की बात हो रही है और क्यों?
2. प्रस्तुत कविता के आधार पर बताइए कि मेघों के आने पर प्रकृति में क्या-क्या परिवर्तन हुए?
3. 'पंक बना हरिचंदन' से क्या आशय है?
4. पहली पंक्ति में कौन-सा अलंकार है?
5. 'मेघ आए' और 'मेघ बजे' किस इंद्रिय बोध की ओर संकेत हैं?

उत्तर 1. यहाँ हल के अभिनंदन की बात हो रही है, क्योंकि मेघ के आने पर वर्षा होती है, तभी ज़मीन पर हल चलता है तथा फ़सल पैदा होती है। उससे प्राणी मात्र का पेट भरता है।

2. मेघ आने पर चारों ओर जल बरसने की संगीत-ध्वनि होने लगी। आकाश में बिजली चमकने लगी। मेंढक आवाज़ करने लगे। धरती साफ़-स्वच्छ हो गई। मिट्टी गीली हो गई।

3. धरती पर कीचड़ (पंक) जमा हो गया, क्योंकि कीचड़ में ही धान की फ़सल पैदा होती है, जो प्राणीमात्र की खुशी का विषय है, इसलिए प्रसन्नता के कारण कीचड़ चंदन-लेप-सा प्रतीत होने लगा।

4. अनुप्रास अलंकार, क्योंकि 'ध' वर्ण की आवृत्ति है।

5. 'मेघ आए' में आँख से देखने का बोध है। (दृश्य बिंब)
'मेघ बजे' में कान से सुनने का बोध है। (श्रव्य बिंब)

प्र.3 अपने शिक्षक और पुस्तकालय की सहायता से केदारनाथ सिंह की *'बादल ओ'*, सुमित्रानंदन पंत की *'बादल'* और निराला की *'बादल-राग'*, कविताओं को खोजकर पढ़िए।

उत्तर केदारनाथ सिंह की कविता 'बादल ओ' प्यासी प्रकृति की पुकार है कि बादल शीघ्र बरसें और उनकी प्यास बुझाएँ।
पंत की 'बादल' में बादल के विविध रूपों का रोचक वर्णन है।
निराला की 'बादल-राग' में बादल क्रांति के दूत बनकर क्रांति का आह्वान करते हैं।

अभ्यास प्रश्न

बहुविकल्पीय व वर्णनात्मक प्रश्नों सहित

कविता पर आधारित बहुविकल्पीय प्रश्न

निम्नलिखित प्रश्नों के सर्वाधिक उपयुक्त विकल्पों का चयन कीजिए

1. 'मेघ आए' कविता में किसकी तुलना शहर से आए दामाद से की गई है?
(क) पीपल के पेड़ की
(ख) बादलों की
(ग) तालाब की
(घ) पवन की

उत्तर (ख) बादलों की

2. गाँव आए मेघ को देखकर कवि को कैसा प्रतीत हो रहा है?
(क) एक ऐसा मेहमान जो सज-सँवरकर शहर से आया हो
(ख) एक ऐसा व्यक्ति, जो खेतों से काम करके लौटा हो
(ग) एक ऐसा व्यक्ति, जो अपने गाँव से किसी दूसरे गाँव जा रहा हो
(घ) एक ऐसी युवती, जिसकी अभी-अभी शादी हुई हो

उत्तर (क) एक ऐसा मेहमान, जो सज-सँवरकर शहर से आया हो

3. मेघ के आने पर हवा कैसी प्रतिक्रिया व्यक्त करती है?
(क) मेहमान के आगे-आगे नाचते गाते चलती हैं
(ख) हवा चलना रुक जाती है।
(ग) घाघरा सँभालकर भागने लगती हैं
(घ) तिरछी नजरों से उसे देखती रहती हैं

उत्तर (क) मेहमान के आगे-आगे नाचते गाते चलती हैं

4. मेघ आए कविता के आधार पर बताइए कि आँधी आने पर क्या होता है?
(क) पेड़ झुक जाते हैं
(ख) तालाब में पानी भरने लगता है
(ग) लोग प्रसन्न हो जाते हैं
(घ) लोग खिड़कियाँ खोल देते हैं

उत्तर (क) पेड़ झुक जाते हैं

5. "बाँकी चितवन उठा, नदी ठिठकी, घूँघट सरके।" पंक्ति का अर्थ है

दक्षता आधारित प्रश्न

(क) नदी ने घूँघट कर रखा है
(ख) नदी रूपी स्त्री रुककर अपना घूँघट हटाकर तिरछी नजरों से मेहमान को देख रही है
(ग) नदी मेहमान से मिलने आई है
(घ) उपरोक्त में से कोई नहीं

उत्तर (ख) नदी रूपी स्त्री रुककर अपना घूँघट हटाकर तिरछी नजरों से मेहमान को देख रही है

6. व्याकुल लता किसके पीछे छिपकर मेघ से शिकायत कर रही है?
(क) बादलों की ओट में (ख) पर्दे के पीछे
(ग) दरवाजे की ओट में (घ) पेड़ के पीछे
उत्तर (ग) दरवाजे की ओट में

7. मेघ आए कविता के आधार पर बताइए कि जब गाँव में मेहमान (दामाद) आते हैं, तो क्या होता है?
(क) कोई उस पर ध्यान नहीं देता
(ख) गाँव के सभी व्यक्ति उसका स्वागत-सत्कार करते हैं
(ग) सभी उससे शिकायत करते हैं
(घ) उपरोक्त में से कोई नहीं
उत्तर (ख) गाँव के सभी व्यक्ति उसका स्वागत-सत्कार करते हैं

8. मेघ रूपी मेहमान का स्वागत करने के लिए ताल परात में पानी भरकर लाता है। यहाँ 'ताल' किसका प्रतीक है? दक्षता आधारित प्रश्न
(क) मेघ की प्रेमिका का
(ख) मेघ के रिश्तेदार का
(ग) मेघ के भाई का
(घ) मेघ के मित्र का
उत्तर (ख) मेघ के रिश्तेदार का

9. 'बरस बाद सुध लीन्हीं पंक्ति में लता के किस भाव की अभिव्यक्ति हो रही है?
(क) प्रेम भाव की (ख) उलाहना देने की
(ग) उदारता दिखाने की (घ) वियोग की
उत्तर (ख) उलाहना देने की

10. बोली अकुलाई लता ओट हो किवार की, हरसाया ताल लाया पानी परात भरके, मेघ आए बड़े बन-ठन के सँवर के तालाब द्वारा परात में पानी भरकर लाना किस भारतीय परंपरा को दर्शाता है? दक्षता आधारित प्रश्न
(क) मेहमान को पानी पिलाना
(ख) मेहमान को खाना खिलाना
(ग) मेहमान के पैर धोना
(घ) मेहमान को स्नान करवाना
उत्तर (ग) मेहमान के पैर धोना

11. मेघ आए कविता के आधार पर बताइए कि गाँव का सम्मानीय व्यक्ति किसे कहा गया है?
(क) नदी को (ख) आँधी को
(ग) पीपल के पेड़ को (घ) हवा को
उत्तर (ग) पीपल के पेड़ को

12. 'क्षमा करो गाँठ खुल गई अब भरम की' इस पंक्ति में प्रियतमा के मन में किस प्रकार का संदेह उत्पन्न हो गया था? दक्षता आधारित प्रश्न
(क) प्रेमी के न आने के संदेह से
(ख) प्रेमी के नाराज होने से
(ग) प्रेमी द्वारा भुलाए जाने के संदेह से
(घ) उपरोक्त में से कोई नहीं
उत्तर (क) प्रेमी के न आने के संदेह से

काव्यांशों पर आधारित बहुविकल्पीय प्रश्न

निम्नलिखित काव्यांशों को ध्यानपूर्वक पढ़कर उन पर पूछे गए प्रश्नों के सही विकल्प चुनिए

1. मेघ आए बड़े बन-ठन के सँवर के।
आगे-आगे नाचती-गाती बयार चली,
दरवाज़े-खिड़कियाँ खुलने लगीं गली-गली,
पाहुन ज्यों आए हों गाँव में शहर के।
मेघ आए बड़े बन-ठन के सँवर के।

(i) काव्यांश में मेघ के आने का चित्रण किस रूप में किया गया है?
(क) ग्रामीण स्त्रियों के रूप में
(ख) बूढ़े पीपल के पेड़ों के रूप में
(ग) चंचल हवाओं के रूप में
(घ) गाँव के मेहमान के रूप में
उत्तर (घ) गाँव के मेहमान के रूप में

(ii) मेघ रूपी मेहमान के आने की सूचना गाँव वालों को किससे मिल रही है?
(क) नदी किनारे लगे पेड़ों से (ख) हवा चलने से
(ग) पेड़ों के झुकने से (घ) नदियों में पानी बढ़ने से
उत्तर (ख) हवा चलने से

(iii) कथन (A) और कारण (R) को पढ़कर उपयुक्त विकल्प चुनिए
कथन (A) गाँव में आए शहरी अतिथि को देखने के लिए घरों के दरवाजे-खिड़कियाँ खुलने लगते हैं।
कारण (R) लोगों को घर आए अतिथि को देखने की स्वाभाविक उत्सुकता है। दक्षता आधारित प्रश्न
(क) कथन (A) गलत है, किंतु कारण (R) सही है।
(ख) कथन (A) और कारण कारण (R) दोनों गलत हैं।
(ग) कथन (A) सही है और कारण (R) कथन (A) की सही व्याख्या है।
(घ) कथन (A) सही है, किंतु कारण (R) कथन (A) की सही व्याख्या नहीं है।
उत्तर (ग) कथन (A) सही है और कारण (R) कथन (A) की सही व्याख्या है।

(iv) मेघ रूपी मेहमान का स्वागत पीपल का पेड़ .... करता है।
(क) अपनी डालियों को ऊपर उठाकर
(ख) गाँव के बुजुर्ग व्यक्ति की तरह
(ग) गाँव की स्त्रियों की तरह
(घ) अपनी डालियों को नीचे झुकाकर
उत्तर (ख) गाँव के बुजुर्ग व्यक्ति की तरह

(v) 'आगे-आगे नाचती-गाती बयार चली' पंक्ति में 'बयार' शब्द का आशय है
(क) पेड़ों के हिलने से (ख) हवा चलने से
(ग) धूल चलने से (घ) लताओं से फूल खिलने से
उत्तर (ख) हवा चलने से

2. पेड़ झुक झाँकने लगे गरदन उचकाए,
आँधी चली, धूल भागी घाघरा उठाए,
बाँकी चितवन उठा, नदी ठिठकी, घूँघट सरके।
मेघ आए बड़े बन-ठन के सँवर के।

(i) पेड़ बार-बार गर्दन उचकाते हुए क्यों झुक रहे हैं?

(क) हवा चलने के कारण
(ख) धूल उड़ने के कारण
(ग) अत्यधिक फलों के कारण
(घ) नदी के ठिठकने के कारण

उत्तर (क) हवा चलने के कारण

(ii) मेघ आने की सूचना देने के लिए धूल किस प्रकार भाग रही है? कविता के आधार पर उत्तर दीजिए।

(क) ग्रामीण स्त्रियों की भाँति
(ख) गाँव के बुजुर्ग व्यक्ति की भाँति
(ग) जिस प्रकार नदी चलती है
(घ) किसी नए मेहमान की भाँति

उत्तर (क) ग्रामीण स्त्रियों की भाँति

(iii) प्रस्तुत काव्यांश में नदी का चित्रण ……… किया गया है।

(क) गाँव के बुजुर्ग व्यक्ति के रूप में
(ख) जो घूँघट में रहती है, उस गाँव की महिला के रूप में
(ग) गाँव की किशोरियों के रूप में
(घ) मेघ रूपी मेहमान की प्रियतमा के रूप में

उत्तर (ख) जो घूँघट में रहती है, उस गाँव की महिला के रूप में

(iv) नदी अचानक से क्यों ठिठक जाती है? प्रस्तुत पंक्तियों के आधार पर उत्तर दीजिए।

(क) तिरछी नजरों से मेघ रूपी मेहमान को देखने के लिए
(ख) मेघ रूपी मेहमान के इंतजार में
(ग) मेघ रूपी मेहमान का स्वागत करने के लिए
(घ) अचानक तेज़ हवाओं के चलने के कारण

उत्तर (क) तिरछी नज़रों से मेघ रूपी मेहमान को देखने के लिए

(v) बादलों को तिरछी नजरों से ……… निहार रहा है।

(क) पीपल का पेड़
(ख) नदी रूपी ग्रामीण स्त्रियाँ
(ग) धूल रूपी ग्रामीण स्त्रियाँ
(घ) पीपल रूपी बुजुर्ग व्यक्ति

उत्तर (ख) नदी रूपी ग्रामीण स्त्रियाँ

3. बूढ़े पीपल ने आगे बढ़कर जुहार की,
'बरस बाद सुधि लीन्हीं'—
बोली अकुलाई लता ओट हो किवार की,
हरसाया ताल लाया पानी परात भर के।
मेघ आए बड़े बन-ठन के सँवर के।

(i) प्रस्तुत काव्यांश में कवि ने लता की तुलना किससे की है?

(क) मेघ रूपी मेहमान से
(ख) मेघ रूपी मेहमान की प्रियतमा से
(ग) गाँव की बहु से
(घ) गाँव की युवतियों से

उत्तर (ख) मेघ रूपी मेहमान की प्रियतमा से

(ii) लता रूपी प्रियतमा अपने मेघ रूपी प्रेमी से क्यों रूठी हुई है?

(क) मेघ के बहुत दिनों के बाद आने के कारण
(ख) अत्यधिक आँधी चलने के कारण
(ग) तालाबों में पानी भरने के कारण
(घ) मेघ न होने से पेड़ों के सूखने के कारण

उत्तर (क) मेघ के बहुत दिनों के बाद आने के कारण

(iii) निम्नलिखित में से किस पद में घर आए मेहमान का स्वागत सर्वप्रथम घर के बड़े करते हैं, का वर्णन है? दक्षता आधारित प्रश्न

(क) बरस बाद सुधि लीन्हीं
(ख) हरसाया ताल लाया पानी परात भरके
(ग) बूढ़े पीपल ने आगे बढ़कर जुहार की
(घ) बोली अकुलाई लता ओट हो किवार की

उत्तर (ग) बूढ़े पीपल ने आगे बढ़कर जुहार की

(iv) 'बरस बाद सुधि लीन्हीं' कहकर किसने मेघ को उलाहना दिया?

(क) नदी रूपी ग्रामीण युवती ने
(ख) लता रूपी मेघ की प्रियतमा ने
(ग) मेघ के ताल रूपी रिश्तेदार ने
(घ) हवा रूपी ग्रामीण स्त्रियों ने

उत्तर (ख) लता रूपी मेघ की प्रियतमा ने

(v) ताल मेघ के आने पर परात में पानी भरकर क्यों लाया था?

(क) मेघ रूपी मेहमान के पैर धोने के लिए
(ख) अपनी नाराजगी व्यक्त करने के लिए
(ग) मेघ रूपी मेहमान के जलपान के लिए
(घ) मेघ रूपी मेहमान के स्नान के लिए

उत्तर (क) मेघ रूपी मेहमान के पैर धोने के लिए

काव्यबोध संबंधी लघु प्रश्नोत्तर

निम्नलिखित प्रश्नों के उत्तर संक्षेप में दीजिए

1. बयार चलने पर क्या हुआ? 'मेघ आए' कविता के आधार पर अपने शब्दों में उत्तर दीजिए।

उत्तर बयार मेघों के आने पर आती है, जिसके स्वागत के लिए लोग घरों के खिड़की-दरवाज़े खोल देते हैं। बयार के चलने से मौसम बदलने लगता है, जिससे गर्मी कम हो जाती है तथा लोग खुशी से झूमने लगते हैं। धूल उड़ने लगती है एवं महिलाएँ तेज़ी से घरों की ओर दौड़ने लगती हैं।

2. 'मेघ आए' कविता में बादल की तुलना किससे की गई है और क्यों बताइए।

***अथवा* 'पाहुन' से क्या तात्पर्य है?**

उत्तर यहाँ बादल की तुलना पाहुन (मेहमान) से की गई है। पाहुन से तात्पर्य मेहमान से है, जो गाँव में शहर से सज-धजकर आया है। लोक भाषा में मेहमान को पाहुन भी कहते हैं। जैसे कोई पाहुन सज-धजकर गाँव में आता है तथा वहाँ सभी उसका स्वागत करते हैं, ऐसे ही मेघों को पाहुन समान माना गया है तथा वर्षा के लिए सभी उसकी प्रतीक्षा करते हैं।

3. 'मेघ आए' कविता में वृक्ष क्या कर रहे हैं? उनकी स्थिति का वर्णन कीजिए।

उत्तर 'मेघ आए' कविता में वृक्ष झूम-झूमकर मेघों का अभिवादन कर रहे हैं। पेड़ हवा के कारण ऐसे झुक गए हैं, मानो वे गर्दन उचकाकर मेघों की ओर झाँकने लगे हों। ऐसा लगता है जैसे वे झुक-झुककर बादलों का अभिवादन कर रहे हों या बादलों को नमस्कार कर रहे हों।

4. 'मेघ आए' कविता में 'आँधी' किसका प्रतीक है और वह किस तरह दौड़ने लगी?

उत्तर 'मेघ आए' कविता में आँधी गाँव की किशोरी कन्या का प्रतीक है, जो बादल रूपी पाहुन (मेहमान) के आने की सूचना देने के लिए अपना घाघरा उठाकर तेज़ी से दौड़ने लगी। यहाँ आँधी का मानवीकरण किया गया है।

5. नदी के ठिठकने का क्या कारण था? वह 'मेघ आए' कविता में किसका प्रतीक बनकर वर्णित हुई है?

उत्तर नदी के ठिठकने का कारण 'मेघ' थे अर्थात् वह मेघ रूपी मेहमान को देखने के लिए ठिठक गई थी। 'मेघ आए' कविता में वह गाँव की बहू का प्रतीक के रूप में वर्णित हुई है। जिस प्रकार, गाँव की स्त्री मेहमान के आने पर उसे तिरछी नज़र से देखती है। उसी प्रकार, मेघ रूपी मेहमान के आने पर नदी तिरछी नज़र से उसे देखती है अर्थात् उसकी जलधारा कुछ देर रुकने के पश्चात् उछलकर फिर से बहने लगी।

6. लता बादलों के आने पर क्यों शरमाती है? 'मेघ आए' कविता के आधार पर स्पष्ट कीजिए।

उत्तर लता बादल रूपी मेहमान को अपना प्रियतम मानती है। उसे वह दरवाज़े की ओट से खड़ी हो लजाती-सी देखती है, क्योंकि वह बड़े-बूढ़ों के होते हुए मेघ रूपी अपने पति के सामने जाने में शर्म महसूस करती है। वह मेघों के वर्ष भर बाद आने के कारण शिकायत करती प्रतीत होती है।

7. कविता में वर्णित 'बरस बाद सुधि लीन्हीं' कहने वाली नायिका के भावों को समझाइए।

***अथवा* मेघ के आने पर लता का व्यवहार कैसा था? वह किसका प्रतीक है?**

***अथवा* मेघ आने पर लता अकुलाकर किवाड़ की ओट में क्यों हो गई और क्या कहने लगी?**

उत्तर प्रस्तुत कविता में लता का नायिका (प्रिया) के रूप में वर्णन किया गया है। जिस प्रकार लता गर्मी के ताप से मुरझा जाती है, उसी प्रकार नायिका भी विरह से व्याकुल हो उठी है।

वह दरवाज़े के पीछे छिपकर बादल रूपी प्रियतम को एक वर्ष बाद आने का उलाहना देते हुए कहती है कि आपको बहुत दिनों बाद हमारी याद आई।

8. 'मेघ आए' कविता में गाँव की स्त्रियों के कौन-से रूप दिखाई देते हैं? बताइए।

उत्तर 'मेघ आए' कविता में बयार, धूल, नदी, लता आदि के माध्यम से गाँव की स्त्रियों के विभिन्न रूप सामने आए हैं। बयार और धूल गाँव की किशोरियों की प्रतीक हैं, जो स्वभाव से चंचल होती हैं। नदी के माध्यम से गाँव की बहू का वर्णन किया गया है, जो जिज्ञासु होती है, परंतु उसे गाँव के रीति-रिवाज़ों का पालन भी करना पड़ता है। लता नवविवाहिता लड़की का प्रतीक है, जो अपने पति को देखकर शरमा जाती है और घर के अन्य सदस्यों से छिपकर उससे संवाद करती है।

9. 'मेघ आए' कविता में वर्णित 'ताल पानी की परात भरकर लाया' का भाव बताइए।

उत्तर कवि ने गाँव के तालाब के रूपाकार की तुलना परात से की है, जो मेघ न बरसने की स्थिति में खाली पड़ा था। मेघ के आते ही उसमें पानी भर गया और वह बड़ा हर्षित हो उठा। ऐसे लगा मानो मेहमान के स्वागत में जैसे कोई उसके पाँव धोने के लिए जल भरकर लाया हो। गाँवों में मेहमान के पाँव धोने का रिवाज़ है।

10. कविता में वर्णित 'लता' और 'ताल' दोनों के प्रतीकों को स्पष्ट कीजिए।

उत्तर कविता में वर्णित लता उस नवविवाहिता तरुणी का प्रतीक है, जो अपने प्रियतम मेघ को पूरे एक वर्ष बाद आने का उलाहना देती है। वहीं ताल गाँव के उस व्यक्ति का प्रतीक है, जो मेघ के पैर धोकर उनका स्वागत-सत्कार करने के लिए परात में पानी भरकर लाया है।

स्व-मूल्यांकन

कविता पर आधारित बहुविकल्पीय प्रश्न

निम्नलिखित प्रश्नों के सर्वाधिक उपयुक्त विकल्पों का चयन कीजिए।

1. 'बाँध टूटा झर-झर मिलन के अश्रु ढरके' इस पंक्ति में 'बाँध टूटना' का आशय है

(क) प्रेम भाव (ख) मिलन का भाव
(ग) वर्षा होना (घ) बिजली चमकना

2. 'धूल भागी घाघरा उठाए' पंक्ति में ……… अलंकार है।

(क) उपमा अलंकार (ख) मानवीकरण अलंकार
(ग) रूपक अलंकार (घ) उत्प्रेक्षा अलंकार

3. बूढ़े पीपल ने आगे बढ़कर जुहार की,
बरस बाद सुधि लीन्हीं
बोली अकुलाई लता ओट हो किवार की,
हरसाया ताल लाया पानी परात भर के।

कथन (I) पीपल ने हाथ जोड़कर मेघ का स्वागत किया।

कथन (II) लता नवविवाहिता रूप में है।

कथन (III) अतिथि के घर आने पर सबसे छोटा पानी लाकर पैर धोता है।

'मेघ आए' कविता की पंक्तियों के आधार पर कौन-सा/से कथन सही है/हैं?

(क) केवल कथन (I) सही है।
(ख) केवल कथन (II) सही है।
(ग) कथन (I) और (II) सही हैं।
(घ) कथन (II) और (III) सही हैं।

काव्यांश पर आधारित बहुविकल्पीय प्रश्न

निम्नलिखित काव्यांश को ध्यानपूर्वक पढ़कर पूछे गए प्रश्नों के सही विकल्प चुनिए।

1. क्षितिज अटारी गहराई दामिनी दमकी,
'क्षमा करो गाँठ खुल गई अब भरम की',
बाँध टूटा झर-झर मिलन के अश्रु ढरके।
मेघ आए बड़े बन-ठन के सँवर के।

(i) मेघ रूपी प्रेमी का मिलन जब अपनी प्रियतमा से हुआ, तो कैसी प्रतिक्रिया हुई? **दक्षता आधारित प्रश्न**

(क) तेज हवाएँ चलने लगी
(ख) धूल भरी आँधी आने लगी
(ग) खुशी के कारण उनकी आँखों से वर्षा रूपी आँसू आने लगे
(घ) तालाबों में पानी भर गया

(ii) 'क्षमा करो गाँठ खुल गई अब भरम की' पंक्ति का आशय है

(क) मेघ अपनी प्रियतमा से मिलने आएँगे या नहीं लोगों को इसका भ्रम था।
(ख) वर्षा होगी या नहीं लोगों को इसका भ्रम था।
(ग) लोगों को इसका भ्रम था कि इस वर्ष अधिक वर्षा होगी।
(घ) लोगों को इसका भ्रम था कि इस वर्ष तालाब में पानी भर जाएगा।

(iii) 'क्षितिज अटारी गहराई दामिनी दमकी' पंक्ति में ……… अलंकार है।

(क) अनुप्रास अलंकार (ख) उत्प्रेक्षा अलंकार
(ग) उपमा अलंकार (घ) श्लेष अलंकार

(iv) कथन (A) और कारण (R) को पढ़कर उपयुक्त विकल्प चुनिए

कथन (A) क्षितिज रूपी अट्टालिका पर बादल गहराते जा रहे हैं।

कारण (R) क्षितिज पर बिजली चमकने लगी है। **दक्षता आधारित प्रश्न**

(क) कथन (A) गलत है, किंतु कारण (R) सही है।
(ख) कथन (A) और कारण कारण (R) दोनों गलत हैं।
(ग) कथन (A) सही है और कारण (R) कथन (A) की सही व्याख्या है।
(घ) कथन (A) सही है, किंतु कारण (R) कथन (A) की सही व्याख्या नहीं है।

(v) वर्षा के संदर्भ में लोगों का भ्रम ……… दूर हो गया।

(क) हवाओं के चलने से
(ख) तालाब में पानी भरने से
(ग) बिजली चमकने से
(घ) बादल के आने से

काव्यबोध संबंधी लघु प्रश्न

निम्नलिखित प्रश्नों के उत्तर संक्षेप में दीजिए

1. मेघों के आने पर पेड़ों की क्या प्रतिक्रिया हुई? 'मेघ आए' कविता के आधार पर बताइए। **दक्षता आधारित प्रश्न**

2. 'मेघ आए' कविता में ग्रामीण संस्कृति की झलक किस प्रकार दिखाई देती है?

3. "क्षितिज अटारी गहराई दामिनि दमकी"–पंक्ति का आशय स्पष्ट कीजिए। **दक्षता आधारित प्रश्न**

4. "बाँध टूटा झर-झर मिलन के अश्रु ढरके"–पंक्ति का भाव स्पष्ट कीजिए।

5. 'मेघ आए' कविता में प्रकृति का मानवीकरण किया गया है। इस कथन को स्पष्ट कीजिए।

बच्चे काम पर जा रहे हैं

राजेश जोशी

अध्याय 13

पाठ की रूपरेखा प्रस्तुत पाठ राजेश जोशी द्वारा रचित 'बच्चे काम पर जा रहे हैं' कविता में बच्चों से बचपन छीन लिए जाने की पीड़ा व्यक्त की गई है। कवि ने उस सामाजिक-आर्थिक विडंबना की ओर इशारा किया है, जिसके कारण कुछ बच्चे खेल, शिक्षा और जीवन की उमंग से वंचित रह जाते हैं। यह कविता गहरे सामाजिक बोध की कविता है, कवि ने बाल मज़दूरी की भयानक स्थिति के प्रति चिंता करते हुए उसके समाधान पर विचार करने के लिए प्रश्न किया है कि क्या कारण है कि जिस उम्र में बच्चों को खेलना-कूदना और पढ़ना-लिखना चाहिए, उस उम्र में उन्हें मज़दूरी करनी पड़ रही है।

कवि परिचय

राजेश जोशी का जन्म वर्ष 1946 में मध्य प्रदेश के नरसिंह गढ़ ज़िले में हुआ था। उन्होंने अपनी शिक्षा पूरी करने के पश्चात् पत्रकारिता के क्षेत्र में कार्य किया तथा कुछ सालों तक अध्यापन कार्य भी किया। उन्होंने कविता के अतिरिक्त कहानियाँ, नाटक, लेख और टिप्पणियाँ भी लिखीं। उन्होंने लघु फ़िल्मों के लिए पटकथा लेखन का कार्य भी किया। उन्होंने अनुवाद भी किए तथा प्रसिद्ध कवियों की कृतियों की पद्धति पर स्वतंत्र अनुरचना भी की।

उन्हें 'माखनलाल चतुर्वेदी पुरस्कार', 'मध्य प्रदेश शासन का शिखर सम्मान' और 'साहित्य अकादमी पुरस्कार' से सम्मानित किया गया है। जोशी जी के प्रमुख काव्य संग्रह हैं—'एक दिन बोलेंगे पेड़', 'मिट्टी का चेहरा', 'नेपथ्य की हँसी' और 'दो पंक्तियों के बीच' आदि। उनकी भाषा सरल, सहज तथा स्वाभाविक है। उनकी कविताओं में स्थानीय बोली-बानी के साथ-साथ उर्दू के शब्द भी देखने को मिलते हैं।

काव्यांशों का भावार्थ

काव्यांश 1

कोहरे से ढँकी सड़क पर बच्चे काम पर जा रहे हैं
सुबह-सुबह
बच्चे काम पर जा रहे हैं
हमारे समय की सबसे भयानक पंक्ति है यह
भयानक है इसे विवरण की तरह लिखा जाना
लिखा जाना चाहिए इसे सवाल की तरह
काम पर क्यों जा रहे हैं बच्चे?

शब्दार्थ **कोहरे**-धुंध, कुहासा; **काम**-कार्य; **भयानक**-भयंकर, डरावना; **पंक्ति**- कतार; **विवरण**- हाल-चाल, वर्णन; **सवाल**- प्रश्न।

भावार्थ

प्रस्तुत पंक्तियों में कवि कहता है कि सुबह के समय सड़कों पर घना कोहरा छाया हुआ है, चारों ओर भयंकर ठंड पड़ रही है, फिर भी रोज़ी-रोटी कमाने की विवशता के कारण बच्चों को काम पर जाना पड़ रहा है। जिस समय बच्चों को ठंड से बचने के लिए घर में होना चाहिए, उस समय वे काम करने के लिए घने कोहरे के साये में सड़कों पर निकल पड़े हैं।

हमारे युग की सबसे भयावह स्थिति है कि जिस उम्र में बच्चों को खेलना-कूदना व पढ़ना-लिखना चाहिए, उस उम्र में वे काम कर रहे हैं। इससे भी भयानक स्थिति यह है कि हमारा समाज इस समस्या को सामान्य घटना मानकर इस ओर ध्यान ही नहीं दे रहा है।

इस समस्या को महत्त्वपूर्ण प्रश्न के रूप में प्रस्तुत किया जाना चाहिए कि आखिर ये बच्चे खेलकूद व पढ़ाई-लिखाई की दुनिया से दूर रहकर पेट-पालने की चिंता से ग्रस्त क्यों हैं।

काव्यांश 2

क्या अंतरिक्ष में गिर गई हैं सारी गेंदें
क्या दीमकों ने खा लिया है
सारी रंग-बिरंगी किताबों को
क्या काले पहाड़ के नीचे दब गए हैं सारे खिलौने
क्या किसी भूकंप में ढह गई हैं
सारे मदरसों की इमारतें
क्या सारे मैदान, सारे बगीचे और घरों के आँगन
खत्म हो गए हैं एकाएक

शब्दार्थ **अंतरिक्ष**– अनंत आकाश; **दीमक**–लकड़ी-कागज़ खाने वाला एक प्रकार का कीड़ा; **भूकंप**–भूचाल; **मदरसा**–विद्यालय; **इमारत**–भवन; **खत्म**– समाप्त; **एकाएक**– अचानक।

भावार्थ

प्रस्तुत पंक्तियों में कवि नन्हें-मुन्हें बच्चों को सुबह-सुबह घने कोहरे में काम पर जाते देख विचलित हो उठता है तथा समाज से प्रश्न करता है कि ये छोटे-छोटे बच्चे काम पर क्यों जा रहे हैं? क्या सारी गेंदें अंतरिक्ष में गिर गईं अर्थात् बच्चों के खेलने के लिए क्या सारी गेंदें नष्ट हो गईं? क्या इनकी रंगीन किताबों को दीमकों ने खा लिया अर्थात् जो बच्चों की किताबें थीं, क्या वे अब नष्ट हो गई हैं?

क्या बच्चों के सारे खिलौने किसी काले पहाड़ के नीचे दबकर नष्ट हो गए? क्या किसी भूकंप के कारण बच्चों के विद्यालयों की इमारतें नष्ट हो गई हैं? क्या बच्चों के खेलने के सारे मैदान, बगीचे, घरों के आँगन समाप्त हो गए हैं? आखिर इस तरह से अचानक बच्चों को बचपन की सारी सुख-सुविधाओं से कैसे वंचित कर दिया गया है?

ये सारे प्रश्न हमें उत्तेजित करते हैं कि हमें उनका बचपन लौटाना होगा। उन्हें खेलने तथा पढ़ने के लिए उचित अवसर उपलब्ध कराने होंगे और उन्हें काम पर भेजना बंद करना होगा।

काव्यांश 3

तो फिर बचा ही क्या है इस दुनिया में?
कितना भयानक होता अगर ऐसा होता
भयानक है लेकिन इससे भी ज़्यादा यह
कि हैं सारी चीज़ें हस्बमामूल
पर दुनिया की हज़ारों सड़कों से गुज़रते हुए
बच्चे, बहुत छोटे-छोटे बच्चे
काम पर जा रहे हैं।

शब्दार्थ **दुनिया**– संसार; **ज़्यादा**– अधिक; **हस्बमामूल**– यथावत/वैसी ही जैसी कि होनी चाहिए।

भावार्थ

कवि कहता है कि यदि बच्चों से उनका बचपन छीन लिया जाएगा, तो इस संसार में क्या बचेगा? यदि इस संसार में बच्चों के लिए गेंदें, रंगीन पुस्तकें, खिलौने, विद्यालय, मैदान, बगीचे और आँगन न रहें, तो इस संसार का क्या लाभ है? ऐसे संसार का होना, न होना व्यर्थ है। यदि संसार सचमुच ही इन वस्तुओं से रहित हो जाए, तो संसार कितना भयंकर प्रतीत होगा।

अंत में कवि स्पष्ट कहता है कि यदि संसार में कुछ न बचता तो यह भयानक बात थी, परंतु उससे भी अधिक भयानक बात यह है कि सब कुछ पहले जैसा ही है। ये वस्तुएँ वैसी ही हैं, जैसी होनी चाहिए, लेकिन दुर्भाग्य यह है कि ये चीज़ें इन बच्चों को नहीं मिल पाती हैं। देश के बच्चे इनसे वंचित रह जाते हैं।

बच्चे खेलने-कूदने व पढ़ने-लिखने की उम्र में रोज़ी-रोटी कमाने के लिए विवश हैं। संसार की हज़ारों सड़कों पर नन्हें-नन्हें बच्चे काम करने के लिए जा रहे हैं। बाल मज़दूरी निरंतर जारी है। यह वास्तव में चिंता का विषय है।

NCERT फोल्डर

पाठ्यपुस्तक (क्षितिज भाग-1) के प्रश्नोत्तर

प्र.1 **कविता की पहली दो पंक्तियों को पढ़ने तथा विचार करने से आपके मन-मस्तिष्क में जो चित्र उभरता है, उसे लिखकर व्यक्त कीजिए।** दक्षता आधारित प्रश्न

**"कोहरे से ढँकी सड़क पर बच्चे काम पर जा रहे हैं
सुबह-सुबह बच्चे काम पर जा रहे हैं।"**

उत्तर सर्दी में जब ठंड अधिक रहती है और चारों ओर सड़कों पर धुँध छाई रहती है, उस कठिन समय में भी छोटे-छोटे बच्चे काम के लिए सड़कों पर जाते हुए दिखाई देते हैं। ऐसा देखकर हमें बहुत दु:ख होता है, क्योंकि यह बच्चों के प्रति अन्याय है। हमारे मन-मस्तिष्क में बच्चों के प्रति करुणा तथा व्यवस्था के प्रति आक्रोश का भाव जागृत होता है। बच्चों के पढ़ने की उम्र में उनका मज़दूरी करना हमें गंभीरता से सोचने के लिए बाध्य करता है।

प्र.2 **कवि का मानना है कि बच्चों के काम पर जाने की भयानक बात को विवरण की तरह न लिखकर सवाल के रूप में पूछा जाना चाहिए कि 'काम पर क्यों जा रहे हैं बच्चे?' कवि की दृष्टि में उसे प्रश्न के रूप में क्यों पूछा जाना चाहिए?**

अथवा **'बच्चे काम पर जा रहे हैं'-इसे प्रश्नात्मक रूप में ही क्यों पूछा जाना चाहिए? विवरणात्मक रूप में क्यों नहीं? संक्षेप में लिखिए।** दक्षता आधारित प्रश्न

उत्तर 'बच्चे काम पर जा रहे हैं' को विवरणात्मक रूप में नहीं पूछा जाना चाहिए, क्योंकि बच्चों के काम पर जाने की सच्चाई को तो सभी जानते ही हैं। इसका पुन: विवरण करना विशेष लाभदायी नहीं होगा, बल्कि इसे प्रश्नात्मक रूप में पूछा जाना चाहिए, जिससे समाज और सरकार का ध्यान इस ओर आकर्षित किया जा सके और इस समस्या की गंभीरता पर विचार हो सके। कवि यह स्पष्ट कर देना चाहता है कि बाल मज़दूरी सर्वथा अनुचित और अस्वीकार्य है और जल्द-से-जल्द इसे समाप्त किया जाना चाहिए।

प्र.3 **सुविधा और मनोरंजन के उपकरणों से बच्चे वंचित क्यों हैं?**

अथवा **सुविधा और मनोरंजन के उपकरणों से बच्चे वंचित क्यों हैं? क्या वास्तव में, सारे उपकरण मिट गए हैं? 'बच्चे काम पर जा रहे हैं' कविता के आधार पर लिखिए।** दक्षता आधारित प्रश्न

उत्तर बच्चे सुविधा और मनोरंजन के उपकरणों से वंचित इसलिए हैं, क्योंकि उन मासूम बच्चों के माता-पिता के पास धन का अभाव है। वे मुश्किल से अपना पेट भर पाते हैं। उनके माता-पिता के पास गेंद, खिलौने, किताबें आदि खरीदने की क्षमता नहीं है, जबकि धनी वर्ग के बच्चों को ये सारी सुविधाएँ प्राप्त हैं। इसी आर्थिक तंगी के कारण आज भी गरीब बच्चों को काम पर जाना पड़ता है और सुख-सुविधाओं से वंचित रहना पड़ता है।

प्र.4 **दिन-प्रतिदिन के जीवन में हर कोई बच्चों को काम पर जाते देख रहा/रही है, फिर भी किसी को कुछ अटपटा नहीं लगता। इस उदासीनता के क्या कारण हो सकते हैं?**

उत्तर दिन-प्रतिदिन के जीवन में हर कोई बच्चों को काम पर जाते देखता है, फिर भी किसी को कुछ अटपटा नहीं लगता। इस उदासीनता के निम्नलिखित कारण हो सकते हैं

(i) कुछ लोग अधिकाधिक लाभ कमाने के लिए बच्चों से काम करवाते हैं। अपने स्वार्थ के सामने उन्हें बच्चों के हित की चिंता न होने से वे अनदेखा करते हैं।

(ii) लोग ज़्यादा स्वार्थी हो गए हैं। इस कारण उन्हें दूसरों के दु:ख-दर्द का कोई अहसास नहीं होता। गरीब माँ-बाप के बच्चे अपना पेट भरने के लिए दुकानों में, घरों में और खेतों में काम करते हैं। यह सब देखकर धनवान भी उनकी मदद नहीं करते।

(iii) लोगों में मानवता की कमी होती जा रही है, इसी कारण लोगों का ध्यान काम कर रहे बच्चों की ओर नहीं जाता और वे इनके प्रति उदासीन रहते हैं।

प्र.5 **आपने अपने शहर में बच्चों को कब-कब और कहाँ-कहाँ काम करते हुए देखा है?**

उत्तर मैंने छोटे-छोटे बच्चों को सुबह-सुबह कूड़ा उठाते, कूड़ा बीनते देखा है। दुकानों पर सामान बेचते एवं खाने की दुकानों पर बर्तन धोते देखा है। कई बच्चों को घरों में काम करते हुए भी देखा है।

प्र.6 **बच्चों का काम पर जाना धरती के एक हादसे के समान क्यों है?**

अथवा **बच्चों का काम पर जाना कवि को एक हादसा क्यों लगता है? आप कवि के इस विचार से कहाँ तक सहमत हैं?**

उत्तर बच्चों का काम पर जाना धरती के एक बड़े हादसे के समान इसलिए है, क्योंकि बच्चे राष्ट्र का भविष्य होते हैं। छोटी उम्र में बच्चों का काम पर जाना उचित नहीं है। इससे उनकी पढ़ाई नहीं हो सकेगी। बचपन के सुख भरे दिन और उनके खेलकूद का समय निकल जाएगा। पढ़ाई का अभाव और छोटी उम्र में काम करने के कारण उनकी बुद्धि का सही विकास नहीं हो पाएगा और वे पैसा कमाने के लालच में गलत रास्ते और लोगों के बीच कहीं खो जाएँगे। कवि का यह विचार निश्चय ही ध्यान देने योग्य है और इसे गंभीरता से लेना चाहिए।

रचना और अभिव्यक्ति

प्र.7 **काम पर जाते किसी बच्चे के स्थान पर अपने-आप को रखकर देखिए। आपको जो महसूस होता है उसे लिखिए।**

उत्तर विद्यार्थी स्वयं करें।

प्र.8 आपके विचार से बच्चों को काम पर क्यों नहीं भेजा जाना चाहिए? उन्हें क्या करने के अवसर मिलने चाहिए?

उत्तर हमारे विचार से बच्चों को काम पर नहीं भेजा जाना चाहिए, क्योंकि बचपन की अवस्था व्यक्तित्व के विकास की अवस्था होती है। इस उम्र में उनके शारीरिक तथा मानसिक विकास पर भरपूर ध्यान दिया जाना चाहिए तथा उन्हें पढ़ने-लिखने एवं खेलने-कूदने के पर्याप्त अवसर मिलने चाहिए।

इस समय उनके कोमल मन को प्रेम, ममता तथा संरक्षण की आवश्यकता होती है। हमें इस बात का विशेष ध्यान रखना चाहिए और इसी के अनुसार उनकी आवश्यकताओं की पूर्ति करनी चाहिए, जिससे भविष्य में वे देश और समाज के लिए उपयोगी एवं महत्त्वपूर्ण बन सकें।

पाठेतर सक्रियता

प्र.9 किसी कामकाजी बच्चे से संवाद कीजिए और पता लगाइए कि

(क) वह अपने काम करने की बात को किस भाव से लेता/लेती है?

(ख) जब वह अपनी उम्र के बच्चों को खेलने/पढ़ने जाते देखता/देखती है, तो कैसा महसूस करता/करती है?

उत्तर विद्यार्थी स्वयं करें।

प्र.10 'वर्तमान युग में सभी बच्चों के लिए खेलकूद और शिक्षा के समान अवसर प्राप्त हैं'–इस विषय पर वाद-विवाद प्रतियोगिता आयोजित कीजिए।

उत्तर विद्यार्थी स्वयं करें।

प्र.11 'बाल श्रम की रोकथाम' पर नाटक तैयार कर उसकी प्रस्तुति कीजिए।

उत्तर विद्यार्थी स्वयं करें।

प्र.12 चंद्रकांत देवताले की कविता 'थोड़े से बच्चे और बाकी बच्चे' (लकड़बग्घा हँस रहा है) पढ़िए। उस कविता के भाव तथा प्रस्तुत कविता के भावों में क्या साम्य है?

उत्तर विद्यार्थी स्वयं करें।

अभ्यास प्रश्न

बहुविकल्पीय व वर्णनात्मक प्रश्नों सहित

कविता पर आधारित बहुविकल्पीय प्रश्न

निम्नलिखित प्रश्नों के सर्वाधिक उपयुक्त विकल्पों का चयन कीजिए।

1. बच्चे काम पर .... सड़क से जा रहे हैं।

(क) कच्ची (ख) कीचड़ युक्त

(ग) पानी से भरी (घ) कोहरे से ढकी

उत्तर (घ) कोहरे से ढकी

2. 'बच्चे काम पर जा रहे हैं' कविता में कवि ने सबसे अधिक भयावह किसे माना है?

(क) सर्दी की सुबह को

(ख) गरीबी की स्थिति को

(ग) बच्चों के काम पर जाने को

(घ) मूक दर्शक बने रहने को

उत्तर (ग) बच्चों के काम पर जाने को

3. बच्चों का कोहरे से ढकी सड़क पर काम करने के लिए जाना .... चिंता का विषय बन गया है।

(क) बच्चों के माता-पिता के लिए

(ख) देश की सरकार के लिए

(ग) समाज के व्यक्ति के लिए

(घ) स्वयं कवि के लिए

उत्तर (घ) स्वयं कवि के लिए

4. काम पर जाते बच्चों को देखकर कवि के मन में कौन-सा प्रश्न उठता है?

(क) क्या सारी रंग-बिरंगी पुस्तकों को दीमकों ने खाकर नष्ट कर दिया है?

(ख) क्या बच्चों के खेलने की सारी गेंदें अंतरिक्ष में उछलकर खो गई हैं?

(ग) क्या भूकंप से विद्यालयों की इमारतें ढह गई हैं?

(घ) उपरोक्त सभी

उत्तर (घ) उपरोक्त सभी

5. कविता के आधार पर बताइए कि बच्चों की रंग-बिरंगी किताबों को किसने खा लिया है?

(क) दीमकों ने

(ख) मधुमक्खियों ने

(ग) चूहों ने

(घ) मजदूरों ने

उत्तर (क) दीमकों ने

6. कवि के दृष्टिकोण से बच्चों को किस कार्य के लिए विवश नहीं करना चाहिए?

(क) खेलने के लिए

(ख) रोज़ी-रोटी कमाने के लिए

(ग) विद्यालय जाने के लिए

(घ) अपना भविष्य सँवारने के लिए

उत्तर (ख) रोज़ी-रोटी कमाने के लिए

7. कवि बच्चों के लिए कैसी सुविधा चाहता है?
(क) पढ़ने-लिखने की (ख) खेलने-कूदने की
(ग) निश्चित जीवन जीने की (घ) ये सभी
उत्तर (घ) ये सभी

8. बच्चों के काम पर जाने की समस्या को कवि किस प्रकार उठाना चाहता है?
(क) एक सवाल की तरह (ख) एक विवरण की तरह
(ग) आवश्यकता की तरह (घ) कहानी की तरह
उत्तर (क) एक सवाल की तरह

9. कवि के अनुसार, बच्चों का काम पर जाना किसके समान है?
(क) एक बुराई के समान (ख) एक लहर के समान
(ग) एक हादसे के समान (घ) एक सच्चाई के समान
उत्तर (ग) एक हादसे के समान

10. बच्चों को काम पर जाता देख कवि के मन में कैसे भाव उमड़ते हैं?
(क) करुणा के (ख) चिंता के (ग) आवेग के (घ) ये सभी
उत्तर (घ) ये सभी

11. कवि समाज और सरकार से क्या अपेक्षा करता है?
(क) बाल मजूदरी की समस्या के उन्मूलन के लिए मिलकर कार्य करें
(ख) बच्चों को आयु अनुसार उचित वेतन दें
(ग) बच्चों की शिक्षा के प्रति सचेत रहें
(घ) बाल मजदूरी की ओर ध्यान न दें
उत्तर (क) बाल मजूदरी की समस्या के उन्मूलन के लिए मिलकर कार्य करें

12. क्या अंतरिक्ष में गिर गई है सारी गेंदे।
क्या दीमकों ने खा लिया है, रंग-बिरंगी किताबों को।
क्या काले पहाड़ के नीचे दब गए हैं सारे खिलौने।
कथन I बच्चों के खेलने की क्या सारी गेंदे नष्ट हो गई हैं?
कथन II क्या बच्चों के रंग-बिरंगे कपड़े नष्ट हो गए हैं?
कथन III क्या बच्चों के सारे खिलौने काले पहाड़ के नीचे दबकर नष्ट हो गए हैं?
"बच्चे काम पर जा रहे हैं" कविता की पंक्तियों के आधार पर कौन-सा/से कथन सही है/हैं? दक्षता आधारित प्रश्न
(क) केवल कथन I सही है (ख) केवल कथन II सही है
(ग) कथन I और III सही हैं (घ) कथन II और III सही हैं
उत्तर (ग) कथन I और III सही हैं

13. बच्चों द्वारा काम करने का उनपर क्या प्रभाव पड़ता है?
(क) उनका भविष्य सँवर जाता है
(ख) उनका बचपन छिन जाता है
(ग) उनका दिमाग विकसित हो जाता है
(घ) उनको स्वतंत्रता मिल जाती है
उत्तर (ख) उनका बचपन छिन जाता है

14. कवि बाल मजदूरी के लिए किसे दोषी मानता है?
(क) बच्चों को (ख) माता-पिता को
(ग) समाज व शासन तंत्र को (घ) स्वयं को
उत्तर (ग) समाज व शासन तंत्र को

काव्यांशों पर आधारित बहुविकल्पीय प्रश्न

निम्नलिखित काव्यांशों को ध्यानपूर्वक पढ़कर पूछे गए प्रश्नों के सही विकल्प चुनिए।

1. कोहरे से ढँकी सड़क पर बच्चे काम पर जा रहे हैं
सुबह-सुबह
बच्चे काम पर जा रहे हैं
हमारे समय की सबसे भयानक पंक्ति है यह
भयानक है इसे विवरण की तरह लिखा जाना
लिखा जाना चाहिए इसे सवाल की तरह
काम पर क्यों जा रहे हैं बच्चे?

(i) **कोहरे से ढकी सड़कों पर सुबह-सुबह बच्चे ....।**
(क) स्कूल जा रहे हैं
(ख) काम करने जा रहे हैं
(ग) पार्क जा रहे हैं
(घ) बाजार जा रहे हैं
उत्तर (ख) काम करने जा रहे हैं

(ii) **कवि के अनुसार, बच्चे काम पर जा रहे हैं–इस पंक्ति को 'सवाल' की तरह क्यों लिखना चाहिए?** दक्षता आधारित प्रश्न
(क) देश व समाज की प्रगति को दिखाने के लिए
(ख) समाज व देश को झकझोरने के लिए
(ग) नए देश का निर्माण करने के लिए
(घ) पुरानी परंपराओं को समाप्त करने के लिए
उत्तर (ख) समाज व देश को झकझोरने के लिए

(iii) **कवि के अनुसार, हमारे समय की भयानक पंक्ति .... है।**
(क) सड़कों का कोहरे से ढँकना
(ख) बच्चों का स्कूल जाना
(ग) बच्चों का काम पर जाना
(घ) बच्चों के काम पर जाने को सवाल की तरह लिखना
उत्तर (ग) बच्चों का काम पर जाना

(iv) **काव्यांश में कवि ने किस समस्या पर हमारा ध्यान केंद्रित किया है?**
(क) बाल मजदूरी की समस्या पर
(ख) बाल विवाह की समस्या पर
(ग) बच्चों की शिक्षा संबंधी समस्या पर
(घ) उपरोक्त सभी
उत्तर (क) बाल मजदूरी की समस्या पर

(v) **काव्यांश के आधार पर बताइए कि बच्चों का विकास किसके द्वारा संभव है?**
(क) मजदूरी करने से
(ख) शिक्षा से
(ग) केवल खाने की वस्तुएँ उपलब्ध कराने से
(घ) उपरोक्त में से कोई नहीं
उत्तर (ख) शिक्षा से

2. क्या अंतरिक्ष में गिर गई हैं सारी गेंदें
क्या दीमकों ने खा लिया है
सारी रंग-बिरंगी किताबों को
क्या काले पहाड़ के नीचे दब गए हैं सारे खिलौने
क्या किसी भूकंप में ढह गई हैं
सारे मदरसों की इमारतें
क्या सारे मैदान, सारे बगीचे और घरों के आँगन
खत्म हो गए हैं एकाएक

(i) **कथन (A) और कारण (R) को पढ़कर उपयुक्त विकल्प चुनिए**

कथन (A) बच्चों का काम पर जाना कवि को चिंता का विषय लगता है।

कारण (R) बच्चों का कम उम्र में ही बचपन छिन गया है। **दक्षता आधारित प्रश्न**

(क) कथन (A) गलत है, किंतु कारण (R) सही है
(ख) कथन (A) और कारण (R) दोनों ही गलत हैं
(ग) कथन (A) सही है और कारण (R) कथन (A) की सही व्याख्या है
(घ) कथन (A) सही है, किंतु कारण (R) कथन (A) की सही व्याख्या नहीं है

उत्तर (ग) कथन (A) सही है और कारण (R) कथन (A) की सही व्याख्या है

(ii) **मदरसों की इमारतें ढहने से कवि का क्या तात्पर्य है?**

(क) मदरसों की इमारतें टूट गई हैं
(ख) मदरसे ध्वस्त हो गए हैं
(ग) विद्यालय नष्ट हो गए हैं
(घ) मदरसों को तोड़ दिया गया है

उत्तर (ग) विद्यालय नष्ट हो गए हैं

(iii) **'क्या अंतरिक्ष में गिर गई हैं सारी गेंदें' पंक्ति के माध्यम से कवि क्या कहना चाहता है?** **दक्षता आधारित प्रश्न**

(क) सभी गेंद खराब हो गई हैं
(ख) बच्चों की सुख-सुविधाएँ नष्ट हो गई हैं
(ग) बच्चों को पढ़ने के लिए विद्यालय नहीं जाने दिया जाता
(घ) गेंद का मूल्य बढ़ गया था

उत्तर (ख) बच्चों की सुख-सुविधाएँ नष्ट हो गई हैं

(iv) **बच्चों को किस प्रकार की सुख-सुविधाएँ प्रदान की जानी चाहिए?**

(क) उचित शिक्षा की (ख) मनोरंजन की
(ग) खेलने-कूदने की (घ) ये सभी

उत्तर (घ) ये सभी

(v) **प्रस्तुत काव्यांश किसके ईद-गिर्द घूमता नज़र आता है?**

(क) बचपन की घटनाओं पर
(ख) अमीर परिवार के बच्चों पर
(ग) गरीब व श्रमिक वर्ग के बच्चों पर
(घ) देश के भविष्य पर

उत्तर (ग) गरीब व श्रमिक वर्ग के बच्चों पर

काव्यबोध संबंधी लघु प्रश्नोत्तर

निम्नलिखित प्रश्नों के उत्तर संक्षेप में दीजिए

1. 'बच्चे काम पर जा रहे हैं' नामक कविता के आधार पर लिखिए कि कवि को बच्चों को किस समय और कहाँ जाते हुए देखकर पीड़ा हुई है? **दक्षता आधारित प्रश्न**

उत्तर 'बच्चे काम पर जा रहे हैं' नामक कविता में भयंकर सर्दी के मौसम में सुबह के समय जबकि सड़क घने कोहरे से ढकी है, बच्चों को काम पर जाते हुए देखकर कवि को पीड़ा हुई है। ऐसी ठंड में छोटे-छोटे मासूम बच्चों का काम पर जाना कवि को अंदर तक झकझोर देता है। उसे बहुत दुःख हो रहा है, क्योंकि बच्चों से बाल मज़दूरी कराने के कारण उनका बचपन छिन रहा है, जो कि उचित नहीं है।

2. कवि ने हमारे समय की भयानक पंक्ति किसे कहा है और क्यों?

उत्तर कवि ने बच्चों द्वारा मज़दूरी करने की विवशता को अपने समय की सबसे बड़ी समस्या बताया है। अतः बाल मज़दूरी को हमारे समय की भयानक पंक्ति कहा है, क्योंकि यह स्थिति अत्यंत भयावह है तथा यह भयानक त्रासदी की ओर संकेत करती है। बच्चों का बचपन छीना जा रहा है और कोई इस ओर ध्यान नहीं देता। किसी के पास भी इस प्रश्न का उत्तर नहीं है।

3. जिस आयु में बच्चे काम पर जा रहे हैं, वास्तव में, उस आयु में बच्चों को क्या करना चाहिए? **दक्षता आधारित प्रश्न**

उत्तर वास्तव में, जिस आयु में बच्चे काम पर जा रहे हैं, उस आयु में उन्हें विद्यालय जाकर शिक्षा ग्रहण करनी चाहिए, साथ ही खेलकूद तथा अपने शारीरिक विकास पर भी ध्यान देना चाहिए। इससे उनके भावी जीवन की नींव सुदृढ़ होगी।

4. कवि के अनुसार, बच्चों को काम पर क्यों नहीं जाना चाहिए?

उत्तर कवि के अनुसार, बच्चों को काम पर नहीं जाना चाहिए, क्योंकि आज के बच्चे ही कल का भविष्य हैं। यदि बच्चों को वर्तमान में बाल मज़दूरी करनी पड़ेगी, तो उनका बचपन छिन जाएगा और भविष्य भी अंधकारमय हो जाएगा।

5. 'बच्चे काम पर जा रहे हैं' कविता के कवि की पीड़ा का क्या कारण है?

उत्तर इस कविता के कवि की पीड़ा का मुख्य कारण 'बच्चों का मन मारकर बाल मजदूरी करना' है। कवि यह सोचकर दुःखी है कि इतनी छोटी आयु में उन्हें काम करना पड़ रहा है और समाज के लोग बाल मज़दूरी होते देखकर संवेदनहीन बने रहते हैं। वे इस भयावह स्थिति से जरा भी विचलित नहीं होते। लोगों के लिए यह एक साधारण-सी बात बनकर रह गई है।

6. बच्चे सुविधा और मनोरंजन के उपकरणों से वंचित क्यों है? इस समस्या का समाधान क्या है?

उत्तर तमाम सुख-सुविधा और मनोरंजन के साधनों की उपलब्धता के बावजूद बच्चे उनसे वंचित हैं, क्योंकि उन्हें अपने परिवार की आर्थिक विवशताओं के कारण काम करना पड़ता है, जिससे परिवार की आर्थिक दशा को सुधारने में सहायता हो सके। ऐसे में उन बच्चों को पढ़ने-लिखने अथवा खेलने-कूदने का समय ही नहीं मिलता। इस समस्या को समाप्त करने के लिए सरकार को कड़े नियम बनाकर सख्ती से उनका पालन कराना होगा तथा समाज को भी इस विषय पर संवेदनशीलता दिखानी होगी। तभी हमारा समाज बाल मज़दूरी की समस्या से मुक्त हो पाएगा।

7. कवि राजेश जोशी के अनुसार, खिलौनों और किताबों को क्या हो गया प्रतीत होता है?

उत्तर कवि राजेश जोशी के अनुसार, ऐसा प्रतीत होता है कि सारे खिलौने किसी काले पहाड़ के नीचे दब गए हैं और सभी रंग-बिरंगी किताबों को दीमकों ने खाकर नष्ट कर दिया है। इसके माध्यम से कवि ने समाज से प्रश्न किया है कि क्या सारे खिलौने और पुस्तकें नष्ट हो गई हैं, जो ये बच्चे विद्यालय न जाकर काम पर जा रहे हैं? यदि पुस्तकें और खिलौने सलामत हैं, तो इन्हें काम पर न जाकर विद्यालय जाना चाहिए।

8. बच्चों को किस प्रकार की सुख-सुविधाएँ मिलनी चाहिए? 'बच्चे काम पर जा रहे हैं' कविता के अलोक में लिखिए।

उत्तर 'बच्चे काम पर जा रहे हैं' कविता के अनुसार, बच्चों को वे सभी सुविधाएँ मिलनी चाहिए, जो उनके बचपन को सँवारने में आवश्यक एवं महत्त्वपूर्ण भूमिका निभा सकती हैं। बच्चों के लिए खेलने की सामग्री, खिलौने, समुचित शिक्षा, विद्यालय, मैदान आदि का उचित प्रबंध होना चाहिए।

9. कवि बच्चों का बचपन किस रूप में देखना चाहता है?

उत्तर कवि एक अत्यंत संवेदनशील व्यक्ति है। वह सुबह-सुबह की ठंड में, घने कोहरे में छोटे-छोटे बच्चों को काम पर जाते देख विचलित हो उठता है। कवि के लिए बचपन का अर्थ है—खेल-खिलौनों, रंगीन पुस्तकों से भरा उन्मुक्त संसार, जहाँ आत्मीयता भरा घर-आँगन हो, विद्यालय हो, खेल के मैदान हों, आसमान को छूने की कोशिश करती गेंदें हों, हँसी हो, चिड़ियों की-सी चहक हो।

10. 'दुनिया की हज़ारों सड़कों से गुज़रते हुए' कथन द्वारा कवि भयानक स्थिति का कौन-सा स्तर दिखाना चाहता है? 'बच्चे काम पर जा रहे हैं' कविता के आधार पर लिखिए। दक्षता आधारित प्रश्न

उत्तर 'दुनिया की हज़ारों सड़कों से गुज़रते हुए' कथन द्वारा कवि बाल-श्रम की भयानक स्थिति से अवगत कराना चाहता है। आज बाल-श्रम की स्थिति इतनी भयानक हो चुकी है कि पूरी दुनिया में बाल-श्रम देखा जा सकता है। किसी एक देश में नहीं, वरन् पूरी दुनिया में हज़ारों-लाखों बाल-श्रमिक विवशता के कारण काम करने के लिए मज़बूर हैं। आज यह पूरे विश्व की समस्या बन चुकी है।

11. कवि बाल मज़दूरी के लिए किसे दोषी मानता है? 'बच्चे काम पर जा रहे हैं' कविता के आधार पर स्पष्ट कीजिए। दक्षता आधारित प्रश्न

उत्तर कवि बाल मज़दूरी के लिए समाज व शासन तंत्र को दोषी मानता है, जो सब कुछ देखकर भी आँखें मूँदकर बैठे हैं। यदि सरकार बाल मज़दूरी की समस्या को गंभीरतापूर्वक ले और इसके उन्मूलन के लिए समाज और सरकार मिलकर कार्य करें, तो इस समस्या का समाधान संभव है।

12. प्रस्तुत कविता में कहा गया है कि समाज द्वारा बाल मज़दूरी सामान्य घटना मानी जाती है। कवि इस बात को बहुत भयानक मानता है और इस विषय को लेकर वह बहुत चिंतित है, क्यों? दक्षता आधारित प्रश्न

उत्तर समाज बाल-मज़दूरी को सामान्य मानकर इसको अनदेखा करता रहता है। समाज के लोगों के लिए बाल मज़दूरी 'सामान्य-सी बात' या रूटीन जीवन की बात है। लेखक इस बात को बहुत भयानक मानता है कि लोग बाल मज़दूरी की समस्या सुनकर चौंकते नहीं, चिंतित नहीं होते। वे इसे सामान्य-सी बात कहकर अपनी ज़िम्मेदारी से बच निकलते हैं। बाल मज़दूरी देखकर उन्हें कोई आत्मग्लानि भी नहीं होती। यह समाज के लिए अत्यंत दु:खद स्थिति है।

13. 'बच्चे काम पर जा रहे हैं' कविता के आधार पर बताइए कि बाल मज़दूरी करने की विवशता का क्या कारण है?

उत्तर 'बच्चे काम पर जा रहे हैं' कविता के आधार पर समाज की व्यवस्था और गरीबी के कारण बच्चों को बाल मज़दूरी करनी पड़ती है। भारत में करोड़ों लोग पेट भर रोटी भी नहीं जुटा पाते, इसलिए उनके बच्चों को भी बचपन से ही कामकाज करना पड़ता है, ताकि वे पैसे कमा सकें और पेट भरने के लिए दो वक्त की रोटी जुटा सकें। यह उनकी जन्मजात विवशता होती है।

14. 'बाल-श्रम असफलता सरकार की या हमारी' तर्क सहित विचार व्यक्त कीजिए।

उत्तर यदि गंभीरतापूर्वक चिंतन किया जाए, तो यह स्पष्ट हो जाता है कि बाल-श्रम किसी एक की असफलता नहीं है। वस्तुत: यह हमारी और सरकार, दोनों की असफलता है। बच्चों को श्रमिक बनने के लिए हम ही अर्थात् समाज ही विवश करता है। उनके बाल-श्रमिक बनने का कारण हम ही होते हैं। बाल-श्रम की समस्या बच्चों के प्रति हमारी असंवेदनशीलता तथा लापरवाही को ही प्रदर्शित करती है।

इस समस्या के लिए सरकार भी समान रूप से उत्तरदायी है। यदि समाज में कोई बुराई फैलती है, तो सरकार का कर्त्तव्य है कि वह उसे दूर करे, परंतु सरकार बाल-श्रम की समस्या को दूर नहीं कर पा रही है। अत: यह सरकार की भी असफलता है।

15. 'बच्चे काम पर जा रहे हैं' समाज की किस कुरीति की ओर संकेत करता है?

अथवा **कवि ने किस विडंबना की ओर इशारा किया है? कविता के आधार पर स्पष्ट कीजिए।**

उत्तर 'बच्चे काम पर जा रहे हैं' द्वारा कवि समाज में व्याप्त बाल मज़दूरी जैसी कुप्रथा की ओर संकेत करता है। यह एक भयावह कुरीति है, जिससे देश का भविष्य प्रभावित होता है। बचपन जो फूलों जैसा कोमल होता है, कुम्हला (मुरझा) जाता है और आरंभिक कुम्लाहट उनका पूरा जीवन यातनामय बना देती है। समाज को चाहिए कि इस कुरीति का उन्मूलन शीघ्रातिशीघ्र करे।

16. कवि द्वारा रचित कविता 'बच्चे काम पर जा रहे हैं' का क्या उद्देश्य है?

उत्तर प्रस्तुत कविता 'बच्चे काम पर जा रहे हैं' में कवि का मुख्य उद्देश्य बच्चों के बचपन को छिनने से रोकना तथा बाल मज़दूरी जैसे घिनौने अपराध को होने से रोकना है। कवि इस कविता में समाज से कहना चाहता है कि वह बाल मज़दूरी रोकने का प्रयत्न करे। समाज को अपनी ज़िम्मेदारी के प्रति जागरूक करना ही कवि का उद्देश्य रहा है।

स्व-मूल्यांकन

कविता पर आधारित बहुविकल्पीय प्रश्न

निम्नलिखित प्रश्नों के सर्वाधिक उपयुक्त विकल्पों का चयन कीजिए।

1. 'बच्चे काम पर जा रहे हैं' कविता के अनुसार, बच्चों के सारे खिलौने कहाँ दब गए हैं?

(क) मकान के नीचे (ख) मैदानों के नीचे
(ग) कर्त्तव्यों के नीचे (घ) काले पहाड़ के नीचे

2. कवि की हताशा और निराशा का क्या कारण है?

(क) बेरोजगारी (ख) बाल मजदूरी
(ग) गरीबी (घ) भेदभाव

3. निम्नलिखित में से किस पंक्ति में कवि ने समस्या को महत्त्वपूर्ण मानते हुए उस पर प्रश्न अंकित करने के लिए कहा है?

दक्षता आधारित प्रश्न

(क) कोहरे से ढँकी सड़क पर,
बच्चे काम पर जा रहे हैं
(ख) भयानक है इसे विवरण की तरह लिखा जाना,
लिखा जाना चाहिए इसे सवाल की तरह
(ग) क्या किसी भूकंप में ढह गई हैं,
सारे मदरसों की इमारतें
(घ) भयानक है लेकिन इससे भी ज्यादा यह
कि हैं सारी चीजें हस्बमामूल

पद्यांश पर आधारित बहुविकल्पीय प्रश्न

निम्नलिखित काव्यांश को ध्यानपूर्वक पढ़कर पूछे गए प्रश्नों के सही विकल्प चुनिए।

1. तो फिर बचा ही क्या है इस दुनिया में?
कितना भयानक होता अगर ऐसा होता
भयानक है लेकिन इससे भी ज़्यादा यह
कि हैं सारी चीज़ें हस्बमामूल
पर दुनिया की हज़ारों सड़कों से गुज़रते हुए
बच्चे, बहुत छोटे-छोटे बच्चे
काम पर जा रहे हैं।

(i) कविता के आधार पर बताइए कि हमारा व्यवहार किसके प्रति सदैव उदासीन रहता है?
(क) किताबों में दीमक के लगने के प्रति
(ख) बच्चों के खिलौनों के नष्ट होने के प्रति
(ग) देश की खराब आर्थिक स्थिति के प्रति
(घ) गरीब व श्रमिक बच्चों के प्रति

(ii) सभी वस्तुएँ यथावत उपलब्ध हैं, लेकिन फिर भी बच्चे उन चीजों का उपयोग नहीं कर पा रहे हैं, क्योंकि ····
(क) आर्थिक स्थिति सही नही है।
(ख) बच्चों में निरक्षरता है।
(ग) राजनेताओं की इच्छाशक्ति में कमी है।
(घ) उपरोक्त में से कोई नहीं

(iii) काम पर जाने वाले बच्चे ·········· सुख-सुविधाओं से वंचित रह जाते हैं?
(क) शिक्षा की
(ख) खेल व मनोरंजन की
(ग) क्रीड़ा स्थल व बगीचे की
(घ) उपरोक्त सभी

(iv) इस कविता के माध्यम से कवि ने किन लोगों पर प्रहार किया है?
(क) देश के निर्धन लोगों पर
(ख) देश के श्रमिकों पर
(ग) सरकार एवं संपन्न लोगों पर
(घ) देश के निरक्षरों पर

(v) हस्बमामूल शब्द से आशय है
(क) वस्तुएँ जो बिखरी हुई हों
(ख) यशावत रखी वस्तुएँ
(ग) दीमक लगी किताबें
(घ) एक भयानक हादसा

काव्यबोध संबंधी लघु प्रश्न

निम्नलिखित प्रश्नों के उत्तर संक्षेप में दीजिए

1. किसी समस्या को सवाल की तरह पूछे जाने से क्या प्रभाव पड़ता है? अपने शब्दों में उत्तर दीजिए।

2. बच्चों के प्रति कवि जोशी का क्या दृष्टिकोण है? 'बच्चे काम पर जा रहे हैं' कविता के आधार पर स्पष्ट कीजिए।

3. इस कविता को पढ़ने के बाद बाल-श्रम के बारे में आपकी क्या सोच बनती है? तर्क सहित उत्तर दीजिए।

4. आपके अनुसार, बाल-श्रम को किस प्रकार रोका जा सकता है? अपने शब्दों में उत्तर दीजिए।

5. 'बच्चे काम पर जा रहे हैं' कविता में कवि ने समाज को जाग्रत करने का कार्य किया है। इस कथन के आलोक में अपना मत दीजिए।

अध्याय 1

इस जल प्रलय में

फणीश्वरनाथ रेणु

पाठ की रूपरेखा

प्रस्तुत पाठ में गंगा एवं उसकी अन्य सहायक नदियाँ जब बाढ़ के जल से अपने अपवाह क्षेत्र को प्लावित कर बाढ़ की स्थिति उत्पन्न कर देती हैं, तब उसका जन-जीवन पर कैसा कष्टदायक एवं त्रासदपूर्ण प्रभाव पड़ता है, उसे विशेष रूप से इस पाठ में दर्शाया गया है। लेखक ने बाढ़ की विभीषिका को पाठकों के सम्मुख किसी घटना की सीधी प्रस्तुति जैसा प्रस्तुत किया है। इस विशेषता के कारण यह रचना अपने आप में बेजोड़ एवं सशक्त गद्य का एक उदाहरण बन जाती है।

लेखक परिचय

प्रसिद्ध कहानीकार एवं उपन्यासकार फणीश्वरनाथ 'रेणु' का जन्म वर्ष 1921 में पूर्णिया जिले के औराही हिंगना (बिहार) में हुआ था। उनकी शिक्षा भारत और नेपाल में हुई थी। काशी विश्वविद्यालय से इंटरमीडिएट करने के दौरान वर्ष 1942 में उन्होंने स्वतंत्रता संग्राम में सक्रिय रूप से भाग लिया। 'रेणु' ने वर्ष 1950 में नेपाली क्रांतिकारी आंदोलन में भी भाग लिया। फणीश्वरनाथ 'रेणु' की प्रमुख कृतियाँ हैं—मैला आँचल, परती परिकथा, कितने चौराहे (उपन्यास); अच्छे आदमी, खुमरी, अग्निखोर (कथा-संग्रह); लाल पान की बेगम, सँवरिया, पंचलाइट, तबे एकला चलो रे (कहानी-संग्रह); वनतुलसी की गंध, नेपाली क्रांतिकथा (रिपोर्ताज)।

फणीश्वरनाथ 'रेणु' की लेखन-शैली वर्णनात्मक है। उनकी कहानियों एवं उपन्यासों में आँचलिक जीवन की प्रत्येक सुंदरता व कुरूपता को स्थान मिला है। उनकी भाषा-शैली ऐसी है कि पाठकों को वह शुरू से अंत तक बाँधकर रखती है। उन्हें अपने प्रथम उपन्यास 'मैला आँचल' के लिए 'पद्मश्री' से सम्मानित किया गया है। फणीश्वरनाथ रेणु का निधन वर्ष 1977 में हुआ था।

पाठ का सार

लेखक को पटना शहर में बाढ़ की जानकारी होना

लेखक का गाँव एक ऐसे क्षेत्र में है, जहाँ प्रत्येक वर्ष कोसी, पनार, महानंदा एवं गंगा की बाढ़ से पीड़ित लोग आकर कुछ दिनों के लिए शरण लेते थे, परंतु स्वयं लेखक को बाढ़ की विभीषिका का अंदाजा नहीं था। उसने कभी भी बाढ़ को अपनी आँखों से नहीं देखा था।

उसे पानी में तैरना भले ही नहीं आता हो, लेकिन वह स्कूल के समय से ही लेख-कहानी आदि अवश्य लिखता रहा है। लेखक बताता है कि वर्ष 1967 में बाढ़ आई थी, जिसकी विनाशलीला को मैंने देखा और वह उससे व्यक्तिगत रूप से प्रभावित भी हुआ। अट्ठारह घंटों की लगातार वर्षा से पुनपुन नदी से आने वाले पानी से पटना के कंकड़बाग, राजेंद्र नगर तथा अन्य निचले स्तर के क्षेत्र जलमग्न हो गए। लोग दैनिक आवश्यकता की चीजें; जैसे—ईंधन, मोमबत्ती, पीने का पानी, आलू, दियासलाई और कंपोज की गोलियाँ लेकर घरों की छतों पर बैठ गए।

बाढ़ के दृश्य को देखने के लिए लेखक का निकलना

बाढ़ का जायजा लेने के लिए लेखक अपने कवि मित्र के साथ लगभग पाँच बजे रिक्शे से कॉफी हाउस की ओर निकलता है। रिक्शेवाले ने लेखक को बता दिया था कि अब तक कॉफी हाउस डूब चुका होगा, परंतु बाढ़ का पानी देखने की इच्छा लिए लेखक आगे बढ़ता गया। रास्ते में पता चला कि कॉफी हाउस बंद कर दिया गया है। लोग अपने-अपने साधनों से बाढ़ की स्थिति देखने निकल पड़े थे और तरह-तरह की आशंकाएँ प्रकट कर रहे थे।

लेखक रिक्शे से ही राजभवन, मंत्री निवास और पानी से भरे कॉफी हाउस का दृश्य देखने गया, लेकिन बाढ़ के पानी के कारण आगे नहीं बढ़ सका और अपना रिक्शा उसे वापस मोड़ना पड़ा। गाँधी मैदान में

भी पानी भर गया था। लोगों की भीड़ रेलिंग के सहारे ऐसे खड़ी थी, जैसे रामलीला का 'रामरथ' वहाँ से गुजरने वाला हो। लगभग शाम सात बजे आकाशवाणी से समाचार प्रसारित हो रहा था कि पानी आकाशवाणी केंद्र पटना की सीढ़ियों तक पहुँच चुका है। हम सभी पान की दुकान के सामने खड़े चुपचाप सुन रहे थे। दुकानदारों में हलचल मच गई और वे सामान ऊँचे स्थानों पर रखने लगे। लेखक और उनके मित्र घबरा गए। खरीद-बिक्री बंद हो चुकी थी, लेकिन पानवालों की बिक्री देखते ही देखते बढ़ गई, क्योंकि मन को तसल्ली देने के लिए वहाँ पान ही एकमात्र साधन था।

लेखक के मन में बाढ़ की पूर्व स्मृति

लेखक राजेंद्र नगर चौराहे के 'मैगजीन कॉर्नर' से कुछ पत्र-पत्रिकाएँ लेकर घर पहुँचा ही था कि जनसंपर्क की गाड़ी बाढ़ की घोषणा करती हुई वहाँ आ पहुँची। लाउडस्पीकर से बताया जा रहा था कि रात के बारह बजे तक पानी लोहानीपुर, कंकड़बाग से होता हुआ, राजेंद्र नगर में पहुँच सकता है। 'आप सावधान हो जाएँ' की प्रतिध्वनि बार-बार गूँज उठती थी। पूरा शहर चिंता ग्रसित होकर जाग रहा था। लेखक सोने की कोशिश कर रहा था, लेकिन उसे नींद नहीं आ रही थी, लेखक ने कविता लिखने का मन बनाया। कविता का शीर्षक था, बाढ़ आकुल प्रतीक्षा, परंतु वर्ष 1947 और 1949 की बाढ़ की स्मृति उसके मानस पटल पर चलचित्र की भाँति चलने लगी। लेखक को वर्ष 1949 की याद आती है, जब वह रिलीफ दल के साथ नाव पर बाढ़ग्रस्त क्षेत्र में गया था वहाँ एक बीमार युवक के साथ उसका कुत्ता भी आया था। कुत्ते को साथ ले जाने पर डॉक्टर के आपत्ति करने पर वह कुत्ते के बिना जाने को तैयार नहीं हुआ और नाव से उतर गया।

वहाँ उसने बाढ़ग्रस्त लोगों को चूहे और मछली खाकर जीवन-यापन करते हुए देखा था। इस स्थिति में भी लोग लोकनृत्य का आनंद उठा रहे थे और प्रसन्न थे। लेखक मुसहरों की बस्ती में राहत बाँटने गया था। उसे लगा कि रिलीफ़ बाँटकर भी वह उन्हें ऐसी खिलखिलाहट नहीं दे सकता। बलवाही नाच देखकर उन्हें वर्ष 1937 में आई बाढ़ याद आ जाती है। उस समय लेखक बालचर (ब्वाय स्काउट) था। नाव न होने के कारण केले के पौधे से 'भेला' बना लिया गया था। तभी जमींदार के लड़के हारमोनियम तबले के साथ जल विहार करने लगे। गाँव के नौजवानों ने उनकी नाव छीनकर मारपीट भी की।

पटना की बाढ़ के संदर्भ में लेखक की टिप्पणी

वर्ष 1967 में पुनपुन नदी का पानी राजेंद्र नगर (पटना) में भर गया। बाढ़ में ही युवक –युवतियों का एक दल फिल्मी दृश्य की तरह पिकनिक मनाने निकल पड़ा। छतों पर खड़े लड़कों ने सीटियाँ बजाते हुए, तालियों और किलकारियों से उनके मजे को किरकिरा कर दिया। युवक –युवतियों की वह टोली नाव पर सज-धज कर निकली थी। नाव पर ही चाय और नैस्कैफे के पाउडर को मथकर 'एस्प्रेसो' बन रहा था। दूसरी तरफ़ एक लड़की रंगीन पत्रिका पढ़ रही थी। फिल्मी अंदाज में गाना बज रहा था। एक युवक घुटने पर कोहनी टेककर 'डायलॉग' बोल रहा था। इनकी नाव के गोलंबर तक पहुँचते-पहुँचते इनका सारा फूहड़पन छूमंतर हो गया।

रात के ढाई बजे थे, सभी लोग जगे थे। लेखक ने अपने कुछ मित्रों व स्वजनों को फोन मिलाया, परंतु किसी का नंबर नहीं लगा। अचानक सवेरे पाँच बजे शोर सुनाई पड़ा। लेखक को भी नींद से जगाया गया। सुबह होते-होते उसने देखा कि चारों तरफ पानी-ही-पानी था। चारों ओर जल-तांडव हो रहा था। पानी की तेज लहरों में सारी हरियाली, दीवारें, बिजली के खंभे, पेड़ का तना सब डूबता जा रहा था। सब कुछ नष्ट-भ्रष्ट करते हुए पानी तेजी से आगे बढ़ा चला आ रहा था। लेखक एक बार फिर से डर जाता है। उसके मन में आता है कि काश! इस समय मूवी कैमरा, टेपरिकॉर्डर या कलम ही होती, परंतु फिर सोचा कि अच्छा ही है कि कुछ भी नहीं है। उसके बाद लेखक पहली बार पानी का चढ़ना अपनी आँखों से देखने लगा।

शब्दार्थ

शब्द	अर्थ
NCERT पेज नं. 1 व 2	
पनाह	शरण
सपाट	समतल
परती	जोती-बोई नहीं जाने वाली जमीन
विभीषिका	भयावह/भयानकता
रिलीफ़ वर्कर	वह कार्यकर्ता जो सहायता करते हैं
स्वयं-सेवक	राहत कर्मचारी
रिपोर्ताज	रेडियो पर प्रसारित होने वाली रिपोर्ट
विनाश-लीला	नष्ट करने वाले/वाली घटनाएँ
अविराम	लगातार
वृष्टि	वर्षा
पुनपुन	नदी का नाम
प्लावित	जल में डूबा हुआ
डूबे गेछे	डूब गया
अबले	अब तक

शब्द	अर्थ
विशेषज्ञ	विशेष ज्ञान रखने वाला
अनवरत	निरंतर
अनर्गल	बेतुका, विचारहीन
अनगढ़	टेढ़ा-मेढ़ा
स्वगतोक्ति	अपने आप में कुछ बोलना
NCERT पेज नं. 3 व 4	
जिज्ञासा	जानने की इच्छा
मृत्यु का तरल दूत	बाढ़ का भयंकर जल
बरबस	बलपूर्वक, जबरदस्ती
अस्फुट	अस्पष्ट
गैरिक	गेरुए रंग के
आच्छादित	ढका हुआ
अधेड़	40-50 वर्ष की आयु का
पटनियाँ	पटना में रहने वाला
गोष्ठी	सभा

शब्द	अर्थ
उत्कर्ण	सुनने के लिए उत्साहित होना
कलेजा धड़कना	दिल घबराना
तनिक	थोड़ा
उत्साहित	जोश
हड़बड़ी	घबराहट
आसन्न	पास आया हुआ
मुहर्रमी	दु:खभरी, विषादमयी
ठठाकर	ठहाका मारकर
बुजदिल	डरपोक
NCERT पेज नं. 5 व 6	
मुँडे	किनारा
माकूल	उचित/ठीक
बा-माल	बिना माल के
सचित्र	चित्र के साथ
सिने पत्रिकाएँ	सिनेमा के क्षेत्र से संबंधित पत्रिकाएँ
अलमस्त	पूरी तरह से मस्त
गृहस्वामिनी	पत्नी
आकुल	व्याकुल
द्वीप	समुद्र में ऊपर उठा हुआ भू-भाग
बालूचर	रेतीला स्थान
चहल कदमी	स्वयं पैदल चलकर
NCERT पेज नं. 7 व 8	
शरणार्थी	शरण में आया हुआ
हिदायत	सलाह
दियासलाई	माचिस
रिलीफ	सहायता
मंजीरा	एक प्रकार का वाद्ययंत्र

शब्द	अर्थ
मचान	पेड़ो की टहनियों या ऊँचाई पर चारपाई जैसा बनाया हुआ, जिस पर लेटा या बैठा जा सके।
बलवाही	एक प्रकार का लोक-नृत्य
धानी	पत्नी
द्रुत	तेज
लथपथ	भरा हुआ
भेला	छोटी नाव
झिंझिर	जल विहार
मनोयोग	ध्यानपूर्वक
लग्गी	चप्पू
फब्तियाँ	व्यंग्य भरी बातें
फूहड़	भद्दा
NCERT पेज नं. 9, 10 व 11	
एक्जबिशनिज़्म	प्रदर्शन का भाव
नैया	नाव
मँझधार	बीच में
रुदन	रोना
टुंग-फुंग	आवाज
आसन्न प्रसवा	ऐसी स्त्री जिसे जल्दी ही बच्चा होने वाला हो
उजले	सफेद
झकझोरकर	जोर से हिलाकर
किलोल	खेलना
दल	समूह
अतिथिशाला	अतिथियों के विश्राम का स्थान
कोलाहल	शोर
कलरव	आवाज़
रव	शोर
लोप हो जाना	गायब हो जाना

NCERT फोल्डर

पाठ्यपुस्तक (कृतिका भाग-1) के प्रश्नोत्तर

प्र.1 बाढ़ की खबर सुनकर लोग किस तरह की तैयारी करने लगे?

उत्तर बाढ़ की खबर सुनकर लोग अपने-अपने घरों में दैनिक आवश्यकता के सामानों; जैसे—ईंधन, दियासलाई, मोमबत्ती, आलू, पीने का पानी, सिगरेट, कंपोज की गोलियाँ, आवश्यक दवाइयाँ आदि को जुटाने में लग गए, ताकि बाढ़ से घिर जाने पर भी उन लोगों को छोटी-छोटी आवश्यक चीजों के लिए तकलीफ न उठानी पड़े। बाढ़ के पानी के ऊपर आ जाने से सभी लोगों में हलचल मच गई थी। नीचे रखे सामान ऊपर रखे जा रहे थे। रिक्शा, टमटम, ट्रक और टेम्पो पर सामान लादे जा रहे थे। इस प्रकार सभी लोग बाढ़ की खबर सुनकर अपनी-अपनी तैयारियों में जुट गए थे।

प्र.2 बाढ़ की सही जानकारी लेने और बाढ़ का रूप देखने के लिए लेखक क्यों उत्सुक था?

उत्तर लेखक ने अपने जीवन में अब तक कई बार बाढ़ को देखा-सुना था। अनेक बार किसी-न-किसी दल के साथ बाढ़ पीड़ितों की सहायता भी की थी, परंतु किसी शहर में या क्षेत्र में विशेष रूप से अपने क्षेत्र में पानी को घुसते हुए देखना एक बिल्कुल ही नया अनुभव था। चारों तरफ अफ़वाहों का बाजार गर्म था, सभी लोग कोई-न-कोई नई जगह डूबने और वहाँ पानी भरने की खबर दे रहे थे। ख़बरों पर ध्यान न देकर वह स्वयं पानी को घुसते हुए देखने के लिए उत्सुक था। रिक्शेवाले से भी लेखक ने यही कहा था—"चलो, पानी कैसे घुस गया है, वही देखना है।"

प्र.3 सबकी जबान पर एक ही जिज्ञासा–"पानी कहाँ तक आ गया है?" इस कथन से जनसमूह की कौन-सी भावनाएँ व्यक्त होती हैं?

दक्षता आधारित प्रश्न

उत्तर "पानी कहाँ तक आ गया है"— यही जिज्ञासा सबके मन में थी। इससे जनसमूह की उत्सुकता, कौतूहल तथा सुरक्षा की भावना प्रकट होती है। सभी लोग अपनी खुली आँखों से पानी के इस अनुभव को प्राप्त करना चाहते थे। पानी का तेजी से बढ़ना, यह घटना किसी आकर्षण से कम नहीं होती है। इसी कारण सभी लोग बाढ़ के पानी के स्तर को देखने के लिए मोटर, स्कूटर, ट्रैक्टर, मोटरसाइकिल, ट्रक, टमटम, साइकिल, रिक्शा पर तथा पैदल देखने जा रहे थे। पानी का स्तर देखकर लौटते हुए लोग आपस में उत्साहित होकर इसी विषय में बातें कर रहे थे।

प्र.4 'मृत्यु का तरल दूत' किसे कहा गया है और क्यों?

उत्तर बाढ़ का पानी रूपी दूत तरल जल के रूप में था, मृत्यु का जीता-जागता दूत, जो सामने दिखाई दे रहा था। बाढ़ के लगातार बढ़ते जल को 'मृत्यु का तरल दूत' कहा गया है, क्योंकि पल भर में देखते-ही-देखते यह न जाने कितने घरों को उजाड़ देता है, लोगों को बेघर करके उन्हें मौत की नींद सुला देता है। बाढ़ का पानी आ जाने से कॉफी हाउस बंद करना पड़ा। बाढ़ का पानी तेज बहाव के साथ आ रहा था। लेखक झाग भरे पानी को देखकर भयभीत हो गया, जिसके कारण उसने बाढ़ के पानी को 'मृत्यु का तरल दूत' कहकर संबोधित किया।

प्र.5 आपदाओं से निपटने के लिए अपनी तरफ से कुछ सुझाव दीजिए।

उत्तर बाढ़ एक प्राकृतिक आपदा है। सामान्यतया इस प्रकार की प्राकृतिक आपदाएँ आने से पूर्व ही सूचना मिल जाती है। इसलिए इस प्रकार के संभावित खतरों से निपटने के लिए दैनिक आवश्यकता की सामग्री, नाव, पेयजल आदि का प्रबंध पहले से ही कर लेना चाहिए। पहले से ही सुरक्षा के प्रबंध कर लेने में स्वयंसेवी संस्थाओं को भी उत्साहपूर्वक पहल करनी चाहिए।

आपदा पीड़ित क्षेत्र में सरकारी तथा निजी संस्थाओं को भी मदद के लिए आगे आना चाहिए। युवा वर्ग को योजनाबद्ध तरीके से जुड़कर सहयोग करना चाहिए। व्यक्तिगत स्तर पर आवश्यकतानुसार स्थान परिवर्तन की व्यवस्था पहले से ही कर लेनी चाहिए। सामानों को ऊपर सुरक्षित स्थान पर रख देना चाहिए। आवश्यक दवाइयों का इंतजाम कर लेना चाहिए।

प्र.6 "ईह! जब दानापुर डूब रहा था, तो पटनियाँ बाबू लोग उलटकर देखने भी नहीं गए ………. अब बूझों!" इस कथन द्वारा लोगों की किस मानसिकता पर चोट की गई है?

दक्षता आधारित प्रश्न

उत्तर प्रस्तुत कथन से शहरी लोगों की असंवेदनशील मानसिकता पर व्यंग्य किया गया है। वे स्वकेंद्रित होते हैं। उन्हें दूसरों के दु:ख-सुख से कोई जुड़ाव नहीं होता है।

इससे शहर और गाँव के लोगों की मानसिकता के अंतर का भी पता चलता है। ग्रामीण जनता निश्छल भाव से सभी की मदद करती है, परंतु शहरी लोग ऐसे नहीं होते हैं। इससे ग्रामीणों और नगरवासियों के आपसी मनमुटाव का भी पता चलता है। जब दानापुर के लोग बाढ़ की विभीषिका से घिरे थे, उस त्रासदी को झेल रहे थे, तब पटना के बाबू लोग उन्हें देखने तक नहीं गए थे। इससे शहरी लोगों की संकीर्ण मानसिकता का भी पता चलता है।

प्र.7 खरीद-बिक्री बंद हो चुकने पर भी पान की ब्रिकी अचानक क्यों बढ़ गई थी?

उत्तर बाढ़ के खतरे से भयभीत होने के कारण सुरक्षा की दृष्टि से सारी दुकानें बंद हो गई थीं। वहीं एक तरफ पान की बिक्री बढ़ गई थी, क्योंकि ऐसी स्थिति में लोग बाढ़ का दृश्य देखने के लिए जगह-जगह इकट्ठे हो रहे थे। बाढ़ का आनंद लेते समय पान उन लोगों के समय व्यतीत करने का एक अच्छा साधन था। बाढ़ के पानी के स्तर में वृद्धि होने पर सभी लोग उत्साहित थे। वे आपस में बातचीत कर रहे थे। बाढ़ की इस घटना से वह एक साथ एकत्रित होकर पान खाकर आनंद ले रहे थे। कोई भी प्राणी आतंकित नहीं दिखाई दे रहा था।

प्र.8 जब लेखक को यह अहसास हुआ कि उसके इलाके में भी पानी घुसने की संभावना है, तो उसने क्या-क्या प्रबंध किए?

उत्तर जब लेखक को यह अहसास हुआ कि उसके इलाके में भी पानी घुसने की संभावना है, तो उसने सबसे पहले ईंधन का प्रबंध किया। उसने जरूरी सामान; जैसे—आलू, मोमबत्तियाँ, दियासलाई, सिगरेट, पीने का पानी और नींद की गोलियों का प्रबंध किया। वह कॉफी हाउस जाकर पानी को देखना चाहता था, परंतु रास्ते से ही पानी का स्तर अधिक होने की बात सुनकर कई पत्र-पत्रिकाएँ खरीदकर वापस लौट आया।

प्र.9 बाढ़ पीड़ित क्षेत्र में कौन-कौन-सी बीमारियों के फैलने की आशंका रहती है?

उत्तर बाढ़ पीड़ित क्षेत्र में अनेक प्रकार की बीमारियों जैसे—हैजा, टायफाइड, मलेरिया, पकाही घाव, पीलिया आदि संक्रामक रोगों के फैलने की आशंका अधिक रहती है।

प्र.10 नौजवान के पानी में उतरते ही कुत्ता भी पानी में कूद गया। दोनों ने किन भावनाओं के वशीभूत होकर ऐसा किया?

उत्तर एक नौजवान अपने कुत्ते के साथ नाव में चढ़ गया था। नाव में बीमार व्यक्ति को लेकर डॉक्टर कैंप की ओर जा रहे थे। डॉक्टर ने उस नौजवान को अपने साथ नाव में कुत्ते को ले जाने के लिए मना किया।

नौजवान और कुत्ते में आत्मीय संबंध होने के कारण नौजवान एकाकी जाने को तैयार नहीं था। अत: वह छप से पानी में कूद गया ताकि तैर कर जा सके। उसे पता था कि कुत्ता भी उसके पीछे आ ही जाएगा।

कुत्ता भी अपने मालिक के पीछे पानी में कूद गया। अब दोनों साथ-साथ थे। इससे पशु और मानव के बीच प्रेम संबंध और स्वामिभक्ति की भावना स्पष्ट होती है। नौजवान को कुत्ते के बिना मौत भी गवारा नहीं थी।

प्र.11 "अच्छा है, कुछ भी नहीं। कलम थी, वह भी चोरी हो गई। अच्छा है, कुछ भी नहीं– मेरे पास" मूवी कैमरा, टेप रिकॉर्डर आदि की तीव्र उत्कंठा होते हुए भी लेखक ने अंत में उपरोक्त कथन क्यों कहा?

दक्षता आधारित प्रश्न

उत्तर लेखक एक ऐसा कथाकार है, जो कलम, कैमरा व टेप रिकॉर्डर रहने पर बाढ़ के दृश्य को लिखने, चित्र खींचने और सँजोने में जुट जाता। ऐसी स्थिति में वह न तो बाढ़ का भोक्ता (महसूस करना) बन पाता और न तो ठीक से उसका अनुभव ही कर पाता।

इसलिए उपरोक्त चीजों के न रहने का उसे थोड़ा-सा दु:ख होता है, लेकिन संतोष ज्यादा है कि अब वह पूरी तरह से जीवन के नए अनुभवों को जी सकेगा, जिसे वह पहले से लिखता आया था, परंतु साक्षात् दृष्टा बनने का अवसर प्राप्त नहीं हुआ था। अब वह इस अवसर को हाथ से जाने देना नहीं चाहता था।

प्र.12 आपने भी देखा होगा कि मीडिया द्वारा प्रस्तुत की गई घटनाएँ कई बार समस्याएँ बन जाती हैं, ऐसी घटना का उल्लेख कीजिए।

उत्तर समस्या के समाधान हेतु मीडिया द्वारा घटनाएँ प्रस्तुत की जाती हैं, परंतु कई बार ऐसा होता है कि एक छोटी-सी घटना भी मिर्च-मसाला लगाकर दिखाए जाने से तूल पकड़ लेती है और वह एक बहुत बड़ी समस्या बन जाती है। उदाहरण के तौर पर हम कुछ समय पहले की एक घटना को ले सकते हैं—दिल्ली में तुर्कमान गेट पर एक अध्यापिका (उमा खुराना) का स्टिंग ऑपरेशन एक चैनल द्वारा करवाया गया। उन्हें गलत तरीके से रैकेटियर बताकर, मिर्च-मसाला लगाकर गलत समाचार प्रसारित किया गया। परिणाम यह हुआ कि उस अध्यापिका को लेकर दंगे की स्थिति पैदा हो गई। यहाँ तक कि उनके वस्त्रों को लोगों ने फाड़ डाला और उनकी जान जाते-जाते बची, जबकि उस अध्यापिका की कोई गलती नहीं थी।

प्र.13 अपनी देखी-सुनी किसी आपदा का वर्णन संक्षेप में कीजिए।

उत्तर आजकल मनुष्य निर्मित आपदाएँ प्रत्येक दिन पैदा हो जाती हैं। कुछ समय पहले दिल्ली के सरोजिनी नगर मार्केट में आतंकवादियों की ओर से बम विस्फोट की दुर्घटना हुई। परिणामस्वरूप वहाँ हँसता-खेलता वातावरण चीख-पुकार में परिवर्तित हो गया। कितने घर उजड़ गए। सैकड़ों लोग उस बम विस्फोट रूपी आपदा की भेंट चढ़ गए। इस प्रकार अनेक घटनाएँ गिनाई जा सकती हैं। आपदा किसी भी प्रकार की हो, वह संपूर्ण जन-जीवन को प्रभावित करती है।

अभ्यास प्रश्न

वर्णनात्मक प्रश्नों सहित

पाठ पर आधारित प्रश्न

1. रिक्शे वाले को लेखक 'रेणु' जी ने बहादुर क्यों कहा है?

उत्तर लेखक फणीश्वरनाथ 'रेणु' जी बाढ़ का पानी देखने के लिए अधिक उत्सुक थे और कॉफी हाउस जाना चाह रहे थे, तो एक रिक्शेवाले ने बताया कि वहाँ अब तक काफी पानी आ गया होगा। लेखक 'रेणु' जी और उनके मित्र बाढ़ देखना चाहते थे, इसलिए वे रिक्शे में बैठकर बाढ़ देखने चल पड़े। मार्ग में और भी कई लोग बाढ़ का पानी देखने के लिए जाते हुए मिले। वे आगे बढ़ते जा रहे थे। कॉफी हाउस के पास पानी बड़ी तेजी से बहता आ रहा था। अब लेखक रेणु जी डर के कारण आगे नहीं जाना चाहते थे, परंतु रिक्शे वाले ने साहसपूर्वक कहा कि चलिए, थोड़ा और आगे चलते हैं। वह बड़ी निडरता के साथ बाढ़ में भी आगे जाने की बात कह रहा था। इसलिए लेखक 'रेणु' जी ने रिक्शे वाले को बहादुर कहा है।

2. 'पहचान लीजिए, यही है वह आम आदमी।' लेखक ने अपने मित्र से ऐसा क्यों कहा?

उत्तर लेखक और उसके साहित्यिक मित्र गाँधी मैदान से गुजर रहे थे, तब एक अधेड़ गँवार व्यक्ति जोर से बोल उठा कि ''जब दानापुर डूब रहा था, तब पटना के लोग पलटकर देखने भी नहीं आए थे।'' यह सुनकर लेखक को लगा कि जिस 'आम आदमी' की तलाश साहित्यिक गोष्ठियों में होती रहती है, यह वही आम आदमी है, जो दानापुर और उत्तर बिहार के बाढ़ग्रस्त इलाकों की चिंता करता है। उसमें एक प्रकार का आक्रोश भी भरा है, जो मनुष्य से मनुष्य को अलग रखने की मानसिकता से उत्पन्न हुआ है।

3. कौन सा समाचार दिल दहलाने वाला था? उस समाचार का कैसा प्रभाव दिखाई दिया?

उत्तर शाम को साढ़े सात बजे जब आकाशवाणी के पटना केंद्र से स्थानीय समाचार प्रसारित किया गया कि स्टूडियो की सीढ़ियों तक पानी पहुँच गया है और किसी भी समय स्टूडियो के अंदर पानी घुस सकता है। पान की दुकान के सामने खड़े लोग चुपचाप इस समाचार को सुन रहे थे। यह समाचार दिल दहलाने वाला था, सभी डर गए थे। सबके चेहरे पर भय साफ-साफ झलक रहा था, लेकिन थोड़ी ही देर में सब लोग सहज हो गए। जब लेखक पानी देखकर लौट रहा था, तो लोगों के चेहरे पर शांत-भाव दिखे। वे लोग प्रत्येक दिन की तरह निश्चिंत भाव से हँसने-बोलने में लग गए थे। दुकानदार अपना सामान नीचे से उठाकर ऊपर रखते दिखाई दिए।

4. 'मुहर्रमी सूरतें बनाना' एक सामान्य मानवीय गतिविधि है। स्पष्ट कीजिए।

उत्तर लेखक ने 'मुहर्रमी सूरतें' का प्रयोग स्वयं के लिए और अपने मित्र के लिए किया है। लेखक ने मुहर्रमी सूरतें अर्थात् उदास एवं निराश भावयुक्त चेहरा इसलिए कहा, क्योंकि दोनों बाढ़ के इस स्वरूप को देखकर अंदर तक चिंतित हो गए थे। विनाशलीला देखकर उनका मन दु:खी हो गया था।

ऐसा लगता था मानो मुहर्रम का दिन हो। वहाँ खड़े अन्य उत्साहित और जिज्ञासु लोगों के बीच में इनके चेहरे अलग लग रहे थे। 'मुहर्रम' उदासी, निराशा, शोक आदि का पर्याय है। बाढ़ के कारण लेखक एवं उनके कवि-मित्र अत्यंत दु:खी, शोकाकुल, निराश एवं उदास थे, इसलिए उनके चेहरे पर इसका भाव स्पष्ट रूप से दिख रहा था, जबकि उनके इर्द-गिर्द खड़े अन्य लोग अत्यंत सहज, उत्साहित एवं जिज्ञासु थे।

5. आधारभूत मानवीय प्रकृति को 'मुसहरी' लोगों के कार्य-व्यवहार के आधार पर स्पष्ट कीजिए।

उत्तर 'मुसहरी' मुसहर जातियों की एक बस्ती को कहा गया है, जिनका संबंध आदिवासियों से होता है। ये अपना जीवन-यापन पत्तल और दोने बनाकर करते हैं। ये लोग इतने जिंदादिल होते हैं कि प्राकृतिक आपदा भी इनकी हँसी-खुशी को प्रभावित नहीं कर पाती। लेखक वहाँ (मुसहरों की बस्ती) पर अपने सेवादल के साथ राहत सामग्री बाँटने गया था, क्योंकि पता चला था कि वे लोग भूख के कारण चूहे और मछली भूनकर खा रहे हैं। उसने वहाँ देखा कि एक मंच बना हुआ है। बलवाही नृत्य हो रहा था। एक काला-कलूटा नट लाल रंग की साड़ी पहने हुए रूठी हुई दुल्हन का अभिनय कर रहा है और पुरुष नट उसे मना रहा है। वे ढोलक और मंजीरे की ताल पर आनंदोत्सव मना रहे थे। कीचड़-पानी से लथपथ, भूखे-प्यासे नर-नारियों का झुंड मुक्त भाव से खिलखिला रहा है।

6. बाढ़ पीड़ित गाँव के लोग नाव के अभाव में क्या कर रहे थे, उन्होंने अपना आक्रोश किस तरह शांत किया? 'इस जल प्रलय में' पाठ के आधार पर लिखिए। दक्षता आधारित प्रश्न

उत्तर बाढ़ पीड़ित गाँव के लोग नाव के अभाव में केले के पौधे का 'भेला' बनाकर किसी प्रकार अपना काम चला रहे थे। जब उन्होंने देखा कि जमींदार के लड़के ऐसे संकटकाल में भी हारमोनियम-तबला लेकर 'जल विहार' करने निकले हैं, तो ग्रामीणों ने उनकी नाव छीन ली, हालाँकि इसमें थोड़ी मारपीट भी हुई थी।

7. अत्यधिक चिंता की स्थिति में व्यक्ति को नींद नहीं, स्मृतियाँ आने लगती हैं, क्यों?

उत्तर चारों ओर बाढ़ आने का शोर मचा हुआ था, ऐसे में लेखक फणीश्वरनाथ रेणु जी की आँखों की नींद उड़ गई थी। उनका मन आशंकित था तथा बाढ़ की विभीषिका से ग्रस्त था। उन्हें भूली-बिसरी यादें आने लगीं। पुरानी स्मृतियाँ उनके सामने छाने लगीं। वस्तुत: आपत्तिकाल में मानसिकता या दृष्टिकोण में पर्याप्त परिवर्तन आ जाता है। अपने सामने विपत्ति को देखकर व्यक्ति अपने अतीत को याद करने लगता है। उसकी मानसिकता 'नॉस्टैल्जिक' (उदासीन) हो जाती है। बाढ़ की इस विभीषिका को देखकर उनको चिंता के कारण नींद नहीं, अपितु पुरानी स्मृतियाँ आने लगी थीं।

8. "चिंता एवं जिज्ञासा की अधिकता में व्यक्ति रोमांचक कल्पना करने लगता है" पाठ के आधार पर स्पष्ट कीजिए।

उत्तर लेखक बाढ़ के पानी का इंतज़ार करता हुआ सो नहीं पा रहा था। अनेक भूली-बिसरी यादें उसे परेशान करने लगी थीं। लेखक ने सोचा कि इससे अच्छा है, आँखें मूँदकर सफेद भेड़ों के झुंड देखने की चेष्टा करूँ, उजले-उजले सफेद भेड़......सफेद भेड़ों के झुंड, किंतु सारे उजले झुंड काले हो जाते थे।

वस्तुत: लेखक का उद्देश्य यह स्पष्ट करना है कि बाढ़ जैसी आपदा के कारण व्यक्ति जब अत्यधिक चिंतित एवं उत्सुक रहता है, तो वह मनोवैज्ञानिक दृष्टि से बेसिर-पैर की बातों के बारे में सोचने लगता है। इसके माध्यम से लेखक सिर्फ व्यक्ति के अंदर की व्यग्रता एवं चिंता की भावना को दर्शाना चाहता है।

9. प्राकृतिक आपदा से निपटने की तैयारी में मानवीय आवश्यकताओं का ध्यान कैसे रखा जाता है? 'इस जल प्रलय में' पाठ के आधार पर लिखिए। दक्षता आधारित प्रश्न

उत्तर लेखक फणीश्वरनाथ रेणु जी पटना के राजेंद्र नगर इलाके में अपने परिवार के साथ रहते थे। वर्ष 1967 में जब पटना में बाढ़ आई थी, तो उनका राजेंद्र नगर का इलाका भी बाढ़ के पानी में डूब गया था। वहाँ छाती तक पानी आ गया था। लोग छोटी-छोटी आवश्यक वस्तुओं; जैसे-ईंधन, आलू, मोमबत्ती, सिगरेट, दियासलाई, पीने का पानी, कंपोज की गोलियाँ आदि के लिए भी परेशान हो गए थे।

दुकानें और बाजार बंद थे। राजभवन, मुख्यमंत्री निवास और कॉफी हाउस में भी पानी भर गया था। लोगों में बाढ़ का पानी देखने की उत्सुकता बढ़ गई थी और वे बाढ़ देखने इधर-उधर जा रहे थे। लेखक ने इससे पहले बाढ़ की ऐसी विनाशलीला कभी नहीं देखी थी।

10. बाढ़ जैसी प्राकृतिक आपदाएँ मानव समाज को किन-किन रूपों में प्रभावित करती हैं? किन्हीं दो की चर्चा करते हुए संक्षेप में बताइए।

उत्तर बाढ़ जैसी प्राकृतिक आपदाएँ मानव समाज के लिए विनाश का साक्षात् रूप बनकर आती हैं। जिस क्षेत्र में बाढ़ आती है, वहाँ का निचला हिस्सा जल जमाव के कारण रहने, आने-जाने तथा कोई भी कार्य करने लायक नहीं रह जाता।

बाढ़ का पानी जितना अधिक समय तक जमा रह जाता है, आम लोगों के जीवन में उतनी ही अधिक कठिनाइयाँ पैदा हो जाती हैं। यह पानी जब हटता या उतरता है, तब बाढ़ के दिनों से भी अधिक कष्टकारी वातावरण दिखाई देता है। ऐसे क्षेत्रों में तरह-तरह की बीमारियाँ फैलती हैं। दूषित जल एवं खाद्य पदार्थों के उपयोग की विवशता मनुष्य को रोगी बनने पर मज़बूर कर देती हैं। बाढ़ से मकान धराशायी हो जाते हैं, लोग बह जाते हैं, फसलें एवं पशु संसाधन नष्ट हो जाते हैं। इस प्रकार बाढ़ की आपदा मानव समाज को अनेक प्रकार के आर्थिक एवं शारीरिक नुकसान पहुँचाती है।

11. बाढ़ के अतिरिक्त अन्य कौन-सी प्राकृतिक आपदाएँ हैं, जिनसे मानव जीवन सर्वाधिक दुष्प्रभावित होता है? संक्षिप्त चर्चा कीजिए।

उत्तर बाढ़ के अतिरिक्त मानव जीवन को सर्वाधिक कुप्रभावित करने वाली प्राकृतिक आपदाएँ भूकंप, सूखा, तूफान आदि हैं। इन सबसे भी मानव जीवन को व्यापक आघात पहुँचता है। भूकंप धरती के काँपने की प्राकृतिक परिघटना है। पृथ्वी की आंतरिक प्लेटों में हलचल के कारण भूकंप आता है। इससे जन-धन की भारी तबाही होती है। सूखा, दूसरी

प्राकृतिक आपदा है, जो वर्षा की कमी के फलस्वरूप धरातलीय एवं भौमजल की अत्यधिक विकट उपलब्धता अथवा अनुपलब्धता के रूप में प्रकट होती है। इससे पेयजल, कृषि कार्यों के लिए जल तथा अन्य उत्पादक क्रियाओं पर अत्यंत प्रतिकूल प्रभाव पड़ता है।

तूफान दो प्रकार के होते हैं—तेज हवाओं से उत्पन्न होने वाले वायवीय तूफ़ान तथा समुद्री जल के अनियंत्रित होने से उत्पन्न समुद्री तूफ़ान, जिन्हें 'सुनामी' कहा जाता है। ये तूफान भी मानव जीवन को नष्ट कर देते हैं। इसका उदाहरण कुछ समय पूर्व ओडिशा में आए 'फेनिन' के रूप में हमारे सामने आया था।

12. बाढ़ जैसी प्राकृतिक आपदाओं की स्थिति में व्यक्ति को किस प्रकार उनसे लड़ने के लिए तैयार रहना चाहिए? 'इस जल प्रलय में' पाठ के आधार पर अपना मंतव्य प्रकट कीजिए तथा बताइए कि आपने इस पाठ को पढ़कर क्या प्रेरणा ग्रहण की है? दक्षता आधारित प्रश्न

उत्तर बाढ़ जैसी प्राकृतिक आपदाओं की स्थिति में व्यक्ति को उनका साहस के साथ सामना करने के लिए तैयार रहना चाहिए। उसे अपने दैनिक जीवन में काम आने वाली आवश्यक वस्तुओं का प्रबंध कर लेना चाहिए ताकि कुछ दिनों तक जीविका निर्वाह की समस्या उत्पन्न न हो।

बाढ़ के पानी से फैलने वाली संक्रामक बीमारियों के प्रति सतर्क रहना चाहिए। बाढ़ को रोकने संबंधी दीर्घकालीन योजना पर भी अपने संबंधियों एवं मित्रों से चर्चा तथा इस दिशा में आवश्यक प्रयास किए जाने चाहिए। 'इस जल प्रलय में' पाठ के आधार पर कहा जा सकता है कि मनुष्य को हमेशा दूसरे मनुष्यों की समस्याओं का समाधान करने में अपना योगदान करना चाहिए। इस पाठ से हमें परार्थ भावना अपनाने की प्रेरणा मिलती है तथा आपदा के समय दूसरे मनुष्यों की सहायता करने का भाव मन में आता है।

13. 'इस जल प्रलय में' पाठ के आधार पर स्तंभ (I) का स्तंभ (II) से सही मिलान कीजिए और प्रत्येक मिलान के लिए एक-एक वाक्य लिखिए– दक्षता आधारित प्रश्न

	स्तंभ (I) पाठ के वाक्य	स्तंभ (II) मूल विचार
(क)	गाँधी मैदान की रैलिंग के सहारे लोग इस तरह खड़े हैं, जैसे–रामलीला का 'रामरथ' वहाँ से गुजरने वाला हो।	(i) डर, भय
(ख)	दुकानदारों में हलचल मच गई और ऊँचे स्थानों पर सामान रखने लगे	(ii) आत्मीयता का संबंध
(ग)	बीमार नौजवान छप से पानी में उतर गया, बोला ''हमारा कुक्कुर नहीं जाएगा, तो हम भी नहीं जाएगा''	(iii) उत्साह, उमंग

उत्तर (क) गाँधी मैदान की रैलिंग के सहारे लोग इस तरह खड़े हैं; जैसे—रामलीला का 'रामरथ' वहाँ से गुजरने वाला हो, क्योंकि बाढ़ के पानी को देखने के लिए लोगों में उत्साह और उमंग थी इसलिए भीड़ बढ़ती जा रही थी।

(ख) दुकानदारों में हलचल मच गई और ऊँचे स्थानों पर सामान रखने लगे, क्योंकि बाढ़ के बढ़ते पानी और आकाशवाणी से प्रसारित समाचार को सुनकर दुकानदारों में डर (भय) व्याप्त हो गया था।

(ग) बीमार नौजवान छप से पानी में उतर गया और बोला ''हमारा कुक्कुर नहीं जाएगा, तो हम भी नहीं जाएगा'', क्योंकि नौजवान का कुत्ते के साथ आत्मीयता का संबंध था और वह उसके बिना नहीं जाना चाहता था।

स्व-मूल्यांकन

निम्नलिखित प्रश्नों के उत्तर दीजिए

1. बाढ़ आने पर लोगों ने जो व्यवहार किया, उनमें से आपको कौन-कौन-सा व्यवहार अनुचित लगा और क्यों? 'इस जल प्रलय में' पाठ के आधार पर बताइए। दक्षता आधारित प्रश्न
2. कुत्ते के बिना नौजवान भी जाने के लिए तैयार नहीं हुआ। नौजवान की जगह यदि आप होते, तो क्या करते और क्यों? 'इस जल प्रलय में' पाठ के आधार पर लिखिए। दक्षता आधारित प्रश्न
3. मान लीजिए कि आपके घर के निकट के गाँव में बाढ़ आ गई है, तो ऐसी स्थिति में आप क्या-क्या करेंगे?
4. ''किसी प्राकृतिक आपदा के समय सामाजिक एवं मानवीय संबंधों की परख भी होती है।'' आप इस कथन से कहाँ तक सहमत हैं? अपने विचार व्यक्त कीजिए। दक्षता आधारित प्रश्न
5. बाढ़ जैसी प्राकृतिक आपदाओं को रोकने के लिए सरकार तथा समाज के सदस्यों द्वारा किस तरह के प्रयत्न किए जाने चाहिए? तर्कयुक्त उत्तर लिखिए।

अध्याय 2

मेरे संग की औरतें

मृदुला गर्ग

पाठ की रूपरेखा प्रस्तुत पाठ मृदुला गर्ग द्वारा रचित एक संस्मरणात्मक गद्य है। इसमें लेखिका ने अपने परिवार की औरतों के व्यक्तित्व और स्वभाव पर प्रकाश डालने का प्रयास किया है।

यह पाठ उन महिलाओं पर केंद्रित है, जिन्होंने परंपरागत तरीके से जीवन-यापन करते हुए लीक से हटकर जीवन जिया है। यह पाठ एक संदेश देता है कि परंपरा का निर्वाह करना और लीक से हटकर (विचार के स्तर पर) जीवन-यापन करना, दोनों के बीच कोई विरोधी संबंध नहीं है।

लेखक परिचय

हिंदी की समकालीन कथा लेखिका मृदुला गर्ग का जन्म वर्ष 1938 में कोलकाता (कलकत्ता) में हुआ था। अर्थशास्त्र में स्नातकोत्तर की उपाधि प्राप्त करने के पश्चात् उन्होंने अध्यापन कार्य किया तथा वर्ष 1974 से वे स्वतंत्र लेखन-कार्य करने लगीं। उनके उपन्यास एवं कहानियों में विविधता तथा नयापन है। उन्होंने अपने कथा-साहित्य में महिलाओं एवं बच्चों की समस्याओं पर विचार प्रकट किए हैं।

मृदुला गर्ग की महत्त्वपूर्ण कृतियाँ हैं—उसके हिस्से की धूप, चित्तकोबरा, कठगुलाब (उपन्यास); रंग-ढंग, चुकते नहीं सवाल (निबंध-संग्रह)। उन्हें वर्ष 2013 में 'मिलजुल मन' उपन्यास के लिए साहित्य अकादमी पुरस्कार भी प्रदान किया गया। मृदुला गर्ग की भाषा में तीखा व्यंग्य है। उनका पुरुष-प्रधानता विरोधी दृष्टिकोण चर्चित एवं विवादास्पद रहा था।

पाठ का सार

लेखिका की स्मृतियों में उसकी नानी

लेखिका अपनी नानी के व्यक्तित्व के बारे में सुनकर ही बहुत कुछ जान सकी हैं, क्योंकि लेखिका की नानी लेखिका के जन्म से पूर्व ही संसार से जा चुकी थीं। वह नानी की कहानियाँ नहीं सुन सकीं, परंतु लोगों के लिए कहानियाँ लिखती हैं। लेखिका की नानी के जीवन की कहानी भी रहस्यमयी है। वह अपनी नानी के बारे में जो समझ सकी थी, वह इस प्रकार था कि वे एक परंपरावादी, अनपढ़ और पर्दानशीं महिला थीं। उनका विवाह एक ऐसे व्यक्ति से हो गया, जो विलायती संस्कृति से बहुत अधिक प्रभावित थे। उनके पति कैम्ब्रिज विश्वविद्यालय से बैरिस्ट्री पढ़कर आए थे और अंग्रेजी रहन-सहन के अनुसार ही जिंदगी जीने लगे, पर नानी पर इसका कोई असर नहीं हुआ। वे अपने तरीके से ही जीवन जीती रहीं।

लेखिका की नानी ने पति की जीवन-शैली का कभी विरोध नहीं किया। नानी अपनी मृत्यु को निकट महसूस कर लेखिका की माँ की शादी के बारे में सोचकर चिंतित हो उठीं और अपने पति के मित्र प्रसिद्ध क्रांतिकारी प्यारेलाल शर्मा को बुलवा लिया। तब घर के सभी लोग आश्चर्यचकित रह गए। वह अपनी बेटी की शादी किसी साहब से न करवाकर आजादी के सिपाही अर्थात् स्वतंत्रता सेनानी से करवाना चाहती थीं। अत: यह जिम्मा नानी ने क्रांतिकारी प्यारेलाल शर्मा को सौंप दिया। नानी की इस इच्छा से अनुमान लगाना मुश्किल नहीं है कि वे विचारों के स्तर पर अपने पति से भिन्न एवं आज़ाद विचारों वाली महिला थीं। उनके मन में आज़ादी की भावना कूट-कूट कर भरी थी।

लेखिका की माँ

नानी की इच्छानुसार लेखिका की माँ का विवाह एक पढ़े-लिखे, होनहार, परंतु गरीब आज़ादी के सिपाही से हो गया। आज़ादी के आंदोलन में सक्रिय रहने के कारण उन्हें आई. सी. एस. की परीक्षा में बैठने से रोक दिया गया था। माँ दुबली-पतली एवं नाज़ुक थीं। उन्हें खादी की साड़ी पहननी पड़ती थी, जो उनसे बड़ी मुश्किल से ही सँभल पाती थी। वह रात में जागकर खादी की साड़ी पहनने का अभ्यास करती थी। लेखिका की माँ की ईमानदारी, सुंदरता, नजाकत और साहबी खानदान के कारण परिवार के लोग उनसे प्रभावित थे। वे निष्पक्ष तथा गैर-दुनियादार भी थीं। इसलिए कोई उनसे घर के सामान्य कामकाज की उम्मीद भी नहीं करता था। उनकी केवल सलाह भर ली जाती थी। लेखिका ने अपनी माँ को भारतीय माँ जैसा नहीं पाया। अपनी बीमारी और अरुचि के कारण वे न तो घर के काम करती थीं और न ही बच्चों के खान-पान पर ध्यान देती थीं।

उन्हें किताबें पढ़ने और संगीत सुनने का बहुत शौक था। उनके व्यक्तित्व में दो ऐसी विशेषताएँ थीं, जिनके कारण उनका अन्य लोगों पर अत्यधिक प्रभाव था—पहला, कभी झूठ न बोलना और दूसरा, एक की गोपनीय बात

को दूसरे पर प्रकट न करना। घर के कामों में अरुचि और अपनी बीमारी के कारण उनका अधिकांश समय पढ़ने, संगीत सुनने और साहित्य चर्चा में ही व्यतीत होता था। साहबी खानदान से होने के कारण भी लोगों को उन पर श्रद्धा थी। घर में आदर-सम्मान प्राप्त था। वे अपने बच्चों के साथ दोस्त की तरह रहा करती थीं। बच्चों में मातृत्व की कमी पिता पूरी कर दिया करते थे।

लेखिका की परदादी

लेखिका की परदादी भी लीक से हटकर थीं। उन्होंने सामान को एकत्र नहीं किया। वे जो सामान काम नहीं आता था उसको दान कर देती थीं। उन्होंने लेखिका की माँ के लिए लड़की की मन्नत माँगी। भगवान ने उनकी ऐसी सुनी कि एक के बाद एक पाँच लड़कियाँ हुईं। परदादी के विषय में यह प्रसिद्ध था कि भगवान उनकी ज़रूर सुनता है। उनकी मन्नत का कारण लोगों को समझ में नहीं आया। अत: वह रहस्य बनकर रह गया।

लेखिका की माँ जी (परदादी) का प्रभाव इतना अधिक था कि एक चोर का भी हृदय परिवर्तन हो गया। एक बार की घटना है, जब घर के सभी मर्द घर से बाहर एक बारात में गए हुए थे, तो लेखिका की माँ जी शोर-शराबे से बचने के लिए दूसरे कमरे में जाकर सो गईं। तभी चोर सेंध लगाकर उसी कमरे में घुस गया, जिसमें माँ जी सोई हुई थीं। माँ जी ने पूछा—कौन? चोर बोला—जी मैं? माँ जी ने उससे पानी पिलाने के लिए कहा और अपना खाली लोटा उसे पकड़ा दिया। कुएँ से पानी भरने के लिए कहते हुए उन्होंने उसे हिदायत दी कि लोटे के मुँह पर कपड़ा कस कर बाँधियो और तरीके से छानियो।

यह सुनकर चोर घबरा गया और घबराकर पानी भरने चल दिया। चोर कुएँ से पानी लेकर आया। माँ जी ने आधा लोटा पानी खुद पिया और आधा चोर को पिला दिया और कहा, एक लोटे से पानी पीकर हम माँ बेटे हुए। ऐसा करके चोर के साथ माँ-बेटे का संबंध बना लिया और कहा कि अब चाहे तू चोरी कर या खेती कर। चोर उसी दिन से चोरी का धंधा छोड़कर खेती करने लगा।

लेखिका के घर का वातावरण

लेखिका के घर में सभी को निजी स्तर पर अपने तरीके से जीवन जीने की छूट थी। किसी की चिट्ठी भी कोई दूसरा नहीं खोलता था और न तो कोई किसी से पूछता था कि उसमें क्या लिखा है? इन्हीं सब कारणों से लेखिका और उसके तीन भाई-बहन लेखन के क्षेत्र में प्रवेश कर पाए।

भारत की आज़ादी से जुड़ी लेखिका की यादें

15 अगस्त, 1947 को आज़ादी मिलने का जब जश्न मनाया जा रहा था, तब लेखिका को टायफाइड बुखार हो गया था। आज़ादी के जश्न में वह शामिल न हो सकीं। उसके काफी रोने-धोने के बाद भी उसे इंडिया गेट जश्न में नहीं जाने दिया गया। तब लेखिका के पिता जी ने नौ वर्ष की बालिका (लेखिका) को 'ब्रदर्स कारामजोव' नामक उपन्यास पढ़ने के लिए पकड़ा दिया। उस उपन्यास में बच्चों पर होने वाले अत्याचारों की गाथाएँ थीं। लेखिका को एक अध्याय तो पहली बार में ही याद हो गया। लेखिका के मन पर इसका इतना अधिक प्रभाव पड़ा कि उसके लेखन (कहानियों) के एक महत्त्वपूर्ण अंश में यह प्रभाव दिखाई पड़ता है; जैसे—जादू का कालीन, मेरा नाटक नहीं, तीन किलो की छोरी आदि। 'कठगुलाब' जैसे उपन्यास के कई अंशों में भी इसका प्रभाव दिखाई पड़ता है

लेखिका और उसके भाई-बहनों का व्यक्तित्व

परदादी ने जिसके लिए मन्नत माँगी थी, वह लेखिका की बड़ी बहन मंजुला भगत थी, जिनका घर का नाम रानी था। लेखिका चार बहनें थीं और उनका एक भाई राजीव था। चारों बहनों में, लड़की होने की कोई हीन भावना नहीं थी। चारों बहनों ने लीक पर चलने से इनकार कर दिया। दूसरे नंबर पर लेखिका थीं, जिसका घर का नाम उमा था। लेखिका से छोटी बहन का घर का नाम गौरी और बाहर का नाम चित्रा था। उससे छोटी रेणु यानी अचला थी। लेखिका का भाई हिंदी में और अचला अंग्रेजी में लेखन के क्षेत्र से जुड़ गए।

लेखिका की सबसे छोटी बहन रेणु का स्वभाव विचित्र था। वह स्कूल से वापसी में गाड़ी में बैठने से इनकार कर देती थीं। वह विशेष प्रकार की दबंग एवं स्वायत्त थीं। वह अपने अनुसार जीवन जीना जानती थीं। उसका सोचना था कि थोड़ा-सा रास्ता गाड़ी में बैठकर तय करना सामंतशाही मानसिकता का प्रतीक है।

इसी तरह वह बी. ए. की परीक्षा न देने की जिद पर अड़ गईं। पूछती कि पहले मुझे बताओ कि परीक्षा देने का क्या फायदा है? सभी ने अपने —अपने तरीके से खूब समझाया, किंतु वह न मानी। अंत में पिता जी के आदेश और इच्छा को मानने के लिए उसे बाध्य होना पड़ा। जैसे-तैसे करके उसने बी. ए. पास किया।

सच बोलने में वह माँ से भी आगे थीं। एक बार बचपन में जनरल थिमैया को पत्र लिखकर उनका फोटो मँगवा लिया। तीसरी बहन चित्रा भी दबंग किस्म की थीं। स्वयं पढ़ने में कम तथा औरों को पढ़ाने में अधिक रुचि लेती थीं। इसलिए उसके अपने अंक उसके शिष्यों से कम आते थे।

लेखिका और उसकी बहन का शादी का निर्णय

शादी के समय उसने एक नजर में लड़का पसंद कर लिया और ऐलान कर दिया कि शादी करेगी, तो इसी लड़के से करेगी और यह बात लड़के को भी बता दी कि एक बार जो वह ठान लेती है, करके ही दम लेती है। लड़के ने भी हथियार डाल दिया और अंतत: उसी लड़के के साथ उसकी शादी हुई।

सबसे छोटी बहन अचला ने ठीक से पढ़ाई-लिखाई करके पिता जी की इच्छानुसार शादी की। ऐसा लग रहा था कि वह पूरी तरह से लीक पर चल रही है, परंतु 30 वर्ष की उम्र तक आते—आते उसे भी लिखने का रोग लग गया। वह पत्रकारिता और अर्थशास्त्र की छात्रा थीं। लेखिका सहित सभी बहनें लीक से हटकर चलीं, यह उनकी विशेषताएँ थीं, परंतु विवाह और घर गृहस्थी के परंपरागत तरीके को सबने निभाया। उनका सोचना था कि कोई प्रयोजन सिद्ध करने के लिए घर छोड़ने से कुछ नहीं होता है। घर के भीतर रहकर भी अपनी मर्ज़ी से जीवन जिया जा सकता है।

लेखिका द्वारा किए गए सामाजिक कार्य

लेखिका विवाह के पश्चात् बिहार के एक कस्बे डालमिया नगर में रहीं। वहाँ की औरतों के साथ उसने कई नाटक किए, जबकि वहाँ पुरुष-महिला एक साथ बैठकर पिक्चर भी नहीं देखते थे।

ऐसी मानसिकता वाले लोगों को इस बात के लिए तैयार किया कि वे पराए मर्दों के साथ मिलकर नाटकों में भाग लें। चार वर्ष तक नाटक करने के बाद जो धन एकत्र हुआ, उसे अकाल राहत कोष के लिए दे दिया। बाद में लेखिका कर्नाटक के एक छोटे-से कस्बे बागलकोट में रहीं। तब तक उसके दो बच्चे हो चुके थे, जो स्कूल जाने की उम्र में पहुँच गए थे, लेकिन वहाँ कोई ढंग का विद्यालय नहीं था।

विद्यालय खोलने के लिए कैथोलिक बिशप से बहस हुई, क्योंकि वहाँ क्रिश्चियन लोगों की संख्या कम थी। इसके बाद उसने तय किया कि वह स्वयं अंग्रेजी, हिंदी एवं कन्नड़ तीन भाषाएँ पढ़ाने वाला प्राइमरी स्कूल खोलेगी और कर्नाटक सरकार से मान्यता भी दिलवाएगी। उसने अपने बलबूते पर ऐसा एक प्राइमरी विद्यालय खोल दिया, जिससे उसके और अन्य अफसरों के बच्चे भी इसी विद्यालय में पढ़ें।

लेखिका की छोटी बहन रेणु

लेखिका स्वयं को अपनी छोटी बहन रेणु से कम आँकती हैं। फिर भी लेखिका अपने जिद्दीपन के कारण हर जगह सफल रहीं, विशेष रूप से लेखन के मंच पर। एक बार की घटना को याद करते हुए वह रेणु के विषय में लिखती हैं कि दिल्ली में वर्ष 1950 के अंतिम दौर में नौ इंच तक तेज बारिश हुई। रेणु की स्कूल बस नहीं आई, सबने उसे स्कूल जाने से मना किया कि स्कूल बंद होगा, किंतु वह नहीं मानी।

अपनी धुन की पक्की होने के कारण दो मील पैदल चलकर गई और फिर उतना ही पैदल चलकर वापस आई, क्योंकि स्कूल बंद था। रेणु की अकेले स्कूल जाने की धुन और उससे उत्पन्न रोमांच कितना एकाकी और मज़ेदार रहा होगा। लेखिका का मानना है कि सचमुच अपनी धुन में मंजिल की ओर बढ़ते जाना और अकेलेपन का मज़ा ही कुछ और होता है।

शब्दार्थ

शब्द	अर्थ
NCERT पेज नं. 13, 14 व 15	
मर्म	गूढ़ अर्थ, पारंपरिक,
परदानशीं	परदा करने वाली स्त्री
बैरिस्ट्री	कानून से संबंधित पढ़ाई
आकांक्षा	इच्छा
मुँहजोर	बहुत बोलने वाली
लिहाज	शर्म
दंग	हैरान/आश्चर्यचकित
हुजूर	दरबार/सभा
फरमाबरदार	आज्ञाकारी
हैरतअंगेज	आश्चर्यजनक
जुनून	पागलपन
पुश्तैनी	पूर्वजों से प्राप्त
वाशिंदों	रहने वालों
जंग	लड़ाई
तिलिस्म	जादू
ख्वाहिश	इच्छा
निष्पक्षता	किसी एक पक्ष में न रहना, तटस्थ
NCERT पेज नं. 16 व 17	
जुमला	वाक्य
भावार्थ	आशय
ममतालू	ममता से भरी
मुस्तैद	तैयार
मर्दजात	पुरुष जाति
निजत्व	व्यक्तिगत
लीक	बँधी-बँधाई परिपाटी
फजल	दया
पतोहू	पुत्र की पत्नी
अपरिग्रह	संग्रह न करना
गैर	रवायती-परंपराओं के खिलाफ
पोशीदा	परदा रखना/ गुप्त
बदस्तूर	नियम से
आरजू	इच्छा
NCERT पेज नं. 18 व 19	
गैर-वाजिब	अनुचित
जुस्तजू	तलाश/खोज
अफरा-तफरी	हलचल होना
जुगराफिया	ठिकाना/स्थान का पता
पुरखिन	पूर्वज
इतमीनान	तसल्ली
अकबकाया	घबराया
एहतियात	सावधानी
भलामानुस	भला मनुष्य
प्रकोप	क्रोध
नाहक	व्यर्थ
NCERT पेज नं. 20, 21 व 22	
दुर्योग	बुरा प्रभाव
तर्क	कारण
मिराक	मानसिक बीमारी
मोहलत देना	फुरसत/अवकाश
गड्ड-मड्ड	आपस में घुलना
आड़े आना	बाधा डालना
पोंगापंथी	ढोंग करने वाला
घरघुस्सू	घर में घुसा रहने वाला

शब्द	अर्थ
नतीजतन	परिणामस्वरूप
फारिग	कार्य से निवृत्त
तरबतर	पसीने से तर
रुतबा	ओहदा, इज़्ज़त
***NCERT* पेज नं. 23, 24 व 25**	
कुतर्क	अनुचित तर्क
शागिर्द	शिष्य
वाकिफ	परिचित

शब्द	अर्थ
कगार	किनारा
प्रयोजन	उद्देश्य
राहत कोष	राहत के लिए एकत्र किया गया धन
बिशप	पादरी
मान्यता	सरकार द्वारा प्राप्त स्वीकृति
मुकाबिल	बराबर
माकूल	उचित
मलाल	दु:ख

NCERT फोल्डर

पाठ्यपुस्तक (कृतिका भाग-1) के प्रश्नोत्तर

प्र.1 लेखिका ने अपनी नानी को कभी देखा भी नहीं, फिर भी उनके व्यक्तित्व से वह क्यों प्रभावित थीं? दक्षता आधारित प्रश्न

उत्तर लेखिका ने अपनी नानी को प्रत्यक्ष रूप से देखा तो नहीं था, परंतु उनके विषय में काफी कुछ सुना था। लेखिका की नानी अनपढ़, परंपरावादी, पर्दानशीं महिला थीं। विलायती ढंग से जीवन जीने वाले अपने पति से वे कभी प्रभावित नहीं हुईं।

नानी विचारों से आज़ाद खयाल की महिला थीं। आज़ादी का जुनून उनके दिल में था, इसलिए अपनी पुत्री (लेखिका की माँ) के लिए वर ढूँढने की जिम्मेदारी अपने पति को न सौंपकर उस समय के प्रसिद्ध क्रांतिकारी प्यारेलाल शर्मा को सौंप दी, ताकि स्वतंत्रता सेनानी से लेखिका का विवाह हो सके। उन्होंने अपना जीवन अपने ढंग से जिया। नानी की राष्ट्रचेतना और भारतीयता का लेखिका के व्यक्तित्व पर गहरा प्रभाव पड़ा। लेखिका पर उसकी नानी के विचारों और संस्कारों का भी प्रभाव पड़ा। इसलिए लेखिका अपनी नानी को नहीं देखने के बावजूद उनके लीक से हटकर स्वतंत्र जीवन जीने की प्रवृत्ति के कारण ही उनके व्यक्तित्व से प्रभावित थीं।

प्र.2 लेखिका की नानी की आजादी के आंदोलन में किस प्रकार भागीदारी रही?

उत्तर लेखिका की नानी प्रत्यक्ष रूप से आजादी के आंदोलन में सक्रिय नहीं थीं, पर उनके दिलो-दिमाग में भारत की आजादी का जुनून था। इसलिए उन्होंने अंग्रेजियत को स्वीकार कर लेने वाले अपने पति की जीवन-शैली का प्रभाव अपने ऊपर नहीं पड़ने दिया। वैचारिक स्तर पर भी अपने पति से भिन्न होने के कारण ही उन्होंने अपनी पुत्री के विवाह के लिए अपने पति के मित्र को अपना विश्वासपात्र माना, जो स्वतंत्रता सेनानी थे। लेखिका की नानी ने उनसे अपनी इच्छा व्यक्त की कि बेटी के लिए ऐसा वर ढूँढे जो आज़ादी का सिपाही हो, सच्चा भारतीय हो। इस प्रकार दिल से आज़ादी के आंदोलन में उनकी भागीदारी रही।

प्र.3 लेखिका की माँ परंपरा का निर्वाह न करते हुए भी सबके दिलों पर राज करती थीं। इस कथन के आलोक में

(क) लेखिका की माँ की विशेषताएँ लिखिए।

(ख) लेखिका की दादी के घर के माहौल का शब्द-चित्र अंकित कीजिए।

उत्तर (क) लेखिका की माँ सुंदर, नाजुक, ईमानदार, निष्पक्ष तथा मौलिक सोच वाली धनी व्यक्तित्व की महिला थीं। वे परंपरावाद के खिलाफ थीं और स्वतंत्रता आंदोलन के लिए काम किया करती थीं। इन्हीं विशेषताओं के कारण घर के सभी लोग उनका सम्मान करते थे।

प्रभावशाली व्यक्तित्व होने के कारण लोग उनसे केवल सलाह लेते थे। किसी की भी गोपनीय बात को वे कभी भी अन्य के समक्ष प्रकट नहीं करती थीं, वे कभी झूठ नहीं बोलती थीं, इसलिए बाहर के लोग भी उनकी सलाह को पत्थर की लकीर मानते थे। उनका सारा समय किताबें पढ़ने, संगीत सुनने और साहित्य चर्चा में बीतता था। अपने बच्चों के साथ वे दोस्त की तरह रहती थीं, हालाँकि वे अपने बच्चों को मातृत्व ममता देने और खाने-पीने का भी ज्यादा खयाल नहीं करती थीं।

(ख) लेखिका की दादी के घर में तीन पीढ़ियाँ एक साथ रहती थीं, परंतु किसी की स्वतंत्रता और निजता में कोई किसी के लिए बाधक नहीं था। किसी की चिट्ठी तक कोई नहीं खोलता था और न ही उसके बारे में कोई पूछता था। दादा जी अंग्रेजों के प्रशंसक थे। लेखिका की परदादी और माँ लीक से हटकर रहती थीं। परदादी ने तो उस समय की सामाजिक मान्यताओं से हटकर लेखिका की माँ के लिए लड़की की मन्नत माँग ली। यहाँ तक कि जग जाहिर भी कर दिया, जो आश्चर्यजनक था। लेखिका की माँ आज़ादी के आंदोलन में सक्रिय थीं। निजत्व की छूट होने के कारण ही लेखिका और उसकी अन्य तीन बहनें तथा इकलौते भाई ने अपनी इच्छा अनुकूल अपना रास्ता चुना।

प्र.4 आप अपनी कल्पना से लिखिए कि परदादी ने पतोहू के लिए पहले बच्चे के रूप में लड़की पैदा होने की मन्नत क्यों माँगी?

उत्तर लेखिका की परदादी का व्यक्तित्व विशिष्ट और असाधारण था। लीक से हटकर चलना उनका स्वभाव था। इसलिए उन्होंने पहली संतान के रूप में अपनी पतोहू के लिए लड़की की मन्नत माँगी। एक अन्य कारण यह भी हो सकता है कि उस समय के सामाजिक वातावरण के अनुसार, परदादी को भी स्वयं लड़की होने का अपमान व तिरस्कार सहना पड़ा हो, जिसके कारण उनके मन के एक कोने में लड़कियों के प्रति अत्यधिक लगाव, आदर और कोमल भाव ने जन्म ले लिया हो। यह भी हो सकता है कि वह अपने जीते-जी समाज में लड़कियों का आदर-सत्कार होते हुए देखना चाहती हों और इसकी शुरुआत अपने घर से ही करना चाहती हों। संभवत: वे समाज को दिखाना एवं बताना चाहती हों कि लड़कियों का तिरस्कार नहीं, सम्मान होना चाहिए। लड़कियों की समाज के विकास में एक महत्त्वपूर्ण भूमिका होती है।

प्र.5 डराने-धमकाने, उपदेश देने या दबाव डालने की जगह सहजता से किसी को भी सही राह पर लाया जा सकता है। पाठ के आधार पर तर्क सहित उत्तर दीजिए। **दक्षता आधारित प्रश्न**

उत्तर नि:संदेह डराकर-धमकाकर, उपदेश देकर या दबाव डालकर कुछ समय के लिए अपनी बात मनवाई जा सकती है, परंतु डर खत्म होते ही बात मानने वाला व्यक्ति पुन: वही काम करेगा, जो वह स्वयं चाहता है। दबाव हटते ही सारे प्रयास असफल होने लगते हैं। पाठ में भी लेखिका की नानी को देखा जा सकता है कि उन्होंने अपने पति का कभी विरोध नहीं किया और न ही समर्थन किया, परंतु वह अपने आदर्शों पर टिकी रहीं और उचित समय पाकर अपनी पुत्री के लिए इच्छानुसार कदम उठाया। लेखिका की दादी ने भी चोर के साथ कठोरता का व्यवहार करने की बजाय सहज व्यवहार किया। परिणामस्वरूप उसका हृदय-परिवर्तन हो गया और उसने चोरी की गलत राह को छोड़कर खेती का कार्य अपनाया। सहजता के दोनों अनोखे उदाहरण हैं।

प्र.6 "शिक्षा बच्चों का जन्मसिद्ध अधिकार है"—इस दिशा में लेखिका के प्रयासों का उल्लेख कीजिए।

उत्तर "शिक्षा बच्चों का जन्मसिद्ध अधिकार है"—इस दिशा में लेखिका के प्रयास सराहनीय हैं। लेखिका जब कर्नाटक के छोटे-से कस्बे बागलकोट में रह रही थीं, तो उसने देखा कि वहाँ कोई ढंग का स्कूल नहीं है, जबकि लेखिका के दो बच्चे स्कूल जाने की उम्र में पहुँच चुके थे। उसने एक अच्छा विद्यालय खुलवाने की इच्छा जाहिर की। इसके लिए उसने कैथोलिक बिशप से मदद माँगी, प्रार्थना की, परंतु वे तैयार नहीं हुए। तब स्वयं लेखिका ने वहाँ के कुछ लोगों को साथ लेकर एक अच्छा प्राइमरी स्कूल खुलवाया और कर्नाटक सरकार से मान्यता भी दिलवाई। उस विद्यालय में लेखिका तथा अन्य सरकारी अफसरों के बच्चे भी पढ़ते थे, जो अन्य बड़े स्कूलों में भर्ती होने के काबिल बने।

प्र.7 पाठ के आधार पर लिखिए कि जीवन में कैसे इंसानों को अधिक श्रद्धा भाव से देखा जाता है?

उत्तर प्रस्तुत पाठ के आधार पर स्पष्ट होता है कि जीवन में उन लोगों को अधिक श्रद्धा भाव से देखा जाता है, जिनकी सोच मौलिक हो, जो सच्चाई के साथ रहें, निष्पक्ष हों, परंपरा का निर्वाह करते हुए भी लीक से हटकर कुछ नया करने का साहस रखते हों, हीन भावना से ग्रसित न हों, सुदृढ़ इरादों वाले हों, किसी की भी गोपनीय बातों को दूसरों के सामने प्रकट न करते हों, सामाजिक परिस्थितियों से सरोकार रखते हों आदि। उपरोक्त सभी विशेषताएँ लेखिका की माँ में थीं। वह कभी झूठ नहीं बोलती थीं, बातों को गोपनीय रखती थीं। इन विशेषताओं के कारण उन्हें घरवालों का आदर मिला हुआ था तथा बाहरवालों से दोस्ती भी कायम थी। इसी कारण वे जीवन में सभी के लिए श्रद्धेय थीं।

प्र.8 "सच अकेलेपन का मज़ा ही कुछ और है"—इस कथन के आधार पर लेखिका की बहन एवं लेखिका के व्यक्तित्व के बारे में अपने विचार व्यक्त कीजिए।

उत्तर लेखिका और उसकी बहन दोनों स्वतंत्र विचारों की थीं। लोगों द्वारा कही, सुनी और देखी बातों पर विश्वास करने और बनी-बनाई लीक या परंपरा पर चलने में वे विश्वास नहीं रखती थीं। दोनों आज़ादी की पक्षधर थीं। लेखिका ने बिहार के डालमिया नगर जैसे छोटे-से कस्बे में नारियों में जागरूकता पैदा की।

लेखिका ने स्त्री-पुरुषों के बीच भेदभाव की मानसिकता को दूर करने का पूरा प्रयास किया। उसने अपने बल-बूते पर बागलकोट में स्कूल खोला। लेखिका की बहन रेणु स्कूल से पैदल ही घर आती थीं, गाड़ी से जाना-आना उसे पसंद नहीं था। उसका सोचना था कि यह सामंतवादी प्रवृत्ति है। दिल्ली में वर्ष 1950 में भीषण बरसात में भी अकेले पैदल स्कूल जाना और तुरंत वापस आना उसके साहस को प्रमाणित करता है। दोनों के व्यक्तित्व मौलिक एवं स्वतंत्र सोच वाले, विचारवान थे, जो अकेले अपनी मंजिल तलाशने की हिम्मत रखते थे।

अभ्यास प्रश्न

वर्णनात्मक प्रश्नों सहित

पाठ पर आधारित प्रश्न

1. व्यक्ति अपनी मृत्यु के निकट पहुँचने पर अपनी दबी हुई इच्छा को व्यक्त कर देता है। लेखिका की नानी के व्यवहार के आधार पर स्पष्ट कीजिए।

उत्तर नानी ने जब स्वयं को मौत के निकट पाया, तब वह अपनी बेटी अर्थात् लेखिका की माँ की शादी के विषय में सोचकर व्याकुल हो उठीं और पर्दा त्यागकर अपने पति के एक मित्र स्वतंत्रता सेनानी प्यारेलाल शर्मा को बुलाया। उन्होंने उनसे कहा कि वे ही उनकी बेटी के लिए ऐसा वर तय करें, जो आज़ादी का सिपाही हो। इससे उनके अंदर छिपे आजादी के जुनून और आजाद खयालों का पता चलता है। सारी उम्र अपने ढंग से जीवन जीने वाली स्त्री, लेखिका की नानी के व्यवहार में आया यह परिवर्तन अप्रत्याशित था

2. आज भी पढ़े-लिखे बहुत से लोग संतान के रूप में बेटे की इच्छा रखते हैं, ऐसे में पुराने जमाने की होते हुए भी लेखिका की परदादी का पतोहू के बच्चे के रूप में लड़की की मन्नत माँगना क्या सिद्ध करता है? दक्षता आधारित प्रश्न

उत्तर लेखिका की परदादी उच्च आदर्शों वाली तथा लीक से अलग हटकर चलने वाली महिला थीं। उस समय समाज-सुधार तथा स्त्री उत्थान के आंदोलनों के प्रचार-प्रसार के चलते गाँव-शहर हर जगह नई चेतना का विकास हो रहा था, जिनसे प्रेरणा पाकर कुछ ऐसी पारंपरिक और रूढ़िवादी महिलाओं की सोच में ऐसा परिवर्तन आया कि सब अचंभित (हैरान) हो गए।

ऐसी ही महिला थीं—लेखिका की परदादी, उन्होंने भगवान से अपनी पतोहू के पहले बच्चे के लिए लड़की होने की मन्नत माँगी और इस मन्नत की घोषणा सरेआम की।

उनका अपनी पतोहू के पहले बच्चे के रूप में लड़की की मन्नत माँगना यह सिद्ध करता है कि उनकी निगाह में लड़की और लड़के में कोई अन्तर नहीं था। वे लड़कियों को भी समान अवसर देने की पक्षधर थीं।

3. मानवीय प्रकृति को डराकर नहीं, बल्कि आत्मीयता के साथ परिवर्तित करना अधिक सरल है, कैसे?

उत्तर डराकर या धमकाकर किसी को रास्ते पर नहीं लाया जा सकता है, परंतु सद्व्यवहार और आत्मीयता से किसी को भी सही रास्ते पर लाया जा सकता है; जैसे—लेखिका की परदादी ने चोर का हृदय परिवर्तन किया। चोर के आने पर उन्होंने शोर नहीं मचाया, बल्कि उससे पानी मँगवाकर पिया और उसे भी पिलाया तथा उससे माँ-बेटे का संबंध स्थापित कर लिया और उसे गलत रास्ते से सही रास्ते की ओर मोड़ दिया। चोर ने चोरी छोड़कर खेती का धंधा अपना लिया। इस प्रकार मनुष्य की बुरी प्रवृत्तियों को दूर करने के लिए डर नहीं, बल्कि आत्मीय संबंध उपयुक्त होते हैं, जिससे उसके विचारों को सरलता से परिवर्तित किया जा सकता है।

4. जिन्हें कतार से बाहर चलने का शौक था, उन्होंने व्रत ले रखा था कि अगर खुदा के फजल से, उनके पास कभी दो से ज्यादा धोतियाँ हो जाएँगी, तो वे तीसरी दान कर देंगी। इन पंक्तियों के आधार पर लेखिका की परदादी की चार चारित्रिक विशेषताएँ लिखिए।

***अथवा* अपनी परदादी के व्यक्तित्व की किन विशेषताओं से लेखिका प्रभावित थीं? अपने शब्दों में लिखिए।**

उत्तर लेखिका की परदादी की चारित्रिक विशेषताएँ निम्नलिखित हैं

(i) वे लीक से हटकर चलने वालों में से थीं।

(ii) वे 'अपरिग्रह' के नियम का पालन करते हुए फालतू सामान को दान कर देती थीं।

(iii) अपनी पतोहू के गर्भवती होने पर उन्होंने मंदिर में जाकर भगवान से लड़की होने की मन्नत माँगकर सबको आश्चर्य में डाल दिया। भगवान ने भी उनकी दुआ से प्रसन्न होकर उनकी बहू को एक के बाद एक पाँच कन्याएँ दे दीं। अपनी इस मन्नत के कारण के संबंध में उन्होंने कभी बताया तो नहीं, लेकिन निश्चित रूप से लड़कियों का समाज में स्वागत-सम्मान होना चाहिए, ऐसा वे चाहती होंगी।

(iv) घर में चोर के घुसने पर उन्होंने बड़ी समझदारी से उससे माँ-बेटे का रिश्ता कायम कर, उसे सुधार दिया और खेती करने के लिए प्रेरित किया।

5. पिता से प्राप्त उपन्यास 'ब्रदर्स कारामजोव' से लेखिका की मानसिकता पर क्या प्रभाव हुआ? 'मेरे संग की औरतें' पाठ के आधार पर लिखिए। दक्षता आधारित प्रश्न

उत्तर पिता से प्राप्त उपन्यास 'ब्रदर्स कारामजोव' को एक बार शुरू करने के बाद लेखिका सब कुछ भूल गई। अपना रोना-धोना और अन्य कोई काम करना उसे याद ही नहीं रहा। इस किताब को उसने बहुत बार पढ़ा। उसके सारे पाठ भी गड्ड-मड्ड हो गए, लेकिन एक पाठ या अध्याय, जो बच्चों पर होने वाले अनाचार—अत्याचार से संबंधित था, लेखिका को पहली बार में ही ऐसा कंठस्थ हो गया था कि उम्र के हर पड़ाव में वह लेखिका और उसके लेखन को प्रभावित करता रहा। 'जादू का कालीन, 'मेरा नाटक नहीं', 'तीन किलो की छोरी' जैसी कहानियों व 'कठगुलाब' उपन्यास के कई अंशों पर उसका प्रभाव दिखाई देता है।

6. 'मेरे संग की औरतें' पाठ में लेखिका ने बच्चों की शिक्षा के लिए स्वयं प्रयास किया है। पठित पाठ के आधार पर बताइए कि बच्चों के लिए शिक्षा कितनी आवश्यक है और हमें उनकी शिक्षा के लिए क्या प्रयास करना चाहिए? दक्षता आधारित प्रश्न

उत्तर 'मेरे संग की औरतें' पाठ में लेखिका ने बच्चों की शिक्षा के लिए स्वयं सराहनीय प्रयास किया है। 'शिक्षा बच्चों का जन्मसिद्ध अधिकार है' संबंधी धारणा में विश्वास करने वाली लेखिका ने कर्नाटक के छोटे-से कस्बे बागलकोट में कोई भी स्तरीय शिक्षा देने वाला स्कूल न होने के कारण वहाँ एक अच्छा प्राइमरी स्कूल खुलवाया और उसे कर्नाटक सरकार से मान्यता भी दिलवाई।

बच्चों के लिए शिक्षा अत्यंत आवश्यक है। शिक्षित नागरिक ही अपना तथा अपने समाज एवं देश का विकास कर सकते हैं। समाज में व्याप्त अधिकांश बुराइयों की जड़ निर्धनता या गरीबी होती है और गरीबी की जड़ अशिक्षा है। यदि बच्चों की शिक्षा पर ध्यान नहीं दिया जाए, तो समाज एवं देश का कभी भी कल्याण नहीं हो सकता है और कभी विकास भी नहीं हो सकता है। हमें बच्चों की शिक्षा को बढ़ावा देने के लिए वैयक्तिक एवं सामाजिक दोनों स्तरों पर क्रियाशील होना चाहिए। प्रत्येक शिक्षित व्यक्ति अपने आस-पास के निर्धन बच्चों को नि:शुल्क शिक्षा प्रदान कर सकता है। उन्हें पढ़ने के आवश्यक संसाधन उपलब्ध कराने चाहिए तथा उनके भोजन की व्यवस्था करनी भी आवश्यक है। प्रत्येक व्यक्ति को इसमें यथासंभव अपना योगदान देना चाहिए।

7. स्कूल खोलने के विषय में लेखिका और बिशप के विचारों को अपने शब्दों में लिखते हुए बताइए कि आप किनके विचार को उचित मानते हैं?

उत्तर लेखिका ने बागलकोट के कैथोलिक बिशप से अपने कस्बे में प्राइमरी स्कूल खोलने का आग्रह किया, लेकिन बिशप ने उसके आग्रह को यह कहकर टाल दिया कि यहाँ ईसाई बच्चों की संख्या कम है। लेखिका ने पुन: आग्रह किया, तो उन्होंने स्कूल खोलने की शर्त यह रखी कि वह यह यकीन दिलाए कि स्कूल सौ वर्षों तक चलता रहेगा। इस पर लेखिका को गुस्सा आ गया और उसने बिशप से कहा कि किसी भी बात के लिए यकीन नहीं दिलाया जा सकता कि वह सौ वर्ष तक चलेगा। इस पर बिशप ने भी गुस्से में कहा कि बच्चों के न पढ़ पाने की समस्या आपकी है, उनकी नहीं। दोनों के विचारों में लेखिका के विचार उचित हैं, क्योंकि वह शिक्षा को सर्वोपरि मानती थीं। उनके लिए शिक्षा बच्चों का जन्मसिद्ध अधिकार है, जो कि उचित है।

8. लेखिका मृदुला गर्ग अपने साथ की किन औरतों से प्रभावित थीं और क्यों?

उत्तर लेखिका मृदुला गर्ग अपने साथ की कई औरतों से प्रभावित थीं, जिनके साथ उनका कोई-न-कोई रिश्ता था। वे थीं—उनकी नानी, परदादी और छोटी बहन रेणु। उनकी नानी देशप्रेम से भरी थीं, उन्होंने अपनी सामान्य भूमिका छोड़कर अंतिम समय में पति के मित्र क्रांतिकारी प्यारेलाल जी को बुलाया और उनसे अपनी बेटी का विवाह किसी स्वतंत्रता सेनानी से कराने का वादा लिया। उनकी दादी ने भी लीक तोड़ते हुए लड़के के स्थान पर लड़की की कामना करके समाज के सामने अद्भुत उदाहरण प्रस्तुत किया और बहन रेणु ने अपने नजरिए से जिंदगी को देखा, समझा और अकेले ही उसका आनंद लिया। इन सभी ने लेखिका के जीवन पर गहरा प्रभाव डाला है।

9. लेखिका के मन में उसकी नानी, दादी, माँ, भाई-बहनों आदि की स्मृतियाँ हैं। इन्हीं रिश्तों से परिवार बनता है। परिवार के बारे में अपने विचार प्रकट करते हुए बताइए कि यह किस प्रकार महत्त्वपूर्ण है?

उत्तर लेखिका ने प्रस्तुत पाठ में अपने परिवार का वर्णन करते हुए जिन रिश्तों एवं उनसे जुड़ी भावनाओं का उल्लेख किया है, वास्तव में उन्हीं से परिवार की रचना होती है। परिवार एक ऐसी सामाजिक इकाई है, जिसके परिवेश में पल-बढ़ कर मनुष्य प्राथमिक रूप से सामाजिकता तथा व्यक्तिगत आचार-विचार एवं कार्य-व्यवहार की शिक्षा प्राप्त करता है। यह कहना गलत न होगा कि परिवार हमारे सामाजिक, सांस्कृतिक एवं व्यक्तिगत जीवन की भी सबसे महत्त्वपूर्ण इकाई है।

ऐतिहासिक परिप्रेक्ष्य में भी देखा जाए तो रामायण, महाभारत आदि में वर्णित घटनाओं के केंद्र में परिवार ही है। समाजशास्त्रियों ने समाज को परिभाषित करते हुए उसे 'सामाजिक संबंधों का जाल' कहा है। यदि यह कथन सत्य है, तो यह मानने में कोई कठिनाई नहीं कि उस जाल को बनाने का सबसे महत्त्वपूर्ण सूत्र परिवार ही है। समाज की रचना का आरंभ परिवार के समूहों से ही होता है।

10. लेखिका ने कार्य के प्रति दृढ़ निश्चय का प्रदर्शन इस पाठ में किया है। कार्य के प्रति सच्ची लगन एवं दृढ़ निश्चय का जीवन में क्या महत्त्व है? दक्षता आधारित प्रश्न

उत्तर कार्य के प्रति सच्ची लगन एवं दृढ़ निश्चय असंभव को भी संभव बना देने वाले गुण हैं। कोई भी कार्य यदि पूरे मन अर्थात् लगन से किया जाए और व्यक्ति उसे पूर्ण करने के प्रति दृढ़ संकल्पित हो, तो वह न केवल उससे पूरा होता है, बल्कि वह कार्य विशिष्ट और ऐतिहासिक रूप से यादगार भी हो जाता है।

लेखिका द्वारा कर्नाटक के छोटे से कस्बे बागलकोट में अच्छा-सा प्राइमरी स्कूल खुलवाना इसका उदाहरण है। लगनशील, दृढ़निश्चयी एवं ईमानदार व्यक्ति अपने जीवन में अनेक अविस्मरणीय कार्य करके अपने समाज एवं राष्ट्र का नायक बन जाता है। हमारे अनेक महापुरुषों के जीवन इस बात के साक्षी हैं कि अपनी सच्ची लगन एवं दृढ़निश्चय से ही उन्होंने असंभव कार्यों को भी संभव बनाया और जीवन में सम्मान प्राप्त किया। उनके मरने के बाद भी हम उन्हें श्रद्धा एवं आदर के साथ याद करते हैं। राष्ट्रपिता महात्मा गाँधी, विनोबा भावे, डॉ. अंबेडकर आदि इसके ज्वलंत उदाहरण हैं।

11. 'मेरे संग की औरतें' शीर्षक की सार्थकता स्पष्ट कीजिए।

उत्तर 'मेरे संग की औरतें' एक नए ढंग या शैली में लिखा गया संस्मरणात्मक गद्य है। यह पाठ ऐसी औरतों पर केंद्रित है, जिन्होंने परंपरागत तरीके से जीवन जिया, लेकिन साथ ही ये लीक से हटकर जीने की भी प्रेरणा देती हैं। पाठ में लेखिका की नानी, परदादी, माँ, बहनें और स्वयं लेखिका की कहानी बताई गई है। ये सभी चरित्र वस्तुत: लेखिका के संग की ही महिलाएँ हैं।

लेखिका इस शीर्षक के माध्यम से किन्हीं विशिष्ट स्त्रियों के बारे में उनके विशिष्ट व्यक्तित्व की चर्चा करने का लक्ष्य नहीं रखती, बल्कि सामान्य स्त्रियों के व्यक्तित्व में निहित विशिष्ट गुणों को उभारना चाहती हैं। इसलिए वह अपने संग की सामान्य महिलाओं की ही चर्चा करती हैं। इसलिए 'मेरे संग की औरतें' शीर्षक पूर्णत: सार्थक और अत्यंत प्रभावी है।

12. 'मेरे संग की औरतें' पाठ के आधार पर स्तंभ (I) का स्तंभ (II) से सही मिलान कीजिए और प्रत्येक मिलान के लिए एक एक वाक्य लिखिए।

दक्षता आधारित प्रश्न

स्तंभ (I) पाठ के वाक्य	स्तंभ (II) मूल विचार
(क) नानी की इच्छानुसार उसकी माँ की शादी एक पढ़े-लिखे होनहार, परंतु गरीब आज़ादी के सिपाही से हो गई।	(i) दृढ़ निश्चयी, आत्मविश्वास से भरपूर
(ख) लेखिका और उसकी बहन को पोंगापंथी या घरघुस्सु जैसे शब्द सुनने पढ़ते थे।	(ii) सादा जीवन जीने को विवश
(ग) लेखिका की तीसरी बहन ने एक लड़के को पसन्द कर अपनी शादी का ऐलान किया।	(iii) गुप्त परिचय, नाम बदलना

उत्तर (क) नानी की इच्छानुसार लेखिका की माँ की शादी एक पढ़े-लिखे होनहार, परन्तु गरीब आजादी के सिपाही से हो गई। इस प्रकार वे सादा जीवन जीने को विवश थीं।

(ख) लेखिका और उसकी बहन को पोंगापंथी या घरघुस्सु; जैसे शब्द सुनने पड़ते थे, वे दोनों अपना नाम बदलकर लिखती थीं।

(ग) लेखिका की तीसरी बहन रेणु ने एक लड़के को पसन्द कर अपनी शादी का ऐलान करके, बाद में उससे शादी कर ली। वह एक दृढ़-निश्चयी और आत्मविश्वास से भरपूर लड़की थीं।

स्व-मूल्यांकन

निम्नलिखित प्रश्नों के उत्तर दीजिए

1. कर्नाटक के बिशप ने स्कूल खोलने से क्यों मना किया? क्या धर्म के नाम पर स्कूल खोलना उचित है? 'मेरे संग की औरतें' पाठ के आधार पर उत्तर दीजिए। दक्षता आधारित प्रश्न
2. 'मेरे संग की औरतें' पाठ की लेखिका की दादी के घर के जैसा वातावरण आपको अच्छा लगता है या नहीं? अपना तर्कपूर्ण उत्तर दीजिए।
3. 'बच्चों की शिक्षा' के लिए आप किस प्रकार अपना योगदान कर सकते हैं? अपने शब्दों में लिखिए।
4. 'स्त्रियों की स्वतंत्रता' उनके विकास में कितनी सहायक होती है? आप इस दिशा में किस प्रकार अपनी सार्थक भूमिका निभा सकते हैं?
5. 'मेरे संग की औरतें' पाठ के आधार पर बताइए कि लेखिका ने अपने संग समय बिताने वाली परिवार की महिलाओं की चर्चा करके क्या संदेश देना चाहा है? दक्षता आधारित प्रश्न

अध्याय 3

रीढ़ की हड्डी

जगदीश चंद्र माथुर

पाठ की रूपरेखा प्रस्तुत पाठ 'रीढ़ की हड्डी' एक सामाजिक व्यंग्यपूर्ण एकांकी है। इस एकांकी के माध्यम से लेखक ने सीधा उन लोगों पर प्रहार किया है, जो लड़के और लड़कियों में भेद करते हैं। 'रीढ़ की हड्डी' में जगदीश चंद्र माथुर ने उस स्थिति को बताने की कोशिश की है, जब लड़कियाँ पढ़-लिखकर सक्षम हो जाती हैं तथा उनमें आत्मविश्वास जाग उठता है। फिर भी समाज के कुछ दकियानूसी विचार वाले लोग लड़कियों की इस सफलता से दु:खी ही रहते हैं।

लेखक परिचय

प्रसिद्ध नाटककार जगदीश चंद्र माथुर का जन्म वर्ष 1917 में उत्तर प्रदेश के खुर्जा नामक स्थान पर हुआ था। उन्होंने उच्च शिक्षा इलाहाबाद विश्वविद्यालय से प्राप्त की। उनकी रुचि बचपन से ही नाटकों में अधिक थी। इसी कारण वे स्कूल, कॉलेज के सांस्कृतिक उत्सवों में भाग लेने लगे। साथ ही साथ नाट्य लेखन, निर्देशन और अभिनय करते रहे।

जगदीश चंद्र माथुर की प्रमुख कृतियाँ हैं—कोणार्क, दशरथ नंदन, शारदीया, पहला राजा (नाटक), भोर का तारा, ओ मेरे सपने (एकांकी संग्रह)। जगदीश चंद्र माथुर के नाटकों में विविधता देखने को मिलती है। उन्होंने ऐतिहासिक नाटकों के साथ-साथ सामाजिक समस्याओं से जुड़े एकांकी व नाटक भी लिखे हैं। उनकी व्यंग्य प्रधान एकांकी चर्चित रही हैं। वर्ष 1978 में उनका देहांत हो गया।

पाठ का सार

मेहमान के स्वागत की तैयारी

जगदीश चंद्र माथुर द्वारा रचित इस एकांकी में घर के मुखिया रामस्वरूप अपने घर को सजाते-सँवारते हैं, क्योंकि आज उनकी बेटी (उमा) को देखने के लिए गोपाल प्रसाद अपने बेटे शंकर के साथ आ रहे हैं। रामस्वरूप अपने नौकर के साथ तख्त और उस पर बिछाई जाने वाली चादर ठीक करते हैं। नौकर कुछ ऊँचा सुनने के कारण धोबी को धोती सुन लेता है, जिसके कारण घर में हास्यास्पद स्थिति उत्पन्न हो जाती है।

रामस्वरूप तथा प्रेमा का वार्तालाप

उमा की माँ प्रेमा बताती हैं कि बेटी तो मुँह फुलाए बैठी है और न ही साड़ी पहन रही है और वे इसका सारा दोष पढ़ाई-लिखाई पर डाल देती हैं। वे कहती हैं कि इससे तो अच्छा हमारा जमाना था जब लड़कियाँ कम पढ़ा-लिखा करती थीं।

प्रेमा बताती हैं कि उमा पाउडर तक नहीं लगाती, इस पर रामस्वरूप कहते हैं कि वह बिना पाउडर के भी अच्छी दिखती है। रामस्वरूप बताते हैं कि वैसे तो वे लोग बहुत पढ़े-लिखे हैं। गोपाल प्रसाद पेशे से वकील हैं तथा उनका बेटा बी.एस.सी. पास है। परंतु उनके विचार दकियानूसी हैं।

वे लड़की ऐसी चाहते हैं, जो अधिक पढ़ी-लिखी न हो और लड़का तो बाप से भी बढ़कर है। वह पढ़ता तो लखनऊ के मेडिकल कॉलेज में है परंतु शादी के मामले में पढ़ी-लिखी लड़की उसे पसंद नहीं है। रामस्वरूप अपनी पत्नी से कहते हैं कि अब किसी भी तरह से उमा को तैयार करो और उसे ठीक से समझा देना, क्योंकि लड़के वाले कभी भी आ सकते हैं।

रामस्वरूप की विवशता

रामस्वरूप जानते हैं कि उमा को पढ़ाकर उन्होंने कोई गलती नहीं की। फिर भी लड़के वालों के सामने वे अपनी बेटी के बी. ए. तक पढ़े होने की बात नहीं बता सकते। लड़के वालों का मानना है कि लड़की को अधिक पढ़ा-लिखा नहीं होना चाहिए, क्योंकि बाद में तो उसे घर-गृहस्थी ही चलानी पड़ती है। इस प्रकार, रामस्वरूप विवशता के कारण अपनी बेटी के पढ़े-लिखे होने की बात लड़के वालों से छिपाते हैं।

लड़के वालों का आगमन तथा उनका स्वागत-सत्कार

नौकर बताता है कि बाहर अतिथि आए हैं। वे जल्दी से हारमोनियम ठीक जगह रख देते हैं और नौकर को मक्खन लाने के लिए बाज़ार भेज देते हैं। रामस्वरूप ने लड़के वालों का बढ़-चढ़कर स्वागत किया। फिर बातों का सिलसिला शुरू हुआ। इसी बीच नाश्ता परोसा जाता है। दोनों अपने-अपने ज़माने की बातों में खो जाते हैं।

लड़के वालों के दकियानूसी विचार

गोपाल प्रसाद जी लड़की की खूबसूरती के बारे में कहते हैं कि लड़की का सुंदर होना अति आवश्यक है, फिर चाहे वह किसी भी तरीके को अपनाकर सुंदर दिखे। सरकार को उसकी खूबसूरती पर टैक्स लगा देना चाहिए। बस शर्त यह होनी चाहिए कि लड़की स्वयं अपनी खूबसूरती का टैक्स तय करे। इससे सरकार को आमदनी भी होगी और देने वाले शिकायत भी नहीं करेंगे। फिर वे रामस्वरूप से पूछते हैं कि उनकी लड़की अधिक पढ़ी-लिखी तो नहीं है, क्योंकि उन्हें अधिक पढ़ी-लिखी लड़की नहीं चाहिए।

बस मैट्रिक पास ही होनी चाहिए। वे तर्क देते हुए कहते हैं—"मोर के पंख होते हैं, मोरनी के नहीं; शेर के बाल होते हैं, शेरनी के नहीं।" उनके अनुसार, पढ़ने-लिखने का काम तो पुरुषों का होता है, स्त्रियों को तो घर-गृहस्थी चलानी होती है। अत: उनको अधिक पढ़ाई की कोई आवश्यकता नहीं होती। उनके पढ़े-लिखे बेटे की भी यही धारणा थी। रामस्वरूप भी गोपाल प्रसाद की इस बात का समर्थन करते हैं कि उच्च शिक्षा सिर्फ़ पुरुषों को ही प्राप्त करनी चाहिए।

उमा का प्रवेश

नाश्ता समाप्त होने के पश्चात् रामस्वरूप पान मँगवाते हैं। उनकी बेटी उमा पान की तश्तरी लेकर कमरे में आती है। उसने सादे कपड़े पहने थे तथा गर्दन झुकी हुई थी और आँखों पर चश्मा था। गोपाल प्रसाद और उनका बेटा उमा का चश्मा देखकर चौंक जाते हैं। रामस्वरूप बहाना बनाते हैं कि पिछले महीने इसकी आँखें दुखनी आ गई थीं, इसलिए इसे कुछ दिन के लिए चश्मा लगाना पड़ रहा है।

लड़के वालों का उमा से सवाल करना

गोपाल प्रसाद उमा से प्रश्न-पर-प्रश्न शुरू करते हुए पूछते हैं कि गाना-बजाना आता है या नहीं, खाना बनाना जानती हो या नहीं, पेंटिंग और सिलाई जानती हो या नहीं, गाना-बजाना सीखा है या नहीं? इत्यादि।

तब उमा, मीरा का प्रसिद्ध भजन "मेरे तो गिरधर गोपाल दूसरो न कोई" गाने लगती है कि गाते-गाते उसकी नजर शंकर से मिल जाती है और वह अचानक रुक जाती है। अब गोपाल प्रसाद फिर पूछते हैं कि कुछ इनाम भी जीते हैं क्या? वह चुप रहती है।

उमा का लड़के वालों को जवाब देना

रामस्वरूप कहते हैं कि बेटी, जवाब दो, तो वह फूट पड़ती है—"क्या जवाब दूँ बाबू जी! जब मेज-कुर्सी बिकती हैं, तब दुकानदार मेज-कुर्सी से नहीं पूछता, सिर्फ खरीदार को दिखा देता है। पसंद आ गई तो अच्छा, वरना.....।"

वह आगे कहती है—"इन महाशय से पूछिए कि क्या लड़कियों के पास दिल नहीं होता? क्या उनको चोट नहीं लगती?" तब गोपाल प्रसाद झल्ला उठते हैं।

उमा द्वारा शंकर की पोल खोलना

उमा, गोपाल प्रसाद से कहती है कि जरा अपने साहबजादे से पूछिए कि पिछली फरवरी में ये लड़कियों के हॉस्टल के इर्द-गिर्द क्यों घूम रहे थे और वहाँ से कैसे भगाए गए? वह शंकर की करतूत के विषय में बताती है कि शंकर कॉलेज में लड़कियों के हॉस्टल के आस-पास घूमते हुए और लड़कियों से छेड़खानी करते हुए पकड़ा गया था। तब उसने नौकरानी के पैरों में गिरकर माफी माँगी थी और भाग निकला था। उसकी वहाँ पिटाई भी हुई थी। उमा, शंकर की चरित्रहीनता को उधेड़ कर रख देती है। गोपाल प्रसाद उमा से पूछते हैं कि क्या तुम पढ़ी-लिखी हो? तब उमा जवाब देते हुए कहती है कि—हाँ! मैंने बी.ए. पास किया है, कोई चोरी नहीं की, न ही आपके पुत्र की तरह ताक - झाँक कर कायरता दिखाई है। मुझे अपनी इज्जत और मान का खयाल है। उमा के कथन द्वारा गोपाल प्रसाद को पता चलता है कि वह कॉलेज में पढ़ी है। उमा ने जब लड़के की सभी काली करतूतें बता दीं, तब लड़के वालों का मुंह बन गया। गोपाल प्रसाद बोले कि रामस्वरूप जी, आपने क्या हमें यहाँ बेइज्जती करवाने के लिए बुलाया है।

शंकर की बैकबोन का स्पष्टीकरण

गोपाल प्रसाद स्वयं को अपमानित किए जाने की बात कहते हैं और वहाँ से जाने का उपक्रम करते हैं, तो उमा यह कहकर उन्हें और चिढ़ा देती है—"घर जाकर यह पता लगाइएगा कि आपके लाड़ले बेटे के रीढ़ की हड्डी है भी या नहीं अर्थात् बैकबोन!" गोपाल प्रसाद और शंकर लौट जाते हैं। तभी रतन मक्खन लेकर लौटता है और पर्दा गिरता है।

शब्दार्थ

शब्द	अर्थ
NCERT पेज नं. 27	
मामूली	विशेष न होना/आम
महाशय	सज्जन/व्यक्ति
अधेड़	पकी उम्र/चालीस और पचास की उम्र वाला
तख्त	लकड़ी के फट्टों से बना आसन
सिरा	किनारा

शब्द	अर्थ
अक्ल	बुद्धि
पसीना बहाना	परिश्रम करना
कसरतें	व्यायाम
कलश	घड़ा
NCERT पेज नं. 28	
मेजपोश	मेज पर बिछाने का सजावटी कपड़ा

शब्द	अर्थ
झाड़न	झाड़ने के काम आने वाला कपड़ा
सहसा	अचानक
गंदुमी	गेहुँए रंग का
जाहिर	प्रकट
भीगी बिल्ली	डरा हुआ
डाट	प्लास्टिक या लकड़ी का अवरोध जो ढक्कन का काम करता है
उल्लू	मूर्ख
कोठरी	छोटा कमरा
हारमोनियम	एक प्रकार का बाजा
लाडली	प्यारी
NCERT पेज नं. 29	
मुहँ फुलाए	नाराज़ गुस्से से भरी
मर्ज	रोग
दवा	औषधि
पकड़ में आना	काबू में आना
जतन	कोशिश
सिर चढ़ाना	अधिक बढ़ावा देना
ज़ंजाल	मुश्किलें/ परेशानी/झंझट
लच्छन	लक्षण/संकेत
ठठोली	मजाक
सूझती	मन में आना
राह पर लाना	सीधे रास्ते पर लाना/ समझा-बुझाकर मनाना
टीमटाम	दिखावा/चकाचौंध
पौडर-वौडर	पाउडर/सजाने की सामग्री
नफ़रत	घृणा
बाज़ आना	विवश हो जाना/हार जाना
कारोबार	धंधा
NCERT पेज नं. 30	
इंट्रेन्स	कक्षा ग्यारह
हाथ रहना	नियंत्रण में रहना
कतई	जरा भी
जबान पर काबू	बोलने पर नियंत्रण होना
जिक्र	चर्चा उगल देना–कह देना
मर्जी	इच्छा
वक्त	समय
एकाध	एक या दो/थोड़ी-सी
NCERT पेज नं. 31	
करीने से	उचित तरीके से
दकियानूसी खयाल	रूढ़िवादी विचार रखना
सोसायटी	लोगों का मिलन स्थल
सवा सेर	उससे भी बढ़कर/अधिक तेज

शब्द	अर्थ
तालीम	शिक्षा
मतलब	स्वार्थ
कोरी-कोरी	खरी-खरी/साफ़-साफ़
चौपट	बर्बाद करना/बेकार कर देना
कमबख़्त	अभागा
किवाड़	दरवाजा
दस्तक	खटखट की आवाज़
NCERT पेज नं. 32	
लोक चतुराई	समाज द्वारा लाया जाने वाला सयानापन
टपकती	झलकती/दिखती
फितरती	शरारती/स्वभावगत
खीस निपोरना	चापलूसी करना
खिसियाहट	विशेषता
तशरीफ़ लाना	बैठना
खँखार कर	गला साफ़ करते हुए
मेहरबानी	कृपा
तकलीफ	कष्ट
काँटों में घसीटना	परेशानी में डालना
मुखातिब होकर	मुँह घुमाकर उसकी ओर देखते हुए
वीक एंड	सप्ताह के अंत में
मार्जिन	अंतर/फासला
NCERT पेज नं. 33	
उड़ा जाना	खा जाना
जनाब	महोदय
हाल	दशा
बालाइ	एक खाद्य पदार्थ
हजम करना	पचा जाना
बहुतेरे	बहुत-से
वगैरह	आदि
मजाल	ताकत/ हिम्मत
सिटिंग	बैठना
फर्राटे	बिना रुके/धारा/प्रवाह
मुकाबला	होड़
जब्त करना	रोक पाना
रंगीन	मौजमस्ती से भरपूर
बिजनेस	व्यापार/काम की बात
NCERT पेज नं. 34, 35	
तकल्लुफ़	तकलीफ उठाना
तकदीर	किस्मत/भाग्य
काबिल	योग्य
हाजिर	उपस्थित
हैसियत	औकात

शब्द	अर्थ
बैकबोन	रीढ़ की हड्डी
फैशन	रिवाज/चलन
जायका	स्वाद
आमदनी	आय
चूँ न करना	जरा भी विरोध न करना
स्टैंडर्ड	मापदंड/गुणवत्ता
माफिक	अनुसार
तय	निश्चित
वाकई	वास्तव में
बेढब होना	बिगड़ जाना/कोई मानदंड न रह जाना
निहायत	बहुत/अत्यधिक
राजी	सहमत
NCERT पेज नं. 36	
रस्म	रिवाज
अहसान	कृपा
जायचा	जन्मपत्री
ठाकुर	भगवान
भनक पड़ना	किसी तरीके से थोड़ा-बहुत सुनाई देना/ चोरी-छिपे पता चलना
हद	अधिक
ग्रेजुएट	बी.ए./बी. कॉम/बी. एस. सी. तक की शिक्षा
अक्ल के ठेकेदार	अपने को बुद्धिमान मानने वाला
काबिल	योग्य
पॉलिटिक्स	राजनीति
गृहस्थी	घर को चलाना
NCERT पेज नं. 37, 38 व 39	
आँखें गड़ाना	लगातार देखना/ध्यान से देखना
आँखें दुखना	आँखों का एक रोग
अर्ज करना	निवेदन करना/बताना

शब्द	अर्थ
संतुष्ट	तसल्ली पाया हुआ
कोमल	धीमा/मधुर
छवि	सुंदरता
तल्लीनता	किसी काम में रम जाने का भाव
झेंपती आँखें	शर्माती हुई आँखें
तस्वीर	चित्र/पेंटिंग
अधीर होना	बेचैन
सकपकाना	घबराना
मुँह खोलना	बोलना
खरीदार	खरीदने वाले
चोट लगना	बुरा लगना
कसाई	पशुओं की हत्या करने वाला
इज्जत	मान-सम्मान
बेइज्जती	अपमान
नाप-तोल	एक-एक चीज ध्यान से देखना
साहबजादे	प्रिय पुत्र
इर्द-गिर्द	आस-पास
हॉस्टल	छात्रावास
NCERT पेज नं. 40	
ताँक-झाँक करना	इधर-उधर देखना
कायरता	डर जाने का भाव
मान	सम्मान
खयाल	ध्यान
मुँह छिपाकर भागना	शर्मिंदा होकर भागना
गजब हो जाता	बहुत बुरा हो जाता
ठिकाना	सीमा/पता
बेबसी	मजबूरी
रूलासापन	रोने का भाव
सहसा	अचानक

NCERT फोल्डर

पाठ्यपुस्तक (कृतिका भाग-1) के प्रश्नोत्तर

प्र.1 रामस्वरूप और गोपाल प्रसाद बात-बात पर "एक हमारा जमाना था……" कहकर अपने समय की तुलना वर्तमान समय से करते हैं। इस प्रकार की तुलना करना कहाँ तक तर्कसंगत है?

दक्षता आधारित प्रश्न

उत्तर रामस्वरूप और गोपाल प्रसाद अपने जमाने की बातें इसलिए करते हैं, क्योंकि उन्हें ऐसा लगता है कि उनके समय में जो कुछ भी होता था, वह बहुत अच्छा था, परंतु ऐसा नहीं है।

इस प्रकार की तुलना करना तर्कसंगत नहीं है, क्योंकि हर जमाने की अपनी स्थितियाँ होती हैं। जमाना बदलता है, तो उसमें कुछ कमियों के साथ कुछ सुधार भी आते हैं। इसलिए मनुष्य को इस परिवर्तनशील समाज के साथ अपने विचारों को भी बदलना चाहिए। वर्तमान समय में चारों ओर विकास हो रहा है, चाहे वह शिक्षा का क्षेत्र हो, चाहे विज्ञान या अर्थव्यवस्था का।

हम निरंतर विकास कर रहे हैं। अत: हमें पिछले समय की अच्छी परंपराओं को अपनाते हुए नए जमाने की अच्छाई को भी स्वीकार करना चाहिए। व्यक्ति को वर्तमान में जीना चाहिए, न कि अपने अतीत में।

प्र.2 रामस्वरूप का अपनी बेटी को उच्च शिक्षा दिलवाना और विवाह के लिए उसकी शिक्षा को छिपाना, यह विरोधाभास उनकी किस विवशता को उजागर करता है? दक्षता आधारित प्रश्न

अथवा **'रीढ़ की हड्डी' नामक एकांकी में पिता ने उमा को बी. ए. पास क्यों नहीं बताना चाहा तथा उमा के बी. ए. पास होने की बात कब खुली?**

उत्तर रामस्वरूप ने अपनी बेटी को उच्च शिक्षा इसलिए दिलवाई, क्योंकि वे आधुनिक विचारों तथा शिक्षा के समर्थक थे। वे मानते थे कि शिक्षा पर लड़के-लड़कियों का समान अधिकार है, परंतु लड़की का विवाह एक अच्छे पढ़े-लिखे संभ्रांत परिवार में करने के लिए रामस्वरूप को उमा की पढ़ाई छिपानी पड़ी। यह उनकी विवशता थी, क्योंकि गोपाल प्रसाद पढ़े-लिखे होने के बावजूद विवाह हेतु कम पढ़ी-लिखी लड़की चाहते थे। उनका यह विरोधाभास उनकी इस विवशता को उजागर करता है कि आधुनिक समाज का सभ्य नागरिक होने पर भी उन्हें रूढ़िवादी विचारों के लोगों के दबाव में झुकना पड़ता है, लेकिन जब लड़के वाले उमा को देखने आते हैं, तब उमा की सच्चाई उनके सामने आ जाती है।

प्र.3 अपनी बेटी का रिश्ता तय करने के लिए रामस्वरूप उमा से जिस प्रकार के व्यवहार की अपेक्षा कर रहे हैं, वह उचित क्यों नहीं है?

उत्तर रामस्वरूप अपनी बेटी का रिश्ता तय करते समय उमा से विनम्र एवं दब्बू स्वभाव की आशा रखते हैं। वे चाहते हैं कि लड़के वालों के सामने वह कम पढ़ी-लिखी, सीधी-सादी, सरल और शांत-गंभीर स्वभाव की दिखाई दे। उसे उच्च शिक्षा प्राप्त लड़की की तरह बिल्कुल व्यवहार नहीं करना चाहिए।

हमारी दृष्टि में रामस्वरूप का ऐसा सोचना सर्वथा अनुचित है, क्योंकि लड़की कोई भेड़-बकरी या कुर्सी-मेज नहीं है, जो अपने ऊपर हुए अन्याय को चुपचाप सहती रहे। उसकी भी अपनी कुछ इच्छाएँ होती हैं, उसके पास भी दिल होता है, जिसे अच्छे-बुरे का आभास होता है। सहने की भी एक सीमा होती है। कोई भी व्यक्ति, चाहे वह लड़का हो या लड़की, एक सीमा तक ही सहन कर सकता है, परंतु लड़की से सभी चाहते हैं कि वह जीवनभर सहन ही करती रहे। उमा उच्च शिक्षित लड़की है, तो उसे उसके ही अनुरूप व्यवहार करना चाहिए, न कि लड़की होने के कारण अन्याय को सहन करना चाहिए।

प्र.4 गोपाल प्रसाद विवाह को 'बिजनेस' मानते हैं और रामस्वरूप अपनी बेटी की उच्च शिक्षा छिपाते हैं। क्या आप मानते हैं कि दोनों ही समान रूप से अपराधी हैं? अपने विचार लिखिए। दक्षता आधारित प्रश्न

उत्तर गोपाल प्रसाद द्वारा विवाह को व्यापार या बिजनेस समझना उचित नहीं है, क्योंकि विवाह जैसे पवित्र संस्कार को बिजनेस का दर्जा देना मूर्खता है। विवाह में किसी निर्जीव वस्तु का आदान-प्रदान या क्रय-विक्रय नहीं होता है। गोपाल प्रसाद विवाह को बिजनेस समझते हैं, इसी कारण लड़की के बारे में पूरी जाँच-पड़ताल करते हैं।

वहीं दूसरी ओर रामस्वरूप लड़की के पिता होने के कारण और लड़की को विवाह के बंधन में बाँधने के लिए अपनी लड़की की पढ़ाई को छिपाते हैं। रामस्वरूप चाहते हैं कि उनकी लड़की का विवाह यदि उसे कम पढ़ी-लिखी बताने से संपन्न हो जाता है, तो ठीक है, परंतु देखा जाए तो दोनों ही अपनी-अपनी जगह गलत धारणाएँ रखते हैं। बेटी को उच्च शिक्षा दिलाना अपराध नहीं है और विवाह एक बिजनेस कदापि नहीं हो सकता। यह तो दो लोगों को पवित्र बंधन में बाँधने का कार्य करता है। इस प्रकार, हमारी दृष्टि में दोनों ही समान रूप से अपराधी हैं।

प्र.5 "...... आपके लाड़ले बेटे की रीढ़ की हड्डी है भी या नहीं ......" उमा इस कथन के माध्यम से शंकर की किन कमियों की ओर संकेत करना चाहती है?

अथवा **उमा ने 'रीढ़ की हड्डी' एकांकी में ऐसा क्यों कहा कि "आपके लाड़ले बेटे की रीढ़ की हड्डी है भी या नहीं?"**

उत्तर "आपके लाड़ले की रीढ़ की हड्डी है भी या नहीं ....." उमा इस कथन के माध्यम से शंकर की निम्नलिखित कमियों की ओर संकेत करना चाहती है

(i) गोपाल प्रसाद का लड़का शंकर स्वयं अनेक बुराइयों एवं कमियों से युक्त है, फिर भी गोपाल प्रसाद अपने लड़के के लिए एक सर्वगुण संपन्न लड़की की तलाश में हैं।

(ii) शंकर चरित्र से अच्छा लड़का नहीं है। वह लड़कियों के हॉस्टल के चक्कर लगाते हुए पकड़ा गया था।

(iii) वह सीधा खड़ा भी नहीं हो सकता तथा झुककर चलता है। अत: उसका शरीर कमजोर है।

(iv) उसमें आत्मविश्वास की कमी है। उसका कोई निजी मत नहीं है। वह केवल अपने पिता की उचित-अनुचित सभी बातों में हाँ-हाँ करता रहता है।

(v) वह वर्तमान समय में भी रूढ़िवादी विचारों से ग्रस्त व्यक्ति है।

प्र.6 शंकर जैसे लड़के या उमा जैसी लड़की, समाज को कैसे व्यक्तित्व की जरूरत है? तर्क सहित उत्तर दीजिए।

उत्तर शंकर एक कमजोर व्यक्तित्व वाला लड़का है। वह रूढ़िवादी है, मानसिक एवं शारीरिक रूप से कमजोर है। उसमें अपनी बात को प्रकट करने की क्षमता नहीं है। सिर्फ पढ़ने से वह समाज के लिए उपयोगी सिद्ध नहीं हो सकता। शंकर जैसे व्यक्तित्व की समाज को कोई जरूरत नहीं है, क्योंकि ऐसे व्यक्तित्व वाले लोगों से न तो समाज को उपयोगी व स्वस्थ विचारधारा वाले नागरिक मिलेंगे और न ही इनसे समाज तथा राष्ट्र की उन्नति की अपेक्षा की जा सकती है। समाज को उमा जैसी लड़की की आवश्यकता है, जो साहसी, निर्भीक एवं स्पष्टवादी है। वह अन्याय से लड़ने की क्षमता रखती है। वह रूढ़ियों में विश्वास नहीं करती। समाज को ऐसे ही लोगों की जरूरत है, जो अपने कुल का नाम ऊँचा करने के साथ-साथ समाज में पनप रही बुराइयों को दूर करने में सक्षम हों और समाज को सफलता की ऊँचाइयों तक पहुँचा सकें।

प्र.7 'रीढ़ की हड्डी' शीर्षक की सार्थकता स्पष्ट कीजिए।

उत्तर 'रीढ़ की हड्डी' एकांकी का शीर्षक बिल्कुल उचित है, क्योंकि शरीर को सीधा रखने में रीढ़ की हड्डी का बहुत महत्त्व होता है। यही स्थिति चरित्र की है। यहाँ हड्डी चरित्र का प्रतीक है। इस प्रकार रीढ़ की हड्डी का प्रतीकार्थ है 'चरित्रवान होना'। शंकर में रीढ़ की हड्डी नहीं थी, इसलिए वह चरित्रहीन था। उसमें खुद की मजबूती नहीं थी। वह दूसरों पर निर्भर रहता था; जैसे—उसके विवाह हेतु लड़की के गुण उसके पिता तय करते थे और शंकर उसी में अपनी सहमति प्रकट कर देता था। उसमें निर्णय लेने की क्षमता नहीं थी।

यदि ऐसे व्यक्ति को समाज के संचालन का भार दे दिया जाए, तो सामाजिक स्थिति पर नकारात्मक प्रभाव पड़ेगा। जिसमें स्वयं को सँभालने की शक्ति न हो, वह दूसरे को क्या सँभालेगा। इसलिए 'रीढ़ की हड्डी' शीर्षक सर्वथा उचित है।

प्र.8 कथावस्तु के आधार पर आप किसे एकांकी का मुख्य पात्र मानते हैं और क्यों?

उत्तर एकांकी का मुख्य पात्र हम रामस्वरूप की बेटी उमा को मानते हैं। इसका प्रमुख कारण यह है कि इसी पात्र के माध्यम से लेखक अपनी बात कहता है।

उमा द्वारा व्यक्त विचार स्वयं लेखक के अपने विचार हैं। उमा अपने सशक्त व्यक्तित्व का परिचय देकर अन्य सभी पात्रों को हाशिए पर डाल देती है। वह सुशील, समझदार तथा निडर है।

उमा एकांकी के केंद्र में है, जिसके इर्द-गिर्द एकांकी का घटनाक्रम घूमता रहता है।

उमा के सशक्त पात्र होने की झलक इन शब्दों में उभरती है— "अब मुझे कह लेने दीजिए बाबू जी! ये जो महाशय मेरे खरीदार बनकर आए हैं, इनसे जरा पूछिए कि क्या लड़कियों के पास दिल नहीं होता? क्या उनको चोट नहीं लगती? क्या वे बेबस भेड़-बकरियाँ हैं, जिन्हें कसाई अच्छी तरह देख-भालकर ……?"

उमा के इस कथन से स्पष्ट होता है कि उमा अपनी तथा समाज में नारियों की सम्मानजनक स्थिति के लिए चिंतित दिखाई देती है। यही वह पात्र है, जिसके माध्यम से लेखक (एकांकीकार) अपने विचारों को सबके सामने ला पाया है। यही पात्र दो मुँहों वाले पात्रों को सबके सामने आईना दिखाता है। उमा चरित्रहीन व्यक्तियों को रीढ़हीन बताती है।

प्र.9 एकांकी के आधार पर रामस्वरूप व गोपाल प्रसाद की चारित्रिक विशेषताएँ बताइए।

उत्तर रामस्वरूप एक लड़की के पिता हैं। वे अपनी बेटी को उच्च शिक्षा दिलाने के पक्ष में हैं, परंतु बेटी के विवाह को लेकर परेशान हैं। इसलिए वे अपनी बेटी की पढ़ाई-लिखाई को छुपाते हैं तथा परिस्थितियों से समझौता कर लेते हैं। वे समाज से डरते हैं। उनके स्वभाव में थोड़ी झुंझलाहट भी है। दूसरी ओर गोपाल प्रसाद लड़के के पिता होने के नाते अपने ऊपर गर्व महसूस करते हैं। वे पुराने विचारों के दकियानूसी व्यक्ति हैं। वे लड़कियों की पढ़ाई को अच्छी नज़र से नहीं देखते, उन्हें घर में कैद रखना चाहते हैं। शादी उनके लिए एक व्यापार है, साथ ही वे दहेज के लोभी भी हैं।

प्र.10 इस एकांकी का क्या उद्देश्य है? लिखिए।

उत्तर इस एकांकी के माध्यम से लेखक ने समाज में व्याप्त विषमता एवं रूढ़ियों को दूर करने का प्रयास किया है। लेखक कहता है कि आज के समय में लड़के-लड़कियों में भेद करना उचित नहीं है। लड़कियों को भी समाज में शिक्षा एवं सम्मान प्राप्ति का उतना ही अधिकार है, जितना लड़कों को। हमें रूढ़िवाद को समाप्त करना होगा, विचारों में बदलाव लाना होगा, सशक्त चरित्र का निर्माण करना होगा।

इस एकांकी के माध्यम से लेखक ने कमज़ोर चरित्र एवं रीढ़विहीन लोगों को उनकी कमियों के बारे में बताने की कोशिश की है।

प्र.11 समाज में महिलाओं को उचित गरिमा दिलाने हेतु आप कौन-कौन से प्रयास कर सकते हैं?

उत्तर समाज में महिलाओं को उचित गरिमा दिलाने हेतु हम निम्नलिखित प्रयास कर सकते हैं

(i) हम महिलाओं को घर-परिवार और समाज में सम्मान दिला सकते हैं तथा उनके सम्मान की रक्षा हेतु ठोस कदम उठा सकते हैं।

(ii) समाज के सभी क्षेत्रों में महिलाओं के उचित प्रतिनिधित्व के लिए संघर्ष कर सकते हैं।

(iii) महिलाओं को संपत्ति में उनका अधिकार दिलाकर उन्हें आर्थिक सुरक्षा प्रदान कर सकते हैं, जिससे आगे चलकर उन्हें कठिन परिस्थितियों का सामना न करना पड़े।

(iv) लड़कियों का विवाह बिना दहेज लिए-दिए कर सकते हैं, जिससे दहेज जैसी कुप्रथा का शीघ्र-से-शीघ्र उन्मूलन हो सके।

(v) हमें सभी स्त्रियों को शिक्षित करना होगा, जिससे वे पुरुषों के साथ कंधे-से-कंधा मिलाकर चल सकें।

(vi) महिलाओं के लिए बनाई गई 'महिला कल्याण समिति' को प्रभावी एवं समर्थ बनाना होगा, जिससे यदि कभी किसी महिला के साथ अन्याय हो, तो उसका 'महिला कल्याण समिति' खुलकर विरोध कर सके।

(vii) लड़कियों एवं लड़कों में किसी भी प्रकार का भेद तथा किसी भी क्षेत्र में असमानता की भावना को समाप्त करना होगा।

अभ्यास प्रश्न

वर्णनात्मक प्रश्नों सहित

पाठ पर आधारित प्रश्न

1. ये जो महाशय मेरे खरीददार बनकर आए हैं, इनसे जरा पूछिए कि क्या लड़कियों के पास दिल नहीं होता? क्या उनको चोट नहीं लगती? क्या ये बेबस भेड़-बकरियाँ हैं, जिन्हें कसाई अच्छी तरह देख-भालकर ··· ?

इन पंक्तियों के आधार पर उमा की चार चारित्रिक विशेषताएँ लिखिए। दक्षता आधारित प्रश्न

अथवा **उमा के व्यक्तित्व की चारित्रिक विशेषताओं पर प्रकाश डालिए।**

उत्तर 'रीढ़ की हड्डी' पाठ में उमा मुख्य पात्र है। वह इस पाठ की नायिका है तथा रामस्वरूप की बेटी है। उसने बी. ए. तक शिक्षा प्राप्त की है। वह सिलाई-कढ़ाई, संगीत आदि में निपुण लड़की है। उसके पिता द्वारा लड़के वालों से उसकी उच्च शिक्षा की बात छिपाने पर वह इस बात का विरोध कर सच्चाई सबके सामने प्रस्तुत कर देती है।

उमा की चारित्रिक विशेषताएँ निम्नलिखित हैं

(i) **स्पष्टवादी** उमा स्पष्टवादी लड़की है। वह नि:संकोच भाव से सबके सामने सच्चाई बताकर समाज की अन्य लड़कियों के लिए उदाहरण प्रस्तुत करती है।

(ii) **रूढ़ियों का विरोध** वह इस बात का विरोध करती है कि उच्च शिक्षा केवल लड़कों के लिए ही नहीं है, बल्कि लड़कियों का भी उस पर समान अधिकार है।

(iii) **आत्मविश्वास से परिपूर्ण** वह आत्मविश्वास से परिपूर्ण लड़की है। यही आत्मविश्वास उसे शंकर जैसे लड़के से श्रेष्ठतर सिद्ध करता है।

(iv) **दृढ़ निर्णय लेने में समर्थ** वह दृढ़ निर्णय लेने में समर्थ है। इसी कारण वह अपने पिता, शंकर तथा उसके पिता गोपाल प्रसाद के सामने अपना निर्णय सुना देती है।

2. "गोपाल प्रसाद के विचार आधुनिक समाज के लिए घातक हैं।"–रीढ़ की हड्डी पाठ के आधार पर सिद्ध कीजिए।

उत्तर गोपाल प्रसाद पेशे से वकील हैं, किंतु लिंग भेद के शिकार हैं। वह पढ़ाई-लिखाई पर केवल लड़कों का अधिकार मानते हैं। इस तरह वे लड़कियों की पढ़ाई के विरोधी हैं। उनका कहना है कि लड़कियों का पढ़ना-लिखना, काबिल बनना आवश्यक नहीं है।

उनके अनुसार, "लड़कियों को घर का काम कुशलतापूर्वक आना चाहिए। यदि लड़की पढ़-लिखकर योग्य बन गई और अंग्रेजी में अखबार पढ़कर पॉलिटिक्स की बातें करने लगी, तो घर की देखभाल हो चुकी।" उनकी यह सोच न केवल लड़कियों के लिए, बल्कि पूरे समाज के लिए बहुत घातक है। वे समाज की गली-सड़ी यथास्थितिवादी भावनाओं के प्रतिनिधि हैं। वे शादी जैसे मामले को भी बिजनेस मानते हैं तथा दहेज के लोभी हैं। इस प्रकार स्पष्ट होता है कि गोपाल प्रसाद के विचार आधुनिक समाज के लिए घातक हैं।

3. लड़कियों का उच्च शिक्षित होना आज के युग में भी अभिशाप क्यों समझा जाता है? 'रीढ़ की हड्डी' पाठ के आधार पर तर्क सहित स्पष्ट कीजिए।

उत्तर लड़कियों का उच्च शिक्षित होना आज के युग में भी अभिशाप इसलिए समझा जाता है, क्योंकि समाज में अब भी गोपाल प्रसाद जैसे व्यक्ति मौजूद हैं, जो पुरातनपंथी, रूढ़िवादी मानसिकता के शिकार हैं। उन्हें यह भय सताने लगता है कि यदि लड़कियाँ पढ़-लिख गईं, तो इससे पुरुष वर्चस्व में कमी आ जाएगी। इसके अलावा नारी अपने अधिकारों के प्रति जागरूक हो जाएगी। लड़कियों के उच्च शिक्षा प्राप्त कर आगे बढ़ने से पुरुष सत्ता का एकाधिकार टूट जाएगा, शिक्षा प्राप्त करने से लड़कियों में साहस का भाव आ जाएगा और तब वे किसी अन्याय के सामने नहीं झुकेंगी। बल्कि अन्याय का विरोध करेगी ऐसे लोगों पर पुरातनपंथी मानसिकता हावी है। ये लोग लड़कियों को दूसरे के घर की संपत्ति समझते हैं। लड़कियों को शिक्षा एवं स्वास्थ्य के अधिकारों से वंचित रखना चाहते हैं। ऐसे लोग अपनी पुरुषवादी मानसिकता के कारण लड़कियों की उच्च शिक्षा का विरोध करते हैं।

4. 'रीढ़ की हड्डी' पाठ अपने पाठकों को क्या संदेश देना चाहता है?

उत्तर 'रीढ़ की हड्डी' पाठ अपने पाठकों को यह संदेश देना चाहता है कि विवाह योग्य लड़कियों के पक्ष में उनकी आवाज को बुलंद किया जाना चाहिए। इस पाठ के माध्यम से लेखक कहता है कि आज के समय में लड़के-लड़कियों में भेद नहीं करना चाहिए। लड़कियों को भी समाज में शिक्षा एवं सम्मान प्राप्ति का उतना ही अधिकार होना चाहिए, जितना की लड़कों को है।

एक ओर यह एकांकी उन लोगों की कलई (पोल) खोलता है, जो लड़कियों को भेड़-बकरी अथवा मेज-कुर्सी मान बैठते हैं। दूसरी ओर लोगों को लड़की के स्वतंत्र अस्तित्व का अहसास कराते हैं। लड़कियों को भी अपना जीवनसाथी चुनने का पूरा-पूरा अधिकार मिलना चाहिए। यह पाठ चरित्रहीन युवकों को रीढ़हीन बताता है।

अत: यह पाठ अपने पाठकों को यही संदेश देता है कि हमारे समाज को शंकर जैसे रूढ़िवादी व कमजोर चरित्र वाले लड़कों की आवश्यकता नहीं है, बल्कि उमा जैसी युवतियों की आवश्यकता है, जो हमारे समाज को विकसित करें एवं कुरीतियों को दूर कर सकें।

5. "उमा का स्वर आज की नारी का स्वर है।" इस कथन के आलोक में 'रीढ़ की हड्डी' पाठ के आधार पर अपने विचार लिखिए।

उत्तर 'रीढ़ की हड्डी' एकांकी की केंद्रीय पात्र उमा उन लोगों की कलई खोल देती है, जो लड़कियों को भेड़-बकरियाँ या फर्नीचर का सामान मानते हैं। उमा लड़कियों के स्वतंत्र व्यक्तित्व का प्रतिनिधित्व करती है।

लड़कियों के स्वतंत्र व्यक्तित्व के लिए उनका शिक्षित होना अत्यंत आवश्यक है। शिक्षा उनमें आत्मविश्वास एवं स्वावलंबन की भावना संचारित करती है। आज की नारी उमा जैसी शिक्षा प्राप्त कर स्पष्टवादी, निर्भीक एवं चरित्रवान बनना चाहती है। उमा समाज के तथाकथित नकाब लगाए हुए सफेदपोशों की परवाह किए बिना अपनी आंतरिक भावनाओं को स्पष्ट करती है। वह एक सशक्त चरित्र की शिक्षित एवं समझदार लड़की है, जो अपने युग का प्रतिनिधित्व करती है। वह बिना किसी दबाव में आए लोगों की वास्तविकता को उजागर करती है और अपनी शिक्षा के माध्यम से समाज में प्रचलित कुप्रथाओं एवं रूढ़िवादिता को दूर करने का प्रयास करती है। इससे स्पष्ट होता है कि उमा का स्वर आज की नारी का स्वर है।

6. 'रीढ़ की हड्डी' एकांकी में किस समस्या को उठाया गया है? क्या आज भी हमें इस समस्या का भयंकर रूप दिखाई देता है? स्पष्ट कीजिए। दक्षता आधारित प्रश्न

उत्तर 'रीढ़ की हड्डी' एकांकी में मुख्यत: स्त्री-शिक्षा एवं सफेदपोश लोगों की रूढ़िवादिता की समस्या के साथ-साथ स्त्री—अस्तित्व या स्त्री—व्यक्तित्व की समस्या को भी उठाया गया है। समाज में रूढ़िवादी दृष्टिकोण बनाए रखने वाले लोग दोहरा व्यक्तित्व रखते हैं। घर के अंदर कुछ और तथा घर के बाहर कुछ और, लड़कों के बारे में कुछ और तथा लड़कियों के बारे में कुछ और। दोहरा व्यक्तित्व रखने वाले ऐसे लोगों को बेनकाब करने की आवश्यकता है।

स्त्री शिक्षा का विरोध संबंधी रूढ़िवादी दृष्टिकोण जितना प्रबल पहले था, आज वह उतना प्रबल स्वरूप में नहीं दिखाई देता। आज लोगों में लड़के-लड़कियों की समानता संबंधी दृष्टिकोण में बदलाव आया है। लोग लड़कियों को भी लड़कों जैसी ही शिक्षा एवं सुविधाएँ देने में पहले की अपेक्षा काफी उदार हुए हैं। लेकिन आज भी लड़कियों को स्वतंत्र व्यक्तित्व वाला प्राणी मानने में अनेक लोगों को हिचक होती है। अभी भी अनेक लोग लड़कियों को एक 'वस्तु' के रूप में देखते हैं और लड़कियों का अपने अधिकारों के प्रति जागरूक होना उन्हें रास नहीं आता।

7. "कुछ बातें दुनिया में ऐसी हैं, जो सिर्फ मर्दों के लिए हैं और ऊँची तालीम भी ऐसी चीजों में से एक है।" इस कथन से समाज की किस मानसिकता का परिचय मिलता है? दक्षता आधारित प्रश्न

उत्तर उक्त कथन 'रीढ़ की हड्डी' नामक पाठ में लड़के (शंकर) के पिता गोपाल प्रसाद द्वारा कहा गया है। इस कथन के द्वारा समाज की पुरुषवादी एवं पितृसत्तात्मक मानसिकता का परिचय मिलता है। इसी मानसिकता का परिणाम है कि स्त्री और पुरुषों के कार्यक्षेत्र में भिन्नता है और उसी के अनुसार, उनकी ज़रूरतें तय कर दी गई हैं। पढ़-लिखकर रोजगार प्राप्त करना तथा पूरे परिवार का भरण-पोषण करना पुरुषों की जिम्मेदारी मानी जाती है, जबकि प्रतिभासंपन्न स्त्रियाँ भी घर की चारदीवारी में रहने को विवश हैं, क्योंकि उनका संसार घर तक ही सीमित कर दिया गया है।

पुरुष सदैव ही परिवार और समाज में हावी रहते आए हैं और सत्ता पर उनका अधिकार रहा है। इसी कारण उन्होंने समाज में अपनी सुविधानुसार ही नियम बनाए हैं और स्त्रियों को सदैव हाशिए पर रखा है। पूर्वकाल में स्त्रियों को शिक्षित करने की आवश्यकता भी अनुभव नहीं की जाती थी। पुरुष स्त्रियों को अपने हाथों की कठपुतली बनाकर रखते हैं और उनका हर प्रकार से शोषण करते हैं। समाज में व्याप्त यह पुरुषवादी मानसिकता स्त्रियों के विकास के सारे मार्गों को अवरुद्ध कर देती है।

8. उमा का वह कथन स्पष्ट कीजिए जिसमें लड़कियों की पीड़ा प्रकट होती है?

अथवा **"उमा के स्वर में एक तरह की पीड़ा है।" इस पीड़ा को आप किस तरह अभिव्यक्त करेंगे?**

अथवा **सिद्ध कीजिए कि उमा के कथन में लड़कियों की पीड़ा प्रकट होती है।**

उत्तर लड़के के पिता गोपाल प्रसाद उमा से पेंटिंग-वेंटिंग, सिलाई-कढ़ाई आदि के बारे में पूछते हैं। उमा को बहुत ठेस पहुँचती है।

वह कहती है—"क्या जवाब दूँ बाबू जी! जब मेज-कुर्सी बिकती है, तब दुकानदार कुर्सी-मेज से कुछ नहीं पूछता, सिर्फ़ खरीदार को दिखला देता है। पसंद आ गई तो अच्छा है, वरना ...... ।" उमा के इस स्वर में एक तरह की पीड़ा है। वह पूछना चाहती है कि क्या लड़कियों के पास दिल नहीं होता? क्या उन्हें चोट नहीं लगती? क्या लड़कियों की स्थिति उन बेबस भेड़-बकरियों के समान होती है, जिन्हें कसाई अच्छी तरह देख-भालकर ले जाता है।

उमा के स्वर में उस पीड़ा की सहज ही अनुभूति होती है कि वर पक्ष को अपनी इज्जत-बेइज्जती का तो इतना खयाल रहता है, परंतु कन्या और कन्या पक्ष के मान-अपमान का तनिक भी खयाल नहीं रहता और एक वस्तु की भाँति लड़की को तरह-तरह से नाप-तोलकर देखा जाता है। इस प्रकार उमा के कथन में लड़कियों की पीड़ा प्रकट होती है।

9. आप एक संवेदनशील नवयुवक के रूप में 'रीढ़ की हड्डी' के गोपाल प्रसाद जैसे व्यक्ति में नारी विषयक विचारों का विरोध तथा नारी की शिक्षा के विषय में अपने नैतिक दायित्व का निर्वाह कैसे करेंगे? नारी-शिक्षा विषयक अपने विचारों को संक्षेप में लिखिए। दक्षता आधारित प्रश्न

उत्तर प्रस्तुत पाठ में गोपाल प्रसाद रूढ़िवादी विचारधारा का प्रतिनिधित्व करते हैं, जो पढ़ी-लिखी स्त्री को घृणा की नजर से देखते हैं। उन्हें लगता है कि पढ़-लिखकर काबिल बनना पुरुषों का ही अधिकार है। औरतों के पढ़ने-लिखने से गृहस्थी चौपट हो जाती है और उनके नखरे बढ़ जाते हैं। वहीं उनके लिए लड़की का सुंदर होना अत्यधिक जरूरी है।

एक संवेदनशील नवयुवक होने के नाते मैं उनके इन विचारों का घोर विरोध करता हूँ। मेरे विचार से शिक्षा पर सभी का समान अधिकार होता है, फिर वह चाहे स्त्री हो या पुरुष। शिक्षा किसी भी व्यक्ति के सर्वोत्तम विकास के लिए अति आवश्यक है। शिक्षा से पुरुषों का भला हो और स्त्रियों के चरित्र का हनन हो, यह भला किस प्रकार संभव है? मेरे विचार से शिक्षा स्त्रियों के लिए भी उतनी ही आवश्यक एवं महत्त्वपूर्ण है, जितनी पुरुषों के लिए। इसलिए मैं स्त्री-शिक्षा का भरपूर समर्थन करता हूँ और उनके प्रति अपने नैतिक दायित्वों का निर्वाह करने का पूरा प्रयत्न करूँगा। मैं अपने आस-पास के लोगों में भी स्त्री-शिक्षा के प्रति सकारात्मक दृष्टिकोण विकसित करने का प्रयास करूँगा।

10. 'रीढ़ की हड्डी' एकांकी के माध्यम से लेखक समाज में किस तरह के परिवर्तन की आशा करता है

उत्तर 'रीढ़ की हड्डी' एकांकी के माध्यम से लेखक समाज से पुरुषवादी मानसिकता को उखाड़ फेंकना चाहता है। पुरुषवादी मानसिकता के कारण ही हमारा समाज प्रगति की दिशा में अग्रसर नहीं हो रहा। साथ ही अन्य देशों की तुलना में पिछड़ता भी जा रहा है। हमारे समाज में महिलाओं की स्थिति अत्यंत दयनीय है। लड़कों व लड़कियों में भेद भाव किया जाता है। लड़कियों को सभी प्रकार के अधिकारों से वंचित रखा जाता है, उन्हें विभिन्न प्रकार के सामाजिक बंधनों के घेरे में जकड़ कर रखा जाता है। उन्हें किसी भी प्रकार का निर्णय लेने की स्वतंत्रता नहीं दी जाती, साथ ही विभिन्न प्रकार के नियम उन पर थोपे जाते हैं। इस प्रकार लेखक इस पाठ के माध्यम से समाज में व्याप्त विसंगतियों की ओर ध्यान आकृष्ट करना चाहता है और साथ ही महिलाओं को पूर्ण एवं स्वतंत्र रूप से जीने पर भी बल देता है, जिससे एक स्वस्थ समाज की रचना की जा सके तथा समाज का विकास किया जा सके।

11. 'रीढ़ की हड्डी' पाठ वर्तमान परिवेश में कहाँ तक प्रासंगिक है? स्पष्ट कीजिए।

उत्तर वर्तमान परिवेश में आज भी दहेज प्रथा पूर्ण रूप से विद्यमान है, आज भी लड़के व लड़की में भेदभाव किया जाता है। आज भी हमारे समाज में ऐसे लोग देखने को मिल जाएँगे, जो स्त्री शिक्षा के विरोधी हैं और आज भी समाज में स्त्री को एक वस्तु की तरह देखते हैं, उसे पसंद और नापसंद करते हैं तथा उनकी इच्छा के विरुद्ध किसी से भी विवाह करने के लिए मजबूर करते हैं। अधिकांश लोग आज भी 21वीं सदी में जीवन यापन कर रहे हैं लेकिन वे आज भी 18वीं सदी की मानसिकता से ग्रस्त हैं।

अत: 'रीढ़ की हड्डी' पाठ वर्तमान परिवेश में पूर्णतया प्रासंगिक है।

12. प्रस्तुत एकांकी के आधार पर स्पष्ट कीजिए कि हमारे देश में लिंग-अनुपात की समस्या का मूल कारण क्या है?

उत्तर हमारे देश में लड़के-लड़की के बीच भेदभाव ही जनसंख्या में लिंग-अनुपात की समस्या का मूल कारण है। प्रस्तुत एकांकी में शंकर के पिता ने उमा के पिता से कहा था कि उन्हें अधिक पढ़ी-लिखी लड़की नहीं चाहिए। उमा के पिता ने भी लड़के वालों के समक्ष उमा की पढ़ाई-लिखाई को छिपाकर उमा को कम पढ़ा-लिखा ही बताया। जबकि उमा एक पढ़ी-लिखी समझदार एवं स्वाभिमानी लड़की थी। उसे इस प्रकार के झूठ से घृणा थी, जो उसके घरवालों ने लड़केवालों को बताया। उसका मानना यह था कि लड़कियों को भी ऊँची शिक्षा प्राप्त करने का अधिकार होना चाहिए। यह जरूरी नहीं कि पढ़ी-लिखी लड़की अच्छी गृहिणी सिद्ध नहीं हो सकती।

शंकर कम पढ़ा-लिखा है, जो उमा को देखने आया है। उसकी रीढ़ की हड्डी कमजोर है। वह पिता का आज्ञाकारी पुत्र होने के कारण उनकी पुरानी और गली-सड़ी परंपराओं और विचारों को मानता आ रहा है। उसमें आत्मविश्वास की कमी है। वह अपने पिता की भाँति लड़कियों को केवल घर तक ही सीमित रखना चाहता है।

इस एकांकी के माध्यम से इस ओर संकेत किया गया है कि माता-पिता में लड़के और लड़की के बीच पनप चुकी इस असमानता की दृष्टि को दूर करके ही लिंग-अनुपात की समस्या का समाधान किया जा सकता है।

13. वर्तमान समाज को उमा जैसे व्यक्तित्व की आवश्यकता है? अपने विचार व्यक्त कीजिए।

उत्तर मेरे विचार से आज हमारे समाज को उमा जैसे व्यक्तित्व की आवश्यकता है। उमा स्वाभिमानी लड़की है, वह समाज में व्याप्त रूढ़िवादी परंपराओं के विरुद्ध आवाज उठाने वाली लड़की है। वह स्त्रियों की चेतना तथा स्वतंत्रता के बारे में सोचती है। वह लड़के-लड़कियों में भेद करने वालों को घृणा की दृष्टि से देखती है। उसके पिता, गोपाल प्रसाद से उमा की शिक्षा की बात छिपाते हैं, किंतु गोपाल प्रसाद के पूछने पर वह अपनी शिक्षा के बारे में दृढ़तापूर्वक निडरता से बता देती है।

इसके विपरीत शंकर स्वयं तो उच्च शिक्षा प्राप्त कर रहा है, किंतु वह यह नहीं चाहता कि उसकी पत्नी भी पढ़ी-लिखी हो। वह कम पढ़ी-लिखी लड़की से विवाह करना चाहता है, किंतु उमा, शंकर का विरोध करती हुई उसकी दुर्बल प्रवृत्ति को उजागर कर देती है। अत: मेरे विचार से आज हमारे समाज को उमा जैसे व्यक्तित्व की आवश्यकता है।

स्व-मूल्यांकन

निम्नलिखित प्रश्नों के उत्तर दीजिए

1. 'रीढ़ की हड्डी' पाठ के आधार पर स्पष्ट कीजिए कि उमा का अपने आत्मसम्मान की रक्षा के लिए उठाया गया कदम कहाँ तक उचित है?
2. "आजकल विवाह सचमुच व्यापार बन गया है।" 'रीढ़ की हड्डी' पाठ के आधार पर इस कथन पर विचार प्रस्तुत कीजिए।
3. भारतीय संस्कृति 'अतिथि देवो भवः' में विश्वास करती है, परंतु उमा घर आए मेहमानों की बेइज्जती करती है। क्या आप उमा के इस व्यवहार को उचित मानते हैं? तर्क सहित अपने विचार प्रस्तुत कीजिए।
4. "आजकल लोग अपनी बेटियों को तो पढ़ाने लगे हैं, परंतु बहुओं को लेकर उनके मापदंडों में अधिक परिवर्तन नहीं आया है।" 'रीढ़ की हड्डी' पाठ के आधार पर इस कथन पर प्रकाश डालिए।
5. क्या आप इस कथन से सहमत हैं कि शंकर जैसे शिक्षित युवक समाज के विकास में बाधक हैं? तर्कपूर्ण उत्तर दीजिए।

खंड 'घ' : लेखन

अध्याय 1

अनुच्छेद-लेखन

अनुच्छेद-लेखन का अर्थ

अनुच्छेद लेखन को लघु निबंध भी कहा जा सकता है। इसमें सीमित शब्दों का प्रयोग सुगठित एवं समग्र दृष्टिकोण से किया जाता है। शब्द संख्या सीमित होने के कारण लिखते समय थोड़ी सावधानी बरतनी चाहिए।

निबंध और अनुच्छेद लेखन में मुख्य अंतर यह है कि जहाँ निबंध में प्रत्येक बिंदु को अलग-अलग अनुच्छेद में लिखा जाता है, वहीं अनुच्छेद लेखन में एक ही परिच्छेद (पैराग्राफ) में प्रस्तुत विषय को सीमित शब्दों में प्रस्तुत किया जाता है। इसके अतिरिक्त, निबंध की तरह भूमिका, मध्य भाग एवं उपसंहार जैसा विभाजन अनुच्छेद में करने की आवश्यकता नहीं होती।

अनुच्छेद लेखन में ध्यान रखने योग्य बातें

- यदि परीक्षा में अनुच्छेद लेखन के लिए **संकेत बिंदु** दिए गए हैं, तो सबसे पहले उन बिंदुओं को समझ लेना चाहिए और उन्हीं बिंदुओं के आधार पर विषय को स्पष्ट करना चाहिए।
- अनुच्छेद लेखन में उदाहरण अथवा दृष्टांत के लिए कोई स्थान नहीं है। आवश्यकता होने पर उनकी ओर संकेत कर देना पर्याप्त होता है।
- अनुच्छेद लेखन के विषय को इस प्रकार लिखना चाहिए कि संपूर्ण विषय 10-15 वाक्यों अथवा लगभग 120 शब्दों में पूर्ण रूप से समाप्त हो जाए।
- विषय के विभिन्न पक्षों पर विचार करने के उपरांत **महत्त्वपूर्ण पक्षों का चुनाव** करके उनकी चर्चा करनी चाहिए।
- जहाँ तक संभव हो, वाक्यों को **छोटा** तथा **सरल** रखना चाहिए।
- विषय की प्रस्तुति **प्रभावपूर्ण, कलात्मक** तथा **संक्षिप्त** होनी चाहिए।
- विषय के सभी प्रमुख **बिंदुओं का समावेश** अवश्य होना चाहिए।
- अनुच्छेद के अंत तक **विषय का निष्कर्ष** पूरी तरह स्पष्ट हो जाना चाहिए तथा विषय से संबंधित प्राप्त होने वाले संदेश आदि का भी उल्लेख किया जाना चाहिए।
- **मुहावरों** तथा **लोकोक्तियों** का प्रयोग अनुच्छेद को शक्ति प्रदान करता है तथा **भावाभिव्यक्ति** को प्रभावशाली बना देता है।

अनुच्छेद लेखन का प्रारूप

1. निम्नलिखित विषय पर दिए गए संकेत बिंदुओं के आधार पर अनुच्छेद लिखिए।

स्वतंत्रता का अमृत महोत्सव

संकेत बिंदु

- भूमिका
- अमृत महोत्सव का अर्थ
- इस महोत्सव का महत्त्व
- निष्कर्ष

1. शीर्षक

"स्वतंत्रता का अमृत महोत्सव"

2. परिचय

'स्वतंत्रता का अमृत महोत्सव' प्रगतिशील भारत के 75 वर्ष पूरे होने और यहाँ के लोगों, संस्कृति और उपलब्धियों के गौरवशाली इतिहास को याद करने तथा जश्न मनाने के लिए भारत सरकार की ओर से की गई एक पहल है। 15 अगस्त, 1947 को हमारे देश को अंग्रेजों के शासन से आजादी मिली थी। इस आजादी के लिए कई वीर स्वतंत्रता सेनानियों और नेताओं ने बलिदान दिया।

3. विषय-वस्तु

आजादी का अमृत महोत्सव भारत के स्वतंत्रता आंदोलन और स्वतंत्रता सेनानियों को श्रद्धांजलि देने के लिए मनाया जाता है। इसके अतिरिक्त, इस उत्सव के माध्यम से भारत, देश के स्वतंत्रता आंदोलन के सभी महत्त्वपूर्ण स्थलों को याद करेगा तथा भारत के भविष्य के विकास के लिए नई शक्ति प्राप्त करेगा। यह महोत्सव स्वतंत्रता के योद्धाओं की प्रेरणा, नए दृष्टिकोण, नए संकल्प और आत्म-निर्भरता को प्रतिबिंबित करता है। इस महोत्सव को भारत के सभी राज्यों में धूमधाम से मनाया गया।

4. निष्कर्ष

आजादी के इस महोत्सव में भारत के सभी देशवासियों ने देशभक्ति की भावना को प्रकट करते हुए बढ़-चढ़कर भाग लिया। इस महोत्सव में विभिन्न प्रकार की रैलियाँ निकाली गईं तथा विभिन्न प्रकार के कार्यक्रम का प्रदर्शन किया गया।

नोट

1. **शीर्षक** प्रश्न के अनुसार छोटा व उचित शीर्षक लिखें।
2. **परिचय** इसके अंतर्गत पाठक की रोचकता व रुचि को बनाए रखने के लिए प्रभाव व आकर्षक पंक्तियाँ लिखी जानी चाहिए। यह टिप्पणी, विश्लेषण, प्रश्न, विवरण आदि से संबंधित हो सकती हैं।
3. **विषय-वस्तु** इसके अंतर्गत अनुच्छेद का मुख्य भाग आता है। इसमें मुख्य पक्ष; जैसे—कारण, प्रभाव, भेद, गुण-दोष आदि का उल्लेख किया जाना चाहिए। यहाँ 'जीवन संघर्ष है, स्वप्न नहीं' अनुच्छेद में जीवन के प्रवाह, उसमें आने वाली बाधाएँ तथा उसकी यथार्थता आदि के प्रभाव को बताया गया है।
4. **निष्कर्ष** यहाँ लेखक अपना दृष्टिकोण, सुझाव, आलोचना आदि प्रस्तुत करता है। यहाँ 'जीवन एक संघर्ष है' का दृष्टिकोण व सुझाव दिया गया है।

अभ्यास प्रश्न

(दक्षता आधारित प्रश्नों सहित)

1. जीवन संघर्ष है, स्वप्न नहीं

संकेत बिंदु

- जीवन संघर्ष का ही दूसरा नाम है
- जीवन गतिशील एवं बाधाओं से पूर्ण है
- स्वप्न असत्य, जबकि जीवन सत्य

मनुष्य का जीवन वास्तव में सुख-दु:ख, आशा-निराशा आदि का मिश्रण है। यह न तो केवल फूलों की सेज है और न ही काँटों का ताज। वस्तुत: जीवन एक अनवरत् संघर्ष का नाम है।

जीवन की तुलना एक प्रवाहमान नदी से की जा सकती है। जिस प्रकार एक सरिता अविरल बहती रहती है, समुद्र में लहरें सदा गतिशील रहती हैं, वायु एक क्षण के लिए भी नहीं रुकती, सूर्य, चंद्रमा, तारे सभी

अपने-अपने नियत समय पर उदित एवं अस्त होते हैं, ठीक उसी प्रकार जीवन की गति भी अविरल है। समय के साथ-साथ आगे बढ़ते रहने की प्रबल मानवीय लालसा ही जीवन है।

इस अविरल गति से प्रवाहमान जीवन में अनेक ऊँचे-नीचे रास्ते आते हैं, अनेक बाधाएँ आती हैं। इन्हीं बाधाओं से संघर्ष करते हुए जीवन आगे बढ़ता रहता है। यही कर्म है, यही सत्य है। जीवन में आने वाली बाधाओं से घबराकर रुक जाने वाला या पीछे हट जाने वाला व्यक्ति कभी भी सफलता प्राप्त नहीं कर सकता। जीवन सत्य है, जबकि स्वप्न असत्य। स्वप्न काल्पनिक है, अयथार्थ है। स्वप्न का महत्त्व केवल वहीं तक है, जहाँ तक वह मनुष्य के जीवन को आगे बढ़ाने में प्रेरक है। मनुष्य स्वप्न के माध्यम से ही ऐसी कल्पनाएँ करता है, जो अयथार्थ होती हैं, लेकिन उस काल्पनिक लोक को वह अपने परिश्रम, उमंग एवं दृढ़ इच्छाशक्ति से यथार्थ में, वास्तविकता में परिवर्तित कर देता है। वास्तविक जीवन एक कर्त्तव्य पथ है, जिसके मार्ग में अनेक शूल बिखरे हुए हैं, लेकिन मनुष्य की इच्छाशक्ति या दृढ़ संकल्प उन बाधाओं और काँटों की परवाह नहीं करता और उन्हें रौंदकर आगे निकल जाता है।

जीवन संघर्ष की लंबी साधना है। यह संघर्ष तब तक बना रहता है, जब तक मनुष्य के शरीर में साँस चलती रहती है, संघर्ष से बचा नहीं जा सकता।

2. कंप्यूटर हमारा मित्र

दक्षता आधारित प्रश्न

संकेत बिंदु

- कम्प्यूटर
- विद्यार्थियों के लिए उपयोग
- सुझाव

ऑक्सफॉर्ड डिक्शनरी के अनुसार, ''कंप्यूटर एक स्वचालित इलेक्ट्रॉनिक मशीन है, जो अनेक प्रकार की तर्कपूर्ण गणनाओं के लिए प्रयोग की जाती है।'' कंप्यूटर बिजली से चलने वाली मशीन है, जिसकी प्रक्रिया तीन चरणों में पूरी होती है— इनपुट, प्रोसेस, आउटपुट अर्थात् जब हम कंप्यूटर में कोई डाटा इनपुट करते हैं, तो कंप्यूटर उस डाटा को प्रोसेस करके प्रयोगकर्ता को आउटपुट प्रदान करता है।

आज का युग कंप्यूटर का युग है। कंप्यूटर ने मानव जीवन को सरल बना दिया है। कंप्यूटर बड़े-से-बड़े कार्य को कुछ मिनटों में पूरा कर देता है। कंप्यूटर प्रत्येक वर्ग के जीवन का एक अनिवार्य अंग है। बच्चे हों या युवा, प्रौढ़ हों या बुजुर्ग कंप्यूटर ने सभी वर्गों में अपनी अनिवार्यता सिद्ध कर दी है। विद्यार्थियों के लिए कंप्यूटर वर्तमान समय में बहु-उपयोगी साधन प्रतीत होता है। गणित, अंग्रेजी, विज्ञान, सामान्य ज्ञान आदि विषयों का अध्ययन विद्यार्थियों द्वारा कंप्यूटर के माध्यम से किया जा सकता है। पढ़ाई-लिखाई से लेकर मनोरंजन आदि तक के लिए कंप्यूटर अपनी महत्ता को दर्शाता है।

इन सभी के अतिरिक्त विद्यार्थियों द्वारा इसका गलत ढंग से प्रयोग किया जाता है, जिसके कारण वे अपने लक्ष्य से भटक जाते हैं और जीवन को नष्ट कर लेते हैं। अत: प्रत्येक विद्यार्थी को कंप्यूटर का प्रयोग अपने मित्र की भाँति करना चाहिए, जिससे वे अधिकाधिक लाभ अर्जित कर सकें। कंप्यूटर का गलत ढंग से उपयोग करने से विद्यार्थियों को बहुत-सी समस्याओं का सामना करना पड़ सकता है। अत: प्रत्येक विद्यार्थी को कंप्यूटर का प्रयोग अध्ययन आदि करने हेतु करना चाहिए।

3. परहित सरिस धर्म नहिं भाई अथवा परोपकार

दक्षता आधारित प्रश्न

संकेत बिंदु

- सूक्ति से तात्पर्य
- मानव एवं पशु में अंतर
- परोपकारियों के उदाहरण
- भारतीय संस्कृति में परोपकार का महत्त्व

गोस्वामी तुलसीदास ने कहा है कि

परहित सरिस धर्म नहिं भाई।
परपीड़ा सम नहिं अधमाई।।

अर्थात् परहित (परोपकार) के समान दूसरा कोई धर्म नहीं है और दूसरों को पीड़ा (कष्ट) देने के समान कोई अन्य नीचता या नीच कर्म नहीं है। पुराणों में भी कहा गया है, 'परोपकार: पुण्याय पापाय परपीड़नम्' अर्थात् दूसरों का उपकार करना सबसे बड़ा पुण्य तथा दूसरों को कष्ट पहुँचाना सबसे बड़ा पाप है।

परोपकार की भावना से शून्य मनुष्य पशु तुल्य होता है, जो केवल अपने स्वार्थों की पूर्ति तक ही स्वयं को सीमित रखता है। मनुष्य जीवन बेहतर है, क्योंकि मनुष्य के पास विवेक है। उसमें दूसरों की भावनाओं एवं आवश्यकताओं को समझने तथा उसकी पूर्ति करने की समझ है। इसी कारण मनुष्य सर्वश्रेष्ठ प्राणी है।

इस दुनिया में महात्मा बुद्ध, ईसा मसीह, दधीचि ऋषि, अब्राहम लिंकन, मदर टेरेसा, बाबा आम्टे जैसे अनगिनत महापुरुषों के जीवन का उद्देश्य परोपकार ही था। भारतीय संस्कृति में भी इस तथ्य को रेखांकित किया गया है कि मनुष्य को उस प्रकृति से प्रेरणा लेनी चाहिए, जिसके कण-कण में परोपकार की भावना व्याप्त है। भारतीय संस्कृति में इसी भावना के कारण पूरी पृथ्वी को एक कुटुंब माना गया है तथा विश्व को परोपकार संबंधी संदेश दिया गया है। इसमें सभी जीवों के सुख की कामना की गई है।

4. गया समय फिर हाथ नहीं आता

संकेत बिंदु

- समय ही जीवन है
- समय का सदुपयोग
- समय के दुरुपयोग से हानि

महापुरुषों ने कहा है, "समय बहुत मूल्यवान है। एक बार निकल जाने पर यह कभी वापस नहीं आता।" वास्तव में, समय ही जीवन है। इसकी गति को रोकना असंभव है। संसार में अनेक उदाहरण हैं, जो समय की महत्ता को प्रमाणित करते हैं। जिसने समय के मूल्य को नहीं पहचाना, वह हमेशा पछताया है। इसके महत्त्व को पहचानकर इसका सदुपयोग करने वाले व्यक्तियों ने अपने जीवन में लगातार सफलता प्राप्त की। जो व्यक्ति समय मिलने पर भी अपने जीवन में कुछ नहीं कर पाते, वे जीवन में असफल रहते हैं।

जो विद्यार्थी पूरे वर्ष पढ़ाई नहीं करते, वे फेल होने पर पछताते हैं। तब यह उक्ति कि 'अब पछताए होत क्या जब चिड़िया चुग गई खेत' चरितार्थ होती है। विद्यार्थी को समय का मूल्य पहचानते हुए हर पल का सदुपयोग करना चाहिए, क्योंकि जो समय को नष्ट करता है, एक दिन समय उसे नष्ट कर देता है। महान् पुरुषों ने समय का सदुपयोग किया और अपने जीवन में सफल हुए। स्वामी दयानंद, महात्मा गाँधी, जवाहरलाल नेहरू, मदर टेरेसा आदि इसके ज्वलंत प्रमाण हैं। अतः हमें समय की महत्ता को समझते हुए इसका सदुपयोग करना चाहिए।

5. शारीरिक शिक्षा और योग

दक्षता आधारित प्रश्न

संकेत बिंदु

- शारीरिक शिक्षा का अर्थ एवं महत्त्व
- शारीरिक शिक्षा में योग का स्थान
- प्रभाव और अच्छे परिणाम

शारीरिक शिक्षा का तात्पर्य ऐसी शिक्षा से है, जिसमें शारीरिक गतिविधियों के द्वारा शरीर को स्वस्थ रखने की कला सिखाई जाती है। शारीरिक विकास के साथ-साथ इससे व्यक्ति का मानसिक, सामाजिक एवं भावनात्मक विकास भी होता है। शारीरिक शिक्षा में योग का स्थान बहुत महत्त्वपूर्ण है।

योग का उद्देश्य शरीर, मन एवं आत्मा के बीच संतुलन स्थापित करना होता है। यह मन को शांत एवं स्थिर रखता है, तनाव को दूर करके सोचने की क्षमता, आत्मविश्वास एवं एकाग्रता को बढ़ाता है। नियमित रूप से योग करने से शरीर स्वस्थ तो रहता ही है, साथ ही यदि कोई रोग है तो इसके द्वारा उसका उपचार भी किया जा सकता है। कुछ रोगों में तो दवा से अधिक लाभ योग करने से होता है। तमाम शोधों से यह प्रमाणित हो चुका है कि योग संपूर्ण जीवन की चिकित्सा पद्धति है। पश्चिमी देशों में भी योग के प्रति लोगों का आकर्षण बढ़ रहा है और लोग तेजी से इसे अपना रहे हैं। योग की बढ़ती लोकप्रियता एवं महत्त्व का ही प्रमाण है कि संयुक्त राष्ट्र संघ ने भी योग का समर्थन करते हुए 21 जून को योग दिवस घोषित कर दिया है।

वर्तमान परिवेश में योग न केवल हमारे लिए लाभकारी है, बल्कि विश्व के बढ़ते प्रदूषण एवं मानवीय व्यस्तताओं से उत्पन्न समस्याओं के निवारण में इसकी सार्थकता और भी बढ़ गई है। यही कारण है कि धीरे-धीरे ही सही, आज पूरी दुनिया योग की शरण ले रही है।

6. ग्लोबल वार्मिंग

दक्षता आधारित प्रश्न

संकेत बिंदु

- ग्लोबल वार्मिंग क्या है तथा कैसे होती है?
- दुष्परिणाम
- बचाव तथा उपसंहार

वैश्विक तापमान अर्थात् ग्लोबल वार्मिंग आज विश्व की सबसे बड़ी समस्या बन चुकी है। इससे न केवल मनुष्य, बल्कि पृथ्वी पर रहने वाला प्रत्येक प्राणी त्रस्त है। 'ग्लोबल वार्मिंग' शब्द का अर्थ है 'संपूर्ण पृथ्वी के तापमान में वृद्धि होना।' हमारी पृथ्वी पर वायुमंडल की एक परत है, जो विभिन्न गैसों से मिलकर बनी है, जिसे ओज़ोन परत कहते हैं। ये ओज़ोन परत सूर्य से आने वाली पराबैंगनी तथा अन्य हानिकारक किरणों को पृथ्वी पर आने से रोकती है। मानवीय क्रियाओं द्वारा ओज़ोन परत में छिद्र हो जाने के कारण सूर्य की हानिकारक किरणें पृथ्वी के वातावरण में प्रवेश कर रही हैं।

परिणामस्वरूप पृथ्वी के तापमान में लगातार वृद्धि हो रही है। ग्लोबल वार्मिंग के कारण कई समुद्री तथा पृथ्वी पर रहने वाले जीव-जंतुओं की प्रजातियों के अस्तित्व पर खतरा छाया हुआ है, साथ ही मनुष्यों को भी स्वास्थ्य संबंधी समस्याओं का सामना करना पड़ रहा है। यदि समय रहते ग्लोबल वार्मिंग को रोकने के उपाय नहीं किए, तो हमारी पृथ्वी जीवन के योग्य नहीं रह जाएगी। इसे रोकने के लिए हमें प्रदूषण को कम करना होगा। साथ ही कार्बन-डाइऑक्साइड सहित अन्य गैसों के उत्सर्जन में कमी तथा वृक्षारोपण को बढ़ावा देना होगा, जिससे प्रकृति में पर्यावरण संबंधी संतुलन बना रहे।

7. साँच को आँच नहीं

संकेत बिंदु

- सत्य बोलने का महत्त्व
- सत्य बोलने वालों के उदाहरण
- सत्य न बोलने का परिणाम

जो व्यक्ति सत्य बोलता है, उस पर कोई आँच नहीं आती अर्थात् उसे कोई भी नुकसान नहीं पहुँचा सकता। सत्य बोलने वाले व्यक्ति की समाज में जीते-जी बहुत प्रतिष्ठा होती है तथा मृत्यु के पश्चात् उसके यश में वृद्धि होती है। महात्मा गाँधी ने जीवनभर 'सत्य ही ईश्वर है' के सिद्धांत को अपनाया। संसार के कई व्यक्तियों का यह मानना है कि संसार की हर सफलता को सत्य के बल पर प्राप्त किया जा सकता है।

सत्य बोलने वाले को कदम-कदम पर संघर्ष करना पड़ता है, किंतु अंत में विजय उसे ही प्राप्त होती है। यह एक कटु सत्य है कि असत्य बोलने वालों को क्षणिक सफलता तो मिल जाती है, किंतु उनका अंत बहुत बुरा होता है तथा अंततः पराजय का सामना उन्हें करना ही पड़ता है। इस विषय में सत्यवादी हरिश्चंद्र का जीवन साक्षात् प्रमाण है, जिन्होंने सत्य की रक्षा के लिए अनेक कष्ट सहे, किंतु सत्य को एक पल के लिए भी नहीं छोड़ा।

अतः प्रत्येक व्यक्ति को अपने जीवन में सत्य के मार्ग पर चलना चाहिए, क्योंकि सत्य को अपनाकर ही हम अपने जीवन में शांति और संतोष प्राप्त कर सकते हैं। सत्य बोलकर हम इस समाज का कल्याण करने में अपनी सहायक भूमिका निभा सकते हैं।

8. आज की बचत कल का सुख

संकेत बिंदु

- बचत का अर्थ एवं स्वरूप
- दुःखदायक स्थितियों में बचत का महत्त्व
- वर्तमान और भविष्य को सुरक्षित करना

वर्तमान आय का वह भाग, जो तत्काल व्यय (खर्च) नहीं किया गया और भविष्य के लिए सुरक्षित कर लिया गया 'बचत' कहलाता है। पैसा सब कुछ नहीं रहा, परंतु इसकी जरूरत सबको हमेशा रहती है। आज हर तरफ़ पैसों का बोलबाला है, क्योंकि पैसों के बिना कुछ भी नहीं। आज जीवन और परिवार चलाने के लिए पैसे की ही अहम भूमिका होती है। आज के समय में पैसा कमाना जितना मुश्किल है, उससे कहीं अधिक कठिन है पैसे को अपने भविष्य के लिए सुरक्षित बचाकर रखना, क्योंकि खर्च और बढ़ती महँगाई के अनुपात में कमाई के स्रोतों में कमी होती जा रही है, इसलिए हमारी आज की बचत ही कल हमारे भविष्य को सुखी और समृद्ध बना सकने में अहम भूमिका निभाएगी।

जीवन में अनेक बार ऐसे अवसर आ जाते हैं, जब आकस्मिक दुर्घटनाएँ और रोग या अन्य शारीरिक पीड़ाएँ घेर लेती हैं, तब हमें पैसों की बहुत आवश्यकता होती है। यदि पहले से बचत न की गई तो विपत्ति के समय हमें दूसरों के आगे हाथ फैलाने पड़ सकते हैं।

हमारी आज की छोटी-छोटी बचत (धन निवेश) ही हमें भविष्य में आने वाले तमाम खर्चों की चिन्ता से चिन्तामुक्त कर देती है। आज की थोड़ी-सी समझदारी आने वाले भविष्य को सुखद बना सकती है। बचत करना एक अच्छी आदत है, जो हमारे वर्तमान के साथ-साथ भविष्य के लिए भी लाभदायक सिद्ध होती है। किसी जरूरत या आकस्मिक समस्या के आ जाने पर बचाया गया धन ही हमारे काम आता है। संक्षेप में कह सकते हैं कि बचत करके हम अपने भविष्य को सँवार सकते हैं।

9. विज्ञापन की बढ़ती हुई लोकप्रियता

संकेत बिंदु

- विज्ञापन की आवश्यकता
- विज्ञापनों से होने वाले लाभ
- विज्ञापनों से होने वाली हानियाँ

आज के युग को विज्ञापनों का युग कहा जा सकता है। आज सभी जगह विज्ञापन-ही-विज्ञापन नज़र आते हैं। बड़ी-बड़ी कंपनियाँ एवं उत्पादक अपने उत्पाद एवं सेवा से संबंधित लुभावने विज्ञापन देकर उसे लोकप्रिय बनाने का हर संभव प्रयास करते हैं। किसी नए उत्पाद के विषय में जानकारी देने, उसकी विशेषता एवं प्राप्ति स्थान आदि बताने के लिए विज्ञापन की आवश्यकता पड़ती है। विज्ञापनों के द्वारा किसी भी सूचना तथा उत्पाद की जानकारी, पूर्व में प्रचलित किसी उत्पाद में आने वाले बदलाव आदि की जानकारी सामान्य जनता को दी जा सकती है।

विज्ञापन का लक्ष्य जनता को किसी भी उत्पाद एवं सेवा की सही सूचना देना है, लेकिन आज विज्ञापनों में अपने उत्पाद को सर्वोत्तम तथा दूसरों के उत्पादों को निकृष्ट कोटि का बताया जाता है। आजकल के विज्ञापन भ्रमित करने वाले होते हैं तथा मनुष्य को अनावश्यक खरीदारी करने के लिए प्रेरित करते हैं। अतः विज्ञापनों का यह दायित्व बनता है कि वे ग्राहकों को लुभावने दृश्य दिखाकर गुमराह न करें, बल्कि अपने उत्पाद के सही गुणों से परिचित कराएँ, तभी उचित सामान ग्राहकों तक पहुँचेगा और विज्ञापन अपने लक्ष्य में सफल होगा।

10. आधुनिक जीवन में मोबाइल

संकेत बिंदु

- वर्तमान समय में मोबाइल की महत्ता
- मोबाइल फोन द्वारा प्राप्त होने वाली सुविधाएँ
- मोबाइल फोन से होने वाले नुकसान

मोबाइल आज विश्व में क्रांति का वाहक बन गया है। बिना तारों वाला मोबाइल फोन जगह-जगह लगे ऊँचे टॉवरों से तरंगों को ग्रहण करते हुए मनुष्य को दुनिया के प्रत्येक कोने से जोड़े रहता है। मोबाइल फोन सेवा प्रदान करने के लिए विभिन्न टेलीफोन कंपनियाँ अपनी-अपनी सेवाएँ देती हैं। मोबाइल फोन बात करने, एसएमएस की सुविधा प्रदान करने के साथ-साथ विभिन्न प्रकार के खेल, कैलकुलेटर, फोनबुक की सुविधा, समाचार, चुटकुले, इंटरनेट सेवा आदि भी उपलब्ध कराता है। अनेक मोबाइल फोनों में इंटरनेट की सुविधा भी होती है, जिससे ई-मेल भी किया जा सकता है। मोबाइल फोन सुविधाजनक होने के साथ ही नुकसानदायक भी है।

मोबाइल फोन का सबसे बड़ा दोष यह है कि यह समय-असमय बजता ही रहता है। लोग सुरक्षा और शिष्टाचार भूल जाते हैं। अकसर लोग गाड़ी चलाते समय भी फोन पर बात करते हैं, जो असुरक्षित ही नहीं, बल्कि कानूनन अपराध भी है। अपराधी एवं असामाजिक तत्त्व मोबाइल का गलत प्रयोग अनेक प्रकार के अवांछित कार्यों में करते हैं। इसके अधिक प्रयोग से कानों व हृदय पर दुष्प्रभाव पड़ता है। अतः इन खतरों से सावधान होना आवश्यक है।

11. वन एवं वन्य संपदा

संकेत बिंदु

- वन एवं वन्य संपदा क्या है?
- इनका महत्त्व
- वन एवं वन संपदा पर खतरा

सामान्यत: एक ऐसा विस्तृत भू-भाग जो पेड़-पौधों से आच्छादित हो, 'वन' कहलाता है। वन मनुष्य के लिए प्रकृति का सबसे बड़ा वरदान है। वनों से हमें अनेक लाभ होते हैं। इनसे हमें प्राणवायु ऑक्सीजन मिलती है, जो हमारे जीवन का आधार है। इसके अतिरिक्त, वनों से हमें फर्नीचर के लिए लकड़ी, फल-फूल, जड़ी-बूटियाँ, औषधियाँ आदि वस्तुएँ प्राप्त होती हैं।

वन मिट्टी के कटाव को रोकने व वर्षा करवाने में भी सहायक होते हैं। वनों का एक लाभ और भी है। इनके कारण ही वन्य-जीवन फलता-फूलता है। वन्य का अर्थ है—वन में उत्पन्न होने वाला। इस प्रकार वन्य-जीवन का तात्पर्य उन जीवों से है जो वन में जन्म लेते हैं और वन ही उनका आवास-स्थल बनता है।

एक अनुमान के अनुसार, भारत में लगभग 75000 प्रकार की जीव-प्रजातियाँ पाई जाती हैं, जिनमें से अधिकांश वनों में पाई जाती हैं। इनमें सिंह, चीता, लोमड़ी, गीदड़, लकड़बग्घा, हिरण, जिराफ, नीलगाय, साँप, मगरमच्छ आदि प्रमुख हैं। यदि वन न हों तो इन सभी जीवों का अस्तित्व ही मिट जाएगा, जबकि मनुष्य के साथ इन जीवों का सह-अस्तित्व आवश्यक है क्योंकि इससे प्रकृति में संतुलन बना रहता है। हालाँकि पिछले कुछ समय से वन एवं वन्य संपदा पर खतरा मँडरा रहा है।

वनों से ढके हुए क्षेत्रों में कमी हो रही है, जिससे वन्य-जीवन भी विलुप्त होता जा रहा है। राष्ट्रीय वन नीति के अनुसार, देश के 33% भू-भाग पर वन होने चाहिए, परंतु इस नीति पर ठीक से अमल नहीं किया जा रहा है। प्रशासन तंत्र को शीघ्र ही इस विषय का संज्ञान लेना चाहिए और वन एवं वन्य संपदा के संरक्षण हेतु उचित कदम उठाने चाहिए।

12. साहित्य का महत्त्व

दक्षता आधारित प्रश्न

संकेत बिंदु

- साहित्य का सामर्थ्य
- देश की वास्तविक स्थिति का सजीव चित्रण
- साहित्यकारों द्वारा संस्कृति व सभ्यता को बचाने में योगदान

साहित्य सोते हुए मनुष्य को भी जागृत करने का सामर्थ्य रखता है। साहित्य कमजोर एवं शोषितों को उत्साहित करने का कार्य करता है। यह साहित्य ही है, जिसने कई बार हारी हुई लड़ाइयों को भी जीतने में सहायता की है। कहा भी गया है कि 'साहित्य समाज का दर्पण' होता है।

साहित्य देश की वास्तविक स्थिति का सजीव चित्रण प्रस्तुत करता है, जिससे प्रभावित होकर समाज के जागरूक लोग सामाजिक बुराइयों को पहचानकर, उनका कारण समझकर तथा उन्हें मिटाने के तरीके ढूँढकर उन्हें समाप्त कर देते हैं। जिस समय भारतीय संस्कृति और सभ्यता को दुष्प्रभावित करने का षड्यंत्र किया जा रहा था, उस समय कबीरदास, तुलसीदास, भूषण, प्रेमचंद, रामधारी सिंह 'दिनकर' आदि साहित्यकारों ने जनता को अपनी रचनाओं के माध्यम से शिक्षित एवं संवेदनशील बनाने का कार्य किया। राष्ट्रीयता एवं मानवीय मूल्यों की रक्षा करने में अनेक साहित्यकारों का महत्त्वपूर्ण योगदान रहा है।

साहित्यकारों ने अपने राष्ट्रीय एवं नैतिक दायित्व को पहचाना तथा उसी के अनुसार कार्य किया। इस प्रकार कह सकते हैं कि साहित्यकार का सामाजिक उत्तरदायित्व होता है। समाज के हित की दृष्टि से लिखा गया साहित्य ही श्रेष्ठ साहित्य कहा जा सकता है।

13. राष्ट्रीय सुरक्षा और विद्यार्थी

संकेत बिंदु

- राष्ट्रीय सुरक्षा की आवश्यकता
- व्यक्ति का राष्ट्र के प्रति कर्त्तव्य
- राष्ट्र की सेवा में विद्यार्थियों की भूमिका

व्यक्ति और राष्ट्र का संबंध परस्पर अटूट होता है। जहाँ एक ओर राष्ट्र व्यक्ति को उसकी अस्मिता की पहचान देता है, वहीं व्यक्ति से यह अपेक्षा की जाती है कि वह अपने कार्यों से राष्ट्र का विकास करे। राष्ट्र की सुरक्षा में नागरिकों का सहयोग भी अत्यंत महत्त्वपूर्ण है। प्रत्येक व्यक्ति के राष्ट्र के प्रति कर्त्तव्य होते हैं। वे राष्ट्र की संरक्षा, विकास और समृद्धि में अपना योगदान देने के लिए सक्रिय रूप से सक्षम होते हैं। वे अपने राष्ट्र के नैतिक और सामाजिक मूल्यों का पालन करते हैं और उसकी रक्षा में सक्रिय भागीदारी करते हैं।

राष्ट्र की सेवा में विद्यार्थियों की महत्त्वपूर्ण भूमिका होती है। वे राष्ट्र के भविष्य के नेतृत्व और विकास में अहम भूमिका निभाते हैं। शिक्षा के माध्यम से राष्ट्र के विकास को आगे बढ़ाते हैं और राष्ट्र के विभिन्न क्षेत्रों में उत्कृष्टता को बढ़ाते हैं। उन्हें शिक्षा के माध्यम से राष्ट्र की सेवा करने और उसमें सक्रिय भागीदारी करने की प्रेरणा मिलती है। इसके अतिरिक्त विद्यार्थी राष्ट्र पर आने वाली विविध आपदाओं; जैसे—बाढ़, सूखा, महामारी, भू-स्खलन आदि में भी राष्ट्रवासियों की सेवा कर सकते हैं।

14. स्वास्थ्य की रक्षा

दक्षता आधारित प्रश्न

संकेत बिंदु

- आवश्यकता
- पोषक भोजन
- लाभकारी सुझाव

वर्तमान समय में प्रत्येक मनुष्य की जीवन-शैली इतनी भागदौड़ से भर गई है कि वे अपने स्वास्थ्य की रक्षा कर पाने में असमर्थ हो चुके हैं। जहाँ पहले के समय में व्यक्ति की औसत आयु 75 वर्ष थी, वह आज घटकर 60 वर्ष हो गई है। स्वास्थ्य की रक्षा बहुत ही आवश्यक है। खराब स्वास्थ्य के साथ व्यक्ति कोई भी कार्य उचित तौर-तरीके से नहीं कर पाता है।

प्रत्येक व्यक्ति को आधारभूत वस्तुओं का संचय करने के लिए स्वस्थ रहने की आवश्यकता है। कहा जाता है स्वस्थ शरीर में ही स्वस्थ मन का वास होता है, इसीलिए स्वास्थ्य की रक्षा हमारे लिए आवश्यक है। स्वास्थ्य की रक्षा के लिए पोषक भोजन लेना अति आवश्यक है।

हरी सब्जियाँ, दूध, दही, फल आदि का सेवन हमारे शरीर की प्रतिरोधक क्षमता को बढ़ाते हुए हमारे स्वास्थ्य की रक्षा करता है। आजकल जंकफूड और फास्ट फूड का प्रचलन अपने चरम पर है। इसकी चपेट में लाखों लोग आ चुके हैं और इसी कारण वे अपना स्वास्थ्य खराब कर चुके हैं।

आजकल के बच्चों को मोटापा, सुस्ती व भिन्न-भिन्न प्रकार की बीमारियों ने जकड़ लिया है। हमें जंक फूड एवं फास्ट-फूड से दूरी बनाते हुए पौष्टिक आहार लेने चाहिए, जिससे हम अपने स्वास्थ्य की रक्षा करते हुए, अपने और दूसरों के जीवन को खुशियाँ प्रदान कर सकें।

15. ई-कचरा

दक्षता आधारित प्रश्न

संकेत बिंदु

- ई-कचरा से तात्पर्य
- चिंता का कारण
- निपटान के उपाय

ई-कचरा आधुनिक समय की एक गंभीर समस्या है। वर्तमान समय में विज्ञान और प्रौद्योगिकी के क्षेत्र में काफी काम हो रहा है। इसके फलस्वरूप, आज नित नए-नए उन्नत तकनीक वाले इलेक्ट्रॉनिक यंत्रों का उत्पादन हो रहा है। जैसे ही बाज़ार में उन्नत तकनीक वाला उत्पाद आता है, वैसे ही पुराने यंत्रों की उपयोगिता कम हो जाती है। इसी का परिणाम है कि आज कंप्यूटर, लैपटॉप, मोबाइल फोन, टीवी, रेडियो, प्रिंटर, आई-पोड्स आदि के रूप में ई-कचरा बढ़ता जा रहा है। एक अनुमान के अनुसार एक वर्ष में पूरे विश्व में लगभग 50 मिलियन टन ई-कचरा उत्पन्न होता है।

यह अत्यंत चिंता का विषय है कि ई-कचरे का निपटान उस दर से नहीं हो पा रहा है, जिस दर से इसकी उत्पादकता बढ़ रही है। ई-कचरे को डालने या खुले में जलाने से पर्यावरण के लिए गंभीर समस्याएँ उत्पन्न हो गई हैं, क्योंकि इलेक्ट्रॉनिक यंत्रों में आर्सेनिक, कोबाल्ट, मरकरी, बेरियम, लिथियम, कॉपर, क्रोम, लेड आदि हानिकारक अवयव होते हैं। इनसे कैंसर जैसी गंभीर बीमारियों जागरूक खतरा कई गुना बढ़ गया है।

अब समय आ गया है कि ई-कचरे के उचित निपटान और पुन: चक्रण पर ध्यान दिया जाए अन्यथा पूरी दुनिया शीघ्र ही ई-कचरे का ढेर बन जाएगी। इसके लिए विकसित देशों को आगे आना होगा और विकासशील देशों के साथ अपनी तकनीकों को साझा करना होगा, क्योंकि विकसित देशों में ही ई-कचरे का उत्पादन अधिक होता है। अत: इस समस्या से निपटने के लिए पूरी दुनिया को जागरूक होना होगा।

16. प्रात:कालीन भ्रमण

संकेत बिंदु

- प्रकृति से संपर्क
- शारीरिक व्यायाम
- सेहत के लिए उपयोगी व लाभदायक

प्रात:कालीन भ्रमण शरीर को स्वस्थ और निरोगी रखने की शारीरिक क्रियाओं में से एक है। प्रात:काल के भ्रमण से मनुष्य को स्वच्छ वायु प्राप्त होती है, जिससे मनुष्य में एक नवस्फूर्ति और नवजीवन का संचार होता है। मनुष्य प्रकृति के संपर्क में आकर आनंद का अनुभव करता है। प्रकृति के मनोरम दृश्यों को देखकर उसका मन प्रफुल्लित हो उठता है। प्रात:कालीन भ्रमण करने से हमारी शारीरिक शक्ति के साथ-साथ मानसिक शक्ति का भी विकास होता है। हमारे मन से विकार दूर हो जाते हैं। प्रात:काल मन प्रसन्न होने के कारण मनुष्य का संध्या तक का समय बड़ी प्रसन्नता से व्यतीत होता है।

सुबह की ठंडी वायु प्रत्येक प्राणी के लिए लाभदायक होती है। प्रात:कालीन भ्रमण से व्यक्ति के शरीर तथा मन मस्तिष्क में तरोताजगी का संचार होता है। प्रात:कालीन भ्रमण व्यक्ति के स्वास्थ्य के लिए भी बहुत उपयोगी एवं लाभदायक है। हमें प्रात:काल नियमित रूप से भ्रमण करना चाहिए, जिससे हमारा मन, बुद्धि और शरीर शांत, प्रसन्न एवं दृढ़ रह सके। अत: स्वस्थ, निरोगी, प्रसन्नचित्त एवं दीर्घजीवी बनने के लिए प्रात:काल का भ्रमण सर्वोत्तम साधन है। वर्तमान युग में तो यह एक वरदान के समान है।

17. मेरे जीवन का लक्ष्य

संकेत बिंदु

- जीवन में लक्ष्य की आवश्यकता
- आपका लक्ष्य क्या है?
- लक्ष्य क्यों है?
- बनकर क्या करेंगे?

जीवन में निश्चित सफलता प्राप्त करने के लिए एक निश्चित लक्ष्य का होना भी अत्यंत आवश्यक है। जिस प्रकार निश्चित गंतव्य तय किए बिना, चलते रहने का कोई अर्थ नहीं रह जाता, उसी प्रकार लक्ष्य विहीन जीवन भी निरर्थक होता है।

एक व्यक्ति को अपनी योग्यता एवं रुचि के अनुरूप अपने लक्ष्य का चयन करना चाहिए। जहाँ तक मेरे जीवन के लक्ष्य की बात है, मुझे बचपन से ही पढ़ना-लिखना बहुत पसंद है, इसलिए मैं एक शिक्षक बनना चाहता हूँ। शिक्षा मनुष्य के व्यक्तित्व का विकास करती है और इस प्रक्रिया में शिक्षक की भूमिका सर्वाधिक महत्त्वपूर्ण होती है।

मैं शिक्षक बनकर समाज हित के लिए ग्रामीण क्षेत्र में नियुक्ति प्राप्त करना चाहूँगा, क्योंकि ग्रामीण क्षेत्रों में अच्छे एवं समर्पित शिक्षकों का अभाव है। एक आदर्श शिक्षक के रूप में मैं धार्मिक कट्टरता, प्राइवेट ट्यूशन, नशाखोरी आदि से बचाने हेतु सभी छात्रों का उचित मार्गदर्शन करूँगा। मैं सही समय पर विद्यालय जाऊँगा और अपना कार्य पूर्ण ईमानदारी से करूँगा।

शिक्षण को प्रभावी बनाने के लिए सहायक सामग्रियों का भरपूर प्रयोग करूँगा, साथ ही छात्रों को हमेशा अच्छे कार्य करने के लिए प्रेरित करूँगा। छात्रों पर नियंत्रण रखने के लिए शैक्षणिक मनोविज्ञान का अच्छा ज्ञान प्राप्त करूँगा।

मुझे आज के समाज की आवश्यकताओं का ज्ञान है, इसलिए मैं इस लक्ष्य की पूर्ति हेतु छात्रों को उनके नैतिक कर्त्तव्यों का ज्ञान कराऊँगा। अत: मेरे जीवन का लक्ष्य होगा आदर्श शिक्षक बनकर समाज की सेवा करना तथा देश के विकास में योगदान देना।

18. प्लास्टिक की दुनिया

संकेत बिंदु

- प्लास्टिक का आविष्कार और इसका उपयोग
- प्लास्टिक के गुण एवं दोष
- प्लास्टिक का पर्यावरण पर प्रभाव

प्लास्टिक का आविष्कार ड्यू बोयस एवं जॉन द्वारा किया गया था। प्लास्टिक का उपयोग मशीन के कल-पुर्जो, पानी की टंकियों, दरवाजों, खिड़कियों, चप्पल-जूतों, रेडियो, टेलीविजन, वाहनों के हिस्सों आदि में किया जाता है, क्योंकि प्लास्टिक से बनी वस्तुएँ आसानी से खराब नहीं होतीं। यदि किसी कारण ये टूट-फूट जाएँ, तो इन्हें फिर से बनाकर पुनः उपयोग में लाया जा सकता है।

इनमें मनचाहा रंग मिलाकर इन्हें अधिक आकर्षक भी बनाया जा सकता है। यही कारण है कि प्लास्टिक से बने आकर्षक रंग-बिरंगे फूल असली फूलों से अधिक लोकप्रिय हो रहे हैं। आज लोगों को बाजार से सामान प्लास्टिक के बने आकर्षक थैलों में पैक करके मिलता है।

प्लास्टिक से बनी वस्तुओं से पर्यावरण बुरी तरह दुष्प्रभावित हो रहा है। प्लास्टिक कभी न गलने-सड़ने वाला पदार्थ है, जिसके कारण भूमि, जल, पर्यावरण आदि अत्यधिक प्रदूषित होते जा रहे हैं। अतः हमें प्लास्टिक का कम-से-कम उपयोग करना चाहिए, जिससे पर्यावरण को प्रदूषित होने से बचाया जा सके।

19. आलस्य : मनुष्य का सबसे बड़ा शत्रु

संकेत बिंदु

- आलस्य और मनुष्य जीवन
- आलस्य के नुकसान
- सफलता पाने के लिए आलस्य को त्यागना आवश्यक

आलस्य दुःख, दरिद्रता, रोग परतंत्रता, अवनति आदि का जनक है। आलस्य के रहते हुए मनुष्य के विकास और उसके ज्ञान में वृद्धि का प्रश्न ही नहीं उठता। आलस्य को राक्षसी प्रवृत्ति की पहचान कहा जाता है। स्वास्थ्य की दृष्टि से प्रातःकाल की शुद्ध वायु अत्यंत आवश्यक है। आलसी व्यक्ति इस वायु का आनंद भी नहीं उठा पाते और प्रातःकालीन भ्रमण एवं व्यायाम के अभाव में उनका शरीर रोगग्रस्त हो जाता है। आलसी विद्यार्थी पूरा वर्ष सोकर व्यतीत करता है और परिणाम आने पर सबसे आँखें चुराता है।

आलस्य मनुष्य की इच्छाशक्ति को कमजोर बनाकर उसे असफलता के गर्त में धकेल देता है। आलसी को छोटे-से-छोटा काम भी पहाड़ के समान कठिन लगने लगता है और वह इससे छुटकारा पाने के लिए तरह-तरह के बहाने ढूँढने लगता है।

आलस्य का त्याग करने से मनुष्य को अपने लक्ष्य को निश्चित समय में प्राप्त करने में सफलता मिलती है। जीवन में वही व्यक्ति सफलता प्राप्त कर सकता है, जो आलस्य को पूरी तरह त्यागकर कर्म के सिद्धांत को अपना ले। इस प्रकार मनुष्य का सबसे बड़ा शत्रु आलस्य ही है। यह मनुष्य को पतन के मार्ग पर ले जाता है और कुछ ही समय में मनुष्य का नाश कर देता है। अतः इसका त्याग करने में ही मनुष्य का कल्याण निहित है।

20. मेरे सपनों का भारत

संकेत बिंदु

- भारत के बारे में मेरे विचार
- सांप्रदायिकता आदि से मुक्त उन्नत भारत की चाह
- सुखी समृद्ध भारत

भारत देश मुझे अपने प्राणों से भी अधिक प्रिय है। मुझे अपने भारतीय होने पर गर्व का अनुभव होता है। मेरा देश संसार के सभी देशों से निराला है और संसार के सब देशों से प्यारा है। मैं भारत को विश्व के शक्तिशाली देश के रूप में देखना चाहता हूँ। मैं ऐसे भारत का सपना देखता हूँ, जो भ्रष्टाचार, शोषण और हिंसा से मुक्त हो। मेरे सपनों का भारत 'सुशिक्षित भारत' है।

उसमें अनपढ़ता, निरक्षरता और बेरोजगारी का कोई स्थान नहीं है। मैं चाहता हूँ कि हमारे देश के नियोजक ऐसी शिक्षा लागू करें, जिसके बाद व्यवसाय या नौकरियाँ सुरक्षित हो सकें। कोई भी व्यक्ति अशिक्षित न हो और कोई भी शिक्षित बेरोजगार न हो। मैं चाहता हूँ कि भारत सांप्रदायिक दंगों-झगड़ों से दूर रहे। सब में आपसी भाईचारा और प्रेम का संबंध हो। राष्ट्रीय एकता का संचार हो।

भारत एक बार फिर 'सोने की चिड़िया' बन जाए। मेरे सपनों का भारत वह होगा, जो राजनीतिक आध्यात्मिक, सांस्कृतिक, आर्थिक और वैज्ञानिक आदि विभिन्न दृष्टियों से उन्नति के पथ पर अग्रसर होगा। भावी भारत के सपनों की पूर्णता के लिए आवश्यक है कि हमारे देश का प्रत्येक नागरिक देश की प्रत्येक कुरीति को समूल नष्ट करने का दृढ़ संकल्प करें।

स्व-मूल्यांकन

निम्नलिखित विषयों पर दिए गए संकेत बिंदुओं के आधार पर अनुच्छेद लिखिए

1. सुरक्षा का आवरण : ओजोन

अथवा

पृथ्वी का रक्षक : अदृश्य ओजोन

संकेत बिंदु
- ओजोन परत क्या है?
- मनुष्य की प्रगति और ओजोन परत
- ओजोन नष्ट होने का कारण
- ओजोन बचाएँ, जीवन बचाएँ

2. सूचना प्रौद्योगिकी : वर्तमान और भविष्य

संकेत बिंदु
- प्राचीन काल में सूचना प्रौद्योगिकी
- औद्योगिक विकास में सहायक
- सामाजिक विकास में सहायक

3. भ्रष्टाचार

संकेत बिंदु
- भ्रष्टाचार और सुदृढ़ न्याय व्यवस्था
- तुरंत निरीक्षण एवं तत्क्षण निर्णय पर अमल की नीति
- आय की लगातार जाँच व दोषी को सार्वजनिक दंड

4. अंतरिक्ष में जीवन की कल्पना

संकेत बिंदु
- मनुष्य का जीवन पहेली की तरह
- मनुष्य की खोजी प्रवृत्ति
- अंतरिक्ष में जीवन की संभावना की तलाश

5. उपभोक्ता के अधिकार एवं कर्त्तव्य

संकेत बिंदु
- अधिकारों के साथ-साथ कर्त्तव्य
- जागरूक उपभोक्ता
- जागरूक उपभोक्ता के कर्त्तव्य

6. भारतीय नारी और मीडिया

संकेत बिंदु
- गत वर्षों में मीडिया के क्षेत्र में नारी की भूमिका
- नारी का बदलता स्वरूप
- नए-नए चैनल और वर्तमान नारी

7. वर्तमान शिक्षा पद्धति की कमियाँ

संकेत बिंदु
- सही शिक्षा और उचित मार्गदर्शन का महत्त्व
- उचित शिक्षा पद्धति की आवश्यकता
- वर्तमान शिक्षा पद्धति के दोष

8. बिना सोचे-समझे कार्य करने से बचें

संकेत बिंदु
- अविवेक विपत्तियों का घर
- अविवेक का अर्थ
- विवेकपूर्ण कार्य करने से सफलता
- विवेकपूर्ण कैसे बनें–उपचार

9. महँगाई की समस्या/बढ़ती महँगाई

संकेत बिंदु
- महँगाई से आशय
- महँगाई का दुष्प्रभाव
- महँगाई को नियंत्रित करने के उपाय

10. 'जहाँ चाह, वहाँ राह'

संकेत बिंदु
- इच्छाशक्ति का महत्त्व
- इच्छाएँ और जीवन मूल्य (स्वाभिमान, संतोष, सत्य आदि)
- चाह से राह का निर्माण

11. देश में समाचार-पत्रों की भूमिका

संकेत बिंदु
- समाचार-पत्रों का महत्त्व
- समाचार-पत्रों की पहुँच
- लोकतंत्र में समाचार-पत्रों की भूमिका

12. शहरों में यातायात के विभिन्न साधन

संकेत बिंदु
- यातायात के विभिन्न साधन
- मेट्रो रेल, बस सेवा एवं अन्य
- नागरिकों को होने वाली असुविधाएँ
- पर्यावरण को होने वाले नुकसान

13. सारे जहाँ से अच्छा हिंदोस्ताँ हमारा

संकेत बिंदु
- भारत : सर्वश्रेष्ठ देश
- संस्कृति, सभ्यता और नैतिक मूल्य अत्यंत प्रभावशाली
- भौगोलिक तथा लोकतंत्र की दृष्टि से श्रेष्ठता

14. अकेला चना भाड़ नहीं फोड़ सकता

संकेत बिंदु
- अकेले व्यक्ति द्वारा बड़ा कार्य करने में अक्षमता
- समान विचार/धारणा वाले व्यक्तियों को एकजुट करना
- एकता से अर्जित उपलब्धि के उदाहरण
- बड़े स्तर का बदलाव लाना

15. राष्ट्रभाषा हिंदी

संकेत बिंदु
- संविधान में स्थान
- हिंदी जानने के लाभ
- संपर्क भाषा बनाने हेतु सुझाव

16. 'राष्ट्र के प्रति विद्यार्थियों का कर्त्तव्य'

संकेत बिंदु
- विद्यार्थी का स्वरूप
- सुरक्षित राष्ट्र की कामना
- विद्यार्थी का कर्त्तव्य
- राष्ट्रप्रेमी विद्यार्थी

17. विकास का आधार-अनुशासन

संकेत बिंदु
- अनुशासन का हमारे जीवन में महत्त्व
- अनुशासन की प्रारंभिक शिक्षा
- अनुशासन का प्रतीक : प्रकृति

पत्र-लेखन

अध्याय 2

पत्र-लेखन का अर्थ अपनी भावनाओं को लिखित रूप में दूसरे व्यक्ति तक पहुँचाने के संबंध में पत्र लेखन एक आवश्यक कौशल है। अपने विचारों एवं भावों की अभिव्यक्ति के लिए पत्र-लेखन का प्रयोग किया जाता है। अपने सगे-संबंधियों, पदाधिकारियों, मित्रों, संपादकों आदि से जोड़ने की कला **पत्र-लेखन** कहलाती है। पत्र लेखन हमारे जीवन का महत्त्वपूर्ण अंग है, जो लोगों को समाज से जोड़कर रखता है।

पत्र-लेखन की विशेषताएँ

1. **सरलता** पत्रों की भाषा जितनी सरल व सुबोध होगी, पत्र उतने ही ग्राह्य होंगे। पत्र की भाषा ऐसी होनी चाहिए कि समझने के लिए पाठक को शब्दकोश की सहायता न लेनी पड़े।
2. **स्पष्टता** पत्र में जो कुछ भी कहा जाए, स्वत: स्पष्ट होना चाहिए।
3. **निश्चयात्मकता** निश्चयात्मकता से तात्पर्य है कि पत्र को पढ़कर पाठक के मन में किसी भी प्रकार की शंका उत्पन्न न हो।
4. **संक्षिप्तता** पत्र में जो भी बातें लिखी जाएँ, वे संक्षेप में होनी चाहिए।
5. **मौलिकता** पत्र में रटे-रटाए वाक्य या पुस्तकीय वाक्य नहीं होने चाहिए। पत्र लेखक पत्र में जो कुछ लिखे वह मौलिक होना चाहिए।
6. **उद्देश्यपूर्णता** प्रत्येक लेखन का कोई-न-कोई उद्देश्य होता है। अत: पत्रों को लिखते समय लेखक को पत्र के उद्देश्य को अपने मन में रखना चाहिए। उसे यह ध्यान रखना चाहिए कि वह किसके लिए तथा क्यों लिख रहा है।

पत्र के अंग

पत्र को जिस क्रम में लिखा जाता है, वे पत्र के अंग कहलाते हैं। सामान्यत: किसी भी पत्र में निम्नलिखित अंग होते हैं

- **शीर्षक या प्रारंभ** पत्र में सर्वप्रथम शीर्षक के रूप में पत्र लिखने वाले का नाम व पता लिखा जाता है। तत्पश्चात् पत्र लिखने की तिथि का उल्लेख किया जाता है। परीक्षा में पूछे गए औपचारिक एवं अनौपचारिक पत्र में स्थान का उल्लेख न होने पर परीक्षा भवन लिखा जाता है। यह सब पत्र के बाईं ओर सबसे ऊपर लिखा जाता है। औपचारिक पत्रों के अंतर्गत **विषय का उल्लेख** सीमित शब्दों में स्पष्ट रूप से किया जाता है। अनौपचारिक पत्रों में इसका उल्लेख नहीं होता।
- **संबोधन का उल्लेख** पत्र में संबोधन का महत्त्वपूर्ण स्थान होता है। औपचारिक पत्र के अंतर्गत 'मान्यवर', 'महोदय' आदि संबोधन शब्दों का प्रयोग किया जाता है तथा अनौपचारिक पत्र के अंतर्गत 'पूजनीय', 'स्नेहमयी', 'प्रिय' आदि संबोधन शब्दों का प्रयोग किया जाता है।
- **अभिवादन अथवा शिष्टाचार संबंधी शब्दों का उल्लेख** पत्र में संबोधन के अनुरूप ही अभिवादन या शिष्टाचार संबंधी शब्दों का प्रयोग किया जाता है। इसका प्रयोग अनौपचारिक पत्रों में बड़ों के लिए प्रणाम, नमस्कार, सादर चरण-स्पर्श तथा छोटों के लिए आशीर्वाद, शुभाशीष, चिरंजीवी रहो आदि शब्द-सूचक का प्रयोग किया जाता है। औपचारिक पत्रों में इसका प्रयोग नहीं किया जाता।
- **विषय-वस्तु** विषय-वस्तु पत्र लेखन का महत्त्वपूर्ण अंग है। इसे पत्र का मुख्य भाग भी कहते हैं। इस भाग में अपने भावों एवं विचारों को प्रकट किया जाता है।
- **समाप्ति अथवा अंत** पत्र के अंत में अपने विषय में लिखते हुए पत्र को समाप्त किया जाता है। औपचारिक पत्र में धन्यवाद लिखते हुए 'भवदीय', 'प्रार्थी', 'आज्ञाकारी' आदि शब्द-सूचक का प्रयोग किया जाता है तथा अनौपचारिक पत्र में 'प्यारा', 'स्नेहाकांक्षी', 'हितैषी', 'शुभाकांक्षी' इत्यादि शब्दों का प्रयोग किया जाता है।

पत्र लिखने के लिए ध्यान देने योग्य बातें

- पत्र लिखते समय लिखने वाले तथा पत्र प्राप्त करने वाले का नाम व पता, दिनांक के साथ लिखा जाना चाहिए।
- पत्र का विषय स्पष्ट होना चाहिए। अनावश्यक बातों को पत्र में नहीं लिखना चाहिए।
- पत्र लिखते समय क्रमबद्धता पर विशेष ध्यान दिया जाना चाहिए।
- पत्र का आकार संक्षिप्त होना चाहिए तथा विषय के अनुकूल होना चाहिए। कम शब्दों में अधिक बात कहने का प्रयास करना चाहिए।
- पत्र की भाषा सरल, सामान्य, मधुर एवं आदर सूचक एवं शुद्ध होनी चाहिए।
- पत्र अधूरा नहीं होना चाहिए। पत्र को इस प्रकार समाप्त किया जाना चाहिए कि पत्र का संदेश स्पष्ट हो सके।
- प्रश्न में पता नहीं होने पर पते के स्थान पर 'परीक्षा भवन' तथा नाम नहीं होने पर नाम के स्थान पर 'अ.ब.स./क.ख.ग' लिखना चाहिए।

पत्र के प्रकार

पत्र के सामान्यत: दो प्रकार होते हैं

1. औपचारिक पत्र (Formal Letters) 2. अनौपचारिक पत्र (Informal Letters)

1. औपचारिक पत्र

वे पत्र, जो अधिकारियों, कर्मचारियों, संस्था प्रमुखों, विद्यालय के प्रधानाचार्यों तथा उन लोगों को लिखे जाते हैं, जिनसे हमारा व्यक्तिगत संबंध नहीं होता है, **औपचारिक पत्र** कहलाते हैं। औपचारिक पत्र के अंतर्गत निम्नलिखित पत्र आते हैं

1. प्रार्थना-पत्र/आवेदन पत्र 2. शिकायती पत्र 3. संपादकीय पत्र 4. व्यावसायिक पत्र 5. कार्यालयी पत्र 6. शिकायती पत्र

औपचारिक पत्र के संबोधन, अभिवादन तथा अभिनिवेदन

पत्र के प्रकार	पत्र पाने वाले	संबोधन	अभिवादन	अभिनिवेदन
आवेदन-पत्र/प्रार्थना-पत्र	प्रधानाचार्य, संबंधित अधिकारी	महोदय, महोदया, मान्यवर	–	आपका, कृपाकांक्षी, भवदीय
कार्यालयी पत्र	संबंधित अधिकारी	मान्यवर, महोदय	–	भवदीय, विनीत
संपादकीय पत्र	संपादक	महोदय, महोदया	–	भवदीय/भवदीया, प्रार्थी
शिकायती पत्र	संबंधित अधिकारी	महोदय, महोदया	–	भवदीय, भवदीया, प्रार्थी
व्यावसायिक पत्र	पुस्तक विक्रेता, बैंक प्रबंधक	श्रीमान, महोदय	–	भवदीय, प्रार्थी

औपचारिक पत्र का प्रारूप

प्रश्न विद्यालय द्वारा विज्ञापित पद हेतु आवेदन-पत्र लिखिए।

पत्र लिखने वाले (प्रेषक) का पता	परीक्षा भवन दिल्ली।
दिनांक	2 फरवरी, 20XX
पत्र प्राप्तकर्ता का नाम व पता	सेवा में प्रधानाचार्य महोदय निर्मल हैप्पी सी सै. स्कूल लाजपत नगर, दिल्ली।
विषय का संक्षिप्त उल्लेख	अतिरिक्त कक्षाएँ आयोजित कराने के संबंध में।
संबोधन	महोदय,
विषय-वस्तु	सविनय निवेदन यह है कि मैं आपके विद्यालय की आठवीं कक्षा का छात्र हूँ। हमारी वार्षिक परीक्षा संभवत: फरवरी के अंतिम सप्ताह में शुरू हो जाएगी, किंतु गणित और विज्ञान विषयों का पाठ्यक्रम अभी पूरा नहीं हो सका है। हमारी कक्षा को इन विषयों को पढ़ाने वाले अध्यापकों की ड्यूटी चुनाव कार्य में लगाई जा चुकी है और अब वे चुनाव कार्य पूर्ण होने पर ही वे विद्यालय आएँगे। ऐसी स्थिति में हम छात्रों का पाठ्यक्रम पूरा न होने के कारण प्रश्न-पत्र आधे-अधूरे ही हल हो सकेंगे। आपसे हमारी प्रार्थना है कि गणित और विज्ञान का पाठ्यक्रम पूरा करवाने के लिए अतिरिक्त कक्षाएँ आयोजित करवाने की व्यवस्था करें। हम छात्र आपके आभारी रहेंगे।
धन्यवाद ज्ञापन	सधन्यवाद।
समापन (प्रेषक का नाम)	आपका आज्ञाकारी शिष्य क. ख. ग.

अभ्यास प्रश्न
(दक्षता आधारित प्रश्नों सहित)

I. प्रार्थना पत्र

प्रार्थना-पत्र विद्यालय के प्रधानाचार्य, संस्थाओं के प्रधान (प्रमुख) इत्यादि को दिया जाता है। इसमें शालीन भाषा तथा शिष्ट शैलीवका प्रयोग किया जाता है। इन पत्रों में अभिवादन का अभाव होता है।

1. आपके पिता जी के तबादले के कारण आपको स्कूल छोड़ना पड़ा था, परंतु अब आपके पिता जी का पुन: तबादला उसी शहर में हो गया और आप उसी स्कूल में पुन: प्रवेश पाना चाहते हैं। प्रधानाचार्य को पुन: प्रवेश पाने हेतु पत्र लिखिए।

परीक्षा भवन
दिल्ली।

दिनांक 12 नवंबर, 20XX

सेवा में,
प्रधानाचार्य जी
राजकीय प्रतिमा विकास विद्यालय
सिविल लाइंस
दिल्ली।

विषय विद्यालय में पुन: प्रवेश पाने हेतु।

महोदय,

सविनय निवेदन यह है कि वर्ष 2022 तक मैं आपके विद्यालय की छात्रा रही हूँ। उस समय मैं आठवीं कक्षा में थी तो मेरे पिता जी का तबादला मुंबई में हो गया था, जिसके कारण परिवार के साथ मुझे भी वहाँ जाना पड़ा था। इसी सप्ताह मेरे पिता जी का पुन: तबादला दिल्ली में हो गया है। मैं फिर से इस लेकर विद्यालय में दाखिला शिक्षा अर्जित करना चाहती हूँ, क्योंकि आज भी मेरे मन में मेरे विद्यालय व अध्यापक-अध्यापिकाओं की छवि अंकित है।

अत: आपसे प्रार्थना है कि आप मुझे पुन: विद्यालय में प्रवेश दे दें, जिससे मैं अपनी आगे की शिक्षा पूर्ण कर पाऊँ। मैं सदा आपकी आभारी रहूँगी।

सधन्यवाद।

आपकी आज्ञाकारिणी शिष्या
क. ख. ग.

2. आप बुखार से पीड़ित हैं। चिकित्सक द्वारा आपको आराम करने का परामर्श देने का हवाला देते हुए प्रधानाचार्य जी को एक सप्ताह के अवकाश के लिए प्रार्थना-पत्र लिखिए।

परीक्षा भवन,
दिल्ली।

दिनांक 4 मार्च, 20XX

सेवा में,
प्रधानाचार्य महोदय,
दून पब्लिक स्कूल,
माल रोड, सेक्टर-12
नई दिल्ली।

विषय अवकाश के संबंध में।

महोदय,

सविनय निवेदन यह है कि कल से मैं तेज बुखार से पीड़ित हूँ। कल विद्यालय से लौटते हुए तेज धूप के कारण मेरे सिर में दर्द शुरू हो गया था, तत्पश्चात् बुखार भी हो गया। बुखार अधिक होने के कारण मुझे चिकित्सक को दिखाया गया। उन्होंने मुझे 5 दिनों तक पूर्ण विश्राम करने की सलाह दी है, इसलिए मैं विद्यालय में उपस्थित होने में असमर्थ हूँ।

अत: आपसे अनुरोध है कि आप मुझे एक सप्ताह का अवकाश प्रदान करें। आपकी अति कृपा होगी।

धन्यवाद सहित।

आपका आज्ञाकारी शिष्य
क. ख. ग.
कक्षा—नौवीं 'अ'

3. आपके विद्यालय के एक छात्र ने एक विद्यार्थी की जान बचाई। उस छात्र को 'वीर-पुरस्कार' से सम्मानित करने की सिफारिश करते हुए प्रधानाचार्य को पत्र लिखिए। दक्षता आधारित प्रश्न

परीक्षा भवन,
नई दिल्ली।

दिनांक 19 फरवरी, 20XX

सेवा में,
प्रधानाचार्य महोदय,
दिल्ली पब्लिक स्कूल,
द्वारका,
नई दिल्ली।

विषय छात्र को पुरस्कार प्रदान करने हेतु।

महोदय,

सविनय निवेदन यह है कि कल अंतिम पीरियड, जो हमारा खेल का पीरियड होता है, में हमारे एक सहपाठी का पाँव फिसल गया था और वह बिजली के तारों के पास जा गिरा, जिनमें करंट था। डर के कारण सभी छात्र दूर भाग गए, लेकिन हमारे सहपाठी विशाल ने लकड़ी के डंडे से बिजली के तारों को पीछे कर उस छात्र की जान बचाई। उसकी इस बहादुरी और बुद्धिमानी के कारण ही हमारे सहपाठी छात्र की जान बच पाई। अत: आपसे अनुरोध है

कि विशाल शर्मा के इस वीरतापूर्ण कार्य के लिए उसे इस वर्ष के 'वीर-पुरस्कार' से सम्मानित करने की कृपा करें।

सधन्यवाद।

आपका आज्ञाकारी शिष्य
क. ख. ग.
कक्षा- नौवीं

II. आवेदन-पत्र

प्राय: आवेदन-पत्र किसी उच्चाधिकारी को लिखे जाते हैं, अत: इनमें शिष्टता का प्रदर्शन किया जाना चाहिए। पत्र में सभी महत्त्वपूर्ण बातों को समाहित करना चाहिए, ध्यान रखना चाहिए कि कोई तथ्य छूट न जाए। पत्र तथ्यों पर आधारित होने चाहिए। तथ्यों की पुष्टि के लिए प्रमाण भी संलग्न किए जाने चाहिए।

1. झारखंड निवासी गंगाराम की ओर से रोजगार समाचार में विज्ञापित टी.जी.टी. (हिंदी) पद हेतु संक्षेप में शैक्षिक योग्यताओं, अनुभवों आदि का उल्लेख करते हुए जिला शिक्षाधिकारी, पटना के नाम आवेदन-पत्र। **दक्षता आधारित प्रश्न**

ग्राम सिरसा

राँची, झारखंड

दिनांक 18 सितंबर, 20XX

सेवा में,

जिला शिक्षाधिकारी राँची

विषय टी.जी.टी. (हिंदी) पद हेतु आवेदन-पत्र।

मान्यवर,

'रोजगार समाचार' दिनांक 8 सितंबर, 20XX के माध्यम से मुझे पता चला है कि आपके अधीन सरकारी विद्यालयों में टी.जी.टी. (हिंदी) के पद रिक्त हैं तथा इन पदों के लिए आवेदन आमंत्रित किए गए हैं। मैं भी उक्त पदों के लिए अपना आवेदन प्रेषित कर रहा हूँ। मेरी शैक्षणिक योग्यताएँ, अनुभवों आदि का विवरण इस प्रकार है

- मैंने सी.बी.एस.ई. बोर्ड से 2011 में सेकेंडरी स्कूल परीक्षा द्वितीय श्रेणी में उत्तीर्ण की है।
- मैंने सी.बी.एस.ई. बोर्ड से 2013 में सीनियर सेकेंडरी स्कूल परीक्षा द्वितीय श्रेणी में उत्तीर्ण की है।
- मैंने वर्ष 2016 में दिल्ली विश्वविद्यालय से द्वितीय श्रेणी में स्नातक की उपाधि प्राप्त की है।
- इसके अतिरिक्त मैंने 2018 में दिल्ली विश्वविद्यालय से बी.एड. भी द्वितीय श्रेणी में किया है।
- मैं गत चार वर्षों से अपने गाँव के एक निजी स्कूल में हिंदी अध्यापक के रूप में कार्यरत हूँ।
- मैंने अपने विद्यार्थी जीवन में खेलकूद तथा अनेक सांस्कृतिक गतिविधियों में भी भाग लिया है।
- मेरी जन्मतिथि 20 जून, 20XX है तथा मेरी आयु XY वर्ष है।

आशा है आप मुझे साक्षात्कार में उपस्थित होने का अवसर प्रदान करेंगे। आवेदन पत्र के साथ समस्त प्रमाण-पत्रों की फोटो प्रतियाँ संलग्न कर रहा हूँ। मैं आशा करता हूँ–कि इस पद हेतु आप मुझे सकारात्मक प्रत्युत्तर देंगे।

सधन्यवाद।
भवदीय
गंगाराम

2. बैंकिंग सेवा भर्ती बोर्ड, नई दिल्ली के सचिव को लिपिक के पद के लिए अपनी योग्यताओं का विवरण देते हुए आवेदन-पत्र लिखिए।

परीक्षा भवन,

दिल्ली।

दिनांक 14 फरवरी, 20XX

सेवा में,
प्रमुख सचिव,
बैंकिंग सेवा भर्ती बोर्ड,
नई दिल्ली।

विषय लिपिक पद हेतु।

महोदय,

'हिंदुस्तान' दैनिक पत्र दिनांक 12 सितंबर, 20XX के अंक में प्रकाशित विज्ञापन के अनुसार आपके यहाँ लिपिक पद के लिए आवेदन-पत्र आमंत्रित किए गए हैं। मैं भी इस पद के लिए प्रत्याशी के तौर पर स्वयं को प्रस्तुत करना चाहता हूँ। अपने संबंध में निम्नलिखित विवरण आपके समक्ष विचारार्थ प्रस्तुत कर रहा हूँ

नाम — अभिषेक कुमार

पिता का नाम — श्री कुंदनलाल साहा

जन्मतिथि — 11 जुलाई, 19XX

पत्राचार का पता — 729, नजफ़गढ़,
नई दिल्ली — 110059

शैक्षिक योग्यता

(i) हाई स्कूल, राज. बाल उच्च विद्यालय, नजफ़गढ़–71%

(ii) सी.से. स्कूल, राज. बाल उच्च विद्यालय, नजफ़गढ़ –66%

(iii) बी.ए., दिल्ली विश्वविद्यालय, दिल्ली–68%

(iv) एम.ए., दिल्ली विश्वविद्यालय–61%

पाठेतर गतिविधियाँ

सांस्कृतिक एवं साहित्यिक गतिविधियों में सक्रिय रूप से भागीदारी।

मैं आशा करता हूँ कि लिपिक पद हेतु मेरी उम्मीदवारी पर आप सकारात्मक प्रत्युत्तर देंगे।

धन्यवाद।

भवदीय

क. ख. ग.

संलग्नक प्रमाण-पत्रों एवं अंक-पत्रों की फोटो प्रतियाँ; कुल संख्या-8।

III. शिकायती पत्र

किसी विशेष कार्य, समस्या अथवा घटना की शिकायत करते हुए संबंधित अधिकारी को लिखा गया पत्र 'शिकायती पत्र' कहलाता है। इसका स्वरूप आवेदन-पत्र की तरह ही होता है। इसकी भाषा शालीन होनी चाहिए।

1. आपके क्षेत्र में सफ़ाई कर्मचारी के नियमित रूप से न आने के कारण बहुत गंदगी फैल गई है। इसकी शिकायत करते हुए नगर निगम के स्वास्थ्य अधिकारी को पत्र लिखिए। दक्षता आधारित प्रश्न

परीक्षा भवन,
दिल्ली।

दिनांक 17 मार्च, 20XX

सेवा में,
स्वास्थ्य अधिकारी,
दिल्ली नगर निगम,
दिल्ली।

विषय मोहल्ले में कूड़े-कचरे की सफ़ाई कराने हेतु।

महोदय,
इस पत्र के माध्यम से मैं आपका ध्यान अपने क्षेत्र द्वारका सेक्टर-10 में चारों ओर जगह-जगह बिखरे कूड़े-कचरे की ओर आकृष्ट करना चाहता हूँ। आपको यह जानकर आश्चर्य होगा कि हमारे क्षेत्र में पिछले 10 दिनों से सफाई करने के लिए नगर निगम का कोई भी सफ़ाई कर्मचारी नहीं आ रहा है। अपने-अपने घरों की सफ़ाई करके लोगों ने जगह-जगह पर गंदगी के ढेर लगा दिए हैं।

अभी स्थिति यह है कि इस समूचे क्षेत्र का वातावरण अत्यंत दूषित एवं दुर्गंधमय हो गया है। इस क्षेत्र से गुज़रते समय नाक बंद करनी पड़ती है। चारों ओर मच्छरों-मक्खियों एवं रोगों के कीटाणुओं की भरमार है। सफ़ाई न होने के कारण इस क्षेत्र की दुरवस्था अपने चरम पर है।

अतः आपसे निवेदन है कि आप यथाशीघ्र इस क्षेत्र का निरीक्षण करके सफाई की उचित व्यवस्था कराएँ। इसके लिए हम आपके आभारी रहेंगे।

भवदीय
क. ख. ग.

2. अपने नगर के विद्युत अधिकारी को बिजली की कटौती के कारण पढ़ाई में आने वाली कठिनाई की चर्चा करते हुए, उसमें सुधार हेतु पत्र लिखिए। दक्षता आधारित प्रश्न

अथवा **बिजली के बार-बार गुल हो जाने और कई-कई घंटे बिजली न आने के कारण आपकी पढ़ाई में बाधा पड़ रही है। इसकी शिकायत करते हुए अधिशासी अभियंता को पत्र लिखिए।**

परीक्षा भवन,
गाज़ियाबाद।

दिनांक 6 फरवरी, 20XX

सेवा में,
विद्युत अधिकारी,
गाज़ियाबाद।

विषय विद्युत कटौती के संदर्भ में।

महोदय,

इस पत्र के माध्यम से मैं आपका ध्यान बिजली संकट की ओर दिलाना चाहता हूँ। पिछले चार-पाँच महीनों से इस क्षेत्र की विद्युत आपूर्ति बहुत खराब स्थिति में है। कोई समय निश्चित नहीं है कि कटौती कब-से-कब तक की जाएगी और कब बिजली आएगी? बिजली जाती है, तो कई घंटों तक नहीं आती है।

श्रीमान, मैं एक विद्यार्थी हूँ। बोर्ड की परीक्षाएँ निकट हैं। मेरे जैसे अन्य विद्यार्थी भी इस समस्या से तनाव की स्थिति में रहते हैं। इनवर्टर भी चार्ज नहीं हो पाता है, गर्मी और मच्छरों का आतंक अलग से है। यदि ऐसा ही चलता रहा, तो हमारे अध्ययन एवं करियर पर इसका अत्यंत नकारात्मक प्रभाव पड़ेगा। कृपया हमारी समस्या पर ध्यान देते हुए अतिशीघ्र नियमित बिजली आपूर्ति के लिए कुछ ठोस कदम उठाएँ।

धन्यवाद।

भवदीय

क. ख. ग.

3. अपने नगर के जलापूर्ति अधिकारी को पर्याप्त और नियमित रूप से पानी न मिलने की शिकायत करते हुए पत्र लिखिए।

अथवा

'पेयजल की बढ़ती समस्या' को लेकर जल पूर्ति अधिकारी को पत्र लिखिए।

अथवा

जल निगम के मुख्य अधिकारी के नाम दूषित जल पूर्ति की आपूर्ति पर एक शिकायती पत्र लिखिए।

परीक्षा भवन,
मेरठ।

दिनांक 18 फरवरी, 20XX

सेवा में,
जलापूर्ति अधिकारी,
मेरठ नगर निगम,
सुभाष नगर, मेरठ।

विषय पेयजल संबंधी समस्या को दूर करने के संबंध में।

महोदय,

इस पत्र के माध्यम से मैं आपका ध्यान सुभाष नगर क्षेत्र में पेयजल की आपूर्ति संबंधी समस्या की ओर आकर्षित करना चाहता हूँ। इस क्षेत्र में पिछले पंद्रह दिनों से पेयजल की आपूर्ति ठीक ढंग से नहीं हो पा रही है। जो पानी आता है, वह बहुत गंदा होता है। पानी का दबाव बहुत कम रहता है और कभी-कभी तो पानी बिलकुल ही नहीं आता। पेयजल की कमी के कारण नागरिकों को बड़ी कठिनाई का सामना करना पड़ रहा है। पिछले सात-आठ दिनों से पानी पहली मंज़िल तक भी नहीं पहुँच रहा है। ऊपर की मंज़िलों में रहने वाले लोग तो पानी की एक-एक बूँद को तरस गए हैं। नहाना-धोना तो दूर, पीने के लिए भी पानी नहीं मिल पा रहा है।

गर्मी के इस मौसम में पर्याप्त मात्रा में पेयजल न मिलने के कारण लोगों का जीना दूभर हो गया है और उन्हें अनेक कठिनाइयों का सामना करना पड़ रहा है।

अतः आपसे अनुरोध है कि इस क्षेत्र में पेयजल की पर्याप्त व नियमित आपूर्ति करवाने का प्रबंध करें, जिससे क्षेत्र के नागरिकों को इस समस्या से छुटकारा मिल सके।

धन्यवाद।

भवदीय
क. ख. ग.

IV. समाचार-पत्र के संपादक को पत्र

संपादक के नाम पत्र को 'संपादकीय पत्र' भी कहा जाता है। ऐसे पत्र एक विशिष्ट शैली में लिखे जाते हैं। यह पत्र संपादक को संबोधित होता है, जबकि मुख्य विषय-वस्तु 'जन सामान्य' को लक्ष्य कर लिखी जाती है।

1. 'स्वच्छ भारत अभियान' को सफल बनाने की अपील करते हुए किसी राष्ट्रीय दैनिक समाचार-पत्र के संपादक को पत्र लिखिए।

परीक्षा भवन,
दिल्ली।
दिनांक 18 मार्च, 20XX

सेवा में,
संपादक महोदय,
नवभारत टाइम्स,
नई दिल्ली।

विषय 'स्वच्छ भारत अभियान' के संबंध में।

महोदय,

इस पत्र के माध्यम से मैं आपके लोकप्रिय समाचार-पत्र के द्वारा समाज के सभी लोगों का ध्यान भारत सरकार के 'स्वच्छ भारत अभियान' की ओर आकृष्ट करना चाहता हूँ, जिससे इसमें अधिक-से-अधिक लोगों की भागीदारी संभव हो सके। गाँधीजी की 145वीं जयंती के अवसर पर माननीय प्रधानमंत्री नरेंद्र मोदी ने इस अभियान के आरंभ की घोषणा की। यह अब तक का सबसे बड़ा स्वच्छता अभियान है। इस अभियान को पूरा करने के लिए 5 वर्ष (2 अक्टूबर, 2019) तक की अवधि निश्चित की गई है और इस पर लगभग दो लाख करोड़ रुपये खर्च होने का अनुमान है।

हम सभी भारतीयों का कर्त्तव्य है कि हम इस अभियान को सफल बनाने में अपना सक्रिय योगदान दें। यदि अच्छी आदतों को अपनाने में थोड़ा अधिक समय भी लगे, तो चिंता की कोई बात नहीं, लेकिन किसी भी स्थिति में इसे नज़रअंदाज़ करना उचित नहीं है। यह अभियान वैयक्तिक एवं सामाजिक दोनों स्तरों पर अत्यधिक लाभप्रद है।

अतः मेरी सभी से अपील है कि इस अभियान को सफल बनाने के लिए स्वयं को, अपने घर को, अपने पड़ोस को, अपने मोहल्ले को, अपने जिले को, अपने राज्य को और अपने देश को स्वच्छ रखें।

धन्यवाद।

भवदीय
क. ख. ग.

2. चुनाव के दिनों में आपके शहर की दीवारें नारे लिखने और पोस्टर चिपकाने से गंदी हो गई हैं। इस समस्या की ओर ध्यान आकृष्ट कराते हुए किसी समाचार पत्र के संपादक को पत्र लिखिए।

परीक्षा भवन,
दिल्ली।

दिनांक 17 जनवरी, 20XX

सेवा में,
संपादक,
दैनिक भास्कर,
नई दिल्ली।

विषय शहरभर की दीवारें गंदी होने के संदर्भ में।

महोदय,

इस पत्र के माध्यम से चुनावी नारों और पोस्टरों से होने वाली गंदगी के संदर्भ में मैं अपने विचार इस पत्र के माध्यम से व्यक्त करना चाहता हूँ। कृपया मेरे निम्नलिखित विचार 'पाठकों के पत्र' नामक स्तंभ में प्रकाशित कर मुझे अनुगृहीत करें।

इस समय शहर में चुनाव का माहौल है। चुनावों के नाम पर स्वेच्छाचारिता एवं अनुशासनहीनता लोकतंत्र की अपरिपक्वता का परिचायक है। राजनीतिक दलों के कार्यकर्ता जहाँ जी चाहे वहाँ पोस्टर चिपका देते हैं, नारे लिख देते हैं और वह भी काले, सफेद और लाल पेंट से। वे यह भी ध्यान नहीं रखते कि जिन सूचनापटों पर शहर, गली, मोहल्ले, संस्थान आदि के नाम या मोबाइल नंबर लिखे रहते हैं, उन पर पोस्टर लगाने से पता ढूँढने वालों को काफी परेशानी होती है।

चुनाव के बाद कोई राजनीतिक दल या सरकारी संस्था इसकी खोज-खबर नहीं लेती, ताकि उन पोस्टरों और नारों को साफ करवा दिया जाए। मुझे लगता है कि यह प्रजातंत्र का बहुत बड़ा मजाक है।

इस बारे में चुनाव आयोग को आगे आना चाहिए और कड़ी कार्यवाही करनी चाहिए। जिन नागरिकों की दीवारें या दरवाजे गंदे हुए हैं, उन्हें उचित हर्ज़ाना दिया जाना चाहिए। यह हर्ज़ाना उसी दल से मिलना चाहिए, जिस राजनीतिक दल का पोस्टर चिपका हो।

धन्यवाद।

भवदीय
क. ख. ग.

3. **दिल्ली में महिलाओं के प्रति बढ़ रहे अपराधों के कारणों का उल्लेख करते हुए हिंदुस्तान, कस्तूरबा गाँधी मार्ग, नई दिल्ली के संपादक को पत्र लिखिए।**

अथवा **दिल्ली में महिलाओं के प्रति बढ़ते अपराधों के कारणों की ओर प्रशासन का ध्यान दिलाने हेतु किसी प्रसिद्ध समाचार-पत्र के संपादक को पत्र लिखिए।**

परीक्षा भवन,
दिल्ली।

दिनांक 21 जनवरी, 20XX

सेवा में,
संपादक महोदय,
'हिंदुस्तान',
कस्तूरबा गाँधी मार्ग,
नई दिल्ली।

विषय महिलाओं के प्रति बढ़ रहे अपराधों के संदर्भ में।

महोदय,
मैं आपके समाचार पत्र के माध्यम से दिल्ली-प्रशासन का ध्यान महिलाओं के प्रति बढ़ते अपराधों की ओर आकर्षित करना चाहती हूँ। कृपया इसे प्रकाशित कर मुझे कृतार्थ करें।

आजकल दिल्ली विविध प्रकार के अपराधों का केंद्र बनती जा रही है। यह शिक्षा एवं जीविका की सुविधाओं का केंद्र है, जहाँ सभी छोटे-बड़े शहरों से लड़कियाँ अपना जीवन सँवारने के उद्देश्य से आती रहती हैं। अब लड़कियाँ यहाँ पर स्वयं को असुरक्षित महसूस करती हैं और उनके माता-पिता भी उनकी सुरक्षा को लेकर आश्वस्त नहीं हो पा रहे हैं। महिलाओं के साथ होने वाले अपराधों का एक कारण फिल्में या टी. वी. धारावाहिक भी हैं। दूसरा कारण सामाजिक सुरक्षा तथा न्याय व्यवस्था में चूक है। अपराधियों को पता होता है कि उनका कुछ नहीं बिगड़ सकता। लूटपाट, हत्या या छेड़छाड़ कुछ भी हो, कोई गवाही देने को तैयार नहीं होता, लोग कोर्ट-कचहरी से डरते हैं। ऐसे डरपोक समाज का लाभ उठाते हुए कुप्रवृत्ति वाले लोग गलत काम करने से बाज नहीं आते। प्रशासन को इस पर ध्यान देने की आवश्यकता है।
प्रशासन की ओर से ऐसे कुकृत्य करने वालों पर सख्त निगरानी रखी जाए और सभी पहलुओं पर विचार करते हुए एक मानक तैयार किया जाए।

धन्यवाद सहित।
भवदीया
क. ख. ग.

V. व्यावसायिक पत्र

व्यावसायिक संबंधों को सुनिश्चित करने के लिए जो पत्र लिखे जाते हैं, उन्हें **व्यावसायिक पत्र** कहा जाता है। ऐसे पत्रों की भाषा स्पष्ट तथा आकर्षक होनी चाहिए, जिससे बातें पूर्णतः स्पष्टता के साथ संप्रेषित हो सकें। व्यावसायिक पत्रों में सामान मँगवाने, उसकी जानकारी, शिकायतें तथा शिकायतों के निवारण जैसे विषय होते हैं।

1. **किसी प्रकाशक से पुस्तक मँगवाने हेतु व्यावसायिक पत्र लिखिए।**

परीक्षा भवन,
दिल्ली।

दिनांक 11 फरवरी, 20XX

सेवा में,
प्रबंधक महोदय,
अरिहंत पब्लिकेशन इंडिया लि.,
दरियागंज,
नई दिल्ली।

विषय पुस्तकों के क्रय हेतु।

महोदय,
कृपया निम्नलिखित पुस्तकें वी पी पी द्वारा यथाशीघ्र भेजने का कष्ट करें। इसके लिए ₹ 2,000 का अग्रिम ड्राफ्ट भेजा जा रहा है। मुझे विश्वास है कि हमारे-आपके बीच पूर्व तय की गई छूट की शर्तों के अनुसार ही पुस्तकों की राशि काटी जाएगी। सभी पुस्तकें नवीन संस्करण की होनी चाहिए। कटी-फटी या पुरानी पुस्तकें आपके खर्चे पर ही वापस कर दी जाएँगी।

पुस्तकों की सूची

क्र.सं.	**पुस्तक का नाम**	**लेखक का नाम**	**प्रतियाँ**
1.	सामान्य ज्ञान हिंदी	अरिहंत संपादक मंडल	25
2.	केंद्रिक कोर हिंदी (कक्षा ग्यारह)		20
3.	ऑल इन वन हिंदी (कक्षा नौवीं) प्रथम सत्र		25
4.	शेखर : एक जीवनी (भाग I एवं II)	अज्ञेय	15
5.	गोदान	मुंशी प्रेमचंद	10

धन्यवाद।
भवदीय
क. ख. ग.

2. **आपने कुछ समय पहले एक ए. सी. खरीदा है, जिसमें हमेशा कोई-न-कोई समस्या बनी रहती है। अपनी इस समस्या की जानकारी देते हुए विक्रेता के नाम पत्र लिखिए।**

परीक्षा भवन,
उत्तर प्रदेश।

दिनांक 12 मार्च, 20XX

सेवा में,
प्रबंधक महोदय
रजत इलेक्ट्रॉनिक,
अट्टा, सेक्टर-26,
उत्तर प्रदेश।

विषय ए. सी. की समस्या के संदर्भ में।

महोदय,

मैंने आपकी दुकान से पिछले महीने 12 फरवरी, 20XX को एक एल जी का ए. सी. (2 टन) खरीदा था, जिसके बिल की प्रति साथ में संलग्न है। यह ए. सी. एक महीने में ही सिरदर्दी का कारण बन गया है। कभी बहुत आवाज करने लगता है, तो कभी चलते-चलते रुक जाता है। अब तो इससे ठंडी हवा भी नहीं आ रही है और पानी अलग से निकल रहा है। इसकी शिकायत दो बार पहले भी कर चुका हूँ। आपका मैकेनिक आता है और हर बार नया पार्ट लगा जाता है।

मेरा आपसे निवेदन है कि इस ए. सी. सेट को बदलकर दूसरा सही सेट दे दें या फिर कंपनी में भेजकर इसकी उचित सर्विस करा दें।

धन्यवाद।

भवदीय

क. ख. ग.

3. आप व्यवसाय के रूप में 'कपड़ा मिल' खोलना चाहते हैं, जिसके लिए आपको अतिरिक्त धनराशि की आवश्यकता है। आप अपने जनपद के पंजाब नेशनल बैंक के प्रबंधक को ऋण प्रदान करने हेतु पत्र लिखिए। **दक्षता आधारित प्रश्न**

परीक्षा भवन,
मुरादनगर (उत्तर प्रदेश)।

दिनांक 20 अक्टूबर, 20XX
सेवा में,
श्रीमान प्रबंधक महोदय,
पंजाब नेशनल बैंक
मुरादनगर, गाजियाबाद
उत्तर प्रदेश।

विषय 'कपड़ा मिल' का व्यवसाय प्रारंभ करने के लिए ऋण प्राप्ति हेतु।

महोदय,

मैं विनम्रतापूर्वक आपको सूचित करता हूँ कि मैं पिछले 8 वर्षों से एक प्रतिष्ठित 'कपड़ा मिल' में कार्यरत हूँ। अपने जीवन को प्रगतिशील व सुखद बनाने हेतु मैं इसी क्षेत्र में अपना व्यवसाय प्रारंभ करना चाहता हूँ। 'कपड़ा मिल' का व्यवसाय आरंभ करने के लिए भिन्न-भिन्न प्रकार की मशीनों की आवश्यकता है, जिसके लिए मुझे दो लाख रुपये की आवश्यकता है। मुझे आपके बैंक के विज्ञापन के माध्यम से ज्ञात हुआ है कि आपके बैंक ने कुटीर व लघु उद्योग स्थापित करने हेतु आसान किस्तों पर ऋण प्रदान करने की योजना प्रारंभ की है। इस आवेदन के साथ मैं अपने सारे संबद्ध कागजात की प्रतिलिपियाँ भेज रहा हूँ।

अत: मेरा आपसे विनम्र निवेदन है कि नियमानुसार यथासंभव आसान किस्तों पर मुझे ऋण प्रदान करने का कष्ट करें। आपकी अति कृपा होगी।

सधन्यवाद।

भवदीय

क. ख. ग.

VI. कार्यालयी पत्र

विभिन्न सरकारी कार्यालयों में पत्र के माध्यम से कार्य संपादित होते हैं। ऐसे पत्रों को **कार्यालयी पत्र** कहा जाता है। इन पत्रों में शालीनता तथा शिष्ट भाषा का प्रयोग किया जाता है।

1. आपके क्षेत्र में कई अनधिकृत मकान बनाए जा रहे हैं। उनकी रोकथाम के लिए जिलाधिकारी को पत्र लिखिए। **दक्षता आधारित प्रश्न**

परीक्षा भवन,
उत्तर प्रदेश।

दिनांक 08 मई, 20XX

सेवा में,
जिलाधिकारी महोदय,
इलाहाबाद,
उत्तर प्रदेश।

विषय अनधिकृत मकानों के निर्माण के संबंध में।

महोदय,

मैं इलाहाबाद जिले के अंतर्गत टैगोर टाउन क्षेत्र का स्थायी निवासी हूँ। इस क्षेत्र में अनेक अनधिकृत मकान बनवाए जा रहे हैं और इसमें स्थानीय पुलिस, बिल्डर एवं नगर निगम के अधिकारियों के बीच कुछ आपसी लेन-देन है। जो नक्शे पास किए जाते हैं, उनसे भिन्न नक्शे के मकान बनवाए जाते हैं। इसके अतिरिक्त सड़क के किनारे वे अतिक्रमण भी कर लेते हैं, जिससे सड़कें काफी संकीर्ण हो जाती हैं।

अत: आपसे निवेदन है कि अनधिकृत कब्जे को तत्काल हटाकर लोगों को पारित नक्शे के अनुसार ही मकान बनवाने के लिए बाध्य किया जाए और इसका पालन न करने वालों पर सख्त कार्रवाई की जाए।

सधन्यवाद।

भवदीय

क. ख. ग.

2. कॉलेजों में होने वाली रैगिंग की रोकथाम करने हेतु भारत सरकार द्वारा राज्य सरकार को पत्र लिखिए।

भारत सरकार,
दिल्ली।

पत्र संख्या 49/09/395

दिनांक 15 मई, 20XX

सेवा में,

मुख्य सचिव,
मध्य प्रदेश सरकार,
भोपाल (मध्य प्रदेश)।

विषय रैगिंग रोकने के संबंध में।

महोदय,

मैं आपका ध्यान इस बात की ओर आकर्षित कराना चाहता हूँ कि विभिन्न परीक्षाओं के परिणाम आने लगे हैं तथा ग्रीष्मकालीन अवकाश की समाप्ति पर शिक्षण संस्थाएँ खुलने लगेंगी। इसके साथ ही रैगिंग का सिलसिला भी शुरू हो जाएगा।

केंद्र सरकार ने इस संदर्भ में इस वर्ष सख्ती से कदम उठाने का निश्चय किया है तथा एक आदेश द्वारा (जिसकी प्रति संलग्न है) इस शिक्षा सत्र से देश की सभी शिक्षा संस्थाओं में रैगिंग पर कड़ा प्रतिबंध लगाया गया है। विश्वविद्यालयों और शिक्षण संस्थाओं के प्रमुखों से कहा गया है कि अभिभावकों को रैगिंग के परिणामों के बारे में सचेत कर दें और उनसे अनुरोध करें कि वे अपने बच्चों को रैगिंग में शामिल होने से रोकें। वॉर्डनों, वरिष्ठ विद्यार्थियों, संस्थान के प्राध्यापकों तथा सुरक्षा कर्मचारियों के दस्तों को उन आवासीय भवनों के आस-पास रातभर गश्त लगाने की व्यवस्था करनी चाहिए, जहाँ नए विद्यार्थी रहते हैं।

आपसे अनुरोध है कि संलग्न आदेश की प्रति आप अपने राज्य के समस्त विश्वविद्यालयों एवं महाविद्यालयों के प्रमुखों के पास भेजे और यह सुनिश्चित करें कि आदेश का पूरी कड़ाई से पालन किया जाए। इस संबंध में प्राचार्यों एवं कुलपतियों की सहायता के लिए पुलिस विभाग को भी आवश्यक निर्देश निर्गमित कर दें।

भवदीय

क. ख. ग.

VII. शिकायती-पत्र

1. **अपने नगर में बाढ़ एवं घनघोर वर्षा के बाद के जल-भराव एवं गंदगी के कारण संक्रमण रोग फैलने की आशंका को ध्यान में रखते हुए जिलाधिकारी को एक पत्र लिखिए।**

परीक्षा भवन,
वाराणसी (उत्तर प्रदेश)।

दिनांक 28 जून, 20XX

सेवा में,
जिलाधिकारी महोदय,
वाराणसी (उत्तर प्रदेश)।

विषय जल-भराव व गंदगी के कारण होने वाले संक्रमण के संबंध में।

मान्यवर,

मैं आपका ध्यान वाराणसी नगरी में फैलने वाले संक्रमण की आशंका की ओर आकृष्ट करना चाहता हूँ। इधर हाल ही में हुई घनघोर वर्षा और बाढ़ के कारण न केवल पूरी नगरी जल-भराव के संकट से ग्रस्त है, बल्कि इसके साथ-साथ चारों ओर व्याप्त गंदगी के कारण यहाँ बस्तियों के लोगों का जीना भी दूभर हो गया है।

सड़े हुए पानी एवं कूड़े-कचरे से निकलने वाली असहाय दुर्गंध के परिणामस्वरूप लोगों ने कई सड़कों से आना-जाना तक छोड़ दिया है। ऐसी स्थिति में संपूर्ण क्षेत्रों में विभिन्न प्रकार के संक्रमण वाले रोगों के फैलने की प्रबल आशंका है।

अत: आपसे विनम्र निवेदन है कि पूरे नगर की स्वच्छता हेतु उचित दिशा में कदम उठाए जाएँ, ताकि संक्रमण वाले रोगों को फैलने का अवसर ही न मिल सके और लोगों के स्वास्थ्य की समुचित रक्षा हो सके।

धन्यवाद।

प्रार्थी

क. ख. ग.

2. अनौपचारिक पत्र

सगे-संबंधियों, मित्रों, पारिवारिक संबंधियों तथा परिचित व्यक्तियों को लिखे गए पत्र **अनौपचारिक पत्र** कहलाते हैं। इन पत्रों में व्यक्ति से संबंधित सुख-दु:ख, हर्ष, उत्साह, आत्मीयता का भाव छिपा होता है, जिसकी अनुभूति पढ़ने और लिखने वाले दोनों को होती है।

अनौपचारिक पत्रों में आने वाले संबोधन, अभिवादन तथा अभिनिवेदन

पत्र पाने वाले के साथ संबंध	संबोधन	अभिवादन	अभिनिवेदन
अपने से बड़े संबंधी (माता, पिता, बड़ा भाई, बड़ी बहन, शिक्षक इत्यादि)	पूजनीय (माता), पूज्य (पिता), आदरणीय, पूजनीय, आदरणीया (माता, बहन)	चरण-स्पर्श, सादर प्रणाम	आज्ञाकारी, स्नेहाकांक्षी, प्यारा इत्यादि
अपने से छोटे संबंधी (छोटा भाई, छोटी बहन, पुत्र, पुत्री, भतीजा, भतीजी इत्यादि)	चिरंजीवी, प्रिय, केवल नाम	शुभाशीर्वाद, प्रसन्न रहो	शुभेच्छु, शुभाकांक्षी, हितैषी इत्यादि
मित्र, सहपाठी	प्रिय, मित्रवर, केवल नाम	सप्रेम नमस्कार, नमस्ते	तुम्हारा सहृदय, मित्र इत्यादि
विदेशी पत्र-मित्र	प्रिय, मित्र	नमस्ते	आपका, आपका मित्र
अपरिचित पुरुष	महाशय, श्रीमान (नाम), महोदय	नमस्ते, नमस्कार	भवदीय, भवदीया, हितैषी

अनौपचारिक पत्र का प्रारूप

प्रश्न अपने मित्र को दिल्ली कॉलेज ऑफ इंजीनियरिंग में प्रवेश पाने में मिली सफलता पर एक बधाई पत्र लिखिए।

प्रेषक {	परीक्षा भवन, गाजियाबाद
दिनांक {	**दिनांक** 25 मार्च, 20XX
संबोधन {	प्रिय मित्र अभिनव
अभिवादन {	सस्नेह!
विषय-वस्तु {	कल मुझे तुम्हारे छोटे भाई ने फोन पर बताया था कि तुम्हारा प्रवेश दिल्ली कॉलेज ऑफ आर्ट्स में हो गया है। मैं तुमसे पहले से ही कहता था कि जिस तरह तुम परिश्रम कर रहे हो, सफलता तुम्हारे कदम चूमेगी। मुझे मालूम है कि घर पर सभी लोग इस बात से बहुत खुश होंगे। मेरी खुशी का भी कोई ठिकाना नहीं है। मेरी तो यही कामना है कि अपने जीवन पथ पर तुम इसी तरह आगे बढ़ते रहो। अंत में पुनः मेरी ओर से तथा मेरे माता-पिता की ओर से तुम्हें ढेरों बधाई। पत्रोत्तर की प्रतीक्षा में
अभिनिवेदन {	तुम्हारा मित्र
प्रेषक का नाम {	क.ख.ग.

अभ्यास प्रश्न

(दक्षता आधारित प्रश्नों सहित)

1. मित्र को पत्र लिखकर उसके पिता के आकस्मिक निधन पर शोक प्रकट कीजिए।

परीक्षा भवन,
नई दिल्ली।

दिनांक 7 अप्रैल, 20XX

प्रिय मित्र,

सप्रेम नमस्ते।

आज अपनी बहन कमला द्वारा तुम्हारे पिताजी के आकस्मिक निधन का समाचार जानकर अत्यधिक दु:ख हुआ। एक सप्ताह पूर्व ही जब मैं तुम्हारे घर आया था, तो उनसे भेंट हुई थी। उनका स्नेह मैं भूल नहीं पाऊँगा। मित्र, ईश्वर की इच्छा के आगे मानव विवश है, क्योंकि मृत्यु पर हमारा कोई अधिकार नहीं है। यह तुम्हारे धैर्य तथा साहस की परीक्षा की घड़ी है। परिवार में सबसे बड़े होने के कारण पूरे परिवार का उत्तरदायित्व अब तुम्हें ही सँभालना है। मुझे विश्वास है कि तुम इस परीक्षा में अवश्य खरे उतरोगे।

मेरी उस परमपिता परमेश्वर से प्रार्थना है कि दिवंगत आत्मा को शांति प्रदान करें, उन्हें अपने चरणों में स्थान दें और शोक-संतप्त परिवार तथा विशेष रूप से तुम्हें इस असीम दु:ख को सहन करने का साहस एवं धैर्य प्रदान करें। कृपया अपनी माताजी को भी मेरी ओर से सहानुभूति और संवेदना प्रकट करना। संकट की इस घड़ी में हम सब तुम्हारे साथ हैं। यदि मेरे योग्य कोई कार्य हो, तो नि:संकोच बताना।

तुम्हारा अभिन्न मित्र
क. ख. ग.

2. आपके विद्यालय में होने वाले वार्षिकोत्सव में आपको पुरस्कृत किया जाएगा। आप चाहते हैं कि पिताजी भी इसे देखें। पिताजी को बुलाने के लिए पत्र लिखिए।

अथवा

विद्यालय के वार्षिकोत्सव में पुरस्कार प्राप्ति की प्रसन्नता का वर्णन करते हुए अपने पिताजी को एक पत्र लिखिए।

परीक्षा भवन,
नई दिल्ली।

दिनांक 7 मार्च, 20XX

पूज्य पिताजी,

सादर चरण-स्पर्श।

आपका स्नेहासिक्त पत्र यथासमय प्राप्त हो गया था। यहाँ सब कुशलमंगल है। कार्य की व्यस्तता के कारण पत्रोत्तर में विलंब के लिए क्षमा-प्रार्थी हूँ। वस्तुत: पिछले एक माह से हम विद्यालय के वार्षिकोत्सव की तैयारी में लगे हुए थे। कल ही यह वार्षिकोत्सव आयोजित किया जाएगा।

कार्यक्रम का संक्षिप्त विवरण इस प्रकार है

- गत वर्षों की भाँति इस वर्ष भी विद्यालय को अच्छे से सजाया जाएगा। इस अवसर पर माननीय शिक्षा निदेशक तथा अनेक गणमान्य अतिथि उपस्थित होंगे।
- सरस्वती वंदना के साथ वार्षिकोत्सव के कार्यक्रम का शुभारंभ होगा। इसके पश्चात् प्रधानाचार्य अतिथियों का हार्दिक स्वागत करते हुए वर्ष के दौरान प्राप्त हुई स्कूल की उपलब्धियों का उल्लेख करेंगे, फिर सांस्कृतिक कार्यक्रम प्रस्तुत किए जाएँगे। इसके अंतर्गत लोकनृत्य, लोकगीत, मूक अभिनय तथा नाटक आदि प्रस्तुत किए जाएँगे। नाटक ही सांस्कृतिक कार्यक्रम का सबसे प्रमुख आकर्षण होगा। 'अधिकार का रक्षक' नामक इस नाटक के प्रमुख पात्र सेठ घनश्याम दास का अभिनय मैं ही करूँगा।
- इस अवसर पर कला-प्रदर्शनी का भी आयोजन किया जाएगा। इस प्रदर्शनी में नन्हे-मुन्ने कलाकारों के चित्रों को भी प्रदर्शित किया जाएगा।
- सांस्कृतिक कार्यक्रम के बाद मुख्य अतिथि माननीय शिक्षा निदेशक विद्यालय की गतिविधियों में भाग लेने वाले विद्यार्थियों को पारितोषिक प्रदान करेंगे। पुरस्कार पाने वालों में मैं भी शामिल रहूँगा, इसलिए मैं चाहता हूँ कि इस अवसर पर आप भी उपस्थित रहें। मेरे मित्र भी आपको अपना अभिवादन भेज रहे हैं। माताजी को मेरा प्रणाम कहिएगा।

आपका पुत्र
क. ख. ग.

3. 'परिश्रम का महत्त्व' बताते हुए मित्र को पत्र लिखिए।

परीक्षा भवन,
दिल्ली।

दिनांक 7 फरवरी, 20XX

प्रिय मित्र,
सप्रेम नमस्कार।

कल ही तुम्हारा पत्र मिला। यह जानकर मुझे अत्यधिक दु:ख हुआ कि इस वर्ष तुम्हारी परीक्षा का परिणाम संतोषजनक नहीं रहा। मुझे ज्ञात हुआ कि इस वर्ष तुमने प्रारंभ से ही अपनी पढ़ाई पर ध्यान नहीं दिया, जिसके कारण तुम्हें परीक्षा में कम अंक प्राप्त हुए।

प्रिय मित्र! परिश्रम न करने का परिणाम तो तुमने देख ही लिया। जीवन में परिश्रम का बहुत महत्त्व है। परिश्रम के बिना किसी भी कार्य में सफलता प्राप्त नहीं की जा सकती, इसलिए परिश्रम को ही सफलता की कुंजी माना गया है। भाग्य के भरोसे रहने वाले लोगों को बाद में असफलता ही प्राप्त होती है, जबकि परिश्रमी व्यक्ति जीवन में सदैव सफलता प्राप्त करता है। जो समय अब बीत गया उसके बारे में न सोचकर यदि तुम अभी से परिश्रम के महत्त्व को समझकर उसका अपने जीवन में पालन करोगे, तब तुम अवश्य ही सफलता के शिखर पर पहुँच सकोगे।

मुझे पूर्ण आशा है कि तुम मेरी बातों को भली-भाँति समझकर उसका अपने जीवन में अनुकरण करोगे तथा निरंतर परिश्रम करके अपने जीवन को सार्थक बनाओगे। पूज्य चाचाजी और चाचीजी को चरण-स्पर्श।

तुम्हारा मित्र
क. ख. ग.

4. अपने मित्र को ग्रीष्मावकाश साथ-साथ बिताने के लिए निमंत्रण पत्र लिखिए।

परीक्षा भवन,
दिल्ली।

दिनांक 29 अप्रैल, 20XX

प्रिय मित्र,

सस्नेह नमस्कार।

मैं यहाँ सकुशल हूँ और आशा करता हूँ कि तुम भी प्रसन्न और स्वस्थ होंगे। मेरी नौवीं कक्षा की पढ़ाई ज़ोर-शोर से चल रही है। छात्रावास का पूरा समय कक्षा की पढ़ाई को पूर्ण करने में बीत जाता है। अब तो एक महीने के पश्चात् ग्रीष्मावकाश भी होने वाला है। मैं चाहता हूँ कि यह ग्रीष्मावकाश तुम मेरे साथ बिताओ।

हम लोग साथ-साथ छुट्टियों का आनंद लेंगे और पढ़ाई भी करेंगे। वैसे भी अब हम दोनों कम ही साथ रह पाते हैं। छुट्टियाँ होते ही कुछ दिन अपने घर में बिताने के बाद तुम मेरे शहर चले आना। मैं रेलवे स्टेशन आकर तुम्हें अपने साथ घर ले चलूँगा। तुम्हें देखकर मेरे माता-पिताजी भी अति प्रसन्न होंगे। छोटी बहन सौम्या तुम्हारे साथ खेलकूद करेगी।

मुझे विश्वास है कि ग्रीष्मावकाश में तुम अवश्य आओगे। चाचाजी और चाचीजी को मेरा प्रणाम और अनुज कमलजीत को मेरा प्यार कहना। तुम्हारे पत्र का इंतजार रहेगा।

तुम्हारा मित्र

क. ख. ग.

5. अपने जन्मदिन पर आयोजित कार्यक्रम में किसी संगीतकार को बुलवाने का आग्रह करते हुए अपने बड़े भाई को पत्र लिखिए।

परीक्षा भवन,
इलाहाबाद।

दिनांक 20 सितंबर, 20XX

आदरणीय भैया,

सादर प्रणाम।

मैं यहाँ कुशलपूर्वक रहते हुए आप सभी की कुशलता की कामना करता हूँ। मेरी पढ़ाई व्यवस्थित ढंग से चल रही है। मैं दुर्गापूजा की छुट्टी में घर आऊँगा तथा अपना जन्मदिन मनाने के उपरांत वापस लौटूँगा। मैं अपने जन्मदिन (8 अक्टूबर) के अवसर पर कुछ गीत-संगीत कार्यक्रम का आयोजन करवाना चाहता हूँ, ताकि मेरे परिचितों को अधिक आनंद आए और वे इसे कुछ दिनों तक याद भी रख सकें। मेरी इच्छा है कि किसी स्तरीय गायक एवं संगीतकार से जन्मदिन के कार्यक्रम के लिए बात करके, उसे सुनिश्चित कर दिया जाए। वह कोई बहुत लोकप्रिय या प्रसिद्ध संगीतकार न हो, लेकिन बजट के अंतर्गत एक अच्छा संगीतकार अवश्य हो, जिससे सुनने वालों को स्वस्थ एवं सुकून देने वाला मनोरंजन प्राप्त हो सके।

इसमें आपकी तथा घर के अन्य लोगों की सहमति अति आवश्यक है। आशा करता हूँ कि जन्मदिन के लिए निर्धारित व्यय में ही यह कार्यक्रम संभव हो जाएगा। शेष मिलने पर। घर के सभी लोगों को मेरा यथोचित अभिवादन।

आपका अनुज

क. ख. ग.

6. आप अपने विद्यालय के छात्र-छात्राओं के साथ समाज सेवा के लिए जाना चाहते हैं। इस कार्य हेतु अनुमति माँगते हुए अपने पिता को पत्र लिखिए। **दक्षता आधारित प्रश्न**

परीक्षा भवन,
दिल्ली।

दिनांक 12 जनवरी, 20XX

पूज्य पिताजी,
सादर चरण-स्पर्श।

मैं छात्रावास में कुशलतापूर्वक हूँ तथा ईश्वर से सदा आपकी कुशलता की प्रार्थना करता हूँ। आपको यह जानकर प्रसन्नता होगी कि इस बार मैं अपनी वार्षिक प्रगति के आधार पर विद्यार्थी परिषद् का अध्यक्ष चुना गया हूँ।

पहले मैं आपके पास घर आना चाह रहा था, परंतु अब मैं दु:खी एवं लाचार लोगों की सहायता के लिए किसी विशेष क्षेत्र पर जाना चाहता हूँ। इसके लिए विद्यालय की ओर से हमें प्रशिक्षित भी किया गया है। वहाँ जाकर उनके दु:ख-दर्द को समझना और उन्हें दूर करने के उपाय सोचना भी एक अलग प्रकार का ही अनुभव होगा, जिसके लिए मैं आपकी अनुमति चाहता हूँ।

आशा करता हूँ कि मेरी परोपकार की इस भावना को सम्मान देते हुए आप मुझे अवश्य ही इस सेवा की अनुमति प्रदान करेंगे। माताजी को मेरी ओर से प्रणाम कहिएगा। आपके पत्र की प्रतीक्षा में।

आपका पुत्र

क. ख. ग.

7. आपके छात्रावास एवं विद्यालय में बिजली अनियमित ढंग से आती-जाती रहती है। इससे होने वाली असुविधाओं का उल्लेख करते हुए अपने पिताजी को पत्र लिखिए। **दक्षता आधारित प्रश्न**

परीक्षा भवन,
वाराणसी।

दिनांक 19 मार्च, 20XX

पूज्य पिताजी,

सादर चरण—स्पर्श।

मैं यहाँ कुशलतापूर्वक हूँ तथा आशा करता हूँ कि आप लोग भी सकुशल होंगे। मेरी पढ़ाई ठीक से चल रही है, लेकिन बिजली की समस्या खड़ी होने से इसमें थोड़ी बाधा आ रही है। आजकल बिजली बोर्ड की ओर से नित्य बिजली की कटौती की जा रही है। कई बार तो बिजली उसी समय कटती है, जब पढ़ने का समय होता है। शाम को प्रतिदिन 6 बजे से 9 बजे रात तक बिजली गायब रहती है, जो पढ़ने का अत्यंत उपयुक्त समय होता है। बिजली की अनुपस्थिति में सारी एकाग्रता भंग हो जाती है और मच्छर भी बहुत काटते हैं। हमारे छात्रावास में जेनरेटर की सुविधा भी नहीं है।

इस समस्या के कारण मेरी ही नहीं, सभी विद्यार्थियों की पढ़ाई पर बुरा प्रभाव पड़ रहा है। इसका सीधा असर परीक्षा-परिणाम पर पड़ेगा।

मेरी कोशिश रहती है कि बिजली रहने के समय का अधिकतम सदुपयोग पढ़ने में किया जाए, लेकिन बिजली कटौती के अनिश्चित समय के कारण इसमें भी काफी व्यवधान होता है। इस समस्या का समाधान कैसे किया जाए, इस पर मुझे सुझाव भेजिएगा। घर के सभी लोगों को यथायोग्य अभिवादन।

आपका पुत्र
क. ख. ग.

8. अपने छात्रावास के जीवन का वर्णन करते हुए अपने मित्र को पत्र लिखिए।

अथवा

'छात्रावास में रहने का आनंद' विषय पर अपने मित्र को एक पत्र लिखिए।

परीक्षा भवन,
नई दिल्ली।

दिनांक 16 फरवरी, 20XX

प्रिय मित्र,
सस्नेह नमस्ते।

तुम्हारा लिखा हुआ पत्र क्या मिला, मानो तुम स्वयं मिल गए। उत्तर में देरी के लिए क्षमा-प्रार्थी हूँ। तुमने छात्रावास के जीवन के बारे में पूछा है। सच बात तो यह है कि यहाँ के आनंद का वर्णन कर पाना कठिन है।

हमारे छात्रावास का भवन बिलकुल नया है। यह साफ-सुथरा, विशाल तथा सुंदर है। चारों ओर पेड़-ही-पेड़ हैं तथा दोनों ओर खुले 'लॉन' हैं। सूर्योदय से पूर्व प्रात: पाँच बजे ही हमें जगा दिया जाता है। हम शौच आदि से निवृत्त होकर उद्यान में घूमने चले जाते हैं। वहाँ योगासन, व्यायाम आदि करने के बाद दौड़ भी लगाते हैं। वापस आकर हम दंतमंजन, स्नान आदि से निवृत्त होकर नाश्ता करते हैं।

हमारे छात्रावास के संरक्षक श्री रामेश्वर जी बहुत ही हँसमुख एवं उदार हृदय के व्यक्ति हैं। यदि किसी छात्र से कोई भूल भी हो जाए, तो वे उसे हँसी-हँसी में समझा देते हैं। मैंने उन्हें कभी क्रोध करते हुए नहीं देखा। प्रत्येक व्यक्ति को प्रसन्न रखने तथा मित्र बनाने की कला उन्हें अच्छे से आती है। हमारे छात्रावास का भोजन बहुत उत्तम एवं पौष्टिक होता है।

महीने में एक दिन रात्रि के समय हमारे छात्रावास में विनोद सभा अवश्य होती है। इसमें हम लोग कविता, कहानी, चुटकुले, ग़ज़ल या कभी गीत गाने के साथ-साथ नृत्य भी प्रस्तुत करते हैं। अधिक विस्तार से फिर कभी मिलने पर बताऊँगा।

तुम्हारा स्नेही

क. ख. ग.

स्व–मूल्यांकन

औपचारिक पत्र

1. प्रतिदिन बस द्वारा यात्रा करने पर आपको कुछ असुविधाओं का सामना करना पड़ता है। उन्हें दूर करने के लिए बस डिपो के प्रबंधक महोदय को एक प्रार्थना-पत्र लिखिए।
2. विद्यालय में रक्तदान शिविर लगा है। कक्षा दसवीं का छात्र रक्तदान करना चाहता है। इस विषय पर प्रधानाचार्य को पत्र लिखिए।
3. आप मयंक, केंद्रीय विद्यालय पीतमपुरा, दिल्ली में दसवीं कक्षा के छात्र हैं। पिता का व्यवसाय बंद होने के कारण विद्यालय के प्राचार्य को छात्रवृत्ति के लिए प्रार्थना-पत्र लिखिए।
4. प्राथमिक कक्षाओं के लिए वर्णमाला से संबंधित गतिविधियों और चार्ट आदि बनाने में आप प्रारंभ से ही निपुण हैं। किसी प्रकाशक को अपनी प्रतिभा से अवगत करवाने और ग्राफिक डिजाइनर के पद के लिए आवेदन करने हेतु एक संक्षिप्त स्ववृत (बायोडाटा) लिखिए।
5. दिल्ली नगर निगम के कार्यालय में लिपिक पद के स्थान के लिए अपनी योग्यताओं का विवरण देते हुए एक आवेदन-पत्र लिखिए।
6. भारतीय स्टेट बैंक ऑफ इंडिया प्रधान कार्यालय, मुंबई को कुछ कंप्यूटर आपरेटर्स की आवश्यकता है। अपनी योग्यताओं का विवरण देते हुए आवेदन पत्र प्रस्तुत कीजिए।
7. पिछले कुछ दिनों से आपके क्षेत्र में अपराध बढ़ने लगे हैं। उनकी रोकथाम के लिए थानाध्यक्ष को पत्र लिखिए।
8. आपके क्षेत्र में पेड़ों की अंधाधुंध कटाई की जा रही है। इसकी शिकायत करते हुए अपने जिले के वन-निरीक्षक को पत्र लिखिए।
9. बढ़ते हुए अपहरण के कारोबार पर चिंता व्यक्त करते हुए किसी समाचार-पत्र के संपादक को पत्र लिखिए।
10. सार्वजनिक स्थलों पर बढ़ते हुए धूम्रपान तथा उसके कारण संभावित रोगों की ओर संकेत करते हुए दैनिक हिंदुस्तान पत्र के संपादक को एक पत्र लिखिए।
11. पी.वी. सिंधु के सराहनीय प्रदर्शन पर प्रकाश डालते हुए किसी समाचार पत्र के संपादक को पत्र लिखिए।
12. आपने 'ऑनलाइन' कुछ सामान खरीदा था, जो खराब हो गया। इसकी शिकायत करते हुए कंपनी के प्रबंधक को एक पत्र लिखिए।
13. पुस्तक विक्रेता से पुस्तकों के संबंध में पूछताछ संबंधी व्यावसायिक पत्र लिखिए।
14. इलेक्ट्रॉनिक सामान की होम डिलीवरी सेवा की पूछताछ के संबंध में विक्रेता को पत्र लिखिए।

अनौपचारिक पत्र

1. पिताजी के अचानक अस्वस्थ हो जाने के कारण ग्रीष्मावकाश में मित्र के आमंत्रित करने पर भी शिमला न पहुँचने पर मित्र से क्षमायाचना करते हुए एवं अगले ग्रीष्मावकाश में शिमला आने का आश्वासन देते हुए पत्र लिखिए।
2. अपने मित्र को उसकी अंतर्राष्ट्रीय खेल प्रतियोगिता में अच्छे प्रदर्शन पर बधाई देते हुए पत्र लिखिए।
3. प्रातःकालीन सैर के लाभों का वर्णन करते हुए छोटे भाई को पत्र लिखिए।
4. 'आई पी एल' मैच का आँखों देखा हाल बताते हुए अपने मित्र को पत्र लिखिए।
5. आपके जन्मदिन पर मित्रों ने आपको एक लैपटॉप उपहार में दिया है। उन्हें धन्यवाद देते हुए पत्र लिखिए।
6. आपकी कक्षा में एक नए अध्यापक पढ़ाने आए हैं। कक्षा के समस्त बच्चे उनके व्यवहार तथा उनके पढ़ाने की प्रशंसा करते हैं। उनके विषय में परिचयात्मक सूचना देते हुए अपने मित्र को एक पत्र लिखिए।
7. कासिम ने अपने बड़े भाई के द्वारा आपका खोया हुआ बैग भिजवा दिया है। इसके उपलक्ष्य में आभार-प्रदर्शन करते हुए कासिम को पत्र लिखिए।
8. 'जल-संरक्षण' की महत्ता बताते हुए अपने छोटे भाई को पत्र लिखिए।
9. नैतिक शिक्षा के महत्त्व को समझाते हुए छोटे भाई को पत्र लिखिए।
10. बुलेट ट्रेन की विशेषताएँ बताते हुए मित्र को पत्र लिखिए।

अध्याय

3

लघु कथा लेखन

साहित्य की सभी विधाओं में लघु कथा, सबसे पुरानी विधा है और जनजीवन में अधिक लोकप्रिय भी है। कथा को कहानी भी कहते हैं। इसके अंतर्गत किसी सत्य अथवा काल्पनिक घटना का इस प्रकार वर्णन किया जाता है, जिसे श्रोता रुचिपूर्वक सुनता है। इसलिए कथा में एक कथा बनाने/कहने वाला तथा एक सुनने वाला अवश्य होता है।

लघु कथा से आशय

जीवन की एक घटना के रोचक वर्णन को 'कथा' कहते हैं। कथा को सुनने, लिखने व पढ़ने की एक लंबी परंपरा सम्पूर्ण विश्व में रही है, क्योंकि यह सभी के लिए मनोरंजक होती है। बच्चों को कहानियाँ या कथा सुनना बहुत पसंद होता है। दादी-नानी की कहानियाँ प्रसिद्ध हैं। इन कहानियों का उद्देश्य मनोरंजन होता है, किंतु इनसे कुछ-न-कुछ शिक्षा भी मिलती है।

लघु कथा की प्रमुख विशेषताएँ

1. **कथानक** जहाँ कहानी के कथानक में घटनाओं का विस्तार होता है, वहीं लघु कथा के कथानक में घटनाओं के विस्तार का अभाव होता है।
2. **पात्र योजना** कहानी की तुलना में लघु कथा में पात्रों की संख्या एक/दो तक ही सीमित होती है। लघु कथा में मनुष्य के अतिरिक्त पशु-पक्षी, जीव-जंतु आदि भी हो सकते हैं।
3. **कल्पना की उड़ान** लघु कथा में सच्चाई के साथ-साथ काल्पनिक अभिव्यक्ति भी होती है अर्थात् लघु कथा में राजा-रानी, पशु-पक्षी आदि काल्पनिक पात्र भी हो सकते हैं।
4. **शैली** लघु कथा में लेखक अपनी बात को संकेतों के माध्यम से अभिव्यक्त करता है, इसलिए 'संकेतात्मकता' लघु कथा की शैली का विशिष्ट गुण है।
5. **उपदेशात्मक** लघु कथा में कोई-न-कोई उपदेश अवश्य होता है।
6. **संक्षिप्तता** लघु कथा का सारा कलेवर (ऊपरी ढाँचा, आकार) उसकी लघुता में ही निहित होता है। अत: कहानी की भाँति इसमें विस्तार की संभावना नहीं होती।
7. **उद्देश्य** लघु कथा को पढ़ने के पश्चात् इसका उद्देश्य पाठक के समक्ष बिजली की कौंध की तरह अभिव्यक्त हो जाता है।

लघु कथा लेखन करते समय ध्यान रखने योग्य बातें

- मुहावरे अथवा लोकोक्ति का अर्थ अच्छी तरह समझ लेना चाहिए।
- पूरी कहानी मुहावरे अथवा लोकोक्ति पर आधारित होनी चाहिए।
- कथा मौलिक होनी चाहिए।
- कथा दिए गए विषय से संबंधित होनी चाहिए।
- कथा में रोचकता होनी चाहिए।
- कथा में कठिन शब्दों का अनावश्यक प्रयोग नहीं करना चाहिए।
- कथा की भाषा सरल होनी चाहिए।
- कथा के अंत में दिया गया शीर्षक सार्थक होना चाहिए।
- कथा के अंत में उससे मिलने वाली शिक्षा का उल्लेख होना चाहिए।

अभ्यास प्रश्न

(दक्षता आधारित प्रश्नों सहित)

1. एक मौलिक कथा लिखिए, जिसका आधार निम्नलिखित उक्ति हो

"परिश्रम ही सफलता का सोपान है।"

उत्तर **उक्ति का अर्थ** "परिश्रम ही सफलता का सोपान है" इस उक्ति का अर्थ है कि मेहनत करने से ही सफलता मिलती है। वर्तमान युग कर्म प्रधान है। प्रत्येक इंसान अपने कर्म और मेहनत के बल पर ही अपना भविष्य निर्मित करता है। कुछ लोग जन्मजात प्रतिभाशाली होते हैं, परंतु वे निरंतर कठिन मेहनत के बल पर ही कामयाबी पाते हैं, जो परिश्रम से जी चुराते हैं, वे अपने जीवन को बरबाद कर लेते हैं। इस विषय को और बेहतर समझने के लिए एक कथा प्रस्तुत है

कथा मेरे मित्र के बड़े भाई ने वर्ष 1993 में एलएलबी की परीक्षा पास की, परंतु घर की आर्थिक स्थिति ठीक न होने के कारण उन्होंने आगे की पढ़ाई छोड़कर नौकरी करनी आरंभ कर दी और साथ-साथ प्रतियोगी परीक्षाओं की तैयारी भी करने लगे।

वर्ष 2005 तक नियमित अध्ययन और मेहनत के बावजूद उन्हें कामयाबी नहीं मिली, परंतु उन्होंने हार नहीं मानी। एक वकील के अधीन कार्य करते हुए, उन्होंने एलएलएम की परीक्षा दी और प्रथम श्रेणी से उत्तीर्ण हुए। उसके बाद पुनः एक अध्यापक के परामर्श से परीक्षाओं की तैयारी आरंभ की। उन्हें सफलता मिली और उन्होंने क्लर्क की नौकरी प्राप्त की। अब आर्थिक स्थिति में थोड़ा सुधार हो गया था, परंतु मन में अभी भी 'जज' बनने की इच्छाशक्ति कम नहीं हुई थी।

उन्होंने पुनः स्वयं को अध्ययन करने के लिए तैयार किया। दिन में कार्यालय से आने के बाद वे रात 10 से 2 बजे तक प्रतिदिन मेहनत और लगन से परीक्षा की तैयारी करते थे। अपने शुरू के प्रयासों में उन्हें असफलता मिली, वह मायूस तो हुए, परंतु स्वयं पर उन्हें पूरा विश्वास था। अपने अंतिम प्रयास को लक्षित करते हुए उन्होंने 3 महीने के लिए कार्यालय से अवकाश लेकर दिन-रात अथक परिश्रम किया और परीक्षा दी।

2 महीने पश्चात् रिजल्ट आया और इस बार उनकी मेहनत और विश्वास का फल उन्हें मिला। उन्होंने प्रथम रैंक के साथ जज की परीक्षा पास की और परमात्मा की कृपा से उनको हमारे शहर में ही पद सँभालने का अवसर मिला। नियमित अभ्यास, कठोर परिश्रम और आत्मविश्वास से उन्हें लक्ष्य की प्राप्ति हुई।

सीख इस कथा से हमें यह सीख मिलती है कि परिश्रम कभी निष्फल नहीं होता। मेहनत करने से ही सफलता पाई जा सकती है। ठीक ही कहा गया है, "परिश्रम ही सफलता का सोपान है।"

2. एक मौलिक कथा लिखिए, जिसका आधार निम्नलिखित उक्ति हो

"आ बैल मुझे मार।" दक्षता आधारित प्रश्न

उत्तर **उक्ति का अर्थ** "आ बैल मुझे मार" का अर्थ है—जानबूझकर मुसीबत में पड़ना या मुसीबत को अपने पास बुलाना। कभी-कभी व्यक्ति भावनाओं में बहकर खुद को संकट में भी डाल लेते हैं। ऐसी अवस्था में उपरोक्त उक्ति सत्य प्रतीत होती है कि "आ बैल मुझे मार।" इसी संदर्भ में एक कथा प्रस्तुत है

कथा हमारे गाँव में अशोक नाम का एक युवक था, जो अत्यंत साहसी और बहादुर था, परंतु साथ ही चंचल व अधीर था, इसी कारण वह खुद को संकटग्रस्त कर लेता था। एक बार की घटना है, हमारे गाँव पर डाकुओं ने हमला कर दिया। उन्होंने पूरे गाँव में लूट-पाट की, कई घरों से गहने लूट लिए। सब गाँव वाले भय के कारण अपने-अपने घरों में छिपे हुए थे। अशोक ने तब हौसला दिखाया और इस घटना की सूचना पुलिस को दे दी।

पुलिस बिना समय गँवाए, गाँव में पहुँच गई और डाकुओं को चारों ओर से घेर लिया। पुलिस ने यह घोषणा भी कर दी कि सभी गाँव वाले अपने-अपने घरों में छिपे रहें और डाकुओं को चेतावनी दी कि वे आत्मसमर्पण कर दें। डाकुओं का हौसला पस्त हो चुका था और वे समर्पण की योजना बना रहे थे। सहसा अशोक अपना संयम खो बैठा और उसने डाकुओं पर हमला कर दिया।

तभी सब डाकुओं ने अशोक को अपने नियंत्रण में कर लिया और उसे मारने की धमकी देते हुए भागने का प्रयास करने लगे। डाकू अशोक को साथ ले गए और दूर सुनसान जगह पर जख्मी हालत में फेंककर फरार हो गए। पुलिस ने अशोक का इलाज करवाया। कुछ स्वस्थ होने पर पुलिस ने व्यंग्यात्मक लहजे से अशोक को कहा कि अपनी अधीरता के कारण आपने अपने प्राण संकट में डाल लिए और डाकू भी भागने में कामयाब हो गए।

यदि अशोक खुद को संयमित रखता तो पुलिस अपने अभियान में सफल होती और अशोक के प्राणों को भी खतरा नहीं होता। अब यह उक्ति इस घटना और अशोक पर सत्य प्रतीत हो रही थी कि "आ बैल मुझे मार।"

सीख इस कथा से हमें यह शिक्षा मिलती है कि बिना सोचे-विचारे कार्य करके मुसीबत में नहीं पड़ना चाहिए।

3. एक मौलिक कथा लिखिए, जिसका आधार निम्नलिखित उक्ति हो

"जैसी करनी वैसी भरनी।" दक्षता आधारित प्रश्न

उत्तर **उक्ति का अर्थ** "जैसी करनी वैसी भरनी" उक्ति का अर्थ है कि मनुष्य जैसा कर्म करता है, वैसा ही फल उसे भोगना पड़ता है।

यह सर्वविदित है कि मानव अपने कर्मों के आधार पर ही फल भोगता है। सत्कर्मी तथा परिश्रमी मानव सदैव श्रेष्ठ लक्ष्यों को प्राप्त करता है तथा बुरे कर्म करने वाला मानव सदैव कर्मानुरूप व्यर्थ भटकता रहता है। इसी विषय से संबंधित एक कथा प्रस्तुत है।

कथा दो भाई थे। दोनों कुशाग्र बुद्धि वाले थे, परंतु दोनों के आचरण, व्यवहार और जीवन-शैली में बहुत अंतर था। उसमें राम धैर्यवान व परिश्रमी था, परंतु राज अधीर, चंचल एवं आलसी था। उनके पिताजी ने उन्हें वार्षिक परीक्षा में श्रेष्ठ अंकों से उत्तीर्ण होने का लक्ष्य दिया, ताकि दोनों का देश के प्रतिष्ठित कॉलेज में दाखिला हो सके।

राम ने पूरी मेहनत और योजना के साथ पूरे वर्ष परीक्षा की अच्छे से तैयारी की और परीक्षा में प्रथम स्थान के साथ पास हुआ। तदुपरांत उसने श्रेष्ठ कॉलेज में भी प्रवेश लिया और परिश्रम से प्रशासनिक सेवा (आईएएस) में शानदार भविष्य बनाया। इसके विपरीत राज ने

अपना समय व्यर्थ के कार्यों व मित्र मंडली में व्यतीत किया, जिससे वह विद्यालय की परीक्षा तक उत्तीर्ण न कर सका।

इस प्रकार राज ने खुद के भविष्य पर प्रश्नचिह्न लगा दिया और राम कामयाबी की बुलंदियों को प्राप्त कर गया। दोनों ने अपने कर्मों के अनुसार ही फल प्राप्त किया, इसलिए इस घटना से यह कहावत सही सिद्ध हो गई कि

"जैसी करनी वैसी भरनी।"

सीख इस कथा से यह शिक्षा मिलती है कि मनुष्य जैसा कर्म करता है, उसे वैसा ही फल भोगना पड़ता है।

4. एक कथा लिखिए, जिसका आधार निम्नलिखित उक्ति हो

दक्षता आधारित प्रश्न

"वही मनुष्य है जो मनुष्य के लिए मरे।"

उत्तर उक्ति का अर्थ "वही मनुष्य है जो मनुष्य के लिए मरे" अर्थात् जो मनुष्य दूसरे मनुष्य के संकट को देखकर अपने प्राणों की परवाह किए बिना उसकी हर प्रकार से मदद करे, वही सच्चे अर्थों में मनुष्य कहलाने के योग्य है। वह मनुष्य देवता के समान है और वही श्रेष्ठ मानव है। ऐसी ही एक घटना कुछ दिन पहले घटी, जिसने मेरे मन-मस्तिष्क को बहुत ज्यादा प्रभावित किया है।

कथा पिछले महीने मैं अपने परिवार के साथ मनाली घूमने गया था। बस में हमारे साथ तीस छात्रों का एक समूह भी था, जो अपने दो अध्यापकों के साथ पिकनिक मनाने आया था। हमने दो दिन एक साथ गुजारे और विभिन्न दर्शनीय स्थलों के दर्शन किए। तीसरे दिन हम सब एक साथ व्यास नदी के समीप भ्रमण के लिए गए।

मेरे पिताजी ने नदी के बीच जाने से मना कर दिया, परंतु उस समूह के 15 छात्र नदी के बीच जाकर फोटोग्राफी करने लगे। कुछ समय उपरांत अचानक तीव्र गति से नदी का जल स्तर बढ़ गया। सभी छात्र चिल्लाने लगे। चारों ओर हाहाकार मच गया। छात्रों ने खुद को बचाने के लिए विशाल पत्थर को पकड़ रखा था। कोई भी छात्रों को बाहर निकालने की हिम्मत न दिखा सका। तभी अचानक दो युवा फरिश्ते बनकर आए और नदी में कूद गए, उन्होंने कठिन संघर्ष करके उन छात्रों को रस्सी द्वारा बाहर निकाला। अब अंतिम छात्र को निकालना शेष था। बचाव करने वाला एक युवा बेहद थक चुका था, किंतु उसने हिम्मत नहीं हारी और उस छात्र को किनारे तक पहुँचा दिया, लेकिन काल के चक्र से वह स्वयं को न बचा सका। अंतिम लहर की तेज गति से वह लहरों में समा गया। अगले दिन उसका शव गोताखोरों को प्राप्त हुआ। वह युवा अपने प्राणों की परवाह किए बिना 15 छात्रों की जान बचा गया।

इस पूरे दृश्य ने सबकी आँखों को नम कर दिया और यह न भूलने वाली घटना हमारे मन-मस्तिष्क में कैद हो गई। उस युवा के त्याग ने हमें नमन करने को मजबूर कर दिया और उसके इस साहसिक कार्य पर यह कहावत चरितार्थ होती है कि

"वही मनुष्य है जो मनुष्य के लिए मरे।"

सीख इस कथा से हमें यह शिक्षा मिलती है कि हमें जीवन में परोपकार को अपनाना चाहिए तथा दूसरों की सहायता करनी चाहिए, क्योंकि वास्तव में वही मनुष्य है, जो दूसरों की संकट में सहायता करे।

5. एक मौलिक कथा लिखिए, जिसका आधार निम्नलिखित उक्ति हो

"जान बची तो लाखों पाए।"

उत्तर उक्ति का अर्थ "जान बची तो लाखों पाए" उक्ति का अर्थ है कि किसी झंझट से मुक्ति पाना। इस उक्ति को निम्न कथा के माध्यम से अच्छी तरह समझा जा सकता है

कथा पिछले वर्ष मैं सपरिवार केदारनाथ की यात्रा पर गया था। हम बस में सवार थे। बस में लगभग 25 यात्री थे। मेरे सामने वाली सीट पर एक दंपति अपने 6 माह के बेटे के साथ बैठे थे। मेरे पीछे की सीट पर दो अस्त-व्यस्त वेशभूषा वाले युवक बैठे थे। उनके क्रियाकलापों से मुझे उन पर कुछ शक हुआ। बस दुर्गम पहाड़ियों से गुजर रही थी। कभी-कभी भय से शरीर में कंपन-सा होता था।

अचानक रात 4 बजे के आस-पास मुझे कुछ हिलने का आभास हुआ। मैंने देखा, पीछे वाली सीट पर बैठा एक युवक महिला के गहने चुरा रहा था। मेरे शोर मचाने पर उन युवकों की पिटाई की गई और बस से उतार दिया गया।

बस अपने गंतव्य स्थल की ओर चल पड़ी। तभी 6 बजे बस अचानक चलते-चलते रुक गई, क्योंकि सड़क पर पत्थर पड़ा था। हम कुछ समझ पाते इससे पहले ही 4-5 युवकों ने बस पर धावा बोल दिया, उनमें वे 2 युवक भी शामिल थे। इस हाथापाई में ड्राइवर ने बस चला दी ताकि 2 किमी दूर स्थित पुलिस चौकी तक पहुँच सकें पर युवकों ने ड्राइवर को मारा और लूटपाट करने लगे। इसी घटनाक्रम में बस का नियंत्रण बिगड़ गया और बस खाई में फँस गई।

उनमें वे 2 युवक और दंपति का बालक बस से नीचे गिर गए। दोनों युवक गहराई में गिरने पर प्राण गँवा बैठे, परंतु बालक एक झाड़ी में फँस गया और उसकी जान बचा ली गई।

तभी किसी के द्वारा सूचना देने के कारण, वहाँ पुलिस पहुँच गई और बाकी लुटेरों को गिरफ़्तार करके ले गई। मुझे और ड्राइवर को थोड़े उपचार के बाद अस्पताल से जाने दिया गया। ड्राइवर और हम सभी यात्री पुन: केदारनाथ की ओर रवाना हो गए। सब यात्री उस बच्चे में साक्षात् परमात्मा का अनुभव कर रोमांचित थे। दंपति के चेहरे पर भय प्रतीत हो रहा था, परंतु दंपति की सच्ची भक्ति भावना ने उनके बच्चे की जिंदगी बचा ली और उन दुष्कर्मी युवकों को अपने कर्मों की सजा भोगनी पड़ी। उस बालक को सुरक्षित देखकर मुझे पूर्ण विश्वास हो गया कि

**"जाको राखे साइयाँ, मार सके न कोय।
बाल न बाँका कर सके, जो जग बैरी होय।।"**

इस घटना के उपरांत परमपिता के प्रति मेरी श्रद्धा और विश्वास में और वृद्धि हो गई।

सीख इस कहानी से हमें यह सीख मिलती है कि विपदा आने पर हिम्मत नहीं हारनी चाहिए तथा यथा संभव विपदा से निकलने का प्रयास करना चाहिए। स्वयं पर विश्वास रखकर विपदाओं का सामना करना चाहिए।

6. एक मौलिक कथा लिखिए, जिसका आधार निम्नलिखित उक्ति हो

"दूर के ढोल सुहावने"

उत्तर उक्ति का अर्थ "दूर के ढोल सुहावने" इस उक्ति का अर्थ है कि दूर से सब आकर्षक और लुभावना लगता है, लेकिन पास जाने पर ही वास्तविकता का पता चलता है। यह एक कटु सत्य है कि मानव का वास्तविक परिचय उसके व्यवहार व आचरण से ही पता चलता है, अन्यथा दूर से तो सब आकर्षक ही प्रतीत होते हैं। उपरोक्त उक्ति इसी का पर्याय है, जिसकी पुष्टि हेतु कथा प्रस्तुत है

कथा मेरी माताजी के दूर के रिश्ते के एक भाई थे। माताजी उनका खूब सम्मान एवं प्रशंसा करती थीं। दस वर्षों के अंतराल के बावजूद वह उनसे पुराने स्नेह की उम्मीद रखती थीं। वह उनके बारे में सदैव यही कहती थीं कि वे अत्यंत नेक व मिलनसार हैं। माताजी जब भी उनसे फोन पर बात करतीं, तब वे उनके घर दिल्ली आने का मौखिक निमंत्रण देते रहते थे। इसी स्नेह को हकीकत मानकर माताजी उनका गुणगान करती रहती थीं। एक दिन उन्होंने उनसे मिलने का निश्चय कर लिया, इसकी सूचना उनको दे दी गई।

मैं माताजी सहित बस द्वारा दिल्ली की ओर रवाना हुआ। माताजी बेहद खुश और भावुक थीं। उन्होंने अत्यंत स्नेह से अपने हाथों से बने कुछ पकवान और एक स्वेटर साथ रख लिया। दिल्ली पहुँचने पर उन्हें सूचना दे दी गई थी, परंतु उन्होंने व्यस्तता दिखाते हुए थोड़ा इंतज़ार करने को कहा। इस घटना से माताजी थोड़ी विचलित हुईं, परंतु मेरे समझाने पर शांत हो गईं। एक घंटे पश्चात् उनका ड्राइवर अकेले आया, जबकि वे घर पर मौजूद थे।

हम उनके घर पहुँचे, ड्राइवर ने हमें बैठक में बैठाया। कुछ समय पश्चात् उनके आने पर माताजी अत्यंत भावुक हो गईं और हालचाल पूछा, परंतु उनके व्यवहार से ऐसा प्रतीत हुआ कि वे हमसे मिलकर ज्यादा प्रसन्न नहीं हुए, तब माताजी ने उन्हें सस्नेह पकवान तथा स्वेटर भेंट किए, परंतु उन्होंने कोई बहाना बनाते हुए वह भेंट ड्राइवर को दे दी।

इस घटनाक्रम से माताजी का हृदय व्यथित हो चुका था। तब मैंने माँ को सँभाला और वास्तविकता को समझाने की कोशिश की। अब वहाँ ठहरना माताजी को कष्टप्रद हो रहा था। हमने किसी तरह रात गुजारी और अगले दिन प्रात:काल ही अपने घर के लिए प्रस्थान कर गए। घर पहुँचने पर मैंने माताजी को सांत्वना दी, तब माता जी शांत हुईं। मुझे उस वक्त माताजी पर स्नेह और हँसी आ रही थी। मैंने उन्हें स्पष्टत: समझाया कि देखा आज यह उक्ति चरितार्थ हो गई है कि

"दूर के ढोल सुहावने होते हैं।"

सीख इस कथा से हमें यह सीख मिलती है कि दूर से अच्छी और लुभावनी लगने वाली प्रत्येक वस्तु और व्यक्ति अच्छा नहीं होता। अत: जो हमारे पास है, उसका महत्त्व समझना चाहिए।

7. एक मौलिक कथा लिखिए, जिसका आधार निम्नलिखित उक्ति हो

"आगे कुआँ पीछे खाई।" **दक्षता आधारित प्रश्न**

उत्तर **उक्ति का अर्थ** "आगे कुआँ पीछे खाई" अर्थात् दोनों ओर विपत्ति का होना। उपरोक्त उक्ति को बेहतर समझने के लिए एक कथा प्रस्तुत है

कथा मेरे गाँव का एक निवासी गगनदीप किसी कार्यवश रेलगाड़ी द्वारा भोपाल जा रहा था। वह अत्यंत बहादुर था और अनेक बार अपनी वीरता के लिए प्रशस्ति-पत्र प्राप्त कर चुका था।

उनकी गाड़ी दिल्ली से रवाना हुई। रात के लगभग 10 बजे जब गाड़ी चंबल के भयावह क्षेत्र से गुजर रही थी, अचानक विशाल नदी के ऊपर जाकर रुक गई। यात्री इस सुनसान माहौल में थोड़ा भयभीत थे। अचानक ही 4-5 डाकुओं ने हमला कर दिया और लूटपाट करने लगे। गगन द्वारा विरोध करने पर डाकुओं ने उसे बंदूक से घायल कर दिया। तब भी गगन ने हौंसला दिखाते हुए, जान बचाने के उद्देश्य से अपने साथ एक यात्री को चुपचाप गाड़ी से नीचे उतार लिया। वे दोनों गाड़ी के नीचे पटरी पर थे, परंतु परेशानी यही थी कि दोनों तैरना नहीं जानते थे। तब दोनों ने पटरी-पटरी निकलने की योजना बनाई। सहसा ही रेलगाड़ी धीमी गति से चल पड़ी। अब उन दोनों को साक्षात् मृत्यु का आभास होने लगा था। दोनों पटरी से लटक गए। अब वे न तो नदी में कूद सकते थे और न ही गाड़ी में चढ़ सकते थे। उनकी अवस्था देखकर यह कहावत साक्षात् प्रतीत हो रही थी कि "आगे कुआँ पीछे खाई।"

तभी शायद किसी के सूचना देने पर क्षेत्रीय पुलिस ने आकर डाकुओं को मार भगाया और उन दोनों को भी सकुशल बचा लिया। तत्पश्चात् सभी यात्री गंतव्य स्थल की ओर रवाना हो गए।

सीख इस कहानी से हमें यह शिक्षा मिलती है कि हमें किसी भी विपरीत परिस्थिति में अपना धैर्य नहीं खोना चाहिए।

8. एक मौलिक कथा लिखिए जिसका आधार निम्नलिखित उक्ति हो

"मन के हारे हार है, मन के जीते जीत।" **दक्षता आधारित प्रश्न**

उत्तर **उक्ति का अर्थ** "मन के हारे हार है, मन के जीते जीत" प्रस्तुत उक्ति का अर्थ है—यदि हमारे मन में किसी कार्य के प्रति दृढ़ संकल्प है, तो कोई भी कार्य असंभव नहीं है। यदि हमारे मन ने हार मान ली तो हार निश्चित हो जाएगी और यदि हमारे मन में आत्मविश्वास है, जीतने की इच्छा है तो जीत निश्चित होती है। यह उक्ति निम्नलिखित कथा द्वारा स्पष्ट रूप से समझी जा सकती है।

कथा एक बार की बात है, दो राजाओं के बीच भयंकर युद्ध हुआ। जैसा कि होता है युद्ध में एक पक्ष की ही विजय होती है और एक पक्ष की हार निश्चित होती है।

इस युद्ध में भी ऐसा ही हुआ। एक राजा इस युद्ध में हार गया। उसे जन-धन की बहुत हानि हुई। उसके सैनिक पराजित राजा को ढूँढ रहे थे। पराजित राजा अपना जीवन बचाने के लिए भागा-भागा फिर रहा था। उसने छिपते-छिपाते एक गुफा में शरण ली। वह मन से पूरी तरह पराजित हो चुका था। गुफा में छिपा हुआ भी वह मानो अपनी मृत्यु की प्रतीक्षा कर रहा था। उसे इस बात का पूरा विश्वास था कि शत्रु की तलवार कभी भी उसका काम तमाम कर देगी। वह इन्हीं विचारों में खोया हुआ था कि उसकी नज़र एक मकड़ी पर पड़ी, जो गुफा के दरवाजे पर जाला बनाने में व्यस्त थी, उसकी कोशिशें बार-बार नाकाम साबित हो रही थीं, लेकिन उसने प्रयास करना नहीं छोड़ा।

राजा ने सोचा कि वह बेकार ही प्रयत्न कर रही है। भला आधार के बिना जाला कैसे बन सकता है, लेकिन थोड़ी देर बाद राजा ने देखा कि मकड़ी जाला बनाने में सफल हो गई। थोड़ी ही देर में पूरी गुफा के मुँह पर जाला बनाया जा चुका था। तभी शत्रु सैनिक वहाँ आ पहुँचे, लेकिन गुफा के मुँह पर मकड़ी का जाला बना देख लौट गए। करीब आई हुई मृत्यु तो टल गई, पर राजा एक गहरे विचार में पड़ गया। उसने सोचा कि मैं स्वयं तन-मन से पराजित था। अत: मैंने मकड़ी को भी हारा हुआ मान लिया था, लेकिन वह छोटी-सी मकड़ी हारी हुई नहीं थी। वह बार-बार गिरकर भी निराश और परास्त नहीं

हुई। क्या मैं मनुष्य होकर भी इस मकड़ी से दुर्बल हूँ? उसने अपने मन को मजबूत किया और संकल्प लिया कि वह अपने शत्रुओं को अवश्य पराजित करेगा। वह तुरंत उस गुफा से बाहर आया। अब वह एक हताश-निराश, पराजित राजा नहीं था, वरन् मजबूत इरादे वाला व्यक्ति था, जिसे हर हाल में विजय पानी थी। उसने अपने साथियों को एकत्र किया और अंत में अपने शत्रु को हराकर अपना राज्य पुनः प्राप्त किया। अतः यह सच ही है कि

"मन के हारे हार है, मन के जीते जीत"

सीख प्रस्तुत कथा से हमें यह शिक्षा मिलती है कि हमें अपने मन को मजबूत और दृढ़-संकल्प करके कार्य करना चाहिए, तभी हमें सफलता प्राप्त हो सकती है।

9. अरे मित्र! "तुमने तो सिद्ध कर दिया कि तुम ही मेरे सच्चे मित्र हो।" इस पंक्ति से आरंभ करते हुए कोई लघु कथा लिखिए।

उत्तर **भूमिका** अरे मित्र! "तुमने तो सिद्ध कर दिया कि तुम ही मेरे सच्चे मित्र हो।" यही कथन था उस दिन मनोज का जब सुरेंद्र ने उसे कुछ अज्ञात हमलावरों से बचाया था।

कथा मनोज और सुरेंद्र दोनों बहुत अच्छे मित्र थे। दोनों की आयु में भी कोई ज्यादा अंतर न था। दोनों बचपन से एक साथ रहे थे, एक साथ खेलते थे, स्कूल जाते थे तथा एक साथ ही दोनों ने कॉलेज में प्रवेश लिया। उनकी मित्रता के चर्चे पूरे गली-मुहल्ले में हुआ करते थे। किसी एक को ढूँढना हो, तो दूसरा अपने आप मिल जाता था।

घटना उस रात की थी जब मनोज के कॉलेज में पार्टी थी और उसे घर आने में देरी हो गई। बस स्टैंड से घर की दूरी ज्यादा तो नहीं थी, लेकिन रास्ते में रोशनी न होने के कारण पूरे रास्ते में अँधेरा और सन्नाटा पसरा हुआ था।

मनोज जब घर की ओर लौट रहा था, तो दोनों ओर खड़ी ऊँची ऊँची झाड़ियों से उसे किसी के गुज़रने की आवाज आई। वह डर तो रहा था, लेकिन फिर भी वहाँ उस आवाज के बारे में जानने के लिए रुक गया। उसने झाड़ियों की ओर कान लगाकर सुनने की कोशिश की, पर उसे कुछ सुनाई नहीं दिया और वह उस आवाज को भ्रम मानकर आगे बढ़ गया।

वह थोड़ी दूर ही आगे बढ़ा था कि उसे वह आवाज फिर से सुनाई दी, लेकिन इस बार वह जैसे ही पीछे मुड़ा कुछ लोगों ने उस पर हमला कर दिया और उससे उसका मोबाइल व पैसे छीनने लगे। मनोज उनसे लड़ता रहा और ज़ोर-ज़ोर से मदद के लिए पुकारने लगा। वहाँ से सुरेंद्र के घर की दूरी ज्यादा न होने के कारण सुरेंद्र बाहर से आने वाले शोर को सुनकर घर से बाहर निकला और टॉर्च लेकर उसी रास्ते की ओर चल दिया, जहाँ से आवाज आ रही थी। थोड़ी दूर ही चलने पर उसने मनोज को पहचान लिया और जोर-जोर से आवाज लगाते हुए गली के अन्य लोगों को बुलाकर मनोज की मदद के लिए पहुँच गया। जैसे ही मनोज पर हमला करने वाले बदमाशों ने लोगों को आते देखा वे मनोज को छोड़कर भाग गए।

सुरेंद्र ने जख्मी हालत में रास्ते पर पड़े मनोज को उठाया और उसे घर लेकर आ गया। ऐसी मुसीबत की घड़ी में अपनी मदद के लिए पहुँचे सुरेंद्र का धन्यवाद करते हुए ही उस दिन मनोज ने कहा था अरे मित्र! "तुमने तो सिद्ध कर दिया कि तुम ही मेरे सच्चे मित्र हो।"

सीख इस कथा से हमें यह सीख मिलती है कि एक सच्चा मित्र ही मुसीबत में पड़े मित्र के काम आता है तथा उसकी सहायता करता है। वास्तव में, सच्चा मित्र वही है, जो संकट में पड़े मित्र की सहायता करे।

10. "करत-करत अभ्यास के जड़मति होत सुजान" प्रस्तुत कथन को आधार बनाकर एक कथा लिखिए।

उत्तर **उक्ति का अर्थ** "करत-करत अभ्यास के जड़मति होत सुजान" उक्ति का अर्थ है कि निरंतर अभ्यास करने से मूर्ख-से-मूर्ख व्यक्ति भी सफलता प्राप्त कर लेता है। कालिदास निरंतर अभ्यास के द्वारा ही उच्चस्तरीय विद्वान् बन पाए, वहीं अर्जुन महान् धनुर्धर बने, तो केवल अपने परिश्रम और अभ्यास के बल पर। प्राचीनकाल से ही ऋषि-मुनियों द्वारा हम परिश्रम व अभ्यास के महत्त्व को देख व समझ सकते हैं। आज के आधुनिक युग में भी परिश्रम और अभ्यास की महत्ता उतनी ही अधिक है।

कथा एक बालक था। वह पढ़-लिख नहीं सकता था। उसके सहपाठी उसका मजाक उड़ाते थे। वह बहुत दुःखी था। परेशान होकर वह किसी ज्योतिषी के पास गया। ज्योतिषी ने कहा—"तुम पढ़ नहीं पाओगे। तुम्हारे हाथ में विद्या की रेखा नहीं है।" एक दिन रास्ते में जाते हुए उसने कुएँ की जगह पर रस्सी के निशान को देखा। उसने सोचा यदि कठोर पत्थर पर निरंतर रस्सी की रगड़ के निशान पड़ सकते हैं, तो मैं भी निरंतर अभ्यास करके पढ़कर विद्वान् बन सकता हूँ फिर उसने पढ़ाई का अभ्यास किया और एक बड़ा विद्वान् बन गया।

निरंतर अभ्यास व्यक्ति की कार्यकुशलता को निखारता है। अभ्यास के दौरान कभी-कभी नकारात्मक भाव भी उत्पन्न होते हैं, परंतु उसे स्वयं पर हावी नहीं होने देना चाहिए, क्योंकि वह विकास के पथ में बाधा उत्पन्न करते हैं। अभ्यास के द्वारा व्यक्ति अपनी बाधाओं का डटकर मुकाबला करता है तथा विषम परिस्थितियों पर नियंत्रण पा लेता है। अभ्यास ही व्यक्ति को कर्त्तव्य के पथ पर ले जाता है एवं सफलता प्राप्त करने में सहायता करता है। कोई भी व्यक्ति सर्वगुण संपन्न नहीं होता, न ही ज्ञान का भंडार लेकर पैदा होता है।

सीख हमें निरंतर अभ्यास के द्वारा अपने ज्ञान को बढ़ाने का प्रयास करना चाहिए। अपनी योग्यता पर विश्वास तो होना चाहिए, किंतु अतिविश्वासी नहीं होना चाहिए, इसलिए कहा गया है

**"करत-करत अभ्यास के जड़मति होत सुजान
रसरी आवत जात ते सिल पर परत निसान।"**

11. "सावधानी हटी और दुर्घटना घटी" कहावत के आधार पर मौलिक कथा लिखिए।

उत्तर **उक्ति का अर्थ** "सावधानी हटी और दुर्घटना घटी" उक्ति का अर्थ है कि जब सावधानी नहीं बरती जाती, तब दुर्घटनाएँ घट जाती हैं। मनुष्य आज अपने जीवन में इतना अधिक व्यस्त हो गया है कि वह जल्द-से-जल्द अपने कार्य पूर्ण कर लेना चाहता है। देश में वाहनों की संख्या में प्रतिदिन वृद्धि होती जा रही है।

सड़कों पर ट्रैफिक (परिवहन) इतना अधिक हो गया है कि कभी-कभी 15 मिनट की दूरी के लिए 45 मिनट या उससे भी अधिक समय लग जाता है। घंटों जाम में फँसकर व्यक्ति तीव्र गति से वाहनों को चलाते हैं, जिससे दुर्घटनाओं की संभावना बढ़ जाती है, क्योंकि मनुष्य कम-से-कम समय में ज्यादा-से-ज्यादा कार्य कर लेना चाहता है।

अत्यधिक ट्रैफिक होने के साथ-साथ लोग लापरवाह होते जा रहे हैं। सड़क पर तीव्र गति से वाहनों को चलाते समय लोग ट्रैफिक के नियमों का पालन नहीं करते। दो पहिए वाले वाहनों को चलाते समय हैलमेट आदि का प्रयोग नहीं करते, तो दूसरी ओर कार, बस, स्कूटर आदि चलाने वाले व्यक्ति शराब पीकर वाहन चलाते हैं, यही सब खामियाँ दुर्घटना को अंजाम देती हैं।

कथा एक दिन ऐसी ही दुर्घटना सड़क के चौराहे पर हुई, जिसमें तेज रफ़्तार से चली आ रही कार की साइकिल से टक्कर हो गई। टक्कर होने से साइकिल सवार व्यक्ति सड़क के दूसरी ओर जा गिरा। साइकिल पूरी तरह क्षतिग्रस्त हो गई। कार चालक को भी बुरी तरह चोट आई। यह दुर्घटना तीव्र गति से वाहन चलाने व ट्रैफिक नियमों का पालन न करने के कारण हुई।

घटनास्थल पर उपस्थित लोगों ने दोनों व्यक्तियों को पास के ही अस्पताल में पहुँचाया। घटनास्थल पर पुलिस कुछ देर पश्चात् आई। पुलिस ने उन व्यक्तियों का पूरा ब्यौरा लिखा साथ ही कुछ चश्मदीद गवाहों से पूछताछ कर रिपोर्ट तैयार की। अस्पताल में पीड़ित व्यक्तियों का इलाज करवाया गया। इस दुर्घटना ने सभी को एक सीख दी, जैसे ही सावधानी हटती है वैसे ही दुर्घटना घटित हो जाती है।

सीख हमें निजी वाहनों का प्रयोग कम-से-कम करना चाहिए। सड़क पर चलते समय मोबाइल आदि का प्रयोग नहीं करना चाहिए। सबसे महत्त्वपूर्ण बात यह है कि दुर्घटना होने पर हमें घायल व्यक्ति की सहायता करनी चाहिए, उसे जल्द-से-जल्द अस्पताल ले जाना चाहिए, ताकि उसकी जान बचाई जा सके। यह प्रत्येक नागरिक का कर्त्तव्य और दायित्व होना चाहिए। अत: सड़क पर वाहनों को चलाते समय हमें हमेशा निम्न उक्ति का स्मरण रखना चाहिए—

"दुर्घटना से देर भली।"

12. "संगठन में शक्ति होती है" कहावत को आधार बनाकर मौलिक कथा लिखिए।

दक्षता आधारित प्रश्न

उत्तर **उक्ति का अर्थ** "संगठन में शक्ति होती है" अर्थात् साथ मिलकर बड़े से बड़ा कार्य भी आसानी से संभव हो जाता है, इसलिए कहा गया है "शक्ति ही जीवन है।" हमें आशावादी, दृढ़ व अनुकूल विचारों को अपनाकर एक साथ संगठन में रहकर कर्म करना चाहिए। संगठन में शक्ति होती है, अकेला व्यक्ति उचित प्रकार कार्य नहीं कर सकता। इसे निम्न कथा द्वारा भली प्रकार समझा जा सकता है

कथा एक बार अँगुलियों का आपस में झगड़ा हो गया। पाँचों खुद को दूसरे से बड़ा सिद्ध करने में लगी थीं। अँगूठा बोला मैं सबसे बड़ा हूँ, उसके पास वाली अँगुली बोली मैं सबसे बड़ी हूँ। इसी प्रकार खुद को एक-दूसरे से बड़ा सिद्ध करने में जब निर्णय नहीं हो पाया, तो वह सब अदालत में गए। न्यायाधीश ने सारी बात सुनी और सबसे कहा कि आप लोग सिद्ध करो कि आप कैसे बड़े हैं। अँगूठे ने कहा, मैं सबसे ज्यादा पढ़ा-लिखा हूँ, क्योंकि लोग मुझे हस्ताक्षर के लिए प्रयोग करते हैं। पास वाली अँगुली बोली मुझे लोग किसी इंसान की पहचान के तौर पर इस्तेमाल करते हैं।

उसके पास वाली ने कहा कि आप लोगों ने मुझे नापा नहीं अन्यथा मैं ही सबसे बड़ी हूँ। उसके पास वाली अँगुली बोली मैं सबसे ज्यादा अमीर हूँ, क्योंकि लोग हीरे और जवाहरात की अँगूठी मुझमें ही पहनाते हैं। तभी न्यायाधीश ने एक रसगुल्ला मँगवाया और अँगूठे को उठाने के लिए कहा। अँगूठे ने भरपूर जोर लगाया, लेकिन रसगुल्ला नहीं उठा सका तब सारी अँगुलियों ने एक-एक करके कोशिश की, लेकिन सब विफल रहीं।

अंत में न्यायाधीश ने सबको मिलकर रसगुल्ला उठाने को कहा, तो झट से सबने मिलकर रसगुल्ला उठा दिया, तब न्यायाधीश ने कहा कि तुम सब एक-दूसरे के बिना अधूरे हो, अकेले रहकर तुम्हारी शक्ति का कोई अस्तित्व नहीं है, जबकि संगठित रहकर तुम कठिन-से-कठिन काम आसानी से कर सकते हो। इसी प्रकार यदि एक लकड़ी को तोड़ा जाए, तो वह आसानी से टूट सकती है, परंतु यदि लकड़ियों को एकत्रित कर उसे मजबूती से बाँध दें, तो उन लकड़ियों के गट्ठर को तोड़ पाना असंभव है।

सीख एक साथ मिलकर संगठन में रहकर किसी भी कार्य को उचित प्रकार से किया जा सकता है। कहा जाता है—"संगठन में शक्ति होती है" अकेला चना कभी भाड़ नहीं फोड़ सकता।

13. "अभिमान विनाश का कारण है" इस उक्ति को आधार बनाकर कथा लिखिए।

दक्षता आधारित प्रश्न

उत्तर **उक्ति का अर्थ** "अभिमान विनाश का कारण है" इस उक्ति का अर्थ है कि घमंड और अहंकार व्यक्ति को विनाश की ओर ले जाते हैं। अभिमान विनाश का कारण होता है, यह बिलकुल सटीक कथन है। महाभारत, रामायण आदि धार्मिक ग्रंथों में इस तथ्य को उजागर किया गया है। रावण ज्ञानी, बलशाली और शक्तिशाली होते हुए भी अपने अभिमान, अहंकार के कारण अजेय रहा। रावण का अहंकार, उसके पतन का कारण बना। ऐसी ही एक कथा अभिमानी व्यक्ति के घमंड को चूर करती है।

कथा एक नगर में दो अत्यंत धनवान व्यक्ति रहते थे। एक व्यक्ति का स्वभाव विनम्र था, वहीं दूसरा व्यक्ति धनी होने के कारण अभिमानी था। अभिमानी व्यक्ति किसी की सहायता नहीं करता था, उसे अपने बड़प्पन पर घमंड था, वहीं दूसरी ओर विनम्र धनी व्यक्ति विनम्रतापूर्वक सबकी सहायता करने के लिए हमेशा तत्पर रहता था। एक दिन अचानक रात को अभिमानी व्यक्ति की साँप के काटने से तबीयत बिगड़ने लगी। उस समय उसके पास घर का कोई सदस्य नहीं था। वह दर्द से कराह रहा था, साँप का ज़हर उसके शरीर में फैलता जा रहा था, तभी एक गरीब किसान ने वहाँ से गुजरते हुए घर से आ रही आवाज़ सुनी, पास जाकर देखा तो उस अभिमानी व्यक्ति की बिगड़ती हालत को देखा। उसने तुरंत साँप का विष निकाला और विनम्र धनी व्यक्ति को सूचित किया और वह उसी समय उस व्यक्ति को अस्पताल ले गया तथा उसकी जान बचा ली, तभी अभिमानी व्यक्ति को अपने अभिमान पर पश्चाताप हुआ। उसने सबसे माफी माँगी और सबको धन्यवाद दिया।

सीख वस्तुत: यह कथा हमें संदेश देती है कि जो लोग घमंड और अहंकार में रहते हैं, उनका सर्वथा सर्वनाश होता है और जो व्यक्ति शक्तिशाली, बलशाली होने पर घमंड न करके सबकी सहायता करते हैं, वे सर्वथा विजयी होते हैं।

14. नीचे लिखी उक्ति को आधार बनाकर एक कथा लिखिए।

दक्षता आधारित प्रश्न

"मजहब नहीं सिखाता, आपस में बैर रखना।"

उत्तर **उक्ति का अर्थ** "मजहब नहीं सिखाता आपस में बैर रखना" इस उक्ति का अर्थ यह है कि कोई भी धर्म आपस में भेदभाव करने का पाठ नहीं पढ़ाता।

मानव की उस असीम शक्ति में गहरी आस्था रही है और यह शाश्वत सत्य है कि सभी मानव एक ही ईश्वर की संतानें हैं। विभिन्न धर्मों से संबंधित होने के कारण सबकी धर्म संबंधी मान्यताएँ अलग-अलग हैं, परंतु सबका ध्येय एक ही है, उस परमपिता की प्राप्ति और साथ ही श्रेष्ठ कार्यों द्वारा अमन-चैन की प्राप्ति। इसी उक्ति से संबंधित एक कथा प्रस्तुत है

कथा तीन मित्र थे—राम, असलम और गुरमीत। वे सब एक-दूसरे के घर सभी त्योहारों, उत्सव और विवाह समारोह में सपरिवार सम्मिलित होते थे। उनकी इस एकता से कुछ राजनेता खिन्न थे। वे अपने स्वार्थवश इनमें द्वेष भावना पैदा करने का प्रयास करते और तीनों को उनके धर्म और दंगों से संबंधित बातें बताकर भड़काने की कोशिश करते। वे तीनों थोड़ा विचलित होने लगे। उनका मिलना-जुलना लगभग खत्म हो गया, पर वे द्वेष भावना का शिकार नहीं हुए।

वे एक-दूसरे के धर्म का सम्मान करते थे, क्योंकि वे अच्छी तरह जानते थे कि धर्म कभी बाँटता नहीं, बल्कि जोड़ता है। धर्म तो मानवीय पथ पर चलने की प्रेरणा देता है। तभी ईद के दिन, राम और गुरमीत सपरिवार असलम के घर पहुँचते हैं और सबको ईद की मुबारकबाद देते हैं। कुछ दिन पश्चात् दीपावली के अवसर पर असलम भी सपरिवार गुरमीत और राम के घर मुबारकबाद देने आता है। तीनों परिवार खुशी-खुशी समय व्यतीत करते हैं तथा मिठाई व पकवानों का आनंद लेते हैं। उपरोक्त घटना ने इस उक्ति को साक्षात् कर दिया

"मजहब नहीं सिखाता, आपस में बैर रखना।"

सीख प्रस्तुत कथा से हमें यह सीख मिलती है कि धर्म के आधार पर भेदभाव करना अनुचित है। अत: हमें सभी धर्मों का आदर करना चाहिए और मिलजुलकर रहना चाहिए।

15. एक ऐसी मौलिक कथा लिखिए, जिसके अंत में यह वाक्य लिखा गया हो–"अंततः मैं अपनी योजना में सफल हो सका/हो सकी।"

उत्तर **कथा** मैं बचपन में अकसर अपने दादा जी से एक बात सुना करता था कि तुम्हारा जीवन तभी सफल है, जब तुम दूसरों के काम आ सको। तब ये बातें मेरे समझ नहीं आती थीं। लेकिन पिछले दिनों मेरे साथ एक ऐसी घटना घटी जिसने मुझे अंदर तक झकझोर दिया और दादा जी की बातें बार-बार स्मरण होकर अपनी सत्यता को सिद्ध करने लगीं।

उस दिन मैं रात को ऐसे ही टहलने के लिए घर से बाहर निकला था। मन में पहले से ही बहुत-सी बातों को लेकर उधेड़-बुन चल रही थी, तभी अचानक मेरी नजर सड़क की दूसरी ओर बने कूड़ेदान पर पड़ी। मैंने देखा वहाँ सात से आठ साल के कुछ बच्चे कूड़ा उठा रहे थे, पर एकदम से मेरी नजर एक बच्चे पर आकर रुक गई। मैं सड़क पार करके उनके पास गया तो देखा वह बच्चा कूड़ेदान में फेंकी गई खाने से भरी हुई पॉलिथीन ढूँढ रहा था और उनमें से खाना निकालकर खा रहा था। मेरा शरीर उस दृश्य को देखकर नि:स्तब्ध रह गया।

पूरे रास्ते मेरे मन में वही दृश्य चलता रहा। मैंने घर पहुँचकर निर्णय किया कि भूख से तड़पते इन बच्चों के लिए अपने स्तर पर कुछ-न-कुछ कार्य अवश्य करूँगा। मैंने अपने कुछ साथियों को इस घटना के विषय में बताया और मिलकर उनकी सहायता करने के लिए कहा। मैंने उन्हें सुझाव दिया कि हम लोग शाम के समय मोहल्ले के ढाबों और रेस्टोरेंट से उनका बचा हुआ खाना सस्ते दामों पर खरीदकर इन बच्चों में बाँट देंगे। सभी ने मेरे निर्णय की प्रशंसा करते हुए अपने स्तर पर सहयोग करने की बात कही। अगले दिन शाम को हमने अपनी योजना अनुसार कार्य किया और कुछ बच्चों को भोजन कराया। अंततः अपने दोस्तों की सहायता से मैं अपनी योजना में सफल हो सका।

16. "जैसे को तैसा" शीर्षक के आधार पर एक लघु कथा लिखिए।

उत्तर एक गाँव में जीर्णधन नामक गरीब लड़का रहता था। धन कमाने की दृष्टि से उसने विदेश जाने का विचार किया। उसके पास कुछ भी धन-दौलत नहीं थी, केवल एक बहुत भारी लोहे की तराजू थी। उस तराजू को गाँव के महाजन के पास गिरवी रखकर वह विदेश चला गया। विदेश से आने के बाद महाजन से अपनी गिरवी रखी तराजू वापस माँगी।

महाजन ने कहा—'उस तराजू को तो चूहे खा गए।' लड़का समझ गया कि महाजन उसकी तराजू लौटाना नहीं चाहता, लेकिन वह कुछ कर भी नहीं सकता था। उसने महाजन से कहा, 'कोई बात नहीं इसमें तुम्हारी गलती नहीं है। सब चूहों का ही दोष है।' यह कहकर वह बिना कुछ कहे अपने घर चला गया। अगले दिन वह महाजन के पास गया और बोला, 'सेठ जी! मैं नदी पर स्नान करने के लिए जा रहा हूँ। यदि आप अपने पुत्र को मेरे साथ भेजना चाहें तो भेज सकते हैं।'' महाजन लड़के की सज्जनता से प्रभावित था, इसीलिए उसने अपने पुत्र को उसके साथ स्नान के लिए भेज दिया। जीर्णधन ने महाजन के पुत्र को वहाँ से कुछ दूर ले जाकर एक गुफा में छुपा दिया और फिर महाजन के पास पहुँचा।

महाजन ने पूछा—'मेरा बेटा भी तो तुम्हारे साथ स्थान के लिए गया था, वह कहाँ है?' जीर्णधन ने कहा, 'उसे तो चील उठाकर ले गई।'

महाजन—'यह कैसे संभव है? भला चील कैसे इतने बड़े बच्चे को उठाकर ले जा सकती है?'

जीर्णधन—'यदि चूहे लोहे की तराजू को खा सकते हैं, तो चील भी बच्चे को उठाकर ले जा सकती है।' महाजन को अपनी गलती का अहसास हो गया था, उसने जीर्णधन से माँफी माँगी और उसकी तराजू उसे वापस कर दी।

शिक्षा—जो जैसा करता है, उसके साथ वैसा ही करना चाहिए। (पंचतंत्र से)

17. एक मौलिक कथा लिखिए, जिसका आधार निम्नलिखित उक्ति हो

"खोदा पहाड़, निकली चुहिया।"

उत्तर **उक्ति का अर्थ** "खोदा पहाड़, निकली चुहिया" उक्ति का अर्थ है—अत्यंत मेहनत के बावजूद परिणाम शून्य अथवा उम्मीद से कम प्राप्त होता है।

कथा इसी से संबंधित एक कथा मुझे याद आ रही है। पिछले वर्ष मेरे मित्र राहुल की क्रिकेट अकादमी में यह घोषणा की गई कि अगले माह उनकी टीम दूसरे शहर में प्रतियोगिता खेलने हेतु जाएगी और उसके लिए टीम का चयन दस दिन बाद किया जाएगा। शुल्क भी लिया जाएगा। राहुल ने दिन-रात परिश्रम किया।

प्रातः 4 से 8 बजे अभ्यास के उपरांत विद्यालय जाना और सायंकाल में पुनः कठिन अभ्यास करना। इन दिनों क्रिकेट पर ही उसका पूरा ध्यान रहा। दस दिन बाद टीम चयनित की गई, जिसमें राहुल का चयन भी हो गया। सब खिलाड़ी रोमांचित थे। सबने नई पोशाक, नया सामान खरीद लिया और प्रतियोगिता शुल्क भी अदा कर दिया। अब उनकी टीम बस द्वारा रवाना हुई और शहर से लगभग 300 किमी की दूरी पर राजस्थान के एक छोटे से गाँव के विद्यालय में ले जाई गई। सब खिलाड़ी वहाँ के वातावरण से चौंक गए। विद्यालय जर्जर अवस्था में था और मैदान भी अस्त-व्यस्त था। अगले दिन प्रातः जब मैच आरंभ हुआ, तो विपक्षी टीम के खिलाड़ियों को देखकर सब हैरान रह गए। वे अप्रशिक्षित थे और अस्त-व्यस्त पोशाक में गाँव के ही निवासी थे, जिन्हें बल्ला पकड़ने तक का ज्ञान न था। यह ग्रामीण स्तर का मैच था। सब खिलाड़ी अपमानित व अजीब महसूस कर रहे थे, क्योंकि टीम जो सोचकर प्रतियोगिता खेलने आई थी, यहाँ ऐसा कोई माहौल नहीं था। वे सब संपूर्ण प्रशिक्षण के साथ, प्रशिक्षित टीम से खेलने आए थे। व्यथित हृदय के साथ उन्होंने मैच खेला और वापस दिल्ली आ गए।

सीख इस प्रकार उस वक्त उनकी अवस्था देखकर यह उक्ति सार्थक प्रतीत हो रही थी, "खोदा पहाड़, निकली चुहिया।" सभी अभिभावक इस घटनाक्रम को जानकर अत्यंत नाराज हुए। राहुल ने तो उस अकादमी से नाता ही तोड़ लिया।

स्व-मूल्यांकन

1. "लालच बुरी बला है" उक्ति को आधार बनाकर मौलिक कथा लिखिए।

2. "दूध का जला छाछ भी फूँक-फूँककर पीता है" प्रस्तुत पंक्ति से आरंभ करते हुए एक कथा लिखिए।

3. एक मौलिक कथा लिखिए जिसका आधार "जब आवै संतोष धन सब धन धूरि समान" हो।

4. "अब पछताये होत क्या, जब चिड़ियाँ चुग गई खेत" पंक्ति को आधार बनाकर एक मौलिक कथा लिखिए।

5. "चार दिन की चाँदनी फिर अँधेरी रात" उक्ति को आधार बनाकर एक मौलिक कथा लिखिए।

6. "सत्य को कभी-भी छिपाया नहीं जा सकता" कथन को आधार बनाकर एक मौलिक कथा लिखिए।

7. "एक गंदी मछली सारे तालाब को गंदा कर देती है" पंक्ति को आधार बनाकर एक मौलिक कथा लिखिए।

8. "साँच को आँच नहीं" पंक्ति को आधार बनाकर एक मौलिक कथा लिखिए।

9. "पुस्तक मेरी सच्ची मित्र है" विषय पर एक स्वरचित कथा लिखिए।

10. "उल्टा चोर कोतवाल को डाँटे" पंक्ति को आधार बनाकर एक मौलिक कथा लिखिए।

11. 'मेहनत की कमाई' शीर्षक को आधार बनाकर लगभग 100 शब्दों में लघुकथा लिखिए और उससे मिलने वाली शिक्षा भी लिखिए।

12. 'सोने का अंडा' शीर्षक पर एक लघु कथा लिखिए।

13. 'अपनी वस्तु' शीर्षक को आधार बनाकर लगभग 100 शब्दों में एक लघुकथा लिखिए और उससे मिलने वाली शिक्षा भी लिखिए।

14. अपनी कल्पनाशक्ति के आधार पर 'ग्रामीण जीवन' विषय पर एक कथा लिखिए।

15. 'बस्ते का बोझ, जीवन का बोझ' विषय पर कथा लेखन कीजिए।

अध्याय

4

ई-मेल (ई-पत्र) लेखन

ई-मेल का अर्थ ई-मेल का अर्थ Electronic Mail है। यह मेल भेजने का डिजिटल माध्यम है, जिसमें एक यूजर दूसरे यूजर को इंटरनेट का इस्तेमाल करके संदेश कई मीलों दूर बैठे हुए भी भेज सकता है। इस ई-मेल में टेक्स्ट, फाइल पिक्चर या किसी अटेचमेंट के माध्यम से व्यक्तियों या समूहों को भी भेजा जा सकता है।

ई-मेल दो शब्दों से मिलकर बना है—'ई + मेल', 'ई' से अभिप्राय है—इलेक्ट्रॉनिक, जबकि मेल का हिन्दी पर्याय है—डाक। इस प्रकार कहा जा सकता है कि विद्युत के वेग समान भेजी जाने वाली डाक, इलेक्ट्रॉनिक मेल अथवा ई-मेल कहलाती है।

ऑनलाइन-पत्र भेजने के लिए प्रेषक व प्रेषिती दोनों के पास अपनी वैध 'ई-मेल' आइडी होनी अनिवार्य है। ई-मेल के माध्यम से न केवल संदेशों का बल्कि डिजिटल दस्तावेजों, वीडियो आदि को अटैच (संलग्न) करके किसी दूसरे ई-मेल पते पर भेजा एवं प्राप्त किया जाता है। वर्तमान समय में सैकड़ों वेबसाइट हैं, जो ई-मेल आइडी बनाने की सुविधा उपलब्ध कराती हैं; जैसे—जी-मेल, याहू, रेडिफ मेल, हॉट मेल आदि।

ई-मेल पते के घटक

ई-मेल पते के तीन घटक होते हैं—यूजर नेम (उपयोगकर्ता का नाम), प्रतीक (@) एवं डोमेन नेम (जी-मेल, याहू, हॉट-मेल आदि)। उदाहरण के तौर पर snehagupta@gmail.com में snehagupta यूजर नेम है, @ अपने आप में प्रतीक है, जबकि gmail.com डोमेन नेम है।

ई-मेल की आवश्यकता

- आज जीवन में प्रतिदिन के कार्यों में व एक-दूसरे से संपर्क स्थापित करने हेतु ई-मेल की आवश्यकता होती है।
- कम्पनी के उत्पादनकर्ता का ग्राहकों अथवा उपभोक्ताओं के साथ संबंध स्थापित करने के लिए ई-मेल की आवश्यकता होती है। उपभोक्ता शीघ्र ही कम्पनी को उत्पाद से संबंधित समस्याओं से अवगत करा सकता है तथा अपने सुझाव भी दे सकता है।
- जानकारी अथवा संदेश को किसी भी व्यक्ति तक अति शीघ्र पहुँचाने के लिए ई-मेल की आवश्यकता होती है। माउस के एक क्लिक से अपनी शिकायतों, समस्याओं, निमंत्रण, शुभकामनाओं को संबंधित व्यक्ति तक पहुँचाने के लिए ई-मेल को प्रयोग में लाया जाता है।
- ई-मेल एक सुविधाजनक संचार पद्धति है। इसके माध्यम से बिना किसी असुविधा के दुनिया के किसी भी कोने में बैठे व्यक्ति, सगे-संबंधियों से संपर्क स्थापित करने के लिए ई-मेल की आवश्यकता होती है।
- ई-मेल के द्वारा कम खर्च एवं कम समय में संदेश पहुँचाया व प्राप्त किया जा सकता है।
- ई-मेल एक सरल व त्वरित संचार का माध्यम होने के कारण आज इसकी उपयोगिता बहुत बढ़ गई है। अंतर्राष्ट्रीय स्तर पर भी ई-मेल एक प्रभावी साधन है।

ई-मेल के मुख्य भाग

ई-मेल को क्रम के अनुसार प्रस्तुत किया जाता है अथवा लिखा जाता है, वे ई-मेल के भाग कहलाते हैं। सामान्यतः ई-मेल के भाग निम्नलिखित होते हैं

1. **आरंभ** ई-मेल के प्रारंभ में संदेश प्राप्तकर्ता अथवा प्रेषिती का पता लिखा जाता है। 'To' के अंतर्गत जिस व्यक्ति को ई-मेल भेजा जा रहा है उसका ई-मेल पता लिखा जाता है;
   जैसे—To : nehasharma@gmail.com

कभी-कभी ई-मेल भेजते समय दो या दो से अधिक व्यक्तियों को ई-मेल भेजना होता है ऐसे में तीन स्थितियाँ उत्पन्न होती हैं, जो निम्न हैं

(i) To, इसके अंतर्गत उन व्यक्तियों की ई-मेल आईडी को Type किया जाता है, जिनको Direct Mail किया जाता है अर्थात् उनको Mail में किया गया सभी Text और Attachement पूर्ण रूप से प्राप्त होता है।

(ii) CC का अर्थ है—कार्बन कॉपी (Carbon Copy)। इसके अंतर्गत यदि एक व्यक्ति को ई-मेल भेजना है और यदि आप चाहते हैं कि अन्य दो लोगों को यह पता रहे कि क्या भेजा है, तब अन्य दो लोगों का ई-मेल पता CC में डाल सकते हैं, जिससे सबका ई-मेल भी एक-दूसरे को दिख जाएगा।

(iii) BCC का अर्थ है—ब्लाइंड कार्बन कॉपी (Blind Carbon Copy)। BCC करने से ई-मेल जिस-जिस को किया गया है वह किसी को भी ज्ञात नहीं होता है, गुप्त रहता है।

2. **विषय** ई-मेल के दूसरे भाग विषय अथवा सब्जेक्ट के अंतर्गत जिस संदेश को लिखा जा रहा है उसे संक्षेप में इसके अंतर्गत बताया जाता है; जैसे—होली की शुभकामनाएँ।

3. **संदेश** इसके अंतर्गत मूल विषय का विस्तारपूर्वक वर्णन किया जाता है। मूल विषय ध्यानपूर्वक इसके अंतर्गत लिखा जाता है तथा अनुच्छेदों (पैराग्राफ) के मध्य थोड़ी जगह भी छोड़ी जाती है।

4. **अटैचमेंट** संदेश प्रेषित करते समय यदि किसी दस्तावेज को संदेश अथवा पत्र आदि के साथ संलग्न करना होता है, तो अटैचमेंट के द्वारा उसे संदेश अथवा पत्र के साथ भेजा जाता है। ध्यान रहे अटैचमेंट का प्रयोग तभी किया जा सकता है, जब वह दस्तावेज कंप्यूटर में सुरक्षित (सेव) हो।

5. **अंत** ई-मेल में अंत में जब संदेश लिखा जा चुका हो तथा आवश्यकता पड़ने पर अटैचमेंट लगाई जा चुकी हो तत्पश्चात् संबंधित व्यक्ति को संदेश प्रेषित करने के लिए सेंड (Send) के विकल्प का प्रयोग किया जाता है। सेंड पर क्लिक करने से प्रस्तुत ई-मेल संबंधित व्यक्ति/व्यक्तियों तक पहुँच जाएगी, जिसका ई-मेल लिखा गया है।

ई-मेल के प्रकार

ई-मेल का प्रयोग वैयक्तिक अथवा निजी प्रयोग हेतु किया जाता है तथा व्यापार एवं कार्यालय के प्रयोग हेतु अपनी शिकायत, समस्या, उत्पाद खरीदने आदि के लिए भी किया जाता है। इस प्रकार ई-मेल के दो प्रकार होते हैं

1. औपचारिक ई-मेल (Formal E-mail)
2. अनौपचारिक ई-मेल (Informal E-mail)

***नोट** के नवीनतम पाठ्यक्रम में केवल औपचारिक ई-मेल को शामिल किया गया है।

औपचारिक ई-मेल

औपचारिक ई-मेल उन लोगों को भेजे जाते हैं, जिनसे हमारा कोई निजी या पारिवारिक संबंध नहीं होता। किसी संस्था, अधिकारी, व्यापारियों आदि से संपर्क स्थापित करने के लिए भेजे जाने वाले ऑनलाइन संदेश एवं पत्रों को औपचारिक ई-मेल कहा जाता है।

औपचारिक ई-मेल करते समय ध्यान रखने योग्य बातें

- ई-मेल भेजने के प्रारंभ में जिसे संदेश प्रेषित करना होता है, उसका सही व वैध ई-मेल पता लिखा जाना चाहिए।
- औपचारिक ई-मेल भेजते समय ई-मेल प्राप्तकर्ता के लिए श्रीमान, मान्यवर, महोदय आदि आदर सूचक शब्दों का प्रयोग किया जाता है।
- औपचारिक ई-मेल करते समय विषय-वस्तु को कम शब्दों में लिखने का प्रयास करना चाहिए।
- अनुच्छेद के बीच में उचित स्थान दिया जाना चाहिए।
- ई-मेल लिखते समय आवश्यकता पड़ने पर महत्त्वपूर्ण बातों के लिए बुलेट्स आदि का प्रयोग किया जा सकता है।
- ई-मेल द्वारा भेजे गए औपचारिक पत्र में आदर सहित आदि लिखकर पत्र का अंत या समापन करना चाहिए।
- ई-मेल भेजने से पूर्व अंत में ध्यानपूर्वक पुनः ई-मेल को पढ़ लेना चाहिए।

ई-मेल का प्रारूप (औपचारिक)

अपने क्षेत्र में एक पार्क विकसित करने के लिए नगर निगम अधिकारी को ई-मेल लिखिए।

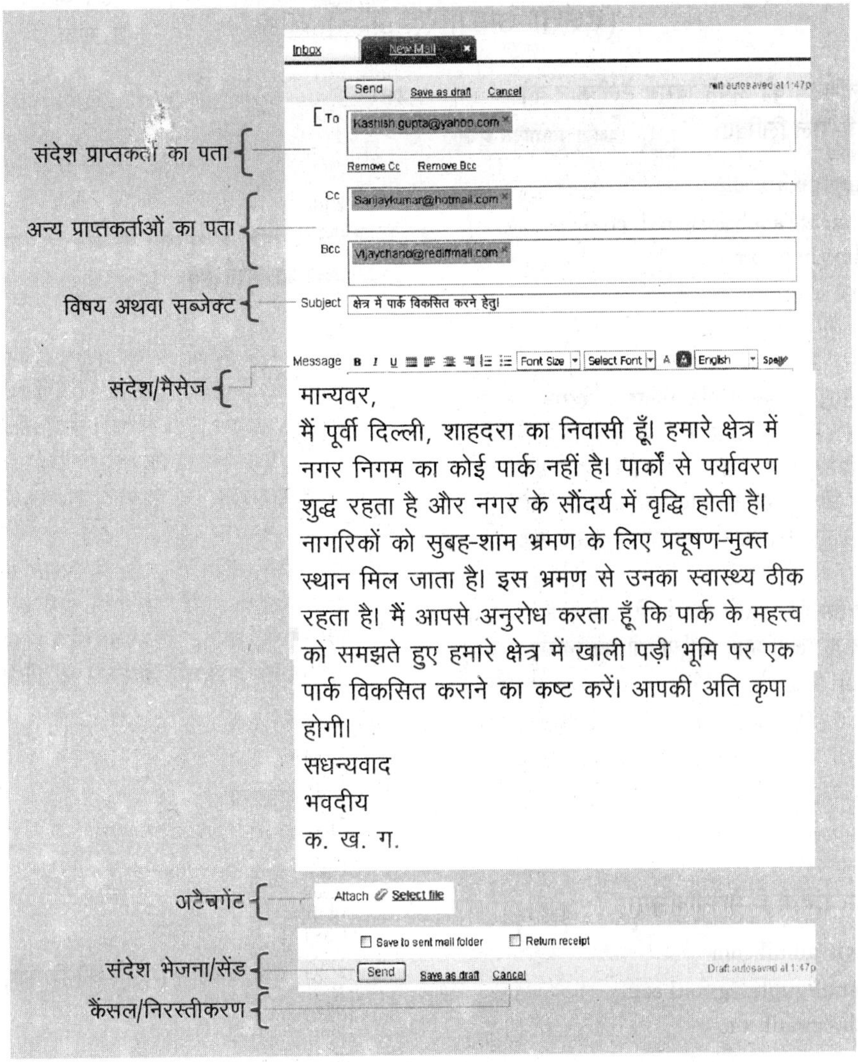

मान्यवर,

मैं पूर्वी दिल्ली, शाहदरा का निवासी हूँ। हमारे क्षेत्र में नगर निगम का कोई पार्क नहीं है। पार्कों से पर्यावरण शुद्ध रहता है और नगर के सौंदर्य में वृद्धि होती है। नागरिकों को सुबह-शाम भ्रमण के लिए प्रदूषण-मुक्त स्थान मिल जाता है। इस भ्रमण से उनका स्वास्थ्य ठीक रहता है। मैं आपसे अनुरोध करता हूँ कि पार्क के महत्त्व को समझते हुए हमारे क्षेत्र में खाली पड़ी भूमि पर एक पार्क विकसित कराने का कष्ट करें। आपकी अति कृपा होगी।

सधन्यवाद

भवदीय

क. ख. ग.

ई-मेल का जवाब (प्रत्युत्तर) देने हेतु प्रयोग किए जाने वाले वाक्यांश

सगे-संबंधियों, मित्रों, पारिवारिक सदस्यों, अधिकारियों, व्यापारियों आदि के द्वारा जब ई-मेल द्वारा संदेश अथवा पत्र भेजा जाता है एवं प्राप्त किया जाता है, तब संबंधित व्यक्ति द्वारा प्राप्त हुई ई-मेल के प्रत्युत्तर में कुछ-न-कुछ वाक्य कहे जाते हैं, जिससे ई-मेल भेजने वाले को यह सुनिश्चित हो जाता है कि उसके द्वारा भेजा गया ई-मेल उस व्यक्ति को प्राप्त हो गया है।

ई-मेल का उत्तर देने के लिए प्रयुक्त किए जाने वाले कुछ वाक्यांश के उदाहरण निम्नलिखित हैं

- आपके ई-मेल के लिए धन्यवाद।
- मुझे आपका ई-मेल प्राप्त हो गया है, धन्यवाद।
- मुझे खेद है कि मैं कल वापस तुमसे नहीं मिला।
- हाँ, मैं मंगलवार प्रात: 10 बजे बैठक में उपस्थित रहूँगा।
- मैं तुमसे अवश्य मिलने आऊँगा।
- स्पष्टीकरण के लिए आपका धन्यवाद।
- आपके ई-मेल में उल्लेख किए गए बिंदुओं का मैं पालन करूँगा।

अभ्यास प्रश्न

(दक्षता आधारित प्रश्नों सहित)

1. भारत संचार निगम लिमिटेड को अपने खराब टेलीफोन की मरम्मत के लिए एक ई-मेल लिखिए। **दक्षता आधारित प्रश्न**

उत्तर From : pqr@gmail.com

To : BharatSanchar@gmail.com

CC : klm@bob.com

BCC : —

विषय खराब टेलीफोन की मरम्मत हेतु।

महोदय,

मेरा टेलीफोन नं. 12125467 पिछले एक सप्ताह से खराब पड़ा है। एक सप्ताह में चार बार इसकी शिकायत दर्ज करवाई गई है, किंतु भारत संचार निगम लिमिटेड (बी. एस. एन. एल.) का कोई कर्मचारी अभी तक इसे ठीक करने के लिए नहीं आया है। फोन खराब होने की वजह से मुझे कठिनाइयों का सामना करना पड़ रहा है।

अत: आपसे निवेदन है कि मेरे उक्त नम्बर के टेलीफोन को शीघ्रातिशीघ्र ठीक करने के लिए अपने कर्मचारियों को त्वरित आदेश दें।

धन्यवाद।

भवदीय,

हस्ताक्षर....

रवि कुमार

2. नौकरी के लिए आवेदन संबंधी ई-मेल लिखिए।

उत्तर From : ravi@gmail.com

To : Kanakgupta@gmail.com

CC : rkh@gmail.com

BCC : —

विषय संपादक के पद के लिए आवेदन-पत्र।

महोदय,

गत दिनों एक समाचार-पत्र में प्रकाशित विज्ञापन के संदर्भ में मैं आपके प्रतिष्ठित संस्थान में संपादक के पद के लिए आवेदन कर रहा हूँ। मेरी शैक्षिक योग्यताओं एवं कार्यानुभवों का विवरण ई-मेल में अटैच (संलग्न) है। आशा है आप मुझे सेवा का अवसर अवश्य देंगे।

धन्यवाद सहित,

भवदीय

अभिषेक

3. आपने अमेजन ऑनलाइन शॉपिंग कंपनी के माध्यम से कुछ सामान खरीदा, लेकिन तय राशि के भुगतान के बाद भी आपको अपना सामान नहीं मिला, कंपनी प्रबंधक से इसकी शिकायत करते हुए ई-मेल लिखिए।

उत्तर From : mrt@gmail.com

To : amazonindia@gmail.com

CC : abc@bob.com

BCC : —

विषय राशि के भुगतान के बाद भी सामान न मिलने पर प्रबंधक को शिकायत करने हेतु।

महोदय,

सविनय निवेदन यह है कि मेरा नाम अभिनव त्यागी है। मैं आपकी शॉपिंग वेबसाइट का पिछले छः वर्षों से ग्राहक हूँ। मैंने 24 अप्रैल, 20XX को एक घड़ी खरीदी। घड़ी की तय राशि के भुगतान के बाद भी मुझे एक महीना हो गया है, मुझे मेरा सामान प्राप्त नहीं हुआ। मेरे अकाउंट से पैसे भी काटे जा चुके हैं। यह बहुत आश्चर्य वाली बात है।

मैं आपकी शॉपिंग वेबसाइट से निरंतर सामान खरीदता हूँ, लेकिन ऐसा पहले कभी भी नहीं हुआ। मेरी आपसे प्रार्थना है कि मेरी समस्या का समाधान करें और मेरा सामान मेरे दिए गए पते पर पहुँचाने की कृपा करें या फिर मेरी दी गई राशि का भुगतान करें।

धन्यवाद।

भवदीय

अभिनव त्यागी

ब्लॉक-B

वसंत विहार

नई दिल्ली।

4. ए. टी. एम. कार्ड न मिलने की शिकायत संबंधी ई-मेल लिखिए। **दक्षता आधारित प्रश्न**

उत्तर From : nisha@gmail.com

To : debitcard@bobcards.com

CC : abc@bob.com

BCC : —

विषय ए. टी. एम. कार्ड न मिलने की शिकायत

महोदय,

यह मेरा खाता नं. .... है। मैंने एक माह (महीने) पहले ए.टी.एम. कार्ड के लिए आवेदन किया था, किंतु यह मुझे अभी तक प्राप्त नहीं हुआ है। कृपया बताएँ इस देरी की क्या वजह है।

आपसे निवेदन है कि आप मेरा ए.टी.एम. कार्ड शीघ्र से शीघ्र मेरे पते पर भेजने का कष्ट करें।

धन्यवाद।

भवदीय,

पीयूष कुमार

5. किसी रेस्टोरेंट से ऑनलाइन खाना मँगाया है और वह आपके पास नहीं आया है। उसकी कस्टमर केयर में शिकायत के लिए ई-मेल लिखिए।

उत्तर From : rashi@gmail.com
To : Support@Swiggy.in
CC : abc@bob.com
BCC : —

विषय **ऑनलाइन खाना ऑर्डर करने पर प्राप्त न होने पर कस्टमर केयर को ई-मेल।**

महोदय,

सविनय निवेदन यह है कि मैं दीपशिखा, जिसने आपकी ऑनलाइन साइट से खाने के लिए चाउमीन, दाल मखनी, नान और मोमोज ऑर्डर किए थे और अभी मुझे लगभग 3 घंटे हो चुके हैं। वह मेरे पते पर मुझे प्राप्त नहीं हुए। मैंने फूड सर्विस प्रोवाइडर्स से बात की, तो उन्होंने कहा कि हमारे यहाँ से आपका ऑर्डर 2 घंटे पहले ही डिलीवर हो चुका है। अब आप मेरी इस समस्या का समाधान कीजिए। मैं अब वह ऑर्डर तो रिसीव नहीं कर सकती, क्योंकि वह खाना भी 3 घंटे में खाने योग्य नहीं रहेगा या तो अब आप उसके स्थान पर मुझे दोबारा से मेरा ऑर्डर मुझे डिलीवर कराएँ। मेरी इस समस्या पर आप अवश्य ध्यान दें।

धन्यवाद।

दीपशिखा

प्रीत विहार, C-ब्लॉक

नई दिल्ली

6. अपनी कंपनी के निदेशक को ई-मेल लिखिए, जिसमें आवश्यक कार्य निकल आने पर अवकाश लेने के लिए प्रार्थना की गई हो।

उत्तर From : deepak@gmail.com
To : ShriRam@gmail.com
CC : rmp@cdd.com
BCC : —

विषय **आवश्यक कार्य हेतु अवकाश लेने के संबंध में।**

महोदय,

सादर निवेदन इस प्रकार है कि आज शाम को कुछ मेहमान हमारे घर आ रहे हैं। मेहमानों ने मेरे साथ कल दिल्ली घूमने की इच्छा व्यक्त की है। चूँकि वे लोग पहली बार घर आ रहे हैं, इसलिए मैं उन्हें इनकार नहीं कर सकता। अत: आपसे निवेदन है कि आप मुझे कल अर्थात् 11 अप्रैल, 20XX का अवकाश प्रदान करने की कृपा करें।

धन्यवाद।

भवदीय,

राजेन्द्र शर्मा

7. शिपिंग कंपनी से सामान के संबंध में पूछताछ करते हुए ई-मेल लिखिए। **दक्षता आधारित प्रश्न**

उत्तर From : shivam@gmail.com
To : M.IndiaShiping@gmail.com
CC : abc@bob.com
BCC : —

विषय **शिपिंग कंपनी से सामान के संबंध में पूछताछ हेतु।**

महोदय,

हमें तुर्की में स्थित अपने ग्राहक को पीतल के गुलदस्ते भेजने हैं। कृपया आप तुर्की के लिए माल को लेकर जाने वाले अपने अगले जहाज का नाम और कार्गो प्राप्त करने की अन्तिम तारीख की सूचना भेजें।

गुलदस्ते गत्ते के 16 डिब्बों (कार्टन) में पैक किए जाएँगे, जिनका माप 3 × 2 × 1 फीट 1/2 होगा और प्रत्येक डिब्बे का वजन लगभग 12.50 किग्रा होगा।

अपने भाड़े का भी उल्लेख करते हुए पत्र का उत्तर शीघ्र दें।

धन्यवाद।

भवदीय,

हस्ताक्षर....

(राजकुमार)

8. ध्वनि प्रदूषण की समस्या से अवगत कराते हुए ई-मेल लिखिए।

उत्तर From : amit@gmail.com
To : Ramesh290@gmail.com
CC : abc@bob.com
BCC : —

विषय **ध्वनि-प्रदूषण की समस्या से अवगत कराने हेतु।**

महोदय,

आजकल हमारे नगर में उद्योगों के बढ़ने के कारण जनसंख्या लगातार बढ़ रही है। कल-कारखानों एवं यातायात का दबाव भी यहाँ अधिक है। सारा दिन कारखानों की आवाजों, ट्रक के भोंपुओं (हॉर्न) की आवाजों आदि के कारण अत्यन्त असुविधा होती है, जिसके कारण ध्वनि प्रदूषण होता है साथ ही लोगों का यहाँ रहना कठिन हो गया है।

आपसे प्रार्थना है कि कृपया हमारे क्षेत्र में बढ़ रहे ध्वनि प्रदूषण पर नियंत्रण करने की व्यवस्था करें।

धन्यवाद।

प्रार्थी

9. आयकर अधिकारी को ई–मेल लिखिए, जिसमें आयकर से माफ़ी एवं पूर्ण मुक्ति के लिए प्रार्थना की गई हो।

उत्तर From : saurabh@gmail.com

To : Incom@Yahoo.com

CC : abc@bob.com

BCC : —

विषय आयकर से पूर्ण मुक्ति हेतु।

महोदय,

मुझे दिनांक 29 मार्च, 20XX को आपकी ओर से एक ई–मेल प्राप्त हुआ, जिसमें वर्ष 20XX-XX के लिए ₹5,005 आयकर अदा करने को कहा गया है। उक्त अवधि में मेरी आय आयकर सीमा से निम्न है, लगता है किसी त्रुटिवश मेरी आय पर आयकर का निर्धारण कर दिया गया है।

आपसे प्रार्थना है कि मेरे खातों की जाँच कर मुझे आयकर से पूर्ण मुक्ति हेतु निर्देश जारी करें।

धन्यवाद।

भवदीय,

हस्ताक्षर....

जितेंद्र गोयल

स्व–मूल्यांकन

1. ए. टी. एम. कार्ड न मिलने की शिकायत संबंधी ई-मेल लिखिए।

2. आप एक अध्यापक हैं। अपनी कक्षा के सभी विद्यार्थियों के परिजनों को आगामी 15 जनवरी को आयोजित एक कार्यक्रम में आमंत्रित करने हेतु एक ई-मेल लिखिए।

3. मित्र को अच्छे अंक प्राप्त करने की बधाई देते हुए ई-मेल लिखिए।

4. बेसिक शिक्षा अधिकारी (बी.एस.ए) को एक ई-मेल लिखिए, जिसमें आपकी 10th की मार्कशीट में आपके नाम का मिस्प्रिंट की शिकायत की गई हो।

5. आप विदेश में शिक्षा ग्रहण कर रहे हैं। अपनी शिक्षा के बारे में बताते हुए अपने माता-पिता को ई-मेल लिखिए।

6. अपने मोहल्ले की सफाई हेतु स्वास्थ्य अधिकारी को ई-मेल लिखिए।

7. आपने L.G. कंपनी से एक ए.सी. खरीदा था, जो सुचारु रूप से नहीं चल रहा है। कंपनी के प्रबंधक को शिकायत करते हुए एक ई-मेल लिखिए।

8. अपनी कंपनी के एच.आर. (मानव संसाधन मैनेजर) को ई-मेल लिखिए, जिसमें आवश्यक कार्य निकल आने पर अवकाश लेने के लिए प्रार्थना की गई हो।

9. विदेश यात्रा पर जाने वाले मित्रों को शुभकामना के लिए ई-मेल लिखिए।

10. आपके क्षेत्र में सफाई कर्मचारी ठीक से सफाई नहीं करते हैं। इसकी शिकायत करते हुए नगर-निगम अधिकारी को ई-मेल लिखिए।

अध्याय

5

संवाद-लेखन

संवाद का अर्थ भाषा की आधारभूत इकाई 'वाक्य' है, तो संप्रेषण की आधार-भूत इकाई संवाद है। हम अपनी बात को संप्रेषित करने केलिए बातचीत या वार्तालाप करते हैं। वार्तालाप के लिए हमेशा कम से कम दो लोगों की आवश्यकता होती है-'वक्ता' तथा 'श्रोता'।

संवाद में वक्ता तथा श्रोता की भूमिकाएँ बदलती रहती हैं। वक्ता की बात को ग्रहण करने के बाद जब श्रोता अपनी बात कहती है, तब वह वक्ता बन जाता है। संवाद शब्द 'सम्' उपसर्ग तथा 'वाद' शब्द के मेल से बना है। 'वाद' का अर्थ है-कहा हुआ या कथन तथा सम् का अर्थ है-सम्यक रूप से या भली प्रकार।

इस तरह संवाद वे कथन है, जो सम्यक रूप से कहे गए हैं। संवाद के लिए आवश्यक है कि वक्ता तथा श्रोता आमने-सामने हों। लेकिन आज का युग इलेक्ट्रॉनिक मीडिया का युग है। विज्ञान ने संवाद के ऐसे साधन खोज निकाले हैं कि वक्ता और श्रोता आमने-सामने नहीं भी हैं, तो भी संवाद हो जाता है; जैसे— टेलीफोन, मोबाइल, ऑडियो-वीडियो-कॉनफ्रेंसिंग आदि।

संवाद लेखन की विशेषताएँ

एक अच्छे और रोचक संवाद लेखन में निम्नलिखित विशेषताएँ अपेक्षित हैं

1. **संबोधन** संवाद लेखन में संबोधन का अत्यंत महत्त्वपूर्ण स्थान रहता है। यह संबोधन ही है, जो संवाद की दिशा और दशा दोनों बदल देता है। उदाहरणार्थ; हम अपने मित्र और सगे-संबंधियों को बहुत प्यार से संबोधित करते हैं, किंतु हमें अपने शत्रु से भी प्यार भरे संबोधन के साथ बातचीत/संवाद का आरंभ करना चाहिए।
2. **स्वाभाविकता** बातचीत/संवाद में किसी भी प्रकार की कृत्रिमता नहीं होनी चाहिए। स्वाभाविक संवाद अधिक प्रभावशाली होता है। सोच-समझकर किए गए संवाद के स्थान पर दिल की आवाज़ को आधार बनाकर की गई बातचीत अधिक प्रभावशाली होती है।
3. **अवसरानुकूल स्थान और अवसर** के अनुरूप संवाद किया जाए, तो यह अत्यंत प्रभावशाली होता है। उदाहरणार्थ; विवाह और मृत्यु दोनों विपरीत परिस्थितियाँ हैं, दोनों में संवाद का बिलकुल अलग-अलग भाव प्रस्तुत किया जाना चाहिए।
4. **शैली** संवाद लेखन की शैली प्रभावशाली, स्वाभाविक तथा सहज होनी चाहिए। संवाद को सीधी तरह से प्रस्तुत किया जाना चाहिए।

संवाद-लेखन करते समय ध्यान रखने योग्य बातें

- संवाद लेखन की भाषा सरल तथा संक्षिप्त, लेकिन कलात्मक होनी चाहिए।
- संवादों के लिए प्रयुक्त भाषा सरल, सहज और पात्रानुकूल होनी चाहिए।
- संवाद विषय तथा पात्रों के अनुकूल होने चाहिए।
- संवाद लेखन में विराम चिह्नों का यथासंभव उचित प्रयोग किया जाना चाहिए।
- संवाद प्रायः प्रश्नोत्तर शैली में होता है, लेकिन कभी-कभी आदेशात्मक शैली में भी होता है।
- प्रश्नोत्तर शैली के संवाद में जिस काल में प्रश्न होता है, उसी काल में उत्तर दिया जाता है।
- आदेशात्मक शैली में दिए जाने वाले उत्तर प्रायः भूतकाल अथवा वर्तमान काल में होते हैं।
- संवाद लेखन के लिए जब भी किसी को निर्देश दिए जाएँ, तो स्थिति, संदर्भ तथा पात्रों की मनःस्थिति आदि के बारे में अवश्य बता देना चाहिए।

अभ्यास प्रश्न
(दक्षता आधारित प्रश्नों सहित)

1. 2000 रुपए की नोटबंदी से परेशान दो लोगों की बातचीत को संवाद रूप में लिखिए।

उत्तर **राघव** अरे सोम! सुबह-सुबह कहाँ जा रहे हो?

सोम क्या बताऊं राघव, बैंक जा रहा हूँ?

राघव पर सुना है, बैंक में आजकल बहुत भीड़ हो रही है। लोगों की लंबी-लंबी लाइनें लगी हैं।

सोम ठीक कह रहे हो, तभी तो सवेरे-सवेरे जा रहा हूँ लाइन में लगने।

राघव सरकार ने नोटबंदी का जो आदेश दिया है, उसी का यह परिणाम है।

सोम पर इससे हम मजदूरों को बड़ी मुश्किल हो रही है। कल भी काम छोड़कर लाइन में लगा था और आज का काम भी छूट जाएगा।

राघव कुछ ही दिनों की परेशानी है। पर सरकार कहती है इससे काले धन पर अंकुश लगेगा।

सोम वह तो ठीक है, परंतु हम गरीब तो भूखा मरने को विवश हो जाएगे। एक ओर मजदूरी नहीं मिलती दूसरी ओर दिनभर लाइन लगाओ।

राघव सरकार ने यह कदम भविष्य के फायदे के लिए उठाया है।

सोम पर हमें तो अपना आज भी अच्छा नही दिख रहा है।

राघव धैर्य रखो सोम, सब ठीक हो जाएगा।

सोम आशा तो मैं भी यही करता हूँ। भगवान करे सब ठीक हो जाए और आज मेरा लाइन में लगना सार्थक हो जाए।

2. 'विमुद्रीकरण' पर चर्चा करते हुए अध्यापक और विद्यार्थी के संवाद को लगभग 80 शब्दों में लिखिए। **दक्षता आधारित प्रश्न**

उत्तर **अध्यापिका** (कक्षा को संबोधित करते हुए) बच्चो! क्या तुम विमुद्रीकरण से परिचित हो?

मोहित हाँ मेम।

अध्यापिका (मोहित की ओर देखते हुए) बताओ मोहित! विमुद्रीकरण क्या है?

मोहित मेम! जब सरकार पुरानी मुद्रा को कानूनी तौर पर बंद कर देती है और नई मुद्रा को लाने की घोषणा करती है, तो इसे विमुद्रीकरण कहते हैं।

अध्यापिका बिलकुल सही मोहित! विमुद्रीकरण के बाद पुरानी मुद्रा व नोटों की कोई कीमत नहीं रह जाती। हालाँकि सरकार द्वारा पुराने नोटों को बैंकों से बदलने के लिए समय दिया जाता है, ताकि वे अमान्य हो चुके पुराने नोटों को बदल सकें।

विद्यार्थी सभी विद्यार्थी (ध्यान से सुनते हैं)

अध्यापिका क्या आप लोग जानते हैं कि सरकार ने ऐसा क्यों किया होगा?

पंकज हाँ मेम! मुझे पता है।

अध्यापक बताओ पंकज।

पंकज कालाधन और भ्रष्टाचार जैसी गतिविधियों पर अंकुश लगाने के लिए सरकार ऐसा करती है।

अध्यापक बिलकुल सही पंकज, क्योंकि सरकार को उम्मीद है कि नोटबंदी से कालेधन, नकली नोट और आतंकवाद पर अंकुश लगेगा। हालाँकि नोटबंदी के चलते आम आदमी को भी काफी मुश्किलों का सामना करना पड़ता है।

अध्यापक (संपूर्ण कक्षा को संबोधित करते हुए) मुझे बहुत अच्छा लगा आप लोगों से इस विषय पर बात करके।

3. जन्मदिन पर न आने की मज़बूरी प्रकट करते हुए दो मित्रों के बीच होने वाले संवाद को लगभग 80 शब्दों में लिखिए। **दक्षता आधारित प्रश्न**

उत्तर **आक.क्षा** हैलो रोहित!

रोहित हैलो, कैसी हो आकांक्षा? आज शाम को मुझे तुम्हारी प्रतीक्षा रहेगी।

आकांक्षा रोहित, तुम्हें जन्मदिन की ढेर सारी बधाई हो!

रोहित ये बधाई वहीं आकर देना, घर पर!

आकांक्षा रोहित! खेद है, आज मैं घर पर नहीं आ पाऊँगी। मैं तुम्हारे निमंत्रण का आदर करती हूँ, परंतु क्या करूँ, मज़बूर हूँ। शाम को मेरे मम्मी-पापा घर पर नहीं होंगे।

रोहित तो तुम्हें घर से मैं ले आऊँगा।

आकांक्षा सॉरी रोहित! मुझे लगता है, यह ठीक नहीं होगा।

रोहित ठीक है! जैसा तुम चाहो।

आकांक्षा तुम मेरी ओर से पहले ही बधाई स्वीकार करो।

रोहित धन्यवाद, आकांक्षा!

4. त्योहारों का हमारे जीवन में महत्त्व व उनके संदेश पर बातचीत करते दादाजी और पोते के संवाद को लगभग 80 शब्दों में लिखिए।

उत्तर **पोता** दादाजी हम त्योहार क्यों मनाते हैं?

दादा बेटा! हम त्योहार इसलिए मनाते हैं, क्योंकि प्रत्येक त्योहार का सामाजिक और धार्मिक महत्त्व होता है। त्योहार हमें भाई-चारा, प्रेम व हर्ष का संदेश देते हैं।

पोता अच्छा दादाजी, ये बताइए कि हम दिवाली क्यों मनाते हैं?

दादा दिवाली हम इसलिए मनाते हैं, क्योकि इस दिन भगवान श्रीराम 14 वर्ष का वनवास पूरा कर अयोध्या वापस लौटे थे। इस खुशी में अयोध्यावासियों ने घी के दिये जलाए थे।

पोता अच्छा दादाजी हमें इससे क्या संदेश मिलता है?

दादा इससे हमें बुराई पर अच्छाई की जीत का संदेश मिलता है।

5. बुलेट ट्रेन के विषय पर दो मित्रों के बीच संवाद।

उत्तर
महेश यार राजेश! प्रधानमंत्री देश में शीघ्र ही बुलेट चलाने की घोषणा की है।

राजेश हाँ महेश! मैंने भी सुना है।

महेश राजेश! ये बताओं, भारत जैसे गरीब देश को बुलेट ट्रेन की जरूरत क्यों है? यहाँ तो अभी बुनियादी आवश्यकताएँ भी पूरी नही हो पाई है।

राजेश नहीं महेश! सरकार देश के चहुँमुखी विकास के लिए कटिबद्ध है। धीरे-धीरे सभी कुछ ठीक होगा।

महेश तुम तो आशावादी हो। मुझे तो इन नेताओं की बातों पर भरोसा नहीं होता।

राजेश तुम इस बात से तो सहमत होगे कि सरकार ने अब तक जो भी कदम उठाए हैं, सभी आम आदमी के हित में हैं।

महेश हाँ, इस बात से तो मैं सहमत हूँ।

राजेश तो बस विश्वास बनाए रखो। अच्छे दिन जरूर आएँगे।

6. "महँगाई और पिसता आम आदमी" विषय पर समाज के दो सामान्य व्यक्तियों के बीच का संवाद लिखिए।

उत्तर
रमेश मनीष! तुम कैसे हो? कहीं ज़रूरी काम से जा रहे हो, क्या?

मनीष हाँ, रमेश! राशन की दुकान से चीनी और गेहूँ लाने जा रहा हूँ।

रमेश चीनी तो ठीक है, लेकिन गेहूँ की क्वालिटी तो सरकारी राशन की दुकानों में अच्छी नहीं होती है।

मनीष देखो रमेश! जब खाने के ही लाले पड़े हों, तब गुणवत्ता अर्थात् क्वालिटी पर ज़्यादा ध्यान नहीं देना चाहिए।

रमेश हाँ, मैं तुम्हारी बात समझ सकता हूँ।

मनीष महँगाई थोड़ी-बहुत रहे तो आदमी झेल भी ले, लेकिन यहाँ तो सभी सामानों के दाम आसमान छू रहे हैं। कम-से-कम गेहूँ कुछ सस्ता मिलेगा, तो रोटी तो खाने को मिलेगी।

रमेश हाँ! तुम बात बिलकुल सही बोल रहे हो। महँगाई के कारण तो भूखे मरने की नौबत आ गई है।

7. स्कूल जाते हुए बच्चों को देखकर काम पर जाते कुछ श्रमिक बच्चों के बीच हुए संवाद को लगभग 80 शब्दों में लिखिए।

उत्तर
पहला बच्चा (दूसरे बच्चे से) अरे! ये बच्चे एक से कपड़े पहने, हाथ में पानी की बोतलें और खाने का डिब्बा लेकर कहाँ जा रहे हैं?

दूसरा बच्चा अरे! तुम्हें नहीं पता। ये सब स्कूल जा रहे हैं।

पहला बच्चा स्कूल क्या होता है? वहाँ ये सब क्या करते हैं?

दूसरा बच्चा स्कूल पढ़ने की जगह होती है। वहीं पर ये सब पढ़ने जाते हैं।

पहला बच्चा हम स्कूल क्यों नहीं जाते?

दूसरा बच्चा हम गरीब हैं ना! हमें पैसे कमाने के लिए काम पर जाना पड़ता है।

पहला बच्चा मेरा भी मन स्कूल जाने को करने लगा है। क्या मैं स्कूल जा सकता हूँ?

दूसरा बच्चा हाँ, क्यों नहीं जा सकते, पर दूसरे स्कूल में। सरकार ने हमारे जैसे बच्चों की पढ़ाई का मुफ़्त में इंतजाम कर रखा है।

8. गाँव में बाढ़ आ गई है। दो मित्र बाढ़ पीड़ितों की सहायता के लिए जाना चाहते हैं। उनके मध्य हुआ संवाद लगभग 80 शब्दों में लिखिए।

उत्तर
अंकुश दिनेश! आज का समाचार-पत्र पढ़ा?

दिनेश हाँ मित्र! बाढ़ के कारण गाँव वालों का बुरा हाल हो गया है। सारी फसलें नष्ट हो गई हैं। गाँववासी बेघर हो गए हैं। प्रशासन उन्हें फिर से बसाने का प्रयास कर रहा है।

अंकुश मित्र! मेरा मन कह रहा है कि कुछ किया जाए।

दिनेश हमारे पास साधन भी तो नहीं हैं।

अंकुश हम उनके लिए लोगों से माँगकर कुछ साधन जुटा तो सकते ही हैं।

दिनेश तो चलें।

अंकुश नेकी और पूछ-पूछ। मैं तैयार होकर आ रहा हूँ।

दिनेश ठीक है, मैं इंतज़ार कर रहा हूँ।

9. अध्यापक और विद्यार्थी के आपसी संवाद को लगभग 80 शब्दों में लिखिए। दक्षता आधारित प्रश्न

उत्तर
विद्यार्थी क्या मैं अंदर आ सकता हूँ? सर!

अध्यापक (दिनेश की ओर देखते हुए) आओ दिनेश, तुम कहाँ थे?

विद्यार्थी सर! हमें ड्रामा-इंचार्ज पॉल साहब ने रोक लिया था। अब मैं अंदर आ जाऊँ!

अध्यापक हाँ, हाँ, आओ। पर तुम यह बताओ, पूरा साल ड्रामा ही करते रहोगे या कुछ पढ़ोगे भी?

विद्यार्थी सर! मुझे सारे पाठ याद हैं। होमवर्क भी पूरा है।

अध्यापक अच्छा! वैरी गुड! पर यह ड्रामेबाज़ी तुम्हारी पढ़ाई में बाधा नहीं डालेगी?

विद्यार्थी नहीं सर! पढ़ाई मेरी प्राथमिकता है और अभिनय मेरी अभिरुचि है। इन दोनों में संतुलन बनाकर चलूँगा।

अध्यापक वैरी गुड दिनेश! तुमसे बात करके मुझे बहुत अच्छा लगा।

10. दो विद्यार्थियों के बीच होने वाले वार्तालाप (पुस्तक माँगते हुए) को लगभग 80 शब्दों में लिखिए।

उत्तर **प्रणव** अक्षय! मुझे एक दिन के लिए तुम्हारी गणित की पुस्तक चाहिए।

अक्षय ज़रूर लो, पर काम मुझे भी करना है। पाँच बजे तक मैं गणित का काम निपटा लूँगा। इसके बाद तुम ले सकते हो।

प्रणव धन्यवाद! अक्षय, मैं पाँच बजे के बाद तुम्हारे घर आकर पुस्तक ले लूँगा।

अक्षय तुम्हें आने में थोड़ा कष्ट ज़रूर होगा।

प्रणव अरे भाई! तुम्हारे घर आना मुझे अच्छा लगता है। फिर तुम पुस्तक देकर मुझ पर कृपा ही कर रहे हो।

अक्षय प्रणव! इस छोटी-सी बात के लिए दोस्तों के बीच औपचारिकता कैसी?

प्रणव धन्यवाद अक्षय!

अक्षय अच्छा! तो मैं इंतजार करूँगा।

स्व-मूल्यांकन

1. यातायात के नियमों के पालन के संबंध में दो मित्रों के बीच संवाद को लिखिए।

2. अरुण तथा उमेश नामक दो मित्र एक फ़िल्म देखने के बाद उसके बारे में चर्चा करते हैं। उन दोनों के बीच होने वाले वार्तालाप को लिखिए।

3. आप किसी पर्यटन स्थल पर गए हैं। वहाँ के स्थानीय निवासी से घूमने वाली जगह की जानकारी लेते हुए उससे होने वाले संवाद को लिखिए।

4. आपको अपने विद्यालय से कुछ दिनों का अवकाश लेना है। आपके प्रधानाध्यापक ने आपके आवेदन पत्र पर विचार करते हुए आपसे कारण जानने के लिए बुलाया है। अपने प्रधानाध्यापक से होने वाले संवाद को लिखिए।

5. आपके छोटे भाई का एक मित्र उससे मिलने आया है, लेकिन आपका छोटा भाई घर पर नहीं है। उसके मित्र से होने वाले संवाद को लिखिए।

6. अपने एक बीमार दोस्त को दिखाने के लिए आप उसे चिकित्सालय लेकर गए हैं। वहाँ डॉक्टर से होने वाले संवाद को लिखिए।

7. आपने अपना गृहकार्य नहीं किया है। इसका कारण बताते हुए शिक्षक के साथ होने वाला संवाद लिखिए।

8. खाद्य पदार्थों में मिलावट के कारण होने वाली स्वास्थ्य समस्याओं के संबंध में मित्र से लगभग 50 शब्दों में संवाद लिखिए।

9. आप अपनी सहेली के जन्मदिन मनाने के अवसर पर उसके घर गई हैं। उससे होने वाला संवाद लिखिए।

10. आप ट्रेन से कहीं जा रही हैं। आपके साथ बैठी लड़की आपसे परिचय करना चाहती है। उसके साथ होने वाला संवाद लिखिए।

11. पढ़ने के लिए विद्यालय जाते समय अपने मित्र के साथ होने वाले संवाद को लिखिए।

12. आपके पैर में चोट लगी है। माँ द्वारा कारण पूछे जाने पर उनसे होने वाले संवाद को लिखिए।

13. बड़े भाई के साथ अपनी परीक्षा की तैयारी संबंधी होने वाले संवाद को लिखिए।

14. घर में सफाई के काम के लिए आनेवाली बाई, जो अकसर छुट्टी करती रहती है, के साथ गृहस्वामिनी के साथ बातचीत।

15. घर के कुछ सामानों की खरीदारी करने के लिए अपनी बड़ी बहन के साथ होने वाले संवाद को लिखिए।

16. "जीवन केवल सुखों की राह नहीं" इस विषय पर पिता-पुत्र के बीच हुए संवाद को लिखिए।

17. "बीता हुआ समय कभी वापस नहीं आता" इस विषय पर छात्र-अध्यापक के बीच हुए संवाद को लिखिए।

18. "मज़हब नहीं सिखाता आपस में बैर रखना" इस विषय पर दो मित्रों के बीच हुए संवाद को लिखिए।

19. टेलीविजन पर प्रसारित किसी कार्यक्रम पर चर्चा/परिचर्चा करते हुए मित्रों के साथ बातचीत लिखिए।

20. क्रिकेट के क्षेत्र में भारतीय टीम के प्रदर्शन पर आधारित दो मित्रों के संवाद को लिखिए।

सूचना लेखन

अध्याय 6

सूचना लेखन की प्रकृति प्राय: सूचना मौखिक या लिखित रूप में दी जाती है। आधुनिक युग में मौखिक सूचना आकाशवाणी, रेडियो, टेलीविज़न आदि के माध्यम से दी जाती है। जब सूचना लिखित रूप में देने के लिए तैयार की जाती है, तो उसे 'सूचना लेखन' कहते हैं।

सूचना लेखन संक्षिप्त लेखन की एक विधा है, जिसके माध्यम से विद्यार्थियों के व्याकरणिक दृष्टि से शुद्ध हिंदी लेखन कौशल के साथ-साथ संक्षिप्त रूप में उनके विचारों की स्पष्ट अभिव्यक्ति संबंधी क्षमता का भी आकलन किया जाता है।

कम से कम शब्दों में महत्त्वपूर्ण जानकारियों को जनता तक पहुँचाने के लिए सूचनाओं का इस्तेमाल किया जाता है। ये कभी-कभी दीवारों पर पोस्टर्स के रूप में तथा सूचना-पट्टों आदि पर ऐसे सार्वजनिक स्थलों पर लगा दी जाती हैं, जिससे इनको आम आदमी आसानी से पढ़ सके। इस तरह सूचना-लेखन वह गतिविधि है, जिसके माध्यम से कोई विशिष्ट जानकारी जनसामान्य तक पहुँचाई जाती है।

सूचना लेखन के उद्देश्य

सूचना लेखन के मुख्य उद्देश्य निम्नलिखित हैं

1. सार्वजनिक रूप से सभी लोगों को एक साथ सूचना यानी जानकारी देना।
2. किसी महत्त्वपूर्ण घटना या कार्यक्रम के बारे में पूर्व जानकारी उपलब्ध कराना।
3. सूचना का उद्देश्य किसी विषय के बारे में अखबारों, पत्र-पत्रिकाओं आदि के माध्यम से सभी लोगों को सूचित करना होता है।
4. सूचना लेखन का उद्देश्य संक्षित में पूरी सूचना अथवा जानकारी लोगों को प्रदान करना होता है।

सूचनाओं के प्रकार

सूचनाएँ अनेक प्रकार की होती है

1. नीति संबंधी सूचनाएँ
2. नीलामी संबंधी सूचनाएँ
3. न्यायालय संबंधी सूचनाएँ
4. सरकारी पदों के रिक्त होने की सूचनाएँ
5. सार्वजनिक उपक्रमों की बैठकों की सूचनाएँ
6. व्यावसायिक संस्थानों द्वारा जारी सूचनाएँ
7. स्वायत्त संस्थाओं द्वारा लिए गए निर्णयों की सूचनाएँ
8. विभिन्न आयोगों द्वारा किए गए कार्यों की सूचनाएँ
9. सांस्कृतिक गतिविधयों, समारोहो, मैच, पिकनिक, यात्रा आदि से संबंधित सूचनाएँ
10. जन्म, मृत्यु, नाम-परिवर्तन, खोया-पाया तथा अन्य सामाजिक समस्याओं संबंधी सूचनाएँ
11. अनुशासनात्मक कार्रवाई किए जाने संबंधी सूचनाएँ

सूचना लेखन के लिए ध्यान देने योग्य बातें

- सूचना लेखन के **आरंभ** में सूचना जारी करने वाली संस्था अथवा संगठन के नाम का उल्लेख अवश्य होना चाहिए।
- इसके बाद अगली पंक्ति में **सूचना** शब्द लिखना चाहिए।
- 'सूचना' शब्द लिखने के बाद अगली पंक्ति में बाईं तरफ **दिनांक** लिखनी चाहिए।
- इसके पश्चात् **सूचना का विषय** लिखना चाहिए, जो संक्षिप्त तथा स्पष्ट हो।
- सूचना लेखन में सभी **आवश्यक जानकारी** सम्मिलित की जानी चाहिए, जिससे इसका उद्देश्यपूर्ण हो।
- सूचना लेखन में अनावश्यक बातों का समावेश नहीं करना चाहिए, इससे सूचना लेखन की महत्ता कम हो जाती है।
- सूचना लेखन से **क्या, क्यों, कब, कहाँ, कौन** आदि प्रश्नों के उत्तर प्राप्त होने चाहिए। इसका अर्थ यह है कि सूचना लेखन में विषय से संबंधित पूर्ण जानकारी का समावेश होना अनिवार्य है।
- सूचना लेखन के अंत में नीचे बाईं तरफ़ **सूचना देने वाले व्यक्ति के नाम** तथा **पद** का उल्लेख अवश्य करना चाहिए। आवश्यकता पड़ने पर हस्ताक्षर भी करने चाहिए।
- सूचना लेखन की **भाषा** सरल, स्पष्ट, प्रभावी तथा औपचारिक होनी चाहिए।

सूचना-लेखन का प्रारूप

सूचना जारी करने वाला संगठन	सनातन धर्म विद्यालय, झाँसी
दिनांक	**दिनांक** 12 जुलाई, 20XX
विषय	**सूचना फीस वृद्धि के विषय में**
विषय का विस्तार	विद्यालय के समस्त छात्रों एवं उनके अभिभावकों को सूचित किया जाता है कि विद्यालय के अध्यापकों एवं कर्मचारियों को नए वेतनमान दिए जाने के कारण छात्रों के मासिक शुल्क में आगामी सत्र 20XX-20XX से 30% की वृद्धि की जा रही है। आशा है, कि सभी छात्र एवं अभिभावक सहयोग करेंगे।
सूचना देने वाले व्यक्ति का नाम	कृपाशंकर शास्त्री
व्यक्ति का पद	प्रधानाचार्य

विशेष

- यदि प्रश्न में संगठन का नाम, व्यक्ति का नाम, पद आदि नहीं दिया गया है, तो छद्म संगठन का नाम, व्यक्ति का नाम, पद आदि लिखना चाहिए। परीक्षा में संगठन के नाम के स्थान पर परीक्षा भवन तथा व्यक्ति के नाम के स्थान पर क. ख. ग. भी लिख सकते हैं।

अभ्यास प्रश्न

(दक्षता आधारित प्रश्नों सहित)

1. आपने अपना नाम अभिलाषा से बदलकर प्रांजल कर लिया है। अपने विद्यालय के सभी विद्यार्थियों को इसकी सूचना दीजिए।

केंद्रीय विद्यालय, द्वारका, नई दिल्ली

सूचना

दिनांक 17 सितंबर, 20XX

नाम बदलने की सूचना

सभी विद्यार्थियों को सूचित किया जाता है कि मैंने अर्थात् कक्षा दसवीं की छात्रा कु. अभिलाषा सुपुत्री श्रीमती एवं श्रीमान विनय कपूर, निवासी-B ब्लॉक, सेक्टर-10, द्वारका, नई दिल्ली ने प्रशासनिक कारणों से अपना नाम अभिलाषा से बदलकर 'प्रांजल' रख लिया है। भविष्य में 'प्रांजल' नाम का प्रयोग ही मान्य होगा।

प्रांजल

कक्षा-दसवीं 'अ'

2. विद्यालय की समाज सेवा परिषद् के सचिव आशील सिंहल हैं। आप प्रौढ़ों की साक्षरता के लिए एक सप्ताह का शिविर लगाना चाहते हैं। इसके लिए विद्यार्थी रोज शाम को एक गाँव में जाकर चौपाल में प्रौढ़ों को अक्षर ज्ञान कराया करेंगे। इच्छुक विद्यार्थियों का पंजीकरण 10 अगस्त तक होना है। उनके आने जाने की व्यवस्था परिषद् की ओर से की जाएगी। इस हेतु एक सूचना तैयार कीजिए। **दक्षता आधारित प्रश्न**

प्रतिभा विकास विद्यालय, मेरठ

सूचना

दिनांक 26 जुलाई, 20XX

प्रौढ़ साक्षरता शिविर का आयोजन

सभी विद्यार्थियों को सूचित किया जाता है कि विद्यालय की 'समाज सेवा परिषद्' समिति की ओर से 'साप्ताहिक प्रौढ़ साक्षरता शिविर' का आयोजन किया जा रहा है। इसमें विद्यार्थियों द्वारा 28 सितंबर, 20XX से 8 अक्टूबर, 20XX तक शाम 5-7 बजे तक गाँव में जाकर चौपाल में प्रौढ़ों को अक्षर ज्ञान कराया जाएगा। विद्यार्थियों के आने जाने की व्यवस्था परिषद् की ओर से की जाएगी। इच्छुक विद्यार्थी शीघ्र अपना पंजीकरण कराएँ जिसकी अंतिम तिथि 10 अगस्त, 20XX है।

आशील सिंहल
सचिव, समाज सेवा परिषद्

3. **आप शांति विद्या निकेतन, प्रशांत विहार, दिल्ली की छात्रा खुशी मेहरा हैं। विद्यालय में आपका परीक्षा प्रवेश-पत्र गुम हो गया है। इस विषय पर सूचना लिखिए।** **दक्षता आधारित प्रश्न**

शांति विद्या निकेतन, प्रशांत विहार, दिल्ली

सूचना

दिनांक 28 सितंबर, 20XX

परीक्षा प्रवेश-पत्र गुम होना

सभी को यह सूचित किया जाता है कि 27 सितंबर, 20XX को विद्यालय के खेल परिसर में मेरा परीक्षा प्रवेश-पत्र गुम हो गया है। उस पर मेरी फ़ोटो के साथ, मेरा अनुक्रमांक नं. 2321087 भी अंकित है। यदि किसी को भी वह मिले तो मुझे लौटाने की कृपा करें।

खुशी मेहरा
कक्षा-दसवीं 'B'

4. विद्यालय के सचिव की ओर से 'समय-प्रबंधन' विषय पर आयोजित होने वाली कार्यशाला के लिए एक सूचना तैयार कीजिए।

बाल विकास पब्लिक स्कूल, दिल्ली

सूचना

दिनांक 22 फरवरी, 20XX

'समय-प्रबंधन' विषय पर आयोजित होने वाली कार्यशाला हेतु

सभी विद्यार्थियों को सूचित किया जाता है कि बाल विकास पब्लिक स्कूल की ओर से 'समय-प्रबंधन' विषय पर 13 मार्च से 15 मार्च तक कार्यशाला आयोजित की जा रही है। यह कार्यशाला प्रात: 9 बजे से 10 बजे तक चलेगी। इच्छुक विद्यार्थी को 12 मार्च तक पंजीकरण कराना आवश्यक है। पंजीकरण शुल्क 10/- निर्धारित किया गया है।

सचिव
क. ख. ग.

5. आप अपनी कॉलोनी की कल्याण परिषद् के अध्यक्ष हैं। अपने क्षेत्र में पार्कों की साफ-सफाई के प्रति जागरूकता लाने हेतु कॉलोनी वासियों के लिए सूचना तैयार कीजिए।

आदर्श कॉलोनी, रमेश नगर, दिल्ली

सूचना

दिनांक 10 मार्च, 20XX

सभी पार्कों की साफ-सफाई के प्रति जागरूकता सम्बन्धी सूचना

कॉलोनी के सभी निवासियों को सूचित किया जाता है कि हमारी कॉलोनी में पार्कों की साफ-सफाई के प्रति जागरूकता लाने हेतु विशिष्ट अभियान का आरंभ किया जा रहा है। यह अभियान 12 मार्च ये प्रारंभ होकर 16 मार्च तक दोपहर 2:30 से शाम 6:00 बजे तक चलेगा। इस अभियान के अंतर्गत साफ-सफाई के महत्त्व को प्रतिपादित करते हुए प्रतिदिन 4-5 पौधों को आरोपित किया जाएगा। अतः आप सभी निवासियों से निवेदन है कि इस अभियान में बढ़-चढ़कर भाग लें।

अध्यक्ष
क. ख. ग.
कल्याण परिषद्

6. आप हिंदी छात्र परिषद् के सचिव प्रगण्य हैं। आगामी सांस्कृतिक संध्या के बारे में अनुभागीय दीवार पट्टिका के लिए 25-30 शब्दों में सूचना तैयार कीजिए।

प्रतिभा विकास विद्यालय, दिल्ली

सूचना

दिनांक 16 मार्च, 20XX

आगामी सांस्कृतिक संध्या

सभी विद्यार्थियों को सूचित किया जाता है कि 25 मार्च, 20XX को हमारे विद्यालय में सांस्कृतिक संध्या का आयोजन किया जाएगा। इसमें सांस्कृतिक गीत-संगीत तथा नृत्य आदि कार्यक्रम होंगे। अतः इसमें भाग लेने के इच्छुक विद्यार्थी 18 मार्च, 20XX तक संगीत शिक्षिका श्रीमती मंजू शर्मा को संपर्क कर सकते हैं।

प्रगण्य
सचिव, हिंदी छात्र परिषद्

7. आप अपने विद्यालय में सांस्कृतिक सचिव हैं। विद्यालय में होने वाली 'कविता-प्रतियोगिता' में भाग लेने के लिए आमंत्रण हेतु 25-30 शब्दों में एक सूचना तैयार कीजिए। **दक्षता आधारित प्रश्न**

प्रतिभा विकास विद्यालय, पश्चिम विहार, दिल्ली

सूचना

दिनांक 4 अप्रैल, 20XX

कविता प्रतियोगिता में भाग लेने हेतु सूचना

सभी विद्यार्थियों को सूचित किया जाता है कि हमारे विद्यालय में 20 अप्रैल, 20XX को कविता प्रतियोगिता का आयोजन होने जा रहा है। सभी इच्छुक विद्यार्थी अपने नाम, कक्षा व रोल नंबर का ब्यौरा संगीत की अध्यापिका के पास लिखवा दें। प्रतियोगिता में भाग लेने के लिए नाम लिखवाने की अंतिम तिथि 12 अप्रैल है।

अभिषेक तिवारी
(सांस्कृतिक सचिव)

8. आपको विद्यालय में एक बटुआ मिला है, जिसमें कुछ रुपयों के साथ कुछ जरूरी कार्ड भी हैं। छात्रों से इसके मालिक की पूछताछ और वापस पाने की प्रक्रिया बताते हुए 25-30 शब्दों में एक सूचना तैयार कीजिए।

राजकीय माध्यमिक विद्यालय, आदर्श नगर, दिल्ली।

सूचना

दिनांक 5 अप्रैल, 20XX

सभी विद्यार्थियों को सूचित किया जाता है कि विद्यालय के खेल के मैदान में एक बटुआ मिला है, जिसमें कुछ रुपयों के साथ जरूरी कार्ड भी हैं, जिसका भी यह हो वह अपना नाम, कक्षा तथा बटुए की पहचान, रुपए तथा कार्ड की संख्या बता कर प्रधानाचार्य के कक्ष से इसे वापस ले सकता है।

अभय चौधरी
(खेल अध्यापक)

9. दिल्ली मेट्रो के कुछ स्टेशनों पर असुविधा हेतु सूचना-लेखन कीजिए।

दिल्ली मेट्रो रेल कॉरपोरेशन

सूचना

दिनांक 10 अगस्त, 20XX

मेट्रो रेल सेवा बाधित होना

मेट्रो रेल सेवा बाधित होने के विषय में सर्वसाधारण को यह सूचित किया जाता है कि सुरक्षा संबंधी कारणों को देखते हुए 14 और 15 अगस्त, 20XX को विधानसभा, सिविल लाइंस, तीस हज़ारी, कश्मीरी गेट, चाँदनी चौक, चावड़ी बाज़ार और केंद्रीय सचिवालय मेट्रो स्टेशन दोपहर 12 :00 बजे से लेकर शाम 6.00 बजे तक बंद रहेंगे। यात्रियों की असुविधा के लिए खेद है।

कुणाल श्रीवास्तव

मुख्य प्रबंधन अधिकारी,
डी. एम. आर. सी.

10. विद्यालय में आयोजित होने वाली वाद-विवाद प्रतियोगिता के लिए हिंदी विभाग के संयोजक की ओर से 25-30 शब्दों में एक सूचना तैयार कीजिए।

दक्षता आधारित प्रश्न

बाल भारतीय पब्लिक स्कूल, दिल्ली

सूचना

दिनांक 4 अप्रैल, 20XX

वाद-विवाद प्रतियोगिता का आयोजन

सभी विद्यार्थियों को सूचित किया जाता है कि 'बाल भारती पब्लिक स्कूल दिल्ली' में वाद-विवाद प्रतियोगिता का आयोजन दिनांक 25 अप्रैल, 20XX को प्रात: 10 से बजे से 12 बजे तक होने जा रहा है। प्रतियोगिता में भाग लेने के इच्छुक छात्र अपना तथा अपने विद्यालय का नाम हिंदी विभाग, बाल भारती स्कूल की संयोजक के पास लिखवा दें।

प्रतियोगिता में भाग लेने के लिए नाम लिखवाने की अंतिम तिथि 18 अप्रैल, 20XX है।

अनुपमा द्विवेदी
(संयोजक, हिंदी विभाग)

11. एक सूचना तैयार कीजिए जिसमें सभी विद्यार्थियों से निर्धन बच्चों के लिए 'पुस्तक-कोष' में अपनी पुरानी पाठ्य-पुस्तकों का उदारतापूर्वक योगदान देने हेतु अनुरोध किया गया हो।

केन्द्रीय विद्यालय, द्वारका, दिल्ली

सूचना

दिनांक 5 अप्रैल, 20XX

पुस्तक कोष का निर्माण

सभी विद्यार्थियों को सूचित किया जाता है कि हमारे विद्यालय में निर्धन बच्चों के लिए एक 'पुस्तक कोष' बनाया गया है, जिसमें आप सभी अपनी इच्छा से अपनी पुरानी पुस्तकों को कोष में 10 अप्रैल, 20XX तक प्रात: 9:00 बजे से 10:00 बजे तक जमा करा सकते हैं। इन पुस्तकों से हम निर्धन बच्चों की जरूरतों को पूरा करने का प्रयास करेंगे।

मंजु श्रीवास्तव

(प्रधानाचार्य)

12. आप प्रतिभा विकास विद्यालय, द्वारका, नई दिल्ली की छात्रा अपूर्वा चौधरी हैं। 'पर्यावरण बचाओ' संगठन की अध्यक्ष होने के नाते विद्यार्थियों से इस समूह की सदस्यता ग्रहण करने की अपील करते हुए 20-30 शब्दों में सूचना लिखिए।

प्रतिभा विकास विद्यालय, द्वारका, नई दिल्ली

सूचना

दिनांक 25 सितंबर, 20XX

'पर्यावरण बचाओ' समूह की सदस्यता ग्रहण अभियान

सभी विद्यार्थियों को सूचित किया जाता है कि हमारे विद्यालय में 'पर्यावरण बचाओ' समूह का गठन किया गया है। आप सभी से आग्रह है कि अधिक-से-अधिक संख्या में इस समूह की सदस्यता ग्रहण करके, पर्यावरण के प्रति अपनी ज़िम्मेदारियों को निभाएँ। सदस्यता ग्रहण करने की अंतिम तिथि 05 अक्टूबर, 20XX है। इस विषय में अधिक जानकारी प्राप्त करने के लिए आप तनवी तोमर (उप-अध्यक्ष) से संपर्क कर सकते हैं।

अपूर्वा चौधरी

अध्यक्ष

'पर्यावरण बचाओ' समूह

13. अपनी बस्ती को स्वच्छ रखने हेतु कल्याण समिति के सचिव होने के नाते इससे संबंधित सूचना लिखिए।

कल्याण समिति, मयूर विहार, दिल्ली

सूचना

दिनांक 13 मार्च, 20XX

अपनी बस्ती को स्वच्छ रखने संबंधी सूचना

समिति के सभी सदस्यों एवं बस्ती के लोगों को सूचित किया जाता है कि 20 मार्च को सुबह 11 : 00 बजे हमारी बस्ती के प्रांगण में बस्ती को स्वच्छ रखने के संबंध में एक कार्यक्रम का आयोजन किया जाएगा। इस कार्यक्रम में स्वच्छता संबंधी नियमों व बस्ती की साफ-सफाई के लिए उचित प्रबंधन करने हेतु चर्चा की जाएगी। इस कार्यक्रम में भाग लेकर बस्ती को स्वच्छ बनाए रखने मे अपना सहयोग दें।

क.ख.ग

(सचिव) कल्याण समिति

14. विद्यालय की सांस्कृतिक संस्था 'रंगमंच' की सचिव लतिका की ओर से 'स्वरपरीक्षा' के लिए इच्छुक विद्यार्थियों को यथासमय उपस्थित रहने की सूचना लगभग 25-30 शब्दों में लिखिए। समय और स्थान का उल्लेख भी कीजिए।

सर्वोदय कन्या विद्यालय, दिल्ली

सूचना

दिनांक 16 मार्च, 20XX

रंगमंच हेतु स्वर परीक्षा

सभी विद्यार्थियों को सूचित किया जाता है कि हमारे विद्यालय की सांस्कृतिक संस्था 'रंगमंच की ओर से नाटक का आयोजन होना है, जिसके लिए विद्यार्थियों की स्वर परीक्षा ली जाएगी। अत: इच्छुक विद्यार्थी 28 मार्च, 20XX को प्रात: 10:00 बजे विद्यालय के नाट्यशाला में उपस्थित रहें।'

लतिका

सचिव (रंगमंच)

15. विद्यालय में छुट्टी के दिनों में भी प्रात:काल में योग की अभ्यास कक्षाएँ चलने की सूचना देते हुए इच्छुक विद्यार्थियों द्वारा अपना नाम देने हेतु सूचना-पट्ट के लिए एक सूचना लगभग 30 शब्दों में लिखिए।

दक्षता आधारित प्रश्न

बाल भारती पब्लिक स्कूल, दिल्ली

सूचना

दिनांक 20 दिसंबर, 20XX

योग कक्षाओं के आयोजन हेतु

सभी विद्यार्थियों को सूचित किया जाता है कि 'बाल भारती पब्लिक स्कूल' की ओर से बड़े दिन की छुट्टियों में दिनांक 25 दिसंबर, 2017 से 31 दिसंबर 2017 तक प्रतिदिन प्रात:काल 8 बजे से 9 बजे तक विद्यालय के प्रांगण में योग की कक्षाओं का आयोजन किया जा रहा है। सभी इच्छुक विद्यार्थी अपने नाम, कक्षा व रोल नं. का ब्योरा योगा कॉर्डिनेटर को लिखवा दें।

अवनी शर्मा

योग कॉर्डिनेटर

16. आप अपने विद्यालय की छात्र संस्था के सचिव हैं तथा विद्यालय में 'चित्रकला प्रतियोगिता' आयोजित करवाना चाहते हैं। इससे संबंधित सूचना 40-50 शब्दों में लिखिए।

बाल विकास विद्यालय, दिल्ली

सूचना

दिनांक 14 नवंबर, 20XX

चित्रकला प्रतियोगिता के आयोजन हेतु

सभी विद्यार्थियों को सूचित किया जाता है हमारे विद्यालय की ओर से बाल दिवस के अवसर पर चित्रकला प्रतियोगिता आयोजित की जाएगी। यह दिनाँक 12 नवंबर, 20XX को प्रात:काल 10:00 बजे से 1:00 बजे तक विद्यालय के प्रांगण में आयोजित होने वाली है। प्रतियोगिता के इच्छुक सभी विद्यार्थी अपना नाम, कक्षा व रोल नं. का ब्योरा चित्रकला अध्यापक के पास लिखवा दें।

क.ख.ग.

(सचिव) छात्र संस्था

स्व-मूल्यांकन

1. विरला विद्या निकेतन, नई दिल्ली के साहित्य सचिव करूणा यादव की ओर से निर्धारित तिथि तक वाद-विवाद प्रतियोगिता के लिए नाम देने की सूचना।
2. 'दिशा बोध' स्वयंसेवी संगठन की ओर से आपके विद्यालय में रक्तदान शिविर का आयोजन किया जाएगा। विद्यालय का कैप्टन होने के नाते सभी को सूचना दीजिए।
3. आपके विद्यालय में 'नैनो तकनीक' विषय पर एक सेमीनार का आयोजन किया जाएगा। भौतिक विज्ञान के शिक्षक होने के नाते ग्यारहवीं एवं बारहवीं कक्षा के विद्यार्थियों को इसकी सूचना दीजिए।
4. महात्मा गांधी सार्वजनिक पुस्तकालय, अजमेर के पुस्तकालय अध्यक्ष कील ओर से एक सूचना जारी कीजिए कि जनता की माँग पर पुस्तकालय रविवार को पूर्वाह्न 11 बजे से अपराहन 4 बजे तक खुला रहेगा।
5. आपके विद्यालय में गांधी जयंती के अवसर पर 'वृक्षारोपण कार्यक्रम' तथा 'अहिंसा' विषय पर एक वाद-विवाद प्रतियोगिता का आयोजन किया जाएगा। विद्यालय की कैप्टन मंजुल मेहता की ओर से सभी विद्यार्थियों को सूचना देते हुए उपर्युक्त गतिविधियों में भाग लेने के लिए कहें।
6. आपके विद्यालय में छः दिन के लिए विद्यार्थियों के व्यक्तित्व के विकास हेतु एक कार्यशाला (Workshop) का आयोजन किया जाएगा। स्कूल कैप्टन की ओर से सभी को इसकी सूचना दीजिए।
7. अनुशासनिक कार्रवाई विषयक सूचना लिखिए।
8. आप पंचशील संस्थान में मैनेजर के पद पर कार्यरत् अमित शाह हैं। व्यक्तिगत कारणों से आपने अपना आवास बदल लिया है। अपने नए आवास का पता देते हुए सूचना लिखिए।
9. आप शिक्षा निदेशालय में सहायक सूचना अधिकारी के पद पर कार्यरत् हैं। एक समारोह के दौरान आपको एक मोबाइल फ़ोन सभागार में मिला है। इससे संबंधित सूचना तैयार करें।
10. आप अभिभावक समिति के अध्यक्ष दिनेश भार्गव हैं और नर्सरी दाखिले के संदर्भ में सोसाइटी के सभी अभिभावकों के साथ एक बैठक करना चाहते हैं। इसकी सूचना दीजिए।
11. घर की नीलामी हेतु बैंक द्वारा सूचना लिखिए।
12. विद्यालय के सूचना-पट के लिए एक सूचना तैयार कीजिए कि शरद्कालीन अवकाश के बाद 20 अक्टूबर को विद्यालय में हिंदी निबंध लेखन प्रतियोगिता होगी। प्रतियोगिता की तैयारी के लिए हिंदी विभागाध्यक्ष डॉ. नीलम से संपर्क कीजिए।
13. सूचना एवं प्रसारण मंत्रालय, भारत सरकारी द्वारा स्वच्छ भारत विषय पर विज्ञापन आमंत्रि किए जाने हेतु सूचना।।
14. आप एवरग्रीन पब्लिक स्कूल, वसुंधरा एनक्लेव, दिल्ली के कैप्टन अमित मिश्रा हैं। आपके विद्यालय में सांस्कृतिक कार्यक्रम का आयोजन किया जा रहा है। सभी विद्यार्थियों को सूचित करते हुए सूचना तैयार कीजिए।
15. विद्यालय से एक कवि-सम्मेलन का आयोजन का आयोजन किया जाने वाला है। क्षेत्र के लोगों को इस अवसर का लाभ उठाने के लिए सूचना।

प्री-मिड टर्म टेस्ट

अपठित गद्यांश, व्याकरण, पाठ्यपुस्तक (पद्य भाग तथा गद्य भाग) एवं लेखन खंड के प्रश्नों सहित

{टेस्ट 1}

1. निम्नलिखित गद्यांश को पढ़कर उन पर आधारित बहुविकल्पीय प्रश्नों के उत्तर दीजिए। ($\frac{1}{2} \times 4 = 2$)

हमारे देश में एक ऐसा भी युग था, जब नैतिक और आध्यात्मिक विकास ही जीवन का वास्तविक लक्ष्य माना जाता था। अहिंसा की भावना सर्वोपरि थी। आज पूरा जीवन-दर्शन ही बदल गया है। सर्वत्र पैसे की हाय-हाय तथा धन का उपार्जन ही मुख्य ध्येय हो गया है, भले ही धन उपार्जन के तरीके गलत क्यों न हों? इन सबका असर मनुष्य के प्रतिदिन के जीवन पर पड़ रहा है। समाज का वातावरण दूषित हो गया है, बाह्य वातावरण तो दूषित है ही। आज सब जानते हैं कि पर्यावरण की समस्याएँ कितनी चिंतनीय हो उठी हैं। इन सबके कारण मानसिक और शारीरिक तनाव-खिंचाव और व्याधियाँ पैदा हो रही हैं। पर्यावरण की समस्याओं के कारण मानव-समाज ही नहीं, बल्कि समस्त प्राणियों के सामने जीवन-मरण की भयावह समस्या खड़ी हो गई है। बदलते हुए जीवन-दर्शन के प्रभाव से ही हमारा जीवन बुरी तरह प्रभावित हो रहा है।

प्रश्न

I. प्रस्तुत गद्यांश में कैसे युग की बात की जा रही है?

(i) नैतिक और आध्यात्मिक विकास की
(ii) पर्यावरण की समस्याओं की
(iii) जीवन-मरण की
(iv) धनार्जन की

कूट

(क) केवल कथन (i) सही है।
(ख) केवल कथन (ii) सही है।
(ग) केवल कथन (iii) सही है।
(घ) केवल कथन (iv) सही है।

II. कथन (A) वर्तमान जीवन दर्शन में क्या परिवर्तन आया है?
कारण (R) धन उपार्जन के लिए गलत तरीके अपनाना।

(क) कथन (A) और कारण (R) दोनों गलत हैं।
(ख) कथन (A) सही हैं किंतु कारण (R) गलत है।
(ग) कथन (A) गलत है किंतु कारण (R) सही है।
(घ) कथन (A) सही है और कारण (R) कथन (A) की सही व्याख्या करता है।

III. 'जीवन-मरण' में कौन-सा समास है?

(क) अव्ययीभाव समास (ख) द्वंद्व समास
(ग) तत्पुरुष समास (घ) बहुव्रीहि समास

IV. प्रस्तुत गद्यांश का उचित शीर्षक लिखिए।

(क) जीवन-दर्शन में बदलाव (ख) नैतिक युग
(ग) जीवन का लक्ष्य (घ) अहिंसा

2. निम्नलिखित पद्यांश को पढ़कर उन पर आधारित प्रश्नों के उत्तर दीजिए। ($\frac{1}{2} \times 4 = 2$)

इन नए बसते इलाकों में
जहाँ रोज़ बन रहे हैं नए-नए मकान
मैं अक्सर रास्ता भूल जाता हूँ
धोखा दे जाते हैं पुराने निशान
खोजता हूँ ताकता पीपल का पेड़
खोजता हूँ ढहा हुआ घर
और ज़मीन का खाली टुकड़ा जहाँ से बाएँ
मुड़ना था मुझे
फिर दो मकान बाद बिना रंग वाले लोहे के फाटक
का घर था इकमंज़िला
और मैं हर बार एक घर पीछे
चल देता हूँ
या दो घर आगे ठकमकाता
यहाँ रोज़ कुछ बन रहा है
रोज़ कुछ घट रहा है
यहाँ स्मृति का भरोसा नहीं
एक ही दिन में पुरानी पड़ जाती है दुनिया
जैसे बसंत का गया पतझड़ को लौटा हूँ
अब यही है उपाय कि हर दरवाज़ा खटखटाओ
और पूछो-क्या यही है वो घर?
समय बहुत कम है तुम्हारे पास
आ चला पानी ढहा आ रहा अकास
शायद पुकार ले कोई पहचाना ऊपर से देखकर।

प्रश्न

I. कवि अकसर अपना रास्ता क्यों भूल जाता है?
(क) उसकी भूलने की आदत है
(ख) वहाँ रोज़ नए-नए से रास्ते बन जाते हैं
(ग) वहाँ प्रतिदिन नए मकान बन जाते हैं
(घ) कवि अकसर अपना मकान बदल लेता है

II. कवि अपने घर के लिए कहाँ से मुड़ता है?
(क) पीपल के पेड़ के पास से
(ख) धराशायी हुए मकान से
(ग) लोहे के फाटक के पास से
(घ) ज़मीन के खाली टुकड़े के पास से

III. 'रोज़ कुछ घट रहा है'–पंक्ति में क्या घटने की बात की जा रही है?
(क) कवि अपने घर नहीं पहुँच पाता है
(ख) कवि की याददाश्त कमज़ोर पड़ती जा रही है
(ग) कवि के घर के आस-पास नित नए मकान बनते जा रहे हैं
(घ) एक ही दिन में दुनिया छोटी पड़ जाती है

IV. 'जैसे बसंत का गया पतझड़ को लौटा हूँ' का आशय क्या है?
(क) कवि बैसाख में गया, किंतु भादों महीने में लौटा
(ख) वह गर्मी में गया और वर्षा ऋतु में लौटा
(ग) उसे लग रहा है कि वह लंबे समय बाद लौटा है
(घ) उपरोक्त में से कोई नहीं

3. निम्नलिखित प्रश्नों के निर्देशानुसार उत्तर दीजिए। $(½ \times 4 = 2)$
(क) 'अव' उपसर्ग से दो शब्दों का निर्माण कीजिए।
(ख) 'दुराचार' शब्द में प्रयुक्त उपसर्ग और मूल शब्द अलग कीजिए।
(ग) 'झगड़ालू' में कौन-सा प्रत्यय है?
(घ) 'ऐया' प्रत्यय से दो शब्दों का निर्माण कीजिए।

4. हरिशंकर परसाई ने प्रेमचंद का जो शब्दचित्र हमारे सामने प्रस्तुत किया है, उससे प्रेमचंद के व्यक्तित्व की कौन-कौन-सी विशेषताएँ उभरकर आती हैं? (1)

अथवा

लेखिका उर्दू-फ़ारसी नहीं सीख पाई इसके पीछे क्या कारण हो सकता है? 'मेरे बचपन के दिन' पाठ के आधार पर वर्णन कीजिए। (1)

5. निम्नलिखित विषयों पर संकेत बिंदुओं के आधार पर अनुच्छेद लिखिए। (2)

प्लास्टिक की दुनिया
- प्लास्टिक का आविष्कार और इसका उपयोग
- प्लास्टिक के गुण एवं दोष
- प्लास्टिक का पर्यावरण पर प्रभाव

अथवा

ग्लोबल वार्मिंग
- प्रस्तावना
- दुष्परिणाम
- बचाव तथा उपसंहार

6. किसी प्रतिष्ठित समाचार-पत्र के संपादक को एक पत्र लिखिए, जिसमें इस बात का वर्णन किया गया हो कि सार्वजनिक समारोहों में राष्ट्रगान के प्रति समुचित सम्मान नहीं दर्शाया जाता, जो राष्ट्रीय मूल्यों को क्षति पहुँचाने के समान है। (1)

अथवा

दिल्ली के प्रगति मैदान में आयोजित किसी प्रदर्शनी का विवरण देते हुए अपने मित्र को इसे देखने के लिए निमंत्रित कीजिए। (1)

7. एक मित्र के दुर्घटना में घायल होने पर उसका कुशल मंगल पूछते हुए उसके साथ होने वाला संवाद 100 शब्दों में लिखिए। (1)

अथवा

एक ऐसी मौलिक कथा लिखिए, जिसके अंत में यह वाक्य लिखा गया हो–"अंततः मैं अपनी योजना में सफल हो सका/हो सकी।" (1)

पीरियोडिक टेस्ट

{टेस्ट 2}

1. निम्नलिखित गद्यांश को पढ़कर उन पर आधारित बहुविकल्पीय प्रश्नों के उत्तर दीजिए। $(½ \times 4 = 2)$

मानव सभ्यता पर औद्योगिक क्रांति की धमक अभी थमी भी नहीं कि एक नई तकनीकी क्रांति ने अपने आने की घोषणा कर दी है। 'नैनो-तकनीक' के समर्थक दावा करते हैं कि जब यह अपने पूरे वजूद से आएगी तो धरती का नामो-निशान मिट जाएगा और नैनो रोबोट की स्वनिर्मित फौज पूरी तरह क्षत-विक्षत शव को पलक झपकते ही चुस्त-दुरुस्त इंसान में तबदील कर देगी। दूसरी ओर नैनो-तकनीक की असीमित शक्ति से आशंकित इसके विरोधी इसे मिस्र के पिरामिडों में सोई ममियों से भी ज्यादा अभिशप्त समझते हैं। इन दोनों अतिवादी धारणाओं के बीच इतना अवश्य कहा जा सकता है कि हम तकनीकी क्रांति के एक सर्वथा नए मुहाने पर आ पहुँचे हैं, जिसके बाद उद्योग, चिकित्सा,

दूरसंचार, परिवहन सहित हमारे जीवन में शामिल तमाम तकनीकी जटिलताएँ अपने पुराने अर्थ खो देंगी। इस अभूतपूर्व तकनीकी बदलाव के सामाजिक-सांस्कृतिक निहितार्थ क्या होंगे, यह देखना सचमुच दिलचस्प होगा।

आदमी ने कभी सभ्यता की बुनियाद पत्थर के बेडौल हथियारों से डाली थी, अनगढ़ शिलाओं को छीलकर उन्हें कुल्हाड़ों और भालों की शक्ल में ढाला और इस उपलब्धि ने उत्पादकता की दृष्टि से उसे दूसरे जंतुओं की तुलना में लाभ की स्थिति में ला खड़ा किया। औज़ारों को बेहतर बनाने का यह सिलसिला आगे कई विस्मयकारी मसलों से गुज़रा और औद्योगिक क्रांति ने तो मनुष्य को मानो प्रकृति के नियंत्रक की भूमिका सौंप दी।

तकनीकी कौशल की हतप्रभ कर देने वाली इस यात्रा में एक बात ऐसी है, जो पाषाण युग के बेढब हथियारों से चमत्कारी माइक्रोचिप निर्माण तक एक जैसी बनी रही। हम अपने औजार, कच्चे माल को तराशकर बनाते हैं। यह सर्वविदित तथ्य है कि सारे पदार्थ परमाणुओं से मिलकर बने हैं, लेकिन पदार्थों के गुण इस बात पर निर्भर करते हैं कि उनमें परमाणुओं को किस तरह सजाया गया है। कार्बन के परमाणुओं की एक खास बनावट से कोयला तैयार होता है, तो दूसरी खास बनावट उन्हें हीरे का रूप दे देती है। परमाणु और अणुओं को इकाई मानकर मनचाहा उत्पाद तैयार करना ही 'नैनो-तकनीक' का सार है।

प्रश्न

I. नैनो-तकनीक के वजूद में आने का क्या परिणाम होगा?

(क) बेरोजगारी को बढ़ावा मिलेगा
(ख) देश में समृद्धि आएगी
(ग) धरती का नामो-निशान मिट जाएगा
(घ) सुविधाओं में वृद्धि होगी

II. नैनो-तकनीक के विरोधी द्वारा इसे मिस्र के पिरामिडों में सोई ममियों से भी ज्यादा अभिशप्त क्यों माना गया?

(क) यह तकनीक संपूर्ण मानव जाति के लिए हानिकारक सिद्ध हो सकती है
(ख) यह तकनीक विकास के नए प्रतिमान स्थापित करेगी
(ग) यह तकनीक कौशल को बढ़ाने के बजाय घटा देगी
(घ) यह तकनीक नए युग में चार चाँद लगा देगी

III. मानव प्रकृति का नियंत्रक किस आधार पर बन गया?

(i) औजारों का निर्माण करवे
(ii) औद्योगिक क्रांति करके
(iii) (क) और (ख) दोनों
(iv) प्रकृति को प्रोत्साहित करके

कूट

(क) केवल कथन (i) सही है।
(ख) केवल कथन (ii) सही है।
(ग) (i) और (ii) दोनों सही हैं।
(घ) केवल कथन (iv) सही है।

IV. कथन (A) गद्यांश के अनुसार कथन पढ़कर बताइए 'नैनो-तकनीक' क्या है?
कारण (R) परमाणु और अणुओं को मूलभूत इकाई मानकर इच्छानुसार उत्पाद तैयार करना।

(क) कथन (A) सही है किंतु कारण (R) गलत है।
(ख) कथन (A) गलत है किंतु कारण (R) सही है।
(ग) कथन (A) और कारण (R) दोनों गलत हैं।
(घ) कथन (A) की कारण (R) सही व्याख्या नहीं करता है।

2. निम्नलिखित पद्यांश को पढ़कर उन पर आधारित बहुविकल्पीय प्रश्नों के उत्तर दीजिए। (½ × 4 = 2)

जनता? हाँ, मिट्टी की अबोध मूरतें वही,
जाड़े-पाले की कसक सदा सहने वाली,
जब अंग-अंग में लगे साँप हों चूस रहे,
तब भी न कभी मुँह खोल दर्द कहने वाली।

मानो, जनता हो फूल जिसे एहसास नहीं,
जब चाहो तभी उतार सजा लो दोनों में;
अथवा कोई दुधमुँही जिसे बहलाने के
जंतर-मंतर सीमित हों चार खिलौनों में।

लेकिन, होता भूडोल, बवंडर उठते हैं,
जनता जब कोपाकुल हो भृकुटी चढ़ाती है;
दो राह, समय के रथ का घर्घर-नाद सुनो,
सिंहासन खाली करो कि जनता आती है।

हुंकारों से महलों की नींव उखड़ जाती,
साँसों के बल से ताज हवा में उड़ता है;
जनता की रोके राह, समय में ताब कहाँ?
वह जिधर चाहती, काल उधर ही मुड़ता है।

सबसे विराट् जनतंत्र जगत् का आ पहुँचा,
तैंतीस कोटि-हित सिंहासन तैयार करो;
अभिषेक आज राजा का नहीं, प्रजा का है,
तैंतीस कोटि जनता के सिर पर मुकुट धरो।

आरती लिए तू किसे ढूँढता है मूरख,
मंदिरों, राजप्रासादों में, तहखानों में?
देवता कहीं सड़कों पर मिट्टी तोड़ रहे,
देवता मिलेंगे खेतों में खलिहानों में।

प्रश्न

I. कवि ने भारतीय जनता की सहनशीलता का वर्णन किस रूप में किया है?

(क) भारतीय जनता सभी अत्याचार सहती है
(ख) वह हाथ जोड़े हर आज्ञा मानती है
(ग) वह मिट्टी की मूरत बनी आवाज़ नहीं उठाती
(घ) नासमझी के कारण सहनशील बनी रहती है

II. "अथवा कोई दुधमुँही जिसे बहलाने के जंतर-मंतर सीमित हों चार खिलौनों में" कथन का क्या भाव है?
(क) जनता को लालच देकर फुसलाया जा सकता है
(ख) भारतीयों को किसी लालच से फुसलाया नहीं जा सकता है
(ग) भारतीय जनता बच्चे के समान कमज़ोर नहीं है
(घ) भारतीय जनता बहुत सीधी है, उसे बहलाना कठिन नहीं है

III. जनता के क्रोध का क्या परिणाम होता है?
(क) भ्रांति (ख) शांति
(ग) क्रांति (घ) अशांति

IV. **कथन** (A) 'प्रजा का अभिषेक होने' का क्या तात्पर्य है–
कारण (R) जनता व राजाओं के हाथ में सत्ता सौंपना।
(क) कथन (A) सही है और कारण (R) सही व्याख्या नहीं करता है।
(ख) कथन (A) गलत है और कारण (R) सही व्याख्या करता है।
(ग) कथन (A) और कारण (R) सही है।
(घ) कथन (A) और कारण (R) दोनों सही नहीं है।

3. निम्नलिखित काव्यांशों में निहित अलंकार के प्रकार बताइए। (½ × 4 = 2)
(क) तनकर भाला यह बोल उठा
राणा मुझको विश्राम न दे
(ख) पाहुन ज्यों आए हों गाँव में शहर के
(ग) चारु चंद्र की चंचल किरणें खेल रही हैं जल-थल में
(घ) जो रहीम गति दीप की, कुल कपूत गति सोय।
बारै उजियारो करै, बढ़ै अँधेरो होय।।

{टेस्ट 3}

1. निम्नलिखित गद्यांश को ध्यानपूर्वक पढ़कर उन पर आधारित प्रश्नों के उत्तर दीजिए। (½ × 4 = 2)

अपनी सभ्यता का जब मैं अवलोकन करता हूँ, तब लोगों को काम के संबंध की उनकी विचारधारा के अनुसार उन्हें विभाजित करने लगता हूँ। एक वर्ग में वे लोग आते हैं, जो काम को उस घृणित आवश्यकता के रूप में देखते हैं, जिसकी उनके लिए उपयोगिता केवल धन अर्जित करना है। वे अनुभव करते हैं कि जब दिनभर का श्रम समाप्त हो जाता है, तब वे जीना सचमुच शुरू करते हैं और अपने आप में होते हैं।

जब वे काम में लगे होते हैं, तब उनका मन भटकता रहता है। काम को वे उतना महत्त्व देने का कभी विचार नहीं करते, क्योंकि केवल आमदनी के लिए ही उन्हें काम की आवश्यकता है। दूसरे वर्ग के लोग अपने काम को आनंद और आत्मपरितोष पाने के एक सुयोग के रूप में देखते हैं। वे धन इसलिए कमाना चाहते हैं, ताकि अपने काम से अधिक एकनिष्ठता के साथ समर्पित हो सकें। जिस काम में वे संलग्न होते हैं, उसकी पूजा करते हैं।

पहले वर्ग में केवल वे लोग ही नहीं आते हैं, जो बहुत कठिन और अरुचिकर काम करते हैं। उसमें बहुत-से संपन्न लोग भी सम्मिलित हैं, जो वास्तव में कोई काम नहीं करते हैं। ये सभी धन को ऐसा कुछ समझते हैं, जो उन्हें काम करने के अभिशाप से बचाता है। इसके सिवाय कि उनका भाग्य अच्छा रहा है, वे अन्यथा उन कारखानों के मजदूरों की तरह ही हैं, जो अपने दैनिक काम को जीवन का सबसे बड़ा अभिशाप समझते हैं। उनके लिए काम कोई घृणित वस्तु है और धन वांछनीय, क्योंकि काम से छुटकारा पाने के साधन का प्रतिनिधित्व यही धन करता है।

यदि काम को वे टाल सकें और फिर भी धन प्राप्त हो जाए, तो खुशी से यही करेंगे। जो लोग काम में अनुरक्त हैं तथा उसके प्रति समर्पित हैं, ऐसे कलाकार, विद्वान् और वैज्ञानिक दूसरे वर्ग में सम्मिलित हैं। वस्तुओं को बनाने और खोजने में वे हमेशा

4. कवि का मानना है कि बच्चों के काम पर जाने की भयानक बात को विवरण की तरह न लिखकर सवाल के रूप में पूछा जाना चाहिए कि 'काम पर क्यों जा रहे हैं बच्चे?' कवि की दृष्टि में इस बात का विवरण न देते हुए उसे प्रश्न के रूप में क्यों पूछा जाना चाहिए? (1)

5. निम्नलिखित विषयों पर संकेत बिंदुओं के आधार पर अनुच्छेद लिखिए। (2)

कंप्यूटर
- परिचय
- उपयोगिता
- हानियाँ

अथवा

विज्ञापन
- विज्ञापन की आवश्यकता
- विज्ञापन से होने वाले लाभ
- विज्ञापन से होने वाली हानियाँ

6. आपका टेलीफोन लगभग दस दिनों से खराब पड़ा है। आपने महानगर टेलीफोन निगम के दोष सुधार सेवा विभाग में कई बार शिकायत दर्ज की, किंतु परिणाम ज्यों का त्यों है। इसकी शिकायत करते हुए महानगर टेलीफोन निगम के प्रबंधक को एक पत्र लिखिए। (1)

अथवा आपका मित्र बोर्ड की परीक्षा में प्रथम रहा है। उसे बधाई पत्र लिखिए। (1)

7. जलभराव की शिकायत लेकर गए नागरिक और नगरपालिका अध्यक्ष के बीच होने वाले संवाद को लगभग 100 शब्दों में लिखिए। (1)

अथवा अपने शहर के राजस्व विभाग में प्राप्ति और भुगतान के विषय में जानकारी प्राप्त करने हेतु आर.टी.आई. विभाग को ई-मेल लिखिए। (1)

दिलचस्पी रखते हैं। इसके अंतर्गत परंपरागत कारीगर भी आते हैं, जो किसी वस्तु को रूप देने में गर्व और आनंद का वास्तविक अनुभव करते हैं। अपनी मशीनों को ममत्वभरी सावधानी से चलाने और उनका रख-रखाव करने वाले कुशल मिस्त्री और इंजीनियर इसी वर्ग से संबंधित हैं।

I. पहले वर्ग के लोग काम को किस रूप में देखते हैं?

(क) कर्त्तव्य भावना के रूप में

(ख) धन प्राप्ति के साधन के रूप में

(ग) आनंद प्राप्ति के साधन के रूप में

(घ) समाज सेवा के रूप में

II. दूसरे वर्ग के लोग धन क्यों कमाना चाहते हैं?

(क) क्योंकि यही उनका एकमात्र उद्देश्य होता है

(ख) क्योंकि धन से ही इच्छाओं की पूर्ति होती है

(ग) क्योंकि वे अपने काम से अधिक एकनिष्ठता के साथ समर्पित हो सकें

(घ) क्योंकि वे दिनभर की थकान मिटा सकें

III. कथन (A) काम करना किनके लिए घृणित हैं?

कारण (R) जो धन की तुलना में काम को प्राथमिकता देते हैं।

कूट

(क) कथन (A) सही है किंतु कारण (R) सही नहीं है।

(ख) कथन (A) गलत है किंतु कारण (R) सही है।

(ग) कथन (A) और (R) सही नहीं है।

(घ) कथन (A) सही है और कारण (R) सही व्याख्या करता है।

IV. दूसरे वर्ग के लोगों के विषय में कौन-सा कथन सही नहीं है?

(i) वे काम में अनुरक्त रहते हैं

(ii) वे काम के प्रति समर्पित होते हैं

(iii) वे वस्तुओं को रूप देने में आनंद का अनुभव करते हैं

(iv) वे काम से छुटकारा पाना चाहते हैं

कूट

(क) (i) और (ii) दोनों सही हैं।

(ख) केवल कथन (i) सही है।

(ग) केवल कथन (ii) सही है।

(घ) केवल कथन (iii) सही है।

2. निम्नलिखित पद्यांश को ध्यानपूर्वक पढ़कर उन पर आधारित प्रश्नों के उत्तर दीजिए। (½ × 4 = 2)

कैसे बेमौके पर तुमने ये
मज़हब के शोले सुलगाए।
मानव-मंगल-अभियानों में
जब नया कल्प आरंभ हुआ
जब चंद्रलोक की यात्रा के
सपने सच होने को आए।
तुम राग अलापो मज़हब का
पैग़ंबर को बदनाम करो,
नापाक हरकतों में अपनी
रूहों को कत्लेआम करो!
हम प्रजातंत्र में मनुष्यता के
मंगल-कलश सँवार रहे
हर जाति-धर्म के लिए
खुला आकाश-प्रकाश पसार रहे।
उत्सर्ग हमारा आज
हिमालय की चोटी छू आया है।
सदियों की कालिख को
हमने बलिदानों से धोना है
मानवता की खुशहाली की
हरियाली फ़सलें बोना है।
बढ़-बढ़कर बातें करने की
बलिदानी रटते बान नहीं
इतना तो तुम भी समझ गए
यह कल का हिंदुस्तान नहीं।

I. 'मज़हब के शोले' से तात्पर्य है

(क) विभिन्न धर्मों से संबंधित बातें

(ख) धर्म पर आधारित नफ़रत की बातें

(ग) धर्म का उपदेश देने वाली बातें

(घ) धार्मिक विषयों पर विवादास्पद बातें

II. मज़हब के शोले सुलगाने का यह मौका नहीं है, क्योंकि

(क) आधुनिक युग में ये बातें शोभाकर नहीं हैं

(ख) चंद्रलोक की यात्रा की तुलना में ये बातें हीन लगती हैं

(ग) प्रगतिशील दृष्टिकोण ऐसी बातों को बेतुकी मानता है

(घ) आज का इंसान ऐसी बातों में आस्था नहीं रखता

III. 'मज़हब का राग' अप्रासंगिक है, क्योंकि प्रजातंत्र

(क) मज़हबी राग में विश्वास नहीं रखता

(ख) जाति और धर्म को मानवता का हितकारी समझता है

(ग) समाज को संकुचित दृष्टिकोण से नहीं देखता

(घ) खुले आकाश के सामने देखता है

IV. "हरियाली फसलें बोना है" कथन का आशय है

(क) मानवता को बढ़ावा देना

(ख) देश को फलता-फूलता देखना

(ग) सामाजिक भेदभाव मिटाना

(घ) सांप्रदायिकता का विरोध करना

3. (क) 'चिरकाल' शब्द में से उपसर्ग और मूल शब्द अलग कीजिए। (½)

(ख) 'तत्' उपसर्ग लगाकर दो शब्द लिखिए। (½)

(ग) 'उतराई' शब्द में से प्रत्यय और मूल शब्द अलग कीजिए। (½)

(घ) 'आवट' प्रत्यय लगाकर दो शब्द लिखिए। (½)

4. 'मेरे बचपन के दिन' पाठ में बापू ने लेखिका की कौन-सी वस्तु माँग ली और क्यों? (1)

अथवा

'प्रेमचंद के फटे जूते' व्यंग्य को पढ़कर आपको लेखक की कौन-सी बातें आकर्षित करती हैं? (1)

5. निम्नलिखित प्रश्नों के उत्तर दीजिए।

कवि सुमित्रानंदन पंत ने मटर की फली को मखमली पेटियाँ क्यों कहा है? (1)

अथवा

'मेरा दस फुट का संसार' किसे और क्यों कहा गया है? (1)

6. निम्नलिखित विषयों पर संकेत बिंदुओं के आधार पर अनुच्छेद लिखिए। (2)

पर्वतीय प्रदेश की यात्रा

- जीवन में मनोरंजन की आवश्यकता
- ग्रीष्मावकाश में कार्यक्रम
- रोचक अनुभव

अथवा

मनोरंजन के आधुनिक साधन

- मनोरंजन का तात्पर्य
- मनोरंजन के साधन
- मनोरंजन की आवश्यकता

7. आपके नगर में अनधिकृत मकान बनाए जा रहे हैं। इनकी रोकथाम के लिए जिलाधिकारी को ई-पत्र लिखिए। (1)

अथवा

छात्रावास में रह रहे छोटे भाई के द्वारा की गई मोबाइल फ़ोन की माँग पर अभी इसका उपयोग न करने की सलाह देते हुए पत्र लिखिए। (1)

8. एक मित्र के बोर्ड में प्रथम आने पर बधाई देते हुए उसके साथ होने वाले संवाद को लगभग 100 शब्दों में लिखिए। (1)

अथवा

दिल्ली मैट्रो के कुछ स्टेशनों पर असुविधा हेतु सूचना-लेखन कीजिए। (1)

मिड टर्म टेस्ट

अपठित गद्यांश, व्याकरण, पाठ्यपुस्तक (पद्य भाग तथा गद्य भाग) एवं लेखन खंड के प्रश्नों सहित

{टेस्ट 1}

1. निम्नलिखित गद्यांश को पढ़कर इस पर आधारित बहुविकल्पीय प्रश्नों के उत्तर दीजिए। (½ × 4 = 2)

जो लोग अपनी असफलताओं के लिए या जीवन में गतिरोध के लिए हालातों को जिम्मेदार ठहराते हैं, वे लोग या तो गलत हैं या हालात से डरते हैं। वे या तो जीवन को समझ नहीं पाए या उलझनों में फँसे हुए हैं। वे या तो आलसी हैं या अकर्मण्य हैं। एक कारण और भी हो सकता है कि उनकी नीयत और नीति में मेल न हो। यह अति आवश्यक है कि नीयत और नीति दोनों एक सूत्र में पिरोई हुई हों अर्थात् मेल खाती हों। ऐसा कदापि संभव नहीं है और नीयत मानसिक इच्छा है, जो खोटी भी हो सकती है और खरी भी। खोटी नीयत वाला व्यक्ति कदापि इस संसार में नहीं टिक सकता और यदि टिकेगा, तो बहुत कम समय के लिए, केवल तब तक, जब तक उसकी नीयत खुलकर सामने नहीं आती, क्योंकि नीति की जननी नीयत है और जब जननी में ही दोष है, तो संतान में कोई-न-कोई विकृति अवश्य आ जाएगी।

हालातों को असफलता के लिए जिम्मेदार ठहराना ठीक नहीं लगता, क्योंकि हालात तो उनके साथ भी वही होते हैं या लगभग वही होते हैं, जो सफलता प्राप्त करते हैं। यदि कोई व्यक्ति अपनी असफलताओं की जिम्मेदारी खुद नहीं ले सकता, तो वह अपनी सफलता की जिम्मेदारी लेने के काबिल नहीं है। जीवन का असली आनंद तो तभी है, जब परिस्थितियाँ विषम हों।

प्रश्न

I. **कथन** (A) किस तरह के लोगों की नीयत और नीति में मेल नहीं रहता है?

कारण (R) अकर्मण्य, आलसी, हालात को जिम्मेदार ठहराने वाले लोग व जीवन को न समझने वाले लोग हैं।

(क) कथन (A) की कारण (R) सही व्याख्या नहीं करता है।
(ख) कथन (A) की कारण (R) सही व्याख्या करता है।
(ग) कथन (A) सही है और कारण (R) गलत है।
(घ) कथन (A) गलत है और कारण (R) दोनों सही हैं।

II. खोटी नीयत वाला व्यक्ति इस संसार में क्यों नहीं टिक पाता?

(क) अवगुणों के कारण
(ख) समय अभाव के कारण
(ग) गलत नीयत या नीति के कारण
(घ) अदारता के कारण

III. असफलता के लिए किसे जिम्मेदार ठहराना ठीक नहीं माना गया है?

(क) ईश्वर को (ख) प्रकृति को
(ग) हालातों को (घ) काबिल व्यक्ति को

IV. लेखक ने नीति की जननी किसे कहा है?

(i) व्यवहार को (ii) नीयत को
(iii) समय को (iv) सोच को

कूट

(क) केवल (i) सही है। (ख) केवल (ii) सही है।
(ग) केवल (iii) सही है। (घ) केवल (iv) सही है।

2. निम्नलिखित गद्यांश को पढ़कर इस पर आधारित बहुविकल्पीय प्रश्नों के उत्तर दीजिए। (½ × 4 = 2)

जनता? हाँ, मिट्टी की अबोध मूरतें वही,
जाड़े-पाले की कसक सदा सहने वाली,
जब अंग-अंग में लगे साँप हों चूस रहे,
तब भी न कभी मुँह खोल दर्द कहने वाली।

मानो, जनता हो फूल जिसे एहसास नहीं,
जब चाहो तभी उतार सजा लो दोनों में;
अथवा कोई दुधमुँही जिसे बहलाने के
जंतर-मंतर सीमित हों चार खिलौनों में।

लेकिन, होता भूडोल, बवंडर उठते हैं,
जनता जब कोपाकुल हो भृकुटी चढ़ाती है;
दो राह, समय के रथ का घर्घर-नाद सुनो,
सिंहासन खाली करो कि जनता आती है।

हुंकारों से महलों की नींव उखड़ जाती,
साँसों के बल से ताज हवा में उड़ता है;
जनता की रोके राह, समय में ताब कहाँ?
वह जिधर चाहती, काल उधर ही मुड़ता है।

सबसे विराट् जनतंत्र जगत् का आ पहुँचा,
तैंतीस कोटि-हित सिंहासन तैयार करो;
अभिषेक आज राजा का नहीं, प्रजा का है,
तैंतीस कोटि जनता के सिर पर मुकुट धरो।

आरती लिए तू किसे ढूँढता है मूरख,
मंदिरों, राजप्रासादों में, तहखानों में?
देवता कहीं सड़कों पर मिट्टी तोड़ रहे,
देवता मिलेंगे खेतों में खलिहानों में।

प्रश्न

I. **कथन** (A) कवि ने भारतीय जनता की सहनशीलता का वर्णन किस रूप में किया है?
कारण (R) नासमझी के कारण सहनशील बनी रहती है।
(क) कथन (A) सही है और कारण (R) गलत है।
(ख) कथन (A) गलत है और कारण (R) सही है।
(ग) कथन (A) की कारण (R) सही व्याख्या नहीं करता है।
(घ) कथन (A) की कारण (R) सही व्याख्या करता है।

II. "अथवा कोई दुधमुँही जिसे बहलाने के जंतर-मंतर सीमित हों चार खिलौनों में" कथन का क्या भाव है?
(क) जनता को लालच देकर फुसलाया जा सकता है
(ख) भारतीयों को किसी लालच से फुसलाया नहीं जा सकता है
(ग) भारतीय जनता बच्चे के समान कमज़ोर नहीं है
(घ) भारतीय जनता बहुत सीधी है, उसे बहलाना कठिन नहीं है

III. जनता के क्रोध का क्या परिणाम होता है?
(क) भ्रांति (ख) शांति
(ग) क्रांति (घ) अशांति

IV. 'प्रजा का अभिषेक होने' का क्या तात्पर्य है?
(i) जनता के हाथ में सत्ता सौंपना
(ii) राजाओं को अपदस्थ करना
(iii) पर्याप्त वर्षा होना
(iv) लोकतंत्र से दूरी रखना

कूट
(क) केवल (i) सही है। (ख) केवल (ii) सही है।
(ग) केवल (iii) सही है। (घ) केवल (iv) सही है।

3. निम्नलिखित काव्यांशों में प्रयुक्त अलंकारों के नाम लिखिए।
(क) रसवती रसना करके कही,
कथित की कथनीय गुणावली। (1)
(ख) कनक-कनक ते सौ गुनी, मादकता अधिकाय।
या खाये बौराय जग, वा पाये बौराय।। (1)

4. निम्नलिखित प्रश्नों के उत्तर दीजिए।
"बालू के साँपों से अंकित गंगा की सतरंगी रेती" भाव को 'ग्रामश्री' पाठ के आधार पर स्पष्ट कीजिए। (1)

अथवा

'गिट्टी पर अंगुलियों के लिखे गान' से क्या तात्पर्य है? (1)

5. निम्नलिखित प्रश्नों के उत्तर दीजिए।
झूरी की पत्नी ने बैलों को नमकहराम क्यों कहा? बाद में उनका माथा क्यों चूमा? (1)

अथवा

नम्से कौन थे? इनके चरित्र की क्या विशेषता थी? (1)

6. निम्नलिखित विषयों पर संकेत बिंदुओं के आधार पर अनुच्छेद लिखिए। (2)

स्वदेश प्रेम
- स्वदेश प्रेम का अर्थ
- स्वदेश प्रेम के तरीके
- नागरिकों का कर्तव्य

अथवा

गाँवों का देश : भारत
- गाँवों का देश
- गाँवों का वर्तमान स्वरूप
- विकास की संभावनाएँ

7. दुर्घटनाग्रस्त होने के कारण 15 दिनों के अवकाश हेतु प्रधानाचार्य को एक पत्र लिखिए। (1)

अथवा

अपने मित्र को निबंध प्रतियोगिता में प्रथम आने पर बधाई-पत्र लिखिए। (1)

8. आप शोभित हैं और अपने पिताजी से अपने विद्यालय की ओर से भ्रमण पर जाने के लिए अनुमति देने के लिए कह रहे हैं। उनसे हुए संवाद को लगभग 100 शब्दों में लिखिए। (1)

अथवा

"संगठन में शक्ति होती है" कहावत को आधार बनाकर मौलिक कथा लिखिए। (1)

{टेस्ट 2}

1. निम्नलिखित गद्यांश को पढ़कर इस पर आधारित बहुविकल्पीय प्रश्नों के उत्तर दीजिए। (½ × 4 = 2)

समाज दहेज की कुप्रथा से पीड़ित है और इससे छुटकारा पाना चाहता है। कानून भी बनते हैं, सामाजिक दबाव भी है, फिर भी यह प्रथा फलती-फूलती जा रही है, समाप्त नहीं हो पा रही है–क्यों? आखिर क्या उपाय है इस अभिशाप से मुक्त होने का? कोई इसका उपाय अंतर्जातीय विवाह को बढ़ावा देने को बताता है, तो कोई प्रेम विवाह की चर्चा करता है और कोई दंडात्मक कठोर कानून बनाने को। ये सभी बातें एक सीमा तक ही ठीक हैं।

क्या गारंटी है कि अंतर्जातीय तथा प्रेम-विवाह के लिए तैयार होने वालों के दहेज लोभी माँ-बाप उस स्थिति में भी दहेज संबंधी सौदेबाजी नहीं करेंगे? या फिर समाज भी उन्हें स्वीकार कर ही लेगा? कानून उन्हीं का साथ देगा, न कि धन-बल से कानून की धज्जियाँ उड़ाने में समर्थ लोगों का? हमारे विचार में पुरानी पीढ़ी के दकियानूसी लोग किसी भी बात से डरने या पसीजने वाले नहीं और फिर ऐसे विवाह के लिए सामाजिक वातावरण भी सुलभ होना संभव नहीं। युवक-युवतियाँ दोनों ऐसे परिवारों में विवाह करने से स्पष्ट और आंतरिक दृढ़ता से इनकार कर दें, जहाँ किसी भी रूप में दहेज दिया-लिया जाता हो। युवतियों से भी बढ़कर देश के जागरूक नवयुवकों पर अधिक दायित्व जाता है। जिस दिन युवक अपने माता-पिता से स्पष्ट कह देंगे कि वह दहेज लेकर कतई विवाह नहीं करेंगे, उसी दिन से समस्त दहेजलोभियों की अक्ल ठिकाने लग जाएगी और फिर इस कुप्रथा का अंत हो जाएगा।

प्रश्न

I. समाज छुटकारा पाना चाहता है

(क) अंतर्जातीय विवाह से
(ख) कठोर कानून से
(ग) दहेज जैसी कुप्रथा से
(घ) इनमें से कोई नहीं

II. दहेज प्रथा के विकराल रूप का कारण है

(क) अंतर्जातीय विवाह का होना
(ख) प्रेम विवाह का कम होना
(ग) लोगों का दृष्टिकोण नहीं बदलना
(घ) उपरोक्त में से कोई नहीं

III. **कथन** (A) दहेज प्रथा का अंत किस प्रकार संभव है?
कारण (R) युवाओं द्वारा दहेज के खिलाफ विद्रोह करना।

(क) कथन (A) सही है, किंतु कारण (R) गलत है।
(ख) कथन (A) गलत है, किंतु कारण (R) सही है।
(ग) कथन (A) और कारण (R) दोनों गलत हैं।
(घ) कथन (A) सही है और कारण (R) कथन (A) सही व्याख्या करता है।

IV. उपरोक्त गद्यांश के लिए उपयुक्त शीर्षक हो सकता है

(i) युवकों का विद्रोह
(ii) दहेज प्रथा–एक अभिशाप
(iii) प्रेम विवाह
(iv) दहेज प्रथा के लिए कानून की आवश्यकता

कूट

(क) केवल (i) सही है।
(ख) केवल (ii) सही है।
(ग) केवल (iii) सही है।
(घ) केवल (iv) सही है।

2. निम्नलिखित पद्यांश को पढ़कर इस पर आधारित बहुविकल्पीय प्रश्नों के उत्तर दीजिए। (½ × 4 = 2)

मैं बचपन को बुला रही थी
बोल उठी बिटिया मेरी।
नंदन वन-सी फूल उठी
यह छोटी-सी कुटिया मेरी।
'माँ ओ' कहकर बुला रही थी
मिट्टी खाकर आई थी।
कुछ मुँह में, कुछ लिए हाथ में मुझे खिलाने आई थी।
पुलक रहे अंग,दृगों में
कौतूहल था
छलक रहा।
मुँह पर थी आह्लाद लालिमा,
विजय-गर्व था झलक रहा।
मैंने पूछा, "यह क्या लाई?"
बोल उठी वह, "माँ काओ"
हुआ प्रफुल्लित हृदय खुशी से
मैंने कहा- "तुम्हीं खाओ"
पाया मैंने बचपन फिर से,
बचपन बेटी बन आया,
उसकी मंजुल मूर्ति देखकर
मुझमें नवजीवन आया।
मैं भी उसके साथ खेलती
खाती हूँ, तुतलाती हूँ।
मिलकर उसके साथ स्वयं
मैं भी बच्ची बन जाती हूँ।
जिसे खोजती थी बरसों से
अब जाकर उसको पाया।
भाग गया था मुझे छोड़कर
वह बचपन फिर से आया।

प्रश्न

I. कवयित्री की बेटी के मुँह पर किस कारण विजय-गर्व झलक रहा था?

(क) अपनी माँ के संतोष एवं आनंद को देखकर
(ख) अपनी माँ के तुतलाने के कारण
(ग) अपने संग माँ को खेलते देखकर
(घ) स्वयं मिट्टी खाने तथा अपनी माँ को खिलाने के लिए लाने के कारण

II. कवयित्री ने अपने बचपन को किस रूप में पुन: पा लिया?

(क) बचपन की स्मृति के रूप में
(ख) अपनी बेटी के रूप में
(ग) अपनी सहेली के रूप में
(घ) स्वयं बच्ची बनकर

III. कवयित्री वर्षों से किसे खोज रही थी?

(क) अपनी बेटी को
(ख) किसी अपने को
(ग) अपने बचपन को
(घ) बचपन की अपनी सहेली को

IV. काव्यांश में प्रयुक्त शब्द 'दृग' का अर्थ है

(i) आँख (ii) नयन
(iii) नेत्र (iv) गाल

कूट

(क) (i) और (ii) सही हैं।
(ख) (i), (ii) और (iii) सही हैं।
(ग) (ii) और (iii) सही हैं।
(घ) (iii) और (iv) सही हैं।

3. अर्थ की दृष्टि से वाक्य के निम्नलिखित भेदों के एक-एक उदाहरण लिखिए। (½ × 4 = 2)

(क) प्रश्नवाचक वाक्य (ख) निषेधवाचक वाक्य
(ग) विस्मयवाचक वाक्य (घ) आज्ञावाचक वाक्य

4. निम्नलिखित प्रश्नों के उत्तर दीजिए।

डरा-धमकाकर क्या किसी को रास्ते पर लाया जा सकता है? 'मेरे संग की औरतें' पाठ के आधार पर प्रकाश डालिए। (1)

अथवा

अपनी देखी-सुनी किसी आपदा का वर्णन संक्षेप में कीजिए। (1)

5. निम्नलिखित विषयों पर संकेत बिंदुओं के आधार पर अनुच्छेद लिखिए। (2)

ई-कचरा

- ई-कचरा से तात्पर्य
- चिन्ता का कारण
- निपटान के उपाय

अथवा

साँच को आँच नहीं

- सत्य बोलने का महत्व
- सत्य बोलने वालों के उदाहरण
- सत्य न बोलने का परिणाम

6. दिल्ली के प्रगति मैदान में आयोजित 'पुस्तक मेले' का विवरण देते हुए अपने मित्र को पत्र लिखिए। (1)

अथवा

आपके इलाके में कुछ असामाजिक तत्त्व आती-जाती महिलाओं की चैन खींचने जैसी घटनाओं को अंजाम देते हैं। साथ ही, फब्तियाँ भी कसते हैं। उनकी शिकायत करते हुए थानाध्यक्ष को पत्र लिखिए। (1)

7. ''मज़हब नहीं सिखाता आपस में बैर रखना'' इस विषय पर दो मित्रों के बीच हुए संवाद को लगभग 100 शब्दों में लिखिए। (1)

अथवा

ए.टी.एम कार्ड खोज जाने की सूचना देने के लिए बैंक मैंनेजर को ई-मेल भेजिए। (1)

{टेस्ट 3}

पीरियोडिक टेस्ट

1. निम्नलिखित गद्यांश को ध्यानपूर्वक पढ़कर इस पर आधारित प्रश्नों के उत्तर दीजिए। (½ × 4 = 2)

एक ज़माना था जब मोहल्लेदारी पारिवारिक आत्मीयता से भरी होती थी। सब मिल-जुलकर रहते थे। हारी-बीमारी, खुशी-गम सब में लोग एक-दूसरे के साथ थे। किसी का किसी से कुछ छिपा नहीं था। आज के लोगों को शायद लगे कि लोगों की अपनी 'प्राइवेसी' क्या रही होगी, लेकिन इस 'प्राइवेसी' के नाम पर ही तो हम एक-दूसरे से कटते रहे और कटते-कटते ऐसे अलग हुए कि अकेले पड़ गए। पहले अलग चूल्हे-चौके हुए, फिर अलग मकान लेकर लोग रहने लगे, निजी स्वतंत्रता की अपनी नई परिभाषा देकर यह एकाकीपन हमने स्वयं अपनाया है। मोहल्ले में आपस में चाहे कितनी चखचख हो, यह थोड़े ही संभव था कि बाहर का कोई आकर किसी को कड़वी बात कह जाए! पूरा मोहल्ला टिड्डी-दल की तरह उमड़ पड़ता था। देखते-देखते ज़माना हवा हो गया। मोहल्लेदारी टूटने लगी, आबादी बढ़ी, महँगाई बढ़ी, पर सबसे ज़्यादा जो चीज़ दुर्लभ हो गई वह था आपसी लगाव, अपनापन। लोगों की आँखों का शील मर गया।

देखते-देखते कैसा रंग बदला है! लोग अपने आप में सिमटकर पैसे के पीछे भागे जा रहे हैं। सारे रिश्ते-नातों को उन्होंने ताक पर रख दिया है, तब फिर पड़ोसी से उन्हें क्या लेना-देना है। यह नीरस महानगरीय सभ्यता महानगरों से चलकर कस्बों और देहातों तक को अपनी चपेट में ले चुकी है। मकानों में रहने वाले एक-दूसरे को नहीं जानते। इन जगहों में आदमी का अस्तित्व समाप्त हो गया है। यदि आपको फ्लैट नंबर मालूम नहीं है तो उसी बिल्डिंग में जाकर भी वांछित व्यक्ति को नहीं ढूँढ़ पाएँगे। ऐसी जगहों में किसी प्रकार के संबंधों की अपेक्षा ही कहाँ की जा सकती है?

प्रश्न

I. 'प्राइवेसी' से तात्पर्य है

(क) निजता (ख) आत्मीयता
(ग) मेल-जोल (घ) भाईचारा

II. कथन (A) मोहल्लेदारी के बारे में क्या सच नहीं है?
कारण (R) अपनी बात किसी से गुप्त न रखना।

कूट

(क) कथन (A) सही हैं किंतु कारण (R) सही नहीं है।
(ख) कथन (A) सही है किंतु कारण (R) सही व्याख्या करता है।
(ग) कथन (A) गलत है और कारण (R) सही है।
(घ) कथन (A) और कारण (R) दोनों गलत है।

III. आज के व्यक्ति को 'प्राइवेसी' के नाम पर प्राप्त हुआ है

(क) अलगाव और अकेलापन
(ख) अपने में ही सीमित होने का आनंद
(ग) संयुक्त परिवार की समस्याओं से मुक्ति
(घ) मोहल्ले के झंझटों से छुटकारा

IV. 'ताक पर रखना' का अर्थ है

(i) उपेक्षा करना (ii) आशा रखना
(iii) छोड़ देना (iv) निंदा करना

कूट

(क) केवल (i) सही है।
(ख) केवल (ii) सही है।
(ग) केवल (iii) सही है।
(घ) केवल (iv) सही है।

2. निम्नलिखित गद्यांश को ध्यानपूर्वक पढ़कर इस पर आधारित प्रश्नों के उत्तर दीजिए। (½ × 4 = 2)

जब एक साथ मिल कर खेलते हैं,
एक-दूसरे के दु:ख-सुख झेलते हैं;
कभी रूठते हैं, मनाते हैं,
और फिर गले लगकर मुस्कुराते हैं।

जब हम बतियाते हैं- एक हो जाते हैं
भाषा-भूषा हमें पास लाते हैं;
पर बिना शब्दों के भी जोड़ते हैं संगीत के स्वर
जिससे होंठ गुनगुनाते हैं, पाँव थिरक जाते हैं।

हम तब भी एक होते हैं,
जब प्रकृति की गोद में होते हैं।
दीन-दुनिया से परे, चैन की नींद सोते हैं,
और सुनहरे सपनों की दुनिया सँजोते हैं।

हम तब भी एक होते हैं,
जब भय से सहम जाते हैं।
अपने मन के दरवाज़े बंद भी कर लें,
पर स्वयं को दूसरे से जुड़ा पाते हैं।

एक होने का यह भाव बड़ा अजीब है,
इसी भाव में यीशु का यश, अल्लाह का ताबीज़ है।
गुरु की वाणी है, रामनाम का बीज है,
यह परंपरा और संस्कृति की चीज़ है।

प्रश्न

I. हम सभी तब मुस्कुराते हैं, जब

(क) मिलकर खेलते हैं
(ख) दु:ख-सुख झेलते हैं
(ग) एक-दूसरे से रूठते हैं
(घ) आपस में गले लगते हैं

II. भूषा का अर्थ है

(i) वेश-भूषा (ii) गहना
(iii) सजावट (iv) शोभा

कूट

(क) (i), (ii) और (iii) सही हैं।
(ख) (ii), (iii) और (iv) सही हैं।
(ग) (i) और (iv) सही हैं।
(घ) (ii) और (iii) सही हैं।

III. संगीत के स्वर बजने पर क्या होता है?

(क) हम सब मन से जुड़ जाते हैं
(ख) होंठ गुनगुनाते और पाँव थिरकते हैं
(ग) मन के दरवाज़े खुलते हैं
(घ) कर्त्तव्य के प्रति सजग होते हैं

IV. कथन (A) एक होने के भाव अजीव हैं, क्योंकि
कारण (R) सभी ईश्वरीय शक्ति की हम पर कृपा है।

कूट

(क) कथन (A) सही है, किंतु कारण (R) सही नहीं है।
(ख) कथन (A) गलत है, किंतु कारण (R) सही है।
(ग) कथन (A) और कारण (R) दोनों गलत हैं।
(घ) कथन (A) गलत है और कारण (R) कथन (A) की सही व्याख्या नहीं करता है।

3. निर्देशानुसार उत्तर दीजिए। (2)

(क) 'परा' उपसर्ग से दो शब्द लिखिए।
(ख) 'प्रतिबिंब' शब्द में प्रमुख उपसर्ग तथा मूल शब्द पृथक् कीजिए।

4. निम्नलिखित प्रश्नों के उत्तर दीजिए।

'बच्चे काम पर जा रहे हैं' कविता के आधार पर बताइए कि कवि को वर्तमान समय की सबसे भयानक बात क्या लगती है? (1)

अथवा

कुंभनदास कौन थे? उन्हें पछतावा क्यों हुआ? (1)

5. निम्नलिखित विषयों पर संकेत बिंदुओं के आधार पर अनुच्छेद लिखिए। (2)

मेरे जीवन का लक्ष्य

- जीवन में लक्ष्य की आवश्यकता
- आपका लक्ष्य क्या है
- लक्ष्य क्यों है
- उपसंहार

अथवा

वन एवं वन्य सम्पदा

- वन एवं वन्य सम्पदा का अर्थ
- इसका महत्व
- वन एवं वन सम्पदा पर खतरा

6. अपने विद्यालय की शिक्षा व्यवस्था का अवलोकन करते हुए अपने मित्र या अपनी सखी को एक पत्र लिखिए। (1)

अथवा

स्वास्थ्याधिकारी को मुहल्ले की सफ़ाई के लिए प्रार्थना पत्र लिखिए। (1)

7. आपके पैर में चोट लगी है। माँ द्वारा कारण पूछे जाने पर उनसे होने वाले संवाद को लगभग 100 शब्दों में लिखिए। (1)

अथवा

"लालच बुरी बला है" उक्ति को आधार बनाकर मौलिक कथा लिखिए। (1)

पोस्ट-मिड टर्म टेस्ट

अपठित गद्यांश, व्याकरण, पाठ्यपुस्तक (पद्य भाग तथा गद्य भाग) एवं लेखन खंड के प्रश्नों सहित

{टेस्ट 1}

1. निम्नलिखित गद्यांश को ध्यानपूर्वक पढ़कर उनसे संबंधित पूछे गए प्रश्नों के उत्तर दीजिए। (½ × 4 = 2)

नेहरू के संबंध में लोगों के मानस-पटल पर जो चित्र अंकित हैं, उनमें नेहरू ऐसे व्यक्ति के रूप में विद्यमान हैं जो वैभव में पले, जिन्हें सदा मोटर और हवाई-जहाज़ की सुविधाएँ प्राप्त रहीं, जिनको नेतृत्व पैदायशी हक के रूप में मिल गया, जिन्होंने कभी धन का अभाव जाना ही नहीं। नेहरू के ये चित्र ध्यान में आते ही नहीं कि पिता की मोटर और बग्घी है, किंतु नेहरू धूप में गाँव-गाँव पैदल घूम रहे हैं, थकान के बाद चाय पीने को मन करता है तो जेब में इतने पैसे नहीं कि पाँच-सात साथी चाय पी सकें। विदेशों में प्रचार के लिए डाक-व्यय मुश्किल से ही जुट पाता है।

घर में कर्ज़ बढ़ गया है–चुकाने के लिए माता और पत्नी के ज़ेवर, चाँदी के बर्तन और कीमती क्रॉकरी कलकत्ते के बाज़ार में चुपके-चुपके ले जाई गई हैं। माता-पिता की मृत्यु हो गई है और क्षय से पीड़ित पत्नी विदेश में पड़ी है। देश में दमन-चक्र चल रहा था, स्वयं जेल में बंद चिंता से छटपटा रहे थे। किंतु कर्मयोगी नेहरू ने जेल की नौ वर्ष की इस यातना-भरी अवधि में ही विश्व-साहित्य की अमर कृतियाँ रचीं।

मानसिक वेदनाओं का लंबा इतिहास! आज़ादी मिली, तो देश के टुकड़े हो गए; आदमी जानवर बन गया, लाखों इंसानों के लंबे काफ़िले कुटुंबियों की बेकफ़न लाशों को छोड़कर राजधानी आ गए। अहिंसा, सत्य, प्रेम, त्याग–सारा दर्शन और आदर्श ध्वस्त हो गए और गाँधी की हत्या कर दी गई है। भारत गणतंत्र की डगर पर डगमग कदमों से चलना सीख ही रहा था कि चीन ने भारत के गले में मित्रता की एक बाँह डाले-डाले, दूसरे हाथ से कमर में छुरा भोंक दिया। इन परिस्थितियों में भी उस कर्मयोगी ने साहस का परित्याग नहीं किया।

प्रश्न

I. नेहरू के विषय में देशवासियों की धारणा थी कि वे

(क) देश का प्रधानमंत्री बनने का स्वप्न देखते थे
(ख) जन्मजात वैभवशाली एवं सुविधासंपन्न व्यक्ति थे
(ग) प्रधानमंत्री बनकर तानाशाही करना चाहते थे
(घ) पुस्तकें लिखकर आमदनी बढ़ाना चाहते थे

II. देश की आज़ादी के लिए नेहरू ने क्या नहीं भोगा?

(क) धन का अभाव (ख) जेल-यात्रा
(ग) पत्नी से वियोग (घ) वैभवपूर्ण जीवन

III. कथन (A) **विभिन्न समस्याओं से जूझते हुए भी उनका अमूल्य योगदान किस क्षेत्र में था?**

कारण (R) **नौ वर्ष तक जेल में रहकर अमर कृतियों की रचना करना।**

कूट

(क) कथन (A) सही है और कारण (R) सही नहीं है।
(ख) कथन (A) गलत है और कारण (R) सही है
(ग) कथन (A) की कारण (R) सही व्याख्या नहीं करता।
(घ) कथन (A) की कारण (R) सही व्याख्या करता है।

IV. "विदेशों में प्रचार के लिए पत्र-व्यवहार करना पड़ता है, किंतु जितना डाक-व्यय चाहिए पूरा नहीं पड़ता" वाक्य का प्रकार है

(i) सरल (ii) संयुक्त
(iii) मिश्र (vi) साधारण

कूट

(क) केवल (i) सही है। (ख) केवल (ii) सही है।
(ग) केवल (iii) सही है। (घ) केवल (iv) सही है।

2. निम्नलिखित पद्यांश को ध्यानपूर्वक पढ़कर उनसे संबंधित पूछे गए प्रश्नों के उत्तर दीजिए। (½ × 4 = 2)

क्या कुटिल व्यंग्य! दीनता वेदना से अधीर,
आशा से जिनका नाम रात-दिन जपती है,
दिल्ली के वे देवता रोज कहते जाते,
'कुछ और धरो धीरज, किस्मत अब छपती है।'
किस्मतें रोज छप रहीं, मगर जलधार कहाँ?
प्यासी हरियाली सूख रही है खेतों में,
निर्धन का धन पी रहे लोभ के प्रेत छिपे,
पानी विलीन होता जाता है रेतों में।

हिल रहा देश कुत्सा के जिन आघातों से,
वे नाद तुम्हें ही नहीं सुनाई पड़ते हैं?
निर्माणों के प्रहरियों! तुम्हें ही चोरों के काले
चेहरे क्या नहीं दिखाई पड़ते हैं?
तो होश करो, दिल्ली के देवो, होश करो,
सब दिन तो यह मोहिनी न चलने वाली है,
होती जाती हैं गर्म दिशाओं की साँसें,
मिट्टी फिर कोई आग उगलने वाली है।

I. गरीबों के प्रति कुटिल व्यंग्य क्या है?

(i) धीरज रखने का अनुरोध
(ii) भाग्य पलटने का आश्वासन
(iii) कुछ और काम करने का आग्रह
(iv) वेदना और अधीरता

कूट

(क) केवल (i) सही है। (ख) केवल (ii) सही है।
(ग) केवल (iii) सही है। (घ) केवल (iv) सही है।

II. "दिल्ली के वे देवता"–कौन हैं?

(क) सरकारी कर्मचारी (ख) शक्तिशाली शासक
(ग) बड़े व्यापारी (घ) प्रभावशाली लोग

III. कौन-सी पंक्ति परिवर्तन होने की चेतावनी दे रही है?

(क) और धरो धीरज, किस्मत अब छपती है
(ख) पानी विलीन होता जाता है रेतों में
(ग) तो होश करो दिल्ली के देवो
(घ) मिट्टी फिर कोई आग उगलने वाली है

IV. "पानी विलीन होता जाता है रेतों में"–कथन का आशय है

(क) सिंचाई नहीं हो पाती
(ख) वर्षा पर्याप्त नहीं होती
(ग) गरीबों तक सुविधाएँ नहीं पहुँचती
(घ) रेत में खेती नहीं हो सकती

3. निम्नलिखित प्रश्नों के निर्देशानुसार उत्तर दीजिए। (½ × 4 = 2)

(क) विपिन पानी पीता है। *(कर्मवाच्य में परिवर्तित कीजिए)*
(ख) वह नहीं चलता। *(भाववाच्य में परिवर्तित कीजिए)*
(ग) कवयित्री के द्वारा कविता पढ़ी जाती है। *(वाच्य का प्रकार बताइए)*
(घ) गाय द्वारा खेत में चरा जाता है। *(वाच्य का प्रकार बताइए)*

4. 'प्रेमचंद के फटे जूते' पाठ से लेखक ने क्या संदेश देने का प्रयास किया है? (1)

अथवा

हीरा और मोती आपसी मित्रता कैसे प्रकट करते हैं? (1)

5. निम्नलिखित विषयों पर संकेत बिंदुओं के आधार पर अनुच्छेद लिखिए। (2)

मेरे सपनों का भारत

- भारत के बारे में मेरे विचार
- साम्प्रदायिकता से मुक्त उन्नत भारत
- सुखी समृद्ध भारत

अथवा

गया समय फिर हाथ नहीं आता

- समय ही जीवन है
- समय का सदुपयोग
- समय के दुरुपयोग से हानि

6. अपने क्षेत्र में कानून और व्यवस्था की बिगड़ती हुई स्थिति के बारे में किसी प्रसिद्ध समाचार-पत्र के संपादक को पत्र लिखकर अपने विचार प्रकट कीजिए। (1)

अथवा

मनपसंद पुस्तकें खरीदने के लिए पिताजी को पत्र लिखकर पैसे भेजने का अनुरोध कीजिए। (1)

7. अपने एक बीमार दोस्त को दिखाने के लिए आप उसे चिकित्सालय लेकर गए। वहाँ डॉक्टर से होने वाले संवाद को लगभग 100 शब्दों में लिखिए। (1)

अथवा

आप मुकेश हैं और आपकी कक्षा के कक्षा अध्यापक आपसे गृह कार्य में होने वाली गलती पर आपसे कारण पूछ रहे हैं। उनके साथ होने वाले संवाद को 100 शब्दों में लिखिए। (1)

{टेस्ट 2}

1. निम्नलिखित गद्यांश को पढ़कर इस पर आधारित बहुविकल्पीय प्रश्नों के उत्तर दीजिए। (½ × 4 = 2)

भारतीय समाज में अनेक प्रकार की समस्याएँ व्याप्त हैं, जिनमें 'दहेज प्रथा' निस्संदेह सर्वाधिक अमानवीय तथा घृणित हैं। इसी समस्या के कारण आज भारतीय समाज की जड़ें खोखली हो गई हैं तथा उसका ढाँचा बिखर गया है। दहेज प्रथा का आरंभ एक सात्विक प्रथा के रूप में किया गया। लाड़-प्यार से पाली-पोसी पुत्री ससुराल में जाकर सुख-समृद्धि की वर्षा करे तथा यह समृद्धि बढ़ाने वाली लक्ष्मी सिद्ध हो इसलिए कन्या के पिता विवाह के समय उसे दहेज के रूप में वस्त्र, धन, बर्तन तथा आभूषण आदि देकर विदा करते थे। उस समय बेटी का खाली हाथ ससुराल में जाना अशुभ माना जाता था। आज वर पक्ष कन्या की श्रेष्ठता का आधार कुलीनता, शालीनता और सुंदरता को न मानकर दहेज को ही मानने लगा है। आज दहेज के कारण योग्य कन्याएँ उपयुक्त वर पाने में असमर्थ रहती हैं तथा उनके माता-पिता धन के अभाव में उनका विवाह किसी अयोग्य अशिक्षित तथा दुश्चरित्र व्यक्ति से करने को विवश हो जाते हैं। दहेज न लाने के कारण आए दिन वधुओं को प्रताड़ित किए जाने तथा उन्हें जलाकर मार डालने के अनेक समाचार आते रहते हैं। दहेज प्रथा का खौफ इस हद तक बढ़ गया है कि गर्भ की जाँच के बाद कन्या का पता चलते ही माता-पिता भ्रूण-हत्या करवा देते हैं। दहेज न दिए जाने पर जब वधुओं को ससुराल में प्रताड़ित किया जाता है, तो अनेक नव वधुएँ आत्महत्या तक कर लेती हैं। यद्यपि दहेज प्रथा को एक अपराध घोषित कर दिया गया है तथा दहेज विरोधी कानून भी बनाया गया है, पर यह बहुत कारगर सिद्ध नहीं हुआ है। इस प्रथा को रोकने के लिए युवा-वर्ग को ही आगे आना होगा। युवाओं के नेतृत्व में गाँव-गाँव और शहर-शहर में सभाओं का आयोजन करके लोगों को जागरूक करना होगा, ताकि वे दहेज लेने व देने जैसी बुराइयों से बच सकें। प्रेस और इलेक्ट्रॉनिक मीडिया को भी इस कुप्रथा को दूर करने में खुलकर सहयोग करने की आवश्यकता है तथा सरकार को दहेज माँगने वालों के विरुद्ध बहुत सख्त कदम उठाने होंगे।

प्रश्न

I. भारतीय समाज में सर्वाधिक अमानवीय तथा घृणित समस्या है।

(क) दहेज प्रथा (ख) गरीब

(ग) दहेज प्रथा (घ) गरीब

II. **कथन** (A) पिता द्वारा पुत्री विवाह के समय दहेज देने का क्या उद्देश्य है?

कारण (R) पुत्री को सुसराल में सुख-समृद्धि प्राप्त होना और सुसराल वाले वधु को लक्ष्मी माने।

कूट

(क) कथन (A) सही है और कारण (R) गलत है।

(ख) कथन (A) और कारण (R) दोनों गलत हैं।

(ग) कथन (A) गलत है और कारण (R) सही है।

(घ) कथन (A) सही है, किंतु कारण (R) कथन (A) की सही व्याख्या नहीं करता है।

III. गद्यांश के अनुसार दहेज पर पक्ष के लोग कन्या की श्रेष्ठता क्या मानते हैं?

(क) कलीनता

(ख) शालीनता

(ग) दहेज

(घ) इनमें से कुछ नहीं

IV. दहेज प्रथा को जड़ से खत्म करने के लिए किनको आगे आना होगा।

(क) युवओं को (ख) बुजुगों को

(ग) सरकार को (घ) वधुओं को

2. निम्नलिखित गद्यांश को पढ़कर इस पर आधारित बहुविकल्पीय प्रश्नों के उत्तर दीजिए। (½ × 4 = 2)

वैराग्य छोड़ बाँहों की विभा सँभालो
चट्टानों की छाती से दूध निकालो।
है रुकी जहाँ भी धार शिलाएँ तोड़ो,
पीयूष चंद्रमाओं को पकड़ निचोड़ो
चढ़ तुंग शैल शिखरों पर सोम पियो रे।
योगियों नहीं, विजयी के सदृश जियो रे।
छोड़ो मत अपनी आन, सीस कट जाए,
मत झुको अनय पर, भले व्योम फट जाए
दो बार नहीं यमराज कंठ धरता है,
मरता है जो, एक ही बार मरता है।
तुम स्वयं मरण के मुख पर चरण धरो रे।
जीना हो तो मरने से नहीं डरो रे।
स्वातंत्र्य जाति की लगन व्यक्ति की धुन है,
बाहरी वस्तु यह नहीं, भीतरी गुण है।
नत हुए बिना जो अशनि-घात सहती है,
स्वाधीन जगत् में वही जाति रहती है।
वीरत्व छोड़ पर का मत चरण गहो रे।

प्रश्न

I. कवि भारतीय युवकों को ऐसा जीवन जीने को कहता है, जो

(क) कायरों जैसा न हो

(ख) योगियों जैसा नहीं, पराक्रमी वीरों जैसा हो

(ग) केवल बात करने वाले बुद्धिजीवी जैसा न हो

(घ) व्यर्थ में समय नष्ट न करता हो

II. कवि कहता है कि मनुष्य को उन परिस्थितियों में मृत्यु की चिंता नहीं करनी चाहिए, जब

(क) कोई युद्ध करने पर आमादा हो
(ख) कोई निरीह पशुओं पर अत्याचार कर रहा हो
(ग) कोई असामाजिक कार्य कर रहा हो
(घ) उसकी आन अर्थात् इज़्ज़त दाँव पर लगी हो

III. कवि द्वारा इस कविता को लिखने का कारण हो सकता है

(क) देश को स्वाधीन कराने के लिए स्वयं का बलिदान करने से भी न चूकना
(ख) देश की समस्याओं से युवाओं को रूबरू कराना
(ग) महिलाओं की इज़्ज़त बचाने के लिए गुहार लगाना
(घ) वृद्धों को समाज में उनका उचित स्थान दिलवाना

IV. 'नत हुए बिना जो अशनि-घात सहती है, स्वाधीन जगत् में वही जाति रहती है।' का अर्थ है

(क) संसार में केवल वे ही जीत सकते हैं, जो आंदोलन करने को तैयार हों
(ख) संसार में केवल वही जाति स्वाधीनतापूर्वक जीवित रह पाती है, जो तलवारों की चोट का सामना करने पर भी हार नहीं मानती
(ग) संसार में वे ही जीत सकते हैं, जो महिलाओं का सम्मान करने को तैयार हों
(घ) संसार में वे ही जीत सकते हैं, जो जीतने का साहस रखते हों

3. निम्नलिखित प्रश्नों के निर्देशानुसार उत्तर दीजिए। (½ × 4 = 2)

(क) 'पराजय' शब्द में से उपसर्ग और मूल शब्द अलग कीजिए।
(ख) 'परि' उपसर्ग लगाकर दो शब्द लिखिए।
(ग) चमकीला' शब्द में से प्रत्यय और मूल शब्द अलग कीजिए।
(घ) प्रत्यय कितने प्रकार के होते हैं? (1)

4. (क) 'मेघ आए' कविता के आधार पर बताइए कि गली-गली में दरवाजे-खिड़कियाँ क्यों खुलने लगीं? (1)

(ख) कबीर के अनुसार, ईश्वर के सच्चे स्वरूप को कौन लोग नहीं जान पाते? (1)

5. निम्नलिखित विषयों पर दिए गए संकेत बिंदुओं के आधार पर अनुच्छेद लिखिए। (2)

स्वास्थ्य की रक्षा

- आवश्यकता
- पोषक भोजन
- लाभकारी सुझाव

अथवा

आज की बचत कल का सुख

- बचत का अर्थ
- बचत का महत्व
- भविष्य को सुरक्षित करना

6. पुस्तक विक्रेता से पुस्तकें मँगाने के लिए पत्र लिखिए। (1)

अथवा

अपने मित्र की कंप्यूटर की दुकान में आग लगने पर उसे संवेदना पत्र लिखिए। (1)

7. क्रिकेट के क्षेत्र में भारतीय टीम के प्रदर्शन पर आधारित दो मित्रों के संवाद को लिखिए। (1)

अथवा

"सावधानी हटी और दुर्घटना घटी" कहावत के आधार पर मौलिक कथा लिखिए। (1)

{टेस्ट 3}

1. निम्नलिखित गद्यांश को पढ़कर इस पर आधारित बहुविकल्पीय प्रश्नों के उत्तर दीजिए। (½ × 4 = 2)

संसार में अमरता ऐसे ही लोगों को मिलती है, जो अपने पीछे कुछ आदर्श छोड़ जाते हैं, जिनका स्थायी मूल्य होता है। बहुधा यही देखा गया है कि ऐसे व्यक्ति संपन्न परिवार में बहुत कम पैदा होते हैं। अधिकांश ऐसे लोगों का जन्म मध्यम वर्ग के घरों में या गरीब परिवार में ही होता है। इस तरह का पालन-पोषण साधारण परिवार में होता है और वे सादा जीवन बिताने के आदी हो जाते हैं। मनुष्य में विनय, उदारता, कष्ट-सहिष्णुता, साहस आदि चारित्रिक गुणों का विकास अत्यावश्यक है। इन गुणों का प्रभाव उनके जीवन पर पड़ता है। ये गुण व्यक्ति को अहंकारहीन या सादा-सरल बनाते हैं। सादा जीवन या सादगी का अर्थ है, रहन-सहन, वेशभूषा और आचार-विचार का एक निर्दिष्ट स्तर। जीवन में सादगी लाने के लिए दो बातें विशेष रूप से अनुकरणीय हैं, प्रथम कठिन-से-कठिन परिस्थितियों में धैर्य को न छोड़ना, द्वितीय अपनी आवश्यकताओं को न्यूनतम बनाना।

सादगी का विचारों से भी घनिष्ठ संबंध है। सादा जीवन व्यतीत करना चाहिए और अपने विचारों को उच्च रखना चाहिए। व्यक्ति की सच्ची पहचान उसके विचारों और करनी से होती है। मनुष्य के विचार उसके आचरण पर प्रभाव डालते हैं और उसके विवेक को जाग्रत रखते हैं। विवेकशील व्यक्ति ही अपनी आवश्यकताओं को सीमित रखता है, उन्हें अपने ऊपर हावी नहीं होने देता। सादा जीवन व्यतीत करने वाले व्यक्ति को कभी हतप्रभ होकर अपने आत्मसम्मान पर आँच नहीं आने देनी चाहिए। सादगी मनुष्य के चरित्र का अंग है, वह बाहरी चीज नहीं है।

महात्मा गाँधी सादा जीवन पसंद करते थे और हाथ के कते और बुने खद्दर के मामूली वस्त्र पहनते थे, किंतु अपने उच्च विचारों के कारण वे संसार में वंदनीय हो गए।

I. महापुरुष प्रायः कैसे परिवार में जन्म लेते हैं?

(i) गरीब वर्गीय परिवार में

(ii) मध्यवर्गीय परिवार में

(iii) रहन-सहन का स्तर

(iv) उच्चवर्गीय परिवार में

कूट

(क) (i) और (ii) सही हैं।

(ख) (i) और (iii) सही हैं।

(ग) (ii) और (iii) सही हैं।

(घ) (i) और (iv) सही हैं।

II. कौन-सा गुण व्यक्ति को अहंकारहीन बनाता है?

(क) विनय (ख) साहस

(ग) उदारता (घ) उपरोक्त सभी

III. जीवन को सरल और सादा बनाने के लिए हमें क्या करना चाहिए?

(क) ईर्ष्या-द्वेष का परित्याग

(ख) सांसारिक मोह-माया से मुक्ति

(ग) कठिन-से-कठिन परिस्थितियों में भी धैर्य न छोड़ना

(घ) अपनी आवश्यकताओं को अधिकतम बनाए रखना

IV. व्यक्ति की सच्ची पहचान किससे होती है?

(क) उसके रहन-सहन के ढंग से

(ख) उसकी भाषा से

(ग) उसके विचारों और करनी से

(घ) उसके सामाजिक स्तर से

2. निम्नलिखित गद्यांश को पढ़कर इस पर आधारित बहुविकल्पीय प्रश्नों के उत्तर दीजिए। (½ × 4 = 2)

मैं हूँ उनके साथ खड़ी जो
सीधी रखते अपनी रीढ़।
कभी नहीं जो तज सकते हैं
अपना न्यायोचित अधिकार,
कभी नहीं जो सह सकते हैं
शीश नवाकर अत्याचार,
एक अकेले हों या उनके
साथ खड़ी हो भारी भीड़;
मैं हूँ उनके साथ खड़ी जो
सीधी रखते
अपनी रीढ़।
निर्भय होकर घोषित करते
जो अपने उद्गार-विचार
जिनकी जिह्वा पर होता है
उनके अंतर का अंगार,
नहीं जिन्हें चुप कर सकती है
आततायियों की शमशीर;
मैं हूँ उनके साथ खड़ी जो
सीधी रखते अपनी रीढ़।
नहीं झुका करते जो दुनिया
से करने को समझौता,
ऊँचे से ऊँचे सपनों को
देते रहते जो न्योता,
दूर देखती जिनकी पैनी आँख भविष्यत् का तम चीर;

प्रश्न

I. रचनाकार किस तरह के लोगों को अपना समर्थन करता है?

(क) सत्ता पर नियंत्रण रखने वालों को

(ख) अपनी रीढ़ सीधी रखने वाले अर्थात् स्वाभिमानी लोगों को

(ग) अवसरवादी एवं लालची लोगों को

(घ) मोकापरस्त लोगों का

II. काव्यांश में प्रयुक्त अंतर का अंगार से क्या तात्पर्य है?

(क) किसी से दूरी के कारण उत्पन्न वैमनस्यता

(ख) भौतिक लाभों से वंचित रहने के कारण उत्पन्न

(ग) अपने हृदय की आग

(घ) उपरोक्त सभी

III. अपनी रीढ़ सीधी रखने वाले अर्थात् स्वाभिमानी एवं कर्मठ लोग निम्न में से क्या नहीं करते हैं?

(क) अत्याचार को सहन

(ख) न्यायोचित अधिकार की माँग

(ग) सत्य का सामना

(प) ऊँचे रापने यानी महान लक्ष्यों को निमंत्रित

IV. काव्यांश में प्रयुक्त शब्द 'अत्याचार' में मौजूद उपसर्ग को चिह्नित करें।

(i) अ (ii) अत्

(iii) अत्य (iv) अति

कूट

(क) केवल (i) सही है।

(ख) केवल (ii) सही है।

(ग) केवल (iii) सही है।

(घ) केवल (iv) सही है।

3. (क) रूपक अलंकार किसे कहते हैं? उपमार अलंकार के दो उदाहरण कीजिए। (½ + ½ = 1)

(ख) (*i*) प्रत्यय के कितने प्रकार होते हैं?

(*ii*) उपसर्ग की परिभाषा दीजिए।

4. "हरिवंश राच बच्चन समय के पाबंद थे।" इस कथन की सार्थकता सिद्ध करते हुए इसके लाभ बताइए। (2)

अथवा

गाँव के लोग नाव के अभाव में क्या कर रहे थे? 'इस जल प्रलय में' पाठ के आधार पर लिखिए। (2)

5. निम्नलिखित विषयों पर दिए गए संकेत बिंदुओं के आधार पर अनुच्छेद लिखिए। (2)

लोकतन्त्र और चुनाव

- लोकतन्त्र से तात्पर्य
- चुनाव का महत्व
- सही प्रतिनिधि के चुनाव से लोकतन्त्र की रक्षा

अथवा

साहित्य का महत्व

- साहित्य का सामर्थ्य
- देश की स्थिति का सजीव चित्रण
- सभ्यता को बचाने में योगदान

6. गलत ब्रांड के सामान की सप्लाई होने तथा विलंब से पहुँचे सामान की शिकायत करते हुए बाटा इंडिया लिमिटेड को एक ई-पत्र पत्र लिखिए। (1)

अथवा

विद्यालय में होने वाले वार्षिकोत्सव में आपको पुरस्कृत किया जाएगा। आप चाहते हैं कि आपकी माता जी भी इसे देखें। इस अवसर पर उन्हें बुलाने के लिए पत्र लिखिए। (1)

7. 'हमारा गौरवशाली अतीत और आधुनिकता का आवरण ओढ़े वर्तमान' विषय पर दो मित्रों के बीच में होने वाले वार्तालाप को लगभग 100 शब्दों में लिखिए। (1)

अथवा

''करत-करत अभ्यास के जड़मति होत सुजान'' प्रस्तुत कथन को आधार बनाकर एक कथा लिखिए। (1)

पीरियोडिक टेस्ट

Allinone
संपूर्ण अध्ययन | संपूर्ण अभ्यास | संपूर्ण मूल्यांकन

प्रतिदर्श प्रश्न–पत्र (1-3)

प्रतिदर्श प्रश्न-पत्र 1 (व्याख्या सहित)

CBSE कक्षा 9 की परीक्षा के लिए नमूना प्रश्न-पत्र

हिंदी 'अ'

समय : 3 घंटे	पूर्णांक : 80

1. इस प्रश्न-पत्र में चार खंड दिए गए हैं–'क', 'ख', 'ग' और 'घ'।
2. खंड 'क' में बहुविकल्पीय, अतिलघु व लघु उत्तरीय प्रश्न दिए गए हैं।
3. खंड 'ख' में अतिलघु उत्तरीय प्रश्न दिए गए हैं।
4. खंड 'ग' में बहुविकल्पीय व वर्णनात्मक प्रश्न दिए गए हैं।
5. खंड 'घ' में वर्णनात्मक प्रश्न दिए गए हैं।
6. यथासंभव सभी प्रश्नों के उत्तर क्रमानुसार लिखिए।

खंड 'क' अपठित बोध (14 अंक)

1. निम्नलिखित अपठित गद्यांश को ध्यानपूर्वक पढ़कर उस पर आधारित प्रश्नों के उत्तर दीजिए।

यों तो मानव के इतिहास के आरंभ से ही इस कला का सूत्रपात हो गया था। लोग अपने कार्यों या विचारों के समर्थन के लिए गोष्ठियों या सभाओं का आयोजन किया करते थे। प्रचार के लिए भजन-कीर्तन मंडलियाँ भी बनाई जाती थीं। परंतु उनका क्षेत्र अधिकतर धार्मिक, दार्शनिक या भक्ति संबंधी होता था।

वर्तमान विज्ञापन कला विशुद्ध व्यावसायिक कला है और आधुनिक व्यवसाय का एक अनिवार्य अंग है। विज्ञापन के लिए कई साधनों का उपयोग किया जाता है; जैसे– हैंडबिल, रेडियो और दीवार-पोस्टर, समाचार-पत्र, पत्रिकाएँ, बड़े-बड़े साइनबोर्ड और दूरदर्शन।

जब से छपाई का प्रचार-प्रसार बढ़ा तब से इश्तिहार या हैंडबिल का विज्ञापन के लिए प्रयोग आरंभ हुआ। कागज और मुद्रण सुविधा के सुलभ होने से विज्ञापन के इस माध्यम का उपयोग बहुत अधिक लोकप्रिय हुआ। मान लीजिए, साड़ियों की दो समान दुकानें एक ही बाजार में हैं। इनमें से 'क' तो इश्तिहार (हैंडबिल) गली-मोहल्ले में बँटवाता है और 'ख' हाथ-पर-हाथ धरे बैठा रहता है, तो परिणाम यह होगा कि 'क' का नाम लोगों के मुँह पर चढ़ जाएगा। वह अधिक लोकप्रिय हो जाएगा और उसके माल की बिक्री बहुत बढ़ जाएगी। बहुत से व्यापारी बहुत बड़े-बड़े विज्ञापन छपवाकर नगर की दीवारों पर चिपकवा देते हैं। बहुत से तो दीवारों पर ही विज्ञापन लिखवा देते हैं। इससे आते-जाते लोगों की नजर उन पर पड़ती है और वह विज्ञापनकर्ता की सेवाओं या वस्तुओं से परिचित हो जाते हैं। फिर जब उसे आवश्यकता पड़ती है तो विज्ञापनकर्ता का नाम ही उसकी स्मृति में उभरता है।

I. **कथन** (A) इतिहास के आरंभ में विज्ञापन कला का स्वरूप गोष्ठियाँ था।
कारण (R) लोग अपने कार्यों के समर्थन के लिए गोष्ठियाँ या सभाएँ करते थे। (1)
(क) कथन (A) और कारण (R) दोनों सही हैं।
(ख) कथन (A) सही है, किंतु कारण (R) गलत है।
(ग) कथन (A) और कारण (R) दोनों गलत हैं।
(घ) कथन (A) गलत है, किंतु कारण (R) सही है।

II. वर्तमान में विज्ञापन कला ………… है। (1)
(क) विशुद्ध शैक्षिक कला
(ख) विशुद्ध धार्मिक कला
(ग) विशुद्ध व्यावसायिक कला
(घ) विशुद्ध दार्शनिक कला

III. उपर्युक्त गद्यांश का मुख्य संदेश क्या है? (1)
(क) उत्पादक द्वारा अपने उत्पाद की गुणवत्ता बताना।
(ख) अपने उत्पाद का प्रचार-प्रसार करना।
(ग) गुणवत्ता युक्त उत्पाद खरीरने के लिए प्रेरित करना।
(घ) लोकप्रिय बनने के लिए विज्ञापन का सहारा लेना चाहिए।

IV. विज्ञापन से क्या लाभ है? (2)

V. विज्ञापन से पूर्व प्रचार-प्रसार का माध्यम क्या था? (2)

2. निम्नलिखित अपठित काव्यांश को ध्यानपूर्वक पढ़कर उस पर आधारित प्रश्नों के उत्तर दीजिए।

नहीं, ये मेरे देश की आँखें नहीं हैं
पुते गालों के ऊपर
नकली भवों के नीचे
छाया प्यार के छलावे बिछाती
मुकुर से उठाई हुई
मुसकान मुसकराती
ये आँखें
नहीं, ये मेरे देश की नहीं हैं ......
तनाव से झुर्रियाँ पड़ी कोरों की दरार से
शरारे छोड़ती घृणा से सिकुड़ी पुतलियाँ
नहीं, ये मेरे देश की आँखें नहीं हैं ...
वन डालियों के बीच से
चौकी अनपहचानी
कभी झाँकती हैं वे आँखें,
मेरे देश की आँखें,
खेतों के पार
मेड़ की लीक धरे
क्षिति-रेखा खोजती
सूनी कभी ताकती हैं
वे आँखें
उसने
झुकी कमर सीधी की
माथे से पसीना पोंछा
डलिया हाथ से छोड़ा
और उड़ी धूल के बादल के
बीच में से झलमलाते
जाड़ों की अमावस में से
मैले चाँद-चेहरे सकुचाते
में टँकी थकी पलकें
उठाई
और कितने काल-सागरों के पार तैर आईं मेरे देश की आँखें ....

I. 'नहीं, ये मेरे देश की आँखें नहीं हैं' कवि ने ऐसा क्यों कहा है? (1)

(i) क्योंकि उन आँखों में कृत्रिमता और छलावा है
(ii) क्योंकि उन आँखों में प्यार नहीं है
(iii) क्योंकि उन आँखों में निश्छलता नहीं है
(iv) उपर्युक्त सभी

कूट

(क) केवल कथन (i) सही है।
(ख) कथन (i), (ii) और (iii) सही हैं।
(ग) कथन (ii) और (iii) सही हैं।
(घ) उपर्युक्त सभी कथन सही हैं।

II. कवि ने थकी पलकों को कहाँ देखा है? (1)

(क) दर्पण में देखते चेहरे पर
(ख) चाँद से सकुचाते चेहरे पर
(ग) जाड़ों से ठिठुरते चेहरे पर
(घ) सूने आकाश की ओर देखते चेहरे पर

III. उपर्युक्त कविता का मुख्य विषय .... का वर्णन करना है। (1)

(क) देश की सीमा पर खड़े जवानों
(ख) खेतों में काम करते किसान या मजदूर
(ग) देश के नेताओं
(घ) वर्षा के घनघोर बादलों

III. कवि को अपने देश की आँखें कहाँ से झाँकती नजर आती हैं? (2)

IV. काव्यांश में कवि ने ऐसा क्यों कहा है कि ये मेरे देश की आँखें नहीं हैं? (2)

खंड 'ख' व्यावहारिक व्याकरण (16 अंक)

3. निम्नलिखित पाँच प्रश्नों में से किन्हीं चार प्रश्नों के उत्तर दीजिए। $(1 \times 4 = 4)$

I. 'अत्यधिक' शब्द में से उपसर्ग और मूल शब्द अलग कीजिए। (1)

II. 'उच्चारण' में कौन-सा उपसर्ग प्रयुक्त हुआ है? (1)

III. 'खिलौना' में कौन-सा प्रत्यय है? (1)

IV. कर्तृवाचक कर्तृ प्रत्यय से क्या आशय है? (1)

V. 'फैलाव' शब्द में कौन-सा प्रत्यय है? (1)

4. निम्नलिखित पाँच प्रश्नों में से किन्हीं चार प्रश्नों के उत्तर दीजिए। $(1 \times 4 = 4)$

I. 'दशानन' शब्द में कौन-सा समास है? (1)

II. 'सत्याग्रह' में कौन-सा समास है? (1)

III. यथाशक्ति में अव्ययीभाव समास है, क्योंकि .... । (1)

IV. 'कष्ट को भोगने वाला' का समस्त पद क्या है? (1)

V. 'भला-बुरा' का विग्रह क्या होगा? (1)

5. निम्नलिखित पाँच प्रश्नों में से किन्हीं चार प्रश्नों के उत्तर दीजिए। (1 × 4 = 4)

I. 'शायद आज रवि आ जाए' वाक्य का अर्थ की दृष्टि से भेद बताइए। (1)

II. 'यदि पिताजी आ जाते तो बाजार चलते' किस वाक्य का उदाहरण है? (1)

III. अर्थ की दृष्टि से वाक्य के कितने भेद हैं? (1)

IV. 'तुम्हें यहाँ से जाना होगा' निषेधवाचक वाक्य में बदलिए। (1)

V. 'आज रेल समय पर आएगी' संदेहवाचक वाक्य में बदलिए। (1)

6. निम्नलिखित पाँच प्रश्नों में से किन्हीं चार प्रश्नों के उत्तर दीजिए। (1 × 4 = 4)

I. 'काली घटा का घमंड घटा' पंक्ति में कौन-सा अलंकार है? (1)

II. 'चारु चंद्र की चंचल किरणें, खेल रही हैं जल-थल में' रेखांकित पंक्ति में निहित अलंकार बताइए (1)

III. 'रहिमन पानी राखिए बिन पानी सब सून।
पानी गए न ऊबरे, मोती, मानुष, चून।।
पंक्ति में कौन-सा अलंकार है? (1)

IV. अनुप्रास अलंकार किसे कहते हैं? (1)

V. काव्य में सुंदरता किस कारण उत्पन्न होती है? (1)

खंड 'ग' पाठ्यपुस्तक व पूरक पाठ्यपुस्तक (30 अंक)

7. निम्नलिखित गद्यांश को ध्यानपूर्वक पढ़कर पूछे गए प्रश्नों के सही उत्तर लिखिए। (1 × 5 = 5)

गया हड़बड़ाकर भीतर से निकला और बैलों को पकड़ने चला। वे दोनों भागे। गया ने पीछा किया। और भी तेज़ हुए। गया ने शोर मचाया। फिर गाँव के कुछ आदमियों को भी साथ लेने के लिए लौटा। दोनों मित्रों को भागने का मौका मिल गया। सीधे दौड़ते चले गए। यहाँ तक कि मार्ग का ज्ञान न रहा। जिस परिचित मार्ग से आए थे, उसका यहाँ पता न था। नए-नए गाँव मिलने लगे। तब दोनों एक खेत के किनारे खड़े होकर सोचने लगे, अब क्या करना चाहिए।

हीरा ने कहा–मालूम होता है, राह भूल गए।

'तुम भी बेतहाशा भागे। वहीं उसे मार गिराना था।'

'उसे मार गिराते, तो दुनिया क्या कहती? वह अपना धर्म छोड़ दे, लेकिन हम अपना धर्म क्यों छोड़ें?'

I. गया गाँव में कुछ आदमियों को साथ लेने के लिए क्यों गया? (1)

(क) उसे डर था कि कहीं दोनों बैल उस पर हमला न कर दें
(ख) अधिक लोग दोनों बैलों को जल्दी ढूँढ लेंगे
(ग) वे आदमी दोनों बैलों को तेज भागकर पकड़ सकते थे
(घ) उपर्युक्त में से कोई नहीं

II. कथन (i) गया हडबड़ाकर भीतर से नहीं निकला।
कथन (ii) दोनों मित्रों को भागने का मौका मिल गया।
कथन (iii) सीधे दौड़ते चले गए।
उपर्युक्त कथनों के लिए सही विकल्प का चयन कीजिए (1)

(क) कथन (i) सही है, किंतु (ii) और (iii) गलत हैं।
(ख) कथन (i) गलत है, किंतु (ii) और (iii) सही हैं।
(ग) कथन (i) और (ii) सही हैं, किंतु (iii) गलत है।
(घ) कथन (i) और (ii) और (iii) तीनों सही हैं।

III. 'वहीं उसे मार गिराना था' कथन से मोती के किस स्वभाव का पता चलता है? (1)

(क) असंवेदनशीलता का (ख) साहसी होने का
(ग) उग्र स्वभाव का (घ) बदतमीज होने का

IV. हीरा-मोती को मार्ग का ज्ञान न रहा क्योंकि ...... (1)

(क) पकड़े जाने के डर से (ख) बेतहाशा भाग रहे थे
(ग) धीरे-धीरे चल रहे थे (घ) ये सभी

V. हीरा किस धर्म की बात कर रहा है? (1)

(क) इंसानियत की (ख) पशुत्व की
(ग) मानव धर्म की (घ) हिंदू धर्म की

8. निम्नलिखित प्रश्नों में से किन्हीं तीन प्रश्नों के उत्तर संक्षेप में लिखिए। (2 × 3 = 6)

(क) सालिम अली पर किस व्यक्ति का सर्वाधिक प्रभाव पड़ा? (2)

(ख) 'मेरे बचपन के दिन' पाठ के आधार पर बताइए कि महादेवी वर्मा के कुल की परंपरा क्या थी और उसे किसने तोड़ा? (2)

(ग) प्रेमचंद की वेशभूषा का वर्णन पठित पाठ के आधार पर कीजिए। (2)

(घ) "गिरे हुए बैरी पर सींग नहीं चलाना चाहिए"– यह कथन किसका है तथा यह किसका प्रतिनिधित्व करता है? (2)

9. निम्नलिखित पद्यांश को ध्यानपूर्वक पढ़कर पूछे गए प्रश्नों के सही उत्तर दीजिए। (1 × 5 = 5)

खा-खाकर कुछ पाएगा नहीं,
न खाकर बनेगा अहंकारी।
सम खा तभी होगा समभावी,
खुलेगी साँकल बंद द्वार की।

I. कवयित्री का यहाँ खाने से क्या तात्पर्य है? (1)

(क) भोग-विलास करने से (ख) अधिक खाने से
(ग) त्याग करने से (घ) इनमें से कोई नहीं

II. कवयित्री का 'न खाने' से क्या आशय है? (1)

(क) भोग करने से
(ख) भोग-विलास का त्याग करने से
(ग) अधिक न खाने से
(घ) हठयोग न करने से

III. सांसारिक भोगों का पूर्णत: त्याग करने से ………….। (1)

(क) वह स्वयं को संसार में सर्वोपरि त्यागी मानेगा

(ख) वह स्वयं को परमात्मा से श्रेष्ठ मानेगा

(ग) उसे अधिक न खाने का अभिमान हो जाएगा

(घ) उपर्युक्त में से कोई नहीं

IV. 'समभावी' यहाँ किसका प्रतीक है? (1)

(क) समानता का भाव रखने का

(ख) सबको बराबर न समझने का

(ग) अहंकार न करने का

(घ) ज्ञान का

V. यहाँ किस 'बंद द्वार' की बात की गई है? (1)

(क) ज्ञान के द्वार की (ख) अज्ञानता के द्वार की

(ग) मुक्तिरूपी द्वार की (घ) इनमें से कोई नहीं

10. निम्नलिखित प्रश्नों में से किन्हीं तीन प्रश्नों के उत्तर संक्षेप में लिखिए। $(2 \times 3 = 6)$

(क) मनुष्य ईश्वर को कहाँ-कहाँ खोजता है? (2)

(ख) 'काले पहाड़' से कवि का क्या अभिप्राय है? कवि ने यह शब्द किसके लिए प्रयोग किया है? स्पष्ट कीजिए। (2)

(ग) रसखान की भाषा-शैली पर संक्षिप्त टिप्पणी कीजिए। (2)

(घ) लता बादलों के आने पर क्यों शरमाती है? 'मेघ आए' कविता के आधार पर स्पष्ट कीजिए। (2)

11. निम्नलिखित प्रश्नों में से किन्हीं दो प्रश्नों के उत्तर दीजिए। $(4 \times 2 = 8)$

(क) 'शिक्षा बच्चों का जन्मसिद्ध अधिकार है'-इस क्षेत्र में 'मेरे संग की औरतें' पाठ की लेखिका मृदुला गर्ग द्वारा किए जाने वाले प्रयासों पर प्रकाश डालिए। (4)

(ख) रामस्वरूप अपने घर की साज-सज्जा पर विशेष ध्यान देते हुए दिखाई देते हैं। उनका ऐसा करना समाज की किस मानसिकता की ओर संकेता करता है तथा ऐसी प्रथाओं के पीछे क्या कारण हो सकते हैं? 'रीढ़ की हड्डी' एकांकी के आधार पर अपने विचार लिखिए। (4)

(ग) इस 'जल प्रलय' में पाठ के आधार पर बताइए कि मुहर्रमी सूरतें बनाना एक सामान्य गतिविधि किस प्रकार है? (4)

खंड 'घ' रचनात्मक लेखन (20 अंक)

12. दिए गए संकेत बिंदुओं के आधार पर निम्नलिखित में से किसी एक विषय पर 120 शब्दों में अनुच्छेद लिखिए। (6)

(क) लोकतंत्र और चुनाव

संकेत बिंदु

- लोकतंत्र से तात्पर्य
- चुनाव का महत्त्व
- सही प्रतिनिधि के चुनाव से लोकतंत्र की रक्षा

(ख) विज्ञापन की बढ़ती हुई लोकप्रियता

संकेत बिंदु

- विज्ञापन की आवश्यकता
- विज्ञापनों से होने वाले लाभ
- विज्ञापनों से होने वाली हानियाँ

(ग) साहित्य का महत्त्व

संकेत बिंदु

- साहित्य का सामर्थ्य
- देश की वास्तविक स्थिति का सजीव चित्रण
- साहित्यकारों द्वारा संस्कृति व सभ्यता को बचाने में योगदान

13. अपने बड़े भाई के विवाह में सम्मिलित होने के लिए आमंत्रित करते हुए मित्र को पत्र लिखिए। (5)

अथवा

किसी प्रतिष्ठित समाचार-पत्र में छपे एक लेख के संबंध में अपने विचार व्यक्त करते हुए समाचार-पत्र के संपादक को एक पत्र लिखिए। (5)

14. एक ऐसी मौलिक कथा लिखिए, जिसके अंत में यह वाक्य लिखा हो "अंतत: मैं अपनी योजना में सफल हो सका/सकी।" (5)

अथवा

ग्राहक को माल पहुँचाने की सूचना देते हुए ई-मेल लिखिए। (5)

15. एक नेता और एक आम आदमी के बीच हुए संवाद को लगभग 80 शब्दों में लिखिए। (4)

अथवा

विद्यालय के सचिव की ओर से 'समय-प्रबंधन' विषय पर आयोजित होने वाली कार्यशाला के लिए 80 शब्दों में एक सूचना तैयार कीजिए। (4)

व्याख्या सहित उत्तर

1. I. (क) कथन (A) और कारण (R) दोनों सही हैं।

II. (ग) विशुद्ध व्यावसायिक कला

III. (घ) लोकप्रिय बनने के लिए विज्ञापन का सहारा लेना चाहिए।

IV. विज्ञापन से सबसे बड़ा यह लाभ है कि विज्ञापनकर्ता विज्ञापन के माध्यम से घर-घर तक पहुँच जाता है। विज्ञापन उसकी लोकप्रियता को बढ़ा देता है।

V. विज्ञापन से पूर्व मनुष्य अपने कार्यों या विचारों को दूसरों तक पहुँचाने के लिए गोष्ठियों या सभाओं का आयोजन किया करते थे, क्योंकि उस समय कागज की और मुद्रण की सुविधा भी उपलब्ध नहीं थी। प्रचार का दूसरा माध्यम भजन-कीर्तन की मंडलियाँ थीं, परंतु उनका क्षेत्र अधिकतर धार्मिक, दार्शनिक या भक्ति संबंधी प्रचार करना होता था।

2. I. (घ) उपरोक्त सभी कथन सही हैं।

II. (ख) चाँद से सकुचाते चेहरे पर

III. (ख) खेतों में काम करते किसान या मजदूर

IV. कवि को अपने देश की आँखें वन में डालियों के बीच से झाँकती नजर आती हैं।

V. काव्यांश में कवि ने आँखों के लिए ऐसा इसलिए कहा है, क्योंकि कवि ने जिन आँखों को देखा उन आँखों में प्रेम नहीं था। कवि को दृष्टिगोचर आ रही आँखों में छलावा एवं कृत्रिमता नजर आई, उनमें प्यार का छलावा तथा मुस्कान दर्पण से चुराई हुई थी। अत: कवि को उनमें वास्तविकता नजर नहीं आ रही थी।

3. I. 'अत्यधिक' शब्द 'अति' उपसर्ग और अधिक 'मूल' शब्द के योग से बना है।

II. 'उच्चारण' शब्द में 'उत्' उपसर्ग प्रयुक्त हुआ है और 'चारण' मूल शब्द है।

III. खिलौना शब्द में 'औना' प्रत्यय है।

IV. जिन प्रत्ययों के जुड़ने से कर्ता का बोध होता है, उन्हें कर्तृवाचक कर्तृ प्रत्यय कहते हैं।

V. 'फैलाव' शब्द में 'आव' प्रत्यय है।

4. I. दशानन शब्द में बहुव्रीहि समास है।

II. 'सत्याग्रह' शब्द में संप्रदान तत्पुरुष समास है।

III. 'यथाशक्ति' में अव्ययीभाव समास है, क्योंकि इस समस्त पद में पूर्व पद अव्यय है।

IV. 'कष्ट को भोगने वाला' का समस्त पद 'कष्टभोगी' है।

V. 'भला-बुरा' का विग्रह होगा—भला और बुरा।

5. I. 'शायद आज रवि आ जाए।' वाक्य का अर्थ की दृष्टि से संदेहवाचक वाक्य है।

II. यदि पिताजी आ जाते तो बाजार चलते' यह वाक्य संकेत वाचक वाक्य का उदाहरण है।

III. अर्थ की दृष्टि से वाक्य के आठ भेद हैं।

IV. 'तुम्हें यहाँ से जाना होगा।' इस वाक्य का निषेधवाचक में बदला रूप होगा— 'तुम्हे यहाँ रुकना नहीं होगा।'

V. 'आज रेल समय पर आएगी'। इस वाक्य का संदेहवाचक वाक्य में बदला रूप होगा—'शायद आज रेल समय पर आएगी।'

6. I. 'काली घटा का घमंड घटा' पंक्ति में यमक अलंकार है। पहले घटा का अर्थ बादल और दूसरे घटा का अर्थ कम होना है। इस कारण यमक अलंकार है।

II. '<u>चारु चंद्र की चंचल</u> किरणें खेल रही हैं जल-थल में', रेखांकित पंक्ति में 'च' वर्ण की आवृत्ति होने से अनुप्रास अलंकार है।

III. प्रस्तुत दोहे में श्लेष अलंकार है क्योंकि पानी शब्द के इस दोहे में एक से अधिक अर्थ हैं; जैसे— मोती के पक्ष में चमक, मनुष्य के पक्ष में सम्मान और चून के पक्ष में पानी।

IV. जहाँ किसी काव्य पंक्ति में किसी वर्ण की आवृत्ति एक से अधिक बार होती है, वहाँ अनुप्रास अलंकार होता है।

V. काव्य में सुंदरता शब्दों के कारण या अर्थ के कारण उत्पन्न होती है।

7. I. (क) उसे डर था कि कहीं दोनों बैल उस पर हमला न कर दें

II. (ख) कथन (i) गलत है, किंतु (ii) और (iii) सही हैं।

III. (ग) उग्र स्वभाव का

IV. (ख) बेतहाशा भाग रहे थे

V. (क) इंसानियत की

8. (क) सालिम अली पर अंग्रेज़ी कवि डी. एच. लॉरेंस का सर्वाधिक प्रभाव पड़ा, जो सच्चे प्रकृति प्रेमी थे तथा जीवनभर पशु-पक्षियों के साथ रहे। सालिम अली भी उन्हीं की भाँति जीवनभर प्रकृति एवं पक्षियों की खोज करते हुए तथा उनकी सुरक्षा के प्रति जागरूक रहते हुए, प्रकृति का ही एक रूप बन गए।

(ख) महादेवी वर्मा के कुल में लड़की के जन्म लेने के पश्चात् उसे मार दिया जाता था। इसी कारण 200 वर्ष से उनके घर में किसी लड़की का जन्म नहीं हुआ था। इस परंपरा को उनके बाबा जी ने तोड़ा। बाबा जी ने दुर्गा देवी की पूजा करके कन्या माँगी थी और महादेवी का जन्म हुआ। इस कारण महादेवी को वह सब नहीं सहना पड़ा, जो उस समय की अन्य लड़कियों को सहना पड़ता था।

(ग) लेखक के अनुसार, प्रेमचंद ने सिर पर मोटे कपड़े की टोपी, कुर्ता और धोती पहन रखी है। प्रेमचंद की कनपटी चिपकी है और उनके गालों की हड्डियाँ भी उभर आई हैं, लेकिन घनी मूँछों के कारण चेहरा भरा-भरा लगता है। पाँवों में कपड़े के जूते में बड़ा छेद होने के कारण अँगुली भी बाहर निकली हुई है।

(घ) "गिरे हुए बैरी पर सींग नहीं चलाना चाहिए", यह कथन हीरा का है। यह कथन भारतीय संस्कृति के आदर्श का प्रतिनिधित्व कर रहा है। प्रेमचंद ने हीरा (बैल) के माध्यम से यह बताया है कि निहत्थे पर वार नहीं करना चाहिए। निहत्थे पर वार कायर ही करते हैं। सच्चे वीर, साहसी और दयालु लोग ऐसा नहीं करते। अत: हीरा में एक न्यायपसंद, साहसी, शूरवीर एवं दयालु स्वभाव से संबंधित विशेषताएँ मौजूद हैं।

9. I. (क) भोग-विलास करने से

II. (ख) भोग-विलास का त्याग करने से

III. (ख) वह स्वयं को परमात्मा से श्रेष्ठ मानेगा

IV. (क) समानता का भाव रखने का

V. (ग) मुक्तिरूपी द्वार की

10. (क) मनुष्य ईश्वर को मंदिर, मस्जिद, काबा, कैलाश, योग-वैराग्य तथा विभिन्न प्रकार के क्रियाकलापों में ढूँढ़ता फिरता है, लेकिन वह ईश्वर को अपने भीतर या दूसरे प्राणियों के भीतर नहीं खोजता, जबकि ईश्वर कहीं बाहर नहीं, उसके हृदय में ही स्थित रहता है।

(ख) 'काले पहाड़' से कवि का अभिप्राय शोषण व्यवस्था से है। कवि ने यह शब्द शोषक वर्ग के लिए प्रयोग किया है। वे शोषक लोग जो अपने कार्यों को कराने के लिए छोटे-छोटे बच्चों को काम पर लगाते हैं, जिस कारण अनेकानेक बच्चे अपना बचपन खो देते हैं।

(ग) रसखान कवि कृष्ण और ब्रजभूमि के प्रति अनुरक्त थे। इसलिए उनकी कविता में भी वहाँ की आमजन भाषा 'ब्रजभाषा' का प्रयोग हुआ है। रसखान की भाषा सरल, सरस, स्वाभाविक एवं मुहावरों से युक्त है। रसखान ने अपनी रचनाओं में अनुप्रास, रूपक, उपमा आदि अलंकारों का सुंदर प्रयोग किया है।

(घ) लता बादल रूपी मेहमान को अपना प्रियतम मानती है। उसे वह दरवाज़े की ओट से हरी-भरी हो लजाती-सी देखती है, क्योंकि वह बड़े-बूढ़ों के होते हुए मेघ रूपी अपने पति के सामने जाने में शर्म महसूस करती है। वह मेघों के वर्ष भर बाद आने के कारण शरमाती एवं शिकायत करती प्रतीत होती है।

11. (क) वास्तव में, शिक्षा बच्चों का जन्मसिद्ध अधिकार है और अब इस धारणा को भारतीय संविधान में स्वीकृति भी प्राप्त हो चुकी है। भारतीय समाज के सभी प्रबुद्ध नागरिक इस दिशा में अपने-अपने स्तर से यथासंभव प्रयास करते हैं। लेखिका द्वारा इस दिशा में किए जाने वाले प्रयास भी उल्लेखनीय हैं। लेखिका कर्नाटक के छोटे-से कस्बे बागलकोट में रहती थी, जहाँ उसके दो बच्चों को पढ़ने के लिए स्कूल की समुचित व्यवस्था नहीं थी।

अत: उसने वहाँ एक अच्छा स्कूल खुलवाने के लिए पर्याप्त कोशिश की। पहले उसने पास के कैथोलिक बिशप से प्रार्थना की, लेकिन उनके तैयार नहीं होने पर लेखिका ने कुछ उत्साही व्यक्तियों के साथ मिलकर वहाँ एक अच्छा प्राइमरी स्कूल खुलवाया। उस विद्यालय में लेखिका तथा अन्य अधिकारियों के बच्चे पढ़ने लगे और आगे चलकर बड़े-बड़े विद्यालयों में भर्ती होने के योग्य बन गए।

(ख) गोपाल प्रसाद के अपने बेटे शंकर के साथ उमा को देखने आने पर रामस्वरूप अपनी बैठक सजाते हैं। वे तख्त बिछवाकर उस पर दरी और चादर बिछवाते हैं। कमरे में हारमोनियम और सितार रखवाते हैं। वे घर की सजावट पर विशेष ध्यान देते हैं। उनका ऐसा करना समाज की दिखावटी या अधिक बढ़-चढ़कर दिखाने की मानसिकता की ओर संकेत करता है, जिससे कि दूसरे लोग प्रभावित हों और उसे सामर्थ्यवान समझें। इस प्रकार की प्रथाओं के पीछे आगंतुकों को प्रभावित करने की प्रवृत्ति, अपनी सुंदर अभिरुचि का प्रदर्शन तथा हैसियत दिखाने की चाहत होती है।

(ग) लेखक ने मुहर्रमी सूरतों का प्रयोग स्वयं के लिए और अपने मित्र के लिए किया है। लेखक ने मुहर्रमी सूरतें अर्थात् उदास एवं निराश भावयुक्त चेहरा इसलिए कहा, क्योंकि दोनों बाढ़ के इस स्वरूप को देखकर अंदर तक चिंतित हो गए थे। विनाशलीला देखकर उनका मन दु:खी हो गया था। ऐसा लगता था मानो मुहर्रम का दिन हो। वहाँ खड़े अन्य उत्साहित और जिज्ञासु लोगों के बीच में इनके चेहरे अलग लग रहे थे। मुहर्रम उदासी, निराशा, शोक आदि का पर्याय है। यहाँ चूँकि लेखक एवं उनके कवि-मित्र अत्यंत दु:खी, शोकाकुल, निराश एवं उदास थे, इसलिए उनके चेहरे पर इसका भाव स्पष्ट रूप से दिख रहा था, जबकि उनके इर्द-गिर्द खड़े अन्य लोग अत्यंत सहज, उत्साहित एवं जिज्ञासु थे।

12. (क) लोकतंत्र' से तात्पर्य 'जनता के तंत्र' यानी जनता के शासन से है। लोकतंत्र एक ऐसी शासन प्रणाली है, जिसमें अप्रत्यक्ष या प्रत्यक्ष रूप से जनता शासन करती है। जब जनता अप्रत्यक्ष रूप से शासन करती है, तो वह चुनाव के माध्यम से अपना प्रतिनिधि चुनती है, जो जनता के नाम पर जनता के लिए शासन करता है। एक निश्चित अंतराल पर चुनाव का निरंतर संपन्न होना आवश्यक है ताकि जनता अपने प्रतिनिधि के कार्यों का समय-समय पर मूल्यांकन कर सके। चूँकि जनता के प्रतिनिधि ही सामान्यतया शासन करते हैं। अत: उन्हें निरंकुश बनने से रोकने के लिए समय-समय पर चुनाव होने आवश्यक हैं। जनता सही प्रतिनिधि का चुनाव करके लोकतंत्र का निर्माण एवं रक्षा करती है। लोकतंत्र में वास्तविक संप्रभुता लोगों यानी आम जनता के पास ही होती है। अत: जनसामान्य के लिए आवश्यक है कि वह निष्पक्ष होकर लोकतंत्र की कसौटी पर खरा उतरने वाले लोगों का ही अपने प्रतिनिधि के रूप में चयन करें, जो न केवल बेहतर शासन-प्रबंध करने में सक्षम हों, बल्कि लोकतंत्र को सुदृढ़ करने में अपना महत्त्वपूर्ण योगदान भी दें, क्योंकि सही प्रतिनिधि के चुनाव से ही लोकतंत्र की रक्षा संभव है।

(ख) आज के युग को विज्ञापनों का युग कहा जा सकता है। आज सभी जगह विज्ञापन-ही-विज्ञापन नज़र आते हैं। बड़ी-बड़ी कंपनियाँ एवं उत्पादक अपने उत्पाद एवं सेवा से संबंधित लुभावने विज्ञापन देकर उसे लोकप्रिय बनाने का हर संभव प्रयास करते हैं। किसी नए उत्पाद के विषय में जानकारी देने, उसकी विशेषता एवं प्राप्ति स्थान आदि बताने के लिए विज्ञापन की आवश्यकता पड़ती है। विज्ञापनों के द्वारा किसी भी सूचना तथा उत्पाद की जानकारी, पूर्व में प्रचलित किसी उत्पाद में आने वाले बदलाव आदि की जानकारी सामान्य जनता को दी जा सकती है।

विज्ञापन का उद्देश्य जनता को किसी भी उत्पाद एवं सेवा की सही सूचना देना है, लेकिन आज विज्ञापनों में अपने उत्पाद को सर्वोत्तम तथा दूसरों के उत्पादों को निकृष्ट कोटि का बताया जाता है। आजकल के विज्ञापन भ्रामक होते हैं तथा मनुष्य को अनावश्यक खरीददारी करने के लिए प्रेरित करते हैं। अत: विज्ञापनों का यह दायित्व बनता है कि वे ग्राहकों को लुभावने दृश्य दिखाकर गुमराह नहीं करें, बल्कि अपने उत्पाद के सही गुणों से परिचित कराएँ। तभी उचित सामान ग्राहकों तक पहुँचेगा और विज्ञापन अपने लक्ष्य में सफल होगा।

(ग) साहित्य सोते हुए मनुष्य को भी जागृत करने का सामर्थ्य रखता है। साहित्य कमज़ोर एवं शोषितों को उत्साहित करने का कार्य करता है। यह साहित्य ही है, जिसने कई बार हारी हुई लड़ाइयों को भी जीतने में मदद की है। कहा भी गया है कि 'साहित्य समाज का दर्पण' होता है। साहित्य देश की वास्तविक स्थिति का सजीव चित्रण करता है, जिससे प्रभावित होकर समाज के जागरूक लोग सामाजिक बुराइयों को पहचानकर, उनका कारण समझकर तथा उन्हें मिटाने के तरीके ढूँढ़कर उन्हें समाप्त कर देते हैं। जिस समय भारतीय संस्कृति और सभ्यता को दुष्प्रभावित करने का षड्यंत्र किया जा रहा था, उस समय कबीरदास, तुलसीदास, भूषण, प्रेमचंद, रामधारी सिंह 'दिनकर' आदि साहित्यकारों ने जनता को अपनी रचनाओं के माध्यम से शिक्षित एवं संवेदनशील बनाने का कार्य किया। राष्ट्रीयता एवं मानवीय मूल्यों की रक्षा करने में अनेक साहित्यकारों का महत्त्वपूर्ण योगदान रहा है। साहित्यकारों ने अपने राष्ट्रीय एवं नैतिक दायित्व को पहचाना तथा उसी के अनुसार कार्य किया। इस प्रकार कह सकते हैं कि साहित्यकार का सामाजिक उत्तरदायित्व होता है। समाज के हित की दृष्टि से लिखा गया साहित्य ही श्रेष्ठ साहित्य कहा जा सकता है।

13. परीक्षा भवन,
दिल्ली।

दिनांक 14 सितंबर, 20XX

प्रिय मित्र
नमस्कार!

आपको यह जानकर प्रसन्नता होगी कि आगामी 6 अक्टूबर, 20XX को मेरे बड़े भाई श्री सुजल कुमार का शुभ विवाह होना निश्चित हुआ है।

इस समारोह में आने के लिए मैं आपको सादर-आमंत्रित करता हूँ। कृपया आप सपरिवार पधारकर हमें कृतार्थ करें।

कार्यक्रम इस प्रकार है

6 अक्टूबर, 20XX

सायं 4:00 बजे	सेहरा बँधी की रस्म
सायं 5:00 बजे	बारात प्रस्थान (नोएडा हेतु)
सायं 7:00 बजे	नोएडा पहुँचना और घुड़चड़ी
रात्रि 8:00 बजे	कन्या के घर (द्वार पूजा)
रात्रि 9:30 बजे	रात्रि भोज
रात्रि 11:00 बजे	पाणिग्रहण संस्कार

दर्शनाभिलाषी
क. ख. ग

अथवा

परीक्षा भवन,
दिल्ली।

दिनांक 18 नवंबर, 20XX

सेवा में,
संपादक महोदय,
नवभारत टाइम्स,
दिल्ली।

विषय समाचार-पत्र में छपे लेख पर अपने विचार देने हेतु।

महोदय,
आपके प्रतिष्ठित समाचार-पत्र के माध्यम से मैं दिनांक 18 दिसंबर, 20XX में छपे लेख 'वन की हमारे जीवन में महत्ता' के लेखक डॉ. सुधीर पचौरी को हृदय से धन्यवाद देना चाहता हूँ। उन्होंने वनों की महत्ता के विषय में बख़ूबी समझाया कि वन हमारी अमूल्य संपदा है। हमें वनों की रक्षा करनी चाहिए, उन्हें काटकर नष्ट नहीं करना चाहिए। यदि वन नहीं रहेंगे तो हमारा जीवन भी नहीं रहेगा, चारों ओर प्रदूषण फैलेगा, वर्षा नहीं होगी आदि। वास्तव में, उनके द्वारा लिखा गया लेख सभी के लिए अत्यंत उपयोगी है। आपके समाचार-पत्र में प्रकाशित लेख सदा ही जनता को प्रेरणा देते हैं।

आशा है कि आपका व आपके समाचार-पत्र का यह प्रयास आगे भी ऐसे ही चलता रहेगा।

धन्यवाद।

भवदीय
क. ख. ग.

14. कथा मैं बचपन में अकसर अपने दादा जी से एक बात सुना करता था कि तुम्हारा जीवन तभी सफल है, जब तुम दूसरों के काम आ सको। तब ये बातें मेरे समझ नहीं आती थीं, लेकिन पिछले दिनों मेरे साथ एक ऐसी घटना घटी जिसने मुझे अंदर तक झकझोर दिया और दादा जी की बातें बार-बार स्मरण होकर अपनी सत्यता को सिद्ध करने लगीं।

उस दिन मैं रात को ऐसे ही टहलने के लिए घर से बाहर निकला था। मन में पहले से ही बहुत-सी बातों को लेकर उधेड़-बुन चल रही थी, तभी अचानक मेरी नजर सड़क की दूसरी ओर बने कूड़ेदान पर पड़ी। मैंने देखा वहाँ सात से आठ साल के कुछ बच्चे कूड़ा उठा रहे थे, पर एकदम से मेरी नजर एक बच्चे पर आकर रुक गई। मैं सड़क पार करके उनके पास गया तो देखा वह बच्चा कूड़ेदान में फेंकी गई खाने से भरी हुई पॉलिथीन ढूँढ़ रहा था और उनमें से खाना निकालकर खा रहा था। मेरा शरीर उस दृश्य को देखकर नि:स्तब्ध रह गया।

पूरे रास्ते मेरे मन में वही दृश्य चलता रहा। मैंने घर पहुँचकर निर्णय किया कि भूख से तड़पते इन बच्चों के लिए अपने स्तर पर कुछ-न-कुछ कार्य अवश्य करूँगा। मैंने अपने कुछ साथियों को इस घटना के विषय में बताया और मिलकर उनकी सहायता करने के लिए कहा। मैंने उन्हें सुझाव दिया कि हम लोग शाम के समय मोहल्ले के ढाबों और रेस्टोरेंट से उनका बचा हुआ खाना सस्ते दामों में खरीदकर इन बच्चों में बाँट देंगे। सभी ने मेरे निर्णय की प्रशंसा करते हुए अपने स्तर पर सहयोग करने की बात कही। अगले दिन शाम को हमने अपनी योजना अनुसार कार्य किया और कुछ बच्चों को भोजन कराया। ''अंतत: अपने दोस्तों की सहायता से मैं अपनी योजना में सफल हो सका।''

अथवा

To: Ramesh290@gmail.com

Subject: ग्राहक को माल पहुँचाने की सूचना हेतु।

Insert: Attachments | Office docs | Photos | From Bing | Emoticons

बैनारा उद्योग लि.

आगरा।

दिनांक 15 मई, 20XX

सेवा में,

मै. स्टुअर्ट एंड संस, लंदन।

महोदय,

आपको सूचित करते हुए हमें हर्ष हो रहा है कि हमने आपकी आकस्मिकता को पूरा करते हुए आपकी माँग के अनुसार एस.एस. सागर द्वारा बॉल बेयरिंग आपके पते पर भेज दी हैं। यह माल लकड़ी की 15 पेटियों में पैक किया गया है।

आपके माल का बीमा हमारे शिपिंग एजेंट मै. मैकमोहन एंड ब्रदर्स, कोलाबा, मुंबई द्वारा कराया गया है।

इस पत्र के साथ हम 1500 पौंड का बिल संलग्न कर रहे हैं, जिसका भुगतान 90 दिनों के भीतर लिया जाएगा।

आशा है, आपका माल समय पर एवं सुरक्षित पहुँच जाएगा।

आगामी ऑर्डर की अपेक्षा के साथ।

धन्यवाद।

भवदीय,

हस्ताक्षर ....

(अजय जैन)

Send | Discard

15. **नेता** भाई साहब! मैं आपके क्षेत्र से चुनाव में खड़ा हूँ।

आम आदमी पर, आपको तो हमने यहाँ कभी नहीं देखा।

नेता आप ठीक कहते हैं। मैं दिल्ली से आया हूँ, सबकी समस्याओं का समाधान करने।

आम आदमी अब हमें बेवकूफ मत समझो। हम जान चुके हैं कि तुम यहाँ से जीतकर गायब हो जाओगे और पाँच साल तक नज़र नहीं आओगे।

नेता नहीं, ऐसा नहीं है। मैं सचमुच आप लोगों का दर्द बाँटने आया हूँ।

आम आदमी अब हम जागरूक हो चुके हैं और तुम्हारी बातों के जाल में नहीं फँसने वाले। हम अपना नेता अपने क्षेत्र और अपनी मर्ज़ी का चुनेंगे, जो हमारी आवाज़ ऊपर तक पहुँचाएगा। नमस्कार।

अथवा

बाल विकास पब्लिक स्कूल, दिल्ली

सूचना

दिनांक 22 फरवरी, 20XX

'समय-प्रबंधन' विषय पर आयोजित होने वाली कार्यशाला हेतु

सभी विद्यार्थियों को सूचित किया जाता है कि बाल विकास पब्लिक स्कूल की ओर से 'समय-प्रबंधन' विषय पर 13 मार्च से 15 मार्च तक कार्यशाला आयोजित की जा रही है। यह कार्यशाला प्रातः 9 बजे से 10 बजे तक चलेगी। इच्छुक विद्यार्थी को 12 मार्च तक पंजीकरण कराना आवश्यक है। पंजीकरण शुल्क 10/- निर्धारित किया गया है।

सचिव

क. ख. ग.

प्रतिदर्श प्रश्न-पत्र 2 (व्याख्या सहित)

CBSE कक्षा 9 की परीक्षा के लिए नमूना प्रश्न-पत्र

हिंदी 'अ'

समय : 3 घंटे	पूर्णांक : 80

1. इस प्रश्न-पत्र में चार खंड दिए गए हैं–'क', 'ख', 'ग' और 'घ'।
2. खंड 'क' में बहुविकल्पीय, अतिलघु व लघु उत्तरीय प्रश्न दिए गए हैं।
3. खंड 'ख' में अतिलघु उत्तरीय प्रश्न दिए गए हैं।
4. खंड 'ग' में बहुविकल्पीय व वर्णनात्मक प्रश्न दिए गए हैं।
5. खंड 'घ' में वर्णनात्मक प्रश्न दिए गए हैं।
6. यथासंभव सभी प्रश्नों के उत्तर क्रमानुसार लिखिए।

खंड 'क' अपठित बोध (14 अंक)

1. निम्नलिखित अपठित गद्यांश को ध्यानपूर्वक पढ़कर उस पर आधारित प्रश्नों के उत्तर दीजिए।

मेरी माँ कहती है कि जिस तरफ दुनिया चल रही है, हमें भी उसी तरफ चलना चाहिए। उसने कभी स्वतंत्रता पर अंकुश नहीं लगाया, बल्कि खुद को उन्होंने मेरे अनुरूप बदला है। एक रूढ़िवादी परिवार से ऊँचा उठकर उन्होंने सोचा, जिया और हमें जीना सिखाया। मुझे यह कहते हुए ज़रा भी संकोच नहीं होता कि मेरे माता-पिता मुझसे कहीं ज्यादा आधुनिक विचारधारा वाले व्यक्ति हैं और मुझे उन पर गर्व है। मुझे लगता है कि अपने बच्चों के लिए हर माँ सबसे ज्यादा साहसी और निर्भीक होती है। वह सबसे ज्यादा तरक्कीपसंद होती है। वह नए जमाने की माँ हो या पुराने जमाने की, अपने बच्चों को वह तमाम बंधनों से मुक्त करना चाहती है और उन्हें आजाद परिंदों की तरह खुला आसमान देना चाहती है।

माँएँ अपनी फितरत से ही तरक्कीपसंद होती हैं, क्योंकि वे बच्चे के साथ-साथ दोबारा विकसित होती हैं। यह बच्चे को पालने और उसे विकसित करने की उनकी मूल प्रवृत्ति है, जो उन्हें अपनी आदतों और अपने मूल्यों को नए सिरे से गढ़ने के लिए प्रेरित करती है। आपने शायद गोर्की का उपन्यास 'माँ' पढ़ा हो। वह माँ अनपढ़ है, लेकिन इसके बावजूद वह समझ पाती है कि उसका बेटा क्या कर रहा है और क्यों कर रहा है।

मेरा ख्याल है कि माँ को नए या पुराने मॉडल में रखकर नहीं देखा जा सकता है। हाँ, औरत की अपनी निजी शख्सियत को देखा जा सकता है-वह ब्रिटेन की होगी तो स्कर्ट पहन सकती है; बेतिया की होगी तो साड़ी पहन सकती है और यदि बेंगलुरु की होगी तो पढ़ी-लिखी इंजीनियर हो सकती है। बनारस की होगी तो किसी मंदिर में पूजा करती हो सकती है, लेकिन माँ के तौर पर तो वह एक जैसी ही होगी। अपने शिशु का चेहरा देखकर उसकी जरूरतों को जान लेने की उसकी मूल प्रवृत्ति होती है।

I. **कथन** (A) लेखक ने अपनी माँ के विषय में क्या बताया है?
कारण (R) लेखक की माँ ने कभी उसकी स्वतंत्रता पर अंकुश नहीं लगाया। (1)

कूट
(क) कथन (A) सही है, किंतु कारण (R) गलत है।
(ख) कथन (A) सही है और कारण (R) कथन (A) की सही व्याख्या करता है।
(ग) कथन (A) सही नहीं है, किंतु कारण (R) सही है।
(घ) कथन (A) और कारण (R) दोनों गलत हैं।

II. **उपर्युक्त गद्यांश का मुख्य संदेश क्या है?** (1)
(क) सभी माताएँ पुत्र के प्रति समान होती हैं।
(ख) सभी माताओं के विचार अलग-अलग होते हैं।
(ग) सभी माताओं की भावना समान नहीं होती है।
(घ) उपर्युक्त सभी

III. **हर माँ सबसे ज्यादा ....।** (1)
रिक्त स्थान के लिए उचित विकल्प चुनकर वाक्य पूरा कीजिए।
(क) साहसी और निर्भीक होती है
(ख) कायर और सिंहनी होती है
(ग) कमजोर और निरुत्साही होती है
(घ) उपर्युक्त सभी

IV. लेखक के माता-पिता कैसी विचारधारा वाले व्यक्ति हैं? (2)

V. माताएँ कैसी होती हैं? वर्णन करें। (2)

2. निम्नलिखित अपठित काव्यांश को ध्यानपूर्वक पढ़कर उस पर आधारित प्रश्नों के उत्तर दीजिए।

हँस लो दो क्षण खुशी मिली गर
वरना जीवन-भर क्रंदन है।
किसका जीवन हँसी-खुशी में
इस दुनिया में रहकर बीता?
सदा सर्वदा संघर्षों को
इस दुनिया में किसने जीता?
खिलता फूल म्लान हो जाता
हँसता-रोता चमन-चमन है।
कितने रोज चमकते तारे
दूर तलक धरती की गाथा
मौन मुखर कहता कण-कण है।
यदि तुमको सामध्य मिला तो
मुसकाओं सबके संग जाकर।
कितने रह-रह गिर जाते हैं,
हँसता शशि भी छिप जाता है,
जब सावन घन घिर आते हैं।
उगता-ढलता रहता सूरज
जिसका साक्षी नील गगन है।
आसमान को छूने वाली,
वे ऊँची-ऊँची मीनारें।
मिट्टी में मिल जाती हैं वे
छिन जाते हैं सभी सहारे।
यदि तुमको मुसकान मिली तो
थामो सबको हाथ बढ़ाकर।
झाँकों अपने मन-दर्पण में
प्रतिबिंबित सबका आनन है।

I. कवि के अनुसार, दो क्षण की मिली खुशी पर क्यों हँस लेना चाहिए? (1)

(क) जीवन में खुशियाँ-ही-खुशियाँ हैं, अत: हँस लेना चाहिए।
(ख) जीवन में बहुत-सी विपदाएँ हैं, अत: समय मिलने पर हँस लेना चाहिए।
(ग) जीवन में रंगीनियाँ बहुत हैं, अत: हर समय खुश रहना चाहिए।
(घ) उपर्युक्त में से कोई नहीं

II. काव्यांश में सभी चीजों को .... बताया गया है। रिक्त स्थान के लिए उचित विकल्प चुनकर वाक्य पूरा कीजिए। (1)

(क) अनश्वर (ख) नश्वर
(ग) गतिशील (घ) स्थूल

III. उपर्युक्त काव्यांश का मुख्य विषय ..... हैं अत: समय मिलने पर हँस लेना चाहिए। (1)

(क) जीवन में बहुत-सी विपदाएँ
(ख) जीवन में बहुत-सी खुशियाँ
(ग) जीवन दु:खों से परिपूर्ण
(घ) जीवन कठिन संघर्ष

IV. 'उगता-ढलता रहता सूरज' के माध्यम से कवि क्या स्पष्ट करना चाहता है? (2)

V. 'झाँकों अपने मन दर्पण में' इस पंक्ति के माध्यम से कवि क्या सीख देना चाहता है? (2)

खंड 'ख' व्यावहारिक व्याकरण (16 अंक)

3. निम्नलिखित पाँच प्रश्नों में से किन्हीं चार प्रश्नों के उत्तर दीजिए। (1× 4 = 4)

I. 'परिणय' में कौन-सा उपसर्ग है? (1)

II. 'संभाषण' में उपसर्ग व मूल शब्द को अलग-अलग कीजिए। (1)

III. 'गुस्सैल' में कौन-सा प्रत्यय है? (1)

IV. सार्थक शब्द के अंत में जुड़कर नए शब्द का निर्माण कौन करते हैं? (1)

V. उपसर्ग किसे कहते हैं? (1)

4. निम्नलिखित पाँच प्रश्नों में से किन्हीं चार प्रश्नों के उत्तर दीजिए। (1× 4 = 4)

I. 'पथभ्रष्ट' समस्त पद में कौन-सा समास है? (1)

II. 'निशाचर' में कौन-सा समास है? (1)

III. 'शीतोष्ण' का समास विग्रह बताइए। (1)

IV. तत्पुरुष समास में किसका लोप होता है? (1)

V. समास विग्रह से आप क्या समझते हैं?

5. निम्नलिखित पाँच प्रश्नों में से किन्हीं चार प्रश्नों के उत्तर दीजिए। (1× 4 = 4)

I. 'यदि तुम पढ़ोगे, तो अवश्य सफल रहोगे।' अर्थ की दृष्टि से कौन-सा वाक्य भेद है? (1)

II. 'राधा घर से आ रही है' इस वाक्य का प्रश्नवाचक वाक्य क्या होगा? (1)

III. 'पक्षी यहाँ आकर दाना चुगते तो अच्छा होता।' यह इच्छावाचक वाक्य का उदाहरण क्यों है? (1)

IV. जिसके बारे में कुछ कहा जाए, उसे क्या कहते हैं? (1)

V. 'मुझे वह पुस्तक उठाकर दो।' अर्थ की दृष्टि से वाक्य का कौन-सा भेद है? (1)

6. निम्नलिखित पाँच प्रश्नों में से किन्हीं चार प्रश्नों के उत्तर दीजिए। (1 × 4 = 4)

I. 'केकी रव की नुपूर ध्वनि सुन जगती जगती की मूक प्यास' पंक्ति में कौन-सा अलंकार है? (1)

II. जहाँ समान वर्णों की आवृत्ति होती है, वहाँ कौन-सा अलंकार होता है? (1)

III. 'कह कवि बेनी, बेनी क़ाव्य की चुराय लीनी।' पंक्ति में कौन-सा अलंकार है? (1)

IV. काव्य में जहाँ शब्द की आवृत्ति हो वहाँ कौन-सा अलंकार होता है? (1)

V. श्लेष अलंकार कहाँ होता है? (1)

खंड 'ग' पाठ्यपुस्तक व पूरक पाठ्यपुस्तक (30 अंक)

7. निम्नलिखित गद्यांश को ध्यानपूर्वक पढ़कर पूछे गए प्रश्नों के सही उत्तर लिखिए। (1 × 5 = 5)

आगे एक घर में पूछने से पता लगा कि लङ्कोर का रास्ता दाहिने वाला था। फिर लौटकर उसी को पकड़ा। चार-पाँच बजे के करीब मैं गाँव से मील-भर पर था, तो सुमति इंतजार करते हुए मिले। मंगोलों का मुँह वैसे ही लाल होता है और अब तो वह पूरे गुस्से में थे। उन्होंने कहा—"मैंने दो टोकरी कंडे फूँक डाले, तीन-तीन बार चाय को गर्म किया।" मैंने बहुत नरमी से जवाब दिया—"लेकिन मेरा कसूर नहीं है मित्र! देख नहीं रहे हो, कैसा घोड़ा मुझे मिला है। मैं तो रात तक पहुँचने की उम्मीद रखता था।" खैर, सुमति को जितनी जल्दी गुस्सा आता था, उतनी ही जल्दी ही वह ठंडा भी हो जाते थे। लङ्कोर में वह एक अच्छी जगह पर ठहरे थे। यहाँ भी उनके अच्छे यजमान थे। पहले चाय-सत्तू खाया गया, रात को गर्मागर्म थुक्पा मिला।

I. लेखक के अनुसार, लङ्कोर का रास्ता किस ओर था? (1)

(क) बायीं ओर (ख) दायीं ओर
(ग) सीधा (घ) इनमें से कोई नहीं

II. 'मैंने दो टोकरी कंडे फूँक डाले, तीन-तीन बार चाय को गर्म किया' सुमति के इस कथन से क्या पता चलता है? (1)

(क) कि वह इस समय गुस्से में था।
(ख) कि वह लेखक के लिए फिक्रमंद था।
(ग) उसे पता था कि लेखक को भूख लगी होगी।
(घ) उपर्युक्त में से कोई नहीं

III. सुमति जितनी जल्दी ······· भी हो जाता था। (1)

(क) उसे बहुत गुस्सा आता था
(ख) उसे गुस्सा कभी नहीं आता था
(ग) गुस्सा करता था, उतनी ही जल्दी शांत
(घ) वह बहुत ही शांत प्रवृत्ति का व्यक्ति था

IV. लङ्कोर में भी लेखक को ठहरने के लिए अच्छी जगह क्यों मिली? (1)

(क) वहाँ लेखक को जानने वाले बहुत लोग थे
(ख) वहाँ भी सुमति के जान-पहचान के यजमान थे
(ग) वहाँ ठहरने के लिए बहुत अच्छी सराय थीं
(घ) उपर्युक्त में से कोई नहीं

V. लेखक सुमति के पास देर से पहुँचा था क्योंकि (1)

(क) वह रास्ता भटक गया था।
(ख) लेखक का घोड़ा कमजोर था
(ग) लेखक गंडे बनाने में लग गया था।
(घ) लेखक अपने मित्रों से मिलने चला गया था।

8. निम्नलिखित प्रश्नों में से किन्हीं तीन के उत्तर संक्षेप में लिखिए। (2 × 3 = 6)

(क) सालिम अली की दृष्टि में प्रकृति कैसी है? (2)

(ख) ईश्वर ने बैलों को वाणी दी होती, तो झूरी से दूर जाते समय वे क्या कहते? (2)

(ग) "अँगुली ढकी है पर पंजा नीचे घिस रहा है।" पाठ के आधार पर पंक्ति में निहित व्यंग्य स्पष्ट कीजिए। (2)

(घ) डाँड़े के प्राकृतिक-सौंदर्य का वर्णन अपने शब्दों में कीजिए। (2)

9. निम्नलिखित पद्यांश को ध्यानपूर्वक पढ़कर पूछे गए प्रश्नों के सही उत्तर लिखिए। (1 × 5 = 5)

हिंदू मूआ राम कहि, मुसलमान खुदाइ।
कहै कबीर सो जीवता, जो दुहुँ के निकटि न जाइ।

I. कबीर जी के अनुसार, जीवित कौन नहीं है? (1)

(क) जो धार्मिक अंधविश्वासों पर विश्वास करता है
(ख) जो हिंदू-मुस्लिम में भेद करता है
(ग) (क) और (ख) दोनों
(घ) जो सांप्रदायिकता से दूर रहता है

II. कबीर जी ने साखी में 'मूआ' शब्द ········ प्रयोग किया है। (1)

(क) हिंदू के लिए
(ख) मुसलमान के लिए
(ग) (क) और (ख) दोनों
(घ) उपर्युक्त में से कोई नहीं

III. प्रस्तुत साखी में कबीर जी ने हिंदू और मुसलमान को मूआ कहा है क्योंकि ········। (1)

(क) ये दोनों कट्टरपंथी में ईश्वर को भूल गए हैं
(ख) ये दोनों ईश्वर का स्मरण करते हैं
(ग) ये दोनों मंदिर-मस्जिद में जाते हैं
(घ) उपर्युक्त सभी

IV. प्रस्तुत साखी किस छंद में है? (1)

(क) दोहा (ख) सोरठा
(ग) बरवै (घ) छप्पय

V. प्रस्तुत साखी में क्या संदेश दिया गया है? (1)

(क) मनुष्य को अपने धर्म के प्रति कट्टर होना चाहिए

(ख) मनुष्य को धार्मिक कट्टरता से बचना चाहिए

(ग) मनुष्य के लिए धार्मिक भेदभाव सर्वोपरि होने चाहिए

(घ) मनुष्य को कट्टरपंथी लोगों के साथ मेल-जोल बढ़ाना चाहिए

10. निम्नलिखित प्रश्नों में से किन्हीं तीन प्रश्नों के उत्तर संक्षेप में लिखिए। $(2 \times 3 = 6)$

(क) कबीर ने ईश्वर-प्राप्ति के लिए किन प्रचलित विश्वासों का खंडन किया है? (2)

(ख) 'ऊँची काली दीवारों' से कवि माखनलाल चतुर्वेदी का क्या तात्पर्य है? (2)

(ग) 'मेघ आए' कविता के आधार पर हवा का वर्णन अपने शब्दों में कीजिए। (2)

(घ) 'बच्चे काम पर जा रहें हैं' कविता के आधार पर बताइए कि बच्चों को काम पर क्यों नहीं जाना चाहिए? (2)

11. निम्नलिखित प्रश्नों में से किन्हीं दो प्रश्नों के उत्तर दीजिए। $(4 \times 2 = 8)$

(क) 'इस जल प्रलय में' पाठ के आधार पर बताइए कि लेखक ने बाढ़ के पानी को 'मृत्यु का तरल दूत' किसे तथा क्यों कहा था? (4)

(ख) लड़कियों का उच्च शिक्षित होना आज के युग में भी अभिशाप क्यों समझा जाता है? 'रीढ़ की हड्डी' पाठ के आधार पर तर्क सहित स्पष्ट कीजिए। (4)

(ग) 'मेरे संग की औरतें' पाठ के आधार पर लेखिका की नानी के व्यक्तित्व की विशेषताओं को स्पष्ट कीजिए। (4)

खंड 'घ' रचनात्मक लेखन (20 अंक)

12. दिए गए संकेत बिंदुओं के आधार पर निम्नलिखित में से किसी एक विषय पर 120 शब्दों में अनुच्छेद लिखिए। (6)

(क) कंप्यूटर : आज की जरूरत

संकेत बिंदु

- कंप्यूटर का परिचय
- कंप्यूटर की उपयोगिता
- कंप्यूटर से होने वाली हानियाँ

(ख) प्लास्टिक की दुनिया

संकेत बिंदु

- प्लास्टिक का आविष्कार और इसका उपयोग
- प्लास्टिक के गुण व दोष
- प्लास्टिक का पर्यावरण पर प्रभाव

(ग) आजादी का अमृत महोत्सव

संकेत बिंदु

- प्रस्तावना
- क्यों मनाया जाता है
- उद्देश्य

13. अपने विद्यालय परिसर में दो अतिरिक्त शौचालय बनाए जाने की माँग करते हुए प्रधानाचार्य को पत्र लिखिए। (5)

अथवा

राष्ट्रपति द्वारा 'वीर बालक पुरस्कार' से सम्मानित अपने भतीजे को बधाई पत्र लिखिए। (5)

14. ''लालच बुरी बला है'' उक्ति को आधार बनाकर लघु कथा लिखिए। (5)

अथवा

बैंक द्वारा दी जाने वाली सुविधाओं और सेवाओं की पूछताछ करने के लिए एक ई-मेल लिखिए। (5)

15. दो मित्रों के मध्य ग्रीष्मावकाश बिताने के विषय से संबंधित लगभग 80 शब्दों में संवाद लेखन कीजिए। (4)

अथवा

आप अपनी कॉलोनी की कल्याण परिषद् के अध्यक्ष हैं। अपने क्षेत्र में पार्कों की साफ-सफाई के प्रति जागरूकता लाने हेतु कॉलोनीवासियों के लिए 80 शब्दों में सूचना तैयार कीजिए। (4)

व्याख्या सहित उत्तर

1. I. (ख) कथन (A) सही है और कारण (R) कथन (A) की सही व्याख्या करता है।

II. (क) सभी माताएँ पुत्र के प्रति समान होती हैं।

III. (क) साहसी और निर्भीक होती है

IV. लेखक के माता-पिता लेखक से कहीं अधिक आधुनिक विचारधारा वाले व्यक्ति हैं।

V. गद्यांश के अनुसार माताएँ अपने बच्चों को विकास की ओर उन्मुख देखना चाहती है, इसी कारण वे स्वयं को बच्चों के अनुसार बदल लेती हैं। यह बच्चों को पालने और उसे विकसित करने की मूल प्रवृत्ति है, जो उन्हें अपनी आदतों और अपने मूल्यों को परिवर्तित करने के लिए प्रेरित करती है।

2. I. (ख) जीवन में बहुत-सी विपदाएँ हैं, अत: समय मिलने पर हँस लेना चाहिए।

II. (ख) नश्वर

III. (क) जीवन में बहुत-सी विपदाएँ

IV. 'उगता-ढलता रहता सूरज' के माध्यम से कवि यह स्पष्ट करना चाहता है कि जीवन में समय सदा एक जैसा नहीं रहता, अच्छा-बुरा समय आता-जाता रहता है। अर्थात् जीवन में सुख-दु:ख आते-जाते रहते हैं।

V. 'झाँको अपने मन दर्पण में' इस पंक्ति के माध्यम से कवि यह सीख देना चाहता है कि व्यक्ति को दूसरों के अंदर बुराई ढूँढने की अपेक्षा स्वयं पर भी दृष्टि डालनी चाहिए। यदि आप ऐसा करते हैं, तो आप भी बिल्कुल वैसे ही हैं, जैसा व्यक्ति आपके सामने है। मन रूपी दर्पण हमें सभी का प्रतिबिंब दिखाता है।

3. I. 'परिणय' शब्द में 'परि' उपसर्ग है।

II. 'संभाषण' शब्द में 'सम्' उपसर्ग और 'भाषण' मूल शब्द है।

III. 'गुस्सैल' शब्द में 'ऐल' प्रत्यय है।

IV. समर्थक शब्द के अंत में जुड़कर नए शब्द का निर्माण अविकारी शब्दांश करते हैं।

V. जो शब्दांश सार्थक शब्द के पूर्व में जुड़कर उसके अर्थ और रूप में परिवर्तन कर देते हैं, उन्हें उपसर्ग कहते हैं।

4. I. 'पथभ्रष्ट' समस्त पद में अपादान तत्पुरुष समास है।

II. 'निशाचर' शब्द में बहुब्रीहि समास है। इसमें प्रथम एवं द्वितीय दोनों पद गौण हैं। प्रधान पद कोई तीसरा है जिसके कारण बहुब्रीहि समास है निशाचर अर्थात् निशा में विचरण करने वाला अर्थात् राक्षस।

III. 'शीतोष्ण' इस समस्त पद का विग्रह है शीत और ऊष्ण अर्थात् द्वंद्व समास, क्योंकि दोनों पदों के बीच मे 'और' योजक शब्द प्रयुक्त है।

IV. तत्पुरुष समास में कारक विभक्ति का लोप होता है।

V. समस्त पदों के विग्रह करने को समास विग्रह कहते हैं।

5. I. 'यदि तुम पढोगे, तो अवश्य सफल रहोगे।' अर्थ की दृष्टि से यह वाक्य संकेतवाचक वाक्य है।

II. 'राधा घर से आ रही है।' इस वाक्य का प्रश्नवाचक वाक्य होगा– क्या राधा घर से आ रही है।

III. 'पक्षी यहाँ आकर दाना चुगते, तो अच्छा होता।' यह वाक्य इच्छावाचक वाक्य का उदाहरण इसलिए है, क्योंकि इसमें वाक्ता की इच्छा व्यक्त हुई है।

IV. जिसके बारे में कुछ कहा जाए उसे उद्देश्य कहते हैं।

V. 'मुझे वह पुस्तक उठाकर दो' अर्थ की दृष्टि से यह वाक्य आज्ञावाचक वाक्य है।

6. I. 'केकीरव की नुपूर ध्वनि सुन जगती जगती की मूक प्यास' पंक्ति में यमक अलंकार है। इस पंक्ति में जगती शब्द दो बार आया है। प्रथम जगती अर्थ उत्पन्न है और दूसरे जगती का अर्थ पृथ्वी है।

II. जहाँ समान वर्णों की आवृत्ति होती है, वहाँ अनुप्रास अलंकार होता है।

III. 'कह कवि बेनी-बेनी व्याल की चुराम लीनी' इस काव्य पंक्ति में यमक अलंकार है, क्योंकि प्रथम बेनी का अर्थ कवि बेनी से है और दूसरे बेनी का अर्थ चोटी से है।

IV. काव्य में जहाँ एक ही शब्द की आवृत्ति बार-बार हो वहाँ यमक अलंकार होता है।

V. जहाँ काव्य में एक शब्द के अनके अर्थ होते हैं, वहाँ श्लेष अलंकार होता है।

7. I. (ख) दायीं ओर

II. (क) कि वह इस समय गुस्से में था।

III. (ग) गुस्सा करता था, उतनी ही जल्दी शांत

IV. (ख) यहाँ भी सुमति के जान पहचान के यजमान थे

V. (ख) लेखक का घोड़ा कमजोर था

8. (क) सालिम अली की दृष्टि में प्रकृति रहस्यों से भरी हुई है। उनके अनुसार, जितना ज्यादा प्रकृति के निकट रहा जाए, उतना ही ज्यादा उसे समझा जा सकता है। सालिम अली प्रकृति को अपनी दुनिया मानते थे।

(ख) यदि ईश्वर ने बैलों को वाणी दी होती, तो वे झूरी से पूछते कि उन्होंने कभी भी झूरी की सेवा करने में कोई कमी नहीं छोड़ी, जैसा दिया वैसा खाकर तृप्त हो गए। वे तो हमेशा इसी प्रकार झूरी की सेवा करने के लिए तैयार थे, तो उसने उन्हें क्यों इतनी दूर भेज दिया, क्यों गया जैसे आदमी के हाथ उन्हें सौंप दिया?

(ग) इस पंक्ति में व्यंग्य छिपा है कि ऊपर से तो सब ठीक-ठाक दिखाई दे रहा है, परंतु अंदर कुछ-न-कुछ गड़बड़ अवश्य है। पंजा दिखाई नहीं दे रहा है, इसमें कमियों को ढकने की बात बताई गई है। ऊपर से आवरण ठीक है, किंतु भीतरी हालत खराब है अर्थात् लोग ऊपर से खुश और अमीर दिखाई देते हैं, किंतु भीतर से दु:खी और फटेहाल हैं। यहाँ दिखावटीपन को व्यंग्य की दृष्टि से स्पष्ट किया गया है।

(घ) डाँड़े समुद्र तल से 17-18 हज़ार फीट की ऊँचाई पर स्थित था। इसके पूरब से पश्चिम की ओर हिमालय के हज़ारों श्वेत शिखर फैले हुए थे। वहाँ से भीटे की ओर दिखने वाले पहाड़ नंगे थे, जिन पर न तो बर्फ़ थी और न हरियाली। डाँड़े के पहाड़ घुमावदार एवं ऊँचे थे, जहाँ से अनेक जलधाराएँ फूट रही थीं।

9. I. (ग) (क) और (ख) दोनों
II. (ग) (क) और (ख) दोनों
III. (क) ये दोनों कट्टरपंथी में ईश्वर को भूल गए हैं
IV. (क) दोहा
V. (ख) मनुष्य को धार्मिक कट्टरता से बचना चाहिए

10. (क) (i) कबीर ईश्वर प्राप्ति के लिए मंदिर, मस्जिद जाने, पूजा, अर्चना करने आदि को व्यर्थ मानकर इसका खंडन करते हैं।
(ii) कबीर हिंदू-मुसलमान आदि में भेदभाव करने को व्यर्थ मानते हैं। उन्होंने इस भेदभाव को समाप्त करने की बात कही है।
(iii) कबीर कहते हैं कि आडंबरपूर्ण भक्ति ईश्वर प्राप्ति का मार्ग नहीं है। मनुष्य व्यर्थ में ईश्वर की भक्ति करने का दिखावा करता है।

(ख) 'ऊँची काली दीवारों' से कवि माखनलाल चतुर्वेदी जी का तात्पर्य जेल की ऊँची दीवारों से है, जो यातनागृह जैसा है। यह जीवन की गतिविधियों को बाँधकर मनुष्य की आत्मा को भी बाँध देता है, इसलिए ये दीवारें काली हैं।

(ग) 'मेघ आए' कविता में हवा नाचती-गाती तथा मेघ रूपी मेहमान के आगे-आगे चलती हुई वर्णित है। इसका वातावरण पर यह प्रभाव पड़ा कि हवा के तेज़ चलने के कारण पेड़ कभी झुक जाते, कभी ऊँचे उठ जाते। आँधी चलने पर धूल घाघरा उठाकर भागती हुई-सी प्रतीत होती है। नदी की लहरें उठने-गिरने लगती हैं।

(घ) कवि के अनुसार, बच्चों को काम पर नहीं जाना चाहिए, क्योंकि आज के बच्चे ही कल का भविष्य हैं। यदि बच्चों को वर्तमान में बाल मज़दूरी करनी पड़ेगी, तो उनका बचपन छिन जाएगा और भविष्य भी अंधकारमय हो जाएगा।

11. (क) लेखक ने आचार्य जी से बाढ़ के पानी को 'मृत्यु का तरल दूत' इसलिए कहा, क्योंकि वह साक्षात् देख रहा था कि सड़क के किनारे एक मोटी डोरी की शक्ल में गेरुआ भाग फेन में उलझा पानी तेज़ी से सरकता चला आ रहा था, जिसे देखकर वह भयभीत हो गया और कहा कि ''आचार्य जी, आगे जाने की ज़रूरत नहीं। वो देखिए— आ रहा है..... मृत्यु का तरल दूत।''

वास्तव में, बाढ़ का यह जल अनेक जीवों को बेघर कर देता है, उन्हें उजाड़ देता है। कई प्राणी तो पानी में बहकर मौत की नींद में सो जाते हैं। चूँकि बाढ़ का जल कई लोगों के विनाश या मृत्यु का कारण बनता है। इसलिए लेखक ने इसे 'मृत्यु का तरल दूत' कहा है।

(ख) लड़कियों का उच्च शिक्षित होना आज के युग में भी अभिशाप इसलिए समझा जाता है, क्योंकि समाज में अब भी 'गोपाल प्रसाद' जैसे व्यक्ति मौजूद हैं, जो पुरातनपंथी, रूढ़िवादी मानसिकता के शिकार हैं। उन्हें यह भय सताने लगता है कि यदि लड़कियाँ पढ़-लिख गईं, तो इससे पुरुष वर्चस्व में कमी आ जाएगी।

नारी अपने अधिकारों के प्रति जागरूक हो जाएगी। लड़कियों के पढ़ने से पुरुष सत्ता का एकाधिकार टूट जाएगा, शिक्षा प्राप्त करने के लिए लड़कियों में साहस का भाव आ जाएगा और तब वे किसी अन्याय के सामने नहीं झुकेंगी। ऐसे लोगों पर पुरातनपंथी मानसिकता हावी है। ये लोग लड़कियों को दूसरे के घर की संपत्ति समझते हैं। लड़कियों को शिक्षा एवं स्वास्थ्य के अधिकारों से वंचित रखना चाहते हैं। यह उनकी पुरुषवादी मानसिकता का जीवंत प्रमाण है।

(ग) लेखिका की नानी एक परंपरावादी, अनपढ़ एवं परदा करने वाली महिला थीं, जिनकी शादी कैम्ब्रिज विश्वविद्यालय से बैरिस्ट्री पढ़ने वाले व्यक्ति से हुई थी। उनके पति की जीवन-शैली पूरी तरह अंग्रेज़ी ढंग की थी, लेकिन लेखिका की नानी पर इसका कोई प्रभाव नहीं पड़ा। वे अपने तरीके से ही जीवन जीती रहीं। लेखिका की नानी के दिल में भारत की आज़ादी की चाह थी।

वे हृदय से भारत की स्वतंत्रता चाहती थीं और स्वतंत्रता संग्राम में भागीदारी करने वालों का अत्यधिक सम्मान करती थीं। अपनी इसी भावना के कारण वे अपनी बेटी का विवाह आज़ादी के किसी सच्चे सिपाही से करना चाहती थीं। इसलिए उन्होंने अपनी बेटी की शादी का दायित्व स्वतंत्रता सेनानी प्यारेलाल को सौंप दिया। वे नहीं चाहती थीं कि उनकी बेटी का विवाह अंग्रेज़ों की नौकरी करने वाले किसी साहब या रईस व्यक्ति से हो। यह एक तरह से उनके द्वारा स्वतंत्रता आंदोलन के लिए अपनी बेटी को समर्पित करना था। उनके मन में आज़ादी की भावना कूट-कूटकर भरी थी। आज़ादी के आंदोलन में प्रत्यक्ष भागीदारी नहीं करने के बावजूद वे तन-मन-धन से इसके प्रति समर्पित थीं।

12. (क) कंप्यूटर वास्तव में, विज्ञान द्वारा विकसित एक ऐसा यंत्र है, जो कुछ ही क्षणों में लाखों-करोड़ों गणनाएँ कर सकता है। कंप्यूटर ने मानव जीवन को बहुत सरल बना दिया है। कंप्यूटर द्वारा रेलवे टिकटों की बुकिंग बहुत आसान और समय बचाने वाली हो गई है। आज किसी भी बीमारी की जाँच करने, स्वास्थ्य का पूरा परीक्षण करने, रक्त-चाप एवं हृदय गति आदि मापने में इसका भरपूर प्रयोग किया जा रहा है। रक्षा क्षेत्र में प्रयुक्त उपकरणों में कंप्यूटर का बेहतर प्रयोग उन्हें और भी उपयोगी बना रहा है। आज हवाई यात्रा में सुरक्षा का मामला हो या यान उड़ाने की प्रक्रिया, कंप्यूटर के कारण सभी जटिल कार्य सरल एवं सुगम हो गए हैं। संगीत हो या फ़िल्म, कंप्यूटर की मदद से इनकी गुणवत्ता को सुधारने में बहुत मदद मिली है। कंप्यूटर से कुछ हानियाँ भी हैं।

कंप्यूटर पर आश्रित होकर मनुष्य आलसी प्रवृत्ति का बनता जा रहा है। कंप्यूटर के कारण बच्चे आजकल घर के बाहर खेलों में रुचि नहीं लेते और इस पर गेम खेलते रहते हैं। इस कारण उनका शारीरिक विकास ठीक से नहीं हो पाता।
कंप्यूटर आज जीवन की आवश्यकता बन गया है। अत: इसका सही ढंग से प्रयोग कर हम अपने जीवन में प्रगति कर सकते हैं।

(ख) प्लास्टिक का आविष्कार ड्यू बोयस एवं जॉन द्वारा किया गया था। प्लास्टिक का उपयोग मशीन के कल-पुर्ज़ों, पानी की टंकियों, दरवाज़ों, खिड़कियों, चप्पल-जूतों, रेडियो, टेलीविज़न, वाहनों के हिस्सों, आदि में किया जाता है, क्योंकि प्लास्टिक से बनी वस्तुएँ आसानी से खराब नहीं होतीं। यदि किसी कारण ये टूट-फूट जाएँ, तो इन्हें फिर से बनाकर पुन: उपयोग में लाया जा सकता है।

इनमें मनचाहा रंग मिलाकर इन्हें अधिक आकर्षक भी बनाया जा सकता है। यही कारण है कि प्लास्टिक से बने आकर्षक रंग-बिरंगे फूल असली फूलों से अधिक लोकप्रिय हो रहे हैं। आज लोगों को बाज़ार से सामान प्लास्टिक के बने आकर्षक थैलों में पैक करके मिलता है।

इसके अनेक उपयोग के बावजूद प्लास्टिक से बनी वस्तुओं से पर्यावरण बुरी तरह दुष्प्रभावित हो रहा है। प्लास्टिक कभी न गलने-सड़ने वाला पदार्थ है, जिसके कारण भूमि, जल, पर्यावरण आदि अत्यधिक प्रदूषित होते जा रहे हैं। अत: हमें प्लास्टिक का कम-से-कम उपयोग करना चाहिए, ताकि पर्यावरण को प्रदूषित होने से बचाया जा सके।

(ग) हमारे देश में वर्ष 1991 से कर सुधारों की जिस प्रक्रिया की शुरुआत हुई है, उसका उद्देश्य पूरे देश में वस्तुओं एवं सेवाओं पर एक समान कर प्रणाली को लागू करना है, जिससे करारोपण की प्रक्रिया को सहज व सरल बनाते हुए कर प्रणाली की जटिलता को कम किया जा सके। इससे एक ओर जहाँ भारत में बेहतर प्रतिस्पर्द्धात्मक व्यावसायिक माहौल बनाने में आसानी होगी, वहीं दूसरी ओर इससे सरकार के राजस्व में तीव्र वृद्धि की भी संभावना है। वस्तु एवं सेवा कर वस्तुओं एवं सेवाओं पर लगाया जाने वाला एक एकीकृत अप्रत्यक्ष कर है, जिसमें केंद्रीय उत्पाद शुल्क, राज्य स्तरीय वैट, चुंगी, क्रय कर, विलासिता कर, मनोरंजन शुल्क, सेवा कर आदि सम्मिलित हैं।

वस्तु एवं सेवा कर का आरोपण आपूर्ति एवं उपयोग के अंतिम चरण पर किया जाएगा। यह कर मूल्यवर्द्धन के प्रत्येक स्तर पर अनिवार्य रूप से लगाया जाएगा। इसमें प्रत्येक चरण पर किसी भी आपूर्तिकर्ता को टैक्स क्रेडिट सिस्टम के माध्यम से इसकी भरपाई करने की अनुमति होती है।

वस्तु एवं सेवा कर से होने वाले लाभों को देखा जाए तो यह प्रारंभिक स्तर पर वर्तमान कर प्रणाली को सरल, पारदर्शी, सुसंगत व प्रभावी बनाएगा। इससे करारोपण एवं कर वसूली दोनों स्तरों पर जटिल प्रक्रियाओं एवं नियमों-विनियमों के जंजाल से छुटकारा मिल सकेगा एकीकृत कर प्रणाली दोहरे करारोपण से भी ग्राहकों को मुक्ति दिलाने में सक्षम है। इससे ग्राहक कीमतों में होने वाली वृद्धि से भी बच पाएँगे।

13. परीक्षा भवन,
दिल्ली।
दिनांक 12 जनवरी, 20XX

सेवा में,
प्रधानाचार्य महोदय,
राजकीय माध्यमिक विद्यालय
राजपुर रोड,
दिल्ली।

विषय नए शौचालय के निर्माण हेतु।

महोदय,
सविनय निवेदन यह है कि मैं अपने विद्यालय की कक्षा दसवीं 'अ' का छात्र हूँ। हमारे विद्यालय में पिछले वर्ष की तुलना में इस वर्ष विद्यार्थियों की संख्या में अत्यधिक वृद्धि हुई है। विद्यालय में दो शौचालय होने के कारण विद्यार्थियों को अत्यधिक कठिनाइयों का सामना करना पड़ रहा है।

अत: आपसे विनम्र निवेदन है कि विद्यार्थियों की इस समस्या की ओर ध्यान देते हुए जल्द ही विद्यालय में एक पुरुष व एक महिला शौचालय का और निर्माण करवाया जाए। इसके लिए हम सभी विद्यार्थी आपके सदा आभारी रहेंगे।

धन्यवाद सहित।
आपका आज्ञाकारी शिष्य
क.ख.ग

अथवा

परीक्षा भवन,
दिल्ली।
दिनांक 15 नवंबर, 20XX

प्रिय भतीजे,
स्नेह!

आज सुबह का समाचार-पत्र देखकर मुझे पता चला कि तुम्हें राष्ट्रपति द्वारा 'वीर बालक पुरस्कार' से सम्मानित किया गया है। मैं तुम्हें इस अवसर पर हार्दिक बधाई देता हूँ। तुम्हारे इस पुरस्कार से हमारा पूरा परिवार स्वयं को सम्मानित महसूस कर रहा है। तुमने परिवार का मस्तक गर्व से ऊँचा कर दिया है।

तुमने जिस बहादुरी से रेलवे ट्रैक पर मौत के मुँह में फँसी लड़की को बचाया था, उसे सुनकर ही मेरे रोंगटे खड़े हो जाते हैं। मुझे लगता है कि ऐसा वीर और साहसी केवल मेरा भतीजा ही हो सकता है।

आशा करता हूँ कि अपने जीवन में जब भी तुम्हें ऐसा अवसर मिलेगा, तुम खतरे में पड़े लोगों की सहायता करने से पीछे नहीं हटोगे।

तुम्हारा चाचा
क. ख. ग.

14. उक्ति का अर्थ ''लालच बुरी बला है'' अर्थात् मनुष्य लालच के वशीभूत होकर पथ-भ्रष्ट हो जाता है। इस उक्ति को पढ़कर एक कथा स्मरण हो आती है, जो निम्न प्रकार है

कथा एक गाँव में एक सेठ रहता था। उसके बंगले के पास एक गरीब मोची की छोटी-सी दुकान थी। उस मोची की आदत थी कि वह, जब भी जूते सिलता भगवान का भजन करता था, लेकिन सेठ का भजन की तरफ कोई ध्यान नहीं था।

एक दिन सेठ व्यापार के सिलसिले में विदेश गया। घर लौटते वक्त उसकी तबीयत बहुत खराब हो गई, लेकिन पैसे की कमी न होने से देश-विदेश से डॉक्टरों को बुलाया गया, पर कोई भी सेठ की बीमारी का इलाज नहीं कर सका। अब सेठ की तबीयत इतनी अधिक खराब हो गई कि वह चल भी नहीं पाता था। एक दिन बिस्तर पर लेटे हुए उसे मोची के भजन गाने की आवाज सुनाई दी, उसे आज मोची के भजन अच्छे लग रहे थे।

सेठ भजन सुनकर ऐसा मंत्र मुग्ध हो गया कि उसे लगा जैसे उसे साक्षात् परमात्मा के दर्शन हो गए। मोची का भजन सेठ को उसकी बीमारी से दूर ले जा रहा था। भगवान के भजन में लीन होकर वह अपनी बीमारी भूल गया और उसे आनंद की प्राप्ति हुई तथा उसके स्वास्थ्य में भी सुधार आने लगा। एक दिन सेठ ने मोची को बुलाकर ₹1000 का इनाम देते हुए कहा कि मेरी बीमारी का इलाज बड़े-से-बड़े डॉक्टर नहीं कर पाए, पर तुम्हारे भजन ने यह काम कर दिया मैं तुम्हें रहने के लिए एक घर भी दूँगा। मोची इनाम पाकर बहुत खुश हुआ, वह रात दिन पैसों के और घर के बारे में सोचता रहा। अगले दिन वह काम पर भी नहीं गया। लालच के कारण धीरे-धीरे उसकी दुकानदारी चौपट होने लगी, उधर सेठ की बीमारी फिर से बढ़ती जा रही थी। मोची को जब लालच का एहसास हुआ, तो वह सेठ को पैसे वापस करने के लिए सेठ के बंगले में आया। उसने सेठ से निवेदन किया कि आप यह पैसे वापस रख लीजिए, मुझे आपका घर भी नहीं चाहिए, क्योंकि इसके कारण मेरा धंधा चौपट हो गया है, मैं भजन भूल गया हूँ। इस धन ने मेरा परमात्मा से नाता तुड़वा दिया। मोची पैसे वापस करके पुन: अपने काम में जुट गया।

वस्तुत: पैसों और घर के लालच ने मोची को पथ-भ्रष्ट कर दिया था। वह अपने काम को यहाँ तक कि परमात्मा को भी भूलकर पैसों और घर के लालच में ही डूब गया था। अंत में मोची जान गया था कि ''लालच बुरी बला है।''

सीख इस कथा से हमें यह सीख मिलती है कि हमें लालच नहीं करना चाहिए, क्योंकि लालच बुरी बला है।

अथवा

To: dena Bank gmail.com

Subject: बैंक द्वारा दी जाने वाली सुविधाओं की पूछताछ हेतु।

Insert: Attachments Office docs Photos From Bing Emoticons

Tahoma 10

सेवा में,
प्रबंधक महोदय,
देना बैंक,
स्टेशन रोड,
लखनऊ।

महोदय,

हम आपके बैंक के 10 वर्ष पुराने ग्राहक हैं। आपके बैंक में हमारा चालू खाता है। साथ ही हमारे परिवार के कई लोगों के बचत खाते भी आपके बैंक में खुले हुए हैं। हम आपके बैंक द्वारा वर्तमान समय में प्रदान की जाने वाली विभिन्न सुविधाओं और सेवाओं की जानकारी प्राप्त करना चाहते हैं। आपसे अनुरोध है कि कृपया इस संबंध में सभी जानकारियाँ देने का कष्ट करें।

धन्यवाद।

भवदीय,
हस्ताक्षर ....
(जीवन कुमार)
राम एंड संस

Send Discard

15. अमित मित्र सजल! इस बार की गर्मियों की छुट्टियों में तुम्हारा क्या कार्यक्रम है? क्या कहीं बाहर जाने की सोच रहे हो?

सजल मैं घूमने के लिए जाना तो चाहता हूँ, किंतु समस्या यह है कि पैसे की कमी है। मेरे पास मुश्किल से पाँच सौ रुपये हैं और माताजी मुझे और पाँच सौ रुपये से अधिक नहीं देंगी।

अमित और यदि कम पैसों में ही किसी पर्वतीय स्थान पर घूम लिया जाए तो? ये समझ लो कि दो हज़ार रुपये में हम दस-पंद्रह दिनों तक आराम से घूम सकते हैं।

सजल इससे बढ़िया बात तो कुछ और हो ही नहीं सकती, लेकिन हम जाएँगे कहाँ?

अमित हम मसूरी जाएँगे। वहाँ मेरे मामाजी एक धर्मशाला में मैनेजर हैं। मैंने मामाजी से बात कर ली है। ठहरने का सारा व्यय बच जाएगा। उन्होंने कहा है कि खाने-पीने में भी हमें कुछ छूट मिल जाएगी।

सजल फिर तो मज़ा आ जाएगा।

अमित अब तो कोई समस्या नहीं है। ऐसा करते हैं कि शुरू होते ही शनिवार की रात वाली बस से चलेंगे और सुबह मसूरी पहुँच जाएँगे।

सजल यह ठीक है।

अथवा

आदर्श कॉलोनी, रमेश नगर, दिल्ली

सूचना

दिनांक 10 मार्च, 20XX

सभी पार्कों की साफ-सफाई के प्रति जागरूकता संबंधी सूचना

कॉलोनी के सभी निवासियों को सूचित किया जाता है कि हमारी कॉलोनी में पार्कों की साफ-सफाई के प्रति जागरूकता लाने हेतु विशिष्ट अभियान का आरंभ किया जा रहा है। यह अभियान 12 मार्च से प्रारंभ होकर 16 मार्च तक दोपहर 2:30 से शाम 6:00 बजे तक चलेगा। इस अभियान के अंतर्गत साफ-सफाई के महत्त्व को प्रतिपादित करते हुए प्रतिदिन 4-5 पौधों को आरोपित किया जाएगा। अतः आप सभी निवासियों से निवेदन है कि इस अभियान में बढ़-चढ़कर भाग लें।

अध्यक्ष
क. ख. ग.
कल्याण परिषद्

प्रतिदर्श प्रश्न–पत्र 3 (व्याख्या रहित)

CBSE कक्षा 9 की परीक्षा के लिए नमूना प्रश्न-पत्र

हिंदी 'अ'

समय : 3 घंटे | पूर्णांक : 80

1. इस प्रश्न-पत्र में चार खंड दिए गए हैं–'क', 'ख', 'ग' और 'घ'।
2. खंड 'क' में बहुविकल्पीय, अतिलघु व लघु उत्तरीय प्रश्न दिए गए हैं।
3. खंड 'ख' में अतिलघु उत्तरीय प्रश्न दिए गए हैं।
4. खंड 'ग' में बहुविकल्पीय व वर्णनात्मक प्रश्न दिए गए हैं।
5. खंड 'घ' में वर्णनात्मक प्रश्न दिए गए हैं।
6. यथासंभव सभी प्रश्नों के उत्तर क्रमानुसार लिखिए।

खंड 'क' अपठित बोध (14 अंक)

1. निम्नलिखित अपठित गद्यांश को ध्यानपूर्वक पढ़कर उस पर आधारित प्रश्नों के उत्तर दीजिए।

समय वह संपत्ति है जो प्रत्येक मनुष्य को ईश्वर की ओर से मिली है। जो लोग इस धन को संचित रीति से बरतते हैं, वे शारीरिक सुख और आत्मिक आनंद प्राप्त करते हैं। इसी समय संपत्ति के सदुपयोग से एक जंगली मनुष्य सभ्य और देवता स्वरूप बन जाता है। इसी के द्वारा मूर्ख विद्वान, निर्धन धनवान और अज्ञ अनुभवी बन सकता है। संतोष, हर्ष या सुख मनुष्य को प्राप्त नहीं होता है जब तक वह उचित, रीति से समय का सदुपयोग नहीं करता है। समय निःसंदेह एक रत्न राशि है, जो कोई उसे अपरिमित और गणित रूप से अंधाधुंध व्यय करता है, वह दिन-दिन अकिंचन, रिक्तहस्त और दरिद्र होता जाता है। वह आजीवन खिन्न और भाग्य को कोसता रहता है। मृत्यु भी उसे इस जंजाल और दुःख से छुड़ा नहीं सकती है। प्रत्युत् उसके लिए मृत्यु का आगमन मानव अपराधी के लिए गिरफ्तारी का वारंट है। सच तो यह है कि समय नष्ट करना एक प्रकार की आत्महत्या है।

अंतर केवल इतना ही है कि आत्महत्या सदा के लिए जीवन जंजाल छुड़ा देती है और समय के दुरुपयोग से एक निर्दिष्ट काल तक जीवन मृत्यु की दशा बनी रहती है। ये ही मिनट, घंटे और दिन प्रमाद और अकर्मण्यता में बीतते जाते हैं। यदि मनुष्य विचार करे, गणना करे तो उसकी संख्या महीनों तथा वर्षों तक पहुँचती है। यदि उससे कहा जाता है कि तेरी आयु से दस-पाँच वर्ष घटा दिए जाए तो निःसंदेह उसके हृदय पर भारी आघात पहुँचता है, परंतु वह स्वयं निश्चेष्ट बैठे अपने अमूल्य जीवन को नष्ट कर रहा है और क्षय एवं विनाश पर कुछ भी शोक नहीं करता है। यद्यपि समय की निरुपयोगिता आयु को घटाती है, परंतु यदि हानि होती तो अधिक चिंता की बात न थी। कारण संसार में सबको दीर्घायु प्राप्त नहीं होती है, परंतु सबसे बड़ी हानि जो समय की दुरुपयोगिता एवं अकर्मण्यता से होती है, वह यह कि पुरुषार्थहीन और निरीह पुरुष के विचार अपवित्र और दूषित हो जाते हैं।

वास्तव में बात तो यह है कि मनुष्य कुछ-न-कुछ करने के लिए ही बनाया गया है। जब चित्त और मन लाभदायक कर्म में विलीन नहीं होते, तब उनका झुकाव बुराई और पाप की ओर अवश्य हो जाता है। इस हेतु यदि मनुष्य सचमुच ही मनुष्य बनना चाहता है तो सब कर्मों से बढ़कर श्रेष्ठ कार्य उसके लिए यह कि वह एक पल भी व्यर्थ न खोए। प्रत्येक कार्य के लिए पृथक् समय और प्रत्येक समय के लिए पृथक् कार्य निश्चित करे।

II. समय के सदुपयोग के लाभ हैं (1)

(i) संतोष की प्राप्ति (ii) सुख की अनुभूति
(iii) देवस्वरूप स्थिति (iv) ये सभी

कूट

(क) कथन (i) और (ii) सही हैं।
(ख) कथन (iii) और (iv) सही हैं।
(ग) कथन (ii) और (iii) सही हैं।
(घ) केवल कथन (iv) सही है।

II. समय के दुरुपयोग की सबसे बड़ी हानि क्या है? (1)

(क) रूप-सौंदर्य की हानि
(ख) स्वास्थ्य की हानि
(ग) धन की हानि
(घ) पौरुष की हानि

III. हम ………… समय का सदुपयोग कर सकते हैं। (1)

(क) प्रतिदिन पढ़-लिखकर
(ख) सुबह-सवेरे भ्रमण से
(ग) प्रत्येक कार्य के समय निर्धारण से
(घ) घड़ी खरीदकर

IV. व्यक्ति दरिद्र कब होता जाता है? (2)

V. गद्यांश के अनुसार, व्यक्ति के हृदय पर गहरा आघात कब पहुँचता है? (2)

2. निम्नलिखित अपठित काव्यांश को ध्यानपूर्वक पढ़कर उस पर आधारित प्रश्नों के उत्तर दीजिए।

क्या रोकेंगे प्रलय मेघ ये, क्या विद्युत-धन के नर्तन,
मुझे न साथी रोक सकेंगे, सागर के गर्जन-तर्जन।
मैं अविराम पथिक अलबेला रुके न मेरे कभी चरण,
शूलों के बदले फूलों का किया न मैंने मित्र चयन।
मैं विपदाओं में मुसकाता नव आशा के दीप लिए
फिर मुझको क्या रोक सकेंगे जीवन के उत्थान-पतन,
मैं अटका कब, कब विचलित में, सतत डगर मेरी संबल
रोक सकी पगले कब मुझको यह युग की प्राचीर निबल
आँधी हो, ओले-वर्षा हों, राह सुपरिचित है मेरी,
फिर मुझको क्या डरा सकेंगे ये जग के खंडन-मंडन।
मुझे डरा पाए कब अंधड़, ज्वालामुखियों के कंपन,
मुझे पथिक कब रोक सके हैं अग्निशिखाओं के नर्तन।
मैं बढ़ता अविराम निरंतर तन-मन में उन्माद लिए,
फिर मुझको क्या डरा सकेंगे, ये बादल-विद्युत नर्तन।

I. काव्यांश के अनुसार, कवि का स्वभाव कैसा है? (1)

(क) गतिशील रहना
(ख) साहस दिखाना
(ग) सतत संघर्षशील रहना
(घ) उपर्युक्त सभी

II. काव्यांश में मेघ, बिजली, गरजते सागर को ………… प्रतीक बताया है। (1)

(क) जीवनपथ में आई बाधाओं के
(ख) जीवनपथ में मिली सफलताओं के
(ग) जीवनपथ में मिली असफलताओं के
(घ) उपर्युक्त सभी

III. **कथन** (A) 'शूलों के बदले फूलों का किया न मैंने मित्र चयन' पंक्ति का आशय क्या है?

कारण (R) कवि फूलों से बहुत प्यार करता है फिर भी उसे कभी काँटों की चिंता रही। (1)

(क) कथन (A) सही है और कारण (R) कथन (A) की सही व्याख्या करता है।
(ख) कथन (A) सही है, किंतु कारण (R) गलत है।
(ग) कथन (A) और कारण (R) दोनों गलत हैं।
(घ) कथन (A) गलत है और कारण (R) सही है।

IV. 'युग की प्राचीर' से कवि का क्या तात्पर्य है? (2)

V. कवि को कौन नहीं डरा पाएगा? (2)

खंड 'ख' व्यावहारिक व्याकरण (16 अंक)

3. निम्नलिखित पाँच प्रश्नों में से किन्हीं चार प्रश्नों के उत्तर दीजिए। (1 × 4 = 4)

I. विकसित में कौन-सा प्रत्यय है? (1)

II. 'निर्भय' में कौन-सा उपसर्ग है? (1)

III. शब्द के अंत में लगने वाले अविकारी शब्दांशों को क्या कहते हैं? (1)

IV. 'धार्मिक' में कौन-सा मूल शब्द है? (1)

V. 'अविकारी' में उपसर्ग और प्रत्यय बताइए। (1)

4. निम्नलिखित पाँच प्रश्नों में से किन्हीं चार प्रश्नों के उत्तर दीजिए। (1 × 4 = 4)

I. 'सूरकृत' में कौन-सा समास है? (1)

II. 'गंगा-यमुना' में कौन-सा समास है? (1)

III. 'प्रतिमास' का समास विग्रह क्या है? (1)

IV. 'चक्रपाणि' में कौन-सा समास है? (1)

V. समास हेतु कितने पद होने चाहिए?

5. निम्नलिखित पाँच प्रश्नों में से किन्हीं चार प्रश्नों के उत्तर दीजिए। (1 × 4 = 4)

I. 'आह! राम भी पास हो गया' वाक्य अर्थभेद की दृष्टि से किसका उदाहरण है? (1)

II. 'वह नेपाल से तिब्बत जाने का मुख्य रास्ता था' अर्थ भेद की दृष्टि से वाक्य का कौन-सा भेद है? (1)

III. 'सचिन हार नहीं पाएगा' वाक्य को 'प्रश्नवाचक वाक्य' में बदलिए। (1)

IV. 'तुम पढ़ते ही सफल हो जाओगे' वाक्य को संकेतवाचक वाक्य में बदलिए। (1)

V. नकारात्मक वाक्य किसे कहते हैं? (1)

6. निम्नलिखित पाँच प्रश्नों में से किन्हीं चार प्रश्नों के उत्तर दीजिए। (1 × 4 = 4)

I. 'कूड़ कपट काया का निकस्या, हरि की गति जब जाणी' पंक्ति में निहित अलंकार बताइए। (1)

II. 'या मुरली मुरली धर की अधरान धरी अधरान धरौंगी' में कौन-सा अलंकार है? (1)

III. 'कनक-कनक ते सौ गुनी मादकता अधिकाय' किस अलंकार का उदाहरण है? बताइए। (1)

IV. शब्दालंकार के कितने भेद होते हैं? (1)

V. जहाँ एक शब्द के अनेक अर्थ होते हैं, वहाँ कौन-सा अलंकार होता है? (1)

खंड 'ग' पाठ्यपुस्तक व पूरक पाठ्यपुस्तक (30 अंक)

7. दिए गए गद्यांश को ध्यानपूर्वक पढ़कर पूछे गए प्रश्नों के सही उत्तर लिखिए (1 × 5 = 5)

धीरे-धीरे सब कुछ बदल रहा है। एक नई जीवन-शैली अपना वर्चस्व स्थापित कर रही है। उसके साथ आ रहा है एक नया जीवन-दर्शन, उपभोक्तावाद का दर्शन। उत्पादन बढ़ाने पर ज़ोर है चारों ओर। यह उत्पादन आपके लिए है; आपके भोग के लिए है, आपके सुख के लिए है। 'सुख' की व्याख्या बदल गई है। उपभोग-भोग ही सुख है। एक सूक्ष्म बदलाव आया है नई स्थिति में। उत्पाद तो आपके लिए हैं, पर आप यह भूल जाते हैं कि जाने-अनजाने आज के माहौल में आपका चरित्र भी बदल रहा है और आप उत्पाद को समर्पित होते जा रहे हैं।

I. गद्यांश के अनुसार, धीरे-धीरे किसमें बदलाव होने लगा है? (1)

(क) हमारी जीवन-शैली में (ख) हमारे खान-पान में
(ग) हमारी संस्कृति में (घ) हमारे दृष्टिकोण में

II. लेखक के अनुसार, नया जीवन दर्शन क्या है? (1)

(क) उत्पादन का दर्शन
(ख) उपभोक्तावाद का दर्शन
(ग) उपभोग का दर्शन
(घ) सुख की धारणा

III. आज के संदर्भ में सुख की धारणा से क्या अभिप्राय है? (1)

(क) उपभोक्ता ही सुख है (ख) बाजार ही सुख है
(ग) उपभोग ही सुख है (घ) उत्पादन ही सुख है

IV. आप उत्पाद को समर्पित हो रहे हैं, क्योंकि ……… (1)

(क) जाने-अनजाने आज के माहौल में आपका चरित्र भी बदल रहा है।
(ख) धीरे-धीरे सब कुछ बदल रहा है।
(ग) सुख की व्याख्या बदल गई है।
(घ) उपर्युक्त सभी

V. 'यह उत्पादन आपके भोग के लिए है।' यह किस प्रकार के दर्शन में कहा गया है? (1)

(क) नई जीवन-शैली के दर्शन में
(ख) उपभोक्तावाद के दर्शन में
(ग) उत्पादन के दर्शन में
(घ) बाजार के दर्शन में

8. निम्नलिखित प्रश्नों में से किन्हीं तीन के उत्तर संक्षेप में लिखिए। (2 × 3 = 6)

(क) स्वतंत्रता संग्राम आंदोलनों के लिए आयोजित कवि सम्मेलनों में कौन-कौन-से कवि भाग लेते थे? इनकी रचनाओं का क्या प्रभाव पड़ता था? (2)

(ख) जूता सदैव टोपी से कीमती क्यों रहा है? 'प्रेमचंद के फटे जूते' पाठ के आधार पर स्पष्ट कीजिए। (2)

(ग) सालिम अली के पास हर समय क्या रहता था और क्यों? (2)

(घ) महादेवी जी सुभद्रा कुमारी चौहान से प्रेरित होकर क्या करने लगी? (2)

9. निम्नलिखित पद्यांश को ध्यानपूर्वक पढ़कर पूछे गए प्रश्नों के सही उत्तर दीजिए। (1 × 5 = 5)

कोहरे से ढकी सड़क पर बच्चे काम पर जा रहे हैं
सुबह-सुबह
बच्चे काम पर जा रहे हैं
हमारे समय की सबसे भयानक पंक्ति है यह
भयानक है इसे विवरण की तरह लिखा जाना
लिखा जाना चाहिए इसे सवाल की तरह
काम पर क्यों जा रहे हैं बच्चे?

I. कोहरे से ढकी सड़कों पर सुबह-सुबह बच्चे कहाँ जा रहे हैं? (1)

(क) स्कूल जा रहे हैं
(ख) काम करने जा रहे हैं
(ग) पार्क जा रहे हैं
(घ) बाजार जा रहे हैं

II. कवि के अनुसार, बच्चे काम पर जा रहे हैं–इस पंक्ति को 'सवाल' की तरह क्यों लिखना चाहिए? (1)

(क) देश व समाज की प्रगति को दिखाने के लिए
(ख) समाज व देश को झकझोरने के लिए
(ग) नए देश का निर्माण करने के लिए
(घ) पुरानी परंपराओं को खत्म करने के लिए

III. कवि के अनुसार, हमारे समय की भयानक पंक्ति ……… है। (1)

(क) सड़कों का कोहरे से ढँकना
(ख) बच्चों का स्कूल जाना
(ग) बच्चों का काम पर जाना
(घ) बच्चों के काम पर जाने को सवाल की तरह लिखना

IV. काव्यांश में कवि ने किस समस्या पर हमारा ध्यान केंद्रित किया है? (1)

(क) बाल मजदूरी की समस्या पर
(ख) बाल विवाह की समस्या पर
(ग) बच्चों के शिक्षा संबंधी समस्या पर
(घ) उपर्युक्त सभी

V. काव्यांश के आधार पर बताइए कि बच्चों का विकास ……… संभव है। (1)

(क) मजदूरी करने से
(ख) शिक्षा से
(ग) केवल खाने की वस्तुएँ उपलब्ध कराने में
(घ) उपर्युक्त में से कोई नहीं

10. निम्नलिखित प्रश्नों में से किन्हीं तीन के उत्तर संक्षेप में लिखिए। $(2 \times 3 = 6)$

(क) हथकड़ियों को गहना क्यों कहा है? (2)

(ख) धूल, पीपल, नदी और लता आदि किसके प्रतीक हैं? 'मेघ आए' कविता के आधार पर लिखिए। (2)

(ग) वाख के अनुसार, मनुष्य समभावी कब बनेगा? (2)

(घ) गोपी कानों में अँगुली डालकर क्या करना चाहती है और क्यों? (2)

11. निम्नलिखित प्रश्नों में से किन्हीं दो प्रश्नों के उत्तर दीजिए। $(4 \times 2 = 8)$

(क) 'मेरे संग की औरतें' पाठ में लेखिका ने डालमिया नगर की स्त्रियों को किस दशा में देखा और अपने प्रयास से उन स्त्रियों की स्थिति में क्या परिवर्तन किया? (4)

(ख) भारतीय संस्कृति 'अतिथि देवो भव:' में विश्वास करती है, परंतु उमा घर आए मेहमानों की बेइज़्ज़ती करती है। क्या आप उमा के इस व्यवहार को उचित मानते हैं? तर्क सहित अपने विचार प्रस्तुत कीजिए। (4)

(ग) "पता नहीं, कल हम कितने पानी में रहें ……… बहरहाल जो कम पानी में रहेगा। वह ज्यादा पानी में फँसे मित्र की सुधि-लेगा।" लेखक ने अपने मित्र से ऐसा क्यों कहा? 'इस जल प्रलय में' पाठ के आधार पर अपने विचार लिखिए। (4)

खंड 'घ' रचनात्मक लेखन (20 अंक)

12. दिए गए संकेत बिंदुओं के आधार पर निम्नलिखित में से किसी एक विषय पर 100 शब्दों में अनुच्छेद लिखिए। (6)

(क) ग्लोबल वार्मिंग

संकेत बिंदु

- ग्लोबल वार्मिंग क्या है तथा कैसे होती है?
- दुष्परिणाम
- बचाव तथा उपसंहार

(ख) आधुनिक जीवन में मोबाइल

संकेत बिंदु

- वर्तमान समय में मोबाइल की महत्ता
- मोबाइल फोन द्वारा प्राप्त होने वाली सुविधाएँ
- मोबाइल फोन से होने वाले नुकसान

(ग) ई-कचरा

संकेत बिंदु

- ई-कचरा से तात्पर्य
- चिंता का कारण
- निपटान के उपाय

13. दूरदर्शन पर प्रसारित होने वाले किसी अप्रिय कार्यक्रम पर प्रतिक्रिया व्यक्त करते हुए अपने मित्र को पत्र लिखिए। (5)

अथवा

अपने क्षेत्र के ब्लॉक प्रमुख द्वारा की जा रही खाद्य पदार्थों की कालाबाज़ारी की शिकायत करते हुए जिलाधिकारी को पत्र लिखिए। (5)

14. "सावधानी हटी और दुर्घटना घटी" कहावत के आधार पर लघु कथा लिखिए। (5)

अथवा

सावधि जमा पर ब्याज दर संबंधी सूचना प्राप्त करने के लिए बैंक अधिकारी को ई-मेल लिखिए। (5)

15. एक शिक्षक और एक छात्र के बीच हुए संवाद को लगभग 80 शब्दों में लिखिए। (4)

अथवा

दिल्ली मेट्रो स्टेशन पर असुविधा हेतु सूचना लिखिए। (4)